Christina Heiser
Erzählstimmen im aktuellen Film
Strukturen, Traditionen und Wirkungen der Voice-Over-Narration

Die Autorin

Christina Heiser wurde 1978 in Mainz geboren. Sie studierte Neuere deutsche Literatur & Medien, Amerikanistik und Europäischen Ethnologie in Marburg und Stoke-on-Trent, England. Anschließende Promotion an der Philipps-Universität Marburg bei Prof. Dr. Karl Prümm. Das vorliegende Buch ist die daraus hervorgegangene Dissertation.

Derzeit lebt und arbeitet Christina Heiser in Frankfurt. Dem Film ist sie, durch ihre Arbeit als Marketing Coordinator bei Universal Pictures, weiterhin eng verbunden. In ihrer Freizeit ist sie als Yoga-Lehrerin tätig.

Christina Heiser

Erzählstimmen im aktuellen Film

Strukturen, Traditionen und Wirkungen
der Voice-Over-Narration

Bibliografische Information der Deutschen Nationalbibliothek
Die Deutsche Nationalbibliothek verzeichnet diese Publikation in der Deutschen
Nationalbibliografie; detaillierte bibliografische Daten sind im Internet über
http://dnb.d-nb.de abrufbar.

Zugelassene Dissertation des Fachbereiches Germanistik und Kunstwissenschaften
an der Philipps-Universität Marburg, 15.01.2013
Gutachter: Prof. Dr. Karl Prümm, Prof. Dr. Malte Hagener

Abbildungsnachweis
20th Century Fox (Abb. 39–42); Ascot Elite (Abb. 43–45); Concorde (Abb. 3, 31); Constantin Film (Abb. 34, 36); Eureka Entertainment (Abb. 4); Euro Video (Abb. 38); Paramount Pictures (Abb. 9, 21–24); Sony Pictures (Abb. 32, 33, 48–50); Studiocanal (Abb. 6–8, 10–3); Sunfilm Entertainment (Abb. 18, 37); Touchstone Pictures (Abb. 2); Universal Pictures (Abb. 5, 14–17, 20, 25–30, 46, 47); Universum Film (Abb. 19); Warner Bros. Entertainment (Abb. 1, 35)
(Screenshots der Autorin)

Schüren Verlag GmbH
Universitätsstr. 55 · D-35037 Marburg
www.schueren-verlag.de
© Schüren 2014
Alle Rechte vorbehalten
Lektorat: Renate Warttmann
Gestaltung: Erik Schüßler
Umschlaggestaltung: Wolfgang Diemer, Köln
Umschlagfotos aus THE MAGNIFICENT AMBERSONS (Studiocanal)
Druck: Druckhaus Marburg
Printed in Germany
ISBN 978-3-89472-877-9

Inhalt

Danksagung   10

Einleitung   11

I. Die Voice-Over-Narration in der Filmgeschichte

1   Der Ausgangspunkt   20

2   Ton im Stummfilm – Die Geschichte des Films als audiovisuelles Medium   25
2.1   Ton und Musik in der Vorführkultur des frühen Stummfilms   25
2.2   Die kulturelle und ökonomische Etablierung des Kinos   27
2.3   Sprache und Text im Stummfilm   29

3   «Listen, Mama! You Ain't Heard Nothing Yet.» – Der Siegeszug des Tonfilms   31

4   Die Vorbehalte gegen das Aufkommen der Sprache im Film   35
4.1   «Der Film ist ein visuelles Medium.»   36
4.2   Sprache führt den Film zum Theaterhaften   39
4.3   Sprache ist überflüssiges Geplapper   40
4.4   SINGIN' IN THE RAIN – auditiver Formalismus oder Realismus   41

5   Die filmgeschichtliche Entwicklung der Voice-Over-Narration   47
5.1   Die Anfangsjahre des Tonfilms: 1927–1941   47
5.2   Ist die Voice-Over-Narration ein literarisches oder dramatisches Erzählmittel?   53

	5.2.1 Die Ursprünge der Voice-Over-Narration in der Literatur	54
	5.2.2 Die Ursprünge der Voice-Over-Narration im Theater	58
	5.2.3 Zwischenfazit	63
5.3	Die Voice-Over-Narration und der Erzählgestus des Stummfilms	64
	5.3.1 Der Stummfilm-Erklärer	65
	5.3.2 Der Zwischentitel	66
	5.3.3 Zwischenfazit	71
5.4	Die Ursprünge der Voice-Over-Narration in den Kommentarstimmen der Wochenschauen	71
5.5	Die Ursprünge der Voice-Over-Narration im Dokumentar- und Propagandafilm	73
	5.5.1 Zwischenfazit	81
5.6	Erzählstimmen aus dem Radio	83
5.7	Der Gestus des Erzählens	87
6	Orson Welles und die Voice-Over-Narration	88
7	SUNSET BOULEVARD – Die Etablierung der Voice-Over-Narration im *Film Noir*	98
8	Die Verwendung von Erzählstimmen im amerikanischen Kino bis 1960	104
9	Die Weiterentwicklung der Voice-Over-Narration im internationalen Kino	108
9.1	Eine Umschrift – Erzählstimmen in der *Nouvelle Vague*	110
9.2	Fassbinder und Erzählstimmen im *Neuen Deutschen Film*	117
10	TAXI DRIVER – Die Voice-Over-Narration im *New Hollywood*	120
11	APOCALYPSE NOW – Technische Innovationen und veränderte Klangwelten	125
12	Die Erzählstimme im Blockbuster-Kino der 1980er und 1990er Jahre	131

II. Die Funktionsebenen der Voice-Over Narration

1	Die Funktionen des Tons im Film	136
1.1	Die auditiven Ebenen des Films	137
1.2	Klangliches Abbild oder auditives Zeichen	142
1.3	Sprachverständlichkeit vs. Tonperspektive	148
1.4	Das Bild-Ton-Verhältnis	152
	1.4.1 Diegetisch/Extra-Diegetisch	152

	1.4.2	On/Off – aktiver, passiver und akusmatischer Ton	154
		1.4.2.1 Akusmatischer Ton	157
	1.4.3	Simultan/Asimultan	161
		1.4.3.1 Die *Sound Bridge*	163
	1.4.4	Synchron/Asynchron	165
	1.4.5	Terminologische Zusammenfassung	167
1.5	Die Funktionen und Wirkungsweisen der Voice-Over-Narration		167
	1.5.1	Diegetisch/Extradiegetisch	167
	1.5.2	On/Off	169
	1.5.3	Voice-On	170
	1.5.4	Die *Innere Stimme*	172
	1.5.5	Simultan/Asimultan	173
	1.5.6	Synchron/Asynchron	176

2 **Wahrnehmen/Hören/Stimme – Die psychoakustischen Aspekte der filmischen Narration** 177
2.1 Die psychoakustischen Aspekte des Hörens 177
2.2 Hören und Sehen – Das Zusammenspiel der Sinne im Film 182
2.3 Hören, Hinhören, Zuhören 188
2.4 Die Wirkung und Macht der Stimme 190
2.5 Der Sonderfall des *Inneren Sprechens* 198
2.6 Über die stimmliche Macht der Voice-Over-Narration 201

3 **Narration** 209
3.1 Die Grundlagen des Narrativen 212
3.2 Mimesis/Diegesis 215
3.3 Erzählung – Handlung / Fabula – Sujet 217
3.4 Der narrative Akt im fiktiven Film 220
3.5 Der Erzähler 225
   3.5.1 Der filmische Präsentator bei Bordwell 226
   3.5.2 Der implizierte Präsentator 229
   3.5.3 Der implizierte Zuschauer 231
   3.5.4 Der implizierte Autor bei Chatman und Metz 233
3.6 Die Erzählperspektive und Fokalisierung 238
3.7 Zwischenfazit 240

III. Formen der Voice-Over-Narration im aktuellen Film

1 **Formen heterodiegetischer Narration** 244
1.1 Der heterodiegetische Erzähler im aktuellen Film 247
1.2 Die Fähigkeiten des heterodiegetischen Erzählers 251

1.3	Der Erzählstil in LE FABULEUX DESTIN D'AMÉLIE POULAIN	256
	1.3.1 Die Interaktion der Erzählstimme mit Amélie	265
	1.3.2 Selbstreflexive Momente der Voice-Over-Narration	268
	1.3.3 Die Entblößung der erzählenden Stimme	271
1.4	Typen des heterodiegetischen Erzählers	273
	1.4.1 Der objektive, heterodiegetische Erzähler	275
	1.4.2 Der subjektive, heterodiegetische Erzähler	276
	1.4.3 Der direkte, heterodiegetische Erzähler	276
	1.4.4 Der Autor-Erzähler	277
1.5	Zwischenfazit – STRANGER THAN FICTION	277
2	Formen der homodiegetischen Narration	280
2.1	Subjektivität als besonderes Merkmal der homodiegetischen Erzählsituation	283
2.2	Die Unzuverlässigkeit des homodiegetischen Erzählers	288
	2.2.1 Absichtliches Lügen	290
	2.2.2 Unzuverlässigkeit durch Ironie	293
2.3	Die *Innere Stimme*, die Schreibstimme und weitere Formen der intradiegetischen Narration	296
	2.3.1 Die *Innere Stimme*	297
	2.3.2 Der *Stream of Consciousness*	299
	2.3.3 Die *Mindscreen Narration*	300
	2.3.4 Zwischenfazit	303
	2.3.5 Die Schreibstimme	303
	2.3.6 Die On-Screen-Narration	305
2.4	Typen des homodiegetischen Erzählers	307
	2.4.1 Der Ich-Erzähler	307
	2.4.2 Der periphere Erzähler	308
	2.4.3 Die *Innere Stimme*	308
	2.4.4 Das direkte Ansprechen	308
2.5	Der unzuverlässige Ich-Erzähler im aktuellen *Film Noir*	309
2.6	FIGHT CLUB – Die Narration des in sich gespaltenen Subjekts	312
	2.6.1 Die Subversion der Narration durch das sich selbst erzählende Ich	315
	2.6.2 Narration ohne Ausweg – Der Kontrollverlust des Ich-Erzählers	321
2.7	MEMENTO – Die Narration des identitätslosen Ichs	323
	3.7.1 Die Subjektivierung des narrativen Blicks	326
	3.7.2 Die Manipulation der Narration durch den Ich-Erzähler	328
2.8	Zwischenfazit	331
3	Die Emanzipation der weiblichen Stimme	333
3.1	Ich-Erzählerinnen	336

3.2	Allwissende Erzählerinnen	340
3.3	Multiphone Erzählerinnen	341
3.4	Erzählerinnen in aktuellen Fernsehserien	345
3.5	Zwischenfazit	350
4	ADAPTATION – Die Auflösung der Narration durch multiphone Erzählstimmen	351
4.1	Die Erzählstruktur – Das Puzzlespiel ‹Narration› im Gewirr multiphoner Erzählstimmen	353
4.2	Ironie in ADAPTATION – Die narrative Bruchstelle zwischen Bild und Ton	360
4.3	Fiktion – Narration – Adaption	363
4.4	Die Spiegelung der Narration – Selbstreflexivität in ADAPTATION	366
5	Fazit	370

X. Anhang

1	Filme	378
2	Literatur	393

Danksagung

Zuallererst möchte ich mich von Herzen bei meinen Eltern für die jahrelange Unterstützung und Hilfe in jeglicher Form bedanken. Ein tausendfacher Dank gilt auch meinem geliebten Mann, Heiko, für seinen unerschütterlichen Glauben an mich, dass er meine Launen ertragen hat und mir immer und bei allem zur Seite steht.

Lieber Slavi, Dir gebührt natürlich ein extra, riesiges Dankeschön!

Weiterhin möchte ich mich bei meinen Doktorvater, Prof. Karl Prümm, für die herzliche Betreuung und fachlichen Ratschläge bedanken. Außerdem möchte ich mich bei all meinen Freunden und Kollegen für die seelisch-moralische Unterstützung, das Korrekturlesen, die Ratschläge, Aufmunterungen und Ablenkungen bedanken, insbesondere bei Carsten, Kirsten, Nils, Isa, Michael, Vani, Peter, Karola, Sascha, Doris, Nicole, Cat, Ernie, Wiebke.

Mein unendlicher Dank gilt euch allen! Ohne Eure Unterstützung und Hilfebereitschaft hätte ich das nie geschafft!

Einleitung

«Das Kino bezwingt den Tod und damit, für einen glücksstiftenden Augenblick, auch die Zeit. So stillt es das Urbedürfnis der Menschen und ist schon allein deshalb wie kein zweites Medium in der Lage, an unser Innerstes zu rühren.»[1]

Welcher Kinozuschauer kennt nicht auch dieses erwartungsvolle Gefühl, wenn das Licht im Kinosaal ausgeht und es endlich vollkommen dunkel wird. Häufig erhebt sich aus dem alles versprechendem Dunkel dann eine Stimme, die eine Geschichte entstehen lässt und die Leinwand mit fantastischen, traurigen, schaurigen, wundervollen oder romantischen Bildern füllt.

In Filmen, die mit einer Voice-Over-Narration arbeiten, scheint das Erzählkino in seiner ursprünglichsten Form dargeboten zu werden. Der Zuschauer hat das Gefühl, dass ihn diese immateriellen Stimmen direkt ansprechen, um nur ihm persönlich ihre Geschichte zu erzählen.

«Come to Los Angeles! The sun shines bright. The beaches are wide and inviting and the orange groves stretch as far as the eye can see. There are jobs aplenty and land is cheap. Every workingman can have his own house and inside every house, a happy all-American family. You can have all this, and who knows? You could even be discovered, become a movie star, or at least see one. Life is good in Los Angeles! It's paradise on earth! That's what they tell you, anyway.»

(Sid Hudgens in L.A. CONFIDENTIAL; Curtis Hanson, USA 1997)

---

1 Tom Tykwer: Bazin und die Liebe zum Kino. Vorwort. In: Fischer, Robert (Hrsg.): *André Bazin: Was ist Film?* Berlin 2004, S. 8.

Einleitung

Erzählstimmen vermitteln dem Kinozuschauer immer das seltsame Gefühl von einer unsichtbaren Macht in ihm vertraute, manchmal aber auch fremde und fantastische Welten mitgerissen zu werden, um dort von eben jenen mystischen Stimmen etwas wahrhaftiges, tatsächlich Geschehens oder Erlebtes zu erfahren. Das jedenfalls ist der unmittelbare Eindruck, den der Zuschauer empfindet, wenn er in einen Film eintaucht, in dem ihm eine Erzählstimme umfängt.

> «There are many stories about Mike Sullivan. Some say he was a decent man. Some say there was no good in him at all. But I once spent six weeks on the road with him in the winter of 1931. This is our story.»
>
> *(Michael Sullivan Jr. in* ROAD TO PERDITION; *Sam Mendes, USA 2002)*

Tatsächlich sind wir auch in unserem Alltag fast beständig von körperlosen Stimmen umgeben, unter anderem von sprechenden Navigationsgeräten in unseren Autos, Sprecherstimmen aus dem Radio, Stimmen aus dem Telefon, Stimmen von Hörbuchzählern und natürlich den zahllosen Kommentatorstimmen aus dem Fernsehen. Diese tagtägliche Konfrontation mit körperlosen Stimmen mag dazu beitragen, dass die Voice-Over-Narration vielen Zuschauern als Erzählmittel so vertraut erscheint, dass sie diese oft überhaupt nicht bewusst wahrnehmen, beziehungsweise sich nach dem Film nicht mehr ausdrücklich erinnern können eine Erzählstimme vernommen zu haben.

Der Bedeutung eben solcher Erzählstimmen, die man allgemein unter dem Begriff der Voice-Over-Narration zusammenfasst, deren Rolle in der Filmgeschichte und deren Relevanz für die Weiterentwicklung der narrativen Strukturen des aktuellen Films werde ich in dieser Untersuchung nachgehen.

> «Als Voice-over bezeichnet man die Stimme eines weiblichen oder männlichen Erzählers, der auf der Leinwand oder Bildschirm nicht präsent ist, sich jedoch auch nicht im Feld außerhalb des Bildkaders (off screen) aufhält, also nicht mit der Off-Stimme einer im kinematografischen Raum anwesenden Figur verwechselt werden darf. Die Erläuterungen der Voice-Over kann erklären und interpretieren, aber auch werten und manipulieren.»[2]

Der Terminus Voice-Over-Narration umfasst damit bereits alle wichtigen Aspekte jenes speziellen narrativen Phänomens: Einmal den Verweis auf den **Erzähler**, der dem Zuschauer mündlich eine Geschichte oder einen Verlauf von Ereignissen mitteilt. Daraus ergibt sich dann der Hinweis auf den zweiten bedeutenden Aspekt, die **Stimme**, die in diesem Fall das maßgebliche Medium der Kommunikation ist. Weiterhin muss sich die Stimme jenes Erzählers **über** die visuelle Narration des Films legen, so dass eine Form der Asynchronität entsteht.

---

2   Illona Grzeschik: Kommentar/Voice-Over. In: Thomas Koebner (Hrsg.): *Reclams Sachlexikon des Films*. Stuttgart 2002, S. 305

Damit wird deutlich, dass der leider etwas unglückliche, deutsche Begriff ‹Erzählstimme aus dem Off› die tatsächlich, aktiven Funktionen eines Voice-Over-Erzählers zu ungenau fasst, da durch die Verwendung des Begriffes ‹Off› nicht mehr eindeutig zwischen *Voice-Off* und *Voice-Over* unterschieden werden kann, denen innerhalb des diegetischen Gefüges eines Films jedoch vollkommen unterschiedliche Bedeutungen zukommen.³

> «‹Over› actually implies more than mere screen-absence; one must distinguish voice-over from voice-off in terms of the space from which the voice is presumed to originate. In the latter, the speaker is merely temporarily off-camera, the camera could pan around the same scene and capture the speaker. Contrarily, voice-over is distinguishable by the fact that one could not display the speaker by adjusting the camera's position in the pictured story space; instead the voice comes from another time and space, the time and space of the discourse.»⁴

Im klassischen Erzähl-Kino dient die Voice-Over-Narration, die sich als zweite narrative Schiene parallel zur visuellen Erzählung aufbaut, der Bestätigung des visuellen Geschehens. Gleichzeitig wird sie dazu verwendet, um Rückblenden ein- oder auszuleiten, Übergänge zwischen einzelnen Handlungssequenzen zu schaffen oder zeitliche und räumliche Wechsel deutlich zu machen. Aus diesem Grund treten Erzählstimmen auch sehr häufig nur zu Beginn und am Ende eines Films auf, um den Zuschauer in eine komplexe Handlung einzuführen und dann aus dieser wieder hinauszuleiten, während der Großteil der dramatischen Handlung rein visuell vorangetrieben wird. Werden Erzählstimmen dagegen durchgängig in einem Film eingesetzt, ermöglichen sie dem Zuschauer einen tieferen Einblick in die Gedankenwelt der Figuren und erzeugen so einen subjektivierten, psychologisierten Blick auf das Geschehen.

In Anlehnung an Genettes Erzähler-Kategorien können Voice-Over-Erzähler demgemäß in folgende Typen eingeteilt werden: Erzähler in der dritten Person oder heterodiegetische Erzähler und Ich-Erzähler oder homodiegetische Erzähler.

> «Often used as a crutch to bridge continuity gaps, particularly when drastic reediting has taken place, verbal narration has many other uses in fiction film: as introduction to a flashback whether over a point-of-view shot or the face of the player; a ‹thinking out loud› to replace the archaic theatrical devices of the aside soliloquy, especially in Shakespearean films; as interior monologue a la Joycean stream-of-consciousness for a character with an active fantasy life (THE SEVEN YEAR ITCH,

---

3   Aus diesem Grund werde ich den Begriff ‹Erzählstimmen aus dem Off› nicht verwenden und stattdessen im weiteren Verlauf dieser Arbeit mit den Begriffen Voice-Over-Narration und Erzählstimme arbeiten.
4   Sarah Kozloff: *Invisible Storytellers. Voice-Over Narration In American Fiction Film*. Berkeley / Los Angeles / London 1988, S. 3.

TAXI DRIVER); as letters spoken by their authors in lieu of photographic inserts; as an aural flashback recalling advice, warnings, famous last words, etc.»[5]

Die Voice-Over-Narration verbindet das filmische Erleben des Sehens und Hörens zu einer einheitlichen Erzählform, indem sie jene beiden maßgeblichen Erzähl- und Informationsebenen parallel zueinander aktiviert und so miteinander, nebeneinander oder gar gegeneinander positioniert. Der Zuschauer wird beim Betrachten eines Films mit einer Erzählstimme demnach von mindestens zwei narrativen Ebenen gleichzeitig angesprochen, die er in sich aufnehmen, aufeinander abgleichen und verarbeiten muss. Die Voice-Over-Narration ermöglicht daher nicht nur eine Diversifikation des filmischen Erzählens, indem sie eine weitere narrative Ebene öffnet, sondern führt dem Film immer auch einen gewissen Grad an Selbstreflexivität und Künstlichkeit zu.

Im Gegensatz zur rein visuellen Narration des Films, die den Zuschauer direkt in ein narratives Jetzt hineinführt, wird in einer Voice-Over-Narration häufig Vergangenes geschildert. Eine Voice-Over-Narration trägt somit immer etwas Traumhaftes und zugleich Künstliches in sich, da sie den Zuschauer oft gar nicht vorspielen möchte, dass sich jene Ereignisse direkt vor seinen Augen abspielen, statt dessen wird in jenen Filmen oft sehr deutlich herausgestellt, dass es sich um Begebenheiten aus der Vergangenheit handelt, die nun rückblickend dargestellt werden. Gleichzeitig führt das körperlose Sprechen zu einer Diversifikation der Zeit, indem sich die Zeit des Erzählaktes über die visuell dargestellte erzählte Zeit drängt.

Durch die individuelle Charakteristik einer jeden Stimme und der in ihr nachklingenden Präsenz des Körpers eröffnet die Voice-Over-Narration außerdem eine neue Ebene der Sinnlichkeit. Damit trägt sie immer eine sehr unmittelbare, körperliche Dimension in den filmischen Erzählprozess hinein.

Der vom Zauber jener Stimme gefangene Zuschauer akzeptiert diese daher auch instinktiv als Vermittler der vor ihm projizierten Narration und vertraut sich ihrer narrativen Führung an. So entsteht für ihn der Eindruck, dass sich hinter dem Inhaber der Erzählstimme auch der eigentliche Präsentator der vor ihm projizierten Ereignisse verbirgt, da diese Stimme die Macht zu besitzen scheint, die geschilderten Ereignisse vor seinen Augen überhaupt erst sichtbar werden zu lassen.

Der Einsatz einer Voice-Over-Narration führt somit immer zu einem Spiel mit der Macht der erzählenden Stimme. Die durch die Stimme zu Tag tretende Polarität von Bild und Ton ermöglicht einen reichhaltigen Gestaltungsspielraum zwischen dem visuellem und dem auditivem Diskurs. Erzählstimmen können das Bild daher nicht nur kommentieren oder dominieren, sondern es auch polarisieren, konterkarieren oder ironisieren.

---

5 Stephen Handzo: Glossary Of Film Sound Technology. In: Elisabeth Weis / John Belton (Hrsg.): *Film Sound: Theory And Practice*. New York 1985, S. 406.

Die Voice-Over-Narration ist damit ein sehr komplexes Erzählmittel des Films und so wurde auf filmisches Erzählen mittels Voice-Over seit Beginn des Tonfilms, mal mehr und mal weniger häufig, zurückgegriffen. Auch finden sich im Laufe der Filmgeschichte immer wieder Phasen in denen die Voice-Over-Narration auffallend häufig eingesetzt wurde, wie im *Film Noir* oder der *Nouvelle Vague*. Zu einigen der herausragenden Filme, welche die ein oder andere Form der Voice-Over-Narration einsetzen, zählen CITIZEN KANE (Orson Welles, USA 1941), ALL ABOUT EVE (Robert Mankiewicz, USA 1950), L'ANNÉE DERNIÈRE À MARIENBAD (Alain Resnais, F 1961), A CLOCKWORK ORANGE (Stanley Kubrik, GB/USA 1971) oder TAXI DRIVER (Martin Scorsese, USA 1976).

Betrachtet man darüber hinaus die Filme der letzten 30 Jahre, so erkennt man, dass sich die zahlreichen Formen der Voice-Over-Narration von einem Randphänomen, die bis vor Kurzem noch der Ära des *Film Noirs* und den Erzähltechniken des Kunstkinos zugerechnet wurde[6], zu einem allgemein akzeptierten Stilelement filmischer Narration etabliert haben. Dies ist insbesondere aus dem Übermaß herauszulesen, mit dem Erzählstimmen in den letzten Jahren auch im Mainstream-Kino verwendet werden, wie z. B. in AMERICAN BEAUTY (Sam Mendes, USA 1999), SIN CITY (Robert Rodriguez / Frank Miller / Quentin Tarantino, USA 2005), V FOR VENDETTA (James McTeigue, USA/GB/D 2006), PERFUME: THE STORY OF A MURDER (Tom Tykwer, D/F/E/USA 2006), SLUMDOG MILLIONAIRE (Danny Boyle, GB 2008), ATONEMENT (Joe Wright, GB/F/USA 2007), THE CURIOUSE CASE OF BENJAMIN BUTTON (David Fincher, USA 2008), AVATAR (James Cameron, USA/GB 2009) oder PAIN & GAIN (Michael Bay, USA 2013).

Erzählstimmen, die jenseits des visuellen Gefüges existieren und dieses dennoch bestimmen, treten in fast allen Genres des aktuellen Films in einer solchen Häufigkeit und Variation auf, dass man diese Formen der auditiven Narration bereits als eines der bestimmenden Stil- und Strukturelemente des Gegenwartskinos bezeichnen kann.

Dennoch wurde die Voice-Over-Narration von der Filmwissenschaft bisher als unbedeutendes Randphänomen betrachtet und daher kaum untersucht. Einerseits mag das an der scheinbaren Dominanz liegen, welche die Stimme eines Voice-Over-Erzählers über die visuelle Narration eines Films auszuüben vermag. Jedenfalls trug dieser Umstand dazu bei, dass Voice-Over jahrzehntelang als unfilmisches Erzählmittel verpönt galt, da das Kino vornehmlich als rein bildliches Erzählerlebnis verstanden werden sollte.[7] Auch die Großzahl der Filmkritiker und –wissenschaftler konnte sich nur schwerlich von der Vorstellung lösen, dass ein guter Film

---

6   Vgl.: Kristin Thompson: *Storytelling in the New Hollywood. Understanding Classical Narrative Technique*. Cambridge/London 2001, S. 20.

7   Vgl.: Seymour Chatman: *Story And Discourse. Narrative Strucutre in Fiction and Film*. Ithaca/London 1978, S. 194–195.

ausschließlich durch seine Bilder lebe und der Ton nur ein ‹überflüssiges› Surrogat sei – eine Auffassung, die sich bis zu den vehementen Verfechtern des Stummfilms zurückverfolgen lässt. Damit schien der Leitspruch zahlreicher Filmkritiker, noch bis in die 1970er Jahre hinein, zu sein: «Der Film ist ein visuelles Medium.»[8]

Dies führte dazu, dass die Bedeutung der auditiven Elemente des Filmischen, deren Auswirkungen auf den Zuschauer und das narrative Gesamtgefüge entweder überhaupt nicht untersucht wurden oder gegenüber der visuellen Struktur als unterlegen abgewertet wurden. Erst ab Mitte der 1970er Jahre begannen sich eine große Zahl von Autoren wie Christian Metz, John Belton, Michel Chion oder Rick Altman mit den unterschiedlichsten Aspekten des filmischen Tons zu befassen. Allerdings wurde es auch in diesen Arbeiten versäumt, die einzelnen Aspekte der filmischen Narration und des Filmtons konsequent miteinander zu verknüpfen, das heißt: Ton und Visualität, Wahrnehmen und Erzählen, Stimme und Zuhören, Sprechen und Körperlichkeit, Narrativität und audiovisuelles Erleben. Eine ebenso perfekte wie komplexe Synergie all dieser Aspekte filmischen Erlebens und Wahrnehmens wird jedoch in der Voice-Over-Narration vereint.

Eine umfassende Untersuchung der Voice-Over-Narration lässt sich daher nur aus einer miteinander in Verbindung gesetzten Betrachtung der Entwicklung der Narration und des Umgangs mit Ton im Erzählkino erstellen, um so die drei essenziellen Aspekte dieses Phänomens – den Ton, die Stimme und das Erzählen – miteinander zu verknüpfen. Das Kino-Erlebnis soll infolgedessen als eine umfassende Verbindung sinnlicher Reize und narrativer Strategien verstanden werden, das nicht nur die Lust am Sehen, sondern immer deutlicher auch die Lust am Zuhören anspricht. Die Verwendung der Voice-Over-Narration lässt sich dabei als stetige Weiterentwicklung einer narrativen Strategie erkennen, deren letztendliches Ziel es ist auditives und visuelles Erzählen über eine Variation von komplexen Koppelungen weiterzuführen.

Eine detaillierte Analyse des Phänomens Voice-Over verlangt demzufolge nach einer Verknüpfung narratologischer Ansätze mit Untersuchungen zur Wirkungsweise des Filmtons sowie einer individuellen Beschreibung der körperlich-sinnlichen Aspekte der Stimme.

Vorrangig ist es damit das erklärte Ziel meiner Arbeit, eine vollständige und detaillierte Kategorisierung der Funktions- und Wirkungsweisen der unterschiedlichen Typen der Voice-Over-Narration aufzustellen, um diese als umfassendes Stil- und Strukturelement des aktuellen Films herausarbeiten zu können.

Darüber hinaus möchte ich die sinnlichen Aspekte dieses Narrationsmittels offen legen, um auf diese Weise die emotional und unterbewusst wirkenden Elemente des audiovisuellen Erzählens zu verdeutlichen. Das bedeutet, dass ich einerseits die Faszination und Wirkungsweise, die Erzählstimmen auf das narrative und

---

8 Siegfried Kracauer: *Theorie des Films. Die Errettung der äußeren Wirklichkeit*. Frankfurt 1985, S. 148.

das sinnliche Empfinden des Zuschauers ausüben, darlegen werde. Andererseits werde ich die physisch-körperhafte Dimension der jeweils erzählenden Stimmen untersuchen. Damit möchte ich gleichzeitig auf ein Defizit in der Forschung hinweisen, die sich im Großen und Ganzen immer noch zu sehr auf die visuellen Aspekte des filmischen Erzählens, Erlebens und Wahrnehmens reduziert.

Da die Voice-Over-Narration in der Literatur bisher nur am Rande behandelt wurde[9], werde ich meine Untersuchung großteils auf Arbeiten zum Filmton, Sound-Design und zur filmischen Narration stützen. Ich werde daher nicht nur auf klassische Theoretiker, wie Siegfried Kracauer, Rudolf Arnheim oder Sergej Eisenstein eingehen, die sich teils sehr kritisch zu den Funktionen des Tons im Film geäußert haben, sondern auch auf aktuellere, narratologische Schriften von Christian Metz, David Bordwell, Edward Branigan, Seymour Chatman und Michel Chion.

Der Schwerpunkt meiner Untersuchung liegt jedoch auf zahlreichen Filmanalysen, anhand derer ich die tatsächliche Verwendung von Erzählstimmen betrachten werde, um daran aufzuzeigen, auf welche Art und Weise Voice-Over die narrative Struktur des aktuellen Kinos bestimmen und beeinflussen kann.

Am Anfang steht dabei eine filmhistorische Betrachtung der Voice-Over-Narration, um die Ursprünge dieses Phänomens darzulegen und zu verdeutlichen, auf welch extreme Weise sich die Akzeptanz des Phänomens Voice-Over im Laufe der Filmgeschichte gewandelt hat. Dabei soll die Betrachtung der Weiterentwicklung filmischer Erzählstrukturen im Allgemeinen sowie das gewandelte Bild-Ton-Verhältnis eine bedeutende Rolle spielen. Darüber hinaus möchte ich verdeutlichen, wie Erzählstimmen dazu verwendet werden, um die Narration voranzutreiben und diese gleichzeitig auf diffuse Weise aufzulösen.

Die Voice-Over-Narration soll so nicht nur als Phänomen in die Filmgeschichte eingeordnet werden, sondern wird durch die fortlaufenden filmhistorische Betrachtung auch in einen zeitgeschichtlichen Kontext gesetzt: Der Film, als sich fortlaufend neuerfindendes Medium, muss dabei als unmittelbarer Spiegel des kulturellen Wandels verstanden werden.

Dies kann gerade in den letzten Jahren durch die intensive Beeinflussung und Weiterentwicklungen der Computertechnologie beobachtete werden, die unter Anderem dem CGI-Bereich des Films eine bisher ungeahnte Bedeutung hat zukommen lassen.

Gleichzeitig spiegelt sich in den sich stetig weiterentwickelnden Erzählstrukturen des Films immer auch das jeweilige Verständnis zu längst in Frage gestellten

---

9 Als Ausnahme ist Sarah Kozloff zu nennen, die 1988 mit *Invisible Storytellers. Voice-Over Narration In American Fiction Film.* das erste und einzige Standardwerk zur Voice-Over-Narration verfasst hat. In Anbetracht des zeitgenössischen Films und der stetigen Weiterentwicklungen des filmischen Mediums ist diese Untersuchung aber leider nicht mehr dazu in der Lage, die verschiedenen Typen der Voice-Over-Narration und deren Verwendungsweise im aktuellen Film befriedigend nachzuzeichnen und zu erklären.

Einleitung

Rollenmustern, Wert- und Realitätsvorstellungen wieder. Ein solcher zeitgeschichtlicher Wandel, der beispielsweise das sich stets ändernde Rollenverhältnis zwischen Mann und Frau reflektiert, kann so aus dem vermehrten Einsatz allwissender, weiblicher Erzählstimmen im aktuellen Film herausgelesen werden.

So reflektieren diese Erzählformen letztendlich auch die sich im Wandel befindenden Wahrnehmungsmuster und rezeptiven Fertigkeiten des Zuschauers im Umgang mit den Medien – und noch mehr: Die Voice-Over-Narration muss in endgültiger Konsequenz als das Phänomen verstanden werden, in dem alle essenziellen Aspekte des Films (Bild, Ton und Narration) miteinander gekoppelt werden. Demzufolge kann sie immer auch einen Spiegelbild der Innovationen all dieser Facetten sein. Die Voice-Over-Narration kann demnach als wiederentdecktes und dabei ‹neu-erfundenes› Strukturelement des aktuellen Films verstanden werden, das dazu genutzt wird, zeitgemäße Erzählstrukturen zu entwickeln, die den Film über ein postmodernes Narrations- und Zuschauerverständnis hinausführen, hin zu einem sinnlichen, erzählerischen Erlebnis.

I Die Voice-Over-Narration in der Filmgeschichte

1 Der Ausgangspunkt

Eine Besonderheit des ästhetischen Mediums Film liegt in der Tatsache begründet, dass der Film als einzige Erzählform Bild und Ton in technischer Perfektion miteinander koppeln kann und damit die Sinne des Sehens und Hörens zusammenführt, während andere Kunstformen diese teils strikt voneinander trennen – wie zum Beispiel die Malerei, die sich hauptsächlich durch visuelle Zeichen auszudrücken vermag oder die Musik, die ausschließlich über auditive Signale wirkt und bloß vor dem individuellen, inneren Auge des Rezipienten visuell wirken kann.

Je diverser sich die Ebenen filmischen Erzählens, das Visuelle und das Auditive, im Zuge ihrer technischen Weiterentwicklung miteinander verbinden desto umfassender wird für den Zuschauer der illusionsbildende Moment der Narration. Geschichten, die schon unzählige Male erzählt wurden, können so auf völlig neue Weise dargestellt und erlebt werden, indem der Film diese neu interpretiert, mittels technologischen Errungenschaften modifiziert und so ein ästhetisch-narratives *Remix* erzeugt.

Im aktuellen Mainstream-Kino der Effekte, des Staunens und Erlebens kann dieses Bestreben des Films, ein Erlebnis zu erschaffen, das alle Sinne gleichzeitig umschlingt, an zwei unterschiedlichen Entwicklungsrichtungen erkannt werden: Einmal in dem Versuch durch eine dreidimensionale, digitale Bildgestaltung eine möglichst perfekte Illusionen fantastischer Welten zu erschaffen, was an dem ungeheuren Erfolg von AVATAR (James Cameron, USA/GB 2009) erkannt werden kann. Auf der anderen Seite kann dieser Anspruch auf der auditiven Ebene in immer raffinierter ausgearbeiteten Sound-Designs erkannt werden.

> ‹‹Narrated› films are hybrids – almost implying a mixture of centuries and cultures – half-retrograde, half-path-breaking, half-dissembling, half-forthright, they call upon the viewer to assume complex, if not contradictory, positions. Adding

1 Der Ausgangspunkt

voice-over narration to a film creates a fascinating dance between pose and actuality, word and image, narration and drama, voice and ‹voice›.»[1]

Dieser faszinierende Tanz zwischen Worten und Bildern, Erzählung und Darstellung, Nähe und Distanz tritt in der Voice-Over-Narration besonders deutlich zum Vorschein. Die Voice-Over-Narration vereint Ton und Bild miteinander, indem sie beide als gleichwertige, sich gegenseitig bereichernde Partner begreift, da weder der Ton noch das Visuelle die alleinige Ausdrucks- und Bedeutungskraft in sich tragen. In der Voice-Over-Narration verbinden sich, mittels einer technischen sowie ästhetischen Koppelung, das Bild und die ursprünglichste Form der Erzählung, die orale Narration, zu einem narrativen Tanz, der besonders häufig den aktuellen Film bestimmt.

Eines der maßgeblichen Merkmale der Voice-Over-Narration ist der Umstand, dass bei dieser filmischen Erzählform dem Ton eine dominante Rolle zukommt – ist es doch die Stimme des körperlosen Erzählers, welche die Bilder zu evozieren und in Bewegung zu versetzen scheint. Sicherlich wäre dieser Umstand nicht sonderlich erwähnenswert, würde es sich beim Film nicht um ein Medium handeln, das jahrzehntelang als ein grundlegend visuelles verstanden wurde. Die Voice-Over-Narration widerstrebt dieser Konnotation jedoch.

Da es sich bei der Voice-Over-Narration immer um eine asynchrone Verwendung des Tons zum Bild handelt, kann diese eine unabhängige Aussagekraft über das Visuelle erlangen. Damit setzt sie sich auch über die, für den Zuschauer zur Gewohnheit gewordenen, visuelle Verifizierbarkeit der filmischen Erzählung hinweg. Sehr simpel ausgedrückt bedeutet dies für den Film, dass bei einem Einsatz von Erzählstimmen der Ton tatsächlich die narrative Führung über das Bild übernehmen kann.

Damit lassen sich jedoch alle Vorbehalte, die sich gegen eine Dominanz des Auditiven über das Visuelle im Film richten, auch als Argument gegen eine Verwendung der Voice-Over-Narration einsetzen. Aus diesem Grund wurde die Voice-Over-Narration lange als ein inadäquates Behelfsmittel für den Film angesehen und in der filmtheoretischen Literatur als schlechtes Stilmittel, respektive ‹unfilmisches› Narrationselement missverstanden, insbesondere von jenen Theoretikern, die den Film als ein signifikant visuelles, fotografisches Medium auffassten.

> «Man mag die Ansicht vertreten, daß das Hinzukommen der Sprache Versuche rechtfertige, ein Gleichgewicht zwischen Wort und Bild herzustellen; wie sich bald zeigen wird, sind solche Versuche jedoch zum Scheitern verurteilt. Tonfilme entsprechen dem ästhetischen Grundprinzip nur, wenn ihre wesentlichen Mitteilungen von den Bildern ausgehen.»[2]

---

1 Kozloff 1988, S. 1.
2 Kracauer 1985, S. 148.

1 Der Ausgangspunkt

Insbesondere die Rolle des Tons wurde im Laufe der Filmgeschichte durch zahlreiche Missverständnisse und Vorurteile geprägt, so spricht Siegfried Kracauer auch über 30 Jahre nach dem spektakulären Erfolg des Films THE JAZZ SINGER (Alan Crosland, USA 1927) davon, «[...] daß Filme mit Ton dem Geist des Mediums nur dann gerecht werden, wenn die Bilder die Führung in ihnen übernehmen. Der Film ist ein visuelles Medium.»[3]

Diese Aussage entstand 1960, zu einer Zeit als der Stummfilm längst ein verblasstes Bestandteil der Filmgeschichte geworden war und der Tonfilm sich, mit einer Zuschauer-Generation die ohne ein direktes Erleben des Stummfilms aufgewachsen war, längst als die dem Film typische Form des Erzählens legitimiert hatte.

Filme, die ihre Geschichte durch eine Erzählstimme vermitteln, könnten somit als ultimative Missachtung der ‹ästhetischen Grundprinzipien› des Films abgetan werden. Nichtsdestotrotz wurde die Voice-Over-Narration seit den Geburtsjahren des Tonfilms verwendet und ist aus dem aktuellen Erzählkino nicht mehr wegzudenken.

Gleichwohl wurde die Voice-Over-Narration lange als ein schlechtes Behelfsmittel für den Film angesehen. Filme, die mit einer Voice-Over-Narration arbeiten waren unter Kritikern häufig als billige Literaturadaptionen verschrien, zudem wurde die Verwendung von Erzählstimmen als ein narrativer Trick angesehen, den Filmmacher anwandten denen kein gelungeneres, visuell-narratives Mittel einfiel.

> «As far as commentary is concerned, the general rules are pretty much the same as for dialogue: it must duplicate the function of the image. [...] The smaller the quantity of commentary and the greater the priority given to the image, the better the film. Genuine commentary, detached from the film (i.e., disinterested and objective) can really be used only in short films, documentaries and poetic films, etc.»[4]

> «Filmmakers may use a narrator's ‹voice-over›; but they find this effect inartistic, and generally limit it to introductions. Too much overt verbal description suggests a lack of faith in the medium [...]. So the cinema must seek out obvious visual symbolic props.»[5]

Die Folgen solcher oder ähnlicher normativer Kommentare spiegeln sich selbst in zahlreichen aktuellen Filmkritiken wieder, wie z. B. zu THE WATCHMEN (Zack Snyder, USA 2009):

> «Das eigentliche Problem des Films ist aber, dass er seinen Originalfetisch vom Inhalt auf die Form ausdehnt. Nicht nur was Bildgestaltung und Dialoge angeht, auch narrative Techniken übernimmt Snyder direkt von Moore und Gibbons. Lei-

---

[3] Kracauer 1985, S. 148.
[4] Jean Mitry: *The Aethetics and Psychology of the Cinema*. 1998 London, S. 238.
[5] Seymour Chatman 1989, S. 107.

der funktioniert der Medientransfer in allen drei Fällen überhaupt nicht. [...] die im Comic eleganten Parallelmontagen mit wechselnden Voice-Over-Kommentaren wirken im Film krude und unnötig umständlich.»[6]

Ebenso zu VICKY, CRISTINA, BARCELONA (Woody Allen, E/USA 2008):

«[...] the poor dumb writer used voice-over to explain EVERYTHING. Naturally, you point out that you gotta show, don't tell. Weak writers use voice over as a crutch. You might even quote Mr. Robert McKee from his book, Story, in which he went so far as to say› the trend toward using this telling narration throughout a film threatens the future of our art. More and more films by some of the finest directors from Hollywood and Europe indulge in this indolent practice.»[7]

Daher erscheint es nicht sonderlich verwunderlich, dass auch die wissenschaftliche Auseinandersetzung mit der Voice-Over-Narration ein Randphänomen bleibt. In Anbetracht der weitläufigen Verwendung und damit einhergehenden, stillschweigenden Etablierung der unterschiedlichsten Arten von Erzählstimmen als Mittel filmischer Narration scheint jene abschätzige Betrachtung sowie der aktuelle Stand der Forschung zur Voice-Over-Narration jedoch vollkommen unverständlich.[8] Zwar hat in den letzten 30 Jahren eine stetige Aufwertung der auditiven Ebene auf Seiten der Theoretiker und der Filmschaffenden stattgefunden sowie vermehrt versucht wird, die Wirkungsmöglichkeiten des Ton-Bild-Verhältnisses intensiver zu erforschen, nichtsdestotrotz liegen kaum Arbeiten über die narrativen Möglichkeiten des Filmtons vor. Stattdessen ist in der Literatur über den Ton im Film häufig nur der Verweis zu lesen, dass in einer Voice-Over-Narration der Ton zwar eine gesonderte Stellung inne habe, die genauen Aspekte jedoch noch ausführlich untersucht werden müssten.[9]

Diese Arbeit soll nun genau das leisten: Eine ausführliche Untersuchung der Voice-Over-Narration mit einer Kategorisierung ihrer Funktions- und Wirkungs-

---

6   Lukas Foerster: *Watchmen – Die Wächter*. http://www.critic.de/filme/detail/film/watchmen---die-w%E3%A4chter-1555.html (03.01.2014).
7   Mystery Man: *Vicky Cristina Bad-Exposition*. http://mysterymanonfilm.blogspot.com/2009/01/vicky-cristina-bad-exposition.html (03.01.2014).
8   Des Weiteren finden sich im Internet unzählige Diskussions-Seiten, auf denen äußerst normativ über einen ‹guten› oder ‹schlechten› Einsatz der Voice-Over-Narration im aktuellen Filmen diskutiert wird. Siehe hierzu:
    Christopher Campell: *10 Films Ruined by Voice-Over Narration*. http://regator.com/p/196998647/10_films_ruined_by_voice-over_narration/ (03.01.2014).
    MUBI Europe: *Films where voice over narration enhances the film vs. those where it takes away from the film*. HTTP://MUBI.COM/TOPICS/8367?PAGE=2 (03.01.2014).
    Madmind: *How to spot a bad movie in 1 minute*. http://www.madmind.de/2009/10/02/how-to-spot-a-bad-movie-in-1-minute/ (03.01.2014).
9   Vgl.: Barbara Flückiger: *Sound-Design. Die virtuelle Klangwelt des Films*. 2. Auflage. Marburg 2003, S. 393.

möglichkeiten, um so eine umfassende Verbindung der Elemente Ton, Bild und Narration zu etablieren und demgemäß einen angemessenen Blick auf den aktuellen Tonfilm als komplexes, audio-visuelles Medium zu ermöglichen.

In dem nun folgenden Teil werde ich daher, anhand einer miteinander in Verbindung gesetzten Betrachtung der filmhistorischen Entwicklung der Voice-Over-Narration und einer filmhistorischen Darstellung der Bedeutung des filmischen Tons, darlegen, wie sich die Verwendung des Tons im Laufe der Filmgeschichte gewandelt hat und sich daraus folgend auch der Umgang mit auditiven Narrationsformen weiterentwickelt und verändert hat.

2 Ton im Stummfilm – Die Geschichte des Films als audiovisuelles Medium

2.1 Ton und Musik in der Vorführkultur des frühen Stummfilms

Der Stummfilm selbst nimmt in seiner frühen Entwicklungsphase eine intertextuelle und vielschichtige Stellung ein, die sehr stark von Definitionen bereits vertrauter Kunst- und Unterhaltungsformen beeinflusst wurde. Dies lag daran, dass der Film als völlig neues Medium noch keine eigene Identität und Zuschreibung in der kulturellen Landschaft besaß. Ebenso existierte weder eine uniforme Vorführpraxis für dieses neue Medium, noch ein uniformer Vorführort.

> «During the last years of the nineteenth century and the first of the twentieth, it simply cannot be said that there was such a thing as ‹cinema›, clearly separate from other phenomena. On the contrary, what we now retrospectively think of as cinema, was at the time recognized as several quite different phenomena, each overlapping with an already existing medium.»[1]

Ob die ersten, stummen Kurzfilme mit oder ohne musikalische Begleitung aufgeführt wurden hing daher häufig davon ab, in welcher Tradition das Medium verstanden wurde und auf welchem Fokus der Nutzen der jeweiligen Vorführung lag: Entsprachen die Film einer Laterna-Magica Tradition und erfüllten damit einen reinen Unterhaltungswert, wurden sie meist mit einer musikalischen Begleitung vorgeführt. Lag der Fokus des vorgeführten Materials dagegen auf der Abbildungsfähigkeit des Mediums, so dass die Vorführung einem dokumentarisch-informa-

---

1   Rick Altman: *Silent Film Sound*. New York 2004. S. 19.

tiven Charakter entsprach, wurde auf eine auditive Begleitung verzichtet oder das Material wurde durch einen Erklärer erläutert.[2]

Diese Erklärer, die häufig eine aktive Wissensvermittlung zum Ziel hatten, können einerseits als Vorläufer einer dominanten Voice-Over-Narration in der dritten Person verstanden werden, wie sie im klassischen Dokumentarfilm anzutreffen ist, andererseits aber auch als Modell für die heutigen Dia-Shows, die ebenfalls von Stadt zu Stadt reisen und ihre Zuschauer an Reiseerfahrungen aus anderen Ländern teilhaben lassen.

Des Weiteren ist es sehr wahrscheinlich, dass die auditive Aufführpraxis sehr stark durch die technischen Voraussetzungen vor Ort bedingt war, den technischen Mitteln aber auch den persönlichen Vorlieben des jeweiligen Schaustellerbetriebs. Musik wurde häufig nicht nur während der Vorführung gespielt – um den lauten Projektor zu übertönen – sondern auch davor und danach, um das Publikum anzulocken oder in die anderen Darstellungsformen, die das Filmprogramm umgaben, einzuleiten.

> «When cinema first entered onto the scene, there already existed many different and potentially contradictory models for the way in which the new technology should use sound. Instead of adhering to a single prototype, cinema borrowed from many existing systems, according to the identities with which the new medium was associated.»[3]

Auch als sich um 1905 die ersten ortsansässigen Kinos bildeten, blieb die auditive Begleitung jener maximal 15-minütigen Filme so divers, wie auch die gemischte Struktur des Kinoprogramms aus dokumentarischen und fiktionalen Elementen beibehalten wurde. Das Neuartige an diesen, im amerikanischen Raum als *Nickelodeons* bezeichneten, ersten Kinos war jedoch der Umstand, dass sie ausschließlich Filme zeigten und diese nicht als eine Attraktion von vielen präsentierten. Zu sehen war ein ca. 30-minütiges Programm aus unterschiedlichen Kurzfilmen, das wöchentlich geändert wurde. Da die Vorführungen eines Nickelodeon-Programms den gesamten Tag über gespielt wurden, setzten die Betreiber häufig Musik in Form eines Grammophons, Klavierspielers oder Schlagzeugers ein und manchmal sogar einen ‹Marktschreier›, um Publikum anzulocken. Dementsprechend fanden sich die jeweiligen Formen der Aufmerksamkeitserregung auch innerhalb der Kinos, zur auditiven Begleitung, wieder.

> «A piano player was thus often placed inside the theatre, against the back wall so as to project sound through the entrance doors onto the street. In this way ‹it attracts passers-by and then entertains them after they come in; the music being heard equally well both inside and outside.'»[4]

---

2   Corinna Müller: *Vom Stummfilm zum Tonfilm*. München 2003. S. 88.
3   Altman 2004, S. 23.
4   Altman 2004, S. 128.

Neben gängigen, musikalischen Begleitmitteln war auch die mündlich-narrative Untermalung der Stummfilme durch einen Erklärer nicht unüblich. Die Rolle des Erklärers bestand darin, die einzelnen Handlungen der Kurzfilme zu einer zusammenhängenden Geschichte zu verknüpfen, aus Figuren echte Charaktere entstehen zu lassen und deren Handlungen einen narrativen Inhalt und Sinn zu verleihen.[5]

Gleichzeitig wurden bis 1910 kontinuierlich Versuche unternommen Bild und Ton miteinander zu synchronisieren, meist mittels einer Koppelung von Film und Grammophon, wie bei Edisons *Phono-Kinetoskop*, Gaumonts *Chronophone*, E. E. Nortons *Cameraphone* oder Oskar Messters *Tonbildern*. Jedoch scheiterten diese Versuche aufgrund der unterschiedlichsten technischen und ökonomischen Mängel.

Eine Problematik bestand unter anderem darin, dass die Herstellungs-, Anschaffungs- und Aufführungskosten jener vertonten Filme, im Vergleich zum Stummfilm, wesentlich höher waren. Dies lag daran, dass sich kein singuläres Tonfilm-System auf dem gesamten Markt durchsetzen konnte. Demnach produzierten alle Anbieter ihre ‹Tonfilme› auf unterschiedliche Art und Weise, so dass jedem dieser Anbieter auch nur ein kleiner Teil des Marktes zur Verfügung stand, wodurch sich die Produktion nicht als finanziell lohnend erwies.

Des Weiteren war, aufgrund technischer Mängel, nicht nur die Lautstärke, sondern auch die Qualität der Tonwiedergabe mangelhaft. Insbesondere in größeren Räumen konnte der Ton nicht alle Zuschauer in gleicher Qualität erreichen.

> «Dazu kam, daß die Lautstärke den Raum der damals immer größer werdenden Lichtspielhäuser bald nicht mehr ausfüllte. Auch die Tonqualität konnte auf die Dauer nicht befriedigen. Elektrische Aufnahmen mittels Mikrophon, sowie Verstärker und Lautsprecher, Einrichtungen, die wir heute beim Tonfilm nicht mehr wegdenken können, gab es damals noch nicht.»[6]

Ein weiteres Problem bestand darin, dass die synchrone Wiedergabe von Musik und Geräuschen zwar relativ problemlos funktionierte, die Synchronisation und Wiedergabe der menschlichen Stimme stellte die Tonfilmanbieter jedoch vor ein erhebliches Problem, da diese häufig hohl und metallisch klang. All diese Gründe führten dazu, dass der Tonfilm in der damaligen Kinolandschaft nie dieselbe Bedeutung und Verbreitung erlangen konnte, wie der Stummfilm mit auditiver Begleitung.

2.2 Die kulturelle und ökonomische Etablierung des Kinos

Die Jahre von 1905 bis 1910 waren entscheidend für die Entwicklung des Kinos, das es sich in dieser Zeit als mediale Kultur- und Unterhaltungsform in der westlichen Gesellschaft etablieren konnte. Der Film wurde zu einem Massenphänomen! Insbe-

---

5 Vgl.: Altman 2004, S. 142.
6 Oskar Messter: *Mein Weg mit dem Film*. Berlin 1936, S. 67.

sondere die explosionsartige Kinokonjunktur vor 1910 führte zu immer zahlreicheren und größeren Kinosälen. Um dem Publikum in regelmäßigen Abständen neue Filme anbieten zu können, waren die Betreiber dieser stationären Kinos jedoch auf einen regelmäßigen Programmwechsel angewiesen. Folglich trug die erhöhte Nachfrage nach neuem Material auf Seiten der Kinobetreiber und des Publikums zu einer gesteigerten Produktion von Filmen und führte zu einer Ausdifferenzierung der Vorführkultur und des Verleihwesens.

Gleichzeitig bildete sich, mit Hilfe von Zwischentiteln, wechselnden Einstellungsgrößen und der Montage, in dieser für den Stummfilm revolutionären Phase, ein spezifisches System visuellen Erzählens heraus, welches von Tom Gunning als Übergang vom ‹Kino der Attraktionen› zu einem ‹Kino der narrativen Integration› bezeichnet wird.[7]

> «Whereas the cinema of attractions addressed each spectator individually, playing on individual differences, narrative cinema offers itself up to be consumed by a unified but unacknowledged audience. [...] Increased length made it possible for films to be built around identification with a film's characters instead of depending on the experience brought to the film by individual spectators. Editing strategies stressing characters' visual and auditory senses, along with their narrative intentions, turned every film into an invitation of identification.»[8]

Damit eröffnete sich den Filmemachern die Möglichkeit auch komplizierte Geschichten zu erzählen und ein ernsthaftes künstlerisches Produkt, jenseits der rein visuellen Attraktion des frühen Stummfilms, zu schaffen. Gleichzeitig wurde durch diese Weiterentwicklung auch die allgemein Qualität der meisten Filme gehoben, da die nun längeren Filme langsamer und mit einem höheren Budget produziert werden mussten.

Die langen Stummfilme zogen nun ein gebildetes Publikum an, so dass der Film gesellschaftsfähig wurde und begann die Achtung und Aufmerksamkeit des traditionellen Kulturbetriebs auf sich zu ziehen, infolgedessen sich unter anderem die Filmkritik im Feuilleton der Tageszeitungen etablierte.

Eine bedeutende Rolle spielte dabei auch die musikalische Begleitung, die in den Kinos angeboten wurde. Insbesondere in den Stummfilmpalästen der Metropolen, wie Berlin, Paris oder New York, wurde diese immer anspruchsvoller und aufwändiger. Dort begleiteten sogar komplette Orchester die Filme mit Variationen aus thematischen Melodien, die eigens für die Filme komponiert wurden.

> «In den Premierentheatern und Uraufführungskinos der größeren Städte, die Orchester beschäftigten, kauften die Besucher, wie Kurt London 1936 schrieb, ‹mit der Kinokarte zugleich eine Eintrittskarte fürs Konzert›. Dank seines technisch-industriellen Charakters konnte das Medium Film den doppelten Kunstgenuss

---

7 Tom Gunning: *D.W. Griffith And The Origins Of American Narrative Film. The Early Years At Biograph*. Urbana/Chicago 1994, S. 41–43
8 Altman 2004, S. 282–283.

außerdem für geringes Entgelt bieten, so dass der ‹Stummfilm mit Konzert› auch im Preis-Leistungsverhältnis ein kulturell konkurrenzloses Vergnügen war.»[9]

In dieser Form der auditiven Untermalung des Stummfilms kann somit eine formale und rezeptive Annäherung des Films an die Oper und das klassische Konzert erkannt werden, eine Form der kulturellen Unterhaltung, die einer großen Zahl des Stummfilmpublikums bis dahin vorenthalten geblieben war.

2.3 Sprache und Text im Stummfilm

Doch selbst die Schauspieler des Stummfilms waren eigentlich niemals stumm. Auch sie waren unentwegt am Sprechen, Schreien, Lachen, Singen und Flüstern – nur dass niemand im Publikum ihre stummen Worte hören konnte. Aus diesem Grund hält es Chion für sinnvoller den Stummfilm nicht als stumm, sondern als taub zu bezeichnen: «The silent film may be called deaf insofar as it prevented us from hearing the real sounds of the story. It had no ears for the immediate aural space, the here and now of the action.»[10]

Viele Autoren, wie Balázs, Kracauer oder Mitry verweisen dabei auf die Einzigartigkeit des Stummfilmerlebens für den Zuschauer. Arnheim findet dies insbesondere in der expressive Mimik und Pantomimik der Schauspieler, die dem Zuschauer so nicht nur Gedanken und Gefühle, sondern ‹Seelisches› sichtbar gemacht hätten. Dies sei eine Besonderheit des Stummfilms, die Arnheim gleichzeitig als Mangel des Tonfilms begreift, der jenen unmittelbaren Zugang zu den Gefühlen und zur Seele der Schauspieler nicht mehr zulasse.[11]

Jean Mitry, der sich mit der psychologischen Wirkung des Films auseinandergesetzt hat, argumentiert darüber hinaus, dass der Zuschauer – der im Stummfilm tatsächlich noch als reiner Zuschauer verstanden werden kann – dort sehr viel stärker zu einer individuellen Unterstützung der rein visuellen Narration angeregt worden sei.

> «Apart from the fact that speech was unnecessary (or should not have been necessary), the odd cries, sounds or even words suggested by the characters' description or behavior were ‹understood› by the audience which had to use its imagination to provide the characters and objects with the sound qualities they might have had in actual reality, and star-struck young girls credited the romantic lead with the sweet-nothings they longed to hear. Since the dialogue was unreasonable to suppose that this ‹imaginary dialogue› was potentially one of the most poetic aspects of a film.»[12]

---

9   Müller 2003, S. 105.
10 Michel Chion: *The Voice In Cinema*. New York 1999, S. 7
11 Vgl.: Rudolf Arnheim: *Film als Kunst*. Frankfurt 2002, S. 146–153 + S. 232–234 sowie Béla Balázs: *Der Geist des Films*. Frankfurt 2001, S. 16–18 + S. 32.
12 Jean Mitry: *Semiotics and the Analysis of Film*. Bloomington, Indianapolis 2000, S. 151.

2 Ton im Stummfilm – Die Geschichte des Films als audiovisuelles Medium

Eben diese auditiv, imaginierte Mitgestaltung der stummen Handlung ermöglichte, laut Müller, dem Zuschauer auch eine wesentlich größere Freiheit bei der poetischen Interpretation der dargestellten Narration. Dies führte dazu, dass die narrative Struktur des Stummfilms wesentlich freier erscheine, als die des Tonfilms. Viele Theoretiker setzen das Stummfilmerlebnis daher eher mit einem luziden Traumzustand oder der Selbsthypnose gleich.[13]

> «Anders als beim audiovisuell kohärenten Tonfilm war das Stummfilmkino noch stark durch offene Momente geprägt, die auch dadurch entstanden, dass das visuelle und das akustische Medium (der Live-Musik) in seiner jeweiligen Eigenexistenz präsent blieb und nicht zu einer unmittelbaren wirkungsästhetischen Einheit verschmolz. Die beiden ästhetischen Elemente verbanden sich auf mehrdeutige Weise zu emotional stimulierenden Angeboten, so dass das Erlebnis im Stummfilmkino nur bedingt steuerbar blieb.»[14]

Trotz dieser kreativen Freiheit, die dem Zuschauer durch die visuelle Sprache und Aufführpraxis des Stummfilms geboten wurde, schien die Visualität des Stummfilms alleine nie völlig auszureichen, um tatsächlich die vielfältigen Möglichkeiten des Kino-Erlebnisses auszuschöpfen. Der Stummfilm selbst war zwar stumm, die Vorführkultur des Stummfilms war es jedoch nur in den seltensten Fällen.

Des Weiteren weist auch der Gebrauch von Zwischentiteln auf einen existenten Mangel jener rein visuellen Sprache hin, die ohne die Mithilfe textlicher Zeichen oft nicht verständlich war. Anderseits wurde die Verwendung von Zwischentitel oft als störend und unbefriedigend empfunden, da diese den Fluss der Bilder und der Handlung unterbrachen. Auch waren die rein textliche Erklärungen für die große Anzahl der Analphabeten schlicht nutzlos.

> «Spoken dialogue was missing and subtitles, even when intelligently and sparingly used, were intrusive and usually broke the rhythm of the film. A study in 1914 demonstrated that one-fourth of the audience could read a printed title in one-third the time required by the rest of the audience. As a result most titles were designed for the slower three-fourths. As literacy increased, audiences found that titles were on screen for an intolerably long time.»[15]

Eine Problematik, die erst mit dem Aufkommen des Tonfilms vollkommen gelöst werden konnte.

---

13 Vgl.: René Clair: *Kino. Vom Stummfilm zum Tonfilm. Kritische Notizen zur Entwicklungsgeschichte des Films 1920–1950*. Zürich 1995, S. 83–84. sowie Müller 2003, S. 143 und Kracauer 1985, S. 215+217.
14 Müller 2003, S. 152.
15 Thomas W. Bohn, Richard C. Stormgren, Daniel H. Johnson: *Light & Shadows. A History of Motion Pictures*. 2 Auflage. Palo Alto 1983, S. 182.

3 «Listen, Mama! You Ain't Heard Nothing Yet.» – Der Siegeszug des Tonfilms

«Sound motion pictures were conceived in principle from the very beginning. Films were not silent because people wanted them to be; they were always a compromise created by a lack of technical knowledge and the industry's desire to avoid ‹rocking the boat› and bringing about a new form which would involve still greater expense.»[1]

Bei näherer Betrachtung der unzähligen Versuche, die im Laufe der frühen Filmgeschichte unternommen wurden, um Bild und Ton miteinander zu synchronisieren, erscheint der Übergang vom Stumm- zum Tonfilm nicht nur als eine vollkommen natürliche, sondern auch folgerichtige Entwicklung. In Anbetracht der zahlreichen Probleme, welche die Umstellung zum Tonfilm mit sich brachte, erscheint es jedoch als ebenso historisch-logisch, dass sich im Lauf der Filmgeschichte zuerst der stumme Film durchsetzen konnte, der technologisch und ökonomisch wesentlich leichter zu produzieren und vorzuführen war. Aus diesem Grund waren die ersten Tonfilme lediglich teilvertont, das heißt ein zum Bild synchroner Ton war nur in einzelnen Passagen oder Musiksequenzen zu hören, wie in THE JAZZ SINGER oder THE SINGING FOOL (Llyod Bacon, USA 1928).[2]

1   Bohn, Stormgren, Johnson, S. 174.
2   In Deutschland entwickelten Hans Vogt, Joseph Massolle und Joseph Engl, zwischen 1919 und 1922 das nach ihnen benannte *Tri-Ergon-Verfahren*. Das *Tri-Ergon-Verfahren* ist ein fotooptisches System, das die Tonaufzeichnung in ein Lichtsignal verwandelt das auf der Filmrolle als Sprossenschrift, zwischen den Perforationslöchern und dem Bildkader, fixiert ist. In Deutschland kam es ab 1922 zu den ersten öffentlichen Aufführungen von teilvertonten Filmen, wie DAS MÄDCHEN MIT DER SCHWEFELHÖLZERN (Guido Bagier, D 1925). Lee DeForest entwickelte in Amerika ein ähnliches Modell, das er 1923 erstmals der Presse vorführte. DON JUAN (Alan Crossland, USA 1926) wurde 1926 mit dem *Vitaphone System* in die Kinos gebracht. Beim *Vitaphone System* han-

3 «Listen, Mama! You Ain't Heard Nothing Yet.» – Der Siegeszug des Tonfilms

Anfänglich bedeuteten jene wenigen Szenen, in denen Bild und Ton synchron miteinander liefen, für das Publikum eine ähnliche Attraktion, wie das bewegte Bild zum Beginn der filmischen Entwicklungsgeschichte selbst. Der teilvertonte Film wurde zu einer Sensation, der die Geschichte des Films für immer verändern sollte, indem er den unaufhaltsamen Siegeszug des Tonfilms und damit das Ende der Stummfilmära ankündigte. Die Zuschauer waren so fasziniert die stummen Schauspieler nun endlich sprechen zu hören, dass die ästhetische Qualität jener ersten Tonfilme für das breite Publikum eine untergeordnete Rolle spielte.

> «Audiences had heard synchronized speech before, but only on formally contrived and easily anticipated occasions, such as the speech which preceded Don Juan. Suddenly, though, there was Jolson not only singing and dancing but speaking informally and spontaneously to other persons in the film as someone might do in reality. The effect was not so much of hearing Jolson speak as of overhearing him speak, and it thrilled the audience bored with the conventions of silent cinema and increasingly indifferent to the canned performances of the Vitaphone shorts. Thus, we say that the ‹talkies› were born with THE JAZZ SINGER not because it was the first to employ synchronized dialogue but because it was the first to employ it in a realistic and seemingly undeliberate way.»[3]

Die Studios und Kinobetreiber standen einer kompletten Umstellung zum Tonfilm zunächst jedoch sehr skeptisch gegenüber. Dies lag einerseits daran, dass sie befürchteten, das Produkt ‹Tonfilm› würde sich nicht gegen den Stummfilm durchsetzen können sowie sie vor den nur schwer kalkulierbaren Kosten zurückschreckten, die durch den Umbau des gesamten Produktions- und Reproduktionsapparates anfielen.[4]

Ein ähnliches Problem ist auch im Rahmen der aktuellen Digitalisierung des Kinos zu erkennen. Zwar sind sich bezüglich der Notwendigkeit einer Umstellung von 35-mm Kopien und deren Projektion auf digitales Material alle Parteien einig,

---

delt es sich um ein mechanisches Nadelton-Verfahren, bei dem der Filmprojektor mit großen Schallplatten koordiniert wird. Nur ein Jahr später folgte THE JAZZ SINGER. Als internationales Standard-Verfahren sollte sich ab 1930 schließlich die Lichttontechnik durchsetzen, die bereits ab 1927 von den Fox Studios für ihre Wochenschauen – die FOX MOVIETONE NEWS – verwendet wurde.

3   David A. Cook: *A History of Narrative Film*. 3. Auflage. New York / London 1996, S. 246.
4   Im Zuge der Umrüstung vom Stummen- zum Tonfilm kristallisierten sich eine Vielzahl von Problemen heraus: Nicht nur die Stummfilmkinos mussten mit Ton-Equipment und Lautsprechern ausgestattet werde, sondern häufig auch komplett umgebaut werden, da sie nicht wie die heutigen Kinos nach den Gesetzen der Raumakustik, gebaut waren. Die Rollen der Tonleute, Mischmeister und Filmkomponisten mussten im Gesamtgefüge der filmischen Produktion erst definiert und gefunden werden sowie die Drehbücher nun nach einer veränderten Qualität verlangten. Dies führte dazu, dass zahlreiche Bühnen-Autoren und Schriftsteller von den Studios unter Vertrag genommen wurden, was eine erhöhte Komplexität der erzählten Geschichten zur Folge hatte.

jedoch bestehen extrem unterschiedliche Standpunkte zwischen Verleihern und Kinobetreibern bezüglich der Kostenverteilung dieser Umrüstung.[5]

Für den Filmverleih, insbesondere die europäische Filmindustrie, stellte sich als eigentliche Schwierigkeit jedoch die internationale Aufführbarkeit des Tonfilms heraus, da dessen Sprachbindung gleichzeitig eine enorme Eingrenzung des potenziellen Publikums mit sich brachte. Daher führte das Aufkommen des Tonfilms zu einer anfänglichen Nationalisierung der Filmindustrie. Den Studios war es nun nicht mehr möglich, ihr Produkt durch das kostengünstige Austauschen der Zwischentitel einem internationalen Markt zugänglich zu machen. Um diese sprachlichen Barrieren zu überwinden, mussten erst die unterschiedlichsten Lösungsansätze entwickelt werden.

Die UFA versuchte sich unter anderem an der Produktion von **polyglotten Tonfilmen**, wie DIE NACHT GEHÖRT UNS (Carl Froelich / Henry Roussel, D/F 1929) oder KAMERADSCHAFT / LA TRAGÉDIE DE LA MINE (G. W. Pabst, F/D 1931). In diesen Filmen wurden, handlungsabhängig, die europäischen Nachbarländer einbezogen und die dementsprechenden Sequenzen so in der jeweiligen Landessprache vertont. Der für ein Land jeweils sprachfremde Teil wurde dann untertitelt. Die Produktion dieser polyglotten Tonfilme war jedoch zu kostenintensiv und aufwändig, so dass sich diese Form nicht durchsetzen konnte.

Ein weiterer Lösungsansatz lag in der Produktion von verschiedensprachigen Versionen, den sogenannten *multilinguals*. Die MGM und die Universal Studios begannen ab 1928 Schauspieler aus Frankreich und Deutschland zu importieren, um mit diesen die fremdsprachigen Versionen ihrer parallel produzierten, englischsprachigen Tonfilme zu drehen. Zu demselben Zweck bauten die Paramount Studios einen Studiokomplex in Joinville in der Nähe von Paris, um dort die Filmversionen des englischsprachigen Originals für den europäischen Markt zu produzieren.

Da sich all diese Techniken letztendlich jedoch als zu kostenintensiv, umständlich und dabei qualitativ minderwertig erwiesen besteht seit 1933 die allgemeine Praxis die Filme für Länder mit einem großen Marktanteil, wie Deutschland oder Italien, zu synchronisieren und für alle kleinen Länder auf Untertitel, als überhaupt kostengünstigstes Verfahren, zurückzugreifen.[6]

Für das schnelle Durchsetzen des Tonfilms war es weiterhin förderlich, dass die gesamte Filmindustrie Mitte der 1920er Jahren mit einem stagnierenden Markt zu

---

5   Vgl.: Grundlagenpapier des Verbands der Filmverleiher: ‹*Digitalisierung als einzigartige Chance der Kinowirtschaft*› Berlin, Dezember 2007.
6   Diese Praxis wurde für lange Zeit nicht in Frage gestellt. Erst seit kurzem sind häufiger Kritiken an der Qualität der Synchronisation eines Films zu lesen, was vor allen Dingen daran liegen mag, dass die originalsprachigen Versionen durch das Internet sowie die technische Ausstattung von DVD und BluRay nun wesentlich leichter verfügbar und aufgrund allgemein besserer Englischkenntnisse auch vertrauter sind. Vgl.: Vincent LoBrutto: *Sound-On-Film. Interviews with Creators of Film Sound*. Westport/London 1994, S. 108.

3 «Listen, Mama! You Ain't Heard Nothing Yet.» – Der Siegeszug des Tonfilms

kämpfen hatte. Die zuvor konstant steigenden Zuschauerzahlen waren erstmals rückläufig und auch die Großproduktionen aus Hollywood vermochten nicht mehr jene Publikumsmassen anzuziehen, wie in den Jahren zuvor. Einen überzeugenden Umsatz an der Kinokasse konnten nur die neuartigen, teilvertonten Filme einspielen.[7]

Damit führten auf der einen Seite die finanziellen Interessen der Studios und auf der anderen Seite die Begeisterung der Zuschauer für die neugeborenen Möglichkeiten des Mediums dazu, dass der Tonfilm den Stummfilm so rasch verdrängen konnte.

> «Die in den USA sprichwörtlich gewordene Massen-Faszination durch den Tonfilm bestätigt sich in London. Von zwölf bis dreiundzwanzig Uhr wechseln die Besuchermassen unaufhörlich in den Filmsälen. Vor ein paar Monaten wurde der amerikanische Slang noch belächelt, heute findet man ihn selbstverständlich, und morgen wird er die Sprache der Londoner prägen. Vorigen Monat schlossen drei Theater, um sich in Tonfilmsäle zu verwandeln.»[8]

Auch die deutsche Filmindustrie reagierte sehr schnell, da abzusehen war, dass die amerikanischen Studios mit ihren Tonfilmen einen erfolgversprechenden Publikumsmagneten auf den Markt brachten. Insbesondere die UFA wollte verhindern, dass ihr das zahlende Publikum an der Novität der sprechenden und singenden Bilder aus Amerika verloren gehen würde sowie sie auf den US-Markt als zusätzliches Absatzgebiet angewiesen war. Dies führte dazu, dass die deutsche Filmindustrie innerhalb nur weniger Jahre den gesamten Markt auf den Tonfilm umstellte. Bereits ab 1930 wurden die meisten Stummfilme nachvertont und ab 1931 wurde die Stummfilmproduktion in Deutschland praktisch komplett eingestellt, obwohl der Kinosektor erst ab 1935 vollständig für den Tonfilm umgerüstet war. In den USA wurden dagegen noch bis 1935 vereinzelt Stummfilme produziert, wie etwa THE SINGLE STANDARD (John S. Robertson, USA 1929) oder CITY LIGHTS (Charles Chaplin, USA 1931).

Bis 1932 konnten alle anfänglichen, schwerwiegenden technischen Mängel behoben werden, durch die Entwicklung von neuen Kameras (die Mitchell NC und 1938 schließlich die Mitchell BNC), dynamischer Mikrophone, neuem Tonfilmmaterial und neuen Beleuchtungs- und Schnitttechniken. Auch gab es erste Lösungsansätze zur Rauschunterdrückung, indem der weiße Grund der Zackenschrift geschwärzt wurde oder das so genannte ‹Push-Pull Verfahren› angewandt wurde, bei dem die Tonspur durch die Addition eines Negativs verdoppelt wird.

1931 konnte sich die amerikanische Filmindustrie dann auf ein einheitliches Tonaufzeichnungsverfahren einigen, womit sich endgültig das Lichtton-Verfahren durchsetzte. Der Tonfilm konnte nun eine neue ästhetische und formalistische Epoche in der Filmgeschichte einleiten, aufgrund dessen der Stummfilm erstmalig durch seinen Mangel an synchronem Ton definiert werden sollte.

7   Vgl: Cook, S. 248.
8   Clair 1995, S. 113.

4 Die Vorbehalte gegen das Aufkommen der Sprache im Film

«Der erste Eindruck ist niederdrückend. Da der Lautsprecher hinter der Leinwand angebracht ist, kommen die Stimmen immer vom gleichen Punkt her. Die Synchronisation ist zwar gelungen, wirkt aber auf den Zuschauer irritierend. Analysiert man seine Irritation, so findet man heraus, daß die Übereinstimmung von Lippenbewegung und ausgesprochenen Silben strengere Anforderungen an die Natürlichkeit stellt und optische Anhaltspunkte im Raum erfordert. [...] Zur Vertuschung dieses Gebrechens und wohl aus technischen Gründen vermied der Regisseur während der Wortwechsel Veränderungen der Kamera-Einstellung, was eine gewisse filmische Monotonie, eine schwerfällige Gangart, ein Stagnieren zur Folge hat und unmittelbar ans Theater mit seinem an der Rampe gesprochenen Text erinnert.»[1]

Obwohl die Entwicklung des Films, vom Stummfilm zum Tonfilm, aus unserer historischen Perspektive nur natürlich erscheint, wand sich in den Anfangsjahren des Tonfilms eine große Zahl der Filmkritiker und -theoretiker vehement gegen das Eindringen des Tons in das ästhetische Gefüge des Films. Die Argumente hierfür waren zahlreich und mochten in Anbetracht der ersten Tonfilme teilweise sogar begründet gewesen sein, jedoch klingt der Nachhall jener Argumente noch heute nach – insbesondere, wenn Argumente gegen eine Verwendung der Voice-Over-Narration hervorgebracht werden.

---

1   Clair 1995, S. 107.

4 Die Vorbehalte gegen das Aufkommen der Sprache im Film

4.1 «Der Film ist ein visuelles Medium.»

> «Der Film ist ein visuelles Medium. Die Legitimität dieser Vorherrschaft gründet in der unbestreitbaren Tatsache, daß nicht die Tonkamera, sondern die eigentliche Filmkamera die spezifischsten Leistungen des Kinos zuwege bringt; weder Geräusche noch Sprache gehören ausschließlich dem Film an. Man mag die Ansicht vertreten, daß das Hinzukommen der Sprache Versuche rechtfertige, ein Gleichgewicht zwischen Wort und Bild herzustellen; wie sich bald zeigen wird, sind solche Versuche jedoch zum Scheitern verurteilt. Tonfilme entsprechen dem ästhetischen Grundprinzip nur, wenn ihre wesentliche Mitteilung von den Bildern ausgeht.»[2]

Eines der bekanntesten Argumente gegen eine gleichberechtigte Rolle des Tons im Film ist sicherlich jene Prämisse Kracauers, die er bereits im Vorwort seiner *Theorie des Films* setzt: «[...] daß der Film im Wesentlichen eine Erweiterung der Fotografie ist und daher mit diesem Medium eine ausgesprochene Affinität zur sichtbaren Welt um uns herum gemeinsam hat.»[3]

Da viele der Kritiker des Tonfilms befürchteten, dass die Virtuosität der erst kürzlich *entfesselten* Kamera und die etablierten Montage-Techniken durch die aufwändige Tontechnik beeinträchtigt würde, wandten sie sich, mit solchen und ähnlichen Aussagen, gegen den vermeintlichen ‹Zerfall der visuellen Sprache des Films›. In dieser ausdrücklich visuellen Sprache des Stummfilms, glaubten sie den reinen Film erkennen zu können, der sich als Kunstform insbesondere von der Literatur und dem Theater absetzen sollte. Gerade der Dialog, so befürchteten daher viele, würde den Film zu sehr ans Theater und die Literatur heranführen.

> «The late twenties' worldwide conversion to synchronized sound was received by many film-makers as an affront (Clair, Eisenstein, and Pudovkin, among others). Intent, on exacting satisfaction, they found a clever method of disenfranchising the offending sound track. Cinema was cinema before the sound track was added, they said, so sound cannot be a fundamental component of the cinematic experience, and thus of secondary importance. [...] sound's critics set up an all-or-nothing opposition that has been perpetuated by generations of critics. On one side an ethereal cinema of silence, punctuated by only careful chosen music; on the other side, the talkies, with their incessant, anti-poetic dialogue.»[4]

Einige der Vorbehalte treffen dabei tatsächlich auf die ersten Tonfilme zu. Hauptsächlich lag das jedoch an der noch unausgereiften Technik, die komplexe Kamerafahrten und Schnitte nicht möglich machte. Des Weiteren war in den ersten Jahren

---

2   Kracauer 1985, S. 148.
3   Kracauer 1985, S. 11.
4   Rick Altman: Four and a Half Film Fallacies. In: Rich Altman (Hrsg.): *Sound Theory / Sound Practice*. New York 1992, S. 35–36.

4.1 «Der Film ist ein visuelles Medium.»

der Tonfilmpraxis die Verwendung von asynchronem oder kontrapunktisch zum Bild eingesetztem Ton verpönt. Um die ‹Echtheit› eines auditiven Elements zu belegen musste der Ton in dieser Anfangszeit immer eine natürliche, sprich im Bild erkennbare Quelle haben. Man glaubte eine verifizierende Einheit von Geräuschen und deren Quelle etablieren zu müssen und vermied somit jegliche Hinweise auf asynchrone oder nachvertonte Elemente. Aber auch die Zuschauer wollten in dieser Anfangsphase des Tonfilms die Schauspieler tatsächlich gleichzeitig sehen **und** hören.

Dies führte dazu, dass die ersten Tonfilme sprachfixiert waren. Ihre visuelle Struktur wurde durch das synchrone Abbilden von Sprache, Musik und Geräuschen dominiert.

> «Das filmische Medium wurde aufgrund technischer Unvollkommenheit und mangelnder Erfahrung der Rezeption als brüchig empfunden. Dieser Brüchigkeit versuchte man in der Hollywood-Klassik entgegenzuwirken, indem man die dargestellten Objekte und Handlungen doppelt kodierte, optisch und akustisch. [...] Die Geräusche sollten keine eigene akustische Qualität besitzen, sondern möglichst schnell und problemlos einen bestimmten Vorgang oder eine bestimmte Quelle bezeichnen, um die nahtlose Fiktion zu unterstützen. Die Tonspur wurde unter diesen Prämissen funktionalisiert und dem narrativen und visuellen Fluss angepaßt.»[5]

Gerade diese strikte blickgebundene Verwendung des Tons führte jedoch zu einer extremen Statik des Bildlichen und warf den Film in seiner Virtuosität und Ausdruckskraft um Jahre zurück.

> «Die Beziehung zwischen visueller und akustischer Darstellung war im Kontext der Hollywood-Klassik reziprok, was gerade in der Floskel ‹See a dog – hear a dog› zum Ausdruck kommt. Jedes lebendige oder bewegte Objekt musste mit einem entsprechenden Geräusch versehen werden.»[6]

Daher plädierten zahlreiche Theoretiker wie Eisenstein, Pudovkin, Kracauer und Clair für eine kontrapunktische und asynchrone Verwendung des Tons, während zur selben Zeit einige Filmschaffenden mit der Idee spielten Tonfilme ohne Dialoge zu produzieren, woraus der sogenannte **Geräuschfilme** entstand, wie beispielsweise WINGS (William A. Wellmann, USA 1929) oder MELODIE DER WELT (Walter Ruttmann, D 1929). Jedoch blieben diese Geräuschfilme nie viel mehr als ein aufregendes Experiment und konnten sich beim Publikum nicht gegen den auf Dialoge fokussierten Tonfilm durchsetzen.

> «Zu Beginn der Tonfilmära bediente man sich der ganzen Tonklaviatur, die das Mikrophon wiedergab. Bald merkte man jedoch, daß die simple Kopie der Wirklichkeit

---

5   Flückiger 2003, S. 136
6   Flückiger 2003, S. 137.

4 Die Vorbehalte gegen das Aufkommen der Sprache im Film

einen ganz unwirklichen Eindruck vermittelte und Töne ebenso sorgfältig ausgewählt sein wollen wie Bilder.»[7]

In der filmischen Praxis löste sich dementsprechend ab 1930/1931 diese starre Zwangseinheit von Bild und Ton ab. Von da an begann man auch in breiteren Massenproduktionen experimentierfreudiger mit den sich bietenden Möglichkeiten des Tons umzugehen, wie in BLACKMAIL (Alfred Hitchcock, GB 1929), APPLAUSE (Rouben Mamoulian, USA 1931) oder HALLELUJA (King Vidor, USA 1931). Gleichzeitig wurden die Vorbehalte gegen das Aufkommen des Tonfilms aufgrund der sich nun deutlich zeigenden sprachlichen Barrieren verstärkt, insbesondere da einige Filmschaffende gehofft hatten mittels der ausgeprägten, visuellen Sprache des Stummfilms eine international verständliche Bildsprache zu erschaffen. Dieses ‹semiotische Esperanto› sollte die verbale Sprache und damit auch alle sprachlichen Grenzen überwinden, um so zu einer friedlichen, internationalen Verständigungsform führen.[8]

> «They were almost afraid of verbal language, for even as they were defining the cinema as a nonverbal language, they were still obscurely thinking of some nonverbal pseudo-verbal system within their films. [...] The image is like a word, the sequence like a sentence, for a sequence is made up of images like a sentence of words, etc. By assuming this position, the cinema, for all its proclamations of superiority, was condemning itself to perpetual inferiority.»[9]

Zwar erschwerte das Aufkommen der Sprache die internationale Auswertung des Mediums Film, jedoch eröffnete sich durch die sprachliche Determination gleichzeitig die Möglichkeit dem künstlerischen Produkt Film eine Eindeutigkeit im Ausdruck zuzuführen, die ihm in seiner Stummheit versagt war. Die Mehrdeutigkeit der rein visuellen Aussagen des Stummfilms, die zu äußerst subjektiven Interpretationen einzelner Sequenzen führen konnten, wurde mit dem Hinzukommen der Sprache aufgelöst.[10]

Mittels einer Voice-Over-Narration kann die rein visuelle Aussage eines Films sogar untergraben und ins Gegenteil verkehrt werden, wie in STAGE FRIGHT (Alfred Hitchcock, GB 1950). Dort führt der des Mordes verdächtigte Jonathan Cooper seine Verlobte – und den Zuschauer – mittels seiner Voice-Over-Narration in ein Flashback, in dem seine Geliebte, die Schauspielerin Charlotte Inwood, als Mörderin dargestellt wird. Erst gegen Ende des Films wird diese Rückblende als Lüge enttarnt und es stellt sich heraus, dass Cooper selbst der wahre Mörder ist.

---

7   Clair 1995, S. 112.
8   Vgl.: Clair 1995, S. 14
9   Christian Metz: *Film Language. A Semiotics Of The Cinema*. Chicago 1991, S. 50–51.
10 Vgl.: Kracauer 1985, S. 149–150.

4.2 Sprache führt den Film zum Theaterhaften

Als künstlerisches Medium wurde es dem Film nun möglich sich zusätzlich den Ausdrucks- und Stilmitteln der Literatur und des Theaters zu bedienen. Eine Möglichkeit, die von Vielen als enorme Bedrohung empfunden wurde. Diese Annäherung des Films an die Literatur und das Theater wurde insgesamt äußerst kritisch betrachtet, da man befürchtete, dass sich der Film, durch eine zu starke Fixierung auf die Sprache, zu einer Unterform des Theaters entwickeln würde und damit seine erst kürzlich errungene Stellung als eigenständige Kunstform wieder verlieren würde.

> «In den Anfängen des Tonfilms war das Kino ‹sprachbesessen›; viele Filmregisseure gingen von der ‹absurden Annahme aus, daß man, um einen Tonfilm zu drehen, lediglich ein Theaterstück zu fotografieren brauche›. Und das war mehr als nur eine vorübergehende Mode. Die große Masse aller Tonfilme konzentriert sich noch immer auf den Dialog.»[11]

Durch die plötzliche Konzentration auf das gesprochene Wort wandelte sich der visuelle Stil des Films tatsächlich grundlegend: Schuss-Gegenschuss-Aufnahmen ersetzen dramatische Großaufnahmen mimischer Gesten der stumm agierenden Schauspieler. Das visuell stilisierte Bild des Stummfilms musste dem synchronisierten Ton und dem gesprochenen Wort weichen, so dass viele Liebhaber des Stummfilms das Gefühl hatten, die filmischen Bilder würden ihre eigenständige Aussagekraft verlieren und nur noch der reinen Illustration des Tons dienen. Das führte außerdem zu Befürchtungen, dass der Film zu einer ‹Kunst aus zweiter Hand› verkommen würde, der lediglich schlecht abgefilmte Bühnenstücke darbieten, beziehungsweise die bereits zu Stummfilmzeiten bemängelten Zwischentitel nun über die Tonspur präsentieren würde.[12]

Weiterhin wurde die Annäherung des Films an das Theater nicht nur aufgrund ästhetischer, sondern auch ideologischer Überlegungen abgelehnt, worin sich die von Lessing etablierte, strikte Trennung der einzelnen Kunstformen wiedererkennen lässt.[13] Das Theater wurde, als elitäre Unterhaltungsform der gehobenen Klasse verstanden. In seiner Ausdruckskraft sei es dem Diktat der Sprache unterworfen und wurde mit einer abstrakten Form des Denkens und der Logik assoziiert. Dagegen wurde der Film, insbesondere der Stummfilm, als eine gemeinschaftliche Kunstform der Massen und des Volkes verstanden und dementsprechend auch mit einer wesentlich ursprünglicheren Form der Unterhaltung, des Denkens und Wahrnehmens assoziiert.[14]

---

11 Kracauer 1985, S. 149.
12 Vgl.: Clair 1995, S. 130 + 143.
13 Vgl.: Gotthold Ephraim Lessing: *Laokoon oder Über die Grenzen der Malerei und Poesie*. Stuttgart 2006, S. 4–5 + 114.
14 Insbesondere Arnheim und Kracauer versuchten den Film als eigenständige Kunstform zu emanzipieren. Für Arnheim verweist das filmische Bild auf eine neu geschaffene, artifiziell gestaltete

4.3 Sprache ist überflüssiges Geplapper

> «Niemand wird bestreiten, daß der Dialog wesentliches beiträgt, wenn er sich in prägnanter Kürze der sichtbaren Handlung einfügt, aber das große Bild auf der Leinwand bleibt wahrnehmungsmäßig nach wie vor dominant, und was die künstlerische Wirkung angeht, so lahmt man die Bildsymbolik nicht ungestraft durch langwieriges Gerede, ob es nun mit französischer Leichtigkeit oder als schwedisches Schwergewicht aufgetischt wird.»[15]

Ein weiteres Argument zahlreicher Theoretiker gegen eine zu deutliche Verlagerung der ästhetischen und narrativen Aussage des Filmischen auf die Tonspur lautete, dass mittels der Sprache das bereits visuell Wahrgenommene lediglich wiederholt würde. Dies ist auch ein Argument, das sehr häufig als Beleg dafür angebracht wurde und wird, dass die Voice-Over-Narration ein im Film überflüssiges Erzählelement sei. Dabei wird jedoch die Prämisse gesetzt, dass das Visuelle die ursprüngliche Aussage des Filmischen in sich trägt und die auditiv-narrative Botschaft der Tonspur lediglich ein Zusatz ist, der jene visuelle Aussage nur bedingt bereichern kann. Aus diesem Grund sollte die Sprache im Film nur zu einem Minimum eingesetzt werden. Ihre Funktion sollte sich darauf beschränken Handlungen zu erläutern oder eben diese gezielt voran zu treiben. Hauptsächlich sollte der Film jedoch durch seine Visualität bestechen und damit eine ausdrückliche Dominanz des Visuellen über das Auditive bestehen bleiben.

> «Doppelt hält besser! ist ja das beliebteste Argument für den Tonfilm. Und doch ist es sicherlich falsch. Niemand – und auch gerade der naive Mensch nicht – vermisst beim stummen Film, solange es keinen tönenden gab, den Klang. [...] Der Tonzusatz verstärkt das Bild nicht, sobald dies selbst alles Notwendige bietet; er stört auch nicht, denn beide zusammen bilden ja einen einheitlichen Naturvorgang, aber er ist entbehrlich und vor allem: Er schwächt sehr häufig ab.»[16]

Neben diesem Argument der vermeintlich, sinnlosen Verdoppelung von audiovisuellen Informationen durch eine synchrone Bild-Ton Verwendung, führt Sarah Kozloff in *Overhearing Film Dialogue* noch einen weiteren Grund für diese Vorbehalte auf, die gegen ein Eindringen der gesprochenen Sprache in den Film angebracht wurden. Sie belegt, dass jene Prämisse der Dominanz des Visuellen im Film unter anderem daher rührt, dass Gesprächigkeit schon immer mit Weiblichkeit und infolgedessen mit Trivialität und Schwäche in Verbindung gebracht wurde.

Wirklichkeit hin (Vgl.: Arnheim 2002, S. 24 ff.). Für Kracauer verweist der Film dagegen immer auf unsere Wirklichkeit und macht uns diese neu erfahrbar und spiegelt somit ‹die physische Realität der Dinge› wieder (Vgl.: Kracauer 1985, S. 387–389.).

15 Arnheim 2002, S. 11.
16 Arnheim 2002, S. 234.

Schweigen dagegen galt als männlich, integer und intellektuell.[17] Dies spiegelt sich auch in zahlreichen Sprichwörtern wider: ‹Reden ist Silber. Schweigen ist Gold› oder ‹Showing is superior than telling›.[18]

Die Idee des ‹Primats des Sehens› liegt bereits in der griechischen Antike begründet, mit Philosophen wie Aristoteles oder Platon, die im Sehen die Grundlage für das Verstehen zu erkennen glaubten. Diese Vorstellung findet sich ebenso in den Schriften Leonardo da Vincis, Goethes, Novalis oder Wittgensteins wieder.[19]

Dieses Vorurteil, dass die visuelle Wahrnehmung der auditiven überlegen sei, kann sogar in unserer allgemeinen physio-psychologischen Entwicklung erkannt werden. Von Geburt an wird unsere visuelle Wahrnehmung stärker gefördert und konditioniert, was natürlich in unserer stark visuell orientierten Kultur begründet liegt. Diese, in unserer westlichen Gesellschaft kulturell bedingte, Bevorzugung der visuellen Wahrnehmung ließ wiederum zahlreiche Theoretiker Schlussfolgerungen bezüglich einer hierarchisch dominanten Stellung der visuellen Wahrnehmung ziehen.[20]

«Das Sehen ist von allen Sinnen der umfassendste und deshalb der dominierende. Durch das Sehen erhalten wir den vollständigsten Eindruck von der Welt, und es ist der Sinn, der unser Weltbild – es heißt ja deswegen auch Weltbild und nicht Weltton oder Weltgeschmack – am nachhaltigsten bestimmt, unsere Haltung gegenüber der Welt am meisten prägt.»[21]

4.4 Singin' in the Rain – auditiver Formalismus oder Realismus

Ein zusätzliches ästhetisches als auch ideologisches Problem entstand durch die Erwartung des Publikums und der Kritiker, dass das Hinzukommen des Tons dem Film automatisch ein höheres Maß an Realismus und Authentizität zuführen würde. Diese Erwartungen riefen gleichzeitig die Befürchtung hervor, dass eben jene realistischen Tendenzen den Film in seiner Ausdruckskraft beengen und einschränken würden. Man glaubte, dass eine Steigerung des filmischen Realismus dem Film als Kunstform entgegenwirken würde und dessen künstlerische Weiterentwicklung behindern würde.

---

17 Vgl.: Sarah Kozloff: *Overhearing Film Dialogue*. Berkeley/London. 2000, S. 9–13.
18 Kozloff 2000, S. 10.
19 Vgl.: Hadumoth Radegundis Schlopp: *Das Sehen als Medium menschlicher Bildungsprozesse*. München 2004, S. 106–109. sowie Ulrich Hohoff: *E.T.A. Hoffmann – Der Sandmann*: Textkritik/Edition/Kommentar. Berlin/New York 1988, S. 283–284.
20 Vgl.: Karl R. Gegenfurtner: *Gehirn & Wahrnehmung*. 4. Auflage. Frankfurt 2006. S. 39.
21 Götz Spielmann: Sprache im Film: Dialog und Bild. In: Gustav Ernst (Hrsg.): *Sprache im Film*. Wien 1994, S. 109.

4 Die Vorbehalte gegen das Aufkommen der Sprache im Film

«Der Tonfilm, der die visuelle Ebene mit der akustischen zu einer konkreten Eindeutigkeit verband und den Film damit materialtechnisch unweigerlich ‹realistischer› wirken ließ, stellte vor eine problematische, beinahe dramatische Situation: Durch den Stummfilm war das Kino ein Ort des hermetischen Rückzugs aus dem Alltag geworden, ein Ort der ‹Entspannung›, des ‹träumerischen› kreativen Mitschaffens und der Anpassung der Filmangebote ans subjektive Empfinden, während man vom Tonfilm mit einer ‹komplizierten Wirklichkeit› und dem Druck zum ‹Aufpassen› konfrontiert wurde.»[22]

Interessant ist bezüglich dieser These sicherlich der Umstand, dass der Ton mit den FOX MOVIETONE NEWS tatsächlich zuerst in einen Bereich des Mediums eingeführt und allgemein akzeptiert wurde, der sich der ausdrücklichen Abbildung der Realität verschrieben hatte. Des Weiteren argumentiert Müller, dass sich die Ästhetik des Stummfilms teilweise bewusst gegen eine naturalistische Darstellungsästhetik gewandt habe (was beispielsweise im deutschen expressionistischen Film deutlich wird), um sich so gegen die etablierten Kunstformen als eigenständige Ausdrucksform behaupten zu können. Die Stummheit des Films könne daher durchaus als Voraussetzung für dessen kulturelle Durchsetzung gedient haben, da sich das Medium Film so von den etablierten Bühnenkunstformen abgrenzen konnte, die sich maßgeblich des Ausdrucksmittels ‹Sprache› bedienten.[23] Der Film konnte anstelle dessen eine expressive, visuelle Sprache entwickeln, die ihn von allen bisher dagewesenen ästhetischen Ausdrucksform unterschied.

«Insofern hatte der Stummfilm eine wichtige kulturhistorische und in gewisser Weise sogar anthropologische Funktion, weniger indem er den menschlichen Wahrnehmungsapparat ‹modernisierte› und für die Wahrnehmung einer beschleunigten Umwelt- und Medienrealität trainiert hätte, als vielmehr in dem er dabei half, das Bewegtbildmedium in der Kultur des Fiktionalen zu etablieren und – wie beim Schriftmedium – die unwillkürliche Fähigkeit entstehen zu lassen, über die angemessene Rezeptionshaltung gegenüber der filmischen Fiktion im ‹stillen Wissen› um ihre Nichtwirklichkeit trotz ihres Realanscheins durch das fotografische Prinzip des Bewegtbilds zu verfügen. Vereinfacht gesagt, war der (schwarzweiße) Stummfilm so abstrakt, dass er es ermöglichte, in einer ‹Schulungsphase› jenes ‹Umschalten› zwischen der Rezeption einer Tatsachen – und einer fiktionalen Ebene zu jenem unbewussten Vorgang werden zu lassen, der die souveräne Mediennutzung ausmacht.»[24]

Spätestens mit dem Aufkommen des langen, narrativen Stummfilms war die Stummheit ein etablierter Bestandteil der Kunstform Film. Dies führte jedoch

---

22 Müller 2003, S. 172.
23 Vgl.: Müller 2003, S. 138–140.
24 Müller 2003, S. 128–129.

4.4 Singin in the Rain – auditiver Formalismus oder Realismus

dazu, dass der an den Stummfilm gewöhnte Zuschauer mit dem Aufkommen des Tonfilms erst wieder lernen musste diesen zu lesen und zu verstehen. Damit wird auch plausibel, warum sich die ersten Tonfilme stark an jene frühe Phase des Stummfilms, dem ‹Kino der Attraktionen› orientierten und hauptsächlich durch die Novität des synchronen Tons das Publikum begeisterten, nicht jedoch durch ausgeprägte narrativ-ästhetische Strukturen.

Ein weiteres Problem für Zuschauer und Kritiker bestand darin, dass der Tonfilm nicht nur ein höheres Maß an Realismus in den Film trug, sondern ebenso neu gewonnene Möglichkeiten zur Manipulation der filmischen Realität bot. Insbesondere die Technik des Nachsynchronisierens von Sprache, Geräuschen und Musik war anfangs mit zahlreichen Tabus belegt, so dass man häufig auf aufwändige und kostenintensive Direktton-Aufnahmen zurückgriff.

«Anders als der stumme Film, der sich deutlich erkennbar als ‹Kunstwirklichkeit› darbot, suggerierte der Tonfilm die Authentizität einer naturgetreuen Übereinstimmung von Bild und Ton wie bei der natürlichen menschlichen Wahrnehmung, einen ‹Realismus› von Sicht- und Hörbaren in der Unmittelbarkeit und Einheit von sinnlich wahrnehmbarer Geräuschquelle und Akustik. Der Tonfilm hatte den ‹realistischen› Gestus, dass man den Schauspielern im Tonfilm körperlich und akustisch ‹authentisch› erlebte, was bei der Nachsynchronisation auch durch denselben Schauspieler nicht mehr unmittelbar der Fall war. Wenn es keine deutlich erkennbaren Anzeichen für diese ‹Täuschung› mehr gab, war man den Manipulationen der ‹gespenstischen Technik› gewissermaßen ohnmächtig ausgeliefert, was beim Aufkommen des Tonfilms offenbar noch als ein Konflikt empfunden wurde.»[25]

Der Tonfilm konfrontierte den Zuschauer, durch die Möglichkeit des Nachsynchronisierens, demnach erstmals mit den Möglichkeiten des Mediums zur Erschaffung eines künstlichen Menschen. Durch die technische Trennung von Körper und Stimme konnte nun eine auditiv, unabhängigen Stimme mit einem visuell, festgeschriebenen Körper beliebig verknüpft werden.[26]

«Dies Problem harrt noch immer seiner Lösung, und der Turmbau zu Babel ist nach wie vor das Symbol des Tonfilms. Die Untertitelung ausländischer Filme, die den Beschauer zum Lesen zwingt, statt daß er sieht und hört, ist ein Unding; und von der Synchronisation sagt Jean Renoir mit Recht, ihr Erfinder wäre im Mittelalter

---

25 Müller 2003, S. 349.
26 Die ausschließliche Verwendung von Direkttonaufnahmen für einen Film wurde sogar als Marketingstrategie eingesetzt. Müller belegt dies sehr ausführlich anhand der Produktionsfotos des Luis Trenker Films Berge in Flammen (Karl Hartl / Luis Trenker, D/F 1931), wofür sogar eine Tonkamera in die Berge transportiert wurde, obwohl es mit dem damaligen technischen Equipment eigentlich unmöglich war in einer solch extremen Umgebung einen verwendbaren Direktton aufzufangen. Vgl.: Müller 2003, S. 347–348.

4 Die Vorbehalte gegen das Aufkommen der Sprache im Film

1 Der Betrug wird aufgedeckt. Debbie Reynolds und Jean Hagen in SINGIN' IN THE RAIN (USA 1952)

auf den Scheiterhaufen gekommen. Einem Körper eine fremde Stimme zu geben sei so schlimm wie Hexerei.»[27]

Diese Versuche die Praxis des Synchronisierens zu vertuschen, wie dies für den frühen Tonfilm häufig der Fall war, wird in SINGIN' IN THE RAIN (Gene Kelly / Stanley Donen, USA 1952) in selbstreflexiver, ironischer Form aufgearbeitet. SINGIN' IN THE RAIN erzählt, wie die Stummfilmstars Don Lockwood (Gene Kelly) und Lina Lamont (Jean Hagen) die Umstellung vom Stumm- zum Tonfilm erleben. Nach dem großen Erfolg der ersten Tonfilme beschließt das Studio den neusten Lockwood und Lamont Film, THE DUELLING CAVALIER, noch während des Drehs in einen Tonfilm zu konvertieren. Dabei hat die Crew mit sämtlichen Problemen der frühen Tonfilmproduktion zu kämpfen. Filmgeschichtliche Fakten zur Umstellung der gesamten Filmindustrie auf den Tonfilm werden dabei im Fast-Forward und mit viel Ironie erzählt. So wird nicht nur eine Stummfilmvorführung mit musikalischer Begleitung dargestellt, sondern auch die Probleme beim Umgang mit der ungewohnten Tontechnik, wenn der Regisseur beispielsweise verzweifelt versucht Lina begreiflich zu machen, dass sie für Direkttonaufnahmen deutlich in das Mikrophon sprechen muss. Das größte Problem stellt jedoch Linas absolut nicht tonfilmtaugliche Stimme dar, so dass man sich entschließt deren Stimme durch die der jungen Schauspielerin Kathy (Debbie Reynolds) zu ersetzen.[28] Dieser Betrug wird

---

27 Clair 1995, S. 114.
28 Dabei ist erwähnenswert, dass die Stimme von Debbie Reynolds ebenfalls an verschiedenen Stellen des Films von unterschiedlichen Frauen synchronisiert wurde, unter anderem von Jean Hagen und der Sängerin Betty Noyes.

in der letzten Sequenz, im Rahmen der Premiere des Films, schließlich aufgedeckt und Kathy als der wahre Star des Films gefeiert (Abb. 1).

Im Verlauf des Films werden auch die Gefüge der Filmindustrie selbstironisch betrachtet. Zum Beispiel wird deutlich, dass die Beziehung zwischen Lina und Don nur eine Publicity Erfindung ist, der Lina sogar selbst erliegt. Gleichzeitig wird, anhand eines Streits von Don und Kathy, die Stellung des Films als Kunstform in Opposition zum Theater diskutiert. Kathy hält den Stummfilm für ein massenproduziertes Unterhaltungsmedium, das sie, aufgrund des fehlenden Tons und dem damit einhergehenden Fehlen der Sprache, gegenüber dem Theater als minderwertige Kunstform versteht.

Auf der narrativen Ebene spielt SINGIN' IN THE RAIN dazu mit den unterschiedlichsten Mitteln einer unzuverlässigen, ironisch-selbstreflexiven Narration. Dies wird bereits in der einleitenden Sequenz deutlich, in der Don Lockwood vor einer Premiere seine Lebensgeschichte erzählt. Don beschreibt dort im *On* seinen Werdegang. Diese Erzählung im *On* geht dann in eine homodiegetische Voice-Over-Narration über, wozu auf der visuellen Ebene die tatsächlichen Ereignisse präsentiert werden, die Dons Voice-Over-Narration als Lüge offenbaren.

So erzählt Don: «I used to perform for all of Mom and Dad's society friends. Then if I was very good, I was allowed to accompany Mom and Dad to the theatre. They brought me up on Shaw, Molière – the finest of the classics.» Hierzu sieht man jedoch wie sich Don und Cosmo heimlich in ein Kino schleichen, um sich THE DANGERS OF DRUCILLA anzusehen – offensichtlich ein Verweis auf KING KONG (Merian Cooper / Ernst B. Schoedsack, USA 1933).

SINGIN' IN THE RAIN führt damit deutlich vor, wie im Laufe der Zeit die Praxis des Nachsynchronisierens akzeptiert wurde und infolgedessen als filmhistorisches Thema selbstreflexiv aufgegriffen werden konnte.

> «Die Kultur des Fiktionalen entwickelte sich im Lauf der Zeit in die Richtung, dass man einem solchen Problem mittlerweile gelassener gegenübersteht und mit der medialen Täuschung und der eigenen Täuschbarkeit geringere Konflikte hat. Heute gilt es als selbstverständlich, dass Filme auch in der Landessprache stumm gedreht und nachsynchronisiert werden.»[29]

Heute ist es daher nicht ungewöhnlich, wenn ein amerikanischer Schauspieler in der deutschen Fassung eines Films nur anhand dessen deutscher Synchronstimme erkannt wird. Ebenso kann davon ausgegangen werden, dass sich das aktuelle Kinopublikum zu einem Großteil bewusst ist, dass bis zu 80% jeglicher Dialoge und über 90 % aller Geräusche in der Postproduktion entstehen und damit nachsynchronisiert wurden. Auch ein mögliches Unbehagen gegenüber formgebenden Eingriffen und Postproduktionsmodi in das ästhetisch-narrative Gefüge des Films

---

29 Müller 2003, S. 349.

ist dem aktuellen Kinozuschauer fremd, da das Wissen über die Techniken der Filmproduktion weit verbreitet sind. Dies kann unter anderem an den Making-Off Features erkannt werden, die mittlerweile zur Standard-Ausstattung einer DVD/BluRay gehören. Die so entzauberten Produktions- und Postproduktionsvorgänge sind sogar zu einem festen Marketing-Bestandteil geworden.[30]

Der aktuelle Film wird von vorneherein als formgebendes, konstruiertes Medium verstanden und vermarktet und steht als Unterhaltungsprodukt jenseits einer zwingend, realistischen Abbildungstradition. Der aktuelle Film lebt demnach durch seine direkte und offensichtliche Rekonstruktion jeglicher Realität, wodurch filmisches Bild und Ton immer deutlicher zu einer ‹realistischen Fantastik› oder ‹artifiziellen Realistik› ineinander verschwimmen.

---

30 Ein besonders auffälliges Beispiel findet sich zum Beispiel in der Marketing-Strategie zum Kinostart von KING KONG (Peter Jackson, NZ/USA/D 2005). Bereits vor dem offiziellen deutschen Kinostart am 14.12.2005 wurde, am 05.12.2005, eine Doppel-DVD in den Handel gebracht – KING KONG – THE PRODUCTION DIARIES (Peter Jackson, NZ/USA/D 2005) –, auf der die Produktion des Filmes, das Casting, die digitale Erschaffung des Gorillas, bis hin die Auswahl des passenden Scores dargestellt und erläutert wurde.

5 Die filmgeschichtliche Entwicklung der Voice-Over-Narration

Leider sind die Quellen bezüglich der ästhetischen und stilistischen Ursprünge der Voice-Over-Narration ebenso widersprüchlich wie rar. Es existieren kaum verwertbare Quellen hinsichtlich belegter narrativ-ästhetischer Vorläufer dieses filmischen Erzählmittels sowie nur wenige Aussagen von Filmschaffenden – also Regisseuren, Drehbuchautoren oder Sound Designern – verfügbar sind, die sich bezüglich ihrer Beweggründe oder Inspirationsquellen äußerten, die sie zu einer Verwendung der Voice-Over-Narration führten.

Natürlich verdeutlicht dies einerseits auf welch extreme Weise die Voice-Over-Narration als narratives Stilmittel im Vergleich zu anderen Mitteln filmischer Narration missverstanden und auch missachtet wurde, andererseits bedeutet dies für meine Arbeit, dass ich mögliche Ursprünge und Einflüsse des Phänomens Voice-Over zu einem Großteil aus den Dispositionen des Erzählprinzips selbst heraus ableiten muss.

5.1 Die Anfangsjahre des Tonfilms: 1927–1941

Tatsächlich wurde bereits in den Anfangsjahren des Tonfilms, noch vor einer vollständigen Verdrängung des Stummfilms, begonnen mit dem Stilmittel der Voice-Over-Narration zu arbeiten. So wurden beispielsweise zahlreiche Stummfilme, um sie nochmals als Tonfilme vermarkten zu können, nachträglich mit Geräuschen und Voice-Over Dialogen versehen, wie zum Beispiel der Horror-Film PHANTOM OF THE OPERA (Rupert Julian, USA) von 1925, der 1929 als Tonfilm erneut auf den Markt gebracht wurde.

Im amerikanischen Kino der 1930er Jahre war es außerdem durchaus üblich Kurzfilme oder Serien, die vor dem Hauptfilm gezeigt wurden, aus einzelnen Sequenzen bekannter Filme zusammen zuschneiden und diese ‹recycelten› Ausschnitte mittels einer kommentierenden Voice-Over-Narration einen mehr oder minder logisch, narrativen Zusammenhang zu verleihen, wie beispielsweise in dem Kurzfilm Boo! (Albert DeMond, USA 1932), in dem frühere Horrorfilme parodiert werden. Dort wurde Material aus FRANKENSTEIN (USA 1931) von James Whale, Murnaus NOSFERATU. EINE SYMPHONIE DES GRAUENS (D 1922) und THE CAT AND THE CANARY (Paul Leni, USA 1927) zusammengeschnitten und darüber eine ironisch, kommentierende Voice-Over-Narration gelegt. Durch die Erzählstimme erhalten die eigentlich zusammenhangslosen Sequenzen eine in sich geschlossene Handlung.

Ähnlich wurde dieses Prinzip auch für einige Spielfilme angewandt, wie in FORGOTTEN COMMANDMENTS (USA 1932) von Loius Gasnier und William Schorr, wo die Voice-Over eines Rahmenerzählers über neu zusammen geschnittene Sequenzen aus Cecile B. De Mille's Stummfilm THE TEN COMMANDMENTS (USA 1923) gelegt wurde.[1] Aber auch in THE BRIDE OF FRANKENSTEIN (USA 1935) von James Whale wird eine Voice-Over-Narration ähnlich eingesetzt. Der Film beginnt mit einer Sequenz, in der die Schriftsteller Lord Byron und Percy Bysshe Shelley mit Mary Wollstonecraft Shelley über deren Roman *Frankenstein. A Modern Prometheus* diskutieren. Diese Unterhaltung wird von der Lord Byron Figur zum Anlass genommen die Geschichte des Romans Revue passieren zu lassen, um auf diese Weise dem Zuschauer die Handlung des ursprünglichen FRANKENSTEIN Films von 1931 zusammenzufassen. Die Voice-Over Byrons ruft dabei die wichtigsten Sequenzen des vorangegangenen Films in kurzen, visuellen Ausschnitten hervor und kommentiert diese entsprechend:

> «What a setting in that churchyard to begin with! The sobbing women. The first plough of earth on the coffin. That was a pretty chill! Frankenstein and the dwarf stealing the body out of its new made grave. Cutting the hanged man down from the gallows, where he swung creaking in the wind. The cunning of Frankenstein and his mountain laboratory. Taking dead man apart and building up a human monster, so fearful, so horrible that only a half-crazed brain could have devised. And then, the murder. The little child, drowned. Henry Frankenstein himself, thrown from the top of the burning mill, by the very monster he had created.»

Erst durch die drauffolgende Voice-Over-Narration der Mary Wollstencraft Shelley Figur, die sich entschließt den beiden Männern den Fortgang der Geschichte zu erzählen, wird der Zuschauer dann an den eigentlichen Ort und Zeit der diegetischen Handlung des Films geführt: «Well then, imagine yourselves standing by the

---

[1] Vgl. Kozloff 1988, S. 31.

wreckage of the mill. The fire is dying down. Soon the bare skeleton of the building will be dissolved. The gaunt rafters against the sky...»

Das Spiel mit den unterschiedlichen Funktionen und Anwendungsmöglichkeiten der Voice-Over-Narration hatte demnach bereits mit dem Beginn der Tonfilmgeschichte eingesetzt. Dessen ungeachtet existieren in der Literatur ebenso widersprüchliche, wie schlichtweg falsche Aussagen über die Ursprünge und Anfänge der Verwendung von Erzählstimmen im Film. Jean Mitry nennt beispielsweise, im Zuge seiner normativen Untersuchung der Funktionen des Tons und auditiver Narrationsformen, als erste Filme, die mit einer eher ‹schlechten› Ich-Erzählerstimme gearbeitet hätten How Green Was My Valley (John Ford, USA 1941) und Brief Encounter (David Lean, GB 1945).

> «In fact, the first subjective commentary films (How Green Is My Valley [sic] – Brief Encounter) did not aspire to examinations of any kind. The films merely traced chronologically various facts experienced by the heroes. Once again, it was an objective reality seen from a subjective angle; the narrator testified to his actions rather than to a period in his ‹psychic development›, and the associated events were set in the past only because the commentary was written in the imperfect or perfect tense.»[2]

Tatsächlich können diese beiden Filme jedoch bei Weitem nicht zu den ersten Filmen gezählt werden, die sich eines Ich-Erzählers bedienten, da sie aus einer filmhistorischen Phase stammen, in der die Verwendung der Voice-Over-Narration im fiktiven Film längst aus den schwerfälligen, schlichtweg kommentierenden, deutlich literarisch entlehnten Anfangsstadien entwachsen war.[3] So wurde bereits 1933 in William Howard's The Power and the Glory eine homodiegetische Erzählstimme sehr kunstvoll als filmisches Narrationselement eingesetzt.

Dieser Film, der oftmals als Inspirationsquelle für Citizen Kane bezeichnet wird, erzählt das Leben Tom Garners und wie dieser von einem einfachen Schienenarbeiter zum Präsidenten einer Eisenbahngesellschaft aufsteigt. Der Film beginnt mit der Beerdigung Garners, dessen Lebensgeschichte von seinem einzigen Freund Henry, durch eine Reihe achronologischer Flashbacks, erzählt wird. Der Erzähler Henry kommentiert dabei nicht nur bestimmte Ereignisse in Garners Leben, sondern spricht teilweise sogar die Dialoge für die Charaktere, während diese nur stumm ihren Mund bewegen – beispielsweise in der Sequenz, in der Garner seiner zukünftigen Frau einen Antrag macht.

---

2 Jean Mitry: *Semiotics and the Analysis of Film.* Bloomington/Indianapolis 2000, S. 167.
3 Der von Mitry erwähnte, aus dem Jahr 1946 stammende Film Brief Encounter fällt, als *Film Noir*, bereits in eine Phase der Voice-Over Narration, in der diese im klassischen Hollywoodkino längst als Erzählstrategie etabliert war. Gerade im *Film Noir*, in den Jahren von 1941 bis 1946, erlebte die Voice-Over-Narration einen ersten Höhepunkt in der Qualität und auch Quantität ihrer Verwendung.

Aufgrund der Thematik ähnelt der Film damit nicht nur CITIZEN KANE, sondern durch seine zurückblickenden Erzählstrategie auch dem von Mitry erwähnten HOW GREEN WAS MY VALLEY. Dort erinnert sich der erwachsene Ich-Erzähler Huw Morgan idealisierend an seine Kindheit und die Lebensgeschichte seiner Familie in einem walisischen Kohlengräbertal zurück. Der einleitende, erste Teil der Voice-Over-Narration in HOW GREEN WAS MY VALLEY dient dazu, den Zuschauer in die Narration einzuführen und eine allgemeine Stimmung des Films zu etablieren, indem er über das Motiv der Erinnerung, vom erzählerischen *Jetzt* in die visuell wiedererweckte Vergangenheit geführt wird:

> «I am packing my belongings in the shawl my mother used to wear when she went to the market, and I am going from my valley. And this time I shall never return. I am leaving behind me my 50 years of memory. Memory! Strange that the mind will forget so much of what only this moment is passed, and yet hold clear and bright the memory of what happened years ago, of men and women long since dead. Yet who shall say what is real and what is not? Can I believe my friends all gone, when their voices are still a glory in my ears? No. And I will stand to say no and no again, for they remain a living truth within my mind. There is no fence or hedge around time that is gone. You can go back and have what you like of it, if you can remember. So I can close my eyes on my valley as it is today and it is gone, and I see it as it was when I was a boy.»

Wie Kozloff bemerkt kann HOW GREEN WAS MY VALLEY als Prototyp jener Kategorie Filme verstanden werden, die sich einer Voice-Over-Narration bedienen, um der literarischen Vorlage möglichst treu zu bleiben.[4] Vermutlich liegt der sich am literarischen Originaltext orientierende Voice-Over-Erzähler eben aus diesem Grund manchmal tatsächlich sehr dicht am Bild, wie in jener Sequenz, in welcher der junge Huw losläuft, um sich von seinem Taschengeld Süßigkeiten zu kaufen:

> «Out of the house and across the street as I had run a hundred times before. Softly now, for respect for the chapel was the first thing my father taught us. Then straight to Mrs. Tossal, the shop, for that toffee which you could chew for hours, it seems to me now.»

Dazu ist zu sehen, wie Huw aus dem Haus, über die Straße läuft, kurz vor der Kirche inne hält, um dann in den Süßwarenladen zu rennen. Somit könnte man in diesem Fall Mitrys Kritik durchaus zustimmen, dass durch die Verwendung der Voice-Over-Narration ein Parallelismus von Bild und Ton entsteh. Dessen ungeachtet muss die durchgängige Einbettung einer Voice-Over-Narration für einen Film dieser Zeit aber als durchaus bemerkenswert gelten.

---

4   Vgl: Kozloff 1988, S. 54–55.

5.1 Die Anfangsjahre des Tonfilms: 1927–1941

Weitere erwähnenswerte Filme aus den Jahren vor 1941, die sich einer Voice-Over-Narration bedienen, sind THE ROARING TWENTIES (Mark Hellinger, USA 1939), WUTHERING HEIGHTS (William Wyler, USA 1939), REBECCA (Alfred Hitchcock, USA 1940) und OUR TOWN (Sam Wood, USA 1940).

THE ROARING TWENTIES ist ein Gangsterfilm, der nach der Prohibitions-Saga *The World Moves On* von Mark Hellinger entstand, der sich im textlich eingefügten Prolog des Films auch als autoritäre Schöpfer-Figur und Autor des Films zu erkennen gibt:

> «It may come to pass that, at some distant date, we will be confronted with another period similar to the one depicted in this photoplay. If that happens, I pray that the events, as dramatized here, will be remembered. In this film, the characters are composites of people I knew, and the situations are those that actually occurred. Bitter or sweet, most memories become precious as the years move on. This film is a memory – and I am grateful for it. Mark Hellinger.»

Daraufhin folgt die, sich durch den gesamten Film hindurch ziehende, Voice-Over-Narration des eigentlichen Sprechers John Deering. Diese Voice-Over-Narration entspricht dem autoritären auditiven und visuellen Stil der Wochenschauen, wie THE MARCH OF TIMES. In diesen semi-dokumentarisch wirkenden Montage-Sequenzen[5] wird die Erzählung folglich nicht nur zeitlich-historisch eingeordnet, sondern auch das Handeln der Figuren in einen moralischen Kontext gesetzt.

> «1924. By now, America is well launched in an era of amazing madness. Bootlegging has grown from a small, individual effort to big business, embodying huge coalitions and combines. The chase after huge profits is followed closely by their inevitable partners: Corruption, violence and murder. A new and powerful tool appears, the Tommy a light, deadly, wasp-like machine gun and murder henceforth is parceled out in wholesale lots.»

Auf diese Montage-Sequenz, in der zahllose Schießereien und Verfolgungsjagden zu sehen sind, folgt eine Sequenz, in der die beiden Protagonisten aus einer Lagerhalle der Polizei beschlagnahmten Alkohol stehlen und dabei zwei Wachmänner anschießen – ein für die damalige Zeit gängiges Verhalten, wie man aus dem zuvor erfolgten historischen Überblick schlussfolgern kann.

Gänzlich unterschiedlich nutzt Hitchcock die einleitende Ich-Erzählstimme der Protagonistin in REBECCA. Ihre Erzählstimme soll den Zuschauer nicht nur in die Handlung, den Ort des Geschehens und die Psyche der Protagonistin einzuführen, sondern die gesamte Stimmung des Films etablieren:

---

5   Der Stil dieser dynamisch geschnittenen Montagesequenz wird auch als Hollywood-Sequenz oder Vorkapich bezeichnet, nach dem bekannten Editor Slavko Vorkapich.
    Vgl.: Hans Beller: Verkürzte und Gedehnte Augenblicke. Zur Montage der Zeitmaschine Film. In: *Schnitt. Das Filmmagazin*. Ausgabe #56. 04.2009, S. 16.

5 Die filmgeschichtliche Entwicklung der Voice-Over-Narration

«Last night I dreamt I went to Manderley again. It seemed to me I stood by the iron gate leading to the drive, and for a while I could not enter, for the way was barred to me. Then, like all dreamers, I was possessed of a sudden with supernatural powers and passed like a spirit through the barrier before me. The drive wound away in front of me, twisting and turning as it had always done. But as I advanced, I was aware that a change had come upon it. Nature had come into her own again and little by little had encroached upon the drive with long tenacious fingers, on and on the poor thread that had once been our drive. And finally, there was Manderley, Manderley, secretive and silent.»

Parallel zu den Worten der, sich an ihren Traum zurückerinnernden, Erzählerin fährt die Kamera die Auffahrt des geisterhaft, verlassen daliegenden Anwesens entlang. Die besondere Charakteristik der erzählenden Stimme – durch ihr leise, düsteres Timbre, das langsame Sprechen sowie den rückwärtsgerichteten und dabei traumhaft, nach innen gewandten Unterton – rückt allein diese Anfangssequenz den gesamten Film in eine bedrohlich, unheimliche Atmosphäre.

Auch im europäischen Kunst- und Erzählkino wurden Erzählstimmen bereits ab 1930 vermehrt und sehr innovativ eingesetzt. Dennoch ist bei André Bazin der historisch ebenfalls inkorrekte Kommentar zu lesen, dass es Jean-Pierre Melville in der Literaturadaption LE SILENCE DE LA MER (F 1947/48) «als erster gewagt habe Text und Bild gegeneinander zu stellen.»[6] Asynchrone Erzählstimmen sind jedoch bereits in MURDER! (GB 1930) von Alfred Hitchcock oder in dem surrealistischen LE SANG D'UN POÉTE (F 1930) von Jean Cocteau zu finden, der die selbstreflexive Voice-Over-Narration selbst spricht und seinem Kommentar eine völlig absurde Aussagen verleiht, indem er ihn gegen die Aussage der Bilder laufen lässt.

Ab ca. 1939 hatte sich die Voice-Over-Narration schließlich als narratives Stilelement des Films etabliert, was an der Vielzahl der Großproduktionen erkannt werden kann, die in diesem Jahr herausgebracht wurden und sich einer Voice-Over-Narration bedienten. Die Gründe können unter anderem darauf zurückgeführt werden, dass sich das Publikum einerseits an dieses neue Erzählmittel gewöhnt hatte und dass andererseits die Macht der Drehbuchautoren in diesen Jahren zugenommen hatte. Zahlreiche Drehbuchautoren, die in einen eher literarischen Erzählgestus verwurzelt waren, eroberten nun selbst den Regiestuhl, wie John Huston, Robert Rossen, Joseph Mankiewicz oder Preston Sturges.[7]

Insoweit lässt sich zusammenfassend feststellen, dass die Funktionen und Ausdrucksmöglichkeiten der Voice-Over-Narration schon in den frühen Jahren des Tonfilms ausführlich erprobt wurden. Erzählstimmen wurden bereits in den Jahren von 1927 bis 1941 im internationalen Erzähl- und Kunstkino auf die unterschied-

---

6 André Bazin: Die Stilistik Robert Bressons. In: Robert Fischer (Hrsg.): *Was Ist Film?* Berlin 2004, S. 153.
7 Vgl.: Kozloff 1988, S. 32–34.

lichste Art und Weise eingesetzt: als heterodiegetische Rahmen-Erzähler, sich zurückerinnernde Ich-Erzähler oder als gottähnlich, über den Bildern schwebende Kommentatoren. Dabei zählen viele dieser ersten Filme noch heute zu geachteten Klassikern und Meilensteinen der Filmgeschichte, die damit die Grundlage der Verwendungsweise der Voice-Over-Narration im Erzählkino bilden.

5.2 Ist die Voice-Over-Narration ein literarisches oder dramatisches Erzählmittel?

Wie ich zuvor bereits dargelegt habe, beziehen sich die Kritiken bezüglich einer Verwendung der Voice-Over-Narration recht häufig darauf, dass diese ein der Literatur entlehntes Erzählprinzip und damit für den Film unangebracht sei. Eine solche normative Betrachtungsweise ist jedoch widersinnig, da sich der Film als eine relativ junge Kunstform so deutlich wie keine andere aus den übrigen Kunstformen heraus entwickelt hat und von diesen beeinflusst wurde. Der Film war schon immer ein sehr offenes Medium, sodass die strikte Proklamation eines einzigen normativen, ästhetischen Grundprinzips für ihn relativ fruchtlos ist. Aus eben diesem Grund ist es genauso unsinnig, die Ursprünge der Voice-Over-Narration ausschließlich in der Literatur zu suchen oder diese als ‹unfilmisches› Narrationselement abzuwerten.

> «But, as I am hardly the first to notice, the question of purity is a fake issue: film is a young art form, and it has borrowed photography, dance, music, costume design, storylines, even the quintessentially ‹cinematic› concept of montage, from numerous and sundry sources. The history of film is the history of assimilating and reinterpreting techniques and materials from other art forms. Even if voice-over were a literary device it would be no less valuable, no less valid a technique than any other that film has retailored to serve its own purposes.»[8]

Nun bleibt jedoch die Frage zu klären, ob die Voice-Over-Narration als Erzählelement überhaupt der Literatur entstammt, beziehungsweise ob der filmische Erzählgestus Voice-Over mit dem Gestus des literarischen Erzählens gleichgesetzt werden kann.

Kozloff stellt in ihrer Untersuchung bezüglich einer Verwandtschaft der Voice-Over-Narration mit dem literarischen Erzähler fest, dass die Literatur zwar eindeutig einen beachtlichen Einfluss auf die Voice-Over-Narration gehabt habe, gleichzeitig verfängt sie sich in ihrer Argumentation jedoch darin, Gründe gegen eine Stigmatisierung der Voice-Over-Narration als literarisches Erzählmittel zu finden und vermeidet es dabei, die tatsächlichen Gemeinsamkeiten beider Narrations-

---

8   Kozloff 1988, S. 17.

5 Die filmgeschichtliche Entwicklung der Voice-Over-Narration

prinzipen herauszuarbeiten. So scheint es, dass Kozloff ihrer eigenen Aussage, nach welcher der Film andere Ausdrucksformen assimiliere und interpretiere, nicht die Bedeutung schenkt, die diese eigentlich in sich trägt und sich möglicherweise aus diesem Grund nicht wagt, der Literatur jenen Einfluss auf die Entwicklung der Voice-Over-Narration zuzusprechen, der ihr eigentlich zusteht.

5.2.1 Die Ursprünge der Voice-Over-Narration in der Literatur

Erste Hinweise, die für den Ursprung der Voice-Over-Narration aus Literatur sprechen, sind sicherlich die sie kategorisierenden Begrifflichkeiten, wie der *Innere Monolog*, der Ich-Erzähler, der allwissende Erzähler oder der Erzähler in der dritten Person, die in gleicher Form auch in der Literaturwissenschaft verwendet werden. Ob diese Begrifflichkeiten für beide Narrationsformen auch jeweils dasselbe bedeuten und man sie somit tatsächlich gleichsetzen kann, werde ich zu einem späteren Zeitpunkt behandeln.

Einen weiterer Verweis auf diese Nähe der Voice-Over-Narration zu literarischen Erzählformen ist aber auch aus Chions Begriff der **textlichen Rede** (*parole-texte*) herauszulesen, unter welche er alle Formen der Voice-Over-Narration fasst. Die textliche Rede habe im Film die Macht, Bilder hervorzurufen, beziehungsweise diese sichtbar zu machen. Dabei trage die Sprache die Kontrolle über das Bild und dessen narrative Position. «If textual speech can control a film's narration, of course, there no longer remains an autonomous audiovisual scene, no notion whatever of spatial and temporal continuity.»[9] Chion weist außerdem darauf hin, dass die textliche Rede im Film wesentlich mächtiger sei als ihre literarischen Vorgänger, da die Worte eines solchen Erzählers nicht nur dazu in der Lage seien, Bilder in unserer Fantasie zu erzeugen, sondern diese tatsächlich vor unseren Augen und Ohren zum Leben erwecken.[10]

Ein Hinweis aus der filmischen Praxis für die Verbindung zwischen Voice-Over-Narration und Literatur lässt sich darin erkennen, dass sich zahlreiche Literaturadaptionen gerne einer Erzählstimme bedienen, um so die Erzählstrategie des Originals möglichst unverfälscht nachzuahmen. Dies lässt sich auch anhand der Aussagen von Filmschaffenden, Regisseuren oder Produzenten belegen, die sich für eine Erzählstimme in einem Film entschieden haben, um auf diese Weise die

---

9   Michel Chion: *Audio-Vision. Sound On Screen*. New York 1994, S. 172
10 Chion setzt die textliche Rede der **theatralischen** (*parole-théâtre*) und der **emanativen** (*parole-émanation*) gegenüber. **Theatralische Rede** ist Sprache, die im Film nicht nur zur Informationsvermittlung und zum Aufbau oder der Steigerung der dramatischen Handlung genutzt wird, sondern auch dazu beiträgt, psychologische und affektive Informationen über die Charaktere weiterzugeben. Von **emanativer Rede** müsse man dagegen sprechen, wenn die Gespräche der Charaktere nicht vollkommen verstanden oder gehört werden könnten. Die somit bedeutungslos gewordene Sprache würde auf diese Weise in die Ausstrahlung der Charaktere selbst übergehen. Vgl.: Michel Chion: *Film, a sound art*. New York 2009, S. 68–69.

5.2 Ist die Voice-Over-Narration ein literarisches oder dramatisches Erzählmittel?

Erzählstrategien des Originals möglichst vollständig für den Film assimilieren zu können. Vor allen Dingen in den Anfangsjahren des Tonfilms, als die Ausdrucksmöglichkeiten des neuartigen Elements Ton noch erprobt werden mussten, schien man sich der Nähe der Erzählstimme einer filmischen Figur zu dem jeweiligen literarischen Vorgänger besonders bewusst. Dies erkennt man unter anderem an Eisensteins Überlegungen bezüglich der gescheiterten Verfilmung von Theodor Dreisers AN AMERICAN TRAGEDY (Josef von Sternberg, USA 1931).

> «He claimed to have been altered to this first by reading Joyce's Ulysses in 1929. Then he realized it was the solution to his problem how to adapt Theodor Dreiser's novel *An American Tragedy* for Hollywood: he would have the hero's thoughts accompany his struggle to avoid committing murder, ‹as if presenting inside the characters the inner play, the conflict of doubts, the explosion of passions, the voice of reason, rapidly or in slow motion ... a feverish inner debate behind a stony mask of the face.› Needless to say, Paramount decided to pass on this alarming proposition; although if they had not might the course of Hollywood have been different? In fact, the ‹voice-over› or speech detached from the visible image of the speaker, would soon become a vital part of Hollywood's dramaturgy, although I think there is still a considerable amount of research still to be done on how it came to be accepted and used.»[11]

Dies trifft aber auch auf die bereits erwähnten Literaturadaptionen THE ROARING TWENTIES, HOW GREEN WAS MY VALLEY oder REBECCA zu sowie auf William Wylers Adaption von Wuthering Heights aus dem Jahr 1939.[12] Dort ahmt die Erzählstimme der Haushälterin Ellen Dean, welche die Handlung in Flashbacks erzählt, den erzählerischen Stil der Romanfigur Nelly Dean nach.[13]

Auch in aktuellen Literaturadaptionen entscheidet man sich oft bewusst für eine Voice-Over-Narration, um der Erzählsituation des Originals möglichst nahe zu kommen und dem Leser des literarischen Vorbilds eine originalgetreue Verbindung zwischen Buch und Film vermitteln zu können. Die Wahl eine Voice-Over-Narration für eine Literaturadaption zu verwenden dient demnach dazu, einen poetischen Aspekt des literarischen Originals auf den Film zu übertragen, der mittels der reinen Visualität des Films nur schwer umsetzbar gewesen wäre. Dies wird z. B. anhand der Verwendung der Voice-Over-Narration in ANGELA'S ASHES (Alan Parker, USA/IRL 1999) oder THE KITE RUNNER (Mark Forster, USA/CHN 2008) deutlich.

Oftmals besteht die Erzählstrategien jener Filme jedoch nur darin, die Voice-Over-Narration als eine in den Film ein- und ausleitenden Rahmenerzählung

---

11 Ian Christie: Asynchrony. In: *Soundscape. The School Of Sound Lectures 1998–2001*. London / New York 2003, S. 166.
12 Vgl.: Kozloff 1988, S. 55.
13 Ein solcher Verweis auf den literarischen Ursprungstext findet sich bereits im Stummfilm, wie zum Beispiel in Erich von Stroheims GREED (USA 1924), der mit dem konventionellen Aufschlagen des gleichnamigen Romans beginnt und somit auf Autor und Ursprung des Stoffes verweist.

einzusetzen. Die eigentlich narrative Handlung wird dann der Sprache der Bilder überlassen. Bei Voice-Over Erzählern, die tatsächlich durchgängig den Erzählgestus der literarischen Vorlage imitieren, handelt es sich meist um Ich-Erzähler, die der gesamten Narration einen subjektiven, oftmals auch ironischen Fokus verleihen, wie z. B. in A CLOCKWORK ORANGE, TRAINSPOTTING (Danny Boyle, GB 1996) oder FEAR AND LOATHING IN LAS VEGAS (Terry Gilliam, USA 1998).

In zahlreichen filmtheoretischen Schriften finden sich ebenfalls Hinweise auf eine Verwandtschaft der Voice-Over-Narration, beziehungsweise filmischer Narrationsstrategien zur Literatur, wie zum Beispiel bei Branigan oder Chatman.[14] Auch Metz bezeichnet die homodiegetische Erzählstimme des Films als romanhaft, literarisch, jedoch verweist er gleichzeitig auf die fundamentalen Unterschiede zwischen den Erzählstrategien des Films und der Literatur. Er argumentiert dabei, ähnlich wie Genette oder Bordwell, mit den grundlegenden physischen Eigenschaften des Films. Der Film könne aufgrund seiner ‹nicht-linguistischen Eigenschaften› keine Erzählung (keine Ennunziation) sein. Weiterhin bestehe im Gegensatz zum Film der Roman nur aus geschriebenen Worten und besäßen daher nur ‹metaphorische Stimmen›, die man nicht wie die filmische Erzählstimme in *In* und *Off* einordnen könne.[15] Homodiegetische Erzähler des Films (Metz bezeichnet diese als *In-Stimmen*), die in die eigene Geschichte physisch eingebettet sind, die man also gleichzeitig sieht **und** hört, könnten daher nicht mit derselben Dominanz über die Geschichte verfügen wie literarische, homodiegetische Erzähler.

«Was die (relativen) Einschränkungen betrifft, die die In-Stimme bestimmten filmischen Darstellungsweisen auferlegt, so ergeben sie sich wie immer aus der Physis des Films selbst: Wesen, die man wahrnimmt, sind weniger geschmeidig als Gestalten, die nur in der Sprache bestehen.»[16]

Demnach erfüllt die Voice-Over-Narration für den Film zwar ähnlich Funktionen wie ihre literarischen Vorbilder, jedoch wird sie immer nur die Nachahmung eines literarischen Erzählgestus bleiben und nie so vollständig in den komplexen filmisch-narrativen Text integriert sein, wie ein literarischer Erzähler, der als durchgängiger Vermittler der Narration dient.[17] Ein Voice-Over-Narrator kann niemals jede einzelne Sequenz mit seiner Stimme durchdringen, da das filmische Erzählen immer ein Wechselspiel aus mimetischer und diegetischer Narration ist.

Weiterhin bedient sich der Film nur selten des Mittels der erlebten Rede, d. h., dass ein Voice-Over-Erzähler mit seiner Stimme auch die Dialoge der anderen Figuren übernimmt.[18] Im Film tritt der Erzähler in Gesprächssituationen fast

14 Vgl.: Chatman 1989, S. 194–195.
15 Vgl.: Christian Metz: *Die unpersönliche Ennunziation oder der Ort des Films*. Münster 1997, S. 10 u. 39–40.
16 Metz 1997, S. 40.
17 Vgl.: Gérard Genette: *Die Erzählung*. 2. Auflage. München 1998, S. 119.
18 Genette 1998, S. 124.

5.2 Ist die Voice-Over-Narration ein literarisches oder dramatisches Erzählmittel?

immer völlig zurück und lässt die Erzählung unmittelbar durch die Handlung und Rede der Figuren sprechen. Ausnahmen hierzu finden sich nur selten, wie z. B. in ANGELA'S ASHES, wo die Stimme des Erzählers in einigen Sequenzen auch die erlebte Rede der Figuren übernimmt: «Dad said he was going to the labor exchange to get the dole. He'd be home by noon, he said and he'd have rashers and eggs and tea. He wasn't home by noon, or 1:00, or 2:00, or any time the sun went down that day in May.»

Somit lässt sich schlussfolgern, dass die Voice-Over-Narration zwar durchaus ihre Vorbilder in der Belletristik hat und deren literarische Erzähler für den Film imitiert, gleichzeitig bleibt dies jedoch immer nur ein Akt des Nachahmens. Für alle filmischen Erzählstimmen bedeutet dies, dass sie niemals so vollständig in der Gesamtnarration aufgehen, wie die literarischen Originale und diese daher auch nicht auf die gleiche Art und Weise durchdringen können. Tatsächlich überlassen Voice-Over-Narratoren einen Großteil des erzählerischen Aktes immer auch der visuellen Ausdruckskraft der Bilder. Erzählstimmen fungieren damit eher als narrative Kopie des originalen Romanerzählers – ein adaptiver Akt, der aber nicht nur für das Erzählmedium Film üblich ist.

> «Texts from one medium or genre commonly borrow the trappings of another – novels pretend to be diaries, letters, oral tales; plays pretend to be newspapers, chronicles, dreams; poems pretend to be images, plays or monologues. [...] Like other art forms, narrated films resort to all sorts of castles in the air, all sorts of masquerades. Identifying and examining these masquerades is important; but just because many voice-over narrators masquerade as novel narrators does not mean the device itself is essentially literary.»[19]

So werden andererseits auch für Filme, die auf Original-Drehbüchern basieren, literarische Narrationsgesten kopiert, wie in THE ROYAL TENNENBAUMS (Wes Anderson, USA 2001) oder in Erich von Stroheims FOOLISH WIVES (USA 1920/21). Beide Filme spielen dem Zuschauer auf unterschiedlichen Ebenen eine Verschmelzung der filmischen Realität mit einer vermeintlichen, literarischen Vorlage vor. In THE ROYAL TENNENBAUMS geschieht dies am Anfang des Films durch das visuell abgebildete Aufschlagen des gleichnamigen Romans (der in der Realität des Zuschauers überhaupt nicht existiert) und dessen simultaner Lektüre, durch den heterodiegetischen Voice-Over-Erzähler. Diese einleitende

2 Der Film beginnt mit dem Aufschlagen des Buches. THE ROYAL TENNENBAUMS (USA 2001)

---

19 Kozloff 1988, S. 18–19.

Sequenz soll als Beleg für eine literarische Quelle des Films dienen und den Zuschauer in eine ironisch-distanzierte Erzählhaltung versetzen (Abb. 2). In FOOLISH WIVES verkehrt sich in der Mitte des Films die visuelle Handlung dagegen in die Handlung eines ebenso fiktiven Romans, der gerade von der weiblichen Hauptfigur, Mrs. Hughes, gelesen wird.[20]

5.2.2 Die Ursprünge der Voice-Over-Narration im Theater

Da der Film über das Mittel der visuellen Narration verfügt, ist es ihm als einziges narratives Medium möglich, die mimetische mit der diegetischen Narration zu verknüpfen. Kozloff sieht die Ursprünge der Voice-Over-Narration daher eher im Theater als in der Literatur verwurzelt.

> «Because theatrical narration, like voice-over, is first, intermittent; secondly, interwoven with dramatic scenes that are not mediated through that narrator; and thirdly – crucially – spoken aloud, it parallels Voice-Over-Narration's formal characteristics much more closely than novel narration.»[21]

Diese Verbindung kann auch in der historischen Tatsache erkannt werden, da das Drama lange Zeit die einzige Kunstform war, die eine komplexe Mischung aus auditiver und visueller Narration darstellen konnte. Direkte Hinweise aus der filmischen Praxis, die auf einen Ursprung der Voice-Over-Narration aus den narrativen Techniken des Theaters schließen lassen, finden sich unter anderem in Hitchcocks Intentionen für seinen Film MURDER! (eine Adaption des Theaterstückes *Enter Sir John*) den *Inneren Monolog* des Originals auf den Film zu übertragen, was zu dem ersten *Inneren Monolog* der Filmgeschichte führte: Der Protagonist Sir John, der die Unschuld einer jungen Wanderschauspielerin in einem Mordfall beweisen möchte, rekapituliert den Fall, während er sich rasiert und dem Radio lauscht.

> «[…] da es mir widerstrebte, eine für die Handlung überflüssige Person einzuführen, habe ich mich des inneren Monologs bedient. Damals fand man, das sei eine phantastische Neuerung des Tonfilms. In Wirklichkeit war es die älteste Theateridee der Welt, angefangen bei Shakespeare, hier nur den Möglichkeiten des Tonfilms angepaßt.»[22]

Ähnlich deutlich wird dieser Zusammenhang auch in der Adaption des gleichnamigen Theaterstückes OUR TOWN von Sam Wood, die in enger Zusammenarbeit mit Thornton Wilder, dem Autor des Originals, entstand. Dort wurde der im

---

20 Vgl.: Karl Prümm: Bildschrift für das Ohr. In: Helga Belach / Wolfgang Jacobsen (Hrsg): *Erich von Strohheim*. Berlin 1994, S. 231–232.
21 Kozloff 1988, S. 18.
22 Francois Truffaut: *Mr. Hitchcock, wie haben Sie das gemacht?* 22. Auflage. München 197, S. 65.

5.2 Ist die Voice-Over-Narration ein literarisches oder dramatisches Erzählmittel?

Theaterstück tatsächlich auftretende und das Publikum durch das Stück führende Bühnenmanager auf die Erzählstimmen eines diegetischen *On-Screen* Erzählers und Voice-Over-Narrators übertragen. Dieser allwissende, omnipotente Erzähler kommentiert die Figuren und deren Handeln und weist den Zuschauer nicht nur auf zeitliche und örtliche Wechsel hin, sondern auch auf Veränderungen im Kleinstadtleben und besondere Ereignisse.

Während der Bühnenmanager des Theaterstücks so in der ersten Szene des ersten Aktes auf unterschiedliche Teile der Bühnendekoration zeigt und diese für das Publikum als bestimmte Orte der Stadt benennt, tritt in der filmischen Adaption der diegetische Erzähler ins Bild und führt den Zuschauer mit zahlreichen Daten und Fakten in Ort und Zeit des Geschehens ein:

> «The name of our town is Grover's Corner, New Hampshire – it's just across the line from Massachusetts: latitude is 42 degrees 40 minutes; longitude 70 degrees 37 minutes. Running right through the middle of the town is Main Street. Heading across Main Street on the left is the railroad tracks. Beyond the railroad tracks is polish town across the tracks, you now, foreign families have come here to work in the mills, a couple of Canuck families and the Catholic Church [...].
> First we'll show you a day in our town, not as it is today, in the year 1940, but as it used to be, in the year 1901. All right operator, let's start!»

Die weich klingende Stimme des Erzählers erfüllt dabei, nicht nur durch das herausklingende Alter des Sprechers, sondern auch durch seinen Sprechrhythmus und Tempo die typische Charakteristik eines Geschichtenerzählers. Er spricht in einer angenehm, verständlichen Geschwindigkeit und betont einzelne Gegebenheiten mittels eines rhythmischen Sing-Sangs, der dem Zuschauer das Gefühl vermittelt, sich der Erzählung des Unbekannten vertrauensvoll hingeben zu können.

Zu einer verschwommenen Aufnahme der Stadt führt der Erzähler, der sich dominant im bildlichen Vordergrund befindet, dann ähnlich eines Stummfilmkommentators, in das Leben der Stadt um 1901 ein.

Während er dabei tiefer in diese Zeit eindringt, beginnt auch das narrative Geschehen in der Stadt allmählich zum Leben zu erwachen – nach und nach sind mehr diegetische Geräusche zu hören, wie z. B. das Krähen eines Hahns. Simultan dazu beginnt auch der Bühnenmanager (beziehungsweise sollte man ihn vermutlich eher als *expliziten Präsentator* bezeichnen) intimere Details über die Menschen der Stadt preis zu geben, um schließlich in die eigentliche Handlung überzuleiten:

> «The only lights on in the town are in a cottage in Polish town where a mother's just giving birth to twins and down in the depot, where Shorty Hawkins is getting ready to flag the 5:45 for Boston [...] Here comes Doc Gibbs from that baby case I was telling about and this is Doc Gibbs house. [...] Here's Mrs. Gibbs, coming downstairs to get breakfast. Later on, about 1910, she's going on to visit her daughter Rebecca,

in Canton Ohio. Mrs. Gibbs is going to die there, pneumonia. But she's going to be brought back here and she's going to be buried in the cemetery, right here in our town with the whole mess of Gibbs's and Percy's. In our town, we like to know the facts about everybody.»

Auch wenn der Bühnenmanager daraufhin seine visuelle Präsenz zurücknimmt und die von ihm eingeführten Figuren dem dramatischen Geschehen überlässt, bleibt seine auditive Dominanz über das Bild jedoch bestehen.

Ein weiterer Typ des theatralischen Voice-Over-Narrators findet sich in Lars Von Triers DOGVILLE (DK/S/GB/F u. a. 2003). DOGVILLE repräsentiert zwar, wie die Stadt in OUR TOWN, die typische amerikanische Kleinstadt, jedoch verkörpert sie die moralische Antithese zu Thornton Wilders Idyll, was bereits im einführenden Prolog des Erzählers deutlich wird:

«This is the sad tale of the township Dogville. Dogville was in the Rocky Mountains in the US of A. Up here where the road came to its definitive end, near the entrance to the old abandoned silver mine. The residents of Dogville were good, honest folks and they liked their township and while a sentimental soul from the East coast had once dubbed their Main Street Elm Street, though no elm would ever cast its shadow in Dogville, they saw no reason to chance anything. Most of the buildings were pretty raged, more like shags frankly.»

Zwar tritt dieser Erzähler nicht direkt im Bild auf, sondern besteht nur als extradiegetische Erzählstimme, jedoch weist er einen Erzählgestus auf, der dem des Bühnenmanagers aus OUR TOWN sehr ähnlich ist. Seine durchgängige Stimme führt den Zuschauer durch das Set und kommentiert dabei die Gedanken, Gefühle und das Handeln der Figuren fast ununterbrochen sowie er Handlungsstränge zusammenfasst und verkürzt:

«It was seven o'clock precisely as Martha chimed the hour and Tom was due to play checkers with his childhood friend Bill Henson. Bill was dumb and knew it, far to dumb to qualify as an engineer, he was certainly sure of that. After listening for a while to the pile driver down in the valley, that Bill insisted was working on the foundation of a new penitentiary, Tom headed for the Henson home in order to inflict upon Bill yet another humiliating defeat at checkers.»

Auch bedient sich DOGVILLE, obwohl keine Theateradaption[23], sondern nach einem Originaldrehbuch von Lars Von Trier entstanden, eines ebenso abstrakten, theatralisch wirkenden Szenenbildes, wo alle Räume, als auch der Hund des Dorfes, bloße Kreidestriche auf schwarzem Grund sind und nur durch die Geräuschkulisse aus einem vermeintlich diegetischen Off-Raum in ihrer Abbildungswirkung unter-

---

23 Tatsächlich wurde in diesem Fall der Film für die Bühne adaptiert.

5.2 Ist die Voice-Over-Narration ein literarisches oder dramatisches Erzählmittel?

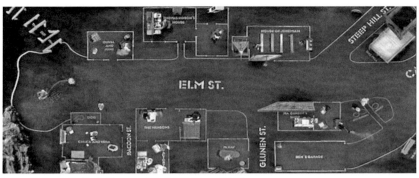

3 Der Blick auf die Stadt. Dogville (DK/S/GB/F u.a. 2003)

stützt werden – so hört man das Öffnen und Schließen unsichtbarer Türen, vernimmt das Bellen des unsichtbaren Hundes Moses oder hört Schritte auf unsichtbarem Kies (Abb. 3).

Von Trier verweist damit auf das epische Theater Brechts. Das Szenenbild und auch der Erzähler sollen den Zuschauer stets daran erinnern, dass er nur ein Repräsentat der Realität sieht, wodurch er verstärkt zur Reflektion über das Dargestellte angeregt werden soll.[24] Dies wird weiterhin durch die Verwendung von Zwischentiteln verstärkt, die den Film in neun dramatische Akte und einen Prolog unterteilen und dabei die wichtigsten Aspekte der jeweiligen Handlung vorwegnehmen, z. B.: «Prologue (which introduces us to the town and ist residents).»

Unterstützt wird dies außerdem durch die Sprech-Charakteristik und die Stimme des Erzählers, die im deutlichen Kontrast zur Stimme des Voice-Over-Narrators aus Our Town steht. Die Stimme des namenlosen Erzählers (im Original spricht John Hurt diesen) hat einen fast alterslosen, klaren, kalten Klang, was durch sein langsames Sprechtempo noch unterstrichen wird. Dadurch wirkt die Haltung des Erzählers, gegenüber den Figuren und insbesondere Grace, gefühllos und fast sadistisch. Er präsentiert damit, allein durch seine Stimme, ihre Leidensgeschichte aus einer extrem distanzierten, eher wissenschaftlich, interessierten Perspektive. Eine ironische Durchbrechung dieser emotionslosen Erzählweise findet nur durch die schockierende Handlung selbst statt, die sich der kalten Stimme des Erzählers konterkarierend entgegenstellt.

Solch drastische Umsetzungen dramatischer, narrativer Aspekte, wie sie in Our Town oder Dogville zu finden sind, sind für den Film insgesamt jedoch eher selten,

---

24 Gleichzeitig verweist von Triers minimalistischer Stil auf den Stummfilm La passion de Jeanne d'Arc (Carl Theodor Dreyer, F 1928) sowie die Benennung der Hauptstraße als Elmstreet sicherlich auf den Horrorfilm A Nightmare On Elmstreet (Wes Craven, USA 1984) verweist und so das Grauen der folgenden Handlung vorweg nimmt.

da sich die Funktionen und auch Fähigkeiten der narrativen Quellen im dramatisch-narrativen Gesamtgefüge von Theater und Film teilweise erheblich unterscheiden.

Der bedeutendste Unterschied zwischen Film und Theater besteht sicherlich darin, dass der dramatische Erzähler des Theaters für das Publikum meistens sichtbar auf der Bühne auftritt. Seine Funktion besteht dann darin, in einzelne Szenen der Handlung erklärend ein- oder auszuleiten und als moralisch, kommentierende Instanz zu dienen. Zwar treffen viele dieser Funktionen auch auf den filmischen Voice-Over-Erzähler zu, gleichzeitig können jedoch ebenso eklatante Unterschiede in den Funktionen beider Erzählstrategien erkannt werden.

So erkennt Metz im direkten, reflexiven Ansprechen des Zuschauers durch eine diegetische Figur zwar einen weiteren Verweis zur Deixis des Theaters, gleichwohl ist der filmische Zuschauer nicht dazu in der Lage ist, mit dem Erzähler tatsächlich zu interagieren und in einen gleichwertigen kommunikativen Akt mit ihm zu treten, was dem Zuschauer eines Theaterstückes dagegen durchaus möglich ist, beziehungsweise teilweise sogar provoziert wird. Dem filmischen Zuschauer steht dagegen immer nur der Film selbst als narrative Quelle gegenüber. Daher kann eine diegetische Figur des Films immer auch nur eine fiktive Zuschauer-Figur auf einer weiteren diegetischen Ebene ansprechen, nie jedoch einen Zuschauer aus Fleisch und Blut.

> «Ein Sprecher auf der Leinwand scheint jemanden im Visier zu haben, der nicht zum Film gehört, oder aber, wenn es einen Zuhörer im Film gibt, scheint sich der Sprecher darüber hinaus auch an jemand anderen zu richten, der sich irgendwie weiter entfernt oder anderswo befindet. Ein Überhang der Stimme scheint zu entstehen und doch gleichzeitig zu verschwinden, und dabei kommt so etwas wie eine Zielrichtung, unbestimmt und doch bindend in Gang, die sich in zahlreichen Filmen bewährt hat. Der Zuschauer-Zuhörer glaubt nicht wirklich, dass man zu ihm spricht, aber er ist sich sicher, dass man für ihn spricht [...].»[25]

Der theatralische Erzähler, der einerseits als fiktive Figur des dramatischen Diskurses auftritt und vom Zuschauer gleichzeitig als ein ihm gegenüber agierender, menschlicher Schauspieler erkannt wird, kann folglich nicht über dieselben omnipotenten Fähigkeiten verfügen wie ein Voice-Over-Narrator, der als fiktive Figur tatsächlich als Schöpfer der diegetischen Welt auftreten kann. Auch haben der Chor der klassischen Tragödie oder der Rahmenerzähler des Theaters demgegenüber eine wesentlich geringere aktive, narrative Funktion zu erfüllen und werden eher als moralische Instanzen und Interpretationshilfen für das Publikum verstanden. Dies sind Funktionen, die im Film nur sehr selten, beziehungsweise dann meist sehr selbstreflexiv eingesetzt werden, wie beispielsweise der die Handlung kommentierende griechische Chor in Woody Allens MIGHTY APHRODITE (USA 1995).[26]

---

25 Metz 1997, S. 41.
26 Vgl.: Holger Korthals: *Zwischen Drama und Erzählung. Ein Beitrag zur Theorie geschehensdarstel-*

5.2.3 Zwischenfazit

Die Ursprünge der Voice-Over-Narration lassen sich, insbesondere bezüglich der Verwendung des Ich-Erzählers und des *Inneren Monologs*, somit durchaus aus einem literarischen Erzählgestus heraus verstehen. Dahingegen lassen sich die Wurzeln des heterodiegetischen, autoritär kommentierenden Rahmen-Erzählers in dramatischen Erzählstrategien des Theaters finden.

Damit wird deutlich, dass Kozloff tatsächlich ihre eigene Aussage über den Film als assimilierendes, andere narrative Strategien reinterpretierendes Medium nicht ernst zu nehmen scheint. Stattdessen entschließt sie sich, um die allgemeinen Vorurteile gegen die Voice-Over-Narration entkräften zu können, diese eher der theatralischen Narration zuzuordnen, als der Belletristik.

> «Since we think of the theatre as the domain of drama, we may forget how often and how persistingly the stage has chosen to incorporate narration. The Greeks and Romans, of course, used choruses; the medieval miracle plays included prologues; many forms of oriental theatre have traditionally used narration alongside dramatic action.»[27]

Ich möchte an dieser Stelle jedoch nochmals deutlich machen, dass die Voice-Over-Narration weder bloß dem Einen (der Literatur) noch dem Anderen (dem Theater) zugeordnet werden kann und daher auch nicht den Erzählstrategien eines einzigen narrativ-ästhetischen Mediums entspringt. Die Behauptung, die Voice-Over-Narration sei im Wesentlichen ein literarisches Erzählprinzip ist demnach ebenso falsch, wie sie substanziell dem Theater zuzuschreiben, stattdessen bezieht sie ihre Ursprünge tatsächlich aus beiden Kunstformen.

Dennoch warfen Kritiker der Voice-Over-Narration schon immer eine zu großen Nähe zur Literatur oder dem Theater vor. Insbesondere der fantastische, dramatische Film wurde von all jenen als ästhetisch, minderwertiges Genre angesehen, die den Film als eigenständige, neue Kunstform etablieren wollten, so z. B. auch Kracauer, der den Film als Weiterentwicklung der Fotografie betrachtet, bezeichnete den Kostümfilm als einen ‹falschen› Film, weil dieser seiner Meinung nach die ‹wahren› Ziele des Mediums verfehle.[28]

Gleichwohl bedient sich der Film, wie auch jede andere Kunstform, narrativer und stilistischer Mittel anderer Künste, wie der Literatur, des Theaters, der Musik oder der Malerei. Dabei kopiert er weder vollständige Narrationskonzepte des Theaters oder der Belletristik, um diese in eine neue, *bessere*, filmische Form der Theaters oder Romans zu verwandeln, sondern assimiliert lediglich gewisse Bestandteile und Strategien, um diese nach seinen Bedürfnissen umzuschreiben. Demnach versucht der Film auch nicht das filmische Abbild bereits existierender

---

lender Literatur. Berlin 2003, S. 310–317.
27   Kozloff 1988, S. 18.
28   Kracauer 1985, S. 115–116.

ästhetisch-narrativer Ausdrucksformen zu erstellen, sondern entwickelt, aus diesen Vorbildern heraus, völlig neue, narrative Ausdrucksformen.

> «Es handelt sich zunächst um die gegenseitige Beeinflussung der Künste und um Adaption im Allgemeinen. [...] Der Film ist jung, während Literatur, Theater, Musik, Malerei so alt sind wie die Geschichte. Wie in der Erziehung des Kindes die Nachahmung der Erwachsenen in seiner Umgebung eine große Rolle spielt, hat sich das Kino zwangläufig am Beispiel der anerkannten Künste orientiert. So ist seine Geschichte seit Anfang dieses Jahrhunderts zugleich das Resultat spezifischer Gesetzmäßigkeiten, die der Entwicklung jeder Kunst zugrunde liegen, und von Einflüssen der bereits entwickelten Künste.»[29]

Tatsächlich sind die Ursprünge der Voice-Over-Narration, wie die Ursprünge des fiktiven Films selbst, damit nicht in einer einzigen Quelle zu suchen, sondern finden sich in all den mannigfaltigen auditiven und visuellen Erzählformen, die dem Tonfilm voraus gegangen sind. Im aktuellen Film kann unter anderem ein starker Einfluss der spezifisch narrativen und stilistischen Mittel des Comics beziehungsweise der *Graphic Novel* erkannt werden, die sich, als relativ junge Kunstform, immer noch schwer tut als gleichberechtigte ästhetische Ausdrucksform neben der Belletristik anerkannt zu werden. Diese Einflüsse auf der visuellen und narrativen Ebene treten natürlich besonders deutlich in Comic-Adaptionen wie in KICK-ASS (Matthew Vaughn, GB/USA 2010) oder SCOTT PILGRIM VS THE WORLD (Edgar Wright, USA/GB/CAN/JP 2010) hervor, können aber auch in Filmen mit Originaldrehbüchern wie SUCKER PUNCH (Zack Snyder, USA/CAN 2010) erkannt werden.

Ebenso lassen sich aber auch die Einflüsse des filmischen Erzählens in den narrativen Strategien anderer Medien erkennen, wie zum Beispiel in der Verwendung von Voice-Over-Narratoren in aktuellen Computerspielen oder in dem Umgang mit erzählenden Stimmen in Hörbüchern.

5.3 Die Voice-Over-Narration und der Erzählgestus des Stummfilms

Vorläufer der Voice-Over-Narration lassen sich unter anderem auch in der Geschichte des Films selbst erkennen – in den narrativen Strategien des Stummfilms.

> «Historisch gesehen sind A-Kombinationen im Film den populären Bildererklärungen, wie der Bänkel-Erzählung oder mündlich überlieferten Moritaten-Erzählungen, nahe. In Frühzeiten des Kinos gab es in direkter Fortführung dieser Tradition noch einen Kommentator, der dem Publikum das zu Sehende noch eigens erklärte.»[30]

29 André Bazin: Für Ein Unreines Kino. In: Robert Fischer (Hrsg): *Was Ist Film?* Berlin 2004, S. 112–113.
30 Reinhold Rauh: *Sprache im Film. Die Kombination von Wort und Bild im Spielfilm.* Münster 1987, S.127.

5.3.1 Der Stummfilm-Erklärer

Am deutlichsten kann die harmonische Übertragung narrativer Strategien des Stummfilms auf die Voice-Over-Narration im narrativen Gestus des Stummfilm-Erklärers erkannt werden. Der Geschichte des Kinos folgend, haben sich diese Erklärer aus den *Laterna Magica* Vorführungen heraus entwickelt, wo eine sprachliche Kommentierung der Bilder üblich war. Bis 1902 bestanden die meisten Filme aus einzelnen Aufnahmen, die relativ alltägliche Tätigkeiten zeigten, sodass die Hauptattraktion dieser frühen Filme im puren Vergnügen des Sehens bestand und die Erklärer häufig nur die Funktion hatten, jene knapp minutenlangen Filme anzukündigen und die Pausen während des Wechselns der Filmrollen zu überbrücken.[31]

Ab ca. 1902 wurden die Filme dann deutlich länger und ihre Handlungen wesentlich komplexer. Damit wurde es nötig eine narrative Kontinuität zwischen den einzelnen Aufnahmen zu erzeugen – eine Aufgabe, die nur durch die ab 1903 auftauchenden Zwischentitel und die narrative Stimme eines Erklärers erfolgen konnte. Die, sich hinter oder neben der Leinwand befindenden, Erklärer hatten nicht nur die Funktion die Filme für das im Lesen der Bilder ungeübte Publikum zu interpretieren und diesen so eine einheitliche Bedeutung zu verleihen, sondern sie dienten auch dazu, narrative Lücken zu füllen oder Zusammenhänge herzustellen.

> «At the turn of the century, as films grew longer and more complex, the need for and use of lecturers grew rather than declined; for instance, lecturers were a standard component of novelty travelling exhibitions such as the popular Hale's Tour (1905–) [...] Some major production companies issued lecture notes along with each of their films, and film critics, such as W. Stephen Bush of The Moving Picture World, actively campaigned for more oral guidance. Lecturers reached their peak of popularity in the United States in the early 1910s.»[32]

Die Funktionen des Stummfilm-Erklärers können durchaus in Verbindung zu den Fähigkeiten und Aufgaben eines heterodiegetischen, omnipotenten Voice-Over Erzählers in der dritten Person gesetzt werden. Beide Erzählinstanzen stehen – in der Person des Erklärers sogar wortwörtlich – außerhalb der Erzählwelt, die sie wiederum mit ihrem Wissen und ihren Worten zu durchdringen scheinen. Der Erklärer des Stummfilms und der heterodiegetische Voice-Over-Erzähler haben demnach nicht nur die Funktion, die jeweilige visuelle Handlung für den Zuschauer

---

Rauh versteht unter A-Kombinationen Asyntop-asynchrone Bild-Ton Kombinationen, unter die somit auch zahlreiche Formen der Voice-Over-Narration fallen.

31 Corinna Müller weist in diesem Zusammenhang daraufhin, dass ein Unterschied zwischen dem Erklärer, der den gesamten Film kommentierte, und dem *Conférence* bestand, der in ‹gehobenen Betrieben› die einzelnen Kurzfilme des Programms ankündigte und einen Übergang zwischen diesen schuf, allerdings ohne sich ‹erklärend› in die Handlung einzumischen.
Vgl.: Müller 2003, S. 94–95.
32 Kozloff 1988, S. 24.

zu kommentieren, zusammenzufassen und zu einem sinnvollen Ganzen zu verbinden, sondern ihnen obliegt auch die Fähigkeit, gewisse Figuren und deren Handlungen für die Zuschauer moralisch zu bewerten.[33] Dennoch ist ein Voice-Over-Erzähler immer direkter und intensiver mit der visuellen Narration verwoben und verfügt dementsprechend auch über ein höheres Maß an Autorität als der Erklärer des Stummfilms, der in Fleisch und Blut neben der Leinwand steht.

Eine Reminiszenz an den Stummfilm-Erklärer findet sich weiterhin im Gestus des omnipotenten, allwissenden Voice-Over-Narrators des klassischen Griersonschen› Dokumentarfilms, der als bloße körperlose Stimme das visuelle Geschehen autoritär für den Zuschauer kommentiert. Diese Verbindung kann auch darin erkannt werden, dass in Deutschland noch bis in die 1940er Jahre hinein stumme Kultur- und Lehrfilme gedreht wurden, die von den Lehrern selbst kommentiert und erklärt werden konnten.[34]

Aber auch im aktuellen Film findet man Reminiszenzen des Stummfilm-Erklärers wie z. B.in DER DIE TOLLKIRSCHE AUSGRÄBT (Franka Potente, D 2006) oder HABLE CON ELLA (Pedro Almodovar, E 2002). Sehr bewusst wird ein solcher Verweis auch in DIE GEBRÜDER SKLADANOWSKY (Wim Wenders, D 1995) eingesetzt. Der Film wurde von Wenders im Jubiläumsjahr des Kinos mit Studenten der HFF München als eine Hommage an die Gebrüder Skladanowsky gedreht, die im Jahre 1895 in Berlin die ersten Kurzfilme vorführten. In den ersten beiden Akten des als Stummfilm angelegten Films, taucht dann jeweils auch ein an den Stummfilmkommentator angelehnter Erzähler auf.

5.3.2 Der Zwischentitel

Zwischen 1908 und 1910 begann sich der narrative Film sowie das Kino profund zu verändern. Die ortsfesten Kinos zogen nun ein gebildetes Publikum an, was einen großen Einfluss auf die Inhalte der Filme hatte, die sich nun, fort von populären Themen, die eher mit dem Vaudeville in Verbindung gebracht wurden, literari-

---

33   Eine völlig andere Kultur des Stummfilm-Erklärers findet sich in Japan, wo den sogenannten **Benshis** eine fast ebenso große Bedeutung zukam, wie dem Film selbst. In Japan galten die Benshis als eigentliche Quelle der Erzählung, da sie den Zuschauern nicht nur Informationen zur Handlung vermittelten und diese kommentierten, sondern sogar die Dialoge der einzelnen Figuren übernahmen und somit als direkter Ersatz für die im japanischen Film nicht-existenten Zwischentitel dienten. Viele Zuschauer gingen daher nicht ins Kino um einen Film zu sehen, sondern der Erzählung des Benshis zu folgen. Benshis wurden als Künstler geachtet und hatten aus diesem Grund sogar Einfluss auf die Produktion der Filme selbst und damit letztendlich auch auf die narrativen Konventionen des japanischen Kinos. So konnten sie auf Änderungen in Filmen bestehen und verzögerten für einige Jahre sehr erfolgreich den Wechsel vom Stumm- zum Tonfilm. Noch ca. bis ins Jahr 1937 hinein waren im japanischen Kino Benshis anzutreffen, bis schließlich auch das japanische Kino vollständig zum Tonfilm gewechselt hatte.
Vgl.: Noel Burch: *To The Distant Observer*. Berkeley 1977. S. 75–77.
34   Vgl.: Müller, S. 96.

5.3 Die Voice-Over-Narration und der Erzählgestus des Stummfilms

schen und theatralischen Stoffen zuwandten. Damit wurde nicht nur die filmische Narration komplexer und länger, sondern auch die musikalische Begleitung der Filme gewann an Bedeutung. Jedoch führte eben dieser Umstand dazu, dass die Erklärer gegen die musikalische Konkurrenz eines Grammophons, Klavierspielers oder einer Kapelle nicht mehr zu hören waren. Auch wurden die Kinosäle viel zu groß, als das die Stimme eines Erklärers auf allen Plätzen gut zu verstehen gewesen wäre.

> «Das ‹Erklären› oder Anmoderieren von Filmen wurde zunehmend obsoleter, je mehr sich seit 1911 mittellange Filme durchsetzten, die einer Erklärung oder Anmoderation nicht mehr bedurften und bei deren Bemühung, das Publikum in die Illusion der erzählten Welt hineinzuziehen und das Wort auf Zwischentitel zu beschränken, ein ‹Erklärer› gestört hätte. Zugleich gewann die stimmungsstützende Kinomusik an Bedeutung, sodass das gesprochene Wort im Kino untergehen musste, weil es sich unliebsam und störend in die Atmosphäre gemischt hätte, die von der Musik geschaffen wurde.»[35]

Zwischentitel wurden als narrative Hilfsmittel in diesen Jahren immer wichtiger, was zu einem extremen Rückgang des Erklärers in den großen Kinosälen der Städte führte, der von da an nur noch in Wanderkinos anzutreffen war oder in einzelnen Unterschichten-Kinos, in denen mit einer großen Anzahl an Kindern und illiteraten Zuschauern zu rechnen war.

Der Rückgang des Erklärers ab ca. 1910 durch die Zwischentitel führte außerdem zu einer allgemeinen Standardisierung der Filme, beziehungsweise einer erhöhten Kontrollmöglichkeit der Regisseure und Studios. Die Filme konnten nun nicht mehr durch den jeweiligen Erklärer beliebig interpretiert und umgedeutet werden, sondern erhielten erstmals eine einheitliche Aussage und standardisierte Narration. Insbesondere mittels komplexerer Schnitte wurde es den Regisseuren nun möglich, ihre subjektiv, narrative Ästhetik auszudrücken, indem sie die einzelnen Bilder und Sequenzen in einer ganz bestimmten Reihenfolge anordneten, die sie mittels der Zwischentitel sogar kommentieren konnten. Das bisher externe Narrationsorgan wurde somit in die filmische Erzählung integriert. Dadurch wurde die Möglichkeiten der Manipulation und Interpretation der Narration vom Exhibitions- auf den Produktionsprozess verlagert.

> «The narrator system could be described as an interiorized film lecturer. [...] This narrator was not located off-screen, but was absorbed into the arrangement of the images themselves. The narrator-system seems to ‹read› the images to the audience in the very act of presenting them. The narrator is invisible, revealing his presence only in the way the images are revealed on the screen.»[36]

---

35 Müller, S. 95.
36 Gunning 1994, S. 93.

5 Die filmgeschichtliche Entwicklung der Voice-Over-Narration

Durch diese eingebettete Form der Narration verfügten die Regisseure erstmals über ein wesentlich höheres Maß an Kontrolle über das eigene Produkt und konnten so einen direkteren, auktorialen Einfluss auf die Narration ausüben. Am deutlichsten ist dies sicherlich in den Filmen von D.W. Griffith zu erkennen, der nicht nur als Begründer des langen Erzählkinos gilt, sondern auch als Vorreiter des Autoren-Kinos.

> «To compare this distinctive film storytelling with a similar one in fiction: These narrators resemble that variant of the omniscient narrator, the ‹author›-narrator, a fictive construct designed to impress the reader with the notion that it is the real author who speaks ('moi qui vous parle› as Thackeray insists).»[37]

Griffith verwendet die Zwischentitel in seinen Werken häufig in Form von auktorialen, moralisch autoritären Stimmen, die keinerlei Verbindung zur diegetischen Erzählwelt haben. Sie bewerten die Figuren, kommentieren deren Handlung und ziehen für den Zuschauer sogar Parallelen zwischen der fiktiven Erzählwelt und dessen eigener Realität. Auf diese Weise eröffnet Griffith eine metadiegetische Diskursebene zwischen dem implizierten Präsentator und dem implizierten Zuschauer. Dies kann z. B. sehr deutlich in THE BIRTH OF A NATION (USA 1915) oder INTOLERANCE (USA 1916) erkannt werden, wo Griffith bereits mit den ersten Titeln selbstreflexiv zu dem präsentierten Diskurs Stellung bezieht:

> «Our play is made up of four separate stories, laid in different periods of history, each with its own set of characters. Each story shows how hatred and intolerance, through all the ages have battled against love and charity. Therefore you will finds our play turning from one of the four stories to another, as the common theme unfolds in each.»

Im weiteren Verlauf des Films bewertet jene Erzählerstimme das Verhalten der Figuren immer wieder über die Zwischentitel und eröffnet für den Zuschauer somit einen metagdiegetischen, moralischen Diskurs. Der aus diesen Zwischentiteln heraustretende Narrator ist weiterhin dazu in der Lage historische und biblische Hintergrundinformationen in Form von Fußnoten in seinen eigenen Zwischentiteln zu liefern.

Allgemein dienten die Zwischentitel, neben der Abbildung der nicht-hörbaren Dialoge und Gedanken der Figuren, dazu die Mehrdeutigkeit der visuellen Handlung aufzuheben, diese zeitlich zu raffen, Zeitsprünge und Wechsel im Ort deutlich zu machen, in Handlungen ein-, aus- und überzuleiten und diese zu kommentieren. Gleichzeitig wurden sie generell als Mittel zur Entwicklung und Etablierung einer subjektiven oder extradiegetisch-auktorialen Erzählsituation genutzt. Der

---

[37] Avrom Fleishman: *Narrated Films. Storytelling Situations in Cinema History*. Baltimore and London 1992, S. 33.

5.3 Die Voice-Over-Narration und der Erzählgestus des Stummfilms

Zwischentitel war somit ein bewusst eingesetztes, dem Bild gleichrangiges Erzählelement.[38]

«Zwischentitel sind ja keineswegs nur, wie Balázs angenommen hatte, ein enervierender, abrupter Wechsel vom Sehen zum Lesen, von der Anschauung zum Begriff, auf der Leinwand sind sie vielmehr ein Teil der Projektion und des Spektakels, werden der homogenen Visualität einverleibt. Auch die Schrift ist ein Kino im Bild – und dies im doppelten Sinn. Sie ist zum einen Abbild der lebendigen Rede und hat zudem noch ihre eigene bildhafte Sinnlichkeit.»[39]

Insgesamt lässt sich somit erkennen, dass die Zwischentitel tatsächliche ähnliche Funktionen übernahmen, die zuvor der Erklärer erfüllte und mit dem Tonfilm schließlich teilweise an den Voice-Over-Erzähler übertragen wurden.

«Only when title-cards fell into disuse with the appearance of the recorded and synchronized sound during the ‹talking revolution› did the lecturer make a sort of comeback through the restoration – this time recorded on a track alongside a picture – of a commentator in voice-off, or rather in voice-over. With the difference, however, that the spectator would now be listening to a voice actorialised by being recorded, subjected to a sound take, and that to make itself heard the entity controlling this voice, quite unlike the turn-of-the-century lecturer, would have had to force a passage into the interior of the profilmic ‹world› (albeit only on the sound level).»[40]

Während der Erklärer folglich als Vorläufer für einen heterodiegetischen Voice-Over-Erzähler in der dritten Person verstanden werden kann, weisen die Funktionen der Zwischentitel auf noch weitere Formen der Voice-Over-Narration hin, nämlich auf subjektivere, figurenbezogene Erzählstimmen, wie die *Innere Stimme* oder den Ich-Erzähler, der in Flashbacks seine Erlebnisse schildert.

Auch im Gebrauch der Zwischentitel bildeten sich unterschiedliche Tendenzen heraus. So wurde von den späten 1910ern bis in die 1920ern hinein das Design der Zwischentitel selbst zu einer Kunst. Insbesondere im deutschen, expressionistischen Film lässt sich eine besonders Gestaltung der Zwischentitel finden, wo über die Form des Textes selbst Emotionen vermittelt wurden oder auch einen Wechsel in der Lautstärke der Dialoge deutlich gemacht wurde, wie z. B. in Robert Wienes DAS CABINETT DES DR. CALIGARI (D 1922). Dort werden die Zwischentitel unter Anderem dazu verwendet eine rückblickende Rahmenerzählung aufzubauen, in welcher der Protagonist Francis seine vermeintlich reale Lebensgeschichte schil-

---

38 Vgl.: Chion 2009, S. 14–15.
39 Prümm 1994, S. 240.
40 André Gaudreault: Showing and Telling. Image and Word in Early Cinema. In: Thomas Elsaesser / Thomas Barker (Hrsg.): *Early Cinema. Space-frame-narrativity*, London 1990, S. 280.

4 Expressiv gestalteter Zwischentitel in DAS CABINETT DES DR. CALIGARI (D 1922)

dert. Dabei werden über das expressive Design der Zwischentitel die Handlungen und Emotionen der Figuren unterstrichen (Abb. 4). Die Erzählung Francis stellt sich letztendlich als ein Wahngebilde heraus. Jener Professor Caligari ist der Direktor einer psychiatrischen Einrichtung, in welcher der psychisch kranke Francis und dessen Geliebte, Jane, selbst Insassen sind.

Tatsächlich wurde auch der Einsatz von Zwischentiteln, ähnlich der Voice-Over-Narration, von vielen Kritiker bemängelt, da die Zwischentitel den Fluss der visuellen Handlung zu abrupt unterbrechen würden und die große Anzahl der Analphabeten vom vollständigen Genuss des Mediums Film ausschließen würden. Einige Regisseure versuchten daher gänzlich ohne Zwischentitel auszukommen und sich vollkommen auf die in diesen Jahren durch Kamerabewegungen und den Schnitt weiter entwickelten narrativen Möglichkeiten der filmischen Bilder zu verlassen.

> «Bei allen ambitionierten Regisseuren (Lang, Pabst, Dupont, Murnau) ist in der zweiten Hälfte der zwanziger Jahre eine stetige Perfektionierung des dramaturgischen Kalküls und der syntagmatischen Organisation ihrer Filme zu beobachten. Die final konstruierte und geschlossene Geschichte wird favorisiert gegenüber dem bislang dominanten episodenhaften, disparaten, exkurshaften, ornamentalen, sich selbst kommentierenden Erzählen. Der Fluß des Erzählens wird zunehmend wichtiger, das Raffinement der Verklammerungstechniken steigt. Eine zielgerichtete erzählerische Intentionalität durchdringt ebenso die Einzelsequenzen.»[41]

Ein bekanntes Beispiel hierfür ist Murnaus DER LETZTE MANN (D 1924), der nicht nur als einer der ersten Filme gilt der sich einer bewegten Kamera bediente, sondern auch nur ganz am Anfang und kurz vor Schluss zwei auktoriale Zwischentitel einsetzt, die auf die ironisch-selbstreflexive Wendung der Geschichte hinweisen. Der erste Zwischentitel verweist dabei auf das allgemeine Motto des Films: «Heute bist Du der Erste, geachtet von Allen, ein Minister, ein General, vielleicht sogar ein Fürst – Weisst Du, was Du morgen bist?»

Der am Schluss auftauchende Zwischentitel bezieht sich dagegen direkt auf die momentane Situation des am scheinbaren Tiefpunkt seines Lebens angekommenen Protagonisten:

---

41 Karl Prümm: Historiographie einer Epochenschwelle: Der Übergang vom Stummfilm zum Tonfilm in Deutschland (1928–1932). In: Knut Hickethier (Hrsg.): *Filmgeschichte schreiben. Ansätze, Entwürfe und Methoden. Dokumentation der Tagung der GFF 1988.* Berlin 1989, S. 96.

«Hier, an der Stätte seiner Schmach, würde der Alte den Rest seines Lebens elend verkümmern und es wäre die Geschichte hier eigentlich aus. Aber es nimmt sich des von allen Verlassenen – der Autor an, indem er ihm ein Nachspiel schenkt, worin es ungefähr so zugeht, wie im Leben – leider – nicht zuzugehen pflegt.»

5.3.3 Zwischenfazit

Wie der Erklärer, bzw. Reminiszenzen an diesen, nicht vollkommen im Verlauf der Tonfilmgeschichte unter gegangen ist, ist auch der Zwischentitel nicht verschwunden, sondern wird immer wieder aufgegriffen. Dies geschieht insbesondere dann, wenn kurze Informationen bezüglich des Orts oder der Zeit des Geschehens vermittelt werden sollen oder um der Film in einzelne Kapitel zu unterteilen. Interessanterweise wird dies, zum Zweck einer gesteigerten Stilisierung des filmischen Textes, häufig in Kombination mit einer Voice-Over-Narration eingesetzt, welche die bereits textlich in das Bild eingefügte Information so nochmals auditiv dupliziert, wie in CASABLANCA (Michael Curtiz, USA 1942) oder KILL BILL VOL. 1 (Quentin Tarantino, USA 2003).

Somit wird nochmals deutlich, dass der Film einmal erprobte narrative Mittel nie völlig verwirft, sondern diese immer wieder aufgreift und so der jeweiligen Zeit und den Trends, bzw. den speziellen narrativen Gegebenheiten anpasst und damit nicht die Narrationstechniken anderer Kunstformen, sondern auch dem Film immanente, historischen Narrationstechniken, immer wieder reinterpretiert und zeitgemäß adaptiert.

«One implication to be drawn from the evidence to follow is that the choices involved in film narration depend neither on sound nor on its absence – nor on other technical resources – but are constant possibilities of the medium, exploited at various times and places according to manifold imperatives and not merely to meet the needs of communication.»[42]

5.4 Die Ursprünge der Voice-Over-Narration in den Kommentarstimmen der Wochenschauen

Ein weiteres Aufgreifen und Neubewerten von filmeigenen Erzählstrategien, die ebenfalls als Vorläufer einer Verwendung der Voice-Over-Narration für den fiktive Film verstanden werden können, findet sich im narrativen Gestus der **Newsreels**, Wochenschauen und des frühen Dokumentarfilms.

Das sich der nicht-fiktive Film und die Wochenschauen, als Vorläufer unserer heutigen Nachrichten, einer Voice-Over-Narration bedienten (meist in Form eines autoritären Kommentars in der dritten Person) lag zuerst einmal an den technischen Vor-

---

42 Fleishman 1992, S. 35.

5 Die filmgeschichtliche Entwicklung der Voice-Over-Narration

aussetzungen. So waren nicht nur die Tonkameras, die man in den Anfangsjahren des Tonfilms verwendete enorm schwer und sperrig, sondern auch die Mikrophone der damaligen Zeit konnten noch nicht für Außenaufnahmen verwendet werden. Da sie zu unselektiv, da multidirektional waren und somit alle sie umgebenden Geräusche gleich stark auffingen, konnten sie lediglich in der lärmversiegelten Atmosphäre eines Studios eingesetzt werden. Daher war es kaum möglich, zu einer Außenaufnahme eine entsprechende Originaltonaufnahme zu erhalten, sodass es sich schlichtweg anbot alle Außenaufnahmen stumm zu filmen und diese stummen Originalaufnahmen erst im Nachhinein mit einem erklärenden Voice-Over-Kommentar zu versehen.

Wie Kozloff weiterhin anmerkt, bot sich die Voice-Over-Narration für den Dokumentarfilm und die *Newsreels* jedoch nicht nur aus Kostengründen an, sondern stellte auch das perfekte Erzählmittel dar, um alle diskursiv, weiterreichenden Informationen zu erörtern. Die verschiedensten Materialien, Ausschnitte, Grafiken, nachgespielten Sequenzen usw. konnten so auf relativ einfache Weise zu einem stimmigen Bericht zusammengefügt werden.[43]

Die ersten vertonten *Newsreels*, die FOX MOVIETONES, waren ab 1927 in den amerikanischen Kinos zu sehen, jedoch wurden die meisten Kommentare, Erklärungen und Übergänge dort noch mittels Zwischentiteln eingefügt.

> «The first use of the system was a throwback to the principle of the earliest motion pictures – the simple recording of reality. Sound newsreels were filmed with such subjects as Charles Lindbergh taking off for Paris and, in a later edition, of Lindbergh accepting a medal from President Coolidge. In both films the camera was virtually locked into place, simply recoding the scene in front of it. There were no attempts at composition, and editing existed only when the camera had to be stopped to change reels. Everything was dictated by the microphone.»[44]

In Deutschland brachte die Ufa ab 1930 die UFA-TON-WOCHE ins Kino. Ab 1933 teilten sich bereits vier unterschiedliche Wochenschauen den deutschen Markt – Ufa, Deulig, Bavaria und Fox.[45]

In die amerikanische Wochenschauen wurde die Voice-Over-Narration ab dem Jahr 1930 integriert – durch den *Talking Reporter* der UNIVERSAL NEWSREELS. Universal ließ ihre stummen Wochenschau-Reportagen von dem bekannten Radio-

---

43 Vgl.: Kozloff 1988, S. 28.
44 Thomas W. Bohn / Richard C. Stromgren / Daniel H. Johnson, S. 26
45 Die deutschen Wochenschauen wurden ab 1940 zur Deutschen Wochenschau GmbH zusammengeführt und als ideologisches Propagandamedium umdefiniert. Die allwissende Stimme des Kommentators wurde so zur propagandistischen Stimme des nationalsozialistischen Systems.
Vgl.: Kay Hoffmann: Wirklichkeitsberichte als >Sauerteig< des neuen Films. Die deutsche Wochenschau als Kriegspropaganda. In: Peter Zimmermann / Kay Hoffmann (Hrsg.): *Triumph der Bilder. Kultur- und Dokumentarfilme vor 1945 im internationalen Vergleich.* Konstanz 2003, S. 314–315.

sprecher Graham McNamee kommentieren, eine Technik, die sich als wegweisend für die Erzählstrategie anderer Wochenschauen erwies und damit sehr rasch von den übrigen Filmstudios kopiert wurde.

Gleichzeitig wird so der entscheidende Einfluss deutlich, den das Radio auf den Film hatte, welches zur damaligen Zeit das bedeutendste Unterhaltungs- und Informationsmedium war, da es am günstigsten und leichtesten zugänglich war. So kam es, dass später nicht nur zahlreiche Radiosprecher aufgrund ihrer Stimm- und Sprechbegabung für den Tonfilm abgeworben wurden, sondern auch zahlreiche Radioprogramme für das Kino adaptiert wurden.

Die bekannteste und für die Verwendung der Voice-Over-Narration sicherlich einflussreichste Sendung ist die auf dramatisierten Nachrichten basierende Radiosendung THE MARCH OF TIME. Die Sendung, die erstmals 1931 im Radio aufgeführt wurde, bestand aus einer Mischung aus nachgespielten Szenen und Interviews, in denen aktuellen Ereignisse nachempfunden und durch die Narration einer autoritären Kommentatorstimme verknüpft wurden. Komplexe Nachrichten sollten für die Zuhörer so leichter verständlich sein, aber auch spannender und attraktiver wirken. Damit ähnelte die Sendung, durch ihre Vermittlungs- und Darstellungsweise, eher einem Radiohörspiel als einer tatsächlichen Nachrichtensendung. So wurden beispielsweise ganze Interviews mit Präsident Roosevelt und anderen bedeutenden Personen des politischen Geschehens nachgestellt und fiktionalisiert, ebenso aber auch Szenen des alltäglichen Lebens, Kriegsgeschehen und des politischen Weltgeschehens.

Der Erfolg der Sendung führte dazu, dass sie ab 1935 von FOX MOVIETONE als dramatisierte Wochenschau ins Kino übertragen wurde, wo sie bis 1951 zu sehen war. Der narrative Stil der Sendung wurde dabei beibehalten, sodass teils Originalaufnahmen, teils nachgestellte Szenen und Interviews miteinander verknüpft und durch die autoritäre Stimme des Voice-Over-Narrators, Westbrook Van Voorhis, kommentiert und für den Zuschauer in ein ganzheitliches Weltbild eingeordnet wurden. Der Sprecher der MARCH OF TIME wurde so zum Prototyp des autoritären Voice-Over-Narrators in der dritten Person und aus der **Voice of Time** wurde für das Publikum die archetypische Stimme der **Voice of God**.[46]

5.5 Die Ursprünge der Voice-Over-Narration im Dokumentar- und Propagandafilm

Doch nicht nur im Erzählgestus der Wochenschauen kann ein Vorläufer für die Verwendung der heterodiegetischen Voice-Over-Narration gesehen werden, ein weiterer bedeutender Einfluss ist sicherlich im frühen Dokumentarfilm zu finden, insbesondere im Dokumentarfilm der Griersonschen Schule.

---

46 Vgl.: Kozloff 1988, S. 29.

5 Die filmgeschichtliche Entwicklung der Voice-Over-Narration

> «Der Dokumentarfilm prägt einen Repräsentationsmodus aus, den Bill Nichols später als ‹expositiory mode› bezeichnen wird, der seine Glaubwürdigkeit durch Sprache erwirbt. Seine Dominante ist der Kommentar, der sich in didaktischer Absicht direkt an den Zuschauer wendet und dem die Bilder illustrativ oder kontrapunktisch zugeordnet sind.»[47]

Durch John Grierson, der als einer der Begründer der Dokumentarfilmtheorie gilt, wird dem nicht-fiktiven Film Ende der 1920er Jahre die Bezeichnung Dokumentarfilm zugeschrieben, um so die besondere Qualität des abgebildeten Materials als authentisch zu unterstreichen. Der Beginn der Bewegung kann ungefähr auf das Jahr 1927 festgelegt werden, mit der Gründung und Leitung der Filmabteilung des *Empire Marketing Board* in England durch Grierson – eine staatliche PR-Einrichtung, die es zur Aufgabe hatte, die gesellschaftliche Produktionskraft derjenigen darzustellen, die dem öffentlichen Blick sonst entgehen würden.[48]

Griersons Interesse am Film war, vornehmlich durch den Einfluss des Radios und der Zeitung als maßgeblich informations- und meinungsbildende Medien der damaligen Zeit, von vorneherein politisch, publizistisch und pädagogisch geprägt.

> «Man muß etwas über die Handlung und das Geschehen hinausgehen und etwas Neues schöpfen, um an die höheren Sphären der Kunst heranzukommen. In dieser Unterscheidung bedeutet Schöpfung nicht Schaffung von Dingen, sondern von Werten. […] Dieses Bewußtsein sozialer Verantwortung macht unseren realistischen Dokumentarfilm zu einer verwickelten und schwierigen Kunst […].»[49]

Die im Griersonschen Dokumentarfilm eingesetzt Form der Voice-Over-Narration wird von Nichols auch als *direct-address-style* bezeichnet und war bis in die 1950er Jahre das für den Dokumentarfilm maßgebliche Narrationsmoment. Dieser *direct-address-style* hat die Aufgabe dem Zuschauer die scheinbar selbst-evidente, visuelle Narration autoritär zu deuten und dabei in einen intellektuellen sowie politisch, sozialen Rahmen zu ordnen.

Dieses Verständnis des nicht-fiktiven Films nach Grierson trifft in gewissem Maß auch noch auf aktuelle Definitionen des Dokumentarfilms zu. «Documentary justifies itself as a category of film on the grounds of its ability to replicate not primarily for the purposes of entertainment or diversity, but for evidence and argument.»[50]

---

47 Eva Hohenberger: Dokumentarfilmtheorie. In: Eva Hohenberger (Hrsg.): *Bilder des Wirklichen. Texte zur Theorie des Dokumentarfilms. Texte zum Dokumentarfilm 3*. 2. Auflage. Berlin 2000, S. 15.
48 Vgl.: Hohenberger 2000, S. 14.
49 John Grierson: Grundsätze des Dokumentarfilms. In: Eva Hohenberger (Hrsg.): Bilder des Wirklichen. Texte zur Theorie des Dokumentarfilms. Texte zum Dokumentarfilm 3. 2. Auflage. Berlin 2000, S. 107.
50 Jean Allen: Self-Reflexivity In Documentary. In: Ron Burnett (Hrsg.): *Explorations in Film Theory. Selected Essays From Ciné-Tracts*. Bloomington/Indianapolis 1991, S. 103.

5.5 Die Ursprünge der Voice-Over-Narration im Dokumentar- und Propagandafilm

Die vornehmliche Aufgabe der Voice-Over-Narration eines Dokumentarfilms ist es somit, das jeweilige Themengebiet zu erläutern und das Gezeigte in einen bestimmten Kontext einzuordnen, um Wissen und Werte zu vermitteln. Dabei wendet sich die patriarchal, autoritär, wissende Stimme des expositären Dokumentarfilms zumeist direkt an den Zuschauer, um diesem ein Problem mitsamt einem Lösungsvorschlag zu präsentieren, den dieser unreflektiert zu akzeptieren hat.

«The expository documentary, with its ‹Voice-of-God› commentary, is sometimes though too be problematic because it presumes to forward truths from a position of authority. It is also considered illusionistic because it presents a ‹transparent› discourse that fails to foreground its processes of representation and constructedness.»[51]

Diese Form der Voice-Over-Narration ähnelt damit durchaus der dominanten, heterodiegetischen Erzählstimme des fiktiven Films, ist sie doch gleichfalls abwesend von der visuellen Narration und dominiert diese über die Tonebene. Gleichzeitig ist die extreme Dominanz des Tons über das Bildliche ein Grund dafür, dass jene autoritäre Form der Voice-Over-Narration für den fiktiven Film als besonders unzulängliches Erzählmittel verstanden wird, solange sie nicht ironisch oder distanziert eingesetzt wird.

«Still, the authority figure is not ordinarily manifested as an individual with a personal viewpoint, even when expressing an ideology – thus remaining a voice over, in the sense of ‹above› the film. This implied claim of authority without personal commitment has, after decades of widespread use, irritated some in the present generation of film critics and contributed to its reduced use by filmmakers.»[52]

Ein weiterer Aspekt dieses Narrationsstils ist der hohe Grad an Zuverlässigkeit des Erzählers, der weder wichtige Informationen zurückhält oder verschleiert, noch dem Zuschauer unglaubwürdige Fakten vermittelt, da er als absolute Quelle des Wissens und der Wahrheit fungieren soll. Das Grierisonsche Verständnis des dokumentarischen Films wird aus diesem Grund häufig auch als ‹verantwortungsbewusste Propaganda› bezeichnet[53], beziehungsweise kann dieser didaktisch-autoritäre, narrative Gestus fließend zu Propagandazwecken instrumentalisiert werden.

Doch selbst die Dokumentarfilme der Griersonschen Schule können nicht ausschließlich dieser didaktisch, erklärenden Kommentatorstimme zugeordnet werden, da auch sie sich nicht nur auf die autoritäre Vermittlung von Informationen beschränkten, sondern wie in HOUSING PROBLEMS (Edgar Anstey / Arthur Elton, GB 1935) bereits mit direkt erzählten Lebensgeschichten der Individuen arbeiteten oder sogar hochgradig poetische Narrationen entwickelten, wie in NIGHT MAIL

---

51 Carl R. Plantinga: *Rethoric and Representation in Nonfiction Film*. Cambridge 1997, S. 101–102.
52 Fleishman 1992, S. 76.
53 Vgl.: Andrew Tudor: *Film-Theorien*. Frankfurt 1977, S. 52.

5 Die filmgeschichtliche Entwicklung der Voice-Over-Narration

(Harry Watt / Basil Wright, GB 1936), wo der Kommentar aus rezitierten Gedichten von W. H. Auden besteht, die mit der Reise und dem Tempo eines Nachtpostzuges zu einem ästhetischen Fluss verknüpft werden.

Ähnlich poetisch, freiere Formen einer Verwendung der Voice-Over-Narration im Dokumentarfilm können auch in den amerikanischen Produktionen von Pare Lorentz THE PLOW THAT BROKE THE PLAINS (USA 1936) und THE RIVER (USA 1937) gefunden werden, wo der Text des Kommentars beispielsweise aus der Rezitation einer schier unendlichen Anzahl aus Namen von Flüssen besteht.

Natürlich stellen diese Filme für den frühen Dokumentarfilm eine Ausnahme dar. Insbesondere während des zweiten Weltkrieges wurde der Dokumentarfilm hauptsächlich als Propagandainstrument verstanden und der dominant, allwissenden Kommentator wurde dazu genutzt der Öffentlichkeit die jeweiligen Gründe für den Krieg zu vermitteln, die Moral aufrecht zu erhalten oder den Truppen militärische Strategien beizubringen. Nationalsozialistische Propagandafilme wie SIEG IM WESTEN (Fritz Brunsch / Werner Kortwich / Sven Noldan / Edmund Schmidt, D 1941) oder FELDZUG IN POLEN (Fritz Hippler, D 1940) dienen mittels der Erschaffung von fiktiven, historischen Mythen der Legitimation des Krieges und der triumphalen Darstellung des totalen Sieges. Die Stimme des Kommentators, welcher sich das visuelle Gefüge und dessen eigenständige Aussagekraft unterordnen muss, verweist dabei immer auch auf die Stimme des Führers.

«Ein ausgefeiltes Repertoire der Rahmungen sichert die Ordnungsbilder des Krieges konsequent ab. Nie dürfen die Bilder für sich selbst sprechen, zu keinem Augenblick werden sie daher aus dem Regiment des Kommentars entlassen. Wochenschauen und Kompilationsfilme sind gleichermaßen vokozentristisch, alles ist auf die Instanz der Sinnstiftung und Sinnverkündigung ausgerichtet: auf die Stimme des Kommentars. Die Stimmen sind alles andere als eine Beigabe zu den spektakulären Wirklichkeitsbildern, sie dominieren und durchdringen die Textur. Allein schon ihre Materialität ist zeichenhaft und verweist auf die Systematik der Propaganda. Schneidend, hart und metallisch drängen sich Kommentarstimmen vor die Bilder und sind zu einer Überschärfe modelliert.»[54]

Aber auch in den USA wurden von der Regierung zahlreiche Regisseure angeworben, wie Frank Capra, John Ford, John Huston oder Anatole Litvak, deren Aufgabe nun darin bestand, mittels propagandistischer Werke die Öffentlichkeit zu erziehen. Den Idealen des *American Way of Life* wurden in diesen Filmen Stereotypen des inhumanen, fremden, andersartigen Feindes gegenübergestellt, wie in der sie-

---

54 Karl Prümm: Modellierung des Unmodellierbaren. NS-Kriegspropaganda im Film und ihre Grenzen. In: Peter Zimmermann / Kay Hoffmann (Hrsg.): *Triumph der Bilder. Kultur- und Dokumentarfilme vor 1945 im internationalen Vergleich.* Konstanz 2003, S.328.

5.5 Die Ursprünge der Voice-Over-Narration im Dokumentar- und Propagandafilm

benteiligen Serie WHY WE FIGHT (USA 1942–1945). Auch dort wurde die Stimme eines autoritären, propagandistischen Kommentars eingesetzt:

> «In Germany another even more forceful demagogue set his followers marching from the Munich beer halls. He too had the sinister opportunity to take advantage of post-war chaos. But he also had certain distinctive German capacity to play on. To start with, the Germans have an inborn national love of regimentation and harsh discipline. He could give them that. The German army and through them the people had never acknowledged the German defeat in the last war and were anxious for revenge. That too, he promised them. The wealthy and powerful industrialists were fearful of losing any of their wealth and power and were ready to back anyone who would retain it for them. He promised to take care of them, too. This man cunningly played all these ends against the middle and ruthlessly set out to murder the new born German republic.»

Diese ‹Kriegs-Erfahrungen› im dokumentarischen Genre führten bei vielen Hollywood Regisseuren dazu, dass sie nach dem Krieg auch in ihren fiktiven Filmen häufiger auf Erzählstimmen zurückgriffen und vor allen Dingen begannen jenen autoritären Erzähler, im Kontrast zu dessen omnipotenter Stellung im Propagandafilm, wesentlich ironischer einzusetzen. Besonders offensichtlich wird der Einfluss jener Dokumentarfilm-Erfahrungen im Genre des Semi-Dokumentarfilms, mit Filmen wie Elia Kazan's BOOMERANG! (USA 1947), T-MEN (Anthony Man, USA 1948) oder THE NAKED CITY (USA 1948) von Jules Dassin.

In THE NAKED CITY beherrscht der Erzähler die visuelle Ebene entsprechend dem Gestus des expositären Narrationsmodus des Griersonschen Dokumentarfilms. Gleichzeitig wird dieser Erzählstil jedoch mit einem poetisch-lyrischen Erzählgestus sowie literarischen Verweisen auf Walt Whitman und Thomas Wolfe verknüpft.[55] Die Erzähler-Stimme interagiert so mit den Figuren, übernimmt ihre Dialoge, spornt sie an oder warnt sie vor aufkommenden Gefahren und bringt sich somit als unsichtbarer, jedoch niemals unbeteiligter Akteur in die Handlung ein.

> «An investigation for murder is now on the way, with advanced methods, by trial and error, by asking a thousand questions to get one answer, by brainwork and legwork. When it comes to legwork, Detective Jimmy Halloran is an expert. In the war he walked halfway across Europe with a riffle in his hand. Up until three month ago he was pounding a beat in the Bronx and know he's playing but'n'but in the city of 8 million people. No, the druggist can't remember Ms Dexter personally. He will have to look up the prescription. Oh yes, here it is! The doctor's name was Lawrence Stoneman, office in the Chaffee Building. The Chaffee Building, Halloran, eighteen

---

55 Vgl.: Kozloff 1988, S. 83–84.

blocks South, four blocks West. [...] There's your city, Halloran. Take a good look. Jean Dexter is dead and the answer must be somewhere down there.»

Indem jene autoritäre Kommentatorstimme ein enormes Maß an Empathie für die Figuren aufbringt, wird nicht nur seine vermeintliche Allmacht ironisiert, sondern er wird tatsächlich als extradiegetischer, fiktiver Charakter in die narrative Struktur des Films integriert. Die vermeintliche ‹Stimme Gottes› wird auf diese Weise ihrer göttlichen Allmacht beraubt, was ein narratives Verständnis des omnipotenten Voice-Over-Narrators vorweg greift, wie es vor allen Dingen im aktuellen Film zu finden ist. [56]

Insgesamt stellt die Jahre von 1930 bis 1950 eine große Wandlungsphase für die Verwendung der Voice-Over-Narration im fiktiven Film dar, da in diese Zeit (1941–1947) auch der *Film Noir* mit seinen zahllosen, sich unentwegt mitteilen wollenden Erzählern fällt. Während die Voice-Over-Narration im fiktiven Film demnach so intensiv und innovativ, wie nie zuvor eingesetzt wurde, kann in der Verwendung von Kommentatorenstimmen im dokumentarischen Film dagegen von einem Stillstand gesprochen werden, da der von Nichols als ‹direct-address-style› benannte, autoritäre Erzählmodus unverändert bis in die 1950er Jahre hinein als maßgebliches Erzählmoment des Dokumentarfilms verstanden wurde. Im Kontrast dazu wandten sich die Dokumentarfilmtheorien der 1960er Jahre, das amerikanischen *Direct Cinema* und das französischen *Cinéma Vérité*, dann strikt gegen eine Verwendung jenes auktorialen Kommentars.

> «Since the late 1950s many documentaries, particularly those on the left, have thought that all third-person narrators abuse their podiums, becoming elitist, oppressive spokesmen for the ruling class. Rejected by documentaries and critics alike as authoritarian and offensive, the technique has been in disfavor for two decades.»[57]

Im Zuge dessen wurden Erzählstimmen, insbesondere autoritäre Kommentatoren-Stimmen, weitestgehend aus der Dokumentarfilmpraxis zurückgedrängt. Dies lag vor allen Dingen daran, dass sich die Filmemacher nun gegen die, von ihnen als autoritär empfundene, Bevormundung des Zuschauers, die sie durch den Kommentator ausgedrückt sahen, wandten.

Mit Hilfe einer neueren, beweglicheren Kameratechnik und neuen, qualitativ-hochwertigen Synchronton-Aufnahmegeräten (**Nagra**) wurde es nun möglich, in kleinen, flexiblen Teams dem zu filmenden Subjekt intimer und zugleich ungestörter näher zu kommen. Dabei sollten die Bilder nun nicht mehr einer verbal argumentativen Strategie und Rhetorik unterworfen werden, sondern die Wirklichkeit

---

56 Für eine ausführlichere Analyse des Films siehe Kozloff 1988, S. 82–99.
57 Kozloff 1988, S. 81.

5.5 Die Ursprünge der Voice-Over-Narration im Dokumentar- und Propagandafilm

unverändert zur Anschauung kommen. Die Wirklichkeit und das Subjekt sollten nun selbstredend und selbstevident, nach dem ‹Prinzip des Nicht-Eingreifens› und ‹Nicht-Beeinflussens›, abgebildet werden. Damit sollte auch der Zuschauer als mündiges, willensfreies Subjekt verstanden werden, der nicht durch einen auktorialen Voice-Over-Kommentar in seiner Meinung und Urteilsfähigkeit beeinflusst werden musste. Die gefilmten Lebenssituationen, die Bilder und Subjekte sollten für sich selbst sprechen.

> «Im direct cinema ist die Ebene der Narration weder mit einer Person besetzt, noch als kommunikative Handlung ausgeführt, es dominiert ausschließlich der Strukturbereich >Geschichte<, die Figuren, Ver- und Entwicklungen vor der Kamera. Dahingegen dramatisiert das cinéma vérité den narrativen Akt, indem eine Erzählerfigur am Geschehen vor der Kamera teilhat.»[58]

Zu den Filmen dieser Richtung zählen CHRONIQUE D'UN ÉTÉ (F 1961) von Jean Rouch und Edgar Morin oder THE CHAIR (Richard Leacock, USA 1963). Dem Gestus des *Direct Cinema* zugerechnet werden kann aber auch der sich in den 1970er Jahren entwickelnde **interaktive Dokumentarfilm**, der sich vor allen Dingen auf die Methode der *Oral History* stützt, das heißt die Befragung von Mitgliedern sozialer Randgruppen, die so die Möglichkeit erhalten, ihre Geschichte direkt vor der Kamera zu erzählen.

Jene Hinwendung zu einer vermeintlich, unmittelbaren Vermittlung der authentischen Wirklichkeit und damit auch ein Abwenden von offensichtlichen, narrativen Akten verebbte erst wieder Ende der 1970er Jahre. Ab da erhielt der Dokumentarfilm einen wesentlich selbstreflexiveren Gestus und Narrationsmoment, der von Nichols als ‹performativ› oder ‹reflexiv› bezeichnet wird. Der Akt des Filmens und der Filmemacher als partizipierender Zeuge wurden nun direkt in den Film miteinbezogen, um so das konstruktivistische Verfahren des dokumentarischen Filmens heraus zu stellen und den Zuschauer damit als gleichberechtigten Partner in den filmischen Diskurs zu heben. Als ein praktischer und theoretischer Vertreter dieser selbstreflexiven Form des Dokumentarfilms kann sicherlich Alexander Kluge gezählt werden.[59]

Insgesamt führte diese selbstreflexive Öffnung des Dokumentarfilms zu einer Form des nicht-fiktiven Films, wie sie maßgeblich seit den späten 1980er Jahren anzutreffen ist: dem **performativen Dokumentarfilm**. Diese Form zeichnet sich durch eine offene Selbstreflexivität aus, verbunden mit einer Rückkehr zu geschlossenen, narrativen Formen und beinhaltete so auch das Widerauflgreifen eines auktorialen Kommentators, der jedoch oftmals subjektiv-individuell oder ironisch eingesetzt wird.

---

58   Wilma Kiener: *Die Kunst des Erzählens. Narrativität im dokumentarischen und ethnographischen Film.* Band 12 der Reihe Close-Up. Stuttgart 1999, S. 178–179.
59   Vgl.: Plantinga 1997, S. 119.

5 Die filmgeschichtliche Entwicklung der Voice-Over-Narration

> «Mary Ann Doane, following Pascal Bonitzer, believes that documentaries that eschew narration actually promote ‹the illusion that reality speaks› and is not spoken, that the film is not a constructed discourse. In effecting an ‹impression of knowledge›, a knowledge which is given and not produced, the film conceals its own work and posits itself as a voice without a subject. The voice is even more powerful in silence. The solution, then, is not to banish the voice but to construct another politics.»[60]

Der aktuelle Dokumentarfilm umschließt damit eine Kombination aus expressiven, poetischen, aber auch historisch, narrativen Elementen, was besonders deutlich in den sehr erfolgreichen Filmen Michael Moores erkannt werden kann, in denen gesellschaftliche und politische Belange auf einer äußerst individuell, autobiografischen und gleichzeitig extrem satirischen Ebene diskutiert werden. So auch in BOWLING FOR COLUMBINE (USA/CAN/D 2002), in dem Moore den Amoklauf von zwei Schülern an der Columbine Highschool in Littleton zum Anlass nimmt, um sich kritisch mit der amerikanischen Waffenindustrie auseinanderzusetzen.

Das zentrale Stilmittel des Films ist geprägt von einem collagenartigen, dramatisch angeordneten Montagestil, der durch einen Mix aus Archivmaterial und Originalaufnahmen erzeugt wird. Dazu wird jeweils illustrierende, polarisierende oder kontrapunktische Musik eingesetzt. Der Film beginnt mit einer einleitenden Szene aus einem Film der *National Riffle Association*, in dem ein Sprecher im *On* verkündet: «The National Riffle Association has produced a film which you are sure to find of great interest. Let's look at it.»

Daraufhin erst folgt die einleitende Voice-Over-Narration des Regisseurs Michael Moore:

> «It was the morning of April 20th 1999, and it was pretty much like any other morning in America. The Farmer did his chores. The milkman made his deliveries. The President bombed another country whose name we couldn't pronounce. Out in Fargo, North Dakota, Cary McWilliams went on his morning walk. Back in Michigan, Mrs Hughes welcomed her students for another day of school. And out in a little town in Colorado, two boys went bowling at 6 in the morning. Yes, it was a typical day in the United States of America.»

Im Vergleich zu denen, mit dieser Voice-Over-Narration einhergehenden Bildern, wirkt der Vertreter der NRA unfreiwillig komisch und das Schwarzweiß-Material nicht nur auf das Alter des Films verweist, sondern auch auf die rückwärtsgewandte Einstellung der Waffenlobby.

Im gesamten Film ist Moore als Präsentator der Bilder omnipräsent, indem er nicht nur die allwissende Voice-Over-Narration spricht, sondern oft auch zusam-

---

60 Kozloff 1988, S. 81.

5.5 Die Ursprünge der Voice-Over-Narration im Dokumentar- und Propagandafilm

men mit seinen Interviewpartnern im Bild zu sehen ist und die Ereignisse in Columbine auf einer sehr persönlichen Ebene reflektiert. Er beschreibt unter anderem, wie er in seiner Kindheit in Michigan mit Waffen aufwuchs und erklärt anhand absurd wirkender Beispiele, wie waffenverrückt dieser Teil der USA im Allgemein ist, so ist er z. B. zu sehen, wie er beim Friseur eine Box mit Munition kauft, währendem er die Haare geschnitten bekommt (Abb. 5).

5 Waffenkauf beim Friseur. Michael Moore in BOWLING FOR COLUMBINE (USA/CAN/D 2002)

Sein Blick weicht damit bewusst vom distanzierten Blick des klassischen Dokumentarfilms ab, stattdessen verteilt Moore deutlich wahrnehmbar seine Sympathien und Antipathien, präsentiert seine persönlichen Emotionen und bringt sein Mitgefühl zum Ausdruck sowie er immer wieder seine eigene Biografie in seine Narration mit einfließen lässt. So thematisiert er unter anderem, dass einer der beiden Schüler, der das Massaker an der Columbine-High-School verübte, aus seiner Nachbarschaft stammte, oder dass seine eigene Grundschule in Flint ebenfalls zum Schauplatz des Mordes an einer Sechsjährigen wurde:

> «Back in my hometown of Flint, Michigan, a six-year-old first-grade boy, at Buell Elementary, had found a gun at his uncle's house, where he was staying because his mother was being evicted. He brought the gun to school and shot another first-grader, six-year-old Kayla Rolland. With one bullet that passed through her body, she fell to the floor and laid there dying while her teacher called for help. No one knew why the little boy wanted to shoot the little girl. As if the city had not been through enough horror and tragedy in the past two decades, it was now home to a new record: the youngest school-shooting in the United States.»

5.5.1 Zwischenfazit

Der aktuelle Dokumentarfilm greift damit ebenso auf Modelle aus der eigenen Historie zurück, wie auf Erzähltraditionen aus dem Avantgardefilm und dem fiktiven Kino und stellt damit, auch durch immer wieder neue Formulierung und Infragestellungen der Verwendung von Erzählstimmen, sicherlich ein bedeutendes Einflussfeld für die filmästhetische sowie narrative Verwendung der Voice-Over-Narration im fiktiven Film dar.

Dies lässt sich auch im aktuellen Wiederaufgreifen des Stils der *Semi-Documentaries* in Form von fiktiven Pseudo-Dokumentarfilmen, beziehungsweise **Mockumentaries** erkennen, wie in EXIT THROUGH THE GIFT SHOP (Bansky, USA/GB

2010) oder in MUXMÄUSCHENSTILL (Marcus Mittermeier, D 2004). MUXMÄUSCHENSTILL handelt von Mux, einem ehemaligen Philosophiestudenten, der seinen Mitmenschen auf recht unkonventionelle Weise Verantwortungsbewusstsein beibringen möchte und sich in Berlin so gezielt auf die Jagd nach Schwarzfahrern, Vergewaltigern, Schwimmbadpinklern, Ladendieben und Graffiti-Sprühern macht. Als seine rechte Hand rekrutiert er den ehemaligen Langzeitarbeitslosen Gerd, der seine Einsätze mit einer Videokamera festhält.

Der visuelle Stil des Films entspringt dabei ganz und gar einem dokumentarischen Gestus, indem das Geschehen aus der Sicht einer vermeintlich objektiven Handkamera im Stil einer Fernseh-Reportage präsentiert wird. Dies wird zusätzlich durch die verwackelten, unscharfen Bilder der subjektiv wirkenden Aufnahmen von Gerd intensiviert, in die teilweise Textinserts mit den Straftatbeständen der Täter eingeblendet sind. Auf diese Weise verwischen die Grenzen zwischen den dokumentarisch wirkenden und den inszenierten Sequenzen.

Auch der Ton ordnet sich ganz diesem dokumentarischen Gestus des Films unter. So kommentiert Mux die Ereignisse nicht nur direkt in die Kamera, sondern unterlegt durch seine Voice-Over-Narration das Geschehen zusätzlich mit seinen philosophischen Anschauungen. Authentizität und Unmittelbarkeit sollen somit, was Mux in einer Voice-Over-Narration auch nochmals deutlich macht, durch den dokumentarischen Look beider ästhetischer Ebenen transportiert werden:

> «Ich überführe in einer Woche 60 bis 80 Straftäter. All diese Menschen sind potenzielle Kunden. Jeder von ihnen kann von einer Sekunde auf die andere einem anderen Menschen Schaden zufügen, sich an ihm bereichern, ihn auslöschen. Die Straftäter, die Sie im Folgenden sehen, werden in flagranti überführt oder sie sind von Informanten denunziert worden. Die Aufnahmen sind nicht gestellt und die Täter authentisch. Die Bestrafung der Täter wird in Auszügen gezeigt und deren Gesichter sind aus Gründen der Abschreckung erkenntlich gehalten.»

Gleichzeitig macht die groteske Handlung deutlich, dass es sich bei dem Film um eine Satire handeln muss, beispielsweise wenn Mux einem ertappten Graffiti-Sprüher Farbe ins Gesicht sprühen und dieser von einer S-Bahn überfahren wird, da er nichts mehr sehen kann. Mux sucht die Schuld daraufhin beim S-Bahnfahrer, da dieser viel zu schnell gefahren sei. Doch auch durch seine Voice-Over-Narration, die an einen allwissenden, omnipotenten Kommentator des klassischen Dokumentarfilms erinnert, wird der Film eindeutig als Satire markiert, wie z. B. in seiner Charakterisierung von Gerd deutlich wird: «Ich habe unter den Kandidaten Gerd ausgewählt, weil er mich an meinen vor Kurzem verstorbenen Hund erinnert. Vielleicht sind es die Augen. Gerd wirkt loyal und unselbstständig und hatte von allen Bewerbern den schlechtesten Lebenslauf.»

5.6 Erzählstimmen aus dem Radio

Wie bereits dargelegt, darf für die Entwicklung und Etablierung der Voice-Over-Narration keinesfalls die Relevanz des Radios außer Acht gelassen werden. Da das Radio in seiner technologischen Entwicklung dem Tonfilm um einige Jahre voraus war und als Informations- und Unterhaltungsmedium bereits gesellschaftlich etabliert war, konnte der Tonfilm in vielfacher Hinsicht vom Radio profitieren.

So wurde im aufkommenden Tonfilm nicht nur häufig auf Konzepte aus Radiosendungen zurückgegriffen, sondern auch das Know-How der Hörfunktechniker war in den Filmstudios ab 1927 enorm gefragt. Diese Tendenz, technische Innovationen des Radios für den Tonfilm zu nutzen, kann sogar bis in die 1970er Jahre hinein verfolgt werden. So wurde der Magnetton, der bereits seit den späten 1940er Jahren für das Radio verwendet wurde, erst ab 1975, durch die Akzeptanz und Verbreitung des Dolby Rauschunterdrückungssystem, auch beim Film eingesetzt.[61]

Gleichzeitig ist die relativ späte Etablierung des Tonfilms eng mit der Bindung einzelner Studios an Radiostationen und Telefongesellschaften verknüpft. Die Warner Brothers Studios verbanden sich beispielsweise im Zuge ihres wirtschaftlichen Expansionsplanes vertraglich an eine Radiostation in Los Angeles. Hierdurch wurden sie mit der neuartigen Tonaufnahme Technologie der AT&T Telefon und Radio Gesellschaft vertraut, die sie infolgedessen zum Aufbau ihrer Tonfilme nutzten.[62]

In diesem Zusammenhang darf auch die kulturell-gesellschaftliche Bedeutung, die das Radio im damaligen, alltäglichen Leben einnahm, nicht vernachlässigt werden. Für eine breite Schicht der Gesellschaft war das Radio ab 1920 das einzige und damit wichtigste verfügbare Unterhaltungs- und Informationsmedium. Der Zuschauer des Stummfilms war es somit bereits gewohnt, im privaten Raum seiner eigenen vier Wänden, einem auditiven Narrations- und Informationsmedium zu lauschen, während der Film noch für einige Jahre stumm blieb.

Das Radio führte damit die apparative Trennung von Körper und Stimme vor und etablierte so die entkörperlichte, virtuelle Stimme in der Kultur des Stummfilmpublikums.[63] Dadurch entwickelte sich eine neue Form des Sprechens und des Zuhören. Der Bedarf nach einer völlig neuen Form und Tradition des Sprechens entstand, in Form der ausgebildeten ‹Radiostimme›, die sich in ihrem Klang und Inhalt mit den ‹Ohren der Anderen›, dem unsichtbaren Zuhörer hören und nach diesem richten muss.

---

61 Vgl.: John Belton: 1950s Magnetic Sound: The Frozen Revolution. In: Rick Altman (Hrsg.): *Sound Theory / Sound Practice*. New York / London 1992, S. 155.
62 Vgl.: Robert C. Allen / Douglas Gomery: *Film History. Theory and Practice*. New York 1985, S. 118.
63 Vgl.: Daniel Gethmann: *Die Übertragung der Stimme. Vor- und Frühgeschichte des Sprechens im Radio*. Zürich/Berlin 2006, S. 85.

5 Die filmgeschichtliche Entwicklung der Voice-Over-Narration

> «Gelingt der Stimme, die ja nur Gast im Körper ist, im Rundfunk die Hervorbringung einer weiteren virtuellen personalen Identität als Radiostimme, so geschieht dies als Ergebnis eines wohl organisierten Trainings, das dazu zwingt, sich zunächst mit den Ohren der anderen zu hören und dann eine neue Stimme im Sinne von Sprechweisen zu erfinden. Damit kann die Stimme, deren eigentliche Funktion sich erst entfaltet, wenn sie sich vom Körper löst, eine virtuelle personale Identität erzeugen, die unter den Bedingungen der akustischen Übertragungsmedien eine große Eigendynamik entwickeln.»[64]

Die von Grund auf akusmatische Radiostimme trägt damit nicht mehr nur die Identität des Sprechenden in sich, sondern wird zur körperlosen Stimme des Radios und des jeweiligen Programms, das sich an eine ebenso ‹gesichtslose› Masse an Zuhörern richtet.

Folglich trug der Umgang mit diesem ersten rein auditiven Unterhaltungsmedium und die Faszination, die es auf seine Zuhörer ausübte, dazu bei, dass auch die Erwartungen an eine auditive Bereicherung des Stummfilms gesteigert wurden. Dem Zuhören als Bestandteil eines narrativen Aktes wurde so eine neue Bedeutung zugewiesen sowie die Möglichkeiten einer neuen Form von auditiver Expressivität und Narrativität im Radio erprobt und weiterentwickelt wurden.

Im Radio wurde ab Mitte der 1920er Jahre beispielsweise begonnen, exzessiv mit den unterschiedlichsten Erzählerformen zu experimentieren – nicht mehr nur autoritäre Erzählstimmen, sondern auch Ich-Erzähler, *Innere Monologe* und multiple Erzählstimmen wurden nun vermehrt eingesetzt, sodass sich das Radio, fort von einer theatralisch, dramatischen Narrationsform, eher literarischen Erzählstilen zuwandte.[65] Das Radio bereitete sein Publikum damit auf völlig neuartige, technisierte, auditive Narrationsformen vor, während es gleichzeitig zahlreichen Filmschaffenden die Möglichkeit bot, die ästhetischen und narrativen Expressionsmöglichkeiten der Tonebene zu erfahren.

> «Today, we can confidently affirm that radio and cinema are different media, but in 1922 the borders of the media remained an open question. Radio was not born ineluctably separate from cinema; instead, they grew apart historically.»[66]

Rick Altman macht damit deutlich, dass das Radio anfangs als ein dem Film verwandtes Medium verstanden wurde, da man unter anderem versuchte, mittels entsprechender Radiosendungen, die simultan zu einem Stummfilmen im Kino übertragen wurden, eine Art Synchronton zu erzeugen. Weiterhin basierten zahlreiche der frühen Tonfilmversuche inhaltlich auf dem Vorbild erfolgreicher Radioshows

---

64 Vgl.: Gethmann, S. 130.
65 Vgl.: Kozloff 1988, S. 26–27
66 Rick Altman: Sound History. In: Rick Altman (Hrsg.): *Sound Theory / Sound Practice*. New York / London 1992, S. 118.

5.6 Erzählstimmen aus dem Radio

und wurden sogar mit den Stimmen berühmter Radiosprecher umgesetzt. Selbst mit dem wachsenden Erfolg des Tonfilms blieb diese enge Verbindung zwischen Radio und Kino noch für einige Jahre bestehen. So adaptierten die Filmstudios nicht nur die Formate beliebter Radioshows, wie THE MARCH OF TIME, sondern produzierten ebenso für das Radio Adaptionen ihrer jeweils aktuellen Filme, welche teilweise sogar von den jeweiligen Stars selbst nachgesprochen wurden.

«Der Tonfilm synchronisiert lediglich die Wahrnehmungsmodi anderer Medien, schließt sie zusammen, und auf die Perfektion des Zusammenschlusses kommt es an. Das ungeordnete Nebeneinander unterschiedlicher Medien muß zum absoluten Gleichlauf organisiert werden. Mit wünschenswerter Deutlichkeit wird das Audiovisuelle als Formation vertrauter Medien als Montageverfahren ausgewiesen. Gleichzeitig wird alles darangesetzt, die Komponenten im Gleichlauf zu verschmelzen, sie auf Linie zu bringen, damit sie im ‹neuen› Medium ihre Autonomie einbüßen.»[67]

Die Einflüsse einer Radioästhetik bezüglich filmischer Narration und Toneffekte können auch bereits in den expressiv, rhythmischen Montagen des Stummfilms, wie z. B. in Walter Rutmanns BERLIN. SYMPHONIE EINER GROSSSTADT (D 1927) gesehen werden. Noch deutlicher sind diese Einflüsse jedoch in den technischen und ästhetischen Innovationen der darauf folgenden frühen Tonfilmjahre zu finden, so in HALLELUJA, wo erstmals die Praxis des Nachsynchronisieren verwendet wurde, die auf technologischen Einflüssen des Radios beruht und einen damals revolutionär, freien Umgang mit Ton und Bild ermöglichte.

«In general, radio provided filmmakers with examples of all flavors of oral narration – folksy, authoritative, poetic, and bland – and of complicated narrative structures. It also showed film how to bring a novel's narrative to life, rather than simply mining the text for plot and characters. Moreover, given the fact that lecturers, intertitles, and documentary commentators practically always narrated in the third-person, other than novels themselves, radio was the cinema's major role-model for first person narrators. Finally, […] radio simply illustrated to one and all the spellbinding power of the human voice.»[68]

Damit stellt das Radio bezüglich der Verwendung eines freieren Bild-Ton-Verhältnisses und dem Einsatz von Stimmen aus dem Off oder einer Voice-Over-Narration eine wichtige Inspirationsquelle für den Film dar. Dies kann an dem anfänglichen Experimentieren im frühen Tonfilm mit expressiven, asynchronen Bild-Ton-Montagen erkannt werden, wie sie in den Filmen René Clairs, Jean Cocteaus und Luis Bunuels zu finden sind, aber auch in den frühen Tonfilmen Fritz Langs oder Alf-

---

67 Karl Prümm: Der frühe Tonfilm als intermediale Konfiguration. In: Sabina Becker (Hrsg.): *Jahrbuch zur Literatur der Weimarer Republik*. St. Ingbert 1995, S. 282–283.
68 Kozloff 1988, S. 28.

red Hitchcocks. In Sabotage (GB 1936) lässt Hitchcock beispielsweise den Schrei einer Frau in das Pfeifen einer Lokomotive übergehen. Gleichzeitig lässt sich jene Nähe zwischen dem frühen Tonfilm und anderen auditiven technologischen Entwicklungen der damaligen Zeit, wie dem Radio oder dem Telefon, aus zahlreichen Verweisen auf jene Medien herauslesen und der Häufigkeit, mit der diese in den Filmen der damaligen Zeit abgebildet wurden.

> «Eine zweite Grundform der Selbstreferenz ist das direkte Ausstellen der technischen Apparatur, der Blick auf das mechanisch reproduzierte, apparative Sprechen. Jede Telefonsequenz, auf die kein früher Tonfilm verzichtet, entfaltet eine Selbstreferenz auf das Medium, das sich hier gewissermaßen verdoppelt. Die mechanisch reproduzierte Stimme überwindet räumliche Distanzen, schafft eine Simultanität, ein Ineinander der Räume. Wie aus dem Off ertönen die Stimmen des abwesenden Körpers in das Bild herein.»[69]

In den frühen Tonfilmen ist somit fast eine Allgegenwart jener technologisch ebenfalls jungen Medien festzustellen. Mit einer enormen Häufigkeit wird dort telefoniert und dem Radio gelauscht. Stimmen dringen im frühen Tonfilm aus den unterschiedlichsten Geräten und Orten in das Bild ein. Der Tonfilm thematisiert somit nicht nur den Akt des technisch reproduzierten Sprechens, sondern inszeniert sich dabei immer auch selbst als audiovisuelles Medium. Dies wird unter anderem in Filmen Hitchcocks oder Fritz Langs deutlich, wie Blackmail, Dr. Mabuse (D 1922 und 1932) oder M – Eine Stadt sucht einen Mörder (D 1931).

> «One of the earliest uses of the radio as a source for what otherwise would be background music is in Hitchcock's 1930 Murder. Sir John, a dramatist and actor-manager played by Herbert Marshall, is shaving and musing on his experiences as a juror in a murder trial. He has allowed his fellow jurors to convince him to support a guilty verdict which does not really convince him. Her thoughts are in voice-over soliloquy which was pre-recorded and then played back on the set during shooting. At the same time, he is listening to the ‹Prelude and Liebestod› from Wagner's Tristan und Isolde. [...] In these early days of sound recording, however, it was necessary for the music to be recorded live, and thirty orchestral musicians were hired to play behind the wall of the bathroom set.»[70]

Aber auch in späteren Filmen zeigen sich immer wieder deutliche Einflüsse bezüglich narrativer Aspekte aus dem Erzählgestus des Radios heraus. Besonders deutlich ist dies sicherlich im Werk Orson Welles zu erkennen, wie in Citizen Kane oder The Magnificent Ambersons (USA 1942), die ich im Folgenden näher untersuchen werde.

69 Prümm 1995, S. 281.
70 James Leahy: A Slap of Sea and A Tickle of Sand: Echoes of Sounds Past. In: Larry Sider / Diane Freeman / Jerry Sider (Hrsg): *Soundscape. The School Of Sound Lectures 1998–2001*. London / New York 2003, S. 70.

5.7 Der Gestus des Erzählens

Jene unsichtbaren Erzählstimmen des Films verweisen natürlich immer auch auf die urtypischste Erzählsituation überhaupt – auf das orale Erzählen.

> «Cinematic storytelling is one of the youngest, most technologically dependent, and most expensive modes of narration; oral storytelling, the most ancient, fundamental, and widely accessible. In films with voice-over narration the older form has been superimposed on the top of the newer. [...] Adding voice-over narration to a film creates a fascinating dance between pose and actuality, word and image, narration and drama, voice and ‹voice›.»[71]

Der Akt des Erzählens wird im *Erzähl*-Kino, das mit einer Voice-Over-Narration arbeitet, folglich in seiner reinsten und zugleich komplexesten Form dargeboten. In einer Voice-Over-Erzählsituation scheint die Macht über die Narration allein in jener Stimme zu liegen, die aus dem Dunkeln heraustritt und im Wechselspiel zwischen Ton und Bild den Zuschauer gleichzeitigen zum Zuhörer wandelt, um diesen so in das Reich der Fantasie zu entführen.

Treten Erzählstimmen in einem Film auf, so prallen die scheinbar gegensätzlichen Partner Bild und Ton aufeinander, um sich gemeinsam zu einer neuen Erzählform zu verbinden. Dank der suggestiven Eigenschaften der Erzählstimme, die über den Bildern schwebt und doch immer nah beim Zuschauer ist, wird diesem so ein sehr intimes Erzählgefühl vermittelt, ähnlich dem einer mündlichen Erzählsituation. Da sich der Zuschauer durch die Stimme des Voice-Over-Erzählers persönlich angesprochen fühlt, bedingt dies jedoch, dass er sich auch in eben dieser Position von der Stimme direkt wahrgenommen fühlen muss. Dies führt dazu, dass der sich indirekt ertappt fühlende Zuschauer sich der Stimme komplett ausgeliefert fühlt und ihr bedingungslos vertrauen wird.

Die Voice-Over-Narration ähnelt damit in gewisser Weise tatsächlich jenem direkten Ansprechen des Lesers in Romanen oder dem scheinbaren Augenkontakt, den Schauspieler auf der Bühne mit dem Zuschauer herstellen können – und doch wirken sich Erzählstimmen viel mächtiger auf das narrative Zusammenspiel von Ton und Bild aus, denn wie das mündliche Erzählen selbst können sie fiktive Welten erschaffen, diese kontrollieren und auch wieder zerstören.

---

71 Kozloff 1988, S. 1.

6 Orson Welles und die Voice-Over-Narration

«In 1941, Orson Welles almost instantly invented many of our modern notions of cinema sound. He also invented several cinematographic conventions about image and narrative [...]. Both Citizen Kane and The Magnificent Ambersons are RKO Radio Pictures. Indeed, the two films use sound much like radio. The soundtrack supports the image yet can stand alone – without the picture. Welles was able to do this because he knew very little about how movies were made. Welles knew a lot about making radio, The War Of The Worlds proved that, and it was the fusion of radio and cinema that the real ‹sound film› came into being, thirteen years after the physical marriage of sound onto moving images.»[1]

Orson Welles CITIZEN KANE wird immer wieder als einer der großen Wendepunkte in der Filmgeschichte bezüglich Stil, Narration, Montage und *Misé en Scene* genannt. Zwar gehört Welles sicherlich nicht zu den Ersten, die sich ausgefallener Voice-Over-Techniken bedienten sowie er in seinen Filmen den Einsatz der Voice-Over-Narration auch nicht grundlegend revolutionierte. Dennoch verstand er es, die Funktionen und Wirkungsmöglichkeiten von Erzählstimmen auf das filmisch-narrative Gesamtgefüge in einer Art und Weise auszuschöpfen, wie kaum ein Regisseur vor ihm. Dies spiegelt sich unter anderem darin wider, dass er in fast zwei-dritteln seiner Filme auf eine die ein oder andere Form der Voice-Over-Narration zurückgriff, die er zudem meist selbst sprach. Weiterhin war er einer der ersten Regisseure, der bewusst die Positionierung des Zuschauers in die narrative Struktur seiner Filme spielerisch miteinbezog und auf diese Weise manipulierte.

---

1 Stephen Deutch: Music for Interactive Moving Images. In: Larry Sider / Diane Freeman / Jerry Sider (Hrsg.): *Soundscape. The School Of Sound Lectures 1998–2001*. London / New York 2003, S. 29.

Von großer Bedeutung zum Verständnis von Welles narrativer Strukturen ist dabei seine Prägung durch das Theater und das Radio. Der 1915 geborene Welles hatte sich nicht nur früh mit aufsehenerregenden Theaterinszenierungen in New York hervorgetan und konnte sich so einen Namen machen, sondern es war vor allen Dingen seine dreijährige Arbeit bei dem Radio Sender CBS, die ihn in seiner Erprobung narrativer und auch manipulativer Strategien prägte. In seiner wöchentlichen Show, *The Mercury Theater on the Air*, die ab 1939 in *The Campell Playhouse* umbenannt wurde, adaptierte Welles mit der New York Drama Company populäre Werke der Weltliteratur, wie *Die Schatzinsel*, *In 80 Tagen um die Welt*, *Jane Eyre* und natürlich die berühmt-berüchtigte Adaption von H. G. Welles *Krieg der Welten*, welche am 30. Oktober 1938 (Halloween-Abend) gesendet wurde. Das Hörspiel handelt von der Invasion von Marsmenschen auf der Erde und die zeitgenössischen Rundfunkhörer, angetrieben durch die bereits vorhandenen Ängste des sich ankündigenden Weltkrieges, waren aufgrund der Authentizität des Stückes davon überzeugt, dass es Nachrichten vom Tage seien, was eine Massenhysterie auslöste.[2]

Sicherlich, so ist oft zu lesen, wäre Welles früher oder später sowieso in Hollywood gelandet, wie dies bei zahlreichen Theater-Dramaturgen der Fall war, jedoch war es insbesondere der sensationelle Effekt jenes *Krieg der Welten* Hörspiels, der dazu führte, dass Welles von der RKO den wohl großzügigsten Vertrag in der damaligen Geschichte Hollywoods bekam. Welles erhielt eine *Carte Blanche*, das heißt absolute künstlerische Freiheit für die Produktion von drei Filmen in je drei Jahren, entweder als Produzent, Regisseur, Autor, Schauspieler – oder mit all diesen Funktionen zugleich. Welles erste beiden Filme, die er unter diesem Vertrag drehte, symbolisieren dabei deutlich die Stellung, die er daraufhin in Hollywood einnahm: die des Massen-Publikums untauglichen, in Hollywood verkannten Genies. Bereits THE MAGNIFICENT AMBERSONS wurde daher in seiner Abwesenheit vom Studio umgeschnitten, gekürzt und teilweise sogar neu gedreht. Nachdem Welles mit seinem dritten Film, THE STRANGER (USA 1946), schließlich seinen Vertrag erfüllt hatte, verließ er 1947 Hollywood und drehte bis zu seinem Tod 1985 in den verschiedensten Ländern, oft mit der finanziellen Unterstützung von Mäzenen.

2   «Menschen flüchteten in alle Richtungen, aus der Stadt aufs Land und umgekehrt; unzählige Autos verstopften mitten in der Stadt die Straßen; Priester wurden zur Beichte gerufen; es gab Fehlgeburten, gebrochene Knochen im Gedrängen und Herzattacken: Krankenhäuser und psychiatrische Zentren wußten nicht mehr, wie sie den Ansturm der Patienten bewältigen sollte. In Pittsburgh nahm sich eine Frau lieber das Leben, als von Marsmenschen vergewaltigt zu werden. Im Süden betete das Volk auf den Marktplätzen. In den halb verlassenen Städten begannen Plünderungen. In New Jersey wurde die Nationalgarde mobil gemacht. [...] Während halb Amerika die Knie schlotterten und die Polizei das Studio umstellte, dessen Telefonleitungen von den eingehenden Anrufen blockiert wurde, brachte Orson Welles unbeirrt dieses ‹schwache› Hörspiel zu Ende, um anschließend mit seinen Schauspielern ins Theater zu eilen, wo er dann die nächtlichen Proben zu *Danton* fortsetzte. Erst am folgenden Morgen erfuhr er, zu seiner größten Verwunderung vom Ausmaß der Katastrophe – bzw. seines Triumphes.»
    André Bazin: *Orson Welles*. Wetzlar 1980. S. 95–96.

Welles erster Film, CITIZEN KANE, den er unter diesem Vertrag drehte und der oft als Wendepunkt in der Verwendung einer multiperspektivischen Narration bezeichnet wird, handelt von dem Medienmogul und Milliardär Charles Forster Kane (lose basierend auf dem Leben des Medienzaren William Randolph Hearst), nach dessen Tod ein Reporter versucht, die Bedeutung dessen letzten Wortes ‹Rosebud› zu entschlüsseln. Hierzu befragt er Menschen, die Kane gekannt haben und sich an ihn zurückerinnern, sodass im Verlauf des Films ein facettenreiches und jeweils sehr subjektives Bild von Kanes Leben gezeichnet wird. Die Bedeutung des Wortes ‹Rosebud› kann der Reporter, der letztendlich entmutigt aufgibt, nicht entschlüsseln. Nur der Zuschauer sieht schließlich, wie ein alter Schlitten aus Kanes Sammlung verbrannt wird, auf dem ‹Rosebud› zu lesen ist, was somit den Verlust von Kanes Kindheit und Unschuld symbolisiert.

Zwar muss erwähnt werden, dass Welles weder die Rückblende noch die Komposition des Bildes durch Tiefenschärfe oder die Einbeziehung des geschlossenen Raumes mittels Weitwinkel-Objektiven erfunden hat und dennoch könnte die Bedeutung von Welles Erstlingswerk aus filmhistorischer Sicht gleichzeitig nicht größer sein, insbesondere was die gesamte Komposition des visuellen Stils und die Abkehr von einer rein chronologischen Narration betrifft.

Welles brach für die damalige Zeit radikal mit den visuellen und narrativen Traditionen Hollywoods und damit auch mit den vertrauten Sehgewohnheiten seines zeitgenössischen Publikums. Insbesondere durch die narrative Struktur, den Aufbau der Geschichte in ein verwobenes Netz aus subjektiven, achronologischen Erinnerungen – von Kanes Vormund und Bankier Thatcher, Kanes Geschäftsführer Bernstein, seinem Kollegen und Freund Leland und seiner zweiten Frau Susan – gelingt es ihm, ein vielschichtiges und teilweise auch widersprüchliches Bild Kanes zu erschaffen. So tragen alle erzählten Erinnerungen dazu bei, multiple Versionen der Realität zu beleuchten und damit auch unterschiedliche Wahrheiten über Kanes hervorzubringen, die der Zuschauer selbst miteinander verknüpfen und bewerten muss. Aus diesem Grund ist auch keiner der Erzähler dazu in der Lage, das Geheimnis um Kanes letzte Worte zu lüften, beziehungsweise Kanes komplexe Persönlichkeit vollkommen zu erklären, da jeder nur einen bestimmten Teil von ihm kannte und wahrgenommen hat. Letzten Endes vermag nur der implizierte Präsentator, hinter dem der Zuschauer natürlich instinktiv Welles, den Regisseur, vermutet, einen Hinweis auf die mögliche Bedeutung des Wortes ‹Rosebud› für Kane zu liefern.

> «This approach is a modern one, based on the assumption that external analysis of a human being's life is subjective at best and, while every subjective view and biographical detail are pieces in a larger puzzle, the meaning of life is too complex to ever be fully understood. It is the investigative process that makes Welles' film interesting rather than the conclusions. ‹The point of the picture›, Welles said, ‹is not so

much the solution of the problem as its presentation›.»³

Ebenso bedeutend für eine Deplatzierung des Zuschauers vom bloßen Konsumenten zum Mitkonstrukteur der Narration sind natürlich die Bildanordnungen, die Positionierung der Schauspieler und Objekte im Raum sowie die ausdrucksvollen Hell-Dunkel-Kontraste, die unter anderem zum enormen Einfluss des Films auf den bis dahin vorherrschenden, eher traditionellen visuellen Stil beitrugen.

6 Expressive Bildgestaltung. William Alland in CITIZEN KANE (USA 1941)

Bahnbrechend ist aber auch Welles Verständnis des Bild-Ton Verhältnisses, so verwendet er zahlreiche asynchrone Off-Stimmen, wodurch er die visuell-auditive Einheit von Sprecher und Gesprochenem untergräbt. Dies geschieht unter anderem, indem er die sprechenden Personen aus ungewöhnlichen Blickwinkeln zeigt oder sie in tiefe Schatten taucht, so dass die Gesichter nicht zu erkennen sind. Der Zuschauer erfährt auch weder den Namen des recherchierenden Journalisten noch sieht er jemals dessen vollständig ausgeleuchtetes Profil (Abb. 6).

> «Orson Welles in Citizen Kane adapted radio's technique of creating aural depth by placing actors at different distances from the microphone and used wide-angel lenses to make them seem further apart than they really were. In some cases perspective might be achieved by using more than one microphone, e.g. one microphone on characters grouped in the foreground and a high microphone over someone in the rear of the shot.»⁴

Dennoch ist es erstaunlich, dass Citizen Kane oft als Wendepunkt für die Verwendung der Voice-Over-Narration erwähnt wird, da eine wirkliche Voice-Over-Narration in Citizen Kane lediglich in jener fiktiven Wochenschau THE NEWS ON THE MARCH auftritt, die natürlich eine deutliche Parodie auf die beliebte Wochenschau THE MARCH OF TIME darstellt (Abb. 7). Eigentlich ist dies mehr eine perfekte Kopie denn eine tatsächliche Parodie, da dort, ganz im Stil des Originals, in nachgestellten, dokumentarischen Sequenzen einem fiktiven Kinopublikum das komplette Leben Kanes geschildert wird. Dazu ist die autoritär, kommentierende Stimme eines heterodiegetischen Erzählers in der dritten Person zu hören, der die jeweiligen Bilder aus Kanes Leben hervorruft, um so einzelne Aspekte aus dessen

---

3   Frank E. Beaver: *On Film. A History of the Motion Picture*. Baskerville 1987. S. 134
4   Handzo 1985, S. 369.

7 Die ‹News On The March› Wochenschau in CITIZEN KANE (USA 1941)

Biografie zu beleuchten. Jene körperlose Kommentatorstimme ist damit ebenso omnipotent und allwissend wie die des Originals. Auch springt sie frei in der Zeit durch das Leben Kanes, bedient sich animierter Karten und fiktiver, dokumentarischer sowie nachgestellter Filmausschnitte.

Auf diese Weise setzt sich Welles selbstreflexiv mit zeitgenössischen Informations- und Narrationsformen auseinander. Der mit THE MARCH OF TIME vertraute Zuschauer sollte im Angesicht jener gefälschten Wochenschau dazu angeregt werden, die Authentizität und das Maß der Konstruiertheit der tatsächlichen Wochenschau infrage zu stellen.

Für die weitere Narration verzichtet Welles jedoch auf Erzählstimmen, indem er die dramatisch erzählten Rückblicke hauptsächlich durch Überblenden einleitet.

> «Seit Citizen Kane hat sich dieses ‹Flashback› oder Rückblende genannte Verfahren nicht mehr weiterentwickelt, und obwohl es im Jahre 1941 sicher nicht ganz neu war, benutzte man es bis dahin nur selten und wenn doch, dann ohne die chronologischen Überlappungen [...]. Im Übrigen wurden die Rückblenden später nur auf wesentlich konventionellere Weise, also als rein erzählerisches Mittel, genutzt, während sie [...] in Citizen Kane fast den Stellenwert eines metaphysischen Blickwinkels erreicht. Wenn Welles die Rückblende auch nicht erfunden hat, so hat er sie jedenfalls in die Filmsprache eingeführt.»[5]

Eine wesentlich gewichtigere Rolle spielt die Voice-Over-Narration dagegen in Welles zweitem Film, THE MAGNIFICENT AMBERSONS, der vom Zerfall der angesehenen, reichen Familie Amberson handelt. Im Mittelpunkt steht dabei der selbstsüchtige George Amberson, der die Liebesheirat seiner Mutter mit dem Automobilfabrikanten Eugene Morgan verhindert, bis er letztendlich, verarmt und verletzt, von dessen Tochter Lucy aus Liebe gerettet wird und Eugene um Vergebung bittet.

Der Film ist die Adaption des gleichnamigen Romans von Booth Tarkington, den Welles bereits 1939 für seine Radiosendung als Hörspiel adaptiert hatte. So beginnt THE MAGNIFICENT AMBERSONS auch, ganz ähnlich des Hörspiels, mit einer schwarzen Leinwand, die vollkommen durch Welles warme, bestimmende Stimme dominiert wird: «The magnificence of the Ambersons began in 1873. Their splendor lasted throughout all the years that saw their midland town spread and darken into a city.»

---

5   Bazin1980, S. 108.

Welles, als heterodiegetischer Voice-Over-Narrator in der dritten Person, imitiert somit einerseits den Erzähler der literarischen Vorlage, andererseits jedoch auch seine eigene Hörspiel-Adaption des Romans. Als Erzähler ist er **vor** der visuellen Narration anwesend und tritt für den Zuschauer somit als Schöpfer der erzählten Welt auf. Gleichzeitig erweitert er die Fähigkeiten und Funktionen des literarischen und Hörspiel Erzählers, da die körperlose Stimme des Erzählers hier erstmals die Möglichkeit besitzt, auf eine wesentlich direktere Art und Weise in die von ihm präsentierte, visuelle Geschichte einzugreifen, indem er die absolute Gewalt über diese zu besitzen scheint.[6]

So führt der Erzähler den Zuschauer zu Beginn des Films erstmals in der Zeit zurück, zu jener ‹goldenen, alten Zeit›, deren Verfall er im Laufe des Films Zeuge sein wird. Dies wird auch dadurch verdeutlicht, dass der Narrator seine Erzählung die gesamte Zeit im Präsens hält.

Der Erzähler ist demnach dazu in der Lage, frei über die Zeit der Erzählung zu verfügen und den Zuschauer durch die Jahre dieser vergangenen Zeit zu führen. So weist er während des Fortschreitens durch die Jahre auf einen stetigen Wechsel in der Mode hin, indem er dem Zuschauer die wechselnden Hut-, Schuh- und Hosenmode präsentiert und diese mittels einer gelungenen Bild-Ton-Kombination ironisch kommentiert:

> «During the earlier years of this period, while bangs and bustles were having their way with women, there were seen men of all ages to whom a hat meant only that rigid, tall silk thing known to impudence as a stovepipe. But the long contagion of the derby had arrived. One season the crown of this hat would be a bucket; the next it would be a spoon. Every house still kept its bootjack, but high-top boots gave way to shoes and congress gaiters, and these were played through fashions that shaped them now with toes like box ends, and now with toes like the prows of racing shells.»

Neben der deutlichen Omnipotenz des Erzählers über die visuelle Diegese verfügt der unsichtbare Narrator auch über ein absolutes Wissen über jene ‹vergangene, goldene Zeit› der Familie Amberson und der sich im Wandel befindenden Stadt. Dies wird daran deutlich, dass er, während er auf jene vergangene Zeit zurückblickt, auch auf die aktuelle Zeit des Zuschauers verweisen kann:

> «In that town, in those days, all the women who wore silk or velvet knew all the other women who wore silk or velvet, and everybody knew everybody else's family horse and carriage. The only public conveyance was the streetcar. A lady could whistle to it from an upstairs window, and the car would halt at once and wait for her, while she shut the window, put on her hat and coat, went downstairs, found an umbrella,

---

6   Vgl.: Chion 2009, S: 324.

told the girl what to have for dinner, and came forth from the house. Too slow for us nowadays, because the faster we're carried, the less time we have to spare.»

Des Weiteren kann der Voice-Over Narrator in der Erzählung vorweg greifen und in die Zukunft der Familie Amberson blicken, beziehungsweise ihr Schicksal vorausdeuten und somit natürlich die Erzählung selbst vorantreiben, beispielsweise wenn er die Prophezeiung von Mrs. Forster, die sich über die zukünftigen, schlimmen, verzogenen Kinder der Ambersons auslässt, dahingehend korrigiert, dass sie nur ein Kind bekamen: «The prophetess proved to be mistaken in a single detail merely: Wilbur and Isabel did not have children, they had only one.» Woraufhin Mrs. Forsters erwidernde Stimme aus dem Off zu hören ist: «Only one! But I'd like to know if he isn't spoiled enough for a whole carload.» Hierzu präsentiert der Erzähler, der in seiner Narration bereits voran gesprungen ist, nun den jungen George Amberson, der in seiner Pony-Kutsche durch die Stadt rast und äußert hierzu ironisch: «Again, she found none to challenge her. George Amberson Minafer, the Major's one grandchild, was a princely terror.»

Obwohl dieser Voice-Over-Erzähler durch seine Fähigkeiten, die er über die visuelle Diegese besitzt, den omnipotenten, allwissenden Kommentatoren der Wochenschauen und des frühen Dokumentarfilms ähnelt, gleicht sein Erzählstil jedoch in keiner Hinsicht deren autoritär, didaktischen Gestus. Stattdessen ist sein Stil durchweg leicht und humorvoll, wobei er den Figuren immer auch mit einem gewissen Maß an Sympathie und Mitgefühl gegenübersteht.

Die Besonderheit des heterodiegetischen Erzählers besteht demnach darin, dass es ihm weniger daran liegt, dem Zuschauer den Untergang einer vergangenen Zeit und mit dieser den Untergang der wohlhabenden Familie als exemplarisch, lehrhaftes Beispiel zu schildern, sondern sein Interesse tatsächlich im Akt des Erzählens und seiner Erzählung selbst liegt. Das wird daran deutlich, dass er sehr eng mit dem Klatsch der Stadtbewohner verbunden ist. Seine Erzählung wird häufig durch den Stadtklatsch der diegetischen Figuren bereichert, die sich in den unterschiedlichsten Situationen über das Schicksal der Familie Amberson unterhalten und damit ebenfalls als Kommentatoren des Geschehens fungieren. In einigen Situationen ist dabei unklar, an wen jene Kommentare eigentlich gerichtet sein sollen – an eine weitere, nicht sichtbare diegetische Figur, den Erzähler oder etwa doch den Zuschauer selbst?

Auch ist der Voice-Over-Narrator dazu in der Lage, die Figuren in sehr intimen Momenten zu zeigen, wie zum Beispiel jene Mrs. Forster beim Ankleiden. Auf diese Weise belegt der Erzähler natürlich nochmals seine absolute Omnipotenz über die Diegese und sein allumfassendes Wissen bezüglich jeglicher Geschehnisse und des Verhaltens der Figuren der diegetischen Welt. Andererseits wird der bereits sehr deutlich vorhandene selbstreflexive Gestus der Voice-Over-Narration so verstärkt, da einerseits das mündliche Erzählen in Form des Stadtklatsches thematisiert wird und andererseits, durch die Interaktion zwischen dem Voice-Over-Narrator und den diegetischen Figuren, der Akt des Erzählens selbst hervorgehoben wird.

Auf den Kommentar des Narrators, dass viele Bewohner dem jungen George eine Abrechnung wünschten, präsentiert er sogleich einen Mann, der seine Aussage bestätigt: «There were people, grown people they were, who expressed themselves longingly. They did hope to live to see the day, they said, when that boy would get his come-uppance.» Daraufhin wendet sich eine Frau fragend an ihren Mann, «His what?», woraufhin der Mann erwidert: «His come-uppance! Something's bound to take him down someday. I only want to be there.» Dazu ist im Hintergrund wieder das Geräusch des, wild mit seiner Ponykutsche durch die Stadt fahrenden, jungen Georges zu hören.

Gleichzeitig entsteht so eine bewusste, humorvolle und ironische Koppelung der omnipotenten Voice-Over-Narration mit den Kommentaren der diegetischen Figuren, sprich eine Interaktion der auditiven, extradiegetischen Narration mit der visuellen, diegetischen, die auf diese Weise auch den implizierten Zuschauer in den Akt des Erzählens mit einbezieht.

Ungewöhnlich ist auch der Abspann des Films, da hier anstelle der üblichen textlichen Darstellung der Voice-Over-Narrator die Schauspieler und andere Beteiligten des Films mündlich vorstellt. Dazu sind jeweils entsprechende Aufnahmen der Personen, beziehungsweise ihre Arbeitsutensilien zu sehen, bis schließlich ein Mikrophon das Bild füllt und die Stimme ein letztes Mal zu hören ist: «I wrote the script and directed it. My name is Orson Welles.»

Sicherlich bestätigt jene unsichtbare und doch allmächtige Erzählstimme auf diese Weise ein letztes Mal ihre Macht als vermeintliche Schöpferinstanz der Bilder und der gesamten Erzählung, da sie selbst über das Wissen und die Kontrolle über den profilmischen Produktionsprozess zu verfügen scheint. Weiterhin offenbart sie mittels dieses Abspanns auf besondere Weise die Künstlichkeit der eben noch existenten Erzählwelt und damit auch die Künstlichkeit des Produktes Film an sich, indem sie die einzelnen Funktionen, beziehungsweise den filmischen Apparat selbst, in die Narration einbaut und entlarvt (Abb.8).

Indirekt offenbart sich in jener letzten Aufnahme somit die Erzählstimme als bloßes, narratives Konstrukt. Dennoch lässt sie sich ihrer schöpferischen, akusmatischen Macht nicht berauben, da Orson Welles selbst als Erzähler nie im Bild zu sehen ist. Auch wird die fiktive Erzählstimme Orson Welles' hier letztendlich mit seiner Funktion als

8 Das Mikrophon als Symbol für die allmächtige Stimme des Erzählers und Schöpfers des Films. THE MAGNIFICENT AMBERSONS (USA 1942)

Regisseur des Films vermischt, sodass jener Erzähler, der Regisseur, der Drehbuchautor und der implizierte Präsentator tatsächlich zu einer Person verschmelzen. Eine solche, den filmischen Apparat offenbarende, selbstreflexive Verwendungsweise der Voice-Over-Narration ist für einen klassischen Film wie THE MAGNIFICENT AMBERSONS, sehr ungewöhnlich und auch nur in eher seltenen Fällen im heutigen post-klassischen Kino anzutreffen.

Insgesamt – das heißt abgesehen von jenem Abspann – kann jener zweite Film von Orson Welles aufgrund seiner narrativen Struktur jedoch durchweg dem klassischen Hollywood Kino zugerechnet werden. Auch im klassischen Hollywoodfilm sind selbstreflexive, beziehungsweise selbstreferenzielle Momente an Anfang und Ende eines Films durchaus üblich, was wiederum erklärt warum Welles Voice-Over-Narration hauptsächlich im Prolog des Film eingesetzt wird, kurz gegen Ende und schließlich in jenem Abspann. Dies ist auch der bedeutendste Unterschied in der Verwendung der Voice-Over-Narration zwischen dem klassischen Kino und dem aktuellen, postklassischen Kino. Im aktuellen Kino sind solch selbstreflexiven Moment nicht nur während des Anfangs und Endes eines Films zu finden, sondern werden durchgängig, während des gesamten Films eingesetzt.

Zusammenfassend lässt sich sagen, dass sich Welles in seinem Einsatz von Erzählstimmen zwar an vorangegangenen Filmen orientiert, wie THE POWER AND THE GLORY oder THE ROARING TWENTIES, jedoch ist sein Verständnis der narrativen Möglichkeiten der Voice-Over-Narration und des Tons im Allgemeinen wesentlich vielseitiger und umfassender, als das seiner Vorgänger. Welles greift in seinen Filmen nicht nur den Gestus eines literarischen und theatralischen Erzählers auf und wandelt diesen in den filmischen Voice-Over-Narrator um, sondern verknüpft diese gleichzeitig mit jenen omnipotenten Kommentatoren des Radios und den Voice-Of-God-Kommentatoren der filmischen Wochenschauen.

Damit zählt Welles nicht nur zu den ersten Regisseuren des fiktiven Films die Erzählstimmen über die Funktionen und Einsatzmöglichkeiten ihrer literarischen oder theatralischen Ursprünge hinaus verwendet haben, sondern etabliert diese erstmals zu einem typisch filmischen Narrationsprinzip. Seine Verwendung der Voice-Over-Narration verweist dabei immer wieder bewusst auf die Ursprünge des filmischen Narrationsgestuses und erzeugt so ein wesentlich freieres, stark ironisch, selbstreflexives Verständnis des Films als narratives Medium.

> «With Welles's advent, modern fiction became not merely a source of prestige or fine writing but a stimulus to discover cinematic means of conveying narrational perspective and subjective experience. It was this challenge, as much as Welles's budgetary and scheduling deficiencies, that made him anathema to the institution but formative for filmmakers already practicing there (and elsewhere, like Ozu), in film noir and other genres of the 1940s and 1950s. [...] Welles's career is, on this hypothesis, indicative of the rarely explicit but ramified migration of literary modernism

that stands behind cinema's increasing interest in subjectivity and narration in the immediate postwar period.»[7]

Man kann somit durchaus sagen, dass Welles mit seinen Filmen die Voice-Over-Narration, und damit natürlich auch die auditiven Ebenen des Filmischen, aus den strikten Zwängen der damals vorherrschenden Produktionscodes und aus den Umklammerungen ihrer geistigen Vorläufer befreite. Der den reinen Text rezitierenden Gestus des literarischen Erzählers und der unantastbar, interpretierender Gestus des Stummfilmkommentators wurden so miteinander verbunden und zu einem völlig neuen, rein filmischen Erzählprinzip erhoben. Welles, der immer noch als einer der Pioniere auf zahlreichen Gebieten der ästhetischen Filmkunst gilt, hat damit bedeutende Maßstäbe für den Umgang mit Ton und Erzählstimmen gesetzt.

---

7 Fleishman, S. 200–201.

7 SUNSET BOULEVARD – Die Etablierung der Voice-Over-Narration im *Film Noir*

Direkte Einflüsse von Welles frühem Werk, bezüglich des visuellen Stils und seines innovativen Umgangs mit Ton, sind sehr deutlich in der filmhistorischen Phase des *Film Noirs* (ca. 1941–1958) festzustellen. Der klassische *Film Noir* ist unter dem Gesichtspunkt einer filmhistorischen Betrachtung der Voice-Over-Narration besonders interessant, da er eine intensive Verwendung des Ich-Erzählers mit sich brachte und so völlig neue narrative sowie visuelle Ausdrucksformen und Aussagen formulierte.

«Es ist kein Zufall, dass mit dem Film noir eine zweite Welle subjektiver Erzählstrategien – gekoppelt an eine expressive Kameraführung und komplexe Rückblendenstrukturen – während des Zweiten Weltkrieges auftrat. Vielmehr drückt sich darin die Tendenz aus, extreme existenzielle Erfahrungen, in denen das Subjekt auf sich selber zurückgeworfen wird, in einer Transformation stilistischer Strategien weg von kanonisierten Erzählformen hin zu fragmentierten Auflösungen des Erzählstroms zu äußern. Allerdings ist der Film noir innerhalb des amerikanischen Nachkriegsfilms die ästhetische Manifestation einer Splittergruppe, die mit keiner generellen Veränderung des stilistischen Repertoires einhergeht.»[1]

Der klassische *Film Noir*, der seinen Höhepunkt zwischen 1941 und 1958 in den USA erlebte, wurde im Jahr 1946 durch die französische Filmkritik benannt und ‹entdeckt›. Der Begriff basiert auf den damals in Frankreich beliebten Kriminalromanen der *Serie Noir*, bei denen es sich um Übersetzungen der amerikanischen ‹hardboiled school of fiction› handelte, einer Reihe desillusionierender Romane von Autoren wie Dashiell Hammett, Raymond Chandler und James M. Cain, die

---

1 Flückiger, S. 363.

7 Sunset Boulevard und die Etablierung der Voice-Over-Narration im Film Noir

im *Film Noir* zu einem Großteil adaptiert wurden. In der allgemeinen filmwissenschaftlichen Diskussion wird der Begriff, beziehungsweise das Adjektiv *noir*, jedoch nicht nur auf Detektivfilme und Thriller angewandt, sondern genreübergreifend als Stilphänomen verstanden und kann damit durchaus auch auf Western (RED RIVER von Howard Hawks, USA 1948), Melodramen (MILDRED PIERCE von Michael Curtiz, USA 1945) oder Horrorfilme (CAT PEOPLE von Jaques Tourneur, USA 1942) angewandt werden. Die Mehrzahl der Filme der klassischen *Noir*-Phase entstanden als B-Pictures, als günstige Parallelproduktionen der Studios, sodass die Analyse der Verwendung von Erzählstimmen im Korpus dieser Filme sicherlich insgesamt ein verzerrtes Bild auf die Gesamtproduktion der Filme dieser Zeit wirft.

Gleichzeitig hat dies jedoch zur Folge, dass für jene amerikanischen Filme der 1940er und 1950er Jahren in der filmwissenschaftlichen Literatur nicht nur unterschiedliche Bezeichnungen, sondern auch diverse theoretische Eingrenzungen bezüglich der genauen Definition des Begriffes *noir* zu finden sind. Auch kann man den Begriff *noir*, versteht man ihn beispielsweise wie Röwekamp als Verfahren, das sich an bestimmten visuellen und narrativen Merkmalen festmachen lässt, insgesamt auf alle Filme ausdehnen – von den 1930er Jahren bis in die filmische Gegenwart.[2]

Infolgedessen werde ich im weiteren Verlauf dieser Arbeit, den *Film Noir* als Stil verstehend, zuerst einmal den klassischen *Film Noir* der Jahre 1941–1958 betrachten, um später auf jene Filme einzugehen, die sich seit den 1970er Jahren bis heute des Stilmerkmals *noir* bedienen und als *Neo Noir* bezeichnet werden.

Als visuelle Stilmittel eines *Noir* Films gelten: Eine intensive Nutzung der Bildkomposition, um so ein Gefühl der Desorientierung der Figuren und des Zuschauers im filmischen Raum zu erzeugen, eine Low-Key-Beleuchtung mittels dominanter Nachtaufnahmen sowie expressive Schwarz-Weiß- und Licht-Schatten-Kontraste. Diese extremen Hell-Dunkel-Inszenierungen auf der visuellen Ebene und die Platzierung der Figuren als verloren wirkend in einem düstern, leeren Raum sollen eine Welt des moralischen Chaos und der Angst evozieren. Diesem wird auf der narrativen Ebene durch eine komplexe Rückblendenstruktur und subjektiv kommentierenden Voice-Over Erzählern entsprochen, um so eine zusätzliche Atmosphäre der Unausweichlichkeit zu erschaffen, in der die Vergangenheit als ein Fluch klassifiziert wird, dem die Figuren auch in der Gegenwart nicht entkommen können.

Um den objektivierenden Blick der klassische Narration zu untergraben wurde im *Film Noir* meist auf Ich-Erzähler zurückgegriffen. Dieses narrative Stilmittel zwingt den Zuschauer dazu, sich mit dem eingeschränkten Blickwinkel und Seelenzustand des jeweiligs erzählenden, von Verbrechen, Ausweglosigkeit und Gewalt zerrütteten, Protagonisten zu identifizieren.

---

2   Vgl.: Burkhard Röwekamp: *Vom film noir zur méthode noire. Die Evolution filmischer Schwarzmalerei*. Marburg 2003, S. 77–79

7 Sunset Boulevard und die Etablierung der Voice-Over-Narration im *Film Noir*

«Im klassischen Erzählfilm dient voice over der Bestätigung des Geschehens, also der kausalen, räumlichen und zeitlichen Logik der Geschichte, und trägt auf diese Weise zu deren ‹realistischen› Effekt bei. *Film noir* hat sich voice over zu Nutze gemacht, um damit das Geschehen als subjektive Erzählung zu demaskieren. [...] Die gebräuchlichste Form des voice over im ‹historischen› Film noir dient in der Regel zwar noch ganz konventionell dazu, Rückblenden ein- und auszuleiten oder Übergänge zwischen unverbunden erscheinenden Handlungen zu stiften, doch resultiert aus der verbalen Markierung zeitlicher, räumlicher oder kausaler Fragmentierung und der Möglichkeit zur Psychologisierung etwas durch die Modulation der Stimme ein für erzählerische Willkür sensibilisierender, ein filmisches Selbst-Bewusstsein suggerierender Effekt.»[3]

Für den Zuschauer bedeutet dies, dass er die gesamte Erzählung aus der Sicht des Protagonisten erlebt, was dazu führt, dass die objektivierende, ‹unsichtbare› Narration des klassischen Hollywood-Kinos unmöglich wird. Stattdessen wird der Blickwinkel des Zuschauers auf die Diegese extrem limitiert und subjektiviert. Dadurch wird das Identifikationspotenzial mit dem Erzähler-Protagonisten gesteigert, das heißt der Zuschauer ist eher gewillt sich mit diesem zu identifizieren und dessen Stimme als seine eigene anzunehmen, als er dies bei einer objektiv, distanziert dargestellten Figur wäre.

«This brings us to an important point about all homodiegetic voice-over – it serves as a means of winning the viewer's understanding and identification. Noirs and so-called women's films of the same time period present characters who are, for the most part, isolated from their society and their loved ones, suffering, and forced to make moral choices. By offering their stories in their own words, their narration enables them to earn our sympathy.»[4]

Der Zuschauer wird so nicht nur direkt in die Narration hineingezogen, sondern auch bewusst in die Rolle eines Beobachters der geschilderten Ereignisse gedrängt. Gleichzeitig vermittelt solch ein Ich-Erzähler ein wesentlich höheres Maß an Authentizität, da er dem Zuschauer – mal mehr und mal minder direkt – verspricht, die Wahrheit über sein Leben und die von ihm geschilderten Ereignisse darzulegen. Diese so entstehende selbstreflexive Komplizenschaft zwischen Zuschauer und Erzähler-Protagonisten ermöglicht es dem Zuschauer darüber hinaus, jenem Ich-Erzähler auch ethisch fragwürdige Taten zu vergeben, sodass die Grenzen zwischen Gut und Böse wesentlich leichter verschiebbar sind, wie in The Postman Always Rings Twice (Tay Garnett, USA 1946) oder Double Indemnity (Billy Wilder, USA 1944).

---

3   Röwekamp 2003, S. 102.
4   Kozloff 1988, S. 63.

7 Sunset Boulevard und die Etablierung der Voice-Over-Narration im *Film Noir*

Jener extrem subjektivierende Blick auf die Welt wird in einigen klassischen *Noir* Filmen nicht nur auf der narrativen Ebene mittels eines Voice-Over-Erzählers verwirklicht, sondern auch auf der visuellen Ebene durch eine ungewöhnliche Quantität in der Verwendung von Point-Of-View Shots, wozu Lady in the Lake (Robert Montgomery, USA 1947) und Dark Passage (Delmer Daves, USA 1947), aber auch Murder My Sweet (Edward Dymtryk, USA 1944) als bekannteste Beispiele zu nennen sind.

In der Regel wird dieser subjektive Blickwinkel im *Film Noir* jedoch durch rückblickende Ich-Erzähler erzeugt, die ein bereits begangenes Verbrechen gestehen, um so die Ausweglosigkeit ihres Schicksals zu belegen, wie in Double Indemnity, wo der angeschossene Versicherungsagent Walter Neff den Mord an einem Klienten auf Tonband gesteht. Am Ende des Films tritt schließlich ein, was von Anfang an bereits unabwendbar war – der Protagonist erliegt seinen Verletzungen. «Die für Noir-Filme typische zirkuläre Erzählstruktur bezeugt die fatale Unausweichlichkeit der schuldhaften Verstrickungen in die eigene physische und psychische Destruktion.»[5]

Die Erzähler-Figuren des *Film Noir* sind somit gebrochene, düstere Gestalten, die sich am Rande der Gesellschaft bewegen und durch widrige Umstände (meist die Liebe zu einer kalten, sie ausnutzenden Frau – einer *Femme Fatale*) zu einem Verbrechen gezwungen oder verführt werden.

Gleichzeitig beinhaltet diese zwiespältige Haltung der Protagonisten-Erzähler zur Gesellschaft und dem Gesetz, dass die von diesen Erzählern geschilderte Wahrheit eine vermeintliche und fragwürdige ist. Jedoch wird das tatsächliche Maß der Subjektivität dem Zuschauer oft erst zu spät offenbart, wie in The Killing (Stanley Kubrik, USA 1956), wo mehrere einander widersprechende Erzähler auftauchen, oder in Possessed (Curtis Bernhardt, USA 1947), wo sich die Erinnerungen der Erzählerin an die wahren Ereignisse fast unentwirrbar mit ihren Träumen und Fantasien vermischen.

> «However, with a narrative that is fully narration, I would suggest, the fiction is actually ‹full of holes› from the start, threatened, as our experience becomes one of constant suspense or tension. Some films noir, for example, seem to ‹advance in a rectilinear fashion› after the pattern of most classical narratives, but they actually describe a circular pattern, as if they represented but one more variation in an endless round of speculations about the past. [...] What we have, in effect, is a problem of excess, of too much subjectivity, at least for the classical narrative experience, with its implicitly objective vantage, to contain easily.»[6]

Der *Film Noir* mit seinen zerbrochenen, beichtend-berichtenden und oftmals lügenden Protagonisten führte so eine Form des Ich-Erzählers ein, der retrospek-

---

5   Röwekamp 2003, S. 103.
6   J. P. Telotte: *Voices In The Dark. The Narrative Pattern Of Film Noir*. Urbana / Chicago 1989, S. 58.

7 Sunset Boulevard und die Etablierung der Voice-Over-Narration im *Film Noir*

tiv auf sein bereits zerfallenes Schicksal zurückblickt. Damit ist die Erzählstruktur des *Film Noirs* durch eben jenen rückwärtsgerichteten Blick und die in die Vergangenheit zielende Narration eine zirkuläre, an deren Ende ein unausweichliches Schicksal steht.

> «The resulting narrative stands witness to the self's impelling desire for a voice even in death, for a say in and about the truth of the world, despite a prevalent, even deadly power for silence or for submission to a popular discourse and its given truth.»[7]

So lässt Billy Wilder in Sunset Boulevard (USA 1950) sogar einen Toten seine Geschichte erzählen. Der Zuschauer weiß natürlich erst am Ende des Films, dass es sich bei dem Voice-Over-Erzähler um den anfangs im Pool treibenden Leichnam handelt. Um dies zu vertuschen, spricht der Erzähler zu Beginn seiner Narration in der dritten Person Singular von seinem toten Abbild sowie er teilweise zwischen dem Konditionalen und Perfekt wechselt, um den Zuschauer, den er direkt anspricht, stärker in seine Geschichte und die Geschehnisse, die zu jenem Toten im Pool geführt haben, hineinzuziehen:

> «Yes, this is Sunset Boulevard, Los Angeles, California. It's about five o'clock in the morning. That's the homicide squad, complete with detectives and newspapermen. A murder has been reported from one of those great, big houses in the 10.000 block. You'll read about it in the late editions, I'm sure. You'll get it over your radio and see it on television because an old time star is involved, one of the biggest. But before you hear it all distorted and blown out of proportion, before those Hollywood columnists get their hands on it, maybe you'd like to hear the facts, the whole truth. If so, you've come to the right party. You see the body of a young man was found floating in the pool of her mansion, with two shots in his back and one in his stomach. Nobody important really. Just a movie writer with a couple of B-pictures to his credit. The poor dope! He always wanted a pool. Well, in the end, he got himself a pool, only the price turned out to be a little high. Let's go back about six month and find the day when it all started.»

Danach führt er die Narration als klassischer Ich-Erzähler weiter und gibt sich somit als Protagonist der Ereignisse zu erkennen. Die Identität der im Pool treibenden Leiche wird aber erst mit der Figur des Erzählers vereint, nachdem sich der Zyklus der Erzählung geschlossen hat und man den toten Körper erneut im Pool treiben sieht. Auch hier wechselt der Erzähler erneut den Tempus und Modus seiner Narration, indem er sich wieder direkt an den Zuschauer wendet und in das Jetzt der Erzählzeit zurückkehrt: «Well, this is where you came in. Back at that pool again. The one I always wanted.» (Abb. 9).

---

7 Telotte, S. 17.

7 SUNSET BOULEVARD und die Etablierung der Voice-Over-Narration im *Film Noir*

Diese zirkuläre, narrative Struktur, in der Rückblenden oftmals mit Vorausblenden gekoppelt werden – zurück in das **Jetzt** der Erzählzeit –, führt dazu, dass der Ich-Erzähler gleichfalls als Rahmenerzähler, Figur der Rahmenhandlung und als Protagonist seiner eigenen Narration auftritt. Die Frage nach dem *Was* geschehen ist, spielt demnach keine ausschlaggebende Rolle mehr, nur das *Wie* ist von Interesse.[8]

9 Der tote Erzähler treibt im Pool. William Holden in SUNSET BOULEVARD (USA 1950)

Demnach ist der subjektivierende Blick auf die dargestellte Welt und Gesellschaft das ausschlaggebende Element für einen *Film Noir*, worin sich einerseits der Verlust der Ich-Gewissheit des Individuums in eben dieser undurchsichtigen Welt spiegelt, der sich andererseits aber auch als individuell, desorientierender Blick auf den Zuschauer überträgt und diesen somit selbst in die Irre führen soll. Dieses ausschlaggebende Motiv des *Film Noir* kann auch heute noch als stil-bestimmend für alle aktuelle *Noir* Film angesehen werden.

Aus filmhistorischer Perspektive führte der *Film Noir* somit den zweifelnden, unglaubwürdigen, sich zirkulär um sein unausweichliches Schicksal windenden Ich-Erzähler in den narrativen Modus des Films ein. Damit wurde der Voice-Over-Erzähler in einen düsteren, modernen Erzählmoment übertragen, in dem er nicht mehr als eine glaubwürdige, Wissen vermittelnde Erzählinstanz verstanden wurde, die sich über das Bildliche hinwegsetzt und diese dominiert, sondern er wurde zu einer Stimme des Zweifels, die sich in ihrer Geschichte und damit auch der Wahrhaftigkeit des Bildlichen selbst verliert. Diese haltlos, nach Vergebung suchenden Stimmen finden sich auch wiederholt in den aktuellen Reminiszenzen des *Film Noirs*, dem *Neo Noir* und füllen so das filmische Bild erneut mit zweifelnden, gebrochene Helden und bewusst lügenden Erzähler-Protagonisten, wie in THE USUSAL SUSPECTS (Bryan Singer, USA/D 1995) oder in FIGHT CLUB (David Fincher, USA/D 1999).

---

8   Vgl.: Paul Werner: *Film Noir und Neo-Noir*. München 2000. S. 74.

8 Die Verwendung von Erzählstimmen im amerikanischen Kino bis 1960

Nach jener Phase ist in der Geschichte des Mainstream-Films eine zwiespältige Entwicklung im Hinblick auf die Verwendung der Voice-Over-Narration zu erkennen. Einerseits trug jene Häufung düsterer, mündlicher Erzählungen des *Film Noirs* sicherlich dazu bei, dass die Voice-Over-Narration von da an nicht mehr ausschließlich mit Literaturadaptionen assoziiert wurde, sondern filmhistorisch nun eng an dem *Film Noir* verknüpft war.

Andererseits war der *Film Noir* nie ein massentaugliches Genre, sondern stellte selbst in den Jahren seines Höhepunktes lediglich eine Randerscheinung dar. Der *Film Noir* blieb im Großen und Ganzen, durch seine ungewöhnliche narrative Struktur und Visualität, ein Ausnahmephänomen zwischen den weiterhin bestehenden bleibenden Genres wie dem Western, dem Muscial und der Komödie. Dies erklärt auch, warum die Verwendung der Voice-Over-Narration im amerikanischen Kino nach dem Rückgang des klassischen *Film Noirs* ab ca. 1958 wesentlich abnahm. Filme wie Joseph Mankiewicz ALL ABOUT EVE, der mit multiphonen Voice-Over-Narratoren arbeitet, stellen in diesen Jahren eine Ausnahme dar.

> «Anders als in Europa verfügte die Filmindustrie in den USA über feste Strukturen, die während Jahrzehnten gewachsen waren. Diese Strukturen waren vor allem an ökonomischen Zielsetzungen orientiert. Experimentelle Formen des filmischen Erzählens konnten sich nur an deren Rändern entwickeln: in den B-Pictures, den Horror- und Science-Fiction-Filmen sowie dem Thriller des Film noir.»[1]

---

1 Flückiger 2003, S. 16.

8 Die Verwendung von Erzählstimmen im amerikanischen Kino bis 1960

Zwar kann die Voice-Over-Narration dank des *Film Noirs* als filmisch, narratives Element endgültig als etabliert gelten, jedoch fand im amerikanischen Mainstream-Kino der 1950er und 1960er Jahre insgesamt eine deutliche Konventionalisierung der Genre und damit auch der allgemeinen narrativen Techniken statt. Insbesondere der Einsatz von multiplen, ironischen oder reflexiven Erzählstimmen ging stark zurück, aber auch der verwirrte, unglaubwürdige, zyklische Ich-Erzähler des *Film Noirs* wurde in diesen Jahren deutlich entschärft, sodass in diesen Jahren nur wenige Filme durch ihre narrative Strategie und die Verwendung einer Voice-Over-Narration aus der bereiten Massen der Film herausstechen. Stattdessen sind hauptsächlich Filme zu finden, die auf recht konventionelle Weise auf die Voice-Over-Narration in Form von Rahmenerzählern zurückgreifen, wie CLEOPATRA (Joseph L. Mankiewicz, GB/USA/CH 1963), THE FALL OF THE ROMAN EMPIRE (Anthony Man, USA 1964), BEN HUR (William Wyler, USA 1959) oder MOBY DICK (USA 1956) von John Huston.

Diese deutliche Konventionalisierung der allgemeinen Sprache des US-Erzählkinos hatte zahlreiche Gründe. So hatten die Studios mit einem deutlichen Absatzrückgang am Kinomarkt zu kämpfen. Dies lag nicht nur an der Zerschlagung der Oligopole der *Big Five Studios* von 1948, sondern auch an der Ausbreitung des Fernsehens seit 1950, verknüpft mit dem Wegziehen der Baby-Boom-Familien aus den Städten in die Vororte. Dies führte dazu, dass die Studios lieber vermeintlich verlässliche Kassenschlager produzierten, wie ‹saubere› Komödien, Musicals oder Katastrophenfilme mit moralisch integren Helden.

Hinzu kam eine sozial-politische Stimmung der Unsicherheit und Verängstigung, angetrieben durch den Kalten Krieg und das McCarthey-Komitee zur Untersuchung unamerikanischer Umtriebe. Dies veranlasste die Studios dazu, eher tradierte Werte und Moralvorstellungen in ihren Filmen zu propagieren und dementsprechend auf konventionelle und simplere Erzählstrategien zurückzugreifen. Somit stellen insbesondere die Jahre von Mitte 1950 bis Mitte 1960 den Höhepunkt der unsichtbaren, allwissenden, auf ein *Happy End* hinführende Hollywood-Erzählstruktur dar.

> «Production as a whole declined, and narration, now a familiar, traditional technique, was either jazzed up or deemphasized in the scramble for exciting novelties such as 3-D or Odorama, which were supposed to turn the nightmare around. [...] And because of the change in the industry and in public taste, forties genres were in eclipse; the big commercial releases tended towards categories that had never found a niche for narration (for example, Broadway musicals) or towards genres that emphasized special effects and action at the expense of any type of dialogue (for example, spy / adventure films such as the James Bond series, and, later, disaster film). Of blockbusters on which desperate producers gambled more and more, only the historical epics incorporated narration, and they used it in a rather pedestrian manner.»[2]

---

2 Kozloff 1988, S. 37.

Doch selbst die auf ökonomischen Erfolg hin konstruierten Filme spielten, auf Grund der gesellschaftlichen Veränderungen, nicht mehr die erwarteten Ergebnisse, sodass die Studios versuchten, das Kino als einen Ort der Attraktionen umzugestalten, indem sie die Kinobetreiber anregten, auf technische Innovationen, wie 3-D, Breitwand und Mehrkanal-Stereo zu setzen.

> «Zwischen 1946 – dem Jahr mit den besten Einspielergebnissen – und 1961 sanken die Box-Office-Einnahmen der Kinoindustrie um 46 %. Die Gründe dafür lagen in veränderten Konsumgewohnheiten, die mit sozialen Entwicklungen zusammenhingen. Dazu zählte die Umsiedlung breiter Bevölkerungsschichten in die Vororte der Städte. Die suburbane Bevölkerung tendierte dazu, nur noch für besonders ‹wichtige› Filme ins Kino zu gehen. Stattdessen zog das Fernsehen, das 1948 den kommerziellen Betrieb aufgenommen hatte, in den Häusern ein. Wegen dieser Konkurrenz griff die Filmindustrie technische Innovationen auf, mit denen sie das Kinoerlebnis aufwerten wollte. Zu Beginn der 50er Jahre kamen verschiedene Breitwandformate auf, die mit Mehrkanal-Stereosystemen ausgerüstet waren, um Bild und Ton auf gigantische Ausmaße aufzublähen.»[3]

Zwar wurden Erzählstimmen nun vereinzelt durchaus freier oder sogar ironisch reflexiver eingesetzt, als dies zuvor üblich war, wenn dann jedoch meist von Regisseuren, die eine Vorliebe für dieses spezielle, filmische Narrationselement hatten, unter anderem Billy Wilder, der in seinen Filmen nicht nur sehr häufig auf subjektivierende Ich-Erzähler zurückgriff, sondern auch gerne allwissende und gleichzeitig ironisch reflexive Voice-Over-Narrationen in der dritten Person verwendete, so in THE SPIRIT OF SAINT LOUIS (USA 1957) oder THE SEVEN YEAR ITCH (USA 1955). Dort führt ein allwissender und allmächtiger, extradiegetischer Erzähler den Zuschauer in die Handlung ein. Dessen Erzählhaltung parodiert dabei nicht nur durch den Erzählgestus, sondern durch seinen Sprechstil den Kommentator eines Dokumentarfilms. In recht schnellem Tempo führt er den Zuschauer mit einer wissenschaftlich, unemotional wirkenden Stimme in die allgemeinen Lebensweisen der Einwohner von Manhattan ein. Der Zuschauer wird so in die Lage versetzt, die Handlungen der Figuren (und somit auch den versuchten, beziehungsweise erträumten Ehebruch des Protagonisten) aus einer distanzierten, ironisierten Position zu betrachten:

> «The island of Manhattan derives its name from its earliest inhabitants the Manhattan Indians. They were a peaceful tribe, setting traps, fishing and hunting. And there was a custom among them: Every July, when the heat and the humidity on the Island became unbearable they would send their wife's and children away for the summer, up the river to the cooler highlands or, if they could afford it to the

---

3 Flückiger, S. 14.

seashore. The husbands of course would remain behind on the steaming island to attempt to business, setting traps, fishing and hunting. Actually our story has nothing whatsoever to do with Indians. It plays 500 years later. We only brought up the subject to show you that in all that time nothing has changed. Manhattan husbands still sent their wife's and kids away for the summer and they still remain behind in the steaming city to attend to business, setting traps, fishing and hunting.»

Eine erneute, maßgebliche Wende im Umgang mit Erzählstimmen im amerikanischen Mainstream-Kino kann erst ab Ende der 1960er, Anfang der 1970er Jahre festgestellt werden, bedingt durch die Umstellung des amerikanischen Studiosystems im allgemeinen sowie den Einfluss des *New Hollywoods*. Erzählstimmen wurden von da an wesentlich freier und auch reflexiver eingesetzt. In Filmen wie TAXI DRIVER oder FARWELL, MY LOVELY (USA 1975) von Dick Richards sind außerdem erste Reminiszenzen an den *Film Noir* zu erkennen. Parallel dazu gingen in den 1970er Jahren die Anzahl der Filme, die jährlich produziert wurden, jedoch insgesamt zurück und somit auch die Anzahl jener Filme, die sich der einen oder anderen Form der Voice-Over-Narration bedienten.[4]

---

4 Vgl.: Kozloff 1988, S. 141–153.

9 Die Weiterentwicklung der Voice-Over-Narration im internationalen Kino

Völlig anders verhielt es sich mit der Weiterentwicklung und Verwendung von Erzählstimmen im internationalen, insbesondere im französischen und schwedischen Kino. Dabei muss, bezüglich einer allgemeinen Weiterentwicklung der filmischen Narration natürlich auch der 1950 erschienen RASHOMON (Kurosawa, JAP) erwähnt werden. Mit seiner multiperspektivischen Erzählung desselben Ereignisses aus unterschiedlichen Blickwinkeln gewinnt der Film Anschluss an avancierte Erzählformen der Literatur.

Aber auch jener dokumentarisch-authentische Blick auf die erzählte Umwelt des italtienischen **Neorealismus** trug erheblich zur ästhetisch, narrativen Weiterentwicklung des Films bei. Der in Italien ab 1943 aufkommende Neorealismus zeichnet sich durch sein Streben nach mehr Authentizität aus und ist damit deutlich vom Dokumentarfilm geprägt. Jedoch drückt sich dieses höhere Maß an Authentizität im Neorealismus nicht auf der auditiven Ebene aus, sondern durch ein Zurückführen der Narration zu ‹einfachen, menschlichen Geschichten›, verbunden mit einer visuellen Schlichtheit. Die Einflüsse des italienischen Neorealismus lassen sich im breiten amerikanischen Spielfilm maßgeblich jedoch erst ab dem New Hollywood erkennen.

Für das europäische Kino sind, unter dem Gesichtspunkt einer Verwendung der unterschiedlichsten Formen von Erzählstimmen, aus diesen Jahren insbesondere die Arbeiten von Luis Bunuel, Ingmar Bergman, Max Ophüls, Jean Cocteau und Jean Renoir nicht nur erwähnenswert, sondern ebenso bemerkenswert.

> «For the 1950s were the heyday of auteur theories of creation, and it is not surprising that filmmakers responded to the mystified images of themselves in the criticism of the time by playing a prominent role in narrating their films. Following the example

9 Die Weiterentwicklung der Voice-Over-Narration im internationalen Kino

of Welles, Jean Cocteau used his voice-over to telling effect in Orpheus, and filmmakers under his influence, like Jean-Pierre Melville, soon followed suit (BOB LE FLAMBEUR: 1956). Even more overt was the on-screen appearance of the director to introduce his film, as with Hitchcock in THE WRONG MAN (1956) and Renoir in THE TESTAMENT OF DR. CORDELIER (1959).»[1]

Bezüglich einer eher poetisch, literarischen Verwendung der Voice-Over-Narration ist dabei sicherlich Robert Bressons JOURNAL D'UN CURÉ DE CAMPAGNE (F 1951) zu nennen. Der Film beruht auf dem gleichnamigen Roman von Georges Bernanos und besteht zu einem Großteil aus wörtlich übernommenen Textstellen, überwiegend Tagebucheinträgen des Landpfarrers, die im Film durch die *Innere Stimme* des Protagonisten vermittelt werden. Der Fokus des Films liegt damit in der Reflexion des Innenlebens des Protagonisten und dessen alltäglicher Begegnungen. Der Gedankenfluss der Figur drängt sich dabei teilweise dominant über das Bild und in einzelnen Sequenzen sogar über die Gespräche der Figuren auf. So wird das Gespräch zwischen dem Pfarrer von Torcy und dem Protagonisten durch dessen *Innere Stimme* unterbrochen, in der er äußert, dass er nicht mehr die Kraft habe, dem Gespräch weiter zu folgen. Damit wird der Zuschauer auditiv, aber auch visuell ausschließlich an den Fokus dieser einen Figur gebunden. JOURNAL D'UN CURÉ DE CAMPAGNE stellt in der Filmgeschichte daher nicht nur einen Meilenstein in der Subjektivierung durch Erzählstimmen dar, sondern ist auch in seiner Konsequenz als Romanadaption für diese Zeit absolut neuartig.

> «Mit JOURNAL D'UN CURÉ DE CAMPAGNE erreicht die Literaturverfilmung ein neues Stadium. Bis dahin strebte der Film danach, als ästhetische Übersetzung des Romans in eine andere Sprache an dessen Stelle zu treten. […]Doch Journal JOURNAL D'UN CURÉ DE CAMPAGNE ist noch einmal etwas anderes. Bei ihm ist die Dialektik von Werktreue und künstlerischer Freiheit letztlich auf eine Dialektik von Film und Literatur zurückzuführen. […] Keineswegs einem dem Roman ‹vergleichbaren› oder seiner ‹würdigen› Film, sondern ein neues ästhetisches Gebilde, das so ist wie der Roman, multipliziert mit dem Kino.»[2]

Eine ähnliche Verwendung der *Inneren Stimme* findet sich in Ingmar Bergmans SMULTRONSTÄLLET (S 1957), der jedoch auf einem Original-Drehbuch von Bergman basiert. Dort ist die durchgängige *Innere Stimme* des Mediziners Isak Borg zu vernehmen, der im Laufe einer Reise nach Lund sein Leben Revue passieren lässt und sich dabei an Vergangenes und Geträumtes erinnert. Seine *Innere Stimme* dient dabei nicht nur der Charakterisierung seiner Selbst, sondern auch dazu über seine Albträume seinen nahenden Tod einzuführen. Dabei wird der Zuschauer anfangs

---

1 Fleishman, S. 50–51.
2 Bazin 2004, S. 157–159.

9 Die Weiterentwicklung der Voice-Over-Narration im internationalen Kino

im Unklaren gelassen, ob es sich bei der unvermittelt mit dem Film einsetzenden Stimme um die Schreibstimme oder die *Innere Stimme* des Protagonisten handelt, da dieser zu Beginn der ersten Sequenz von hinten an einem Schreibtisch sitzend gezeigt wird.

Diese ebenso poetischen, wie gewagten filmischen Beispiele bezüglich einer unkonventionellen, für das klassische Hollywoodkino untypischen Verwendungsweisen der Voice-Over-Narration, können als Vorboten und auch als Vorbilder für die darauf folgenden Werke der *Nouvelle Vague* erkannt werden, die insbesondere der Voice-Over-Narration eine völlig neue, selbstreflexive als auch selbstreferenzielle Bedeutung zukommen ließen.

9.1 Eine Umschrift – Erzählstimmen in der *Nouvelle Vague*

Die *Nouvelle Vague* entwickelte sich Ende der 1950er Jahre aus einem Generationswechsel der französischen Filmemacher heraus. Den jungen Regisseuren gelang es den französischen Film aus seiner inhaltlichen, narrativen wie qualitativen Stagnation zu lösen. Durch unkonventionelle Produktionen verliehen sie ihren Filmen eine stärkere Ausrichtung an kulturellen und politischen Idealen, gegenüber den rein ökonomischen Interessen, die sie im Kino ihrer Vorgänger vertreten sahen.

Dank technischer Neuerungen, wie die Entwicklung leichterer, beweglicher Kameras, empfindlicheren Filmmaterials und neuer Tonaufnahmeapparaturen, konnten sie nicht nur zu neuen Ausdrucksformen gelangen, sondern sie konnten auch wesentlich kostengünstiger drehen, ohne dabei auf die kostenintensive und hochgradig arbeitsteilige Studioarbeit zurückgreifen zu müssen. Mit der neuen Mobilität erlangten sie eine neue Freiheit im Raum, den sie durch ungewöhnliche Kameraeinstellungen und -bewegungen, unbekannte Schauspieler, dem Einsatz von Originaltonaufnahmen und eine völlig neue Tongestaltung noch verstärkten. So entstand eine Atmosphäre des Unverbrauchten, Spontanen und Authentischen.

Von großer Bedeutung ist dabei auch der theoretische Diskurs und Werdegang jener Filmemacher. Dies beinhaltet die Auseinandersetzung mit den traditionellen französischen Filmen, der in den seit 1951 erscheinenden *Cahiers du Cinéma* stattfand, für die einige jener jungen Regisseure, wie Truffaut, Godard oder Rohmer als Filmkritiker schrieben und dabei ihre Vorstellung eines zeitgemäßen Films entwickelten. Als zentraler Punkt muss dabei sicherlich der Begriff der ‹politique des auteurs› verstanden werden, das heißt die Regisseure erhoben erstmals den Anspruch in ihren Werken ihren ganz persönlichen Stil, mit ihrem filmisch-ästhetischen und politisch-kulturellen Verständnis, wiederzugeben.[3]

---

3   Vgl.: Theodor Kotulla (Hrsg): *Der Film. Manifeste, Gespräche, Dokumente*. Bd. 2: 1945 bis heute. München 1964, S. 34.

9.1 Eine Umschrift – Erzählstimmen in der *Nouvelle Vague*

Dieses Autorenkonzept wurde von den Kritikern der *Cahiers du Cinéma* aufgegriffen und in eine filmkritische Strategie umwandelt, die dann paradoxerweise auf die Freilegung der persönlichen Handschrift von Regisseuren des amerikanischen Studio- und Genre-Kinos, wie Hitchcock, Ford oder Hawkes angewandt wurde, denen in der europäischen Rezeption infolgedessen erstmals eine Würdigung als Autoren-Regisseure zukam.[4]

Für die tatsächliche Filmpraxis der Regisseure der *Nouvelle Vague* bedeuten diese theoretischen Maximen und Hintergründe, dass viele der Filme inhaltlich wie formal von der expliziten Hommage und dem Spiel mit Versatzstücken des amerikanischen Genrefilms leben, die gleichzeitig, durch verfremdete filmsprachliche Mittel, die Künstlichkeit des filmischen Scheins hervorkehren. Die Regisseure wandten damit reflexiv und kontrolliert ihr persönliches Filmwissen an, um so nicht nur eine Aufwertung des Films als künstlerische Ausdrucksform zu erlangen, sondern den Zuschauer und den Film selbst aus einer vermeintlichen Naivität zu befreien. Mit dieser Selbstgewissheit und einer filmhistorischen Distanz stellten sie dramaturgische Konventionen in Frage, die den Blick auf die Realität leugneten und legten so vorgeformte narrative Prinzipien frei.[5]

Diese Aufwertung und dabei gleichzeitige Umschrift des amerikanischen Genrekinos kann zum Beispiel in TIREZ SUR LE PIANISTE (F 1960) von Francois Truffaut oder À BOUT DE SOUFFLE (F 1960) von Jean-Luc Godard erkannt werden. Beide Regisseure beziehen sich in diesen Filmen sehr explizit und dabei auf doch sehr unterschiedliche Weise auf den amerikanischen Gangsterfilm, indem sie dessen stereotypen Muster deutlich machen und als Formelemente erkennen.[6] Dies stellt eine Vorwegnahme postmoderner Erzähltechniken dar, indem der Blick erstmals bewusst auf die Filmgeschichte selbst gerichtet wurde und somit reflexiv auf filmhistorische Werke Bezug genommen wurde.

In TIREZ SUR LE PIANISTE, der lose auf dem Roman *Down There* des Amerikaners David Goodis basiert, spielt Truffaut reflexiv mit der Kultur des amerikanischen Gangster- und *Noir* Films, was nicht nur aufgrund der überzogen, erzählten Handlung deutlich wird, sondern auch an den expressiven Hell-Dunkel-Effekten der Lichtgestaltung sowie der Kameraführung. Gleichzeitig führt Truffaut die Gesten des *Film Noir* ad absurdum, indem er sie mit belanglosen Dialogen versetzt sowie er selbstreflexiv auf die Konventionen des amerikanischen Kinos verweist, wenn er Charlie zu der Prostituierten Clarissa sagen lässt, als diese sich auszieht: «Au cinéma c'est comme ça et pas autrement.»

---

4 Vgl.: Flückiger, S. 16.
5 Vg.: Jürgen Felix: Autorenkino. In: Jürgen Felix (Hrsg): *Moderne Film Theorie*. Mainz 1999, S. 29.
6 Ähnlich geht Godard in ALPHAVILLE (F/I, 1965) vor, der sich ebenso reflexiv und kritisch auf den amerikanischen Western, den Science-Fiction Film und den Detektiv-Film bezieht.

9 Die Weiterentwicklung der Voice-Over-Narration im internationalen Kino

Des Weiteren setzt Truffaut punktuell die *Innere Stimme* des Protagonisten, Charlie/Edouard, ein, die es dem Zuschauer ermöglicht, fast fetzenartig an seinen unmittelbaren Gedanken teilhaben zu lassen, so zum Beispiel wenn er Lena die Treppe hoch folgt: «Regarde pas ses jambes ça fait mal, mais si tu regardes pas les marches tu vas te casser la gueule. Alors regarde les murs.»
Andererseits führt Charlies *Innere Stimme* in ein Flashback über, in dem sein tragischer Aufstieg und Fall als Pianist, verknüpft mit dem Scheitern seiner Ehe und dem Selbstmord seiner Frau, erzählt wird. Diese Reflexion wird jedoch abrupt durch Lena unterbrochen, welche die Erzählung des Flashbacks übernimmt und zu Ende führt, indem sie erzählt, wie Charlie an den Job als Bar-Pianist kam und sie sich kennen lernten.

À BOUT DE SOUFFLE basiert dagegen auf einem Original-Drehbuch von Godard (nach einer Geschichte von Truffaut). Godard verwendet dort keine Voice-Over-Narration im klassischen Sinn. Stattdessen wird die Tonspur von Michels fast ununterbrochenen Monologen dominiert, teilweise in seiner Interaktion mit Patricia, teilweise finden diese Monologe jedoch auch direkt an den Zuschauer gerichtet statt. Dies ist insbesondere in der Anfangssequenz der Fall, wenn Michel mit dem Auto nach Paris fährt und währendem ununterbrochen das Geschehen um sich herum kommentiert und dabei Belanglosigkeiten in die Kamera spricht und singt (Abb. 10).

«Après tout je suis con. Après tout aussi il faut. Il faut!»
«C'est quoi qui va me doubler celui-là?» [Er singt lauthals vor sich hin.]
«Alors je vais l'argent, je demande à Patricia, oui, ou non."
Michel singt: «Milan, Gênes, Rome!»
«C'est joli la campagne!»
«Si vous n'aimez pas la mer? Si vous n'aimez pas la montagne? Si vous n'aimez pas la ville? Allez vous faire foutre!»

In dieser Sequenz wird der Zuschauer nicht nur durch den Protagonisten direkt angesprochen, sondern sogar von ihm direkt angeblickt. Dieses Spiel mit den Konventionen des klassischen Erzählkinos reizt Godard in derselben Sequenz noch weiter aus, indem er einen **Jump-Cut** auf Michels Waffe einsetzt. Godard macht so bereits innerhalb der ersten 7 Minuten des Films deutlich, dass er zahlreiche Konventionen des klassischen Erzählkinos durchbrechen wird – auf der auditiven, visuellen und narrativen Ebene.

10 Michel blickt in die Kamera und spricht den Zuschauer an. Jean-Paul Belmondo in À BOUT DE SOUFFLE (F 1960)

Die narrativen Kategorien der traditionellen, filmischen Repräsentation der Wirklichkeit werden so aufgebrochen und zerstört. Ein elliptisches, reflexives Erzählen zersetzt die herkömmlich, kausal motivierte, lineare Narration. Ebenso verliert die filmsprachlich, kodierte Trennung von Wahrnehmungs- und Vorstellungsbildern, von Gegenwärtigem und Erinnertem an Bedeutung wie die Unterscheidung zwischen Fiktionalem und Dokumentarischem.

Dies wird auch in L'ANNÉE DERNIÈRE À MARIENBAD von Resnais deutlich, der dort versucht hat, die narrative Struktur des *Nouveau Roman* auf den Film zu übertragen, um aus der klassischen Struktur des Erzähl-Kinos eine völlig neue Form des Erinnerungs-Kinos zu erzeugen.

Ein Mann, X, ist der Erzähler, beziehungsweise der Erinnernde des Films. X versucht eine Frau, A, davon zu überzeugen, dass sie zwölf Monate zuvor an eben diesem Ort eine Affäre hatten. Sie kann sich aber nicht erinnern und so versucht er, durch die permanente Wiederholung seiner Erinnerung an jene Ereignisse, ihre Erinnerung ebenfalls aufzufrischen. Dabei setzt X dominierende *Innere Stimme* bereits mit den Anfangs-Credits ein und führt den Zuschauer in Raum und Zeit dieser erinnerten Realität ein. Zu desorientierenden Aufnahmen, entlang der Gänge eines barocken, luxuriösen Hotels, ebbt die Stimme des Erzählers auf und ab, wird mal leiser, undeutlicher und dann wieder lauter, wahrnehmbarer, als würde sie selbst durch einen Strom der Erinnerungen schwimmen:

> «Toujours des murs, toujours des couloirs, toujours des portes, et de l'autre côté encore d'autres murs. Avant d'arriver jusqu'à vous, avant de vous rejoindre, vous ne savez pas tout ce qu'il a fallu traverser. Et maintenant vous êtes là où je vous aie mené, et vous vous dérobez encore. Mais vous êtes là dans ce jardin, à porté de ma main, à porté de ma voix, à porté de regard, à porté de ma main.»

Resnais führt den Zuschauer somit bereits zu Beginn des Films in ein verwobenes Netz der Erinnerung ein, mit all ihren sich stetig wiederkehrenden Strukturen, Manipulationsmöglichkeiten und surrealen Überraschungen, die auch den narrativen, auditiven und visuellen Aufbau des Films dominieren. Dies führt dazu, dass weder eine lineare Geschichte erzählt wird, noch deutlich zwischen Realität, Vergangenheit, Wahnvorstellung oder Traum unterschieden wird. Die Kontinuität zwischen Vergangenheit und Gegenwart, Zeit und Raum wird aufgehoben; Figuren frieren zum Erinnerungsstrom des Erzählers in Bild, Raum und Zeit ein. Damit bildet auch die visuelle Struktur nicht zwingend eine Realität ab, sondern spiegelt sich in der Stimme des Erinnernden und stellt folglich eine verfremdete, subjektive Wahrnehmung, eine Erinnerung an eine mögliche Vergangenheit dar.[7]

Bezüglich einer Verwendung von Erzählstimmen bedeutet dies, dass Voice-Over-Narrationen nun nicht mehr ausschließlich eingesetzt wurden, um literarische Erzählmodelle möglichst originalgetreu imitieren zu können oder den

---

7   Vgl.: Fleishman, S. 53–54.

Zuschauer tiefer in die Narration hineinzuziehen und diesem die Identifikation mit den erzählenden Protagonisten zu erleichtern, sondern die Regisseure griffen erstmals bewusst auch auf narrative Strategien der Filmgeschichte zurück. Damit wurde der erzählerische Akt, beziehungsweise das Aufdecken konventioneller, narrativer Strukturen des Films in den Vordergrund gerückt. Das bedeutet, dass sich die Voice-Over-Narratoren der *Nouvelle Vague* ihres erzählerischen Aktes durchaus bewusst sind und dieses reflexive Wissen ebenso auf ihr Publikum anwenden. Diese Erzählstimmen können sich nicht nur ironisch-reflexiv zu bestimmten Situationen innerhalb der filmischen Diegese äußern, sondern neigen aus eben diesem Grund häufig dazu, den Zuschauer direkt anzusprechen.

So auch in BANDE À PART (F 1964) von Godard, der den heterodiegtischen Erzähler dort selbst in seiner Funktion als Regisseur spricht. Der Film, der auf dem Trivial-Roman *Fool's Gold* von Dolores Hitchens basiert, setzt sich ironisch mit den Konventionen des amerikanischen Gangster- und B-Kinos auseinander. Dies wird einerseits durch die Handlung deutlich: Die Kleinkriminellen Franz und Arthur erfahren von Odile, die sie in einer Englischklasse kennen lernen, dass sich eine große Summe Geld in der Villa befindet, in der sie lebt und so beschließen sie einen Einbruch zu begehen. Die ‹Belanglosigkeit› und ‹Beliebigkeit› der Handlung wird dabei auch im Kommentar Godards hervorgehoben, wenn dieser, ca. acht Minuten nach Filmstart, eine kurze Zusammenfassung der Handlung für all diejenigen bietet, die zu spät kamen:

> «Pour les spectateurs qui entrent en ce moment dans la salle, tout ce qu'on peut dire ce sont quelques mots pris au hasard: Il y a trois semaines; pas mal d'argent; un cours d'anglais; une maison près de la rivière; une jeune fille romantique.»

Des Weiteren wird durch zahlreiche Gesten der Figuren deutlich auf den amerikanischen Gangsterfilm verwiesen, wie Arthurs nachgespielter Tod von Cagneys Todesszene in THE ROARING TWENTIES. Andererseits verweist Godard in seinem ironischen Kommentar auf die Konventionen des B-Kinos, wenn er sagt, dass sie mit dem Einbruch bis zur Dämmerung warten mussten, um den Traditionen eines *B-Movies* zu entsprechen.

Ebenso ironisch, selbstreferenziell ist Godards abschließender Kommentar, mit welchem er einen Ausblick auf eine mögliche Fortsetzung liefert:

> «Mon histoire finit là comme dans un roman bon marché. A cet instant se perde l'existence et rien ne décline rien ne dégrade rien ne déçoit. Et c'est dans un prochain film que l'on vous racontera au Cinemascope et Technicolor cette fois les nouvelles aventures d'Odile et Franz dans les pays chauds.»

Godard hebt sich damit deutlich als Schöpfer der Narration hervor, indem er die Erzählung als **seine** Geschichte bezeichnet.

9.1 Eine Umschrift – Erzählstimmen in der *Nouvelle Vague*

Des Weiteren setzt er seine allmächtige Erzählstimme nicht nur zur Entblößung der Gedanken der Figuren ein oder um die Handlung und ihre Dialoge zusammen zu fassen, sondern auch zur Poetisierung einzelner Sequenzen, zum Beispiel wenn sie mit dem Auto durch die Gegend fahren:

> «Juste en face il virent une île qui avait l'air déserte. À droite et à gauche s'allongeaient comme des remparts du monde les lignes d'une falaise horriblement noirs et sur plants bandes. Le végétation s'y étalait dans un panorama désolé.»

Da diese poetischen Kommentare in Bezug auf die visuelle Handlung jedoch fast deplatziert wirken und durch die Art der Intonation und das Tempo schnell herunter gelesen scheinen, legt sich auch dieser Kommentar ironisierend über die fiktive Handlung.

Insgesamt wird aber nicht nur über den Kommentar selbstreflexiv auf den filmischen Akt eingegangen, sondern auch in der Handlung, wenn Odile beispielsweise im Café vorschlägt, dass sie eine Minute schweigen sollten, woraufhin die komplette Ton-Ebene des Films verstummt, sodass der Zuschauer gezwungen wird, sich an jener Schweige-Minute (die tatsächlich nur 36 Sekunden dauert, da sie von Franz vorher unterbrochen wird) zu beteiligen.

Kurz darauf, wenn Odile, Franz und Arthur im Café den Madison tanzen, wendet sich Godards ironische Erzählstimme wieder an den Zuschauer, der beschließt, dass dies nun der richtige Zeitpunkt sei, die Gedanken der Figuren zu betrachten. Während die drei weiter tanzen, durchbricht der Kommentar das auditive Gefüge, indem die diegetische Musik stoppt und erst in den Pausen des Kommentars wieder einsetzt:

> «Cette fois c'est le moment d'ouvrir une deuxième parenthèse et de décrire les sentiments des personnages.» *[Pause]*
>
> «Arthur regarde sans arrêt ses pieds mais il pense à la bouche d'Odile et à ses baisers romantiques.» *[Pause]*
>
> «Odile se demandes si les deux garçons remarquaient ses deux seins qui remuent à chaque pas.» *[Pause]*
>
> «Franz pense à tout et à rien et sait pas si le monde est en train devenir rêve ou le rêve monde.»

Godard potenziert das Stilmittel einer selbstreflexiven, mit der fiktiven Realität spielenden Voice-Over-Narration in seinen späteren Filmen noch, indem er sich in seiner Funktion als Regisseur direkt an die Figuren der filmischen Diegese wendet, um diesen im Stil eines *Cinéma Vérité* oder *Direct Cinema* Fragen zu stellen oder Regieanweisungen zu erteilen, wie in 2 ou 3 choses que je sais d'elle (Godard, F 1967).

> «‹Conversation› is only one possible type of language use in a Godard film. There are also, most notably, reading aloud, composing aloud for transcription, interviewing,

giving a prepared speech or lecture, free association, and translation. […]Another important function Godard allows to spoken language is the interview. There are two principal variants: either the interviewer is unseen and unheard, the interviewee is responding to an unheard voice; or two diegetic characters are involved, in which case the interviewer is, though audible – typically – visually placed beforehand, off-screen during the interview proper.»[8]

Auf diese Weise wird nicht nur der Schaffensprozess des Filmens selbst offenbart, sondern auch der Film als narratives Medium entblößt, was dazu führt, dass Zuschauer und Regisseur in einen wesentlich offeneren, direkteren und damit auch gleichberechtigten Diskurs zueinander treten.

Gleichzeitig nutzen die Regisseure der *Nouvelle Vague* häufig die *Innere Stimme* ihrer Figuren, um dem Zuschauer so einen tieferen, subjektivierten Zugang in die Innerlichkeit der Figuren zu ermöglichen, aber auch um neue Ebenen der Erinnerungen und der Zeitlichkeit zu schaffen, wie dies in L'ANNÉE DERNIÈRE À MARIENBAD deutlich wurde. Ebenso verwendet Resnais in HIROSHIMA, MON AMOUR (F/JAP 1959) die sich zurückerinnernde Erzählstimme der Protagonistin, um deren innere Konflikte bloß zu legen, indem er ihre Gedankenströme scheinbar unreflektiert, ähnlich des *Stream of Consciousness* der modernen Literatur, nach außen trägt.

Dies wird einerseits anhand ihrer Gedankenströme deutliche, die den Zustand des aktuellen Hiroshimas reflektieren: «J'ai chaud sur la place de la paix. Dix mille degrés sur la place de la paix. Je le sais. La température du soleil sur la place de la paix.»

Diese aktuellen Eindrücke der Protagonistin verbinden sich dann mit ihren eigenen traumatischen Erinnerungen während des Zweiten Weltkriegs in Frankreich, sodass ein scheinbar zeitloses und unreflektiertes Bild des Sich-Erinnerns und Empfindens entsteht.

> «The mixture of addressees and the wide temporal range of this ‹interior monologue› may be regarded as typical stream of consciousness – Duras's writing clearly stands in that literary tradition. But this flexibility also testifies to the heroine's heightened self-consciousness, for she covers most of her life story with sweeping summations, vivid excerpts, and bold self-assertions and self-criticism, inconclusive as some of them may seem. She comments, moreover, not only on past and present events but on her act of narration itself, which has now become part of her life story and may prove to be one of its crucial events.»[9]

---

8   Alan Williams: Godard's Use Of Sound. In: Elisabeth Weis / John Belton (Hrsg.): *Film Sound. Theory and Practice.* New York 1985, S. 332–333.
9   Fleishman, S. 123–124.

Wenn ihr japanischer Geliebter sie so über ihre Zeit in Nevers ausfragt, spricht sie nicht nur mit ihm, als sei er ihr damaliger toter, deutscher Geliebter, sondern springt vom Perfekt ins Präsens zurück sowie die Bilder zwischen Hiroshima und Nevers, zwischen damals und jetzt, hin und her springen:

> ELLE: «Au début, non, je ne cris pas. J'ai t'appelé doucement.»
> LUI: «Mais je suis mort.»
> ELLE: «Je t'appelle quand même, même mort. Et un jour, tout d'un coup je cris. Je cris très fort. Je cris comme une sourde. C'est alors qu'on me met dans la cave pour me punir.»
> LUI: «Tu cris quoi?»
> ELLE: «Ton nom allemand, seulement ton nom. Je n'ai plus qu'une seule mémoire, celle de ton nom.»

In den späten Werken jener Filmemacher, die Großteils dem experimentellen Kunstkino zuzurechnen sind, kann diese Tendenz noch deutlicher erkannt werden. Der erzählerische Moment wird dabei bis aufs Äußerste auf sich selbst gewendet und der Film erstmals als historische Erzählform verstanden. Daraus entsteht eine neue, komplett selbstreflexive Form der Kommunikation. Darunter fallen nicht nur die zunehmend radikaleren, politischen Werke Godards, sondern insbesondere bezüglich einer experimentellen Verwendung der Voice-Over-Narration die Filme von Magueritte Duras, wie INDIA SONG (F 1975) und SON NOM DE VENISE DANS CALCUTTA DESERT (F 1976), über die Duras jeweils die genau gleiche Tonspur gelegt hat.

Die *Nouvelle Vague* führte damit insgesamt zu einem reflexiverem Wissen und Verständnis über den Film und dessen Erzählstrategien. Auch die Aufwertung der Position des Regisseurs als Autor, der sich nun als künstlerische Instanz seiner persönlichen ästhetischen und politisch-gesellschaftlichen Aussagen verstand, trug zu einer Umschrift der Voice-Over-Narration als filmisches Stilmittel bei.

Mit der Aufwertung des Regisseurs folgte gleichzeitig auch die Aufwertung der Positionierung des Zuschauers im filmisch-diskursiven Raum. Der Films selbst wurde so als narrativ-ästhetisches Diskursmittel umgeschrieben, das heißt er wurde politisiert und durch das Aufgreifen jener narrativ-reflexiven Strategien gleichzeitig auf eine Stufe mit avancierten Erzählstrategien der Literatur gehoben. Gleichzeitig wurde der Film erstmals als historisches Medium verstanden, indem selbstreflexiv auf filmgeschichtliche Werke und deren spezielle Erzähl- und Darstellungsweisen Bezug genommen wurde.

9.2 Fassbinder und Erzählstimmen im *Neuen Deutschen Film*

Doch nicht nur im französischen Kino der 1960er Jahre kann eine Hinwendung zu experimentelleren, selbstreflexiveren filmischen Erzählformen erkannt werden, auch im **Neuen Deutschen Film**, insbesondere in den Werken von Alexander Kluge,

9 Die Weiterentwicklung der Voice-Over-Narration im internationalen Kino

11 Tableau-artiges Standbild von Effi. Hanna Schygulla in FONTANE EFFI BRIEST (D 1974)

Volker Schlöndorff, Werner Herzog und Rainer Werner Fassbinder wurde nun verstärkt auf kommentierende Zwischentitel, reflexive Erzähler- und Kommentatorstimmen sowie *Innere Stimmen* der Charaktere zurückgegriffen.

Vor allen Fassbinders FONTANE – EFFI BRIEST (D, 1974) muss dabei hervorgehoben werden. Fassbinder verwendet hier nicht nur zahlreiche Zwischentitel, sondern tritt auch selbst als extradiegetischer Erzähler in der dritten Person auf und zitiert Passagen des Originals von Fontane, die er gegen die tableau-artig wirkenden Bilder stellt (Abb. 11). So trägt er zu einem Standbild von Effi einen sie charakterisierenden Abschnitt aus dem Roman vor:

«An dem Besitz mehr oder weniger alltäglicher Dinge lag Effi nicht viel, aber wenn sie mit der Mama die Linden hinauf und hinunter ging und nach Musterung der schönsten Schaufenster in den Demuthschen Laden eintrat, um für die gleich nach der Hochzeit geplante italienische Reise allerlei Einkäufe zu machen, so zeigte sich ihr wahrer Charakter. Nur das Eleganteste gefiel ihr, und wenn sie das Beste nicht haben konnte, so verzichtete sie auf das Zweitbeste, weil ihr dies Zweite nun nichts mehr bedeutete. Ja, sie konnte verzichten, darin hatte die Mama recht, und in diesem Verzichtenkönnen lag etwas von Anspruchslosigkeit; wenn es aber ausnahmsweise mal wirklich etwas zu besitzen galt, so musste dies immer was ganz Apartes sein. Und darin war sie anspruchsvoll.»

Um einen zusätzlichen Verfremdungseffekt zu erzielen, wurden, außer den drei Hauptrollen, fast alle Figuren von anderen Schauspielern nachsynchronisiert. Aber auch die Dialoge der Hauptfiguren werden teilweise von der Stimme des allwissenden Erzählers aus dem Roman vorgetragen, wie in der Sequenz, in der Effis Mutter verkündet, dass Innstetten um ihre Hand angehalten hat:

«Frau von Briest aber, die unter Umständen auch unkonventionell sein konnte, hielt plötzlich die schon forteilende Effi zurück, warf einen Blick auf das jugendlich reizende Geschöpf, das, noch erhitzt von der Aufregung des Spiels, wie ein Bild frischesten Lebens vor ihr stand, und sagte beinah vertraulich: «Es ist am Ende das beste, du bleibst wie du bist. Ja bleibe so. Du siehst gerade sehr gut aus. Und wenn es auch nicht wäre, so siehst du unvorbereitet, so gar nicht zurechtgemacht aus, und darauf kommt es in diesem Augenblick an. Ich muss dir nämlich sagen meine süße Effi... ‹und sie nahm ihres Kindes beide Hände› ...ich muß dir nämlich sagen...»

«Aber Mama, was hast du nur vor? Mir wird ganz angst und bange.»
«... ich muß dir nämlich sagen, Effi, dass Baron Innstetten eben um deine Hand angehalten hat.»

Ebenso werden durch textliche Einblendungen Gedanken der Figuren und/oder des Narrators fortgeführt. So wird die Voice-Over-Narration, in der Fassbinder die Gedanken Effis darüber vorträgt, dass Innstetten die Spukgeschichte als Mittel missbrauchen könnte um sie zu erziehen, textlich weitergeführt:

> «Daß Innstetten sich einen Spuk parat hielt, um ein nicht ganz ungewöhnliches Haus zu bewohnen, das mochte hingehen, das stimmte zu seinem Hang, sich von der großen Menge zu unterscheiden; aber das andere, daß er den Spuk als Erziehungsmittel brauchte, das war doch arg und beinah beleidigend. Und ‹Erziehungsmittel›, darüber war sie sich klar, sagte nur die kleinere Hälfte; was Crampas gemeint hatte war viel, viel mehr...»

Als Zwischentitel erscheint nun: «Eine Art Angstapparat aus Kalkül.»

Durch das offensichtliche Vorlesen der Romanvorlage ist Fassbinder als Regisseur, beziehungsweise als impliziter Präsentator der Erzählung permanent anwesend sowie er, durch eben dieses Vortragen, die Präsenz des Autors Fontane heraufbeschwört. Durch die Verwendung literarischer Techniken zwingt er den Zuschauer weiterhin zum direkten Lesen des Films. Die Weißblenden zu Beginn eines neuen ‹Kapitels› sollen zum Beispiel das Umblättern von Buchseiten repräsentieren, während die Zwischentitel mit schwarzer Schrift auf weißem Grund (was beim Film in der Regel umgekehrt ist) vom Zuschauer wie ein Buch gelesen werden müssen (Abb. 12). Somit stellt FONTANE – EFFI BRIEST nicht nur inhaltlich, sondern auch stilistisch einen deutlichen Verweis zur literarischen Vorlage her und kann so als besonders kunstvolles Beispiel einer filmischen Romanadaption gelesen werden, die durch die Verwendung einer Voice-Over-Narration, die Erzählhaltung des literarischen Vorbilds einnimmt.

𝔈ine 𝔄rt 𝔄ngſtapparat aus 𝔎alkül.

12 Zwischentitel in FONTANE EFFI BRIEST (D 1974)

10 TAXI DRIVER – Die Voice-Over-Narration im *New Hollywood*

Für das amerikanische Mainstream-Kino erfolgte der Einfluss der *Nouvelle Vague* auf der ästhetischen, ideologischen und produktionstechnischen Ebene einerseits durch die direkte Rezeption der Filme und andererseits durch Andrew Sarris 1962 publizierte Auseinandersetzung mit der französischen Autorentheorie – *Notes on the Auteur Theory*.

> «Im Gegensatz zur französischen Schule betonte Sarris den genuin kollaborativen Entstehungsprozess des Filmens, in welchem der Regisseur niemals der alleinige kreative Urheber sein kann, sondern eher eine kreative Instanz, welche die einzelnen bits and pieces in ein zentrales Konzept integriert.»[1]

Die aufstrebenden Filmemacher, von denen viele an den Filmhochschulen New Yorks und Kaliforniens studiert hatten und damit über ein ähnlich umfassendes Wissen über die Filmgeschichte verfügten wie ihre französischen Vorbilder, erkannten nun, dass ein ironisch, selbstreflexives Umschreiben der Hollywood-Filmklassiker und ihrer Genrekonventionen möglich war.

Ausschlaggebend für eine Aufwertung der Tonebene im amerikanischen Film und damit auch eine Umschrift der Voice-Over-Narration waren, neben der *Nouvelle Vague* als prägendes Vorbild, auch Einflüsse aus der Rockmusik. Die Rockmusik spielte infolgedessen nicht nur im Score der Filme eine größere Rolle, sondern auch für die Vermarktung des Soundtracks selbst. Man begann Pop- und Rocksongs berühmter Bands speziell für einen Film zu produzieren und zu vermarkten,

---

1   Flückiger, S. 16–17.

wie die Musik von Cat Stevens für Harold & Maude (Hal Ashby, USA 1971) oder Bob Dylans Musik für Pat Garrett & Billy the Kid (Sam Peckinpah, USA 1973).

Einen weiteren deutlichen Einfluss erfuhren die Filme des *New Hollywood* durch das amerikanische Independent – und Kunstkino der Ostküste. Die Filme der amerikanischen Avantgarde, zu denen unter anderen Kenneth Anger's Scorpio Rising (USA 1964), Medium Cool von Haskell Wexler (USA 1968/69), Melvin Van Peebles Sweet Sweetbacks Baadasssss Song (USA 1971) sowie Andy Warhol's Sleep (USA 1963) oder Lonesome Cowboys (USA 1968) zu rechnen sind, zeichneten sich durch eine extreme visuelle und auditive Expressivität aus, womit sie sich gegen die in der amerikanischen Gesellschaft propagierten Ideale und Moralvorstellungen hinwegsetzen wollten.

Aber auch die Erfahrung der Produktionsverhältnisse in den *B-Movie Studios*, insbesondere in den CBS Studios von Roger Corman, bei dem beispielsweise Coppola, Lucas oder Nichols ihre Laufbahn begannen, übte einen wichtigen Einfluss in praktischer und narrativ-ästhetischer Hinsicht auf die weitere Entwicklung jener Regisseure aus. Die Verwendung ungewöhnlicher narrativer Strukturen und Voice-Over-Narrationen war in den *B-Movies* der frühen 1960er Jahre ein durchaus gängiges Stilmerkmal, wie in Plan Nine from Outer Space von Edward Woods Jr. (USA 1959) oder in Faster Pussycat! Kill! Kill! von Russ Meyer (USA 1965). Auf diese Weise entstanden vermehrt Erzählstrategien und Klangwelten jenseits des klassisch, kausal-linear strukturierten Filmtextes, wie in Zabriskie Point (Michaelangelo Antonioni, USA 1970) oder in Badlands (Terrence Malick, USA 1973).

Parallel dazu vollzog sich in den 1960ern ein allgemeiner, gesellschaftlicher Umbruch, der einen Generationenwechsel des Kino-Publikums mit sich brachte. Durch das Wegziehen zahlloser Familien aus den Städten in die Vororte und mit dem steigenden Siegeszug des Fernsehens hatte sich das Freizeitverhalten einer gesamten Generation grundlegend verändert, wodurch die Kino- und Filmindustrie finanziell enorm erschüttert wurde.

Die klassischen Studio-Filme, die beim Publikum Illusionen und Identifikation erzeugen sollten und zu einem allzu vorausschaubaren *Happy End* hinführten, trafen weder den Nerv des Publikums, noch konnte dieser Story-Typus die Box-Office-Erwartungen erfüllen. Aus diesem Grund wurden von den Studios plötzlich ästhetisch und thematisch ungewöhnliche Produktionen finanziert, die von ihrem Typus und ihrer Story zwar eher einem B-Movie entsprachen, beim jugendlichen Publikum und an den Kinokassen damit jedoch enorm erfolgreich waren, wie beispielsweise Bonnie and Clyde (Arthur Penn, USA 1967) oder Easy Rider (Dennis Hopper, USA 1969).

Der Erfolg zahlreicher Erstlingswerke von Regisseuren, wie Steven Spielbergs Duel (USA 1971), Francis Ford Coppola mit The Conversation (USA 1974) oder George Lucas mit American Graffitti (USA 1973), führte weiterhin dazu, dass diese eine größere finanzielle und ästhetische Freiheit bei ihren folgenden Projekten erlangten. Eben diesen Regisseure gelang es im weiteren Verlauf ihrer Karrieren Machtpositionen innerhalb des Hollywood-Systems einzunehmen, indem sie beispielsweise ihre eigenen, unabhängigen Produktions-Studios gründeten, wie Coppola die Zoetrope-Studio oder George Lucas die Skywalker-Studios.

Ausschlaggeben dafür, dass neue Themen mit einer neuen Sprache im verbalen Ausdruck und in den Bildern möglich wurden, war darüber hinaus eine grundlegende Umstellung des amerikanischen Studiosystems, das zu denjenigen Studiostrukturen Hollywoods führte, wie wir sie heute kennen. Die Ursache für diese Umstellung lag in der tiefen ökonomischen und künstlerischen Krise begründet, in der sich die Hollywood Studios der 1960er Jahre befanden. Dies hatte bereits in den 1950er Jahren mit der Zerschlagung der Oligopole begonnen, als sich die *Big Five* – die fünf *Major Studios* – von ihren Kinoketten trennen mussten. Diese Krise spitze sich im Laufe der 1960er Jahre dann auf die Produktionsabteilungen zu.

Das klassische Hollywoodkino, mit seinem geschlossenen-narrativen Stil, konnte den Erwartungen des sich im Wandel befindenden Publikums nicht mehr gerecht werden und so folgte ein finanzieller Misserfolg dem nächsten, wie Doctor Doolittle (Richard Fleischer, USA 1967), Hello Dolly (Gene Kelly, USA 1968) und natürlich Cleopatra, der als damals teuerster Film die 20th Century Fox an den Rande des Ruins trieb. Infolgedessen wurden die alten Studiobosse von einem neuen, jüngeren Managertypus abgelöst, die hauptsächlich wirtschaftlich, nicht jedoch filmästhetisch orientiert waren und sich gegenüber anderen filmischen Formen aufgeschlossen zeigten, so lange diese nur genügend Profit abwarfen.

Das solch neue Themen sowie visuelle und narrative innovative Ausdrucksformen aber tatsächlich zeigbar wurden, wurde 1968 offiziell durch die Aufhebung des Hayes-Production Codes ermöglicht, der mit dem **MPAA filmrating system** ersetzt wurde – ähnlich der deutschen FSK, die bereits 1948 nach dem Vorbild des amerikanischen **Hayes Codes** entstanden war.

> «The earlier division of movies into various levels of A and B filmmaking gave way to today's situation: a more hit-or-miss blend of big-budget, superstar-oriented ‹event› movies with lower-budget fare, including the occasional ‹sleeper› that hits box-office gold. Similarly, the Motion Picture Association of America's shift in 1968 from self-regulation based on the old Production Code to a rating system has led to an obvious change in the types of subject matter dealt with in mainstream Hollywood fare. Increasingly high violent and sexual content has been crucial in the rise of the action film, and the popularity of such fare abroad has expanded Hollywood's hold on international markets.»[2]

---

2   Thompson, S. 4.

So entstand ein unreines, modern-reflexives Kino, das sich aggressiv gegen klassisch angelegte Typen und Erzählmuster wandte. Stattdessen wurden nun in sich zerrissene Außenseiter dargestellt und Geschichten erzählt, die es wagten, auf ein *Happy End* zu verzichten, sprachliche Tabus brachen und so allgemein anerkannte Verhaltensnormen sprengten. Flückiger spricht in diesem Zusammenhang von einer deutlichen Zunahme an Subjektivierungsstrategien im New Hollywood.

> «Schockhafte Umschnitte, ungewöhnliche Kamerastandpunkte und exzessive Kamerabewegungen, rätselhafte Szenenübergänge, die den Zuschauer zu permanenter Interpretationsfähigkeit zwingen, sowie Unter- und Überbelichtung treten an die Stellen des wohldosierten, primär um Verständlichkeit bemühten Kommunikationsflusses des klassischen Stils. Die Feier der Reizdimension an sich, mit deren klanglichen Aspekten, sprengt den Rahmen einer eindeutig zu definierenden Erzählperspektive. Vielmehr wird der Zuschauer mit einer allumfassenden Ambivalenz konfrontiert, die sich speziell auch für die Diskussion der Subjektivierung eignet [...].»[3]

Dies wird besonders in TAXI DRIVER, einem Spätwerk des *New Hollywoods*, deutlich. Der Taxifahrer Travis Bickle, der nachts durch die Straßen New Yorks fährt, steigert sich dort mehr und mehr in den Wahn hinein, dass es seine Aufgabe sei, den ‹menschlichen Abschaum› der Stadt zu beseitigen. Im Laufe des Films wird aber sehr schnell klar, dass der Außenseiter Travis selbst ein Teil jenes ‹menschlichen Abschaums› ist. Travis ist vereinsamt, ein ‹Störfaktor› in einer Gesellschaft, die von Sex und Gewalt dominiert wird – ein Umstand, den er als ebenso selbstverständlich wie verstörend und krank empfindet. Dies spiegelt sich auch in seinen zynisch, verwirrten Tagebuchaufzeichnungen wider, die sich in Form seiner *Inneren Stimme* immer wieder über die nächtlichen Bilder seines isolierten Daseins legen: «Loneliness has followed my whole life, everywhere. In bars, in cars, sidewalks, stores, everywhere. There's no escape. I'm God's lonely man.»

TAXI DRIVER bezieht sich damit in seiner Visualität und der Handlung, insbesondere aber in der Verwendung eines homodiegetischen Voice-Over Erzählers, als subjektivierenden Fokalisator, deutlich auf die Erzählstrategien des *Film Noirs*. Die etwas brüchige, kantig wirkende Erzählstimme Bickles ist sehr nah aufgenommen. Damit frisst sie sich direkt in den Kopf des Zuschauers und drängt diesem Bickles Gedanken auf. Bickles Sprechgestus springt dabei, wie seine Gedanken selbst, von eher zögernden, leicht schleppenden Abschnitten zu deutlich erregten, schnellen Sprechphasen. Die auditive Ebene zwingt der gesamten narrativen Struktur des Films folglich den dominant, subjektiven Blickwinkel des Protagonisten auf. Das sich stetig wiederholende Ich im Kopf des Protagonisten wird somit zum Ich im Kopf des Zuschauers:

---

3 Flückiger, S. 365–366.

«All the animals come out at night – whores, skunk pussies, buggers, queens, fairies, dopers, junkies, sick, venal. Someday a real rain will come and wash all this scum off the streets. I go all over. I take people to the Bronx, Brooklyn, I take'em to Harlem. I don't care. Don't make no difference to me. It does to some. Some won't even take spooks. Don't make no difference to me.»

Die Erzählstrategien des *Film Noirs* werden in TAXI DRIVER somit nicht nur aufgegriffen, sondern zusätzlich intensiviert. Die Möglichkeiten der Einbindung des Zuschauers in die Ich-Stimme, in die subjektiv wahrgenommene Welt des Protagonisten, in dessen Wahnsinn und dessen Amokfantasien werden auf das Extremste ausgereizt.

Wurde dem Zuschauer im klassischen *Film Noir* oft jedoch noch ein Ausweg aus dem subjektiven Fokus angeboten, beispielsweise durch einen am Ende eingenommenen objektivierenden Blickpunkt wie in DOUBLE INDEMNITY, ist dies in TAXI DRIVER nicht mehr möglich. Entsprechend den ‹umgeschriebenen Konventionen› des *New Hollywoods* widerfährt letztendlich weder dem Zuschauer eine Erlösung aus den narrativen Fängen der Figur, noch wird dem Protagonisten eine Befreiung aus den Fängen der kranken Gesellschaft gestattet. Zwar versucht sich Travis, nach dem sinnlosen Blutbad an Freier und Zuhälter, selbst zu erschießen, jedoch versagt er dabei ebenso, wie es ihm nicht möglich sein kann die ‹Erkrankung› innerhalb der Gesellschaft zu beseitigen. Stattdessen wird Travis aufgrund seiner Tat von einer Gesellschaft, die moralisch ebenso ambivalent ist wie er, zum Helden erhoben.

Der Film endet folglich wie er begonnen hat, weder der Held noch die Gesellschaft haben sich geändert. Travis Bickle fährt weiter vereinsamt in seinem Taxi durch die nächtlichen Straßen New Yorks.

TAXI DRIVER stellt damit nicht nur eine Umschrift des klassischen Hollywood-Heldentypus dar, sondern auch eine Neuorientierung im Genre des *Film Noirs* und des Western, auf die sich der Film reflexiv bezieht.

11 APOCALYPSE NOW – Technische Innovationen und veränderte Klangwelten

Eine ebenso gewichtige Rolle für die Weiterentwicklung des Hollywood-Kinos spielten, ähnlich wie bei der Entstehung der *Nouvelle Vague* oder des *Direct Cinema*, technologische Innovationen auf der Bild- und Tonebene. Dazu gehören die Entwicklung des Steady-Cam-Systems oder das seit 1970 eingeführte Dolby-Rauschunterdrückungs-Verfahren, das es erstmals ermöglichte, Filme mit über 100 verschiedenen Tonspuren in Stereo-Surround Qualität zu versehen, wie in APOCALYPSE NOW (Francis Ford Coppola, USA 1979) oder STAR WARS (George Lucas, USA 1976), der von Charles Schreger auch als THE JAZZ SINGER für Dolby bezeichnet wird.[1] Die Entwicklung leichterer Kameras, wie der Steadycam oder der Nagra, einer portablen Bandmaschine mit klanglich hervorragenden Qualitäten, ermöglichten es den Filmemachern nun abseits der Studios an Originalschauplätzen nicht nur kostengünstigere, sondern auch authentischere Filme mit einem daraus resultierenden völlig neuen Look zu produzieren, wie etwa EASY RIDER. So entstanden erstmals Tonkreationen, die auf genau kalkulierte Effekte setzten, indem sie die Fiktion der filmischen Diegese nicht zu überwinden versuchten, sondern diese mittels eines Mehrwerts an Auditivität gekonnt kaschierten.[2]

Im klassischen Hollywood-Kino besaß der Ton seine Legitimation hauptsächlich durch die Vermittlung der Sprache. Geräusche konnten in diesem Gefüge nur dann eine Sonderfunktion einnehmen, wenn bestimmte Dinge oder Taten nicht gezeigt

---

1 Vgl.: Charles Schreger: Altman And Dolby. In: Elisabeth Weis / John Belton: *Film Sound. Theory and Practice*. New York 1985, S. 152.
2 Vgl.: Flückiger, S. 123–124.

werden konnten oder durften und der Ton diese substituieren sollte. Ein bekanntes Beispiel hierzu ist sicherlich die Foltersequenz aus KISS ME DEADLY (Robert Aldrich, USA 1955). Der Zuschauer hört hier nur die erschütternden Schreie der jungen Frau, Christina, und sieht dazu ihre zappelnden Füße. Es bleibt somit seiner Fantasie überlassen, sich die entsprechenden Details dieser Sequenz auszumalen. Dieses Stilmittel wird auch im aktuellen Film häufig aufgegriffen, insbesondere im aktuellen Horrorfilm, da sich der Zuschauer so wesentlich grauenvollere Szenarien ausmalt, als sie auf der Leinwand tatsächlich visuell dargestellt werden könnten.[3]

Im Gegensatz zum klassischen Hollywood-Kino löst sich der Ton im *New Hollywood* von einer Dominanz des visuellen Raums. Der Ton beginnt das Bild zu hinterfragen und zu bedrohen, sodass der Dialog oftmals verschwimmt und nicht mehr eindeutig verstanden werden kann. In THE CONVERSATION wird dieses Mittel sogar zum Schlüsselmotiv der Handlung. Der Überwachungs-Spezialist Harry Caul versucht dort verzweifelt die Bruchstücke einer von ihm aufgenommenen Unterhaltung zu entziffern und interpretiert die Gesprächfetzen dabei mit jedem Versuch neu.

Zu den bedeutenden Veränderungen seit dem *New Hollywood* zählt außerdem die Einführung des Dolby-Rauschunterdrückungssystems, das zum allgemeinen Synonym für Stereoton wurde.

Erste Versuche mit Stereo datieren zurück bis in die 1930er Jahre. Die erste erfolgreiche Stereo-Anwendung im Kino war jedoch das Fantasound-Verfahren in Disneys FANTASIA (James Algar / Samuel Armstrong / Ford Beebe und Andere, USA 1940). In den 1950er Jahren entstanden dann aufgrund der Schwächung der Filmindustrie durch den zunehmenden Konkurrenzdruck des Fernsehens unterschiedliche Breitwand- und Stereo-Mehrkanalsysteme. Dazu gehören unter anderem CinemaScope (ein magneto-optisches 4-Kanal-System), Todd-AO, Cinerama und Panavision (6-Kanal-Magnettonsysteme).[4]

Dolby-Stereo gehört zu den 4-Kanal-Lichttonsystemen, wobei der Lichtton durch das Rauschunterdrückungssystems hörbar optimiert wird. Mittels neuer,

---

3   So auch in HOSTEL (Eli Roth, USA 2005) oder THE HAPPENING (M. Night Shyamalan, USA/IND/F 2008). Um jewells eine jüngere FSK Freigabe zu erhalten, wurden in diesen beiden Filmen für die europäische Version einzelne, visuell dargestellte Gewaltspitzen entfernt, so dass die entsprechenden Sequenzen in den geschnittenen Versionen nun hauptsächlich über die auditive Ebene wirken.

4   Stereo-Ton simuliert die Räumlichkeit des natürlichen Schalls. Das akustische Ereignis wird auf mindestens zwei oder mehreren Kanälen aufgezeichnet und wiedergegeben. Im Kino arbeitet Stereo dabei hauptsächlich mit dem Intensitätsprinzip, welches besagt, dass die sogenannte Summenlokalisation wirksam wird, wenn man denselben Ton mit gleicher Intensität aus zwei Lautsprechern hört. Das Gehirn errechnet dann eine Phantomschallquelle, die sich in der Mitte der beiden Lautsprecher befindet. Eine Verschiebung des Tons nach links oder rechts ist durch die graduelle Zuordnung verschiedener Intensitäten auf beiden Kanälen möglich. Damit wird der, auch im Alltag angewendete, Ortungsmechanismus des Intensitätsunterschieds simuliert.

11 APOCALYPSE NOW – Technische Innovationen und veränderte Klangwelten

insbesondere speziell für das Dolby-System ausgebildete, Techniker wurde die allgemeine Klanglichkeit der Tonwiedergabe verbessert. Es wurden neue Lautsprecher entwickelt und neue dämmende und isolierende Materialien eingeführt, um die Störgeräusche des Projektors und der Klimaanlagen zu verringern, sodass die Kinobesucher einen qualitativ hochwertigeren und voluminöseren Ton genießen konnten.[5] Dies führte dazu, dass sich das Kino wieder als Attraktion abseits des Home-Entertainment-Bereichs positionieren konnte – eine ähnliche Funktion, die im aktuellen Kino der 3D-Technik zugeschrieben werden kann.[6]

Bezüglich einer Erweiterung der technologisch-qualitativen Möglichkeiten des Filmtons seit den 1970er Jahren wird dabei immer wieder die Bedeutung Robert Altmans hervorgehoben. Altman führte für seine Ensemble-Filme die 8-Tonspur-Technologie der Musikindustrie in die Filmpraxis ein und ermöglichte es damit erstmals, mehrspurigen Originalton aufzuzeichnen, wie in NASHVILLE (USA 1975), wo er sehr erfolgreich auf die Verwendung von Radiomikrofonen zurückgriff.[7]

Die qualitativen Fortschritte auf der auditiven Ebene, die zur Digitalisierung des Tonschnittes, Dolby Digital und THX geführt haben, trugen so zu einer allgemeinen Um- und Aufwertung der Tonebene bei. Ebenso haben die geänderten Produktionsbedingungen zu einer gesteigerten Technisierung des Films geführt, wodurch der Postproduktionsprozess und damit auch der Aufbau der Tonebene im Postproduktionsprozess durch das Sounddesign, ADR und Nachsynchronisation immer aufwändiger und wichtiger wurde.

Trotz all dieser technologischen und ästhetisch-ideologischen Weiterentwicklungen lässt sich im amerikanischen Erzählkino bereits ab Ende der 1970er Jahre ein erneutes, deutliches Zurückgreifen auf klassische Erzählformen feststellen.

> «So nationalistisch und nostalgisch Sarris' Apologie des traditionellen Hollywood-Kinos auch gewesen sein mag, sein ‹Glaubensbekenntnis› nahm vorweg, was sich in den amerikanischen ‹film studies› in den 80er Jahren zum unangefochtenen Axiom verdichtete: den Topos vom ‹Classical Hollywood Cinema›.»[8]

Dies hatte zur Folge, dass die Verwendung der Voice-Over-Narration im amerikanischen Kino der 1970er Jahr weiter zurückging. Ausnahmen besonders exponierter Verwendungsweisen finden sich nur in wenigen Werken.[9]

5   Chion 2009, S. 124.
6   Vgl.: Flückiger, S. 51.
7   Rick Altman: Evolution Of Sound Technology. In: Elisabeth Weis / John Belton (Hrsg): *Film Sound. Theory And Practice*. New York 1985, S. 49.
8   Felix, S. 35–36.
9   Chion schlussfolgert sogar, dass dieser Rückgang von Erzählstimmen im Film im direkten Zusammenhang mit der Einführung des Dolby-Systems stehen könnte, da eine große Unsicherheit bezüglich der hierarchischen Anordnung und Platzierung der Erzählstimme in dem neu gewonnenen auditiven Raum bestanden hätte.
    Vgl.: Chion 2009, S. 137

11 Apocalypse Now – Technische Innovationen und veränderte Klangwelten

13 Willards Gesicht verschmilzt mit dem Dschungel. Martin Sheen in Apocalypse Now (USA 1979)

Dazu zählt auch Apocalypse Now, ein Film der allgemein im Hinblick auf die Verwendung einer expressiven Tonspur erwähnenswert ist. Das Klangbild wird dort insgesamt von einer collagenartig arrangierten Tonspur bestimmt, die unter anderem aus Rockmusik, Kriegs- und Umweltgeräuschen besteht, was dazu führt, dass stellenweise bis zu 160-Tonspuren miteinander verwoben wurden. Ebenso bedeutend ist für dieses Klangbild die *Innere Stimme* des Protagonisten, Captain Benjamin Willard.

Dies wird bereits in der Anfangssequenz deutlich, in welcher der Zuschauer in die allgemeine Stimmung und Erzählhaltung des Films eingeführt wird. Der Film beginnt mit dem Geräusch eines Helikopters, der über den brennenden Dschungel fliegt. Dazu setzt das Lied ‹The End› von der Rockband The Doors ein. Parallel zur intensiver werdenden Musik verstärkt sich das Geräusch der Helikopter-Rotoren. In das Bild des brennenden Dschungels wird nun Willards, auf dem Kopf stehendes, Gesicht eingeblendet (Abb. 13). Diese Überblendung geht dann langsam in das Hotelzimmer über, in dem Willard liegt, während das Geräusch des Helikopters durch das rotieren des Deckenventilators ersetzt wird. Willard ist betrunken, schwitzt und scheint von Kriegserinnerungen und der Hitze benommen zu sein:

> «Saigon. Shit! I'm still only in Saigon. Every time I think I'm gonna wake up back in the jungle. When I was home after my first tour, it was worse. I'd wake up and there'd be nothing. I hardly said a word to my wife, until I said ‹yes› to a divorce. When I was here, I wanted to be there. When I was there, all I could think of was getting back into the jungle. I'm here a week now. I'm waiting for a mission – getting softer. Every minute I stay in this room, I get weaker. And every minute Charlie squats in the bush, he gets stronger. Each time I looked around, the walls moved in a little tighter.»

Zu dem lauter anschwellenden Doors-Lied tanzt Willard nun halb-nackt und betrunken durch sein Zimmer, bis er zusammenbricht.

In einer Überblendung fliegt nun wieder ein Helikopter über den brennenden Dschungel. Darauf folgt ein Schnitt. Willard wird eine unbestimmte Zeit später nach seinem Zusammenbruch von zwei Soldaten zu einem Meeting abgeholt, wo ihm sein Auftrag mitgeteilt wird: Er soll Colonel Kurtz finden und exekutieren.

> «Everyone gets everything he wants. I wanted a mission, and for my sins, they gave me one. They brought it up to me like room service…It was a real choice mission – and when it was over, I never want another. […] I was going to the worst place in the world, and I didn't even know it yet. Weeks away and hundreds of miles up a

river that snaked through the war like a main circuit cable plugged straight into Kurtz. It was no accident that I got to be the caretaker of Colonel Walter E. Kurtz's memory, any more than being back in Saigon was an accident. There is no way to tell his story without telling my own. And if his story is really a confession, then so is mine.»

Mittels dieser Anfangssequenz wird Willard deutlich als subjektiver sowie narrativer Fokus identifiziert. Die präsentierten Bilder und Geräusche müssen daher seiner subjektiven Wahrnehmung zugeschrieben werden, was seine retrospektiv berichtende Erzählstimme bestätigt.

Dieser extrem intensivierte, subjektive Stil wird somit bereits in der Anfangssequenz etabliert, um den Zuschauer auf die darauf folgende Reise in Willards Inneres vorzubereiten, die durch seine Reise auf den Fluss hinauf symbolisiert wird.

Immer wieder legt sich dabei seine Erzählstimme über die ebenso hypnotisch, wie traumatisch wirkenden Bilder, um eben diese als unterbewusste, subjektive Blickpunkte zu kennzeichnen. Der Rhythmus seiner Erzählung kann dabei, ähnlich seiner psychischen Verfassung, als taumelnd beschrieben werden – ein Wechsel von schnelleren, genuschelten Passagen, zu langsam gesprochenen, fast schläfrig wirkenden Phasen. Auch seine Stimme selbst hat einen fast betäubend wirkenden Charakter, durch ihren dumpfen, warmen Klang. Dies wird dadurch verstärkt, dass die Voice-Over-Narration besonders nah aufgenommen wurde und die Stimme somit direkt von Willards Kopf in den des Zuhörers zu dringen scheint.

Auf diese Weise überträgt sich Willards Faszination von Kurtz und die damit verbundene Auflösung seiner eigenen Identität, die während seines hypnotisch, faszinierten Lesens von Kurtz Briefen deutlich wird, automatisch auf den Zuschauer:

«Kurtz got off the boat. He split from the whole fucking program. How did that happen? What did he see here that first tour? 38 fucking years old. If he joined the Green Berets, there was no way you'd ever get above Colonel. Kurtz knew what he was giving up. The more I read and began to understand, the more I admired him.»

Wie Willard wird auch der Zuschauer dazu getrieben, diesen Colonel Kurtz unbedingt zu finden, zu erleben und hinter dessen Geheimnis zu blicken.

Dieser Prozess der Auflösung von Willards Ich-Gewissheit wird im Laufe der Narration noch weiter gesteigert – zuerst durch die direkte Vermischung von Willards eigener Narration mit Kurtz Stimme, die während der Bootsfahrt als akustische Tonbandaufnahme zu hören ist und dann in dessen Camp schließlich durch Kurtz durchdringende Monologe und dessen Rezitation von Gedichten, die sich dominant über das Bild legen.

Obwohl Willard Kurtz bewundert und sich mit ihm identifiziert – was durch die intensive Vermischung der Erzählstimmen beider Figuren deutlich wird – und für einen Moment sogar in Versuchung gerät, dessen Platz einzunehmen, endet der Film damit, dass Willard seinen Auftrag letztendlich doch ausführt. In einer hypnotischen Montagesequenz, die in einer Parallel-Montage die rituelle Schlachtung eines Wasserbüffels zeigt, zu dem erneut einsetzenden Lied der Doors, begeht Willard dann die Tat:

> «Everybody wanted me to do it. Him most of all. I felt like he was up there, waiting for me to take the pain away. He just wanted to go out like a soldier, standing up. Not like some poor, wasted, rag-assed renegade. Even the jungle wanted him dead, and that's who he really took his orders from anyway.»

Der gesamte Aufbau dieser Sequenz führt zu der unvermeidlichen Ermordung Kurtz hin, die nicht nur von Kurtz selbst erwartet und gewollt wird, sondern durch die Hinführung auf diesen Moment, mittels Willards eindringlicher Voice-Over-Narration, auch vom Zuschauer erwartet, ja verlangt wird.

Eine solch intensive wie auch extreme Verwendung eines homodiegetischen Voice-Over-Erzählers findet sich in den folgenden Jahren kaum noch. Das Mainstream-Kino der 1980er und 1990er Jahre muss als grundlegend illusionsbildendes und auf Identifikation zielendes, in sich geschlossenes Konstrukt verstanden werden, auf das sich ein reflexiver Umgang mit der Voice-Over-Narration oftmals nur störend ausgewirkt hätte. Dies wird besonders an Filmen, wie RAIDERS OF THE LOST ARK (Steven Spielberg, USA 1981), LETHAL WEAPON (Richard Donner, USA 1987) oder DIE HARD (James McTerninan, USA 1988) deutlich, die das Blockbuster-Effekte-Kino der 1980er Jahre in Reinform repräsentieren.

12 Die Erzählstimme im Blockbuster-Kino der 1980er und 1990er

Die inhaltliche und formale Umschrift des Mainstream-Kinos durch das *New Hollywood* wurde ab Ende der 1970er Jahren von der Industrie aufgegriffen und in eine für einen Massengeschmack taugliche Form gebunden, um so audiovisuell, erfolgversprechende Erzählmodelle vermarkten zu können, wie man sie beispielsweise in STAR WARS oder E.T. – THE EXTRA-TERRESTIAL (Steven Spielberg, USA 1982) finden kann.[10] Die offenen, desillusionierenden Erzählstrukturen der *Nouvelle Vague* und des *New Hollywoods* waren für den Geschmack der breiten Masse zu gewagt, zu verstörend und zu pessimistisch, sodass man sich auf der Produktionsebene wieder den gewohnten Strukturen des klassischen Hollywoodfilms zuwandte, den man nun in ein moderneres, technisiert-actiongeladenes Gewand packte.[11] Nach jener teils chaotischen Phase des ökonomischen und kulturellen Umbruchs des *New Hollywoods*, die zu einer kurzfristigen Umschrift des amerikanischen Films führte, wurde das Kino der späten 1980er und 1990er Jahre von Mainstream-Genre-Filmen dominiert, die auch heute noch einen großen Teil der Hollywood-Produktionen ausmachen.

«Typisch für das Neue Hollywood sind der selbstbewusste Gebrauch von Genre-Stereotypen und die Wiederbelebung von Genres, die in den fünfziger Jahren als B-movies betrachtet wurden, der Science-Fiction-Film, der Monsterfilm (creature-feature) und die vielen anderen Variationen des Horrorfilms. Diese B-picture-Konventionen haben, sobald sie in den achtziger und neunziger Jahren ins Mainstream-

---

10 Vgl.: Renate Hehr: *New Hollywood. Der amerikanische Film nach 1968 / The American Film After 1968*. Stuttgart / London 2003, S. 103–104.
11 Vgl.: Thompson, S. 18–19.

Kino übernommen wurden, die Art der Brechung im Realismus (verstanden als narrative Koheränz, einheitliche Charaktere, zielorientierte Aufbau der Geschichte) gezeigt, die in den sechziger Jahren europäische Filmemacher eingeführt hatten. Doch im Unterschied zur voll entwickelten (literarisch-filmischen) Moderne eines Godard, Resnais oder Antonioni rühren die Quellen und Techniken, die die neuen Hollywood-Erzählungen aufbrechen ließen, vom amerikanischen Kino selbst, und zwar anscheinend von dessen unbedeutenderen Genres und heruntergekommenen Formen.»[12]

Für die Verwendung der Voice-Over-Narration bedeutete dies, dass sie im Mainstream Kino der 1980er Jahre sehr zurückhaltend eingesetzt wurde. Die Entscheidung, einen Film mit einer Voice-Over-Narration zu erzählen, wurde weitestgehend zu einer Autoren-Entscheidung, was anhand der Filme von Woody Allen erkannt werden kann, der in seiner Arbeit immer wieder auf die unterschiedlichsten Typen der Voice-Over-Narration zurückgegriffen hat.

In RADIO DAYS (USA 1987) fungiert Woody Allen beispielsweise als heterodiegetischer Erzähler, der sich nostalgisch an die goldenen Jahre des Radios in seiner Kindheit zurückerinnert. In ZELIG (USA 1983) parodiert Woody Allen dagegen den Erzählgestus der klassischen Voice-Of-God-Narration des Dokumentarfilms, indem er dort als autoritärer, heterodiegtischer Erzähler auftritt, der das Leben der vermeintlich authentischen Persönlichkeit Leonard Zelig schildert, eines menschlichen Chamäleons.

Ein sehr komplexer und facettenreicher Einsatz von Erzählstimmen findet sich außerdem in HANNAH AND HER SISTERS (USA 1986). Dort kreiert Allen aus polyphonen Erzählstimmen und Zwischentiteln eine verflochtene, narrative Struktur. 13 Zwischentitel dienen dazu, den Film in Kapitel aufzuteilen, die den jeweiligen thematischen Inhalt des folgenden Kapitels hervorheben. Manche dieser Zwischentitel stammen aus literarischen Werken, beispielsweise von Tolstoi oder E. E. Cummings, manche sind von Figuren geäußerte Sätze. So beginnt der Film mit dem Zwischentitel «God, she's beautiful...», was direkt danach durch die Stimme eines männlichen Erzählers wiederholt wird. Dazu ist eine Nahaufnahme von Lee (Barbara Hershey) zu sehen. Die Kamera folgt daraufhin dem Blick des bis dahin noch unbekannten, da visuell nicht entlarvten Erzählers, der beobachtete, wie Lee durch die Wohnung eilt. Dazu ist weiterhin seine *Innere Stimme* zu hören, über die seine unmittelbaren Gedanken und Gefühle vermittelt werden. Der Inhaber der Stimme wird erst entlarvt, als Lee's Blick auf ihn – Elliot – fällt.

Im weiteren Verlauf des Films sind die *Inneren Monologe* aller fünf Hauptfiguren zu hören, die teils der direkten Vermittlung deren unmittelbarer Gedanken die-

---

12 Thomas Elsaesser: Augenweide am Auge des Maelstroms? – Francis Ford Coppola inszeniert BRAM STOKER'S DRACULA als den ewig jungen Mythos Hollywood. In: Andreas Rost / Mike Sandbothe (Hrsg.): *Die Filmgespenster der Postmoderne*. München 1998, S. 76.

nen, teils der Einführung in Flashbacks. So entsteht ein polyphones Geflecht aus unterschiedlichen Erzählungen, Stimmen und Blickpunkten, die es dem Zuschauer ermöglichen, einzelne Sequenzen aus unterschiedlichen Perspektiven wahrzunehmen, wie bei einem Lunch der Schwestern, bei dem die Kamera die Figuren umkreist, während über die Voice-Over-Narration deren unterschiedliche Gedanken und Empfindungen vermittelt werden.

Im Mainstream-Kino zeichnet sich erst ab den 1990er ein vermehrter und auch komplexerer Einsatz der Voice-Over-Narration ab. Mit einer neuen Generation junger Regisseure, die selbst mit den Filmen des New Hollywood aufgewachsen und den manipulativ, geradlinigen Erzählstrukturen des damaligen Mainstream Kinos überdrüssig waren, fand wieder ein experimentierfreudiger Umgang mit filmischen Narrationsstrukturen im amerikanischen Kino statt. Regisseure wie die Cohen Brüder in BARTON FINK (USA/GB 1991), Peter Weir in THE TRUMAN SHOW (USA 1998), Sam Mendes in AMERICAN BEAUTY, David Fincher in FIGHT CLUB oder Quentin Tarantino begannen nun erneut das klassische Genre-Kino umzuformulieren, indem sie, ähnlich ihrer Vorbilder, selbstreflexiv auf filmhistorisch, etablierte Erzählmuster zurückgriffen.

> «Während das postklassische Hollywood-Kino seit den 80er Jahren zunehmend spektakulärer, selbstreflexiver und parodistischer wurde, hielten post-moderne Autorenfilmer wie Lynch oder Egoyan an der modernen Strategie der Irritation und am Konzept des post-modernen Künstlers als Kunstkritikers fest.»[13]

Ein Grund dafür, dass der verstärkte Einsatz von selbstreflexiveren, filmischen Erzählformen möglich wurde, mag auch an den veränderten Sehgewohnheiten der Zuschauer liegen. Durch den nun möglichen Dauerkonsum von Filmklassikern im Kabel- und Pay-TV sowie den aggressiven, visuellen Stil von Music-Videos und Werbe-Spots war das junge Publikum nun wesentlich kompetenter und erfahrener im Umgang mit audiovisuellen Medien. Auch die enorme Verbreitung von Heimkinosystemen, wie dem VHS (ab Anfang der 1980er Jahre) und der DVD (seit Ende der 1990er Jahre), die aufgrund der höheren Speicherkapazität mit zusätzlichen Szenen, Extras oder Regiekommentaren ausgestattet waren, führten zu einer veränderten, intensivierten Rezeption des Mediums Film, was die Etablierung des unzuverlässigen Erzählens im Mainstream begünstigte.[14]

Mit dem Aufkommen des postmodernen Kinos, ab den 1990er Jahren, fand eine endgültige Konsolidierung reflexiver Erzählformen statt, die mit einem retrospektiven Blick auf die Geschichte des Genre-Kinos selbst verbunden ist. Besonders deutlich wird dies sicherlich bei Filmen wie PULP FICTION (Quentin Tarantino, USA

---

13 Felix, S. 47.
14 Vgl.: Michaela Krützen: *Dramaturgien des Films. Das etwas andere Hollywood.* Frankfurt 2001, S. 61–62.

1994) oder BRAM STOKERS DRACULA (Francis Ford Coppola, USA 1992). Dort zeigt sich ebenfalls, dass im postmodernen Kino die Hinwendung zu komplexen visuellen und narrativen Konstruktionen häufig an eine erneute Steigerung in der Verwendung der Voice-Over-Narration gekoppelt ist. So greift Coppola in BRAM STOKERS DRACULA auf die homodiegetische Erzählstimme sämtlicher Hauptfiguren zurück – Dracula, Van Helsing, Mina Harker und Jonathan Harker –, indem er diese Briefe oder Tagebucheintragungen vortragen lässt. Damit liefert Coppola einerseits einen reflexiven Verweis auf den Roman als klassisches Medium, beziehungsweise auf das Original von Bram Stoker, gleichzeitig fügt er auch zahlreiche Verweise auf die Geschichte des Kinos selbst ein. Am deutlichsten wird dies sicherlich in der Sequenz, in der Mina mit Dracula eine Kinematograph-Vorführung besucht. Ebenso finden sich aber auch zahlreiche Verweise auf das Genre des Horrorfilms, so zum Beispiel visuelle Verweisen auf F.W. Murnaus NOSFERATU, EINE SYMPHONIE DES GRAUENS, aber auch auf aktuellere Filme wie William Friedkins THE EXORCIST (USA 1973), wenn Lucy auf Van Helsing Blut erbricht oder auf Stanley Kubriks THE SHINNING (USA/GB 1980), wenn von den Wänden Blut auf Lucys Bett strömt.[15]

Im aktuellen Kino finden sich solch offene, selbstreflexive Anspielungen verknüpft mit einem Einsatz von Erzählstimmen selbst in offensichtlichen Blockbuster Genre-Filmen, die scheinbar dem reinen Exzess des Effekts gewidmet sind. So wird zum Beispiel selbst in AVATAR (dessen Story aus zahllosen Verweisen auf das Genre-Kino, wie dem Western und Science-Fiction Film besteht), die homodiegetische Voice-Over-Narration des Protagonisten mit den visuellen 3D-Effekten verknüpft.

Der an den Rollstuhl gefesselte John berichtet dort mittels seiner retrospektiven Voice-Over-Narration nicht nur die Hintergründe für seine Reise nach Pandora, sondern rekapituliert mittels seiner *video logs* auch sein zunehmend intensiver werdendes Zusammenleben mit den Na'vi, der Naturbevölkerung des Planeten. Seine in diesen *video logs* zunächst in Bild und Ton dargestellten Aufzeichnungen gehen dabei immer deutlicher in eine reine Voice-Over-Narration über, die den Zuschauer in die fremdartige Welt der Na'vi hineinträgt. Während der Zuschauer auf der auditiven Ebene – über die Voice-Over-Narration – somit Johns Erlebnisse und Empfinden sowie seine zunehmenden moralischen Bedenken vermittelt bekommt, werden dementsprechend die 3D-Effekte dazu genutzt, diese Erlebnisse auch visuell intensiviert darzustellen. Ähnlich, wie es John somit durch seinen Avatar möglich ist, in diese fremde Welt einzutauchen, soll der Zuschauer, durch die Verbindung von auditiver Narration und visuellem Effekt, dazu in die Lage versetzt werden, diese fantastische Welt durch den Fokus des Protagonisten zu erleben.

Sicherlich ist AVATAR ein extremes Beispiel des kommerziellen Erzähl-Kinos, jedoch zeigt es deutlich, welche Akzeptanz die Voice-Over-Narration im aktuellen Kino hat und wie diese in ein Kino der visuellen Effekte integriert werden kann.

---

15 Elsaesser 1998, S.84–85.

II. Die Funktionsebenen der Voice-Over Narration

1 Die Funktionen des Tons im Film

«Image and sound are linked together in a dance. And like some kind of dance, they do not always have to be clasping each other around the waist: they can go off and dance on their own, in a kind of ballet. There are times when they must touch, there must be moments when they make some sort of contact, but then they can go off again. [...] Out of the juxtaposition of what the sound is telling you and what the picture is telling you, you (the audience) come up with a third idea which is composed of both picture and sound and revolves their superficial differences. The more dissimilar you can get between picture and sound, and yet still retain a link of some sort, the more powerful the effect.»[1]

Im Laufe der Filmgeschichte haben sich die Konventionen des Musikeinsatzes, der Darstellung der Sprache und die allgemeinen Verwendung von Toneffekten immer wieder stark verändert. In Anbetracht dieser stetigen Weiterentwicklung haben sich die anfänglichen Vorbehalte der Stummfilmtheoretiker bezüglich der Verwendung des Tons im Film als vollkommen haltlos erwiesen. Jedoch lassen sich die Nachwehen dieser Vorurteile immer noch in der terminologischen Kennzeichnung der auditiven Elemente des Films feststellen. So dominieren in der Theorie nicht nur normative Aussagen über die genauen Funktionen des filmischen Tons, sondern auch über das Verhältnis zwischen Ton und Bild, die sich meist auf eine hierarchische Anordnung des Visuellen über das Auditive beziehen. Demnach wird der Soundtrack häufig als ein Expressionsmittel angesehen, das über oder unter den visuellen Träger des Films gelegt wird, um die Aussagekraft der Bilder zu verstärken.

---

1 Frank Paine: Sound Mixing and Apocalypse Now: An Interview with Walter Murch. In: Elisabeth Weis / John Belton (Hrsg.): *Film Sound: Theory And Practice*. New York 1985, S. 356.

«Der Tonfilm ist seit 1933 allgemein anerkannt und etabliert. Seit dieser Zeit hat auch die prinzipielle Infragestellung des künstlerischen Werts des Tonfilms zunehmend die Grundlage verloren, was aber nicht heißt, daß nicht nach wie vor reformistische Vorschläge für das Einsetzen von Sprache im Film existieren. Es steht dafür weniger die künstlerische Kombination dem Bild und dem Wort im Vordergrund, sondern es werden und wurden Rezepte für das ‹richtige› Einsetzen des Tons im Film auf verschiedenen Ebene der Zuordnung gesucht.»[2]

Dabei wird die spezielle Charakteristik des Tons häufig völlig außer Acht gelassen sowie die Art und Weise, auf welche dieser mit der visuellen Ebene interagieren kann. Der Ton kann das Bildliche aber nicht nur verstärken und unterstützen, sondern auch dazu beitragen, dass der visuelle Inhalt eines Films vollkommen anders wahrgenommen wird und damit eine völlig andere Bedeutung zugeschrieben bekommt.

1.1 Die auditiven Ebenen des Films

Allgemein wird der filmische Ton in drei unterschiedliche Kategorien, beziehungsweise Kanäle eingeteilt:

1. Sprache, Dialoge, Kommentare und sämtliche Formen von Erzählstimmen
2. Musik
3. Geräusche und Toneffekte

Im aktuellen Film ist zumindest einer dieser drei Kanäle ununterbrochen präsent, da das Fehlen eines jeglichen Tons als Tabu gilt und nur in sehr seltenen Fällen als künstlerisch, expressives Mittel eingesetzt wird, wie beispielsweise in LEAVING LAS VEGAS (Mike Figgis, USA 1955) oder ELEPHANT (Gus Van Sant, USA 2003). Absolute Stille irritiert den Zuschauer, da ihm das audiovisuelle Erlebnis Film sonst unvollständig erscheint.[3] Der *Sound Designer* verbindet daher oft bis zu 200 Tonspuren miteinander und entscheidet, auf welches der auditiven Elemente er die Aufmerksamkeit des Publikums lenken will und welche im Hintergrund, im Rahmen des unterbewusst fungierenden Klangteppichs, wirken sollen.[4] Aus

2 Rauh, S. 25.
3 «There are two things you can't do in film: one – never ever look into the lens directly; it's almost like a biblical statement. Never have your actor look into the lens, it's too frightening for the audience, always have them look slightly to the left or slightly to the right. And the other thing you can never do is have silence.»
Mike Figgis: Silence: The Absence of Sound. In: Larry Sider / Diane Freeman / Jerry Sider (Hrsg.): *Soundscape. The School Of Sound Lectures 1998–2001*. London / New York 2003, S. 1.
4 Unter der Tätigkeit eines *Sound Designers* versteht man die kreativ, dirigierende Erarbeitung eines Gesamtkonzeptes für die Kanäle Sprache und Geräusch. Der *Sound Designer* entwickelt einen

diesem Grund vergleicht Flückiger die tatsächlich wahrgenommenen Geräusche auch mit der «Spitze eines Eisbergs», die «allenfalls einen groben Anhaltswert über die tatsächlichen Dimensionen», der auf der Tonspur existenten und wirksamen Geräusche vermitteln.[5]

Seit Beginn der 1930er Jahre entsteht die Tonspur in der Postproduktion, also nach Abschluss der Dreharbeiten. Da der während des Drehens aufgenommene Originalton aufgrund störender Nebengeräusche meist nicht brauchbar ist, werden teilweise bis zu 90% aller Dialoge und 100% aller Toneffekte nachproduziert. Im Postproduktionsprozess werden alle Originaldialogpassagen, die technisch einwandfrei sind, ausgeschnitten und montiert, Ton-Effekte werden aus Geräuscharchiven ausgewählt, neu aufgenommen oder von Geräuschmachern (*Foley Artists*) synchron zum Bild produziert. Diese einzelnen Aufnahmen werden dann nochmals nachbearbeitet, um einen einheitlichen Klangteppich zu erhalten.

Die dialogische Tonspur wird im Postproduktionsprozess immer zuerst fertig gestellt. Einerseits, da die Schauspieler oft nur eine geringe Zeitspanne zur Verfügung stehen, andererseits ist dies notwendig, um alle Geräusche und die Musik gegen die Dialogspur mischen zu können, da bei einem Mainstream Film die Maxime der Sprachverständlichkeit an erster Stelle steht.

> «You've got people in the theatre who want to hear the dialogue – this is the most important thing. Also the dialogue is what sets the level in the theatre. Whenever you run a print in a theatre you raise the volume control until you hear the dialogue easily, and all other sounds are locked to that dialogue – that's the ratio.»[6]

Die dialogische Tonspur wird im Prozess des **ADR** aufbereitet. ADR bedeutet *automated dialogue recording* oder *automated dialouge replacement* und wird auch *looping* genannt, da man einige Sekunden Film zu einer Schleife (*loop*) zusammenklebt und diese so lange projiziert bis die Dialoge synchron zum Film aufgenommen werden können.[7] Von Bedeutung ist dabei auch die Position des Mikrophons zum

---

eigenen klanglichen Stil für den jeweiligen Film, indem er, mittels klanglicher Elemente, dramaturgische Verbindungen zwischen Figuren, Orten und Objekten erzeugt. Insgesamt ist der Begriff *Sound Designer* jedoch keine allgemein anerkannte Berufsbezeichnung. Es existieren weiterhin die Bezeichnungen *Supervising Sound Editor*, *Sound Effects* oder im deutschen Tongestalter. Vgl.: Flückiger 2005, S. 18.

5   Flückiger 2005, S. 52.
6   Richard Portman. In: Vincent LoBrutto: *Sound-On-Film. Interviews with Creators of Film Sound*. Westport / London 1994, S. 47.
7   **ADR** wird von vielen Schauspielern als unliebsames Übel angesehen, auf das nur zurückgegriffen werden soll, wenn der Originalton absolut unbrauchbar ist. Gleichzeitig steigt die Verwendung dieser Technik jedoch zunehmend an, wie dieser Auszug einem Interviews mit der *Sound Designerin* Juno Ellis zeigt:
«Do directors use the ADR process to change the way a line was originally read, even if it is technically acceptable?»
«Yes, I would say 60 percent of looping is done for technical reasons and the other 40 percent is

Schauspieler, beziehungsweise die Distanz zwischen Mikrophon und Schauspieler, um so möglichst der Originalsituation der visuellen Perspektive zu entsprechen.

Erzählstimmen werden meistens sehr nah zum Mikrophon aufgenommen, um sie von den übrigen Stimmen der Tonspur abzuheben. Eine Stimme, die nah am Mikrophon aufgenommen wurde beinhaltet immer Atemgeräusche, Lippen- und Zungenbewegungen und höhere Frequenzen, die so auf eine größere Präsenz und Nähe schließen lassen.

Der filmische Ton im Allgemeinen, insbesondere aber Toneffekte und die Musik, dienen der realistischen Konstruktion von Raum und Zeit. Sogenannte Orientierungslaute werden dazu verwendet das Bildliche an einen geografisch, zeitlich, kulturell, ethnischen oder sozial differenzierten Ort zu binden.[8] Die unterstützende Konstruktion von Zeit geschieht durch die Verwendung zeitgenössischer oder epochengebundener Musik, welche die Bilder in einen historischen Rahmen ordnet. Gleichzeitig schreitet der Ton ohnehin zeitlich ununterbrochen voran, was beim Zuschauer einen allgemeinen Eindruck vom Ablauf der Zeit erzeugt.

> ‹The most widespread function of film sound consists of unifying or binding the flow of images. First, in temporal terms, it unifies by bridging the visual breaks through sound overlaps. Second, it brings unity by establishing atmosphere [...] as a framework that seems to contain the image, a ‹heard space› in which the ‹seen› bathes. And third, sound can provide unity through nondiegetic music: because this music is independent of the notion of real time and space it can cast the images into a homogenizing bath or current.›[9]

Dabei stehen sich Ton und Bild, aufgrund ihrer physikalischen Gegebenheiten, eigentlich einander entgegen. Dies beruht auf der Tatsache, dass der Ton selbst nur in Realzeit wahrgenommen, erkannt und entschlüsselt werden kann. Ton ist nicht dehnbar oder komprimierbar. Ein im Zeitraffer oder im Zeitdehnungseffekt dargestellter Ton ist nicht mehr identifizierbar. Das zeitliche Dehnen eines Tons über die Realzeit hinaus führt immer zu einer Irrealisierung desselben, so dass jegliche

---

done because the director wants to try to get a little different nuance in the scene by changing the reading. Few actors actually go in thinking that looping can improve their performance. It's artificial, and most actors don't like to do it. You have to work with them and gain their trust. [¼]»
«Do you think the art of ADR is going to continue to become more important in the filmmaking process?»
«Yes. I think it has become more and more important over the years. Sophisticated action movies like Terminator 2 and Lethal Weapon have two thousand lines of ADR; they're almost entirely looped. They depend on looping for those kinds of pictures, so I don't see it diminishing; I actually see it increasing. It used to be that the average number of lines you recorded on a film was two hundred to three hundred, and now it can be eight hundred, even on a regular film.» LoBrutto, S. 213 + 217–218.

8   Vgl.: Flückiger, S. 305–306.
9   Chion 1994, S. 47.

1 Die Funktionen des Tons im Film

Sprache und Laute zu unverständlichen, expressiven Geräuschen werden, die im Film eingesetzt werden, um Rausch-, Wahn- oder Traumzustände zu markieren. Dies wird beispielsweise in einer Sequenz in FEAR AND LOATHING IN LAS VEGAS deutlich, in der Hunter von diversen Drogen berauscht in einer Hotelbar sitzt und darauf wartet, dass er sein Zimmer beziehen kann. Während sich im Rausch alle ihn umgebenden Menschen in Reptilien verwandeln, verschwimmen dementsprechend auch alle Geräusche und Sprache in einen unverständlich, gedehnten Lärm.

Weiterhin sollen die auditiven Elemente nicht von der narrativen Handlung ablenken, sondern den Zuschauer zu einer Identifikation mit den bildlich präsentierten Sequenzen führen und diese so realistischer wirken lassen. Dies wird durch den Umstand begünstigt, dass das ungeschulte Ohr eines Zuschauers lediglich dazu in der Lage ist zwei unterschiedliche Elemente der Tonspur bewusst wahrzunehmen, die sich jedoch deutlich in Rhythmus, Tonhöhe und Timbre unterscheiden müssen. Sind mehr als zwei Elemente der Tonspur aktiv, verschwimmen diese für das Gehirn zu einer einzigen Informationsspur. Aus diesem Grund müssen auch nur drei der jeweiligen Tonelemente mit dem Bild synchronisiert werden, um zum Beispiel den glaubwürdigen auditiven Eindruck einer marschierenden Armee oder einer Reiterschar zu erwecken.

Im aktuellen Kino wird hauptsächlich mit digitalen Stereo-Surround Formaten gearbeitet, wie *Digital Theater Sound* (DTS), *Sony Dynamic Digital Sound* (SDDS) oder *Dolby SR-D* (Dolby Digital). Diese Systeme erlauben die Wiedergabe eines extrem detaillierten und vielschichtigen Tons mit einer absolut minimalen Verzerrung. Der Surround Ton führt im aktuellen Kino folglich zu einer völligen Entgrenzung der Leinwand, indem die Kohärenz von Leinwand und Schallquelle aufgelöst wird. Die Töne können von allen Seiten gleichzeitig auf den Zuschauer einstürzen, da die auditiven Elemente nun in einem Raum von bis zu 360° angeordnet werden und gezielt die Aufmerksamkeit des Zuschauers auf sich fokussieren können. Filmemacher haben somit die Möglichkeit die physikalischen, 3-dimensionalen Qualitäten des Tons wesentlich bewusster und effektvoller einzusetzen, als dies jemals zuvor der Fall war, so dass das Publikum den Ton nicht nur hören, sondern auch fühlen kann.

> «Advocates of a ‹post-classical› break would add that it is special effects, new sound design, and the bodily sensation of the theme park and roller coaster ride which most clearly typify the aesthetics of New Hollywood, and that horror, violent death and explicit sex have migrated form the B-movie (and pornography) margin to the mainstream centre. Together, these sensory stimuli and thematic preoccupations have changed the way films are designed and visualized, with the result that they are differently interpreted (or used) by audiences. ‹Spectacle› in this context would

1.1 Die auditiven Ebenen des Films

connote that such movies are ‹experienced› rather than watched, that they offer a fantasy space to ‹inhabit› rather than opening a window onto reality.»[10]

Damit wird der Kinobesuch zu einem Erlebnis der sinnlichen Effekte, das nicht nur die Lust am Sehen anspricht, sondern auch die Lust am Zuhören. Der Zuschauer soll, durch die Entgrenzung der Leinwand, vollkommen in der Narration aufgehen und die Effekte der filmischen Handlung körperlich spüren können. Diese Entgrenzung der Leinwand findet sich auch in der Visualität des Films wieder, im aktuellen Trend zu digitalen 3D-Filmen– und der Erfolg, den diese Filme an den Kinokassen erzielen, spricht deutlich für die Lust, die der Zuschauer an diesem Effekt empfindet.[11]

Die seit den 1970er begonnene Fetischisierung der Tonspur und des Effekts zeigt sich auch in den von Flückinger untersuchten **unidentifizierbaren Klangobjekten (UKO)**. Bei dem von Flückinger eingeführten Begriff des UKO handelt es sich um ein deutlich wahrgenommenes Geräusch, das weder eine erkennbare Quelle im Bild besitzt, noch aus dem narrativen Kontext heraus entschlüsselt werden kann. UKOs tragen somit eine bewusst mehrdeutige Aussage in sich und besitzen demnach einen unterbewusst wirkenden, emotionalen Mehrwert.

> «Das UKO kann man als offenes, unterdeterminiertes Zeichen verstehen, dessen Vagheit verwundbare Offenheit und gleichzeitig neugierige Spannung erzeugt. Als Leerstelle im Text ist es wie eine Projektionsfläche für die individuelle, subjektive Bedeutungserzeugung des Zuschauers. Das nicht eindeutige Klangobjekt stellt eine Frage, und der Zuschauer wird versuchen, das Rätsel durch Interpretation zu lösen.»[12]

Ein UKO findet sich beispielsweise in ZODIAC (David Fincher, USA 2007) in jener Sequenz, in welcher der Verdächtige, Arthur Leigh Allen, das erste Mal an seinem Arbeitsplatz befragt wird. Dort ist im Hintergrund ein permanentes, dumpf-dröhendes Stampfen zu hören. Zwar lässt sich der Ursprung dieses Geräuschs in einer der Maschinen der Fabrik vermuten, jedoch wird die Geräuschquelle nie gezeigt und damit aufgedeckt. Folglich steht das Geräusch für sich alleine und dient einzig dazu ein eindringliches Gefühl der Bedrohung und Beunruhigung zu erzeugen. Das im aktuellen Film häufiger auftretende UKO steht damit dem klar identifizierbaren, stilisierten Geräusch des klassischen Kinos gegenüber.

Insbesondere in den Anfangszeiten der Tonfilmpraxis waren die einzelnen Elemente der Tonspur noch wie an einer Kette, hintereinander aufgereiht, so dass

---

10   Thomas Elsaesser / Warren Buckland: *Studying Contemporary American Film. A Guide To Movie Analysis.* London 2002, S. 29.
11   AVATAR konnte ein weltweites Box Office von bisher 2.782.275.172 $ erzielen und ist damit einer der momentan erfolgreichste Film (Stand: 27.05.2013).
12   Flückiger, S. 129.

1 Die Funktionen des Tons im Film

jedem Element eine klare, erzählerische Funktion zukam und es mit großer Sorgfalt in den visuellen Kontext integriert wurde. Gleichzeitig führte dies dazu, dass jene wenigen Geräuscheffekte der Tonspur teilweise sehr expressiv eingesetzt wurden. So entstanden akustische Stilisierungen, durch eine extreme Gegenüberstellung von Laut und Leise oder durch die Verwendung von akustischen Metaphern, in denen emotionale Befindlichkeiten der Figuren in auditive Elemente übertragen wurden. Ein Beispiel hierzu ist jene Sequenz aus BLAKMAIL, in der die Protagonistin nur das Wort «Knife» wahrnimmt, während das restliche Gespräch der Nachbarin im Hintergrund verschwimmt.

Erst ab den 1930er begann man mehrere Tonaufnahmen miteinander zu mischen, so dass von da an derartig zugespitzte Formen der akustischen Zuschreibung eher selten eingesetzt wurden. Im aktuellen Film sind solche auditiven Zuspitzungen hauptsächlich als ironische Zitate in Komödien oder Animationsfilmen zu finden, aber auch in Comic-Verfilmungen, die häufiger mit visuellen und auditiven Stilisierungen arbeiten, wie zum Beispiel in 300 (Zack Snyder, USA 2007), der insgesamt als radikale auditive und visuelle Überstilisierung angelegt ist. Solche Stilisierungen finden sich in den zahlreichen Kampfszenen. Auf der visuellen Ebene werden diese mittels unzähliger *Slow-Motion* Aufnahmen dargestellt, die dementsprechend auch auf die auditive Ebene übertragen werden, beispielsweise werden einzelne Kampfgeräusche extrem laut und gedehnt dargestellt und haben so jeglichen Bezug zu einem realistischen Abbildungsverhältnis verloren.

> «Wenn sich sagen läßt, daß im klassischen Hollywood-Film der Ton dem dominanten Bild zugeordnet ist, scheint es nicht falsch (wenn auch provokativ), für den gegenwärtigen Mainstream eine gegenläufige Tendenz zu formulieren, daß es nämlich die Bilder sind, die auf den Ton ausgerichtet sind, der nun seinerseits wiederum – anstelle der Bildspur – die filmische Kontinuität gewährleistet.»[13]

1.2 Klangliches Abbild oder auditives Zeichen

Generell gilt, dass der filmische Ton nur in Bezug zur filmischen Realität entziffert werden kann.

> «Recordings do not reproduce sound, they represent sound. According to the choice of recording location, microphone type, recording system, postproduction manipulation, storage medium, playback arrangement and playback location, each recording proposes an interpretation of the original sound.»[14]

---

13 Henry M. Taylor: Spektakel und Symbiose: Kino als Gebärmutter: Thesen zur Funktion des Tons im Film im gegenwärtigen Mainstream-Kino. In: Alfred Messerli / Janis Osolin (Hrsg.): *Tonkörper. Die Umwandlung des Tons im Film*. Basel/Frankfurt 1992, S. 96.
14 Altman 1992, S. 40.

1.2 Klangliches Abbild oder auditives Zeichen

Die Genauigkeit mit der ein Mensch eine auditive Quelle erkennen kann, hängt dabei zu einem Großteil von der Bedeutung ab, die dieser Quelle im Leben des Menschen zukommt. So kann ein Ornithologe unterschiedliche Vogelstimmen sicherlich eher unterscheiden, als ein Medienwissenschaftler. Die ganz persönliche, auditive Wahrnehmung ist folglich für jene Geräusche feiner strukturiert, zu denen man einen reichhaltigeren Erfahrungshintergrund besitzt.[15] Aus diesem Grund können wir innerhalb eines Klangteppichs auch am besten und genausten die menschliche Sprache identifizieren.

Gleichzeitig trägt der Ton immer etwas schwerer Greifbares in sich, als das Visuelle. Der Ton dringt von allen Seiten auf den Zuschauer ein und ruft so unterbewusst Vorstellungen von Objekten und Bildern hervor, die sich mittels des Visuellen in Wirklichkeit wandeln. So wird auf der bildlichen Ebene zwar eine objektiv, wahrnehmbare Wirklichkeit abgebildet, jedoch kann und wird die Integrität dieser visuellen Gewissheit durch das Beimischen der Tonspur untergraben und neuen Interpretationsmöglichkeiten ausgesetzt.

> «With the coming of sound, the recording medium was no longer the same as the work. In silent film the ribbon of celluloid is the film. In the sound film the audio channel to the side of the image is not the sound but a code to reproduce it.»[16]

So stellt sich auch die Frage nach einem realistischen Abbildungsverhältnis zwischen akustischen Ereignissen und ihrer Wiedergabe im Film – ein Thema, das seit den Anfängen des Tonfilms intensiv diskutiert wird. Dabei steht die Ansicht vieler Theoretiker, nach der eine Tonaufnahme als das getreue Abbild ihrer realen Quelle verstanden wird, in extremen Gegensatz zur tatsächlichen Praxis der auditiven Gestaltung des Filmischen, da eine solche Annahme jegliche kreative Tätigkeiten der filmischen Ton(re)produktion verleugnet.

> «Es ist nicht einmal Darstellung. Denn auf der Leinwand erscheint wohl das Bild des Schauspielers, aber nicht das Bild seiner Stimme, sondern die Stimme selbst. Diese ist nicht dargestellt, sondern wieder hergestellt. Sie kann etwas verändert klingen, sie hat aber dieselbe Realität.»[17]

> «And it is true that in cinema – as in the case of all talking machines – one does not hear an image of the sounds but the sounds themselves.»[18]

---

15   Vgl.: Flückinger, S. 111–112.
16   Chion 2009, S. 223.
17   Balázs, S. 123.
18   Jean-Louis Baudry: The Apparatus: Metapsychological Approaches To The Impression Of Reality In Cinema. In: Leo Braudy / Marshall Cohen (Hrsg): *Film Theory and Criticism. Introductory Readings*. Fifth Edition. New York / Oxford 1999, S. 765.

Diese Aussagen beziehen sich auf die Abbildungsdebatte, nach der das Kino in der Tradition der mimetischen Künste verstanden und als das ultimative, künstlerische Abbildungsmedium angesehen wird.[19] Dabei wird von einer Kausalitätsbeziehung zwischen Original und Abbild ausgegangen, d.h. das zuerst eine Originalsequenz oder ein Originalgeräusch existiert haben muss, um von diesem dann ein Abbild zu erzeugen.[20]

Tatsächlich ist eine solche Kausalitätsbeziehung, insbesondere in der Tonproduktion des Films, jedoch nicht möglich, da zahlreiche auditiven Objekte und Elemente am Synthezieser simuliert oder auf digitalen Arbeitsflächen entworfen werden. Insbesondere die auditiv und visuell dargestellten Welten in vornehmlich digital produzierte Filme, wie SIN CITY oder 300 sind Repräsentationen einer rein fiktiven Wirklichkeit.

> «Actually, no microphone produces an entirely faithful sound record. Not only does every microphone have its own particular directional characters [...], but every microphone has its own particular frequency response, sound configuration, and power requirements. [...] Recorded sound thus always caries some record of the recording process, superimposed on the sound event itself. Added to the story of sound production we always find the traces of sound recording as well, including information on the location, type, orientation, and movement of the sound collection devices, not to mention the many variables intervening between collection and recording of sound [...]. So-called recordings are thus always representations, interpretations, partial narratives that must nevertheless serve as our only access to the sounds of the past.»[21]

Eine Tonaufnahme kann somit zwar ähnliche physikalische Qualitäten wie das Original aufweisen, da sie aber immer nur von einer bestimmten Position aufgenommen wird, kann sie demnach auch bloß eine spezifische Lesart des ursprünglichen akustischen Ereignisses sein. Ein aufgenommer Ton wird damit bereits durch den Prozess des Aufnehmens verfälscht und so automatisch zu einem Repräsentat einer bereits vergangenen Wirklichkeit.

> «Now, I take it for granted that people in a movie theatre are never actually fooled that they are present at an ‹original› sound event when it comes over a loudspeaker – as much an institutional effect of going to the movies as it is a matter of the technological factors of sound recording. The fact that filmgoers take a recording of a gunshot to function within a film as a gunshot is more or less a deception than taking a flat

---

19 Vgl.: Bazin 2004, S. 46–47.
20 Vgl.: Christian Metz: Aural Objects. In: Leo Braudy / Marshall Cohen (Hrsg): *Film Theory and Criticism. Introductory Readings*. Fifth Edition. New York / Oxford 1999, S. 357
21 Rick Altman: The Material Heterogeneity of Recorded Sound. In: Rick Altman (Hrsg.): *Sound Theory / Sound Practice*. New York / London 1992, S.26–27.

1.2 Klangliches Abbild oder auditives Zeichen

in the theatre for a rear wall of a room. It is, as Levon says, a ‹socially constructed auditory practice› suited to a particular cultural form which is supported by a whole network of other socially constructed practices (like facing the stage, or not talking during performances).»[22]

Die Künstlichkeit der filmischen Fiktion ist jedem Rezipienten daher von vorneherein bewusst, mittels der kulturell etablierten Mechanismen eines narrativen Fiktionalisierungsprozesses, kann er diese jedoch als ‹real› einstufen und wahrnehmen. Wesentlich bedeutender ist in diesem Zusammenhang daher auch die Intention, mit der das Repräsentat erzeugt wurde, da es immer in einem bestimmten narrativen Kontext fungieren soll – der fiktive Film will vornehmlich nicht abbilden, sondern erzählen. Daher muss im fiktiven Film auf bewusst konstruierte Repräsentate zurückgegriffen werden, die der jeweiligen fiktiven Diegese entsprechen, um die Geschichte glaubwürdig und narrativ schlüssig erscheinen zu lassen.

> «The film spectator recognizes sounds to be truthful, effective, and fitting not so much if they reproduce what would be heard in the same situation in reality, but if the render (convey, express) the feelings associated with the situation. This occurs at a barely conscious level, for film viewers (in which we must include most critics and theoreticians) have little more than a fairly crude and immediate understanding of the cinema's figurative nature.»[23]

Flückinger weist in diesem Zusammenhang daraufhin, dass man unter anderem die Aufnahmen der Nachsynchronisation absichtlich verfälscht, um diese dem Gesamtklangbild des jeweiligen Films anzupassen. Die Verfälschung des Ausgangsmaterials stellt damit einen festgeschriebenen, ästhetischen Prozess des Mediums dar, was auch daran erkennbar ist, dass der Postproduktionsprozess mittlerweile zeitlich den größten Stellenwert in der Gesamtproduktion eines Films einnimmt.

> «Die ursprüngliche Aufnahme […] ist nur noch Rohmaterial, das fragmentiert, über eine Reihe von komplexen Operationen bearbeitet, wieder zusammengesetzt und in einem elaborierten Schnittprozess in einen Dialog mit sämtlichen Klangobjekten gestellt wird. Alle Klangobjekte können […] so modifiziert werden, dass sich der semantische Gehalt vollständig ändert. […] Damit treten die einzelnen Klangobjekte unter dem Gesichtspunkt der ästhetischen Gesamtkonzeption in eine neue Beziehung zueinander und können so auch ihre Bedeutung ändern. Klangobjekte sind aus diesem einfachen Grund nach dem Schnittprozess nicht mehr das, was sie bei der Aufnahme waren.»[24]

---

22 James Lastra: Reading, Writing, Representing Sound. In: Rick Altman (Hrsg): *Sound Theory / Sound Practice*. New York/London 1992, S. 72–73.
23 Chion 1994, S. 109.
24 Flückinger, S. 94–95.

1 Die Funktionen des Tons im Film

Durch die Beigabe von Ton können so selbst die fantastischsten Wesen auf der Leinwand zum Leben erweckt werden. Mittels des Zusammenfügens von zwei voneinander unabhängig existierenden Elementen – dem Auditiven und dem Visuellen – wird ein drittes, fiktives Konstrukt geschaffen.

Chion bezeichnet diese künstlich geschaffene Bedeutungsebene als **Mehrwert** (*valeur ajoutée / added value*).[25]

> «By added value I mean the expressive and informative value with which a sound enriches a given image so as to create the definite impression, in the immediate or remembered experience one has of it, that this information or expression ‹naturally› comes from what is seen, and is already contained in the image itself. Added value is what gives the (eminently incorrect) impression that sound is unnecessary, that sound merely duplicates a meaning which in reality it brings about, either all on its own or by discrepancies between it and the image.»[26]

Ein Beispiel hierfür wäre der am Computer erschaffene Höhlentroll aus THE LORD OF THE RINGS – THE FELLOWSHIP OF THE RING (Peter Jackson, USA/NZ 2002), der mittels einer Tonmischung, die sich unter anderem aus dem Brüllen eines Seelöwen und einem menschlichen Schrei zusammensetzt, zu einem in der Diegese des Films real wirkenden Wesen wird.

> «On one hand, sound works on us directly, physiologically (breathing noises in a film can directly affect our own respiration). On the other, sound has an influence on perception: through the phenomenon of added value, it interprets the meaning of the image, and makes us see in the image what we would not otherwise see, or would see differently.»[27]

Chion schlussfolgert daher, dass es keine eigenständige Tonspur geben könne sowie im Tonfilm auch keine eigenständige Bildspur existieren könne. Auf der einen Seite würde die Tonspur ohne das Visuelle überhaupt keinen Sinn ergeben, während die Tonspur auf der anderen Seite das Bildliche mit einer jeweils völlig neuen Bedeutung aufladen könne.

---

25 Sich auf Chion beziehend nennt Flückinger als sicherlich bekanntestes Beispiel das bereits allgemein etablierte summend-vibrierende Geräusch des Laserschwerts aus STAR WARS (George Lucas, USA 1977). Sie legt anhand dessen dar, dass der Zuschauer die bildlichen und klanglichen Merkmale zu einem sinnvollen Ganzen kombiniert, wobei der Effekt der Modifikation umso größer sei, je weniger Redundanz zwischen der Darstellung des Objekts auf der Bild- und Tonspur bestehe. Der eigentliche Seinswert dieser virtuellen Objekte erhebe sich dann aus dem narrativ-semantischen Zusammenhang der Diegese.
Vgl.: Flückiger, S. 146.
26 Chion 1994, S. 5.
27 Chion 1994, S. 34.

1.2 Klangliches Abbild oder auditives Zeichen

«By stating that there is no soundtrack I mean first of all that the sounds of a film, taken separately from the image, do not form an internally coherent entity on equal footing with the image track. Secondly, I mean that each audio element enters into simultaneous vertical relationship with narrative elements contained in the image (characters, actions) and visual elements of texture and setting. These relationships are much more direct and salient than any relations the audio element could have with other sounds. It's like a recipe: even if you mix the audio ingredients separately before pouring them into the image, a chemical reaction will occur to separate out the sounds and make each react on its own with the field of vision. [¼] Therefore, there is no image track and no soundtrack in the cinema, but a place of images, plus sound.»[28]

Chion möchte mit seiner provokant klingenden Behauptung darlegen, dass in einem Tonfilm Bild und Ton als miteinander verbundene Einheit gedacht und geschaffen wurden, auch wenn beide auf getrennten Ebenen wirken. Das bedeutet, dass der Zuschauer den Soundtrack nie von der Bildebene getrennt wahrnehmen kann, sondern diese automatisch immer miteinander verbindet. Damit existiert für den Zuschauer bei der filmischen Projektion tatsächlich kein eigenständiger Soundtrack – Bild und Tonspur sind für ihn in einen untrennbaren Tanz miteinander verbunden. Daher macht es auch wenig Sinn diese auf einer heuristischen Ebene wieder getrennt zu betrachten, so wie sich auch niemand den Soundtrack eines Films als Hörspiel anhören würde oder niemand einen Tonfilm wie einen Stummfilm betrachten würde.[29]

Flückinger widerspricht dieser Aussage Chions, da sich die «ausdifferenzierte Architektur zeitgenössischer Tonspuren» gerade durch ihre «Souveränität» auszeichnen würde, die sich insbesondere darin niederschlagen würde, dass die Tonspur gegenüber dem Bild einen Überfluss produzieren würde.[30]

Damit möchte Flückinger nachdrücklich betonen, dass der filmische Ton einen eigenständigen narrativen sowie emotionalen Einfluss auf die Gesamtstruktur des Films hat. Gleichzeitig tritt der Ton jedoch, aus dieser autonomen Position heraus und mit den anderen Elementen des Films in einen Dialog und dieser Dialog, ist er einmal begonnen, kann und soll für den Rezipienten nicht mehr unterbrochen werden. Es ist zwar durchaus zutreffend, dass jedes einzelne Element der Tonspur eine autonome Wirkung auf die Gesamtstruktur eines Films ausübt, jedoch soll eben diese Souveränität dem Rezipienten nicht bewusst werden, da sonst die fiktionsschaffende Illusion einer vermeintlich realen Erzählwelt gebrochen würde. Bild und Ton verbinden sich im Film, zum Zweck einer gemeinsamen Narration, zu einer untrennbaren Einheit und verkörpern gerade so die Essenz des Wesens des Tonfilms als audiovisuelles Medium.

28 Chion 1994, S. 40.
29 Vgl.: Chion 2009, S. 226–227.
30 Vgl.: Flückinger, S. 133.

1.3 Sprachverständlichkeit vs. Tonperspektive

> «In calling for a careful matching of sound scale to image scale, early theoreticians clearly assumed that sound cinema needed to match a reality code derived from daily life, where small-scale people – distant individuals – have small-scale voices, and close-up people have close-up voices. Competing with this daily life model, expressed in terms of scale -matching, there ran throughout the decade another model, this one expressed in terms of intelligibility.»[31]

Bereits in den Anfangsjahren des Tonfilms wurde, im Zusammenhang einer Auseinandersetzung zur normativ ‹richtigen› Darstellung des Tons im Film, über die Möglichkeiten der Tonperspektive diskutiert. Die Tonperspektive sollte, entsprechend der visuellen Perspektive, eine räumliche Hierarchie der auditiven Objekte erzeugen, das heißt analog zur Distanz des jeweiligen Objektes zur Kamera, sollte ein Objekt umso näher klingen, je näher es sich zur Kamera befand. Das Mikrophon sollte demnach wie eine Kamera für die Ohren fungieren, so dass einige Theoretiker, wie Epstein, Clair oder Arnheim und Balázs für die Verwendung des Tons in Form von expressiven Großaufnahmen bis hin zu auditiven Slow-Motion Aufnahmen propagierten.[32]

Diese Überlegungen beruhen auf dem Umstand, dass sich auch unser natürliches, akustisches Umfeld aus einem Klangteppich zusammensetzt, der aus einem deutlich wahrgenommenen Vordergrund und einem stetig präsenten Hintergrund besteht. Jedoch waren solch komplexe akustisch-räumliche Nuancierungen im frühen Tonfilm noch nicht möglich. Daher setzte sich, ab den 1930er Jahren im standardisierten Hollywood Film das **Primat der Sprachverständlichkeit** durch, das in der amerikanischen Literatur auch *telephony model* genannt wird.[33]

> «To call for intelligibility in the language of the thirties' cinema technicians is thus to call for adherence to the theatre as a code for reality. With the theatre of the period itself stressing textual comprehension more than ever, it is hardly surprising that Hollywood felt the need to follow suit, abandoning the image/sound match in favour of intelligibility, the everyday life model in favour of a code of reality provided by the theatre.»[34]

---

31 Rick Altman: Sound Space. In: Rick Altman (Hrsg.): *Sound Theory / Sound Practice*. New York / London 1992, S. 59.
32 Vgl.: Arnheim, S. 204–210 und Balázs, S. 119.
33 «Two models of sound recording dominated, and to a remarkable degree continue to dominate thinking about sound representation. Very broadly these could be called the ‹felicity› model and the ‹telephone› model. The former stresses the importance of representing a spatio-temporally specific production of sound, the latter stresses intelligibility or legibility at the expense of specificity, if necessary.» Lastra, S. 76.
34 Altman 1992, S. 59–60.

1.3 Sprachverständlichkeit vs. Tonperspektive

Dieses **Modell der Sprachverständlichkeit** kann nur aufgrund einer Negation der räumlichen Eigenschaften des Tons existieren und führt folglich zu einer artifiziellen Gestaltung und Darstellung der akustischen Ebene – ein Umstand der bereits 1933 von Arnheim kritisiert wurde, der argumentierte, dass die Fokussierung auf den Dialog den Menschen aus der ihm umgebenden Umwelt herauslöse und somit als privilegiert darstelle.[35]

Tatsächlich beruht diese Maxime der Sprachverständlichkeit auf den psychophysischen Eigenschaften des Menschen, der sich von Natur aus instinktiv immer auf das gesprochene Wort fokussiert, das sich somit automatisch in seinen Wahrnehmungsvordergrund drängt.

> «Within the classical Hollywood style, there exist types of sound representation that correspond to both the ‹telephonic› and ‹fidelity› modes. Schematically, dialogue recording tends almost uniformly, from the early thirties on, to minimize the amount of reverberation, background noise, and speech idiosyncrasies, as it simultaneously maximizes the ‹directness› or ‹frontality› of recording, and the intelligibility of the dialogue. Even when a speaker appears to turn away, a high level of direct sound often implies that he or she is still speaking ‹to› the auditor, because speech is understood not simply as an abstract sound, but as a sound with a specific function – a narrative function.»[36]

Eben jene Fokussierung auf die menschliche Sprache führt gleichzeitig zu einer direkten Verknüpfung des Zuschauers mit den handelnden, da sprechenden, Figuren und der sie umgebende Erzählung. Damit trägt dieses Modell der Sprachverständlichkeit zu einer Verstärkung der narrativen Handlungen bei, da die Aufmerksamkeit des Zuschauers bewusst auf die verbal geäußerten, narrativen Aktionen der Figuren gelenkt wird.

Das konträre Modell setzt dagegen auf die realistische Betonung der klanglichen Raumeigenschaften, was zu einer völligen Demaskierung der Sprache führen kann. In der englischsprachigen Literatur wird diese Praxis als *felicitiy model* bezeichnet. Fast programmatisch kann eine solche Unterwanderung der Sprachverständlichkeit zum Beispiel in den Filmen Robert Altmanns erkannt werden, wie in NASHVILLE oder auch in GOSFORD PARK (GB/USA/I 2001). Das Besondere an den Tonebenen in Altmans Filmen besteht darin, dass er diese möglichst realistisch abbildet. Sprache wird demnach nicht als eine geordnete Vermittlung von Aussagen und Informationen dargestellt, sondern die Figuren reden gleichzeitig, durcheinander und fallen sich gegenseitig ins Wort, so dass ein Teppich aus Stimmen, Aussagen und Informationen entsteht, zwischen denen sich der Zuschauer selbst zurechtfinden muss und damit in gewisser Weise auch selbst entscheiden kann, auf welchen Sprecher er seine Aufmerksamkeit richten möchte. So auch in der ersten Sequenz

---

35 Arnheim, S. 198–219.
36 Lastra, S. 76.

von MCCABE & MRS MILLER (USA 1971), die den Zuschauer in das Sprechgewirr eines typischen Saloons führt oder in GOSFORD PARK in all jenen geschäftigen Sequenzen in der Küche der Dienstboten.

Eine besonders originelle Form der Sprachunverständlichkeit findet sich auch in der OCEAN'S ELEVEN Reihe (Steven Soderbergh, USA 2001–2007). Dort sprechen alle Mitglieder von Oceans Team mit dem Chinesen Yen fließend chinesisch, ohne dass diese Dialoge für den Zuschauer untertitelt wären, so dass die Informationen dieser Unterhaltungen für den Großteil aller Zuschauer unverständlich sind. Gleichzeitig finden sich dort auch immer wieder Sequenzen, in denen Dialoge absichtlich nicht verständlich abgebildet werden, indem der umgebende Lärmpegel in den auditiven Vordergrund gerückt wird.

Die Wiedergabe eines solch vielschichtigen Dialogfeldes wurde erst mit der Einführung des Dolby-Stereotons in den 1970er Jahren möglich. Aus diesem Grund wurden ab dem *New Hollywood* beide Modelle, das heißt die Praxis der Sprachverständlichkeit und das *Felicity Modell*, stärker miteinander vermischt. Der uniformen, auf den Dialog fixierte, Tonspur des klassischen Hollywood Kinos wich einer offeneren Tongestaltung, so dass dem Geräusch, der Musik oder dem Klang einer Stimme eine ähnliche Bedeutung zukommen konnte, wie der erkennbaren Wiedergabe eines Dialogs. Auch konnte erst ab dieser Zeit eine realistische Tonperspektive nachgeahmt werden, da die Notwendigkeit entfiel den akustischen Vorder- und Hintergrund klar voneinander zu trennen, so dass nun erstmals fein abgestufte akustische Rauminformationen dargestellt werden konnten.[37]

Dazu gehört auch der **Point-of-Audition**, der dem Point-of-View angeglichen ist und somit einen subjektiv fokalisierten Hörpunkt meint.[38] Dabei handelt es sich um eine räumliche Tonwahrnehmung aus der Perspektive einer bestimmten Figur, wie in ATONEMENT (Joe Wright, USA/GB/F 2007), wenn der Zuschauer durch den Point-Of-View und die Point-Of-Audition der jungen Briony deren Schwester Cecilia und Robbie im Garten beobachtet.[39] Brinoy sieht, wie Cecilia halbnackt aus dem Brunnen steigt und von Robbie angestarrt wird. Dazu hört der Zuschauer, aus

---

37 Vgl.: Flückiger, S. 259.
38 Das visuelle Gegenstück, der Point-of-View, bezeichnet eine Kameraeinstellung, die dem Zuschauer den subjektiven Blickpunkt einer bestimmten Figur vermittelt, das heißt der Blickpunkt der Kamera nimmt die Position der jeweiligen Figur ein.
39 ATONEMENT, auf den ich mich im weiteren Verlauf häufiger beziehen werde, erzählt die Geschichte Brionys, die als kleines Mädchen aufgrund einer Reihe von Missverständnissen Robbie, den Geliebten ihrer Schwester Cecilia, des sexuellen Missbrauchs an ihrer Cousine bezichtigte. Während Robbie, zur Verkürzung seiner Haftstrafe, als Soldat im ersten Weltkrieg kämpft, arbeitet Cecilia, die sich von ihrer Familie losgesagt hat, als Krankenschwester. Um ihre Tat wieder gut zumachen, fängt auch Briony eine Ausbildung zur Krankenschwester an und schreibt parallel dazu einen Roman über ihre Erlebnisse, der damit endet wie sie ihre Schwester und Robbie besucht und beide um Verzeihung bittet. Letztendlich stellt sich jedoch heraus, dass die nun alte, an Krebs erkrankte Briony diese Erlebnisse für ihren Roman teilweise erfunden hat, um Cecilia und Robbie in einem Akt der Abbitte wenigstens in der Fiktion wieder zu vereinen. Damit wird

1.3 Sprachverständlichkeit vs. Tonperspektive

Brionys auditiver Perspektive, deren deutliche Atemgeräusche und das laute Summen einer Biene, die gegen das geschlossene Fenster fliegt. Nicht hörbar ist dagegen Robbies und Cecilias Unterhaltung, welche die Gesamtsituation erklären würde.

> «Frequently used to establish spatial relationships among neighbouring spaces which cannot be presented visually in a single master shot, point-of-audition sound is identified by its volume, reverb level, and other characteristics as representing sound as it would be heard from a point within the diegesis, normally by a specific character or characters. In other words, point-of-audition sound always carries signs of its own fictional audition. As such, point-of-audition sound always has the effect of luring the listener into the diegesis not at the point of enunciation of the sound, but at the point of its audition. [¼] We are asked not to hear, but to identify with someone who will hear for us.»[40]

Der Point-of-Audition ist somit ein expressives Stilmittel, das vordergründig zur Fokalisierung und Subjektivierung des Zuschauers mit den emotionalen Befindlichkeiten bestimmter Figuren dient, indem ein punktueller Wechsel in der gesamten Erzählperspektive vorgenommen wird. Dieser Wechsel, beziehungsweise diese Verschiebung innerhalb der Erzählperspektive, bedingt sich dadurch, dass mit dem Moment der Point-of-Audition, der Zuschauer aus seiner vermeintlich objektiven Beobachtungsposition herausgerissen wird und plötzlich an die auditive Wahrnehmung einer Figur gebunden ist. Dieser Sprung in der Erzählperspektive wird, wie in dem Beispiel aus ATONEMENT deutlich wurde, häufig mit einem Point-of-View-Shot gekoppelt.

Doch auch der aktuelle Film beruht auf einer sehr strikten, narrativen Führung des Rezipienten. In jeden Film wird dem Zuschauer eine vorsortierte Auswahl an auditiven Elementen vorgegeben, aus denen sich eine auditive Spur ergibt, der er automatisch folgen soll. Im Verlauf dieser Spur drängen dann die unterschiedlichsten auditiven Elemente, abwechselnd und gleichzeitig, in den Vordergrund, so dass nicht mehr nur dem Dialog eine privilegierte Rolle zukommt, sondern auch eben jene auditiven Elemente von Bedeutung sein können, die auf einer emotionalen Ebene wirken. Der Zuschauer bekommt daher auch keine spezifisch, identifizierbare Hörposition zugewiesen, sondern eine verhältnismäßig neutrale, beziehungsweise omnipotente Position, aus der es ihm ermöglicht wird, jeweils das wahrzunehmen, was in dem Moment für ihn von Bedeutung sein soll. Somit hat der Zuschauer den Eindruck alles hören zu können (wie z. B. das Herzklopfen einer Figur oder die vollständigen Dialoge eines Telefongesprächs) und hört dabei gleichzeitig doch nur genau das, was er hören soll, wie mittels des Beispiels für den Point-Of-Audition in ATONEMENT deutlich wurde. Die eigentliche Bedeutung

---

klar, dass Cecilia und Robbie im Krieg gestorben sind und Briony wird als Schöpferin der dargestellten Narration entblößt.

40 Altman 1992, S. 60.

jener Sequenz am Brunnen erfährt der Zuschauer erst kurz darauf, aus einer neutralen, allwissenden Blick- und Hörposition, die ihm offenbart, dass sich Cecilia und Robby gestritten haben, dabei eine Vase zerbrach und ein Stück der Vase in den Brunnen fiel, nach dem Cecilia daraufhin taucht.

1.4 Das Bild-Ton-Verhältnis

> «I don't ever want to lay a sound track on top of a movie – it should come out of the movie. It should be part of the movie – there should be a reason for it. The best thing you can hope to accomplish is to broaden the intent and the scope of the movie by creating that kind of sound track. That is most successful when you take what the filmmakers have done and you're able to add this extra dimension by simply taking what you see visually and broadening its impact. The most successful thing is to be able to close your eyes and absolutely believe you're there.»[41]

In der Terminologie wird der filmische Ton hauptsächlich über sein Verhältnis zum Bildlichen definiert, das heißt auch in der Theorie des Films wird das Visuelle als der ursprüngliche Ausgangsort der filmischen Diegese verstanden. Der Ursprung dieses Begrifflichkeitsverhältnisses mag dabei mit der historisch, technologischen Entwicklung des Films zusammenhängen, nach welcher der Ton dem Film erst später zugefügt und mit dem Bild vereint wurde. So haben sich jene Begrifflichkeiten bereits im Zuge der technisch sowie ästhetisch oftmals unbefriedigenden Umstellung vom Stummfilm zum Tonfilm etablieren können und im Lauf der Zeit, trotz zahlreicher ästhetischer und technischer Weiterentwicklungen, als feststehende Definitionen durchsetzen. Dies führt jedoch dazu, dass viele dieser Kategorien für die Gestaltung des *Sound Designs* und Verwendung von Erzählstimmen im aktuellen Film nicht immer eindeutig anzuwenden sind. Das trifft vor allen Dingen auf Filme zu, die in postmoderner Manier reflexiv mit dem konventionellen Gebrauch des Bild-Ton-Verhältnisses spielen, um den Rezipienten so bewusst auf die Konstruiertheit der filmischen Diegese zu stoßen, wie in ADAPTATION (Jonze, USA 2002), FIGHT CLUB oder AMERICAN SPLENDOR (Shari Springer Berman/ Robert Pulcini, USA 2003).

1.4.1 Diegetisch/Extradiegetisch

Im Gesamtkontext des Films, als narrativ-fiktive Kunstform, kann sich der Ton **diegetisch** oder **nicht-diegetisch**, beziehungsweise extradiegetisch zum Bild verhalten.

Diegetisch meint dabei das raumzeitliche Kontinuum, in dem sich die fiktive Handlung des Films entfaltet. Daher ist ein Ton diegetisch, wenn sich dessen Quelle

---

41 Cecelia Hall. In: LoBrutto, S. 188.

1.4 Das Bild-Ton-Verhältnis

innerhalb des narrativ, räumliche Gefüges des Films befindet, wie die Dialoge der Charaktere oder die Geräusche ihrer Umwelt. Diese Form des diegetischen Tons wird von Bordwell auch als äußerer oder objektiver diegetischer Ton (*external diegetic sound*) bezeichnet. Unter innerem (*internal*), beziehungsweise einem subjektivem diegetischen Ton versteht er dagegen Geräusche die von Figuren subjektiv wahrgenommen werden sowie deren hörbar gemachte Gedanken und Erinnerungen.[42]

> «Sound has a spatial dimension because it comes from a source, and that source may be characterized by the space it occupies. If the source of a sound is a character or object in the story space of the film, we call the sound diegetic. The voices of characters, sounds made by objects in the story, or music coming from instruments in the story space are all diegetic sound.»[43]

Allgemein gehört es zu den Funktionen des diegetischen Tons die dargestellte, fiktive Welt auditiv zu bestätigen und durch Dialoge oder bestimmte Geräusche Informationen zur Handlung zu vermitteln.

Ein Ton ist dagegen **extradiegetisch**, wenn er keine Quelle innerhalb dieses raum-zeitlichen Gefüges besitzt und somit von einem nicht definierten Ort außerhalb der Erzählwelt stammt. Unter diese Kategorie fällt ein Großteil der stimmungs-schaffenden Filmmusik (**Score Musik**), alle klassisch definierten Voice-Over Erzähler und einige Sound-Effekte.

Durch eine Voice-Over-Narration kann extradiegetischer Ton die Erzählung als solche führen, dominieren und vorantreiben. Extradiegetischer Ton in Form des Scores soll die Fiktion des Films dagegen emotional unterstützen. Der Score lenkt auch von eventuellen Sprüngen in der Handlung ab, indem er über diese hinweg trägt und zum Beispiel einzelne, voneinander unabhängige Sequenzen durch musikalische Motive miteinander verknüpft. Auf dieselbe Weise kann extradiegetische Musik auch dazu dienen die narrative Struktur des Films zu untermalen und durch Variationen oder Wiederholungen bestimmter musikalischer Themen auf wiederkehrende Elemente in der Erzählstruktur hinweisen.[44]

Die Unterscheidung zwischen diegetischem und extradiegetischem Ton stützt sich auf das Verständnis, dass der Ursprung von gewissen Tönen einem Ort innerhalb der Erzählwelt zugeschrieben wird, wohingegen andere Töne einen Ort außer-

---

42 Vgl.: David Bordwell / Kristin Thompson: Fundamental Aesthetics of Sound. In: Elisabeth Weis / John Belton (Hrsg): *Film Sound. Theory and Practice.* New York 1985, S. 193.

43 David Bordwell / Kristin Thompson: Fundamental Aesthetics of Sound. In: Elisabeth Weis / John Belton (Hrsg): *Film Sound. Theory and Practice.* New York 1985, S. 191–192.

44 Der *Score* wirkt dabei am signifikantesten auf einer emotionalen Ebene, da er den Gefühlszustand einzelner Figuren umschreiben und verstärken kann und den Zuschauer so tiefer in die Handlung einbindet. Daher wirkt extradiegetische Filmmusik meist dann am stärksten, wenn sie nicht bewusst gehört wird, sondern sich in das Geschehen einfügt. So erst können die von der Musik evozierten Emotionen als untrennbarer Bestandteil des filmischen Geschehens aufgenommen werden und nicht als eigenständiges Element der Narration.

halb dieser Erzählwelt repräsentieren sollen. Da es sich bei dieser Unterscheidung jedoch um ein rein theoretisches und damit artifizielles Konstrukt handelt, kann der Zuschauer, der sich auf diese Konventionen verlässt, diesbezüglich sehr leicht hintergangen und überrascht werden.

Ein sehr schönes Beispiel dafür findet sich am Anfang von ATONEMENT. Dort ist zuerst, zu dem noch schwarzen Bild, ein vermutlich diegetisches Vogelgezwitscher zu hören. Dann hört man das Justieren einer Schreibmaschine und mit dem ersten klickenden Tippen der Schreibmaschine wird der Titel des Films auf den schwarzen Hintergrund getippt. Dies lässt den Zuschauer natürlich vermuten, dass es sich beim Tippen der Schreibmaschine um ein diegetisches Geräusch handelt. Daraufhin sieht man das Bild eines Puppenhauses (das, wie sich später herausstellt, ein exaktes Abbild des Elternhauses der Schwestern ist), von dem die Kamera langsam wegfährt, hin zu Briony, die an ihrem Schreibtisch sitzt und nun als diegetische Quelle des Schreibmaschinen-Tippens entlarvt wird. Dazu ertönt extradiegetische Musik, in die das rhythmische Tippen der Schreibmaschine integriert wird.

Zwar schreibt Briony in dieser Sequenz an ihrem kindlichen Theaterstück, da sie, wie sich am Ende des Films herausstellt, jedoch auch die Autorin des gleichnamigen Romans *Atonement* und damit der gesamten dargestellten Handlung ist, kann durchaus vermutet werden, dass der deutlich eingetippte Titel, auf einer metadiegetischen Ebene, ebenfalls aus ihren Händen stammen soll.

1.4.2 On/Off – aktiver, passiver und akusmatischer Ton

Diegetischer Ton wird weiterhin in **On** oder **Off** unterteilt.

Ein Ton ist **On**, wenn er eine erkennbare Quelle innerhalb der Kadrierung des Bildes besitzt. Damit erfüllt der On-Ton dieselben Funktionen wie diegetischer Ton und wird dazu verwendet eine Verknüpfung zwischen Bild und Ton herzustellen. Dem Zuschauer wird so versichert, dass es sich bei einem visuell repräsentierten Gegenstand tatsächlich auch um die Geräuschquelle des jeweiligen Tons handelt. Wurde eine solche Bild-Ton Verbindung einmal hergestellt, ist diese zwingende Einheit von Bild und Ton für den weiteren Verlauf des Films nicht mehr nötig, so dass der Bildausschnitt ab da wesentlich freier und unabhängiger von der auditiven Ebene der Diegese gewählt werden kann.

Ein Ton ist dagegen **Off**, wenn dessen Quelle außerhalb des Bildrahmens anzusiedeln ist, wie zum Beispiel das ferne Hupen eines Autos oder das Klingeln eines Telefons aus einem anderen Raum. Off-Töne sind somit immer diegetische Umgebungs- und Orientierungslaute, Musik, die aus einem nicht sichtbaren Radio ertönt oder die Stimme eines Gesprächspartners am Telefon.

Off-Töne werden unter anderem dazu eingesetzt, um für den Zuschauer den auf der Leinwand sichtbaren Raum zu vergrößern und somit die Diegese der narrativen Welt zu verifizieren. Die Welt auf der Leinwand soll dem Zuschauer demnach

1.4 Das Bild-Ton-Verhältnis

ebenso unbeschränkt erscheinen, wie seine eigene und den Anschein erwecken, dass diese weit über den begrenzten, sichtbaren, kadrierten Raum auf der Leinwand hinausgeht.

Unter die Kategorie des Off-Tons fällt demnach auch die *Voice-Off* oder die ‹Stimme aus dem Off›, die fälschlicherweise oft als eine Form der Voice-Over-Narration bezeichnet wird. Tatsächlich bezieht sich die Voice-Off aber auf die Stimme einer Figur, die sich im raum-zeitlichen Kontinuum der Diegese befindet, sich im Moment des Sprechens jedoch nicht in der Kadrierung des Bildrahmens aufhält.

> «‹Voice-Off› refers to instances in which we hear the voice of a character who is not visible within the frame. Yet the film establishes, by means of previous shots or other contextual determinants, the character's ‹presence› in the space of the scene, in the diegesis. He/she is ‹just over there›, just beyond the frame line, in a space which ‹exists› but which the camera does not choose to show. The traditional use of voice-off constitutes a denial of the frame as a limit and an affirmation of the unity and homogeneity of the depicted space.»[45]

Die Begrifflichkeiten On und Off beziehen sich demnach ausschließlich auf das räumliche Bild-Ton Verhältnis. Gerade dieses räumliche Verhältnis zwischen Bild und Ton wird, in Anbetracht der physikalischen Eigenschaften des Tons, jedoch von zahlreichen Theoretikern kritisiert. Flückinger argumentiert zum Beispiel mit den invasiven und ubiquitären Grundeigenschaften des Tons, das heißt, dass er Mauern durchdringen und um Ecken klingen kann, wodurch es schwer sei zu entscheiden, ob das jeweilige Klangobjekt eine Quelle im Bild habe oder nicht. Sie schlussfolgert daher, dass sich diegetische Klangquellen auch noch dann im abgebildeten Raum befinden können, wenn sie außerhalb des Bildes situiert seien.[46]

Dennoch halte ich die Begrifflichkeiten On und Off bezüglich einer detaillierten Kategorisierung des räumlichen Aufbaus des diegetischen Filmtons durchaus für sinnvoll. Jedoch gilt es dabei nochmals zu betonen, dass unter die Definition von On/Off weder der Kommentar, Erzählstimmen noch der Score fallen können, da diese von einem Außerhalb der raumzeitlichen Diegese stammen. On oder Off können folglich nur Geräusche, Stimmen oder Musik sein, die auch von den Figuren innerhalb der Erzählwelt wahrgenommen werden könnten und sind in ihrer Terminologie damit tatsächlich dem Primat des Visuellen untergeordnet, da dies für die Zuordnung eines Tons als On oder Off der ausschlaggebende Faktor ist.[47]

---

45 Mary Ann Doane: The Voice In The Cinema: The Articulation Of Body And Space. In: Leo Braudy / Marshall Cohen (Hrsg.): *Film Theory and Criticism. Introductory Readings.* Oxford 1999. Fifth Edition, S. 366.
46 Vgl.: Flückiger, S. 302–303. In ähnlicher Weise argumentieren auch Chateu + Jost (1979) und Rauh (1987).
47 Vgl.: Rauh, S. 37.

Aus diesem Grund halte ich es für sinnvoll, Chions weiterführende Begrifflichkeiten des passiven und des aktiven Off-Tons aufzugreifen, die über eine Definition der räumlichen Zuschreibung hinaus auch die narrativen Wirkung und Funktion des Off-Tons mit einbeziehen.

Unter **aktivem Off-Ton** versteht Chion dabei einen Off-Ton, der im Bild Fragen aufwirft, Reaktionen hervorruft oder zum Suchen nach der Quelle des Tons auffordert. Das heißt, dass ein solcher Ton auch bei den diegetischen Figuren Aufmerksamkeit und Neugierde erregen kann und die Narration des Films vorantreibt. Gleichzeitig werden auf diese Weise die Neugier und die Erwartungen der Zuschauer geweckt und deren Mutmaßungen bezüglich des Weitergangs der Handlung verstärkt.[48] Ein aktiver Off-Ton findet sich so beispielsweise in ZODIAC in jener Sequenz, in der Robert Graysmith dem Verdächtigen, Rick Marshall, in dessen Keller folgt und durch das deutliche Knarren der Dielen über ihn erschrickt und zur Flucht getrieben wird. Trotz der Versicherung Marshalls, dass im Haus sonst niemand sei, lässt dieses Geräusch Graysmith und den Zuschauer schlussfolgern, dass sich doch noch jemand im Haus befinden muss und erzeugt somit nicht nur beim Protagonisten des Films ein Gefühl der Angst und Unsicherheit, sondern auch beim Zuschauer.

Bei **passivem Off-Ton** handelt es sich dagegen um Geräusche und Töne, die das Bild in eine bestimmte Stimmung und Atmosphäre hüllen und somit die diegetische Welt stabilisieren. Dabei evozieren sie nicht das Bedürfnis deren Quelle aufzudecken und erwecken somit auch keine bewusste Aufmerksamkeit. Der passive Off-Ton bindet das Ohr lediglich an einen bestimmten, in der Zeit fixierten, stabilen Ort. Er gewährleistet so die räumliche Orientierung des Zuschauers und ermöglicht die Dynamik der Kamera und Montage.

> «Passive off-screen space does not contribute to the dynamics of editing and scene construction – rather the opposite, since it provides the ear a stable place (the general mix of a city's sounds), which permits the editing to move around even more freely in space, to include more close shots, and so on, without disorienting the spectator in space. The principal sounds in passive off-screen space are territory sounds and elements of auditory setting.»[49]

Während der passive Off-Ton folglich die Funktion hat die fiktive Diegese des Films an einen spezifischen Ort zu verankern und eher im Hintergrund wirkt, fungiert der aktive Off-Ton direkt auf und mit der narrativen Ebene des Films.

---

48 Vgl.: Chion 1994, S. 85.
49 Chion 1994, S. 85.

1.4.2.1 Akusmatischer Ton

In diesem Zusammenhang hat Chion, als weitere Spezifizierung des aktiven Off-Tons, den Begriff des **akusmatischen Tons** und des **Acousmêtre** eingeführt.

> «Acousmatic, specifies an old dictionary, ‹is said of a sound that is heard without its cause or source being seen.› (Pierre Schaeffer) adopted it to designate a mode of listening that is commonplace today, systematized in the use of radio, telephones and phonograph record.»[50]

Akusmatisch wären somit alle Geräusche und Stimmen, die aus dem Off kommen ohne das der Zuschauer deren Quelle sehen kann. Demnach kann auch das Geräusch der knarrenden Dielen in ZODIAC als akusmatisch bezeichnet werden. Sobald die Quelle des Geräuschs oder der Stimme offenbart wird, bezeichnet Chion dies als Deakusmatisierung.[51]

Akusmatischer Ton erzeugt somit immer ein Rätsel um seinen Ursprungsort und regt den Zuschauer zu einer intensiveren Form des Zuhörens an. Diese Form des Zuhörens, ohne eine zugehörige Visualisierung, spielt auch in zahlreichen Religionen eine bedeutende Rolle und verweist so auf den Ursprung des Begriffes, der einer griechischen Sekte um Pythagoras zugeschrieben wird, die ihr Oberhaupt nur hinter einem Vorhang sprechen hörte, um sich nicht von Inhalt und Sinn der Worte ablenken zu lassen.[52] Diese mystische Macht der verborgenen Stimme überträgt Chion nun auf den Acousmêtre, bei dem es sich um eine diegetische Figur handelt, die sich nur bedingt körperlich auf der Leinwand zu erkennen gibt.

> «The sound film has an offscreen field that can be populated by acousmatic voices, founding voices, determining voices – voices that command, invade, and vampirize the image; voices that often have the omnipotence to guide the action, call it up, make it happen, and sometimes lose it on the borderline between land and sea. Of course, the sound film did not invent the acousmetre. The greatest Acousmetre is God – and even farther back, for every one of us, the Mother. But the sound film invented for the acousmetre a space of action that no dramatic form had succeeded in giving to it; this happened once the coming of sound placed the cinema at the mercy of the voice.»[53]

Die Stimme des Sprechenden darf demnach an keinem direkt, erkennbaren Ort des diegetischen Bildes verankert sein, gleichzeitig muss zu jedem Moment die Möglichkeit bestehen, dass Körper und Gesicht des Sprechers im Bild aufgedeckt werden könnten.

---

50 Chion 1999, S. 18.
51 Andersherum könne die Quelle eines Geräuschs auch anfänglich visualisiert und erst dann, nach und nach, akusmatisiert werden. Vgl.: Chion 1994, S. 72.
52 Vgl.: Chion 1999, S. 19.
53 Chion 1999, S. 27.

Acousmêtre finden sich beispielsweise in fast allen klassischen James-Bond-Filmen der 1960er Jahre, wo die Schurken häufig nur von hinten, beziehungsweise Detailaufnahmen ihres Körpers zu sehen sind, wie zum Beispiel in Dr. No (Terence Young, GB 1962). Dr. No ist während eines Großteils des Films nur über seine allmächtige Lautsprecherstimme zugegen und erst im finalen Showdown vollständig, verkörpert zu sehen.

Um ein Acousmêtre handelt es sich aber auch bei einer Figur, die sich am anderen Ende einer Telefonleitung befindet und auf der visuellen Ebene nicht dargestellt wurde. Ein solcher Acousmêtre findet sich in Phone Booth (USA 2002) von Joel Schumacher, wo der Attentäter ausschließlich über seine Stimme am Telefon agiert.

Des Weiteren kann es sich bei einem Acousmêtre um die Stimme eines Geistes, eines Toten oder Sterbenden handeln. Akusmatische Stimmen sind aber auch aufgenommene, mechanische Stimmen, die von einer unbekannten Quelle wiedergegeben werden sowie die Stimme einer Figur, die vorgibt, dass es sich bei ihrer Stimme um die Stimme eines Anderen handelt, wie in Psycho (Alfred Hitchcock, USA 1960), wenn Norman Bates die Stimme seiner Mutter nachahmt, ohne das den anderen Figuren und dem Zuschauer bewusst ist, dass er selbst die Quelle dieser Stimme ist.

> «It's as if the voice were wondering along the surface, at once inside and outside, seeking a place to settle. Especially when a film hasn't yet shown what body this voice normally inhabits. Neither inside nor outside: such is the acousmetre's fate in the cinema. [...] Being involved in the image means that the voice doesn't merely speak as an observer (as commentary), but that it bears with the image a relationship of possible inclusion, a relationship of power and possession capable of functioning in both directions; the image may contain the voice, or the voice may contain the image.»[54]

Das bestimmende Motiv, das ein Acousmêtre ausmacht besteht darin, dass sich dieser in einem Zwischenbereich, zwischen der visuelle verankerten Diegese und der auditiven Narrationsebene befindet. Folglich schwebt der Acousmêtre über der visuellen Ebene, kann sich aber zu jeder Zeit im Bild manifestieren. Der Acousmêtre kann damit alles sehen und ist überall zugleich, da seine Stimme durch keine räumlichen Begrenzungen aufgehalten werden kann. Demnach ist der Acousmêtre omnipräsent, das heißt er kann an jedem Ort zu jeder Zeit sein. Da er alles sehen kann, muss er außerdem allwissend sein und kann eine omnipotente, gottähnliche Macht über die Handlung ausüben und die Figuren nach seinem Belieben manipulieren.

Dies wird in Phone Booth bereits am Anfang deutlich. Dort wird ein solcher omnipotenter, gottähnlicher Blick über eine Fahrt der Kamera etabliert, die durch Wolken, dann das Universum, an Satelliten vorbei auf die Erde hinab, nach New

---

54 Chion 1999, S. 23.

1.4 Das Bild-Ton-Verhältnis

York führt, zu einer Vielzahl telefonierender Menschen. Auf diese Weise wird von Anfang an ein allmächtiger Blickpunkt etabliert, der sogar über die Grenzen des Universums hinausgeht. Zu diesem Blickpunkt gekoppelt, tritt nun ein heterodiegetischer Erzähler auf, der allwissend über den Ort des Geschehens referiert.

> «There are an estimated 8 million people in the five boroughs of the city of New York, 12 million in the greater metropolitan area. There are almost 10 million telephone exchange lines and over 50 services. 3 million New Yorkers are cell phone users. It used to be a mark of insanity to see people talk to themselves, now it's a mark of status. And speed dial is quickly replacing the drag of a coin. Despite the increased usage of cellular devices an estimated four and a half million residents and two million visitors still utilize pay telephones on a regular basis.
> This is the telephone booth at 45th and 8th and perhaps the last vestige of privacy in Manhattan's West Side. It is the last booth of it's type still in regular operation. Up to three hundred calls daily originate here. This location has been burglarized forty-one times in the last six months. Horizon has scheduled this structure to be torn down and replaced with a kiosk as of eight a.m. tomorrow. Hardly two blocks away, met the man who is to be final operator of that booth.»

Dieser klassische Typus der Voice-Over-Narration verstummt daraufhin, wird im Verlauf des Films jedoch von der scheinbar ebenso omnipotenten, wie allwissenden akusmatischen Stimme des Anrufers übernommen. Dafür bleibt der allwissende Blickpunkt der Kamera deutlich erhalten, was über zahlreiche Split-Screens, Parallelmontagen und Bild-Ton-Collagen realisiert wird, die insbesondere bei den Telefonaten des Protagonisten eingesetzt werden.[55]

> «By discussing the acousmetre's supposed capacity to see all, we have set the stage for considering the powers that follow from this. Seeing all, in the logic of magical thought we are exploring, implies knowing all; knowledge has been assimilated into the capacity to see internally. Also implied is omnipotence, or at least the possession of certain powers whose nature or extent can vary – invulnerability, control over destructive forces, hypnotic power, and so on.»[56]

All diese akusmatischen Fähigkeiten treffen auch auf den Anrufer in PHONE BOOTH zu, der sich in einem der oberen Stockwerke der umliegenden Bürogebäude zu

---

55 Stu, der Protagonist, ist ein selbstverliebter, karrieresüchtiger PR-Agent, der dabei ist, eine Affäre mit der jungen Schauspielerin Pam zu beginnen. Um dies vor seiner Frau Kelly zu verheimlichen, ruft er Pam jeden Tag von einer bestimmten Telefonzelle aus an. Eine Tages klingelt nach seinem Telefonat dieses Telefon nun erneut, Stu nimmt ab und eine eindringliche, männliche Stimme droht, dass er Stu töten werde, wenn er das Gespräch beenden würde und die Telefonzelle verlässt. Um Stu den Ernst der Lage zu verdeutlichen erschießt der Besitzer der Stimme einen Zuhälter, der Stu aus der Telefonzelle vertreiben wollte. Daraufhin rückt die Polizei an, die in Stu den Schützen vermutet, während der Anrufer Stu zu einem Geständnis gegenüber seiner Frau zwingen will.
56 Chion 1999, S. 27.

befinden scheint, von wo aus er Stu ungehindert beobachten kann. Seine kalte, sarkastisch wirkende Stimme ist dabei deutlich im auditiven Vordergrund angeordnet. Auch scheint er sämtliche wichtigen Informationen über Stu zu besitzen, zum Beispiel die Telefonnummer seiner Frau und seiner Freundin, die er jeweils anruft und mit Stu verbindet – und dem Zuschauer visuell mittels Split-Screen präsentiert.

Dieses allgemeine Motiv der Überwachung wird noch verstärkt, durch die zahllosen Fernsehkameras, die Stu aufnehmen und ihn wiederum auf die Fernsehapparate der umliegenden Elektronikgeschäfte übertragen.

Auch kann der Anrufer, mittels seiner Erzählung über seine vorausgegangenen Opfer, ein visuelles Flashback hervorrufen, in welchem dem Zuschauer die jeweiligen Opfer präsentiert werden.

Der Anrufer, der von Stu immer wieder oben, in den umliegenden Fenstern und in den Himmel blickend, gesucht wird, spielt bewusst mit seiner Allmacht und seinem Wissen. Dies wird auch deutlich, wenn er Stu belügt und sich über ihn lustig macht, wie in einer Sequenz, in der Stu sich weigert ihm zu antworten:

> «Stu, don't do this. Please, come on. My sainted mother used to do this. She used to dish this out ... Stu, please don't this. Stu, you're bringing back my unhappy childhood. Stu, talk to me, please! Talk to me! I can't take it Stu! Ah! » *[Der Anrufer beginnt zu lachen.]*
> «I'm kidding. I had a very happy childhood.»

Der Acousmêtre verliert jedoch all diese Fähigkeiten, sobald er sichtbar und damit deakusmatisiert wird. Der allsehenden, allwissenden Stimme wird auf diese Weise ein menschlicher und damit auch sterblicher Körper zugeschrieben, ein Körper der ebenfalls in der diegetischen Welt des Films verankert ist und sich nicht mehr über diese erheben kann. Eine Deakusmatisierung ist jedoch nur dann vollständig, wenn Stimme und Mund simultan miteinander wahrzunehmen sind, so dass der Sprecher tatsächlich als Inhaber der Stimme identifiziert werden kann. Der vermeintlich allmächtige Acousmêtre wird so nicht nur verletzlich, sondern für die übrigen Figuren auch besiegbar.

> «Pascal Bonitzer has noted that the de-acousmatization of a character genrerally goes hand in hand with his descent into human, ordinary, and vulnerable fate. As long as we can't see him we attribute all-seeing power to the voice; but once inscribed in the visual field he loses his aura. De-acousmatization can also be called embodiment: a sort of enclosing of the voice in the circumscribed limits of a body – which tames the voice and drains it of its power.»[57]

Eine solche Deakusmatisierung findet sich am Ende von PSYCHO, wenn Norman Bates in der Polizeistation sitzend gezeigt wird und die, erst lose über dem Bild

---

57 Chion 1994, S. 131.

schwebende Stimme der Mutter, die im vorangegangenen Verlauf des Film als mysteriöse, akusmetische Figur etabliert wurde, nun mit seinem Körper vereint wird, beziehungsweise als seine *Innere Stimme* entlarvt wird. Die Kamera fährt in dieser Sequenz auf Norman zu, dabei ist jedoch nicht dessen eigene Stimme, sondern die seiner Mutter zu vernehmen:

14 Normans Kopf verschwimmt zum Totenschädel seiner Mutter. Anthony Perkins in Psycho (USA 1960)

«It's sad when a mother has to speak the words that condemn her own son. I couldn't allow them to believe that I would commit murder. They'll put him away now, as I should have, years ago. He was always bad and in the end, he intended to tell them I killed those girls and that man. As if I could do anything except just sit and stare, like one of his stuffed birds. Oh, they know I can't even move a finger and I won't. I'll just sit here and be quiet, just in case they do suspect me. They're probably watching me. Well, let them. Let them see what kind of a person I am.»

Um den Polizisten zu beweisen, wie harmlos er/sie ist, lässt er/sie daraufhin eine Fliege über seine/ihre Hand krabbeln, wozu Normans grinsendes Antlitz nun mit dem Totenschädel der Mutter verschwimmt (Abb. 14): «I'm not even gonna swat that fly. I hope they are watching. They'll see. They'll see and they'll know and they'll say, ‹Why, she wouldn't even harm a fly.›»

Während die allmächtige Stimme der Mutter somit in den verhafteten Körper des offensichtlich verrückten Normans gebunden wird, verliert der Acousmêtre in Phone Booth aufgrund einer ausbleibenden Deacousmatisierung seine Omnipotenz nicht. Die Polizei findet einen, von jenem Anrufer ermordeten, Pizza-Lieferanten vor und glaubt, dass dies der Killer sei. Der angeschossene Stu liegt daraufhin, von Schmerzmitteln betäubt, im Krankenwagen, als die Stimme des Anrufers plötzlich neben ihm auftaucht und eine, aus der Perspektive Stus, nur schemenhaft erkennbare Gestalt ihm mitteilt, dass er sich bessern soll, da er ihn weiter im Auge behalten werde. Daraufhin ist eine Stimme aus dem Off zu hören, die ein Telefonat entgegen nimmt, wodurch der Zuschauer natürlich vermutet, hier nun das nächste Opfer des Anrufers zu hören.

1.4.3 Simultan/Asimultan

Weiterhin kann der Ton im Verhältnis zum zeitlichen Gefüge der visuellen Diegese kategorisiert werden. Der Ton kann sich dabei entweder simultan oder asimultan zu der im Bildlichen dargestellten Zeit verhalten.

1 Die Funktionen des Tons im Film

Bei **simultanem Ton** handelt es sich um alle diegetischen Geräusche, Dialoge, Musik und Stimmen, die gleichzeitig mit dem bildlichen Geschehen der Diegese auftreten. Simultaner Ton entspricht damit dem Ton, den der Zuschauer in einer überwiegenden Mehrheit aller filmischen Sequenzen erlebt.

Nicht-simultaner, beziehungsweise **asimultaner Ton** tritt dagegen zeitversetzt auf, das heißt zu einem früheren oder späteren Zeitpunkt als das visuell präsentierte Geschehen. Dabei handelt es sich meist um Geräusche oder Stimmen, welche die Figuren in erweiterten Geisteszuständen erleben, wie Rausch- oder Wahnzuständen, aber auch um auditive Erinnerungen oder Vorahnungen. Asimultaner Ton erfüllt damit die Aufgabe den Zuschauer zu desorientieren oder eine Atmosphäre des Unheimlichen zu erzeugen. Damit versetzt asimultaner Ton den Zuschauer in die Lage den subjektiven Hörpunkt eines Protagonisten einzunehmen. So zum Beispiel in ATONEMENT, wenn Robbie kurz vor seinem Tod im Fieberwahn ein letztes Mal die Postkarte mit dem Häuschen am Meer betrachtet, in dem er Cecilia treffen wollte und das kalte Tropfen des Kellers, in dem er sich befindet, nun durch das leise Rauschen des Meeres übertönt wird, das der Anblick dieses Bildes bei ihm hervorruft.

Asimultaner Tons stellt demnach häufig eine Fokalisierung des Hörpunktes dar. Dem Zuschauer wird eine subjektiv, verzerrte Wahrnehmung der auditiv präsentierten Welt einer bestimmten Figur vermittelt.

> «Wahrnehmungsverschiebungen können sich auch im wirklichen Leben durch Auseinanderklaffen von Sinnesempfindungen aus den verschiedenen Modalitäten äußern. Rauschzustände, Halluzinationen, psychotische oder kognitive Störungen können zu Wahrnehmungstrübungen führen, die unter anderem ein Fehlverhalten auslösen, weil die Reize aus den verschiedenen Modalitäten nicht zueinander zu gehören scheinen. Auf diesen natürlichen Erfahrungshintergrund greift die filmische Narration zurück, wenn sie solche Empfindungen aus der Perspektive einer Figur darstellen soll.»[58]

Demzufolge fallen unter den asimultanen Ton auch zwei filmische Erzählsituationen, in denen häufig mit Erzählstimmen gearbeitet wird – das *Flashback* und das eher seltenen *Flashforward*.

Bei einer, an ein visuelles *Flashback* gekoppelten, Voice-Over-Narration stammt die Erzählstimme aus dem aktuellen Zeitpunkt der Erzählung, während die Bilder bereits Vergangenes zeigen. Der Begriff *Flashback* bezieht sich somit auf die zeitliche Vergangenheit des Bildlichen, während der Ton im Hier und Jetzt der Erzählung platziert ist. Dieses Erzählmittel wird verwendet, um die persönlichen Erinnerungen einer Figur darzustellen und in dieser Form sehr oft im *Film Noir* oder in Bio-Pics eingesetzt, wie in GOODFELLAS (Martin Scorsese, USA 1990) oder in SUNSET BOULEVARD.

---

58 Flückinger, S. 395.

«Although the voiceover in a flashback effects a temporal dislocation of the voice with respect to the body, the voice is frequently returned to the body as a form of narrative closure. Furthermore, the voiceover very often simply imitates the story and is subsequently superseded by synchronous dialogue, allowing the diegesis to ‹speak for itself›. […].»[59]

Eher selten wird dagegen das *Flashforward* verwendet, da dort ein Erzähler aus dem Jetzt der Diegese heraus zukünftige Geschehnisse ankündigt. Ein *Flashforward* wird unter anderem in LOLA RENNT (Tom Tykwer, D 1998) aber auch in LE FABULEUX DESTIN D'AMÉLIE POULAIN (Jean-Pierre Jeneut, F/D 2001) eingesetzt.

1.4.3.1 Die *Sound Bridge*

Auditive *Flashforwards* und *Flashbacks* finden sich im aktuellen Film häufig in Form einer auditiven Überleitung oder so genannten *Sound Bridge*.[60] Das bedeutet, dass der Ton – ein Geräusch, eine Stimme oder der Bruchteil eines Dialog – aus einer vorangegangenen Sequenz andauert, während bereits die Bilder der nächsten Sequenz zu sehen sind, beziehungsweise dass der Ton der zukünftigen Sequenz zu hören ist, während visuell noch die aktuelle Sequenz andauert. Der Ton einer Sequenz lappt somit in die nächste Sequenz über, beziehungsweise schreitet er dem Bildlichen voraus und verhält sich dementsprechend nachzeitig oder vorzeitig zum Bildlichen. So ist beispielsweise in ZODIAC (David Fincher, USA 2007), in der Sequenz in der Tosci den Handschriften-Experten aufsucht, eine auditive Überleitung in Form eines Flashforward zu hören, indem das Klingeln des Telefons aus der nächsten Sequenz bereits auditiv in diese Sequenz eindringt.

In ATONEMENT werden *Sound Bridges* dagegen sehr oft in Form von Erzählstimmen eingesetzt, z. B. wenn Robbie als Soldat durch Frankreich zieht und dabei immer wieder Cecilas Briefe liest. Dort ist in einer Sequenz zu sehen, wie er mit seinen beiden Kameraden an einem Bach entlang geht, dazu setzt Cecilias Schreibstimme ein: «My darling […]». Nun folgt ein Schnitt und man sieht Cecilia, die in London die Straße entlang geht, einen Brief in der Hand hält und diesen in einen Briefkasten wirft. Dazu ist weiterhin ihre Schreibstimme zu vernehmen:

«[…] Briony found my address somehow and sent a letter. The first surprise was she didn't go up to Cambridge. She's doing nurse's training at my old hospital. I think she may be doing this as some kind of penance. She says she's beginning to get the full grasp of what she did and what it meant. She wants to come and talk to me. I love you. I'll wait for you. Come back. Come back to me.»

---

59 Doane, S. 369.
60 Vgl.: Bordwell/Thompson, S. 198.

Jener letzte Satz, der von den Liebenden, wie ein Mantra, im Lauf des Films andauernd wiederholt wird, dringt, mit einem Schnitt zu Robbie über, um nun von dessen *Innerer Stimme* aufgegriffen zu werden: «Come back. Come back to me.» Die *Sound Bridges* in dieser Sequenz dienen folglich dazu, die Verbundenheit zwischen den beiden Liebenden zu verdeutlichen, die offensichtlich über die räumliche Distanz hinweg in ihren Gedanken miteinander vereint sind.

Sound Bridges werden außerdem dazu verwendet, um den Übergang zwischen einzelnen Sequenzen flüssiger zu gestalten und um Spannung zu kreieren. Das Bild-Ton Verhältnis korrespondiert für einen Moment nicht, so dass beim Zuschauer auf der auditiven Ebene bereits Erwartungen geweckt werden, die visuell erst bestätigt werden müssen.

Weiterhin kann sich eine im visuellen *On* beginnende Erzählung, über eine Sound Bridge, auch in eine Voice-Over-Narration verwandeln, wie am Ende von ATONEMENT. Dort ist zuerst Briony als alte Frau zu sehen, die in einer Fernsehsendung gesteht, dass der Besuch bei Cecilia und Robbie nur erfunden war. Ihre Erzählung im *On* geht dann, über eine *Sound Bridge*, in ein Flashback über, in dem die junge Briony als Krankenschwester beim Schreiben des Romans gezeigt wird. Die von der jungen Briony geschriebenen Sequenzen werden so, simultan zur Narration der alten Briony, visuell hervorgerufen:

> «I never made that journey to Balham. So the scene in which I confess to them is invented, imagined. And, in fact, could never have happened, because Robbie Turner died of septicemia at Bray Dunes on the first of June 1940, the last day of the evacuation. And I was never able to put things right with my sister Cecilia, because she was killed on the 15th of October, 1940 by the bomb that destroyed the gas and water mains above Balham tube station.»

Hierzu sieht man Robbie in Frankreich sterben und Cecilia in jenem U-Bahn Tunnel ertrinken. Das Flashback ist daraufhin beendet und Briony erzählt wieder im On in die Kamera hinein:

> «So, my sister and Robbie were never able to have the time together they both so longed for and deserved. Which ever since I've ever since I've always felt I prevented. But what sense of hope or satisfaction could a reader derive from an ending like that? So in the book, I wanted to give Robbie and Cecilia what they lost out on in life. I'd like to think this isn't weakness or evasion but a final act of kindness. I gave them their happiness.»

Und so werden, durch die omnipotenten, schöpferischen Worte der Autorin Briony, abschließend Robbie und Cecilia in einer letzten Sequenz erneut hervorgerufen, wie sie glücklich am Strand vereint, vor jenem Haus am Meer, zu sehen sind.

1.4.4 Synchron/Asynchron

Das letzte Begriffspaar, das zur Kategorisierung des Auditiven in der visuellen Struktur des Films eingesetzt wird, ist gleichzeitig auch das Unstimmigste, dem eine Mehrzahl unterschiedlicher Definitionen zugeschrieben werden.

Auf der einen Seite können die Begriffe **Synchronität** und **Asynchronität** auf das technische Zusammenfügen von Ton- und Bildspur bezogen werden. Eine Synchronität von Bild und Ton würde demnach bedeuten, dass diese in einer zeitlichen Einheit miteinander ablaufen. So war ein mangelndes Maß an einer technisch, einwandfreien Synchronität von Bild und Ton lange das Hauptproblem bei der Entwicklung des Tonfilms.[61] Auf der anderen Seite wird dieses Begriffspaar auch häufig anstelle der Termini simultan/asimultan verwendet.

> «Es bieten sich jedoch für die ‹zeitliche Zuordenbarkeit› und ‹zeitliche Nicht-Zuordenbarkeit› nicht ganz so übliche Begriffe wie ‹On und Off› an, die dennoch einschlägig sind: ‹Synchronismus› und ‹Asynchronismus›: Beide haben nicht nur den Vorteil sprachlicher Kürze, sondern auch der Exaktheit. Synchronismus und Asynchronismus sind in Hinsicht auf die griechische Wortwurzel gleichbedeutend mit Zeitgleichheit, bzw. Zeitungleichheit.»[62]

In den Schriften zahlreicher Stummfilm Theoretiker von Kracuer, Arnheim oder Eisenstein findet sich dagegen eine stark begründete Tradition, nach der ein synchroner und asynchroner Ton auf das inhaltliche Verhältnis von Bild und Ton bezogen wird. Insbesondere der Begriff der Asynchronität wird als expressives Stilmittel des Avantgarde- und Kunstkinos verstanden. Synchronität und Asynchronität meint in diesem Zusammenhang expressive Bild-Ton-Kollagen, in denen eine visuell präsentierte Tonquelle mit einem ihr fremden Geräusch gekoppelt wird, so dass eine absichtliche, inhaltliche Diskrepanz von Ton- und Bildspur entsteht.

Eine solche Form der Tonverwendung findet sich häufiger im frühen Tonfilm, wird jedoch im aktuellen Erzählkino nur sehr exklusiv, als Stilmittel einer auditiven Überzeichnung, verwendet. Ein solch ‹unnatürliches›, asynchrones Abbild des Bild-Ton-Verhältnisses findet sich beispielsweise in ATONEMENT, in jener Sequenz, in der Briony als Schöpferin der gesamten dargestellten Narration hervortritt und nun die wahre Geschichte von Robbie und Cecilia beschreibt. Dort ist Robbie zu

---

61 Des weiteren darf der Begriff der Synchronität nicht mit der Praxis des Synchronisierens verwechselt werden, da es sich beim Synchronisieren um die Praxis der Neuaufnahme der Dialog-Spur in einer anderen Sprache handelt, die dann mit dem Bild und den übrigen Tonspuren in Synchronität, das heißt in einen technisch einwandfreien, zeitlichen Einklang, gebracht werden muss.

62 Rauh verwendet zusätzlich zu dem Begriffspaar asynchron / synchron noch die von ihm entwickelten Begriffe syntop / asyntop, die er anstelle der Begrifflichkeiten on / off etablieren möchte. Auch bei Bordwell findet sich eine merkwürdige Kombination aus der Verwendung von Synchronität und Simultanität, wobei weder die Eine noch die Andere Begrifflichkeit wirklich eindeutig von ihm definiert wird. Vgl.: Rauh, S. 65.

sehen, der kurz vor seinem Tod, das Bild des Hauses am Meer betrachtet. Mit dem Verlöschen seines Streichholzes geht das in diesem Moment zu hörende Meeresrauschen in ein tieferes Wassergeräusch über. Die Kamera befindet sich nun, für den Zuschauer orientierungslos, im Wasser. Noch ist nicht genau zu erkennen wo – ob es das Meer oder ein See ist –, bis deutlich wird, dass dies der Brunnen im Garten ist, da man nun ein Stück der zerbrochenen Vase sieht, das jetzt rückwärts aus dem Brunnen heraus fällt. Auch die entsprechenden Geräusche ertönen hierzu verfremdet, rückwärts laufend. Nicht nur das Zerbrechen der Vase, sondern auch das von Robbie mit der Schreibmaschine getippte Worte «cunt» wird nun auditiv und visuell zurückgedreht dargestellt. Robbies Erzählstimme legt sich dann, über die immer noch rückwärts laufenden Bilder seiner Verhaftung: «Find you, love you, marry you and live without shame.»

Ein weiteres deutlich ansychrones Bild-Ton Verhältnis findet sich außerdem in der Sequenz, wenn der fiktive, von Briony erfundene Teil der Handlung, in die eigentliche Erzählzeit der Narration übergeht. Briony ist hier, nach ihrem erfundenen Besuch bei Robbie und Cecilia bei dem sie die beiden um Verzeihung bat, in der U-Bahn starr sitzend zu sehen. Mit einem Zoom der Kamera auf ihr Gesicht wird der sie umgebende Raum schwarz und das Rattern der U-Bahn geht dabei immer deutlicher in das schnelle Tippen einer Schreibmaschine über. Mit dem lauten Geräusch des Justierens der Schreibmaschine wird das Bild schließlich komplett schwarz, wozu die Stimme einer älteren Frau zu hören ist: «I'm sorry. Could we stop for a moment.» Daraufhin ist in zahllosen Bildschirmen die alte Briony in einem Fernsehstudio zu sehen.

Die asynchrone Tonverwendung in dieser Sequenz dient folglich der Markierung der Überleitung von der fiktiven Handlung (worauf durch das Schreibmaschinen-Tippen deutlich verwiesen wird), hin zum Moment der Aufschlüsselung, wenn Briony als die eigentliche Schöpferin der dargestellten Handlung entlarvt wird.

Ein synchrones Bild-Ton Verhältnis besteht dagegen, wenn der Ton mit seiner ‹natürlichen› Quelle im Bild simultan dargestellt wird, zum Beispiel wenn man die Nahaufnahme einer zuschlagenden Tür sieht und dazu das entsprechende Geräusch hört oder eine Person beim Sprechen sieht und auch deren Stimme hört.[63]

«Gewöhnlich spricht man von ‹Synchronismus›, wenn Ton und Bild nicht nur auf der Leinwand zusammentreffen, sondern auch im wirklichen Leben synchron sind, so daß sie also im Prinzip von den synchronisierten Film- und Tonkameras ausgenommen werden können. Und man spricht von ‹Asynchronismus›, wenn Geräusche und Bilder in der Realität nicht gleichzeitig vorkommen, dennoch im Film zusammengebracht werden.»[64]

---

63 Vgl.: Kracauer, S. 158–160.
64 Tatsächlich belässt es Kracauer jedoch nicht bei dieser klaren Definition von Synchronität und Asynchronität, sondern dehnt die Begrifflichkeiten auch auf den On- und Off-Ton aus. Diese

1.4.5 Terminologische Zusammenfassung

Der Ton kann aus einem Ort in- oder außerhalb der Erzählwelt stammen. Damit ist er **diegetisch** oder **extradiegetisch**.

Das räumliche Verhältnis diegetischen Tons wird mit den Begriffen **on, off** (aktiv oder passiv) und **akusmatisch** beschrieben.

Das zeitliche Verhältnis diegetischen Tons wird mit den Begriffen **simultan** und **asimultan** beschrieben. Asimultaner Ton kann in Form eines *Flashforwards, Flashbacks* oder einer *Sound Bridge* auftreten.

Die inhaltliche ebenso wie die technische Verbindung des Tons zum Bild wird mit den Begriffen **synchron** und **asynchron** beschrieben.

1.5 Funktionen und Wirkungsweisen der Voice-Over-Narration

Um zu überprüfen, inwieweit sich die zahlreichen Spielarten der Voice-Over-Narration in die zuvor aufgestellten Kategorien des Bild-Ton Verhältnisses einfügen lassen, werde ich mich nun dem Aspekt des *Over* in der Voice-Over-Narration annähren, das heißt dem Verhältnisses des auditiven Erzählaktes zum visuellen Gefüge. Dementsprechend werde ich versuchen den genauen Ort zu definieren aus dem die auditive Erzählung, in Bezug zur visuellen Ebene stammt und klären ob und inwieweit die auditive Narration von der visuellen Diegese getrennt sein muss damit es sich tatsächlich um eine Voice-Over-Narration handelt.

1.5.1 Diegetisch/Extradiegetisch

Der Ursprungsort einer Erzählstimme hängt vom Typ des Erzählers ab, der die jeweilige Geschichte präsentiert. Das heißt ob es sich um einen erzählenden Charakter handelt, beispielsweise einen Ich-Erzähler, der gleichzeitig in der eigenen Geschichte auftritt oder um einen Erzähler in der dritten Person, der die Geschichte von einem außenstehenden, ‹objektiven› Blickwinkel präsentiert. Filmische Erzäh-

---

unterteilt er dann nochmals in kommentierenden und aktuellen Ton, die dem Begriffspaar diegetisch / extradiegetisch entsprechen. Des Weiteren unterteilt er den Ton in **kontrapunktischen** und **parallelen** Ton. Bei kontrapunktischem Ton widerspricht die Aussage des Tons dem Inhalt des ihm gegenüberstehenden Bildes. Kontrapunktischer Ton bereichere und erweitere das Bild, laut Kracauer. Paralleler Ton unterstützt dagegen die Information des Bildes und ergänzt dieses nicht um zusätzliche oder gar gegensätzliche Informationen. Aus diesem Grund wird der parallele Ton von Kracauer weitestgehend als negativ beurteilt, da er die Aussage des Bildes lediglich wiederholen und damit abschwächen würde. Ich halten die Begrifflichkeiten des parallelen, des kommentierenden und des kontrapunktischen Tons jedoch für zu ungenau und einem aktuellen Verständnis des filmischen Tons nicht mehr angemessen, da sich in diesen Kategorien immer auch ein normatives Verständnis des filmischen Tons widerspiegelt, beziehungsweise ein Verständnis des Filmischen als ausschlaggebend visuelles Medium. Kracauer, S. 159

lerstimmen können demnach nicht nur von einem Außerhalb, sondern auch von einem Innerhalb der visuell präsentierten Diegese stammen.

Der **Ich-Erzähler** ist allein durch die Verwendung des Personalpronomens ‹Ich›, in die Handlung seiner Erzählung eingebunden. Oft handelt es sich bei Ich-Erzählern um den Protagonisten der Erzählung, der dem Zuschauer die Ereignisse seines Lebens aus seiner ganz persönlichen Sicht schildern möchte. Nach Genette sind Ich-Erzähler homodiegetische Erzähler, da sie als Charaktere in die eigenen Narration eingebettet sind, sprich homogen mit der von ihnen präsentierten Diegese verbunden sind.

Bei Erzählern in der dritten Person handelt es sich dagegen um heterodiegetische oder extradiegetische Erzähler. Dieser Typ des Voice-Over Narrators etabliert oder kommentiert für den Zuschauer, von einem scheinbar unabhängigen Standpunkt aus, die jeweilige diegetische Erzählwelt. Er ist damit keine Figur in der von ihm präsentierten Diegese, sondern wirkt von einem unbekannten Außen – einem Over – auf diese ein.

> «Man wird hier also zwei Typen von Erzählungen unterscheiden: solche, in denen der Erzähler in der Geschichte, die er erzählt, nicht vorkommt, abwesend ist (Beispiele: Homer in der Illias, Flaubert in der Éducation sentimentale), und solche, in denen der Erzähler als Figur in der Geschichte, die er erzählt, anwesend ist (Beispiel: Gil Blas, Wuthering Heights). Aus evidenten Gründen nenne ich den ersten Typ heterodiegetisch, den zweiten homodiegetisch.»[65]

Voice-Over Erzähler können folglich diegetisch, sprich homodiegetisch oder extradiegetisch sein. Ein homdiegetischer Erzähler ist zum Beispiel ein Ich-Erzähler, wie er in THE BEACH (Danny Boyle, USA/GB 2000) auftaucht, wo die durchgängige Stimme des Protagonisten Richard rückblickend seine Erlebnisse in Thailand schildert:

> «My name is Richard. So what else do you need to know? Stuff about my family, or where I'm from? None of that matters. Not once you cross the ocean and cut yourself loose, looking for something more beautiful, something more exciting and yes, I admit, something more dangerous. So after eighteen hours in the back of an airplane, three dumb movies, two plastic meals, six beers and absolutely no sleep, I finally touch down; in Bangkok.»

Ein heterodiegetischer Erzähler findet sich dagegen in THE ROYAL TENENBAUMS, wo ein visuell nicht präsenter Erzähler in der dritten Person, den Text des fiktiven Romans *The Royal Tennenbaums* vorträgt und so in die Geschichte einleitet: «Royal Tenenbaum bought the house on Archer Avenue in the winter of his thirty-fifth year. Over the next decade, he and his wife, had three children and then separated.»[66]

---

65 Genette 1998, S. 175.
66 Diese beiden Typen der Voice-Over-Narration würde Chion als **iconogetische Stimme** (*voix iconogène*) bezeichnen, da sie jeweils die entsprechenden Bilder hervorrufen und den Zuschauer

1.5.2 On/Off

Laut Definition dürfte sich ein Voice-Over-Narrator, damit er über die bildliche Ebene hinweg agieren kann, weder im **On** noch im **Off** der diegetischen Erzählwelt befinden. Aus diesem Grund muss nochmals deutlich hervorgehoben werden, dass der leider etwas unglückliche, deutsche Begriff für die Voice-Over-Narration ‹Erzählstimmen aus dem Off› die tatsächlich aktiven Funktionen eines Voice-Over Erzählers zu ungenau fasst, da durch die Verwendung des Begriffes Off nicht mehr eindeutig zwischen **Voice-Off** und **Voice-Over** unterschieden werden kann. Innerhalb des diegetischen Gefüges eines Films kommen diesen beiden Begriffen jedoch vollkommen unterschiedliche Bedeutungen zu, da es sich bei einer Voice-Off lediglich um die Stimme einer Figur handelt, die nur momentan nicht im Bild zu sehen ist, die jedoch deutlich dem raumzeitlichen Gefüge der diegetischen Welt angehört.

In À BOUT DE SOUFFLE ist beispielsweise in einer Sequenz, in der Michel Patricia zu ihrem Treffen mit einem Redakteur fährt, Michels Stimme ausschließlich im *Off* zu hören, da die Kamera permanent Patricia von schräg hinten zeigt.

> «In a film a sound is considered ‹off› (literally off the screen) when in fact it is the sound's source that is off the screen; therefore an ‹off-screen voice› is defined as one which belongs to a character who does not appear (visually) on the screen.»[67]

Eine ähnliche Verwendung der Voice-Off findet sich auch in der Anfangssequenz von MURDER MY SWEET. Dort blickt die Kamera anfangs direkt in das blendende Licht einer Lampe, wozu die Stimmen der Polizisten zu hören sind, die Marlow befragen. Erst nach einer Weile schwenkt sie von oben auf die sprechenden Personen hinab.

Anhand dieser beiden Beispiele wird deutlich, dass die Verwendung der Voice-Off eine rein stilistische Entscheidung ist, sie jedoch keine direkte erzählerische Funktion wie die Voice-Over-Narration hat.

Eine klassische Definition der Voice-Over-Narration besagt, dass der Akt des Erzählens immer außerhalb der erzählten Welt stattfinden muss (also extradiegetisch) oder die Erzählung zumindest zeitversetzt (also asimultan) zum erzählten Geschehen stattfinden muss.

> «Contrarily, voice-over is distinguishable by the fact that one could not display the speaker by adjusting the camera's position in the pictured story space; instead the voice comes from another time and space, the time and space of the discourse.»[68]

---

somit auch visuell in ihre Erzählung entführen. Ein Erzählung, die dagegen nur im On stattfindet, ohne auch entsprechend auf der visuellen Ebene abzugleiten, bezeichnet Chion dementsprechend als **nicht-igonigetisch** *(non- iconogène / voix ou récit).*

67 Metz 1999, S. 357.
68 Kozloff 1988, S. 3.

Der Ton müsste folglich in irgendeiner Form versetzt zur visuellen Diegese auftreten, damit man von einer vorrangig auditiven Narrationsform sprechen kann. Eine nach diesem Verständnis klassische Voice-Over Narration wäre zum Beispiel die einleitende Stimme der sich zurückerinnernden Protagonistin Evey aus V FOR VENDETTA (James McTeigue, USA/GB/D 2005), durch den verwendeten, grammatikalischen Tempus wird das Erzählte eindeutig als vergangen markiert:

> «Remember, remember, the Fifth of November, the Gunpowder Treason and Plot. I know of no reason why the Gunpowder Treason should ever be forgotten. But what of the man? I know his name was Guy Fawkes and I know, in 1605, he attempted to blow up the Houses of Parliament. But who was he really? What was he like? We are told to remember the idea, not the man, because a man can fail. He can be caught, he can be killed and forgotten, but 400 years later, an idea can still change the world. I've witnessed first hand the power of ideas, I've seen people kill in the name of them, and die defending them. But you cannot kiss an idea, cannot touch it, or hold it. Ideas do not bleed, they do not feel pain, they do not love. And it is not an idea that I miss, it is a man. A man that made me remember the Fifth of November. A man that I will never forget.»

Zu diesem einleitenden Monolog, der noch vor dem Titel stattfindet, ist die Verhaftung und Hinrichtung des historischen Guy Fawkes zu sehen. Erst danach setzt die narrative Handlung ein, die zeitlich vor jenem Monolog stattfindet, jedoch 400 Jahre nach dem, auf der visuellen Ebene präsentierten, Geschehen angesiedelt ist.

1.5.3 Voice-On

Insbesondere im aktuellen Film finden sich jedoch zahlreiche Mischformen der Voice-Over Narration, die sich nicht mehr in strikte Kategorien einordnen lassen. Diese auditiven Mischformen, aus einer Voice-Over-Narration und einer direkten Narration im *On*, kommen durch einen selbstbewussten Umgang mit den narrativen Konventionen des Films als fiktionsschaffendes Medium zustande.[69] Durch ein direktes Ansprechen des Zuschauers von einer Voice-On wird nämlich immer auch auf den Akt des Erzählens selbst verwiesen und sich damit einem ungeschriebenem Gesetz der konventionellen Narrationsstrategie widersetzt – analog jenem ungeschriebenem Gesetz, nach dem der direkte Blick einer Figur in die Kamera unbedingt vermieden werden sollte.

> «And I then discovered why they say, ‹don't look into the lens›. It's very disconcerting for an audience because you've been programmed and conditioned to never have a

---

[69] Da die Figuren direkt in die Kamera sprechen, bezeichnet Chion die direkte Narration im On auch als *camera speech*.
Vgl.: Chion 2009, S. 358.

1.5 Funktionen und Wirkungsweisen der Voice-Over-Narration

direct confrontation with the film. The film is always very gently and politely just looking over your shoulder, and the actors never really look at you, unless it's a horror film, in which case you know death is going to be the thing that happens next and you're frightened and, in that case, they allow you to look straight into the lens.»[70]

Im aktuellen Film werden diese beiden, die Erzählung selbst entblößenden Gesten auch gerne miteinander kombiniert, wie in INSIDE MAN (Spike Lee, USA 2006), der von dem Bankräuber Dalton Russel handelt, der in einer New Yorker Bank den perfekten Bankraub begeht. Der Film beginnt dabei *in media res*, noch vor den Anfangs-Credits, mit einer irritierenden Aufnahme, die Dalton direkt in die Kamera blickend und sprechend zeigt:

> «My name is Dalton Russell. Pay strict attention to what I say because I choose my words carefully and I never repeat myself. I've told you my name: that's the Who. The Where could most readily be described as a prison cell. But there's a vast difference between being stuck in a tiny cell and being in prison. The What is easy: recently I planned and set in motion events to execute the perfect bank robbery. That's also the When. As for the Why: beyond the obvious financial motivation, it's exceedingly simple, because I can. Which leaves us only with the How; and therein, as the bard would tell us, lies the rub.»

Nach einem Dolly-Zoom auf Dalton beginnt daraufhin die Handlung des Films, beziehungsweise wird nun in einem *Flashback* Daltons (jedoch ohne dessen weitere auditive Narration) der Bankraub präsentiert. Daltons Verweis darauf, dass er sich in einer Zelle befände sowie die entsprechenden, konventionalisierten Bilder, die dazu von seiner Stimme hervorgerufen wurden, lassen den Zuschauer natürlich vermuten, dass sein Plan misslungen ist, er von der Polizei gefasst wurde, nun im Gefängnis sitzt und von dort aus, rückblickend, seine Geschichte präsentiert.

Im Laufe der Handlung wird jedoch deutlich, dass es Dalton tatsächlich gelungen ist den perfekten Bankraub auszuführen. Er hat die Geiseln, wie sich und seine Komplizen gekleidet, so dass die Polizei nicht mehr zwischen Räubern und Geiseln unterscheiden konnte, als diese aus der Bank herausstürmten. Auch wurde bei dem Überfall niemand verletzt (Dalton präsentierte den Polizisten unter Anderem die gefakte Ermordung einer Geisel, um seine Forderungen zu unterstreichen). Die Räuber hatten Spielzeugwaffen benutzt und auch aus der Bank wurde scheinbar nichts gestohlen. Tatsächlich entwendete Dalton nur aus dem Schließfach des Bankdirektors, das in keiner Liste aufgeführt wurde, eine Anzahl wertvoller Diamanten, an die der Direktor durch Geschäfte mit den Nazis gekommen war.

Die Bilder, die Dalton zu Beginn in einer vermeintlichen Gefängnis-Zelle zeigten, waren somit eine visuelle Lüge, was durch den Dolly-Zoom bereits angedeu-

---

70 Figgis, S. 2.

tet wurde. Tatsächlich erzählte er die Geschichte aus einer selbst gebauten ‹Zelle› heraus, die er sich von seinen Komplizen hinter einer Wand in die Lagerhalle der Bank errichten ließ, um nach einer Woche unbeschadet mit den Diamanten aus der Bank zu gehen. Abschließend folgt Daltons rekapitulierende Voice-Over-Narration:

> «I'm no martyr. I did it for the money. But it's not worth much if you can't face yourself in the mirror. Respect is the ultimate currency. I was stealing from a man who traded his away for a few dollars. And then he tried to wash away his guilt. Drown it in a lifetime of good deeds and a sea of respectability. It almost worked, too. But inevitably, the further you run from your sins, the more exhausted you are when they catch up to you. And they do.»

Auditive Narrationsformen, die aus dem diegetischen Gefüge heraus stammen, lassen eine Einordnung in die klassische Definition der Voice-Over-Narration nicht mehr zu, da das *Over*, das heißt die Differenz der Stimme zur präsentierten Erzählwelt, nicht mehr gegeben ist. Somit handelt es sich bei diesen Typen einer auditiven Narration um eine Weiterentwicklungen des klassischen Erzählgestus des Voice-Over Narrators, der sich nun den Begebenheiten eines (post-)modernen Verständnisses filmischer Narration angepasst hat.

Eine solche Ausnahme stellt auch ein Acousmêtre dar, der zwar ein Bestandteil der diegetischen Handlung ist, von der Kamera jedoch nicht enttarnt und damit räumlich und körperlich nicht im Bild festgeschrieben werden kann.

Im aktuellen Film wird der Acousmêtre zwar meist zur Spannungssteigerung und zur Erschaffung einer unheimlichen Atmosphäre eingesetzt, jedoch finden sich in V FOR VENDETTA z. B. ein Acousmêtre dem durchaus eine erzählerische Funktion zugeschrieben werden kann. V, der Acousmêtre und Antagonist des Films, trifft sich gegen Ende mit Inspektor Finch, um diesem die Verwicklung des Kanzlers in die Ereignisse zu schildern, die zur Entstehung eines totalitären Regimes in Großbritannien führten. Zwar trägt V in dieser Sequenz nicht seine typische Guy-Fawkes-Maske, jedoch bleibt sein Gesicht (sein Mund) im Schatten und ist durch Hut, herunterhängende Haare und Sonnenbrille verdeckt. Folglich behält V auch in dieser Sequenz seine akusmatische Machtposition bei, während durch seine Erzählung, die entsprechenden, vergangenen Ereignisse auf der visuellen Ebene hervorrufen werden.

1.5.4 Die *Innere Stimme*

Ein weiterer Sonderfall einer Voice-Over-Narration abseits der klassischen Definition findet sich in der **Inneren Stimme**, beziehungsweise dem hörbar gemachten Gedankenfluss einer Figur. Dabei handelt es sich um eine sich über das Bild legende *Innere Stimme* einer diegetischen Figur, beziehungsweise die Offenlegung deren Gedanken. Je nachdem, ob sich die denkende Figur in der Kadrierung des Bildes befindet oder nicht, wäre ihre *Innere Stimme* somit im *On* oder *Off*.

> «In the interior monologue [...] the voice and the body are represented simultaneously, but the voice, far from being an extension of that body, manifests its inner lining. The voice displays what is inaccessible to the image, what exceeds the visible: the ‹inner life› of the character. The voice here is the privileged mark of interiority, turning the body ‹inside out›»[71]

Die *Innere Stimme* offenbart dem Zuschauer, über die auditive Ebene, die Gefühls- und Gedankenwelt einer Figur und erinnert damit an das literarische Stilmittel des *Stream of Consciousness*. Somit kann die Innere Stimme das Bildlichen gegebenenfalls völlig uminterpretieren und in einem anderen Licht erscheinen lassen.[72]

Die *Innere Stimme*, als innerer, beziehungsweise subjektiver diegetischer Ton[73], findet in einem Grenzbereich zwischen synchronem und asynchronem Ton statt, da es sich um einen eigentlich unhörbaren Ton handelt, der nur in dem fiktiven Konstrukt der Erzählwelt für den Zuschauer hörbar gemacht werden kann. Für die übrigen Figuren der diegetischen Welt bleiben jene *Inneren Stimmen* ebenso unhörbar, wie dies bei einer klassischen Voice-Over-Narration der Fall ist.

Eine weitere auditive Narrationsform, die der *Inneren Stimme* sehr ähnlich ist, ist die hörbar gemachte **Schreibstimme** einer Figur. Eine Schreibstimme wird eingesetzt, wenn dem Zuschauer der Inhalt eines Briefes oder einer Tagebucheintragung vermittelt werden soll. Dem Zuschauer werden so die lesenden, beziehungsweise schreibenden Gedanken einer Figur offenbar, ohne dass dieser das Geschriebene selbst visuell entziffern muss, wie dies anhand der Sequenz aus ATONEMENT deutlich wurde, in der die Schreibstimme Cecilias zur Verknüpfung der einzelnen Handlungsorte verwendet wurde.

1.5.5 Simultan/Asimultan

Das zeitliche Verhältnis zwischen visueller Diegese und auditiver Narration wird durch die Wahl des jeweiligen grammatikalischen Tempus verdeutlicht, in dem der Erzähler spricht. Bei einer **simultanen** Voice-Over-Narration wird dementsprechend das Präsens verwendet. Diese Form der audiovisuellen Simultanität einer Voice-Over-Narration findet sich häufig im klassischen Dokumentarfilm, wo eine allwissende Kommentarstimme in der dritten Person dem Zuschauer die bildlich dargestellten Ereignisse erläutert. Im fiktiven Film findet sich ein solch simultaner Einklang von visueller und

---

71 Doane, S. 369.
72 Vgl. das Beispiel aus BRIEF ENCOUNTER in d) synchron/asynchron auf S. 138.
73 Chion unterscheidet weiterhin zwischen objektiven und subjektiven inneren Ton. Objektiv wären, laut Chion, natürliche Geräusche des Körpers, wie ein hörbarer Atem, Stöhnen oder Herzklopfen. Unter subjektiv würden dagegen alle Arten der Inneren Stimme fallen. Vgl.: Chion 1994, S. 76

auditiver Ebene bei der Verwendung synchron zum Bild auftretender Erzählerfiguren, wie der *Inneren Stimme* oder Erzähler-Figuren, die den Zuschauer direkt ansprechen.

Aber auch asynchrone, simultane Erzählstimmen lassen sich vereinzelt im aktuellen Film finden, so in 300. Dort berichtet Dilios der Erzähler eigentlich retrospektiv über die Ereignisse jener Schlacht der 300 gegen das Heer der Perser, da er der einzige, überlebende Spartaner ist, der von Leonidas zurückgeschickt wurde, um der Nachwelt von dem Kampf berichten zu können. In der deutschen Fassung wird, durch die Verwendung des epischen Präsens, jedoch der deutliche Eindruck einer Simultanität der erzählten Handlung und der Erzählung erweckt.

> «Die Meeresbriese streicht ihm kühlend über die schweißgebadete Brust und den Nacken. Möwen krächzen klagend, selbst während sie sich an den tausend Leichen laben, die auf dem Wasser treiben. Der gleichmäßige Atem der 300 in seinem Rücken bereit für ihn zu sterben, ohne einen Augenblick zu zögern. Jeder einzelne von ihnen, bereit zu sterben. Sein Helm beengt ihn. Sein Schild ist schwer.»[74]

Diese Simultanität führt weiterhin zu einem Parallelismus-Effekt zwischen Bild und Ton, wie er von zahlreichen Kritikern der Voice-Over-Narration häufig bemängelt wurde. So sind die krächzenden Möwen zu sehen, während Dilios dies erzählt und auch der König lässt sein Helm und sein Schild in eben dem Moment fallen, in dem der Erzähler davon berichtet. In 300 soll dieser absichtlich erzielte Parallelismus von Bild und Ton dazu beitragen, den allgemein sehr expressiven, artifiziellen Charakter und Look des Films noch weiter zu potenzieren.

Demgegenüber verhält sich eine klassische Voice-Over-Narration fast immer **asimultan** zum zeitlichen Gefüge der visuell präsentierten Diegese. Die Asimultanität wird dabei meistens durch ein visuelles Flashback herbeigeführt, also einem Rückblick des Erzählenden auf bereits Geschehenes, das er durch seine Worte bildlich wieder aufleben lässt. Dies wird für den Zuschauer durch die jeweilige Verwendung des grammatikalischen Tempus gekennzeichnet, das heißt durch die Verwendung des Präteritums oder des Präsens.

Dabei kann es sich einerseits um eine Erzählstimme in der dritten Person handeln, die den Zuschauer mittels eines märchenhaft zurückblickenden «Es war einmal...»-Erzählgestus in die Vergangenheit entführt, oder einen Erzähler der eventuell an literarische Vorlagen und deren sprachlichen Form anknüpft, wie zum Beispiel der heterodiegetische Erzähler in der dritten Person in JULES ET JIM (Francois Truffaut, F 1962).

---

[74] In der amerikanischen Originalfassung ist dieser Effekt einer zeitlichen Simultanität, trotz der Verwendung des dramatic present, nicht ganz so deutlich heraus zu hören:
«The seaborn breeze, coolly, kissing the sweat at his chest and neck. Gulls cawing, complaining, even as they feast on the thousands of floating dead. The steady breathing of the 300 at his back, ready to die for him without a moment's pause. Everyone of them ready, to die. His helmet was stifling, it narrowed his vision. And he must see far. His shield was heavy.»

1.5 Funktionen und Wirkungsweisen der Voice-Over-Narration

> «C'était vers 1912. Jules étrange à Paris avait demandé au Jim qu'il connaissait à peine, de le faire entrer au bal des Quat'z'Arts. Jim vient lui procurer une carte et l'avait ramené chez le costumier. C'est pendant que Jules fouillait doucement parmi les étoffes et choisissait un simple costume d'esclave que naquit l'amitié de Jim pour Jules.»

Andererseits kann auch durch einen Ich-Erzähler ein asimultanes Bild-Ton Verhältnis erzeugt werden, wenn dieser mittels eines visuellen Flashbacks auf vergangene Ereignisse zurückblickt.

> «Der emotionale Konflikt spielt sich in der Vergangenheit ab. Und in sie dringt man mit Hilfe der Stimme und der visualisierten Erinnerung derjenigen Figur ein, an die der Flashback angebunden ist. Wie von selbst eröffnet die Form einen verengten, persönlich gefilterten Blick auf die Handlung. Sie bietet sich an, das thematische Interesse am Subjektiven auch auf der formalen Eben auszuarbeiten.»[75]

Ein solcher Erzähler findet sich beispielsweise in STAND BY ME (Rob Reiner, USA 1986):

> «I was 12 going on 13 the first time I saw a dead human being. It happened in the summer of 1959-a long time ago, but only if you measure in terms of years. I was living in a small town in Oregon called Castle Rock. There were only twelve hundred and eighty-one people. But to me, it was the whole world.»

Eher selten findet sich dagegen ein visuelles Flashforward mit einer erinnerten, asimultanen Erzählstimme. Eine solche Erzählstimme aus der Vergangenheit wird meist dazu verwendet, um dem Zuschauer bereits Geschehenes oder Gesagtes nochmals zu verinnerlichen und ihn dies unter anderen Gesichtspunkten wahrnehmen zu lassen. Diese auditive Nachzeitlichkeit wird durch einen verstärkten Hall, beziehungsweise eine gewisse Dumpfheit im Klang gekennzeichnet, wodurch das zu Hörende als etwas Vergangenes markiert wird. Das grammatikalische Tempus wird dann meist im Präsens gehalten und weist somit auf einen vergangenen Ist-Zustand hin, der nun mit der wirklich gewordenen Gegenwart konfrontiert wird. So in BRIEF ENCOUNTER, wenn Laura sich im Bahnhofscafé sitzend an ihren und Alecs Dialog in der Wohnung von Alecs Freund zurückerinnert. Diese Erinnerung bewegt sie schließlich dazu, doch in jene Wohnung zu Alec zurückzukehren.

Ein wesentlich komplexeres Beispiel findet sich dagegen in dem elliptisch angelegten Film PARANOID PARK (Gus Van Sant, F/USA 2007), der von dem jungen Skater Alex handelt, der eines Nachts versehentlich am tödlichen Unfall eines Bahn-Nachtwächters beteiligt wird. Um das Erlebnis zu verarbeiten schrieb er es auf und

---

75 Christine N. Brinckmann: Der Voice-Over als subjektivierende Erzählstruktur des Film Noir. In: Marian Lewinsky / Alexander Schneider (Hrsg): *Die antromorphe Kamera und andere Schriften zur filmischen Narration. Züricher Filmstudien 3.* Zürich 1997, S. 118–119.

verbrannte den Text danach. Die Erinnerung an diese Aufzeichnung, sprich die Erinnerung an seine Schreibstimme und deren damit verbundene, visuelle Rekapitulation ergeben in ihrer Gesamtheit für den Zuschauer erst am Ende des Films einen Sinn und bestätigen letztendlich Alex Verwicklung in die Tat, deren komplettes Ausmaß sich zuvor nur erahnen ließ.

1.5.6 Synchron/Asynchron

Laut der klassischen Definition sollte bei einer Voice-Over-Narration immer ein asynchrones Bild-Ton Verhältnis etabliert werden, da die auditive, narrative Ebene aus einer raumzeitlich fremden Instanz stammen sollte und somit keiner natürlichen Quelle im Bild zugeordnet werden darf. Tatsächlich trifft dieser Umstand auch auf die meisten Ich-Erzähler und Erzähler in der dritten Person zu.

Bei Narrationsformen wie der *Inneren Stimme*, dem direkten Ansprechen des Zuschauers durch eine erzählende Figur oder bei bestimmten Formen des Acousmêtre besteht jedoch ein synchrones Bild-Ton Verhältnis, wie zum Beispiel in THE NEW WORLD (Terence Malick, USA/GB 2005), wo sich die *Inneren Stimmen* der Figuren über die sinnlich, ruhigen Naturaufnahmen und recht schlichte Handlung legen, so dass sich Bild und Ton gegenseitig bereichern und poetisch erhöhen. Ein ähnliches Beispiel findet sich in BRIEF ENCOUNTER, wenn Laura mit ihrer Bekannten, Myrtle, im Zug sitzt, die ununterbrochen auf sie einredet, während Laura in Gedanken ganz bei sich ist. Die Stimme der Bekannten verklingt dabei langsam, während Lauras *Innere Stimme* in den Vordergrund rückt: «I wish, I could trust you. I wish you were a wise, kind friend instead of a gossiping acquaintance I've known casually for years and never particularly cared for. I wish, I wish...». Auf diese Weise erhält die eigentliche, eher belanglose Handlung der Sequenz eine völlig andere Aussage, da der Fokus auf Laura gesetzt wird und das eigentlich alltägliche Gespräch der Bekannten eine deutlich negative Konnotation bekommt.

2 Wahrnehmen/Hören/Stimme – Die psychoakustischen Aspekte der filmischen Narration

Der filmische Ton kann tatsächlich nicht nur starke Auswirkungen auf die gesamte Struktur des Films haben, sondern sogar körperliche Effekte im Zuschauer hervorrufen. Aus diesem Grund sollen in dem nun folgenden Abschnitt die psychoakustischen Aspekte des Hörens und Zuhörens genauer untersucht werden. Dabei betrachte ich zuerst die psychoakustischen Grundlagen des Hörens und die sinnlichen Aspekte des Zuhörens, um daraufhin die Bedeutung der Stimme und Stimmlichkeit innerhalb des narrativen Gesamtkomplexes Voice-Over zu untersuchen. In diesem Zusammenhang hinterfrage ich ebenfalls die vermeintliche Opposition von Hören und Sehen, um schließlich darzulegen wie diese beiden Wahrnehmungsprozesse bei der Rezeption eines narrativen Films zusammenwirken und sich dabei gegenseitig potenzieren und beeinflussen können.

2.1 Die psychoakustischen Aspekte des Hörens

Akustische Phänomene entstehen durch Druck- und Dichteschwankungen eines elastischen Mediums, wie Luft oder Wasser, die von einem vibrierenden Objekt hervorgerufen werden. Ändert sich der Druck in Zeitintervallen von ca. 0,05 bis 50 Millisekunden sind diese Schwankungen, die als Schall bezeichnet werden, hörbar. Zeitliche Veränderungen sind damit eine wesentliche Voraussetzung für die Existenz von Schallsignalen, worin auch ein grundlegender Unterschied zur Wahrnehmung visueller Sinneseindrücke besteht, da diese nicht wie akustische Phänomene flüchtig, sondern relativ dauerhaft sind.

2 Wahrnehmen/Hören/Stimme – Die psychoakustischen Aspekte der filmischen Narration

Das menschliche Gehör kann Schall in einem Frequenzbereich zwischen 20 und 20.000 Hz erfassen. Der Frequenzumfang beträgt somit zehn Oktaven und ist zehnmal größer als der Wahrnehmungsbereich des Auges.

«Dieselben Superlative gelten für die Empfindlichkeit des Gehörs. Zwischen dem kleinsten Schalldruck, den das Ohr gerade noch weiterleiten kann, und dem größten an der Schmerzgrenze besteht ein Verhältnis von eins zu einer Million. Ein gerade noch hörbarer Ton bewirkt eine Auslenkung des Trommelfells in der Dimension eines Wasserstoffmoleküls. Die kürzesten informativen Zeiten, die das Ohr verarbeiten kann, liegen im Bereich von 10hoch5 Sekunden.»[1]

Der Schall breitet sich gleichmäßig in alle Richtungen des Raumes aus. Da das Ohr akustische Reize aus dem gesamten es umgebenden Raum aufnimmt, trägt das Hören ganz wesentlich zur räumlichen Wahrnehmung bei. So kann das Gehör allein Auskunft über Größe und Beschaffenheit des Raums geben, als auch über die räumliche Tiefe (nah und fern) und die Richtung (links und rechts) aus der ein Schallsignal stammt. Des Weiteren lässt ein Schallsignal Rückschlüsse auf Material, Form, Größe und Ort seiner Quelle zu.

Grundlegend für die allgemeine Empfindung von akustischen Ereignissen sind die Tonhöhe, Lautstärke und Klangfarbe.

- Die **Lautstärke** bezieht sich auf die Amplitude eines Tons. Das heißt je höher die Amplitude ist, desto größer wird die Lautstärke eines Tons.
- Die **Tonhöhe** bezeichnet dagegen, wie hoch oder tief ein Ton klingt und hängt mit dessen Frequenz zusammen.
- Die **Klangfarbe** (Timbre) bezieht sich auf Druckschwankungsmuster, ausgelöst durch die unterschiedliche Materialität der Geräuschquelle, die es dem Hörenden ermöglichen zwei akustische Ereignisse mit der gleichen Lautstärke und Tonhöhe voneinander zu unterscheiden. Die Klangfarbe lässt uns so nicht nur zwischen verschiedenen Instrumenten unterscheiden, die den gleichen Ton in der gleichen Lautstärke spielen, sondern impliziert auch die subjektive Empfindungen beim Klang einer menschlichen Stimme.[2] Gleichzeitig ist der Drang des Menschen ein akustisches Signal mit einer Quelle zu verknüpfen jedoch so stark, dass aufgrund der visuellen Umgebung Klangfarben auch umgedeutet und somit einem anderen Objekt zugeordnet werden können.

Der mit dem menschlichen Gehör erfassbare Frequenzbereich beträgt zwischen 16 und 20.000 Hz und wird in drei große Bereiche unterteilt: Bässe, Mitten und Höhen. Im menschlichen Gehör werden die eintreffenden Schallwellen dann in elektrische

---

[1] Flückiger, S. 193–194.
[2] Die Klangfarbe wird detaillierter in **Farbe** (scharf, hell oder dunkel), **Reichhaltigkeit** (voll oder dünn) und **Dichte** (rein, schmal, breit und weiß) unterteilt.

5.5 Die Ursprünge der Voice-Over-Narration im Dokumentar- und Propagandafilm

Nervenimpulse umgewandelt, die so zur Auswertung an das Gehirn weitergeleitet werden. Ohr und Gehirn arbeiten bei der Analysierung und Decodierung eines Schallereignisses aktiv zusammen, indem sämtliche Parameter des Schalls (Intensität, Frequenz und zeitliche Struktur) ganzheitlich wahrgenommen werden, während alle nicht relevanten Anteile ausgefiltert werden. Die Hauptarbeit der Reizprozessierung, also das räumliche Hören, die Unterscheidung von Schallintensität und Tonhöhen sowie die Integration verschiedener Schallereignisse zu Melodien und Sprache, geschehen jedoch in den Analyseapparaten des Gehirns.

> «Hören ist demnach kein linearer Reiz-Reaktions-Prozess, sondern ein hochkomplexer kybernetischer Regelkreis. Es steht immer im Zusammenhang mit der psychischen Disposition des Subjekts, mit Aspekten der individuellen Wertung und mit motivationalen Zuständen, welche die auditive Wahrnehmung beeinflussen.»[3]

Der Rezipient eines Horror-Films wird beispielsweise wesentlich intensiver auf akustische Hinweise hören, die den Aufenthaltsort des Monsters verraten könnten, als der Rezipient einer Komödie die auditive Ebene des Films erforschen wird. Ebenfalls unter eine solche motivationale Beeinflussung des Gehörs fallen die Phänomene, dass man beim Klang des eigenen Namens sofort hinhört oder dass die Eltern eines Kleinkindes dessen Stimme deutlicher wahrnehmen, als die anderer Kinder.

Diese Fähigkeit zur selektiven Wahrnehmung ist insbesondere im Alltag von großer Bedeutung, da ununterbrochen eine Vielzahl von auditiven Sinnesreizen auf uns einströmt. Ein relativ gut bekanntes Phänomen ist der *Cocktail-Party Effekt*, der erstmals 1953 durch den Akustiker Colin Cherry beschrieben wurde und erklärt, wie wir uns im sprachlichen Getümmel einer Party dennoch auf die Gesprächssegmente konzentrieren können, die wir als besonders wichtig erachten. Diese Fokussierungsfähigkeit des Gehörs wird vom Gehirn gesteuert und ist entsprechend stark mit psychischen Vorgängen der gesteuerten Aufmerksamkeit verknüpft. Dabei werden lückenhafte Bruchteile aufgrund des Bedeutungszusammenhangs oder eines Vorwissens um den jeweils fehlenden Inhalt ergänzt.

Mehrere Informationen können dagegen nur gleichzeitig verarbeitet werden, wenn sie einfach strukturiert sind, da das System mit zunehmender Komplexität zur Selektion gezwungen wird. Daher ist es für den Menschen insgesamt einfacher, simultan dargebotene optische und akustische Reize zu verarbeiten, als mehrere parallel laufende, akustische Informationen.

Die Aufmerksamkeit des Zuhörers wird von dessen subjektiven Empfindungen, Motivationen, Erwartungen und Hypothesen beeinflusst und vorangetrieben. Eine solche aktive Sinn-Suche des Rezipienten wird in **Top-Down-** und **Bottom-Up-Prozesse** eingeteilt. Top-Down-Prozesse beschreiben die Verarbeitung von Informationen höherer Ebene, das heißt, wenn der Rezipient von einem bestimmten Kontext

---

3   Flückiger, S. 196.

oder äußeren Informationen ausgehend eine spezielle Reizabfolge erwartet. Bottom-Up-Prozesse beschreiben dagegen die Analyse eines Objekts oder Umstandes mittels der Elementarmerkmale des Gegenstandes und aufgrund eines gewissen Weltwissens.[4] Bottom-Up- und Top-Down-Prozesse finden fast immer gleichzeitig statt.

> «In some cases, the inference proceeds principally ‹from the bottom up,› in which conclusions are drawn on the basis of the perpetual input. Color perception is a good example. Other processes, such as the recognition of a familiar face, operate ‹from the top down›. Here the organization of sensory data is primarily determined by expectation, background knowledge, problem-solving processes and other cognitive operations. Both bottom-up and top-down processing are inferential in that perceptual ‹conclusions› about the stimulus are drawn, often inductively, on the basis of ‹premises› furnished by the data, by internalized rules, or by prior knowledge.»[5]

Neben der willkürlichen Aufmerksamkeit wirken beim Zuhörer auch unwillkürliche Aufmerksamkeitsprozesse. Dabei wird zwischen **spezifischer** und **unspezifischer Selektion** unterschieden. Unter spezifischer Selektion versteht man eine Attraktion, die von latenten Wünschen, Bedürfnissen oder Interessen mit ausgelöst wird. Im Unterschied dazu wird die unspezifische Selektion nicht von bestimmten Merkmalen ausgelöst, sondern von Reizen, die sich dadurch auszeichnen, dass sie vom Gesamtkontext abweichen. Das kann ein plötzliches lautes Geräusch, wie ein Schuss oder ein Schrei, sein oder ein falscher Ton. Bei wiederholter gleichartiger Reizung und bei Fortdauern eines neuen Reizes findet jedoch eine Gewöhnung statt, die man **Habituation** nennt.[6]

Tatsächlich wirkt der Ton im Film ununterbrochen auf den Zuschauer ein. Durch den filmischen Ton werden demzufolge nicht nur zusätzliche narrative Informationen geliefert, sondern das Bild wird durch ihn auch emotional aufgeladen.

> «Sound is 50 percent of a film at least. In some scenes it's almost 100 per cent. It's the thing that can add so much emotion to a film. It's a thing that can add all the mood and create a larger world. And it has to work with the picture – but without you've lost half the film.»[7]

Bässe können zum Beispiel eine beruhigende Grundstimmung erzeugen. Gleichzeitig werden sie, insbesondere in Action-Filmen und Thrillern, dazu eingesetzt um das Gefühl einer Reizüberflutung beim Zuschauer auszulösen, einen so genannten **Reiz-Reaktions-Mechanismus**. Dieser Effekt ist möglich, da Bässe aufgrund ihres speziellen Frequenzspektrums in jenem Bereich wirken, wo der auditive in einen taktilen

---

[4] Bordwell hat diese Begriffe auf das Entschlüsseln der narrativen Struktur des Films übertragen, worauf ich im folgenden Kapitel zur filmischen Narration näher eingehen werde.
[5] David Bordwell: *Narration in the fiction film*. Madison 1985, S. 31.
[6] Vgl.: Flückiger, S. 251.
[7] David Lynch: Action and Reaction. In: Larry Sider / Diane Freeman / Jerry Sider (Hrsg): *Soundscape. The School Of Sound Lectures 1998–2001*. London / New York 2003, S. 52.

Reiz übergeht und so den Körper als Ganzes erfüllen. Diesen Effekt kann man spüren, wenn Brust und Bauchbereich durch starke Bässe zu vibrieren beginnen.

Höhen können dagegen distanzierend wirken und ein Gefühl von Transparenz vermitteln, da sie sich allgemein stärker im Raum ausbreiten. Ebenso können hohe Frequenzen unangenehme Gefühle, wie Angst oder Beunruhigung auslösen und werden in Filmen hauptsächlich eingesetzt, um Spannung zu erzeugen. Ein bekanntes Beispiel hierfür sind sicherlich die hohen, schrillen Geigenklänge, die während der berühmten Duschszene in Hitchcocks PSYCHO zu hören sind.

Die Lautstärke selbst wird im Film als expressives Stilmittel meist in Kombination mit extremer Stille eingesetzt, da Lärm und Stille im direkten Wechsel zueinander wesentlich stärker und deutlicher wirken können. Dies beruht auf dem Umstand, dass ein Prozess der Adaption eintritt, wenn das Gehör über längere Zeit einem stabilen Reiz ausgesetzt ist. Diese Gewöhnung hat zur Folge, dass ein gleich bleibender Ton mit der Zeit immer leiser erscheint, da das Gehör ermüdet.

> «The ultimate metaphoric sound is silence. If you can get the film to a place with no sound where there should be sound, the audience will crowd that silence with sounds and feelings of their own making, and they will, individually, answer the question of, ‹Why is it quiet?› If the slope of silence is at the right angle, you will get the audience to a strange and wonderful place where the film becomes their own creation in a way that is deeper than any other.»[8]

Natürlich wurde die Stille als Stilmittel, das Mangel und Abwesenheit vermitteln soll, erst durch die Einführung des Tonfilms möglich. Doch selbst in Momenten der Stille sind meistens leise, räumliche Geräusche zu hören, auch wenn es sich dabei nur um eine Aufnahme der Raumgeräusche, das heißt des leeren Raumes handelt. Damit ist der Ton in einem Tonfilm von Anfang bis Ende eines Films niemals vollständig abwesend.

Extreme Lautstärke wird dagegen meist bei Showdowns und Verfolgungsjagden zur Spannungssteigerung eingesetzt. Bereits eine Lautstärke ab etwa 60 dB führt zu unwillkürlichen Reaktionen des Körpers, die sich in Blutdruckerhöhung, Herzfrequenzsteigerung, Verengung der Kapillaren, einer erhöhten Muskelspannung und einer Pupillenerweiterung, bis hin zu Schwindel und Gleichgewichtsstörungen bemerkbar machen können. Zudem wird die gleichzeitige, simultane Verarbeitung anderer Reize und Informationen verhindert, dass bedeutet, die archaischen Affekte des Rezipienten werden automatisch aktiviert und dessen reflektierendes Denken ausgeschaltet. Die Schmerzgrenze des menschlichen Ohrs liegt bei 120 bis 130 dB, die von einigen digitalen Tonspuren des aktuellen Films fast erreicht wird (110 bis 118 dB).[9]

---

8 Walter Murch: Touch of Silence. In: Larry Sider / Diane Freeman / Jerry Sider (Hrsg): *Soundscape. The School Of Sound Lectures 1998–2001.* London / New York 2003, S. 100.
9 Vgl.: Flückinger, S. 226.

2.2 Hören und Sehen – Das Zusammenspiel der Sinne im Film

«We tend to forget that a sound in itself is never ‹off›: either it is audible or it doesn't exist. When it exists, it could not possibly be situated within the interior of the rectangle or outside of it, since the nature of sounds is to diffuse themselves more or less into the entire surrounding space: sound is simultaneously ‹in› the screen, in front, behind, around, and throughout the entire movie theatre.»[10]

Sobald akustische und visuelle Informationen, wie dies im Film der Fall ist, gemeinsam dargeboten werden, ist es für deren genaue Funktionsanalyse notwendig zu definieren, auf welche Weise die verschiedenen Sinnesorgane angesprochen werden und wie sie zusammenwirken.

Die grundlegenden, physischen Unterschiede zwischen den beiden Sinnesorganen bestehen sicherlich darin, dass das Ohr im Gegensatz zum Auge unbeweglich ist und sich nicht verschließen lässt, das heißt der Zuschauer ist, ob er will oder nicht, der auditiven Wahrnehmung permanent ausgesetzt. Die Ohren liefern ganz automatisch, zu jeder Tages- und Nachtzeit, Sinnesreize ans Gehirn. Dies führt dazu, dass die akustische Wahrnehmung häufig völlig unbewusst geschieht, so dass eine Beeinflussung und Manipulation über den Gehörsinn verhältnismäßig einfach ist.

«Wir können die Augen öffnen und schließen, wir können nach etwas greifen oder es unterlassen. Die Wahrnehmungen des Ohres sind diffuser und weniger steuerbar, wir sind ihnen stärker ausgesetzt, sie dringen aufdringlicher in uns ein. Selbst im Schlaf, der nur bei geschlossenen Augen möglich ist, ist der Körper über das Ohr noch mit der Umwelt verbunden und hört auf akustische Reize. Hören steht – wie die Sexualität – im Verdacht zu verführen und abhängig zu machen.»[11]

Insbesondere im Kino ist das Weghören, aufgrund der relativ hohen Lautstärke, nur bedingt möglich. Das Wegsehen ist dagegen kein Problem. Außerdem ist das Blickfeld des Auges relativ eingeschränkt und kann grundsätzlich immer nur einen Ausschnitt der Umgebung wahrnehmen, so dass einzelne Objekte gezielt und aktiv betrachtet werden müssen. Gleichzeitig steht das Auge im wachen Zustand niemals länger als eine Millisekunde still, so dass unser Gehirn ständig mit wechselnden Informationen gefüllt wird. Das Ohr nimmt indes sämtliche akustische Ereignisse der Umgebung wahr, ganz egal ob sich die Schallquelle vor, hinter, ober- oder unterhalb des Hörers befindet.

Zwei sich gegenüberstehende Personen nehmen daher auch zwei völlig unterschiedliche visuelle Eindrücke ihrer Umgebung wahr, ihre akustische Wahrnehmunge wird auf Grund der räumlichen Perspektive zwar auch unterschiedlich gefärbt und gewichtet sein, einander aber trotzdem sehr ähnlich bleiben. Da im Gegensatz zum Blickfeld die akustische Szenerie in einem Raum für alle Menschen

---

10 Metz 1999, S. 357.
11 Doris Kolesch: Die Spur der Stimme. In: Cornelia Epping-Jäger / Erika Linz (Hrsg.): *Medien / Stimmen. Mediologie Band 9*. Köln 2003, S. 273.

2.2 Hören und Sehen – Das Zusammenspiel der Sinne im Film

weitgehend gleich ist, können Schallsignale somit eine verbindende, kollektivierende Wirkung haben. Bei einem unerwarteten Knall blicken zum Beispiel fast alle Personen gleichzeitig in die Richtung, aus der sie dieses Geräusch vermuten.

Des Weiteren ist es möglich akustische Ereignisse zu hören, die nicht sichtbar sind, da das Ohr dazu in der Lage ist, Klänge und Geräusche aus einem anderen Raum wahrzunehmen. Auch ist das Ohr dazu in der Lage einige Aktionen schneller wahrzunehmen als das Auge.

> «There are several reasons for this. First, for hearing individuals, sound is the vehicle of language, and a spoken sentence makes the ear work very quickly; by comparison, reading with the eyes is notably slower, except in specific cases of special training, as for deaf people. The eye perceives more slowly because it has more to do all at once; it must explore in space as well as follow along in time. The ear isolates a detail of its auditory field and it follows this point or line in time.»[12]

Zahlreiche Ereignisse geschehen oft schlicht zu schnell, um sie allein durch den Sehsinn richtig erfassen zu können, wie ein Schuss oder ein Autounfall. Die mit solchen Aktionen verbundenen akustischen Ereignisse dauern dagegen länger an.

Das Ohr ist außerdem dazu in der Lage verschiedene Einzelereignisse und akustische Strukturen zur gleichen Zeit zu erfassen. Das Auge nimmt hingegen nur ein einzelnes Bild oder eine Folge von Bildern wahr, auch wenn jedes Bild aus einer Vielzahl unterschiedlicher Einzelobjekte zusammengesetzt ist. Jedoch werden die visuellen Sinnesreize direkt in das Großhirn zur rationalen Verarbeitung geleitet, während die Nervenbahnen des Ohrs mit dem Zwischenhirn verbunden sind, das für die Steuerung von Emotionen, dem Hormonhaushalt und für die Erhaltung primärer Lebensfunktionen verantwortlich ist. Erst nachdem der emotionale Gehalt akustischer Sinnesreize bewertet wurde, erfolgt deren Weiterleitung ans Großhirn zur rationalen Auswertung. Dies erklärt, warum akustische Ereignisse in der Lage sind unvermittelt Emotionen und Körperreaktionen hervorzurufen.

Keiner dieser beiden Sinne kann jedoch als höherwertig oder minderwertig bezeichnet werden, da jeder spezifisch, bedeutende Aufgaben zu erfüllen hat sowie die beiden Sinne erst im Zusammenwirken miteinander ihr vollständiges Potenzial entfalten können. Dennoch galt lange Zeit die Prämisse, dass die visuelle Wahrnehmung bedeutender sei, als die auditive, da der Mensch wesentlich effektiver visuelle Informationen verarbeiten könne als auditive und sich das auditive System dementsprechend dem Visuellen unterordnen würde. Das Sehen wurde infolgedessen als objektiver und plastischer Sinn verstanden, während das Hören als flächenhaft, flüchtig und nicht verfolgbar galt.[13] Diese Vorurteile wurden zu einem Großteil von den Tonfilmgegnern und damit in die Filmtheorie übernommen.

---

12 Chion 1994, S. 10–11.
13 Vgl.: Rainer Guski: *Wahrnehmung*. Stuttgart/Berlin/Köln 1989, S. 167.

2 Wahrnehmen/Hören/Stimme – Die psychoakustischen Aspekte der filmischen Narration

> «Cinema, as I define it is an essentially visual medium. Movies may or may not present audible speech and other sounds as well as visual representations, and such auditory accompaniments may or may not constitute part of the fictional content the movie presents (sound, where it occurs, may be ‹intra-› or ‹extradiegetic›, in the favored lingo). The auditory, as well as the olfactory and the rest are optional. Where these things do accompany the visual component we have a work that is more than purely cinematic; it has the features a thing must have to be a cinematic work, and it has others besides.»[14]

Selbstverständlich sind solche Behauptungen und Vergleiche vollkommen sinnlos und auch wissenschaftlich haltlos, da die unterschiedlichen Sinne eben nicht identische, sondern unterschiedliche Informationen verarbeiten. Dennoch wurde von zahlreichen Philosophen, wie Charles de Bouelles, René Descartes, Imannuel Kant oder Johann Gottfried Herder vermutet, dass die visuelle Wahrnehmung eine größere Objekthaftigkeit und unmittelbare Räumlichkeit vermittelt und sie damit der für den Menschen bedeutendere Sinn sei.[15]

Tatsächlich richtet sich im Alltag das visuelle System jedoch häufig nach dem Auditiven, wenn sich der Blick zum Beispiel instinktiv zu Ereignissen wendet, die sich akustisch bemerkbar gemacht haben.

> «Es soll aber hier noch einmal betont werden, dass diese Diskussion um ‹wichtige› und ‹weniger wichtige› Sinne eigentlich unangemessen ist, weil sie die unterschiedlichen Funktionen der Wahrnehmungsteilsysteme und ihre Zusammenarbeit ignoriert: die Augen, die Ohren, die Nase, die Temperatur-, Druck-, Geschmacks- und anderen Sinne entnehmen der Außen- und Innenwelt des Menschen jeweils spezifische Informationen über deren Zustand. Alle Teilsysteme zusammen reichen nicht aus, um ein vollständiges und realitätsgetreues Bild von der Welt und unserer Position in ihr zu ermöglichen, aber sie reichen im allgemeinen aus, um die für unsere Handlungsmöglichkeit und der Handlungsnotwendigkeit angemessene und realistische Informationen zu geben.»[16]

Um wahrgenommene Objekte näher charakterisieren zu können, werden daher mehrere Empfindungen instinktiv miteinander in Zusammenhang gebracht und assoziativ verknüpft. Informationen, die mittels eines Sinns empfangen werden, werden so immer auch mit Informationen abgeglichen, die von einem anderen Sinn vermittelt werden. Durch das Zusammenfügen dieser einzelnen, wahrgenommenen Fragmente entsteht dann, in Verbindung mit zuvor erlangter Erfahrung, ein Mehrwert, der eine gedankliche Ergänzung fehlender Teile ermöglicht und so eine genauere Beschreibung der Umwelt erlaubt, die nichtsdestotrotz immer wieder zu

---

14 Gregory Currie: *Image and Mind. Film, Philosophy, and Cognitive Science*. Cambridge 1995, S. 2–3.
15 Vgl.: Karl-Heinz Göttert: *Geschichte der Stimme*. München 1998, S. 14. und S. 383.
16 Guski, S. 169–170.

Fehlinterpretationen führen kann. Aufgrund dieser psychologischen Konstitution, die in der Kognitionspsychologie als *cross-modal checking* bezeichnet wird, tendieren wir dazu, Hörbares immer mit Sichtbarem in Verbindung zu bringen oder eine Stimme immer dem nächst sichtbaren, sprechenden Körper zuzuweisen. Damit bildet diese Konstitution auch die Grundlage für die Akzeptanz von Synchronisationen, bei welcher über Unstimmigkeiten zwischen gesprochener Sprache und Lippenbewegung unbewusst hinweggesehen wird. Chion bezeichnet diese automatische Beziehungsherstellung als *synchresis*, einen Begriff, den er aus Synchronismus und Synthese zusammengesetzt hat.[17]

> «Because this phenomenon is uncontrollable, it leads us instantly to establish a relationship of close interdependence and ascribe to a single common source sounds and images that may be in their essence very different, originate from very different sources, and have little in common in reality. Film makers abundant use of this effect in postsynchronization and the production of sound effects.»[18]

Schon Aristoteles sprach von der Einheit der fünf Sinne in einem ‹sensus communis›, der die Informationen der Einzelsinne auf einer höheren Ebene integrieren würde.[19] In der aktuellen Psychologie gilt dagegen die Doktrin der korrespondierenden psychophysischen Eigenschaften, die besagt, dass «die Art und Weise, wie Wahrnehmungssysteme arbeiten, vergleichbar ist und dass die Gesetzmäßigkeiten, die im Zusammenhang zwischen physischen und Umweltmerkmalen und Wahrnehmungsergebnissen festgestellt werden, im Grunde bei allen Sinnessystemen herrschen.»[20]

Die einzelnen Sinne unterstützen sich somit gegenseitig, indem sie analog Informationen über die Welt erhalten, welche demgemäß auch analog verarbeitet werden. Demnach sind die Informationen aus den verschiedenen Sinnes-Teilsystemen weder äquivalent noch identisch, sondern müssen erst zu einem Gesamtereignis zusammengefügt werden. Man spricht daher von der ‹Ganzheitlichkeit der Situationswahrnehmung durch alle Sinne› oder auch von einer ‹ganzheitlichen Musik der Sinne›.[21] Aus diesem Grund hat eine Eins-zu-eins-Verbindung von Bild und Ton, das heißt eine akustische Verdoppelung des Informationsgehaltes wenig Sinn, da sie den Zuschauer zwar in seiner Wahrnehmung bestärkt, jedoch keine zusätzlichen Informationen liefert.

Tatsächlich ist der innere Drang simultan dargebotene Reize zu koppeln so stark, dass auch Eindrücke zu einer zusammengehörenden Einheit verschmolzen werden, die rational betrachtet eigentlich gar nicht miteinander zusammenhängen können. Ist eine

---

17 Vgl.: Chion 1994, S. 224
18 Chion 2009, S. 214–215.
19 Vgl.: Aristoteles: *Über die Seele*. Mit Einleitung, Übersetzung (nach W. Theiler) und Kommentaren herausgegeben von Horst Seidl. Hamburg 1995, S. 137–145.
20 Guski, S. 151.
21 Vgl.: Guski, S. 153.

solche Verbindung einmal entstanden, genügt in der weiteren Folge nur einer der Sinnesreize aus, um das Objekt oder Ereignis entsprechend zu verifizieren. Folglich werden die Informationen im Gehirn nicht nur ausgewertet und miteinander verknüpft, sondern auch mit einem Erlebniswert und einer emotionalen Einfärbung versehen.

Für die Filmgestaltung hat diese zwangsläufige Verknüpfung zur Konsequenz, dass sich fast grenzenlose Möglichkeiten zur Koppelung von Bild und Ton bieten. So spricht man von einer **Polarisation**, wenn ein neutraler Bildinhalt durch die Tonspur mit einer erweiterten Bedeutung oder Emotion aufgeladen wird. Eine solche auditive Polarisation findet sich in PICNIC AT HANGING ROCK (Peter Weir, AUS 1975). Dort sind alle Aufnahmen des Hanging Rock, im Kontrast zu dem ansonsten sehr natürlich, verträumt wirkenden *Sound Design* des Films, mit einem dumpfbedrohlichen Dröhnen unterlegt, um die eigentlich harmlosen Landschaftsbilder mit der Ahnung einer nicht greifbar, lauernden Gefahr aufzuladen.

Von **Dissonanz**[22] spricht man stattdessen, wenn zwischen Bild und Ton Gegensätze etabliert werden und der Rezipient das Geschehen hinterfragen muss, beziehungsweise versuchen muss die Gegensätze assoziativ, mittels seines Weltwissens und seiner Fantasie, aufzulösen.[23] Eine solche Form der audiovisuellen Dissonanz findet sich relativ häufig in BADLANDS (Terrence Malick, USA 1973) in Form der durchgängigen Erzählstimme der naiv-kindlichen Protagonistin Holly. In einer Sequenz betrachtet Holly beispielsweise die Dias ihres Vaters, die weit entfernte Sehenswürdigkeiten und längst verstorbene Menschen zeigen – dazu ist ihre Erzählstimme zu hören:

> «One day, while taking a look at some vista in Dad's stereopticon it hit me, that I was just a little girl, born in Texas, whose father was a sign painter, who had only just so many years to live. It sent a chill down my spine and I thought where would I be this very moment if Kit had never met me? Or killed anybody? This very moment. If my mum had never met my dad. If she had never died. And what's the man I'll marry gonna look like? What's he doing right this minute? Is he thinking about me now by some coincidence even though he doesn't know me? Does it show on his face?»

Die im Kontext des Films eigentlich bedeutungslosen Dias erhalten durch Hollys Erzählstimme eine völlig andere Konnotation und werden so zu einer poetischen Betrachtung über die Vergänglichkeit des Lebens und ihres eigenen, scheinbar unausweichlichen Schicksals.

Ein dissonantes Bild-Ton Verhältnis wird auch in der letzten Sequenz etabliert, wenn Kit und Holly im Licht der untergehenden Sonne abgeführt werden, während Hollys Erzählstimme vollkommen emotionslos die darauffolgenden Ereignisse zusammenfasst:

---

22 In der frühen Tonfilmtheorie wird eine solche Form der Ton-Bild Koppelung häufig als **Kontrapunkt** bezeichnet. Vgl.: Karcauer, S. 160–173.
23 Vgl.: Hannes Raffaseder: *Audiodesign*. Leipzig 2002. S. 267–268.

2.2 Hören und Sehen – Das Zusammenspiel der Sinne im Film

«Kit and I were taken back to South Dakota. They kept him in solitary so he didn't get a chance to get acquainted with the other inmates. They were sure they'd like him, especially the murderers. Myself, I got off with probation and a lot of nasty looks. Later, I married the son of the lawyer who defended me. Kit went to sleep in the courtroom while his confession was being read and he was sentenced to die in the electric chair. On a warm spring night six month later, after donating his body to science, he died.»

Besondere Emotionen werden ausschließlich von bestimmten Sinneseindrücken ausgelöst und können als Verknüpfungen von emotionalen Erlebnisinhalten sogar über sehr lange Zeit hinweg bestehen bleiben. So kann ein bestimmtes Geräusch plötzlich eine Erinnerung hervorrufen, die Jahre zurückliegt, aber damals mit eben diesem Sinnesreiz verknüpft wurde. Die in der Literatur sicherlich bekannteste Szene einer solchen Erinnerung, die durch einen Sinneseindruck hervorgerufenen wird, stammt aus Marcel Prousts *A la recherche du temps perdu* (1913–1927), wo der Geschmack einer frischen Madeleine im erwachsenen Protagonist, Marcel, eine Fülle von Kindheitserlebnissen mit Bildern, Klängen, Geschmäcken und Gerüchen hervorruft. Eine Sequenz, die sich als Zitat in RATATOUILLE (Brad Bird / Jan Pinkava, USA 2007) wiederfindet, wenn sich der Restaurantkritiker Ego, durch den Geschmack des Ratatouilles daran erinnert, wie er als kleiner Junge von seiner Mutter mit einem Ratatouille getröstet wurde, nachdem er vom Fahrrad stürzte.

Diese Verbindung von Emotionen und sachlichen Information wird als *affektives Gedächtnis* bezeichnet und im Film sehr häufig verwendet, indem beispielsweise eine Schlüsselsequenz mit einer bestimmten Melodie oder einem Geräusch verknüpft wird, auf welches im weiteren Verlauf immer wieder verwiesen wird. Durch die Tongestaltung kann so ein unbewusstes Netz an Querverweisen und Beziehungen aufgebaut werden, welche die Handlung emotional zusammenhält und für den Zuschauer so leichter begreifbar macht. Dies findet sich in ATTONEMENT in dem Geräusch des Schreibmaschinentippens wieder, das nicht nur eng an die Figur Briony geknüpft ist, sondern insbesondere dann auftaucht, wenn Briony durch ihr Handeln oder Schreiben in das Schicksal der anderen Figuren eingreift. Dieses Geräusch dürfte beim Zuschauer somit unbewusst ein Gefühl der Spannung hervorrufen. Eine ähnliche Funktion hat natürlich auch das in PICKNICK AT HANGING ROCK auftauchende Dröhnen, dass auf eine unbewusste Bedrohung hinweist, die im Laufe der Handlung an Bedeutung gewinnt.

Damit wird nochmals offensichtlich welche bedeutende Rolle der Ton im Gesamtkonzept eines Films einnimmt, da er nicht nur zu einer direkten Beeinflussung und Uminterpretation der visuellen Ebene führen kann, sondern dieser auch eine weitere sinnlich-emotionale Bedeutung hinzuführen kann.

Die für das Wahrnehmen und Verstehen eines Films bedeutenden Sinne, das Sehen und das Hören, wirken demnach nicht nur auf vollkommen unterschiedliche Weise, sondern wirken sich auch auf ebenso gegensätzliche Art und Weise auf den Zuschauer aus. Gleichzeitig erlangen beide Sinne erst in der Verbindung miteinander ihr vollständiges Potenzial und sind so dazu in der Lage dem Rezipienten einen Mehrwert an Informationen und Emotionen zu vermitteln.

2.3 Hören, Hinhören, Zuhören

> «Hören ist ein physiologisches Phänomen; zuhören ein psychologischer Akt. Die physikalischen Voraussetzungen des Hörens (seine Mechanismen) lassen sich mit Hilfe der Akustik und der Hörphysiologie beschreiben; das Zuhören jedoch lässt sich nur durch sein Objekt, oder, wenn man das vorzieht, durch seine Ausrichtung definieren.»[24]

Des Weiteren kann das Hören selbst in die genaue Art und Weise des Hin- oder Zuhörens unterteilt werden. So besteht ein großer Unterschied zwischen dem **unreflektiert, responsiven Hinhören** – dem Hinhören nach etwas, das unsere Aufmerksamkeit geweckt hat – und dem **sinnsuchenden, intentionalen Zuhören** bei einer Unterhaltung oder einem Vortrag.

Der Semiologe Roland Barthes teilt das Zuhören demzufolge in drei Stufen ein: Die erste Stufe sei das alarmierte Hören, ein Hinhören auf jegliche Formen von Geräuschen, Stimmen und akustische Signale. Die zweite Stufe des Zuhörens befasse sich dann mit dem Entziffern der Laute, wenn das akustische Signal als menschliche Stimme oder Musik entziffert wurde und so frage die dritte Stufe des Zuhörens schließlich nach dem Sender, demjenigen der spricht.[25]

Ganz ähnlich teilt auch Michel Chion das Zuhören in drei unterschiedliche Typen ein: Das **kausale Zuhören** sei die allgemeinste Form des Hörens, da es sich hierbei um das Hören nach einem akustischen Signal handle, um auf diese Weise Informationen über dessen Ursache und dessen Quelle zu erlangen. In dieser Stufe versucht der Zuhörer zu unterscheiden, ob es sich beispielsweise um einen tierischen Laut oder eine menschliche Stimme handelt. Ist die Ursache oder Quelle des Geräuschs bekannt, diene das kausale Zuhören dazu, weitere Informationen über die Quelle zu erlangen, sprich, ob die Stimme eines Mannes oder einer Frau zu hören ist, wie alt der Sprecher ist etc.

> «In some cases we can recognize the precise cause: a specific person's voice, the sound produced by a particular unique object. But we rarely recognize a unique source exclusively on the basis of sound we hear out of context. The human indivi-

---

24 Roland Barthes: *Der entgegenkommende und der stumpfe Sinn*. Kritische Essays III. Frankfurt am Main 1990, S. 249.
25 Vgl.: Barthes 1990, S. 249.

dual is probably the only cause that can produce a sound, the speaking voice, that characterizes the individual alone.»[26]

Chion merkt hierzu an, dass der Zuhörer oftmals nur die generelle Natur der Quelle identifizieren könne, das heißt, ob ein metallischer oder ein hölzerner Gegenstand das Geräusch erzeugt habe. Aus diesem Grund sei das kausale Zuhören auch die Form des Hörens, die am leichtesten zu beeinflussen sei, was im Film dazu genutzt wird, um artifiziell erzeugte Geräusche einem Gegenstand zuzuordnen.

«Let us note that in the cinema, causal listening is constantly manipulated by the audiovisual contract itself, especially through the phenomenon of synchresis. Most of the time we are dealing with the real initial causes of the sounds, but causes that the film makes us believe in.»[27]

Die zweite Form, das **semantische Zuhören**, umfasse, laut Chion, dagegen alle Formen des Zuhörens, die dem Zweck der Entschlüsselung eines Codes oder der Sprache dienen. Während sich das kausale Zuhören demnach mit dem ‹Wie› und dem ‹Wer› befasse, beziehe sich das semantische Zuhören auf den Inhalt und die Analyse des Gehörten. Beide Formen des Zuhörens spielen somit immer zusammen, wobei das semantische Zuhören stets auf das kausale Zuhören folgt.[28]

Die letzte von Chion aufgeführte Form des Zuhörens ist die des **reduzierten Zuhörens**. Reduziertes Zuhören werde im Alltag am seltensten angewendet, da sich der Zuhörer dabei auf die Eigenschaften und Merkmale des Geräusches selbst fokussiere, jenseits einer Suche nach der Bedeutung oder Identifizierung der Quelle. Reduziertes Zuhören diene dazu den Ton oder das Geräusch als solches zu beschreiben und zu verstehen. Daher aktiviere sich das reduzierte Zuhören auch nur beim Klang akusmatischer Geräusche, nicht jedoch beim Klang von Stimmen, da diese automatisch immer das semantische Zuhören in uns wachrufen würden.[29]

Bei der Rezeption eines Films werden die unterschiedlichen Formen des Zuhörens aktiv und greifen ineinander über. Das rein responsive, kausale Hinhören, das der Zuordnung und Entzifferung aller Geräusche dient, dürfte folglich während des gesamten Films aktiv sein, so dass beim Klang einer menschlichen Stimme das semantische, intentionale Zuhören aktiviert werden kann, um die jeweilige Aussage in den Gesamtkontext der filmischen Narration einbetten zu können.

Das Hören wird oft auch als sinnlicher Akt verstanden. Über unzählige Hörerlebnisse des menschlichen Lebens erstreckt sich eine Lust am Hören – vom ergriffenen Hören von Musik, über das einlullende Lauschen einer Bettgeschichte, die ein Kind vorgelesen bekommt, dem Wasser-im-Mund-zusammenlaufen-lassen,

26 Chion 1994, S. 26.
27 Chion 1994, S. 28.
28 Chion 1994, S. 28.
29 Chion 1994, S. 29–32.

was das Geräusch von brutzelndem Essen erzeugen kann, bis hin zum narrativ, erfüllenden Zuhören bei der Rezeption eines Films.

> «Memories of the first experiences of the voice, of the hallucinatory satisfaction it offered, circumscribe the pleasure of hearing and ground its relation phantasm tic body. This is not simply to situate the experiences of infancy as the sole determinant in a system directly linking cause and effect but to acknowledge that the traces of archaic desires are never annihilated.»[30]

Barthes vergleicht das Hören aus diesem Grund auch mit dem Fühlen. Adorno und Eisler rechnen das responsive Hinhören den archaischen Trieben zu, während Lacan das Hören als ein Ereignis versteht, das dem Unterbewusstsein sehr nahe steht, da das Unterbewusstsein dem Gehör niemals verschlossen sei.[31]

Die Einführung des Tons in den Film erweiterte demnach die Lust des Kinozuschauers, von der bloßen voyeuristischen Lust am Zusehen, um die emotional wirkende Lust am Zuhören, die auch einen Großteil der Anziehungskraft der Voice-Over-Narration ausmacht. Insbesondere ist es jedoch die Lust einer menschlichen Stimme zuzuhören, die für den Zuschauer das spezielle Zuhör-Erlebnis einer filmischen Erzählstimmen ausmacht.

2.4 Die Wirkung und Macht der Stimme

> «I'm really excited about the possibility of working more with voices in sound design; I think that voice is a vastly under-used sound design element. It's silly that sound design is associates only with sound effects when the human voice is probably the most versatile and wonderful sound instrument that we know of, at least to human ears. And I know from my own experience that you can do pretty amazing things with your mouth and throat and voice in terms of making odd and emotive sounds.»[32]

Die Stimme ist ein an sich schwer greifbares und beschreibbares Medium, denn die Stimme kann lügen, die Stimme kann sich verstellen und ist gleichzeitig Ausdruck subjektivster Empfindungen ihres Trägers.

Bei der Wahrnehmung einer Stimme spielen immer auch deren Frequenz, Höhe, Lautstärke und Klangfarbe eine bedeutende Rolle, da diese dazu beitragen einer jeden Stimme ihren ganz persönlichen Ausdruck zu verschaffen.

30   Doane, S. 370.
31   Freud dagegen hat sich in seinen Schriften kaum mit der Stimmlichkeit und dem Zuhören auseinandergesetzt und versteht dagegen das Visuelle als archaisch, da die visuelle Imagination stark mit dem Unterbewusstsein verbunden sei. Vgl.: Sigmund Freud: *Der Moses Des Michaelangelo. Schriften über Kunst und Künstler.* Frankfurt 1993, S. 57–58.
32   Randy Thom: Designing a Movie for Sound. In: Larry Sider / Diane Freeman / Jerry Sider (Hrsg.): *Soundscape. The School Of Sound Lectures 1998–2001.* London / New York 2003, S. 134.

> «In der Zusammensetzung aller dieser Klangeigenschaften ist jede Stimme individuell, ja einzigartig – in diesem Punkt liegt einer der wichtigsten Unterschiede zur schriftlichen Form von Information. Keine Stimme der Welt kann bei ihrer Artikulation ihren Träger verbergen, und dies bis in weitere Abschattierungen, die sogar augenblickliche Befindlichkeit verraten.»[33]

Ähnlich wie bei Musikinstrumenten erfolgt die Sprachproduktion mittels eines aus Mund, Nase, Rachen und Oberkörper gebildeten Resonanzraums. Im Unterschied zu Musikinstrumenten können die akustischen Eigenschaften des menschlichen Resonanzkörpers mit Hilfe der Zunge, Lippen, Zähne und des Gaumens jedoch verändert werden, so dass ein nuancenreicher Ausdruck entstehen kann.

Weiterhin kann die Bedeutung des Gesprochenen durch die Sprachmelodie oder den Rhythmus beeinflusst werden, die einen Satz beispielsweise als Frage kennzeichnen. Dabei wird zunächst zwischen stimmhaften und stimmlosen Lauten unterschieden, wobei der Unterschied in der Schwingungserzeugung liegt. Bei stimmlosen Lauten schwingen die Stimmbänder nicht, sondern die Laute werden durch einen rauschförmigen Luftstrom erzeugt. Bei stimmhaften Lauten werden die Stimmbänder dagegen durch einen Luftstrom in Schwingung versetzt. Die Abfolge der einzelnen Laute selbst erfolgt sehr rasch. Im Durchschnitt werden zehn Laute in der Sekunde gesprochen, wobei die Übergänge von einem Laut zum nächsten oft genauso lang sind wie die Laute selbst.

> «Can't we say that the voice is the mother of special effects – one that requires the least technology and expense? A good actor or comic imitator, and practically everyone who has had some training and practice, is capable of altering his or her voice and giving all kinds of inflections, using only the natural bodily resources that nature has provided.»[34]

Die Stimmqualität und deren Klangfarbe werden außerdem durch die individuell unterschiedliche **Fundamentalfrequenz** bestimmt, die durch eine Vibration beim Aufsprengen der Stimmbänder entsteht. Da dieser Vorgang in ganz bestimmten Abständen geschieht, entsteht eine **Grundfrequenz**. Diese Grundfrequenz wird des Weiteren von den physiologischen Gegebenheiten des Sprechers beeinflusst, das heißt dem Geschlecht, Alter und Gesundheitszustand. Bei Männern liegt sie üblicherweise in einem Bereich zwischen 100 und 200 Hz und bei Frauen rund eine Oktave höher.

Auch emotionale Zustände können einen impliziten Einfluss auf Klang, Frequenz und Höhe der Stimme nehmen. In der alltäglichen, zwischenmenschlichen Kommunikation werden auf diese Weise eine Vielzahl von Gefühlsinhalten übermittelt, wie z. B. durch ein Seufzen oder das freudige Anheben der Stimme.

---

33 Göttert, S. 13.
34 Chion 2009, S. 337.

2 Wahrnehmen/Hören/Stimme – Die psychoakustischen Aspekte der filmischen Narration

> «Einen weiteren Hinweis auf emotionale Einflüsse auf die Stimme geben die so genannten Formaten. Das sind signifikante Energiekonzentrationen im Spektrum außerhalb der Grundfrequenz. Neben dem Rauschen, dem Frequenzbereich und der Sprechrate gehörten die Bandbreite, die Genauigkeit und die Intensität der Formanten zu den relevanten Charakteristika der Stimme. So lassen sich anhand der Stimme Rückschlüsse auf die Basisemotionen ziehen.»[35]

Auch wenn die feststellbaren Unterschiede in den einzelnen Lauten sehr gering sind, sind die Bedeutungsunterschiede teilweise erheblich und können von dem jeweiligen Zuhörer meist sehr gut zugeordnet werden. So lässt auch das Sprechtempo Rückschlüsse auf den emotionalen Zustand des Sprechers: Ein vermindertes Sprechtempo wird mit Zufriedenheit und Entspannung in Verbindung gebracht, während ein erhöhtes Sprechtempo auf Erregung, Aggressivität, Aufregung und Unsicherheit schließen lässt.[36]

Viele sprachliche Äußerungen erhalten so, durch das Zusammenspiel von Betonung, Tempo, Sprachmelodie, Klangfarbe und Lautstärke, eine emotionale Einfärbung und erst auf diese Weise eine ganz bestimmte, persönliche Bedeutung. Das gesprochene Wort als akustisches Ereignis trägt damit weitaus mehr Bedeutung in sich, als das schriftlich, fixierte Wort.

> «Die Stimme teilt das Schicksal anderer akustischer Phänomene, allzu schnell substantialisiert und personalisiert zu werden. Als ‹bedeutsamer Laut› […] bezeichnet und bedeutet sie etwas; als kundgebender Laut bringt sie seelische Vorgänge zum Ausdruck; als soziales Medium leistet sie ihren Beitrag zur Weitergabe von Sinn.»[37]

All diese Gegebenheiten veranlassten Lacan dazu, die Stimme dem ‹objet (a)› zu zuordnen, also den Objekten des ‹Anderen›, mit denen man sich als Kind zeitweilig identifiziert und die aus diesem Grund fetischisiert werden können.[38] Die Stimme ist damit mehr als ein komplexer Sendeorgan, das uns befähigt Informationen an einen Adressaten zu übermitteln, sondern führt immer auch die Spur des Subjekts, des Trägers der Stimme in sich. «Der ‹Ort› der Stimme ist die Aktivität des sie erzeugenden Leibes. Die Stimme ist die Spur des Körpers im Sprechen. Das aber heißt: Der Körper zeigt sich in der Stimme.»[39]

---

35 Jörg Merten: *Einführung in die Emotionspsychologie*. 1. Auflage. Stuttgart 2003, S. 124.
36 Vgl.: Roland Kehrein: Prosodie und Emotionen. In: Helmut Henner / Horst Sitla / Herbert Ernst Wiegand (Hrsg.): *Reihe Germanistische Linguistik*. Band 231. Tübingen 2002, S. 323.
37 Waldenfels: Stimme am Leitfaden des Leibes. In: Cornelia Epping-Jäger / Erika Einz (Hrsg.): *Medien / Stimmen*. Mediologie Band 9. Köln 2003, S. 19.
38 Vgl.: Doane, S. 370.
39 Sybille Krämer: Negative Semiologie. In: Cornelia Epping-Jäger / Erika Einz (Hrsg.): *Medien/Stimmen*. Mediologie Band 9. Köln 2003, S. 67.

2.4 Die Wirkung und Macht der Stimme

Diese Spur des Körpers, der im Klang einer Stimme fortbesteht und so in jedem Wort mitzuschwingen scheint, bezeichnet Barthes auch als die ‹Körnung› oder die ‹Rauheit› einer Stimme.

> «Sie [die Stimme] lässt einen Körper hören, der zwar keine amtliche Existenz, keine ‹Persönlichkeit› hat, aber dennoch ein abgesonderter Leib ist; und vor allem befördert diese Stimme über das Intelligible und das Expressive hinaus direkt das Symbolische [...]. Die ‹Rauheit› wäre demnach folgendes: die Materialität des Körpers, der seine Muttersprache spricht; beinah mit Sicherheit die Signifikanz.»[40]

Aus diesem Grund kann eine Stimme auch niemals völlig objektiv wahrgenommen werden, da sie immer sehr individuelle Informationen über ihren Sprecher mit sich führt – nicht nur über dessen Alter, Geschlecht oder Gesundheitszustand, sondern auch über dessen momentane Gefühlslage.

In der Linguistik werden diese nichtsegmentalen Merkmale der Sprache, die auch als **Parasprache** bezeichnet werden, zur **Prosodie** gezählt. Zur Prosodie, die sich damit befasst wie etwas gesagt wird, zählen die Stimmqualität, Sprechmelodie- und rythmus sowie sprachunabhängige Formen der Lautproduktion, wie Hauchen, Lallen, Lachen, Räuspern und Schluchzen. Folglich handelt es sich dabei um alle nicht-sprachliche Merkmale der menschlichen vokalen Kommunikation, die insbesondere Emotionen und subjektive Einstellungen vermitteln können.

All diese Merkmale sind die Persönlichkeitsvariablen der gesprochen Sprache eines jeden Sprechers und tragen demzufolge tatsächlich die Spur des sprechenden Subjekts in sich.[41]

> «Mit der Stimme zusammen spricht stets der Körper, assistieren Mimik und Gestik, die wie zusätzliche Kanäle fungieren, auf denen das Gesagte durchmodelliert wird. Auch dies wiederum geschieht nach ‹persönlichen› und entsprechend identifizierbaren Parametern. Haltung und Bewegung etwa spielen eine entscheidende Rolle, und selbst die Ruhestellung ist nicht ohne symbolische Funktion. Ein starres Auge, ein verkrampfter Körper ‹sprechen› genauso wie ein lebendiges Auge, eine lockere Gebärde. Dabei existieren gerade in diesem Punkt kulturelle Muster, die für bestimmte Kontexte bestimmte Anforderungen definieren.»[42]

---

40 Barthes 1990, S. 271.
    Barthes ordnet die Rauheit der Stimme dem **Genogesang** zu, welchen er im Unterschied zum **Phänogesang** als das versteht, was nach und vor allem Ausdruck und Sinn in der Stimme komme. Es ist das, was das Sinnliche, das Erotische, die Wollust und somit auch die Abscheu in einer Stimme ausmacht.
41 Vgl.: Georg L. Trager: Paralanguage: A first approximation. 1958. In: *Studies In Linguistics 13*, 1–12, S. 25.
    Vgl.: Winfried Nöth: *Handbuch der Semiotik.* 2., vollständig neu bearbeitete und erweiterte Auflage. Stuttgart / Weimar 2000, S. 367.
42 Göttert, S. 13–14.

2 Wahrnehmen/Hören/Stimme – Die psychoakustischen Aspekte der filmischen Narration

Gleichwohl sind wir selbst immer unsere ersten Zuhörer, da wir die Stimme gleichzeitig produzieren und auch rezipieren. Sprechen wir, so nehmen wir zwangsläufig immer auch den Klang unserer eigenen Stimme wahr, nicht nur als Echo unserer sich zuvor gebildeten Gedankens, sondern immer auch als Echo des eigenen Selbst.

> «Die Fremdheit der Stimme, die von Anderen ausgeht, findet ihren Widerhall in der Fremdheit der eigenen Stimme, die nur bis zu einem gewissen Grad als eigene Stimme bezeichnet werden kann.»[43]

Diese Fremdheit entsteht dabei nicht nur durch die plötzliche Offenbarung und damit Seinswerdung der eigenen Gedanken, sondern immer auch in der Offenbarung des Selbst in dieser Stimme, als Akt der Entblößung der eigenen Existenz. Waldenfels vergleicht aus diesem Grund die Resonanz der Stimme auch mit dem Reflex des Spiegelbildes, welches ebenfalls das Selbst sichtbar macht.[44] Laut Derrida vermag und mag das Subjekt daher auch nur dann sprechen, wenn es sich selbst Bedeutung beimisst. Das Sicht-Selbst-Reden hören wird damit einerseits zum Medium der unmittelbaren Selbstpräsenz und zum Mittel des ultimativen Beweises der eigenen Existenz – solange ich ‹Ich› sagen kann, weiß ich, dass ich am Leben bin –, gleichzeitig führt das Sprechen aber auch immer zu einem Akt der Entzweiung des Subjekts.

Das Sicht-Selbst-Reden hören, das bewusste Wahrnehmen der eigenen Worte, ist folglich vergleichbar mit einem aus sich heraus treten und damit immer auch Ausdruck der Entäußerung des Selbst und des eigenen Bewusstseins.[45] Das bewusste Wahrnehmen der eigenen Stimme ist daher ähnlich einer unfeiwilligen Halluzination der eigenen Gedanken und des eigenen Bewusstseins.

> «Es gibt keine menschliche Stimme auf der Welt, die nicht Objekt des Begehrens wäre – oder des Abscheus: Es gibt keine neutrale Stimme – und falls mitunter diese Neutralität, dieses Weiß der Stimme auftritt, so ist dies für uns ein großes Entsetzen, als Entdecken wir mit Schrecken eine erstarrte Welt, in der das Begehren tot wäre. Jeder Bezug zu einer Stimme ist zwangsläufig einer der Liebe […].»[46]

Was die Stimme jedoch vornehmlich von jedem anderen akustischen Signal unterscheidet ist ihr Mitteilungscharakter, beziehungsweise ihre Appellfunktion, die sie unvermeintlich auf einen jeden bewusst sowie zufällig gewählten Hörer ausübt. Denn die Stimme, beziehungsweise das Sprechen (*parole*) vermittelt sprachlich Laute, die der Hörer, im Gegensatz zum Geräusch, grundsätzlich verstehen kann. Die Stimme trägt somit immer Bedeutung in sich, teilt mit, lehrt, erklärt und

---

43 Waldenfels, S. 24.
44 Vgl.: Waldenfels, S. 24.
45 Vgl.: Jacques Derrida: *Die Stimme und das Phänomen. Ein Essay über das Problem des Zeichens in der Philosophie Husserls.* Frankfurt 1979, S. 84–85 und 112–113.
46 Barthes 1990, S. 280.

2.4 Die Wirkung und Macht der Stimme

erzählt. Der Klang der menschlichen Stimme bekommt in der Wahrnehmung des Menschen daher eine besondere Stellung zugewiesen.

> «In actual movies, for real spectators, there are not all the sounds including human voice. There are voices, and then everything else. In other words, in every audio mix, the presence of a human voice instantly sets up a hierarchy of perception.[...] Speech, shouts, sighs or whispers, the voice hierarchizes everything around it. [...] Human listening is naturally vococentrist, and so is the talking cinema by and large.»[47]

Die unweigerliche und automatische Fokussierung auf die menschliche Stimme rührt daher, dass der Mensch ein vocozentriertes, also ein stimmorientiertes Geschöpf ist. Das bedeutet, dass wir unser Gehör, sobald wir in einem Meer aus Geräuschen eine menschliche Stimme hören, automatisch nach dieser Stimme ausrichten und versuchen sie zu lokalisieren und zu verstehen.

Eben dies trifft auch auf die gesamte Tonspur eines Films zu, denn tatsächlich richtet sich nicht nur die Aufmerksamkeit des Zuschauers instinktiv auf die Sprache der Figuren, sondern auch die Handlung eines Films baut sich um die Stimmen, Dialoge und Kommentare der Figuren und Erzähler auf.

> «In stating that sound in cinema is primarily vococentric, I mean that it almost privileges the voice, highlighting and setting the latter off from other sounds. [...] Sound in film is voco- and verbocentric, above all, because human beings in their habitual behavior are as well. When in any given sound environment you hear voices, those voices capture and focus your attention before any other sound.»[48]

Diese **Vocozentrierung** des Menschen liegt unter anderem darin begründet, dass die Stimme uns nicht nur die Welt erklären und benennen kann, sondern dass die Stimme auch eines der ersten außerkörperlichen Dinge ist, die der Mensch wahrnimmt. Das menschliche Gehör ist speziell zur Aufnahme der menschlichen Sprache ausgestattet und das am frühsten entwickelte Sinnesorgan des Menschen. Bereits im Uterus kann ein Embryo die Stimme der Mutter wahrnehmen.

> «The formula of having characters speak while doing something, in classical cinema, serves to restructure the film through and around speech. A door closing, a gesture someone makes, a cigarette a character lights, a camera movement or a reframing, everything can become punctuation, and therefore a heightening of speech. This makes it easier to listen to dialogue and to focus attention on its content.»[49]

Das Wahrnehmen einer Stimme ist damit ein affektiver Prozess, der den Sprechenden und Hörenden gleichermaßen involviert. Gleichzeitig ruft der Klang einer

---

47 Chion 1999, S. 5–6.
48 Chion 1994, S. 5–6.
49 Chion 1994, S. 172.

2 Wahrnehmen/Hören/Stimme – Die psychoakustischen Aspekte der filmischen Narration

Stimme, aufgrund ihrer Appellfunktion, automatisch immer auch die Frage nach dem Sprecher, respektive dem Sender dieses Appells, hervor.

> «Die Stimme ist kein abgrenzbarer Gegenstand, kein Ding, sondern ein raumgreifendes, ja raumschaffendes akustisches Geschehen. Stimmen können uns umhüllen, wir können in sie eintauchen, sie können uns aber auch wie ein Pfeil, ein punctum treffen oder uns schleichend, hinterhältig einnehmen; immer jedoch bindet die Stimme in besonderer Weise die Sprecherin an ihr Sprechen und an ihre Zuhörer ebenso wie sie die Zuhörer mit der Sprecherin verbindet.»[50]

Die instinktive Frage nach dem Sprecher stellt sich folglich auch dann, wenn einer Stimme vordergründig gar kein autonomer Sprecher zugeordnet werden kann, wie dies bei einer Voice-Over-Narration der Fall ist. Da der Sprechende allein durch den Klang seiner Stimme seine Existenz beweist – da er spricht, muss er auch existent sein -, zwingt er den Zuhörer automatisch nach dem Körper, dem Wesen dieser Existenz zu suchen. Dieser Umstand veranlasste bereits Aristoteles dazu die Stimme als ‹Ton eines beseelten Wesens› zu bezeichnen.[51]

> «Eben deshalb ist das Pathos des Angesprochenwerdens keineswegs als die Umkehrung eines aktiven Ansprechens zu betrachten. Der Logos erwächst aus dem Pathos in Form eines Sich-angesprochen-Fühlens, das sich niemals völlig in eine identifizierende Zuschreibung und Rollenverteilung überführen lässt. Entsprechend abgewandelt gilt dies auch für das Sich-angeblickt-Fühlen durch den fremden Blick.»[52]

Dieser Pathos des Angesprochen-Werdens trägt in der Rezeption eines Films dazu bei, dass der Zuschauer instinktiv seine gesamte Aufmerksamkeit auf die Stimme eines Voice-Over-Narrators fokussiert. Folglich besteht die besondere Macht eines solchen körperlosen Erzählers in der **Apellfunktion** die der Klang seiner Stimme auf den Zuschauer ausübt, womit er automatisch dessen Aufmerksamkeit auf sich zieht. Dem Zuschauer dürfte es daher, selbst wenn er dies bewusst wollte, nur schwer fallen wegzuhören und sich dem Klang der erzählenden Stimme zu entziehen. Damit übt allein der Klang der Stimme eines Voice-Over-Narrators eine starke Macht über das Visuelle aus und dominiert dies von dem ersten Moment an, ab dem die Stimme des Erzählers erklingt.

Diese Macht über den Zuschauer dürfte daher noch stärker sein, wenn sich die Stimme keinem visuell festgeschriebenem Körper auf der bildlichen Ebene zuordnen lässt und so das Verlangen des Zuschauers weckt Bild und Ton miteinander zu vereinen und die akusmatische Stimme des Voice-Over Erzählers einem Körper zuzuordnen. Insbesondere die Spur des Körpers, die ‹Körnung der Stimme›, als

---

50 Kolesch, S. 274.
51 Aristoteles 1995, S. 111.
52 Waldenfels, S. 23.

2.4 Die Wirkung und Macht der Stimme

Repräsentat des Nicht-Anwesenden, drängt den Zuhörer/Zuschauer dazu, Stimme und Körper wieder miteinander vereinen zu wollen – und damit auch die Sinne des Sehens und Hörens wieder in Einklang zu bringen. Eine Erzählstimme ohne visuell festgeschriebenen Körper besitzt damit weitaus mehr Macht über den Zuschauer, als eine Erzählstimme, die einer Figur in der Narration zugeschrieben werden kann. Auch wird diese Dominanz, mit der sich die körperlose Stimme in die Aufmerksamkeit und in das Bewusstsein des Zuschauers drängt, mit jedem erneuten Auftreten wieder hervorgerufen und potenziert.

> «Die Stimme ist der ‹Laut eines beseelten Wesens› [...] und dazu gehört auch die zeit-räumliche Situierung der Stimme. Eine Stimme, die niemandes Stimme wäre und wie ein Spukgeist in der Welt herumgeistern würde, wäre keine Stimme mehr. Was die Apparate hervorbringen, wäre dann nichts weiter als stimmartige Phänomene, die der wahren, sprich natürlichen Stimme keinen Abbruch tun.»[53]

Eine Stimme, die keinen Körper innerhalb der filmischen Diegese besitzt, könnte demnach von überall stammen, nicht nur von einem beliebigen Ort innerhalb der diegetischen Welt, sondern eventuell sogar aus der Welt des Zuschauers selbst. Die körperlose Voice-Over-Narration durchbricht damit die visuelle Einheit des filmisch, narrativen Raums und dringt direkt in den narrativen Raum des Zuschauers ein. Im narrativen Raum des Zuschauers (in der Literatur, Mythen und der Religion) können körperlich nicht zuschreibbare Stimmen jedoch nur als Stimmen des Göttlichen existieren. Daher wendet sich das Spiel, das im Film um die endgültige **Deakusmatisierung** einer körperlosen Stimme getrieben wird, nicht nur an die Neugier eines jeden Zuschauer, die Identität jener Stimme zu entziffern, sondern entspricht tatsächlich einem inneren, instinktiven Verlagen des Zuschauers die Stimme zwanghaft einem Körper zuzuschreiben – vielleicht, um sie so einem natürlichen, menschlichen Wesen zuordnen zu können und sie ihrer unheimlich, omnipotenten Macht zu berauben.

Natürlich besitzt nicht nur allein der Klang einer Stimme eine Macht über das Bildliche, sondern auch die Fähigkeit der Stimme das Bildliche mit Worten zu fassen, es zu deuten und so in einen Kontext zu setzen. Als extremes Beispiel möchte ich hierzu auf LETTRE DE SIBÉRIE (F 1957) von Chris Marker eingehen. Marker führt in diesem Film den auditiven Aspekt des *Kuleshow Effekts* vor, indem er auf ironische Weise mit einem autoritären Voice-Over Kommentar spielt, um so auf das manipulative Potenzial dieses Kommentars hinzuweisen.

Die visuelle Struktur des Films selbst besteht aus einer neutralen Sequenz, die mit drei völlig unterschiedlichen Kommentaren unterlegt ist: Arbeiter in einer sibirischen Stadt (Yakutsk) pflastern die Straße und ein asiatisch aussehender Mann läuft an der Kamera vorbei.

---

53 Waldenfels, S.32.

Der erste Kommentar ist in einer, dem kommunistischen Propagandafilm nachempfundenen Manier gehalten:

> «Yakutsk: capital of the Yakutsk autonomous Soviet socialistic republic is a modern city, in which comfortable buses made available to the population, share the streets with powerful ZIMs, the pride of the Soviet automobile industry, in the joyful spirit of socialist emulation, happy Soviet workers, among them this picturesque denizen of the Arctic reaches, apply themselves to making Yakutsk an even better place to live.»

Der zweite Kommentar ist dagegen von einer übertrieben antikommunistischen Sichtweise geprägt:

> «Yakutsk is a dark city with an evil reputation. The population is crammed into blood colored buses, while the members of the privileged caste brazenly display the luxury of their ZIMs, a costly and uncomfortable car at best. Bending to the task like slaves, the miserable Soviet workers, among them this sinister looking Asiatic, apply themselves to the primitive labor of grading with a drag beam.»

Der dritte Kommentar daraufhin ist nur scheinbar neutral, da er gleichzeitig eindeutig durch ein westliches Weltbild geprägt ist:

> «In Yakutsk, where modern houses are gradually replacing the dark older sections, a bus less crowded than its London or New York equivalent at rush hour passes a ZIM, an excellent car, reserved for public utilities departments on account of its scarcity. With courage and tenacity under extremely difficult conditions, Soviet workers, among them this Yakut, afflicted with an eye disorder, apply themselves to improving the appearance of their city, which could certainly use it.»

Marker legt somit offen, wie mittels unterschiedlicher, sprachlicher Tonspuren, die Bildebene eine vollkommen andere Bedeutung erlangen kann. Damit wird auf der bildlichen Ebene zwar eine objektiv, wahrnehmbare Repräsentation der Wirklichkeit abgebildet, jedoch kann und wird die Integrität dieser visuellen Gewissheit durch die Verbindung mit der Tonspur zerstört und einer neuen Interpretations- und Repräsentationsmöglichkeit ausgesetzt. So wird nochmals deutlich, dass jeder Film in dem Sprache in Form einer Voice-Over-Narration auftaucht durch diese Stimmen erweiterte und umgedeutet werden kann.

2.5 Der Sonderfall des *Inneren Sprechens*

Wie die *Innere Stimme* unter den Typen auditiver Narrationsformen eine Sonderrolle einnimmt, so kommt auch dem inneren Zwiegespräch des Menschen eine besondere Stellung zu: Das *Innere Sprechen* ist Sprechen und Denken zugleich, es ist ein Sprechen ohne den Akt der Lautäußerung und damit auch vollkommen unabhängig vom den Akt des Zuhörens. Da die *Innere Stimme* im Film in der ersten Person Singular im Präsens gesprochen und klanglich meistens sehr nah, ohne Reflexionen, Hall oder Verzerrungen aufgenommen wird, um intimer und direkter zu wirken, kann sich der Zuschauer mit dieser Stimme besonders gut identifizieren und sie so als seine eigene *Innere Stimme* übernehmen. Chion bezeichnet die *Innere Stimme* daher auch als Ich-Stimme (*voix-je*).

> «In a film, when a voice is heard in sound close-up without reverb, it is likely to be at once the voice the spectator internalizes as his or her own and the voice that takes total possession of the diegetic space. It is both completely internal and invading the entire universe. This is what I have called the I-Voice.»[54]

Tatsächlich stellt die *Innere Stimme* auch in der kognitiven Entwicklung des Menschen einen Sonderfall dar, denn zu Beginn der menschlichen Entwicklung sind Sprechen und Denken zwei voneinander unabhängige Tätigkeiten. Erst im Alter von zwei Jahren verbinden sich diese beiden Bereiche miteinander, so dass verbale Gedanken entstehen können. Den Unterschied zwischen egozentrischer und sozialer Sprache erlernen Kinder jedoch erst im Alter von sieben Jahren, das heißt erst dann können sie das Sprechen von der rein gedanklichen Form der Sprache unterscheiden. Das Kind spricht davor auf dieselbe Weise mit anderen Menschen, wie es in Gedanken mit sich selbst redet.[55]

> «Das innere Sprechen weist nicht nur dieselbe metaleptische Struktur auf wie das entäußerte Sprechen, es werden auch dieselben Hirnareale aktiviert. Auch beim inneren Sprechen werden, selbst wenn keinerlei Muskelaktivität nachweisbar ist, dieselben motorischen und sensorischen Areale aktiviert wie beim lauten Sprechen. Die einzig erkennbare Differenz besteht in der fehlenden Aktivierung der Verarbeitungsinstanz, die für die konkrete Ausführung der motorischen Artikulation zuständig ist.»[56]

Platon beschrieb den *Inneren Monolog* als ein Gespräch, das die Seele mit sich selbst führe und tatsächlich sind bei der inneren Sprache dieselben Regionen im Gehirn aktiv, wie beim eigentlichen Akt der sprachlichen Lautäußerung.[57] Die moderne Psychologie begreift den *Inneren Monolog* (beziehungsweise die *intra-psychische Rede* nach Jakobson) als einen fiktiven Dialog der zwischen unterschiedlichen

---

54 Chion 1994, S. 79–80.
55 Vgl.: Stephen Heath: Language, Sight and Sound. In: Stephen Heath & Patricia Mellencamp (Hrsg.): *Cinema and Language*. The American Film Institute Monograph Series. Los Angeles 1983, S. 11–12.
56 Erika Linz: Die Reflexivität der Stimme. In: Cornelia Epping-Jäger / Erika Einz (Hrsg.): *Medien/Stimmen*. Mediologie Band 9. Köln 2003, S. 61.
57 Platon: Theaitetos. In: Burghard König (Hrsg.): *Sämtliche Werke*. Band 3. 35. Auflage. Hamburg 2007, S. 220–221.

Bereichen des Egos stattfindet, der jedoch immer von äußeren Einflüssen, wie sozialen und gesellschaftlichen Richtlinien mitbestimmt wird.[58]

Derrida behauptet, dass der *Innere Monolog* nichts aussagen könne, da er reine, gedankliche Fiktion sein. Der *Innere Monolog* sei ein Zwiegespräch ohne eine Aktivierung der Sinne und könne daher auch keinen Sinn haben.[59] Im narrativen Konstrukt des Films wird der *Inneren Stimme* dieser Sinn jedoch zurückgeführt, da er entäußert und hörbar gemacht wird. Indem die eigentlich schweigende Stimme wieder ihrer hörbaren Stimmlichkeit zugeführt wird, erhält die *Innere Stimme* des Films für den Zuschauer eine Appellfunktion und eine Aussage.

Dazu muss der Klang der Stimme gewisse Normen erfüllen, um vom Zuschauer auch problemlos als Ich-Stimme identifiziert werden zu können. Das bedeutet, dass die Stimme auf eine Gewisse Art und Weise im auditiven Raum positioniert werden muss. Dazu muss sie mit besonders wenig Hall und besonders Nah zum Mikrophon aufgenommen worden sein.

> «Im inneren Monolog wird das Wort nur repräsentiert. Es kann dabei durchaus Wort der Phantasie sein. Wir begnügen uns mit der Imagination des Wortes, dessen faktische Existenz neutralisiert ist. In dieser Phantasievorstellung des Wortes ist der empirische Wortgebrauch selbst überflüssig. Dessen Existenz oder Inexsistenz stört uns nicht.»[60]

Das geistige Konstrukt des Ichs zerfällt beim inneren Selbstgespräch somit am deutlichsten in seine verschiedenen Unterformen. Damit bedroht das innere Selbstgespräch automatisch die Einheit des Subjekts und dessen sicheres Ich-Bewusstsein, da es immer auch als Anzeichen des in sich gespaltenen, schizophrenen Subjekts gelten kann.[61] Sicherlich mag dies ein Grund dafür sein, dass eine Darstellung des sich im *Inneren Monologs* mitteilenden, gespaltenen Subjekts oft mit unglaubwürdigen Narrationsstrukturen und fragwürdigen Repräsentationen der abgebildeten Realität gekoppelt wird. Dies ist ein Motiv, das im *Film Noir* und *Neo Noir* häufig Verwendung findet. Die *Innere Stimme* wird dort zum Anlass genommen dem Zuschauer eine durch den subjektiven Blick der Figur geprägte und damit verzerrte Wahrnehmung auf die diegetische Welt zu präsentieren.[62]

---

58 Paul Willemen: Cinematic Discourse: The Problem of Inner Speech. In: Stephen Heath & Patricia Mellencamp (Hrsg.): *Cinema and Language*. The American Film Institute Monograph Series. Los Angeles 1983, S. 153.
59 Vgl.: Derrida, S. 101.
60 Derrida, S. 98.
61 Vgl.: Derrida, S. 34–35.
62 Eine ähnliche Verwendung einer *Inneren Stimme* findet sich auch in MEMENTO, den ich im Folgenden ausführlich analysieren werde.

2.6 Über die stimmliche Macht der Voice-Over-Narration

Wie zuvor ausgeführt, kann allein der Klang einer Erzählerstimme im Zuschauer subtile Emotionen hervorrufen und diesem so einen Mehrwert an Informationen vermitteln. Der Klang einer menschlichen Erzählstimme strukturiert die dargestellte Welt immer um sich herum, da die Stimme immer einen Hauch ihres Körperlichen und damit des Wirklichen in sich trägt. So weckt die körperlose Stimme eines Voice-Over-Narrators nicht nur das Begehren des Zuschauers diese mit einem auf der visuellen Ebene sichtbaren Körper zu verbinden, sondern lädt den Rezipienten auch gleichzeitig dazu ein sich mit der Stimme zu identifizieren.

Jean-Louis Baudry glaubt in jener speziellen Erzählsituation des Kinos sogar die von Freud beschriebene Traumsituation wieder zu erkennen und sieht den Zuschauer so wach-träumend, in einem halb-hypnotischen Zustand gefangen, ähnlich des Menschen in Platos Höhlengleichnis.

> «Forced immobility is undoubtly a valuable argument for the demonstration/description that Plato makes of the human condition: the coincidence of religious and idealist conceptions; but the initial immobility was not invented by Plato; it can also refer to the forced immobility of the child who is without motor resources at birth, and to the forced immobility of the sleeper who we know repeats the postnatal state and even interuterine existence; but it is also the immobility that the visitor to the dim space rediscovers, leaning back into his chair.»[63]

Freud vermutete, dass der Traum den Menschen in eine frühere Phase seiner Entwicklung zurückführe, in welcher er einen unzensierten Zugang zu seiner Lust- und Identifikationsbefriedigung erlangen könne. Ein Zustand der tatsächlich dem losgelösten Bewusstseinszustand eines Kinozuschauers sehr nahe kommt und damit auch sehr treffend die unterbewussten Beweggründe des Zuschauers für einen Kinobesuch beschreibt: Die Suche nach Spannung, Emotionen und der Möglichkeit zur Identifikation mit einem Anderen ‹Ich›.

> «[…] while we sit in a darkened theaters, our attention focused on images larger than life, voice-over narration recreates our first experiences of narrative: being told a story, or being read aloud to. Not only does the technique hark back too the childhood of narrative art, it refers back to our own childhood as well. The voice turns the movie-going experience into story-time.»[64]

Damit stellen diese körperlose Stimmen, die aus dem Dunkel der Leinwand heraus zu uns sprechen, nicht nur eine unterbewusste Reflexion der eigenen, inneren Stimme dar, sondern sprechen auch sehr direkt unsere urtümliche Lust am Zuhören

---

63 Baudry, S. 763–764.
64 Kozloff 1988, S. 129.

an, verknüpft mit Erinnerung an frühe Erzählsituationen aus der Kindheit an. Es ist der Gestus jenes, manchmal sogar direkt ausgesprochenen «Es war einmal...» am Beginn einer Voice-Over-Narration, unterstützt durch die regungslos, im bequemen Kinosessel verharrende Position des Zuschauers, der so, gefangen im dunklen Nichts, in die Zeit seiner Kindheit zurückversetzt wird, als ihn eine vorlesende Stimme ins Reich der Fantasie entführen konnte. Demnach wird das Erzählkino mit einer Voice-Over-Narration in seiner ursprünglichsten Form dargeboten sowie der Akt des mündlichen Erzählens direkt zu den Wurzeln jeglicher Narration führt.

> «The very first image presenter is the mother; before the child learns any written signs, her voice articulates things in a human and linear temporality. In every master of ceremonies and storyteller as well as every movie voiceover, an aspect of this original function remains.»[65]

Die Voice-Over-Narration kann folglich nicht nur aufgrund ihrer narrativen, sondern auch ihrer stimmlichen Eigenschaften Auswirkungen auf den Zuschauer und die visuelle Ebene eines Films haben. Die Stimme eines Voice-Over-Narrators kann die Erzählung an einen beliebigen Ort und in eine beliebige Zeit führen. Demnach kann sie die visuelle Diegese einer vergangenen oder noch zukünftigen Zeit aufleben lassen. Doch auch das Unzeigbare kann durch Erzählstimmen offenbart werden, indem sie den Zuschauer in den Geist einer Figur eindringen lässt und deren Gedanken auditiv entblößt.

Des Weiteren sind alle auditiven Narrationsformen des Filmischen dazu in der Lage dem Visuellen eine eindeutige Bedeutung zukommen zu lassen, indem sie es kommentieren, klassifizieren, benennen und beschreiben. Dadurch, dass die erzählende Stimme das Bildliche um die verbal-erzählerische Aussage herum formt, führt sie der von Natur aus mehrdeutigen, visuellen Ebene eine jeweils sehr bestimmte Aussage zu. Dies hat zur Folge, dass die ursprüngliche Aussagekraft des Visuellen untergraben wird, da ihm durch die Stimme eine in Zeit und Raum festgeschriebene Bedeutung zugeordnet werden kann.

Die Voice-Over-Narration kann außerdem zu einer Diversifikation der Zeit führen, indem der Akt des Sprechens der visuellen Ebene einen bestimmten Rhythmus zuführt oder aufzwingt. Dies zeigt sich sehr eindrücklich in BEGINNERS (Mike Mills, USA 2010). Der Film handelt von Oliver und dessen Auseinandersetzung mit der verkorksten Ehe seiner Eltern, deren Tod und seine Beziehung zu seinem Vater, der sich nach dem Tod der Mutter als schwul outet. Gleichzeitig behandelt der Film Olivers problematische Liebe zu der Französin Anna.

Die dargestellte Handlung spielt sich in einer achronologischen Reihenfolge ab: In den 1950ern, im Jahr 2003 und im diegetischen Jetzt, 2008. Die unvorbereiteten Zeitsprünge innerhalb der Handlung werden dabei durch Olivers Erinnerung her-

---

65 Chion 1999, S. 49.

2.6 Über die stimmliche Macht der Voice-Over-Narration

15 Das Trugspiel der Erinnerung: Olivers Vater im Morgenrock und lila Pullover. Christopher Plummer in BEGINNERS (USA 2010)

vorgerufen, meist über seine *Innere Stimme*, die den Zuschauer so in eine andere Zeitebene mitreißt.

Die Stimme des sich erinnernden Erzählers ist beliebig dazu in der Lage in der diegetischen Zeit zurück zu reisen. Dabei zeigt er, wie unbeständig seine Erinnerung ist, so zum Beispiel in der Sequenz, in der er sich an den Tag zurückerinnert, an dem ihm sein Vater verkündete, dass er schwul ist. Oliver weiß zwar genau, dass sein Vater in diesem Moment einen Morgenrock trug und dennoch sieht er ihn immer wieder in einem lilafarbenen Pullover vor sich (Abb. 15).

Andererseits bestimmt der Akt des Sprechens, also die zeitliche Dauer der Äußerung von Olivers *Innerer Stimme*, auch immer wieder den Rhythmus des visuellen Diskurses. Dies wird besonders in jenen Sequenzen deutlich, in denen Oliver anhand von Fotografien erklärt, wie die Welt zu einer bestimmten Zeit aussah und wie sie im Vergleich dazu heute ist.

«This is 2003.» *[Bild von Oliver]*
«This is what the sun looks like.» *[Bild der Sonne hinter Wolken]*
«And the stars.» *[Bild zahlloser Sterne]*
«This is the president.» *[Bild von George W. Bush]*
«And this is the sun in 1955.» *[Bild der Sonne hinter Wolken in Schwarz-Weiß]*
«And the stars.» *[Bild zahlloser Sterne in Schwarz-Weiß]*
«And the president.» *[Schwarz-Weiß Bild von Dwight D. Eisenhower]*
«My parents got married in 1955.» *[Bild eines Hochzeitspaares in Schwarz-Weiß]*

Die Fotografien füllen dabei jeweils genau so lange das Bild aus, wie das Sprechen des jeweiligen Satzes dauert. Dadurch ist das Bild der Sonne beispielsweise länger zu sehen, als das der Sterne. Der Rhythmus der abgebildeten Fotos passt sich somit genau dem Sprechrhythmus der Erzählstimme an, die auf diese Weise deutlich als Erinnerungsbilder des Erzählers markiert werden.

Das Sprechen, beziehungsweise auch das nicht-sprechen können ist allgemein ein starkes Thema des Films. Dem Hund Arthur, der natürlich nicht sprechen kann, wird es dennoch ermöglicht sich über Untertitel zu äußern, in denen er Oliver antwortet oder das Geschehen ironisch kommentiert (Abb. 16).

Ebenso kann Anna bei ihrer ersten Begegnung mit Oliver aufgrund einer Halsentzündung nicht sprechen. Dieses Kennenlernen auf einer Kostümparty insze-

16 Der Hund, Arthur, kann nicht sprechen, kommuniziert aber mittels Untertitel in BEGINNERS (USA 2010)

niert Mills daher als Hommage an den Stummfilm: Oliver muss mit Anna, die sich als Charlie Chaplin verkleidet hat, über Zettelchen kommunizieren, auf die er seine Fragen an sie schreibt.

In einem Vergleich der Originalfassung mit der deutschen Synchronisation zeigt sich an BEGINNERS außerdem deutlich, wie unterschiedlich sich die jeweiligen Charakteristika einer Stimme auf die gesamte Narration auswirken können. Die Stimme von Ewan McGregor, der Oliver spielt, hat einen hellen, weichen Klang. Er spricht langsam und deutlich, so dass ein gleichmäßiger, relativ harmonischer Erzählfluss entsteht. Durch eine bestimmte Rauheit in seiner Stimme akzentuiert er einige seiner Aussagen jedoch so, dass er diesen eine ironische Brechung hinzufügt. Dies kommt insbesondere bei der Schilderung seines Vaters heraus, dann klingt seine Stimme merklich schärfer und breiter.

In der deutschen Synchronisation (hier wird Oliver von Philipp Moog gesprochen) ist dies überhaupt nicht heraus zu hören. Die Stimme des Erzählers klingt nochmals heller und weicher. Ihr fehlt die Breite und Schärfe, über die im Original der schwarze Humor in die Erzählung getragen wird.

Die Stimme eines Voice-Over-Narrators leitet die Wahrnehmung des Zuschauers damit umfassend, da sie dessen Aufmerksamkeit unmittelbar auf bestimmte Ausschnitte, Handlungen oder Personen lenken kann. So wird das Bildliche nach dem jeweils von der Stimme gesetzten Informationsgehalt organisiert, während der Zuschauer unmerklich durch die ihn leitende und dominierende Erzählstimme geführt wird.

> «Der beliebte, symptomatischerweise an keinen Maßstab gebundene und aus der empirischen (und im Fall des die Sinne täuschenden Films falschen) Wahrnehmung gewonnene Superlativ, das Bild wäre im Film das Wichtigste, ist zumindest hinsichtlich des Verhältnisses von Sprache und Bild und hinsichtlich des filmischen Bedeutungsaufbaus zu revidieren. Das Bild ist im Film dem Sprachlichen untergeordnet.»[66]

Rauh spricht daher auch von einer **Potenzierung, Modifikation, Parallelität** und **Divergenz**, die durch das filmische Bild-Ton Verhältnis erzeugt werden kann.

Eine **Potenzierung** bedeutet (ähnlich der zuvor kategorisierten Polarisation), dass sich die visuellen und auditiven Aussagen ergänzen, was zu einer gegenseitigen Steigerung der beiden Ebenen zu einem verstärkten Ganzen führt.

---

66 Rauh, S. 276.

2.6 Über die stimmliche Macht der Voice-Over-Narration

«Potenzierungen ermöglichen den sprachlich-bildlichen Gesamteindruck, für den die (mögliche) eigenständige Signifikanz des Verbalen oder des Visuellen verwischt ist. Sie sind Garanten des Kino-Naturalismus, für den, wie im alltäglichen Leben, das Sprachliche und das Visuelle in den jeweiligen spezifischen Ausdrucksmaterialen zumeist keine besondere Relevanz haben und allein der Mitteilung der (nach Ausdruckssubstanzen zusammengesetzten) Nachricht dienen. Im Fall von Potenzierungen ist die künstliche, analytische Trennung von Verbalität und Visualität aufgehoben.»[67]

Eine ebensolche Potenzierung findet sich in LITTLE CHILDREN (Todd Field, USA 2006), wenn der heterodiegetische Erzählers Brads Gefühle beschreibt, die dieser bei der allabendlichen Rückkehr seiner arbeitenden Frau und der Freude seines Sohns über deren Rückkehr empfindet:

«The jester's cap was something that truly disturbed Brad. All day long the boy ate, played and napped in it. But the moment his mother stepped in the house he had no more use for it. As if the entire day up to that point had been a pointless and somewhat useless charade.»

Durch den emotionslosen Kommentar des Erzählers, der dem Zuschauer in diesem Moment einen allwissenden Einblick in Brads Gefühlswelt ermöglicht, erhalten die Bilder des Kindes, dass die Mütze von sich reißt und der Mutter freudig entgegenläuft, eine erweiterte Bedeutung zugeschrieben, die der Zuschauer, ohne den analytischen wirkenden Kommentar, nicht direkt erfassen würde.

Von einer **Modifikation** (ähnlich der Polarisation) wird dagegen gesprochen, wenn sich Bild und Wort im Inhalt ihrer Informationen widersprechen und dem Zuschauer scheinbar selbst die Wahl bleibt, welcher Aussagequelle er Glauben schenkt möchte. Die Erzählstimme kann in diesem Fall einen ironischen Kommentar zum Bildlichen liefern, wie beispielsweise in der einleitenden Sequenz von NOTES ON A SCANDAL (Richard Eyre, GB 2006), wenn die Erzählerin, Barbara, zu Beginn des neuen Schuljahres am Fenster des Klassenzimmers steht und beobachtet wie die Schüler in die Schule strömen. Zu jenem eigentlich völlig alltäglichen und harmlosen Bild steht ihr abwertender, subjektiver Kommentar in keinem Verhältnis, so dass eine deutliche ironische Brechung zwischen der auditiven und visuellen Informationsquelle entsteht:

«The first day of a new term. Here come the local pubescent paroles, the future plumbers and shop assistants and doubtless the odd terrorists, too. In the old days, we confiscated cigarettes and wank mags. Now it's knifes and crack cocaine. And they call it progress.»

---

67   Rauh 1987, S. 76.

Diese Aussage wird durch ihre eindringliche, sehr nah aufgenommene Erzählstimme noch verstärkt. Sie spricht sehr langsam, gewählt und akzentuiert. Diese Akzente werden durch den weichen und gleichzeitig scharfen Klang ihrer Stimme zusätzlich unterstrichen. Während die Erzählerin über ihre Stimme somit eine völlig Kontrolle ausstrahlt, wird sie mittels der Modifikation, die sie aufgrund jener krassen subjektiv, sarkastischen Wertung, die sie über ihre eigentlich gewöhnliche Umwelt fällt, als unglaubwürdige Erzählinstanz markiert.

Von einer **Parallelität** spricht Rauh dagegen, wenn eine Verdoppelung der Aussage beider narrativer Ebenen stattfindet, so dass durch die Erzählstimme keine inhaltliche Erweiterung hervorgerufen wird. Jedoch erfüllt ein solch paralleles Wort-Bild Verhältnis oftmals eine poetische Funktion, um die Bedeutung des Gezeigten nochmals zu Verstärken, ästhetisch Aufzuladen oder zu Überhöhen. Dazu dient unter Anderem die einleitende Sequenz aus A CLOCKWORK ORANGE, in welcher Alex mit seinen Droogs in der Korova Milchbar sitzt und dies entsprechend parallel zum Bild kommentiert:

> «That was me. That is, Alex, and my three droogs. That is, Pete, Georgie and Dim. And we sat in the Korova Milk Bar trying to make up our rassoodoodocks what to do with the evening. The Korova Milk Bar sold milk plus. Milk plus vellocet or synthemesc or drencrom, which is what we were drinking. This would sharpen you up and make you ready for a bit of the ultra-violence.»

Abgesehen davon, dass Alex' Narration dem Zuschauer durchaus zusätzliche Informationen liefert, die dieser aus dem rein bildlichen Gefüge nicht direkt herauslesen kann (die Namen der Figuren und was genau sie trinken), dient die audiovisuell, narrative Parallelität (gekoppelt mit einer langsamen Fahrt der Kamera vom Protagonisten weg in den Raum der Milchbar hinein) der emotionalen Aufladung und ästhetischen Einführung in die grundlegende Stimmung der folgenden Geschichte. Chion bezeichnet diese vermeintliche audio-visuelle Redundanz auch als sensorische Benennung (*sensori-nommé*), wenn eine Figur deutlich beschreibt, was sie gerade wahrnimmt und der Zuschauer somit gezwungen wird, seine eigenen visuellen Eindrücke mit denen der Figur abzugleichen.[68]

Dagegen entsteht ein **divergentes Bild-Ton Verhältnis**, wenn die Stimme des Erzählers Informationen liefert, die mit dem Gezeigten in keinerlei Verbindung stehen. Da diese beiden, eigentlich eigenständigen Informationen, jedoch gemeinsam präsentiert werden, verknüpft der Rezipient diese automatisch miteinander. So kann dem Visuellen eine völlig neue, ihm eigentlich fremde Bedeutung zugeführt werden.

---

68 Chion 2009, S. 490.

2.6 Über die stimmliche Macht der Voice-Over-Narration

«Divergenzen zeichnen sich dadurch aus, dass die Künstlichkeit des bimedialen Aufbaus thematisch wird. Im Gegensatz zur Modifikation und Parallelität ist das Auseinandertreten auch kein Pendant zur alltäglichen Wahrnehmung, wofür ebenfalls Doppelung oder Widersprüchlichkeit von Kommunikation signifikant werden kann, sondern der Rezipient ist oft aufgerufen, das Disparate metaphorisch unter einem ‹tertium compartionis› zusammenzufassen. Unter Umständen mag es bei Divergenzen allerdings zur Katachrese nicht weit sein.»[69]

Divergenzen finden sich sehr häufig bei der Verwendung von *Inneren Stimmen*, in Annäherung an das literarische Stilmittel des *Stream of Consciousness*, wie in THE NEW WORLD, wo sich der unreflektierte Gefühls- und Gedankenstrom der Protagonistin, Pocahontas, mit der epischen Score-Musik, den eindringlichen Naturaufnahmen und einzelnen Szenen die das Zusammenleben der Indianer sowie die Beziehung zwischen Pocahontas und John Smith zeigen, zu einem poetischen Ganzen verbindet, das ganz deutlich nur in und für diesen filmischen Moment besteht:

«Oh, to be given to you!» *[John Smith tanzt bei Nacht mit den Indianern um ein Feuer.]*

«You to me!» *[Eine Hand fasst kurz ins Wasser, in dem sich der Himmel über den Baumwipfeln spiegelt.]*

«I will be faithful to you.» *[Der Fluss in der Abenddämmerung, über den ein Schwarm Vögel fliegt, ist zu sehen, dazu ist das leise Donnern eines aufziehenden Gewitters zu hören.]*

«True.» *[Pocahontas betrachtet mit John Smith zusammen ein Gewitter, das über den Fluss zieht. Das Gras weht im Wind. Pocahontas ist aus Untersicht im Wind stehend zu sehen. Ein Adler fliegt über den Fluss.]*

«Two, no more.» *[Eine nahe, sehr unruhige Handkamera zeigt Pocahontas und John Smith die sich umarmen, während im Hintergrund weiterhin das Gewitter zu hören ist.]*

«One.» *[John Smith hält Pocahontas in seinen Armen.]*

«One.» *[John Smith sitzt vor Pocahontas auf dem Boden und betrachtet sie, während sie um ihn herum geht.]*

«I am.» *[Sie liegen im hohen Gras und küssen sich.]*

«I am.»*[Der Himmel über den Baumwipfeln spiegelt sich im Flusslauf. Pocahontas streichelt John Smith Gesicht, dann werden sie jedoch durch das Rufen eines Indianers gestört, der John zu sich ruft. Pocahontas blickt ihm hinterher.]*

Ihre helle, reine Stimme drängt sich dabei extrem dicht ans Bild und dringt somit tief in das Ohr des Zuhörers. Gleichzeitig überträgt sich diese Sanftheit und Harmonie, die ihre Erzählstimme ausstrahlt auch auf den Rhythmus der Koppelung von Bild und Ton. Die Dauer ihres *Inneren Sprechens* verbindet sich fast organisch

---

69 Rauh, S. 84.

mit dem Rhythmus der Bilder und des Scores, so dass weder Ton noch Bild in dieser Sequenz eine dominante Position innne haben, stattdessen vereinigen sie sich zu einem ausdrucksstarken, gemeinsamen Tanz.

Die divergente Verbindung von Wort und Bild dient damit einer ästhetisch-poetischen Aufwertung der Gesamtnarration, die den Zuschauer zur freien Assoziation und Verknüpfung der beiden Ebene einlädt, so dass audiovisuelle Stilmittel, wie Metaphern, Tropen, Synekdochen oder Metonymien entstehen können. Insgesamt führen all diese Modifikationen des audiovisuellen Abbildungsverhältnisses damit immer auch zu einer Offenlegung der Narration selbst, da sie den Rezipienten zu einer Auseinandersetzung mit der Narration zwingen.

3 Narration

«[...] die Erzählung beginnt mit der Geschichte der Menschheit; nirgends gibt und gab es jemals ein Volk ohne Erzählungen; alle Klassen, alle menschlichen Gruppen besitzen ihre Erzählungen, und häufig werden diese Erzählungen von Menschen unterschiedlicher, ja sogar entgegengesetzter Kulturen gemeinsam geschätzt. Die Erzählung schert sich nicht um gute oder schlechte Literatur: sie ist international, transhistorisch, transkulturell, und damit einfach da, so wie das Leben.»[1]

Die unterschiedlichen Typen der Voice-Over-Narration verweisen immer auf den Akt des mündlichen Erzählens. Damit führen sie den Zuhörer automatisch zurück zu den Wurzeln jeglicher Narration, zu den ursprünglichen, oralen Erzähltraditionen längst vergangener Kulturen, wie beispielsweise der nicht literarisierten Gesellschaft des homerischen Griechenlands.

Das mündliche Erzählen stellte für nicht literarisierte Gesellschaften die einzige Form des gemeinschaftlichen Erinnerns dar und war somit die einzige Möglichkeit, Traditionen und Erfahrungen weiterzugeben (beziehungsweise ist dies in rein oralen Kulturen auch heute noch der Fall). Daher kommt der mündlichen Erzählung in oralen Kulturen eine besondere Bedeutung zu, da das Erzählen die einzige Möglichkeit war, Wissen in eine leicht zu überliefernde Form zu binden. Zur Erleichterung der Wissensüberlieferung wurden die Geschichten durch stark standardisierte, schablonisierte Formeln geprägt und häufig in einer rhythmischen, reimhaften Form dargebracht. Dieser formelhafte Stil findet sich auch heute noch in Sprichwörtern, Bauernregeln sowie in den standardisierten Anfangs- und Endfloskeln der Grimmschen Märchen «Es war einmal...» oder «... und sie lebten glücklich bis ans Ende ihres Lebens».

---

1   Roland Barthes: *Das semiologische Abenteuer*. Frankfurt 1988, S. 102.

3 Narration

Folglich kommt dem gesprochenen Wort in oralen Kulturen ein ähnlicher, wenn nicht sogar höherer Stellenwert zu, wie in literarisierten Gesellschaften dem geschriebenen Wort. Eine mündliche Erzählung gilt dort nicht nur als ein Ereignis dem eine tiefe Bedeutung inne liegt, sondern dem gesprochenen Wort selbst wurde eine große, sogar magische Macht zugeschrieben.

> «Die Tatsache, daß orale Völker im allgemeinen, wahrscheinlich sogar immer und überall den Wörtern magische Kräfte zutrauen, folgt eindeutig, wenn auch unbewußt, ihrem Wissen darüber, daß das Wort notwendigerweise gesprochen, verlautlicht und deswegen kraftbewegter ist.»[2]

Dies liegt unter Anderem daran, dass der Akt des Erzählens ein Ereignis ist, das die Zuhörenden zu einer Gemeinschaft verbinden kann.

Diesen verbindenden Aspekt des Erzählens, der ein Gefühl der Zusammengehörigkeit entstehen lässt, kann man auch im gemeinschaftlichen Kinoerlebnis wieder erkennen. Aber auch in der Instanz des Voice-Over-Narrators findet sich die Vorstellung wieder, dass dem gesprochenen Wort eine magische Macht inne liegt, da Erzählstimmen im Film sehr häufig dazu in der Lage sind allein durch ihre Worte Orte, Figuren oder Gegenstände in der visuell präsentierten, diegetischen Welt hervorzurufen.

Ein sehr gutes Beispiel hierzu findet sich in THE FALL (Tarsem Singh, USA/IND/Südafrika 2008). Dort erzählt der im Krankenhaus liegende Stuntman Roy der kleinen Alexandria eine fantastische Geschichte, in der sich Alexandrias und sein Leben reflektieren. Der erste Teil seiner Erzählung handelt, von Alexandrias Namen inspiriert, von Alexander dem Großen, der auf der Suche nach einer Nachricht ist. Roy greift dabei aktiv, auf Alexandrias Fragen reagierend, in seine Narration ein:

> ALEXANDRIA: «Why did Alexander didn't go from that middle of the buildings … from that buildings … on his horse?»
> ROY: «Well … first of all, he didn't have a horse […]» *[Alexander ist zu sehen, der auf einem schwarzen Pferd in der Mitte einer antiken, griechischen Ruinenlandschaft sitzt.]*
> «[…] because his horse was killed in a battle. And he wasn't in the middle of any old buildings, he was lost in the middle of vast desert full of orange sand, with only a handful of men.» *[Alexander steigt nun von seinem Pferd ab, streichelt es und dreht sich um, woraufhin die grüne, antike Ruinenlandschaft sowie sein Pferd plötzlich verschwunden sind und Alexander sich in Mitten einer riesigen Wüste befindet. Hinter ihm scharrt sich eine handvoll Krieger zusammen.]*

Roys zweiter Teil der Erzählung handelt dann von einer Gruppe ausgestoßener Banditen, die einen Rachefeldzug gegen den tyrannischen Gouverneur Odious planen.

---

2   Walter J. Ong: *Oralität und Literalität. Die Technologisierung des Wortes.* Oplanden 1987, S. 38.

2.6 Über die stimmliche Macht der Voice-Over-Narration

ALEXANDRIA: «Will you tell me the story now?»
ROY: «What story?»
ALEXANDRIA: «The epic.»
ROY: «All right. All right. Close your eyes. What do you see?»
ALEXANDRIA: «Nothing.»
ROY: «Rub'em. Can you see the stars?» *[Nun ist Wellenrauschen zu hören und nach einer sanften Schwarzblende ist ein schwarzer Nachthimmel mit unzähligen Sternen zu sehen.]*
ALEXANDRIA: «Yes.»

Roy beginnt nun mit seiner Erzählung: «It was a starry night. Four men waited impatiently on a small island, surrounded by a calm sea. But that calmness was deceptive.»

Für seine fiktive Erzählwelt fungiert Roy weiterhin nicht nur als allwissender und allmächtiger heterodiegetischer Narrator, sondern tritt gleichzeitig auch als Protagonist seiner Erzählung auf, in Form des blauen Banditen, in dessen Handeln sich Roys jeweiliger Gemütszustand widerspiegelt. Sein fiktives Alter Ego ist daher seiner Willkür ebenso hilflos ausgeliefert, wie alle übrigen Figuren seiner Erzählung.

In unserer westlichen Gesellschaft vollzog sich erst ab ca. 700 vor Christus, im antiken Griechenland, der Wandel zu einer literarisierten Narrationstradition, mit der Einführung eines einheitlichen Schrift- und Alphabetsystems und dessen Verbreitung durch ein Schulsystem. Das Werk, das diesen Wendepunkt mit am deutlichsten markiert ist sicherlich die *Odyssee* von Homer[3], ein im 8. Jahrhundert v. Chr. eigentlich oral produziertes und konzipiertes Werk, das erst im Zuge der Literarisierung in seiner komplexen Originalität aufgezeichnet und erhalten werden konnte.

Doch auch in späteren literarischen Werken finden sich immer wieder Hinweise auf orale Erzähltraditionen, die auf ein Publikum oder Zuhörer verweisen, wie in der häufig an den Beginn eines Romans gestellten Anrede «Lieber Leser...». Diese oft floskelhaften Formeln weisen daraufhin, dass jene oralen Erzähltraditionen von der Antike bis ins 18 Jhd. hinein, im alltäglichen und öffentlichen Leben erhalten blieben. Selbst bis zum Beginn des 20. Jhd. war die Tradition des semi-öffentlichen Vorlesens im familiär-gesellschaftlichen Kreis, in Lesezirkeln oder Bücherclubs, wesentlich weiter verbreitet als dies heute der Fall ist. Diese Tradition wurde schließlich vom Radio und Fernsehen übernommen. Lautes Vorlesen und damit auch das ursprünglich orale Erzählen findet heute fast ausschließlich im engen, familiären Kreis statt, wie durch das abendliche Vorlesen einer Gute-Nacht-Geschichte.

---

3 Erste schriftliche Fassungen der Werke Homers liegen seit dem 7. Jahrhundert v. Chr. vor. Die endgültige Form, in der sie bis heute überdauert haben, erhielten die Homerischen Epen jedoch erst im 6. Jahrhundert v. Chr. Vgl.: Eric. A Havelock: *Als die Muse schreiben lernte. Eine Medientheorie.* Berlin 2007, S. 7.

3 Narration

Wir werden somit von unserer frühsten Kindheit an mit den unterschiedlichsten Formen von Geschichten und Arten diese zu erzählen konfrontiert, sei es durch Geschichten die wir als Kinder vorgelesen oder erzählt bekommen, die wir in Büchern lesen, im Radio hören oder im Fernsehen und im Kino sehen – und selbst, wenn wir denken oder uns erinnern tun wir dies, indem wir uns Geschichten erzählen.

«One of the important ways we perceive our environment is by anticipating and telling ourselves mini-stories about that environment based on stories al-ready told. Making narratives is a strategy for making our world of experiences and desires intelligible. It is a fundamental way of organizing data.»[4]

Im Rückblick auf jene lange, immer noch fortdauernde, orale Narrationstradition ist es daher nicht verwunderlich, dass das mündliche Erzählen auch im Film schon immer einer bedeutende Rolle gespielt hat, was sich nicht nur in den frühen Vorführformen mit Kinoerzählern oder direkten mündlichen Kommentatoren widerspiegelt, sondern vor allen Dingen in den unzähligen, auditiven Narrationsformen des aktuellen Films zu erkennen ist.

3.1 Die Grundlagen des Narrativen

Worin genau liegt jedoch das Spezifische des Narrativen? Was unterscheidet eine sprachliche Äußerung von einem narrativen Akt? Wann wird eine sprachliche Äußerung zu einer erzählerischen Handlung? Und was macht das filmische Erzählen insbesondere aus?

Diese und ähnliche Fragen sind nicht nur grundlegend zum Verstehen des oralen oder schriftlichen Erzählens, sondern auch für ein prinzipielles Verstehen der filmischen Narration fundamental. Grundlegende Definitionen darüber, was genau einen erzählerischen Akt ausmacht existieren daher so vielfältige, wie es Arten, Gattungen, Formen und Medien des Erzählens gibt. Christian Metz definiert den narrativen Akt z. B. folgendermaßen:

«A narrative is a sum of events; it is these events which are ordered into a sequence; it is these events which the narrative act, in order to exists, begins by making unreal; it is these events again, which provide the narrator with his necessary correlative: He is a narrator only in so far as the events are narrated by him.»[5]

Als eigentlicher Vorläufer einer theoretischen Betrachtung des Narrativen kann jedoch die Beschreibung der ‹Konzeption der Tragödie› in Aristoteles *Poetik* verstanden werden. Aristoteles unterscheidet dort zwischen den Einzelteilen, die dar-

---

4   Edward Branigan: *Narrative Comprehension and Film*. London/New York 1992, S. 1.
5   Metz 1991, S. 24.

gestellt werden – den Geschehnissen – und der ordnenden Kraft – dem Mythos – der sie zusammensetzt.

> «Der wichtigste Teil ist die Zusammenfügung der Geschehnisse. Denn die Tragödie ist nicht Nachahmung von Menschen, sondern von Handlung und von Lebenswirklichkeit. (Auch Glück und Unglück beruhen auf Handlung, und das Lebensziel ist eine Art Handlung, keine bestimmte Beschaffenheit. Die Menschen haben wegen ihres Charakters eine bestimmte Beschaffenheit, und infolge ihrer Handlungen sind sie glücklich oder nicht.) Folglich handeln die Personen nicht, um die Charaktere nachzuahmen, sondern um der Handlung willen beziehen sie Charaktere ein. Daher sind die Geschehnisse und der Mythos das Ziel der Tragödie; das Ziel aber ist das Wichtigste von allem.»[6]

Auf dieser fundamentalen Analyse Aristoteles basieren fast alle darauf folgenden, weiter spezifizierten Narrationstheorien.

Eine weitere Ausarbeitung der Theorie des Narrativen in einer explizit formal, strukturalen Definition der Erzählung, erfolgte unter Anderem in den Arbeiten der russischen Formalisten, wie von Sklovskij und Tomaschevskij, die sich mit der Beziehung zwischen Ausdrucks- und Inhaltsebene und mit der Anordnung der narrativen Geschehnisse beschäftigten.

Die elementaren Grundeinheiten der narrativen Handlungsstruktur wurden dann von Vladimir Propp anhand einer Analyse von ca. 100 russischen Zaubermärchen untersucht. Propp stellte fest, dass dort bestimmte Handlungseinheiten wiederholt auftauchen, die somit die Tiefenstruktur des Handlungsablaufes bilden. Aus allen untersuchten Texten ließen sich dabei grundlegende narrative Einheiten (Narrateme) abstrahieren, die Propp als **Funktionen** bezeichnete. Auch Personen und Gegenstände stellten sich als variable Größen dieser Tiefenstruktur heraus, deren Namen und Attribute sich zwar änderten, deren Handlungen und Funktionen jedoch weitgehendst konstant blieben.[7]

In Deutschland wurde in den 1950er Jahren mit Günther Müller, Franz Karl Stanzel, Käte Hamburger und insbesondere Eberhard Lämmerts Arbeit *Bauformen des Erzählens* der Versuch unternommen eine systematische Beschreibung der epischen Erzählung und eine analytisch-funktionale Methodik zu entwickeln. Lämmerts Fokus liegt auf der differenzierenden und systematisierenden Untersuchung der Beziehung von Erzählzeit und erzählter Zeit. Er arbeitet dabei verschiedene Zeitraffungsformen und -intensitäten heraus, die für das Erzähltempo einer Narration bestimmend sind. Dieses Modell wurde schließlich von Gérard Genette aufgegriffen und bedeutend weiterentwickelt.

---

6 Aristoteles: *Poetik*. Stuttgart 1982, S. 21.
7 Vgl.: Valdimir Propp: *Morphologie des Märchens*. München 1972. S. 27 f.f. sowie Jurij Striedter: *Russicher Formalismus. Texte zur allgemeinen Literathurtheorie und zur Theorie der Prosa*. München 1973, S. 45 ff.

3 Narration

Die französische Erzählforschung der 1960er Jahre, die ebenfalls an den russischen Formalismus anknüpft und auf der ein Großteil der modernen Filmtheorie basiert, setzte sich schließlich nicht mehr mit konkreten literarischen Werken auseinander, sondern ging dazu über das Narrative in seiner generellen Form und Struktur zu betrachten. In diesem Zusammenhang wies Todorov daraufhin, dass das Zusammenfügen von Ereignissen in einer bestimmten Reihenfolge schon immer eine Funktion des Narrativen war. Als narrative Makrostruktur ergibt sich für ihn daher ein zyklisches Modell mit fünf ineinander übergehenden und sich umschließenden narrativen Phasen: der befriedigende Ausgangszustand, die Verschlechterungsphase, der Mangelzustand, einer weiteren Verschlechterungsphase und der Rückkehr zum befriedigenden Zustand, dem *Happy End*.[8] Diese narrativen Phasen sind auch heute noch fundamentale Bestandteile des *Mainstream*-Kinos.

Die aus der französischen Erzählforschung entstandene semiotische Filmtheorie, mit Vertretern wie Christian Metz, Umberto Eco oder Pier Paolo Pasolini, hebt zusätzlich die Bedeutung der Verkettung von Handlungselementen zu einer kohärenten, logischen Struktur hervor. Gleichzeitig verbindet die semiologische Filmtheorie dies mit der Vorstellung, dass der Film über eine ähnliche Zeichenstruktur verfüge, wie die verbale Sprache.

Während sich die semiologische Filmforschung anfangs noch an der strukturalistischen Zeichentheorie Saussures orientierte, wand sie sich schließlich dem differenzierteren Zeichenkonzept von Charles Sanders Peirce zu. So erkennt Barthes in der Makrostruktur des Narrativen einen kommunikativen Zeichenprozess, den er (sich auf Saussure beziehend) als eine Einheit von **Signifikanten** (Bezeichnungen) und **Signifikaten** (Bezeichneten) beschreibt.

Auf den Film bezogen, kann das **Signifikant** in den offensichtlichen Handlungen der darstellenden Personen, den Kostümen, der Landschaft, Gesten und der Musik erkannt werden. Das typische Merkmal des filmischen Signifikants ist dessen Heterogenität, als visuelles und akustisches Zeichen zugleich. Im filmischen **Signifikat** zeige sich, laut Barthes, dagegen alles, was außerhalb des Narrativen existiert, überall wo der Zuschauer selbst eine Bedeutungsproduktion, über das Singifikant hinaus, beitragen muss.

> «Aber im Grunde entfaltet jede dieser Botschaften auf unmittelbare und augenfällige Weise, über den analogischen Inhalt als solchen hinaus (Szene, Objekte, Landschaft), eine zusätzliche Botschaft, die man gemeinhin als Stil der Reproduktion bezeichnet; dabei handelt es sich um einen zweiten Sinn, dessen Signifikant eine gewisse Bearbeitung des Bildes unter der Einwirkung des Schaffenden ist und dessen entweder ästhetisches oder ideologisches Signifikat auf eine gewisse Kultur der Gesellschaft verweist, die die Botschaft rezipiert.»[9]

---

8 Vgl.: Tzvetan Todorov: *Poetik der Prosa*. Frankfurt am Main 1972, S. ????
9 Barthes1990, S. 13.

Die narrative Makrostruktur sieht Barthes indes durch bestimmte distributionelle Einheiten erfüllt, die er als **Funktionen** bezeichnet. So markieren Kardinalsfunktionen die entscheidenden narrativen Wendepunkte, während Katalysatorfunktionen ergänzende Information liefern. Als weiteres bestimmendes Element des Narrativen bezeichnet Barthes **Indices** (Zeichen). Indices dienen einerseits dazu das Geschehen in Raum und Zeit zu lokalisieren. Andererseits kommt den Indices eine große psychologische Bedeutung zu, da sie Informationen über die narrative Atmosphäre und die Emotionen der handelnden Figuren übermitteln würden. Narrative Texte unterscheiden sich, laut Barthes, demnach durch das Ausmaß in welchem sie aus Funktionen und Indices aufgebaut sind.[10]

3.2 Mimesis/Diegesis

«Was gezeigt werde kann, kann nicht gesagt werden.»[11]

In der Erzähltheorie findet darüber hinaus eine grundlegende Unterscheidung zwischen dem erzählerischen Diskurs einerseits und der nicht-erzählerischen, rein deskriptiven Handlung andererseits statt. Bereits Plato hat jene Dichotomie unter den Begriffen der Diegesis/Mimesis als bedeutende Modi des Erzählens verstanden.[12]

Der Film wurde demzufolge oft als eine mimetische Kunstform verstanden, da in ihm, als ‹vordergründig visuelles Medium›, die Narration in Form eines Spektakels, rein dramatisch präsentiert werde. Damit würde der Narrationsmodus des Filmischen eher dem dramatischen Nachahmen des Theaters und der bildenden Kunst entsprechen, als dem erzählerischen Gestus der Prosa.

«From this standpoint, cinema, like drama, dance, opera, mime, and other presentations of action, is mimesis and not diegesis. […] While films are different from other performances in ways that make for a distinctive kind of mimesis, it is a desire to see an action taking place before our eyes that brings us to the movies in the first place.»[13]

Tatsächlich liegt in den meisten narrativen Kunstformen jedoch eine Mischung aus beiden Typen des Erzählens vor, so auch in der Literatur, dem Theater und natürlich dem Film. Jene Begrifflichkeiten der Mimesis und Diegesis, beziehungsweise des diskursiven und deskriptiven Erzählens, verdeutlichen letztendlich nur den Grad der Distanz, der zwischen dem Erzähler und dem Text, beziehungsweise seiner Erzählung selbst besteht.

10 Vgl.: Barthes 1988, S. 112–114
11 Ludwig Wittgenstein: *Tractatus logico-philosophicus. Logisch-philosophische Abhandlung.* Frankfurt 1960, S. 43
12 Vgl.: Platon: *Der Staat (Politeia).* Stuttgart 2000, S. 171–173.
13 Fleishman, S.3.

3 Narration

Auch die semiotische Filmtheorie verweist auf jene Dichotomie und deren Bedeutung für das filmische Erzählen. So definiert der Semiologe Christian Metz den Film, in seinem 1971 veröffentlichten Werk *Sprache und Film*, zwar durchaus als eine Sprache (*langage*), gleichzeitig weist er jedoch daraufhin, dass der Film völlig anders als ein Sprachsystem strukturiert sei, da er im Gegensatz zur Sprache nur eine ‹Ein-Weg-Kommunikation› sei und zu wenig nur ihm spezifische Codes verwende.

«[...] das cinéma ist bereits auf der Ebene der Ausdrucksmaterie eine ‹zusammengesetzte› Sprache. Es enthält nicht allein die Möglichkeit, mehrere Codes zusammenzubringen, sondern schließt auch auf eine bestimmte Weise verschiedene Sprachen ein, Sprachen, die sich untereinander durch ihre physische Beschaffenheit unterscheiden: die zu einer Sequenz zusammengefügte sich bewegende Photographie, der phonetische Ton, der musikalische Ton, die Geräusche. In diesem Punkt unterscheidet sich das cinéma von anderen Ausdrucksmitteln, die zwar auch in Hinsicht auf ihre Codes heterogen sein mögen, physisch gesehen aber nicht zusammengesetzt sind.»[14]

Das Ausdrucksmaterial des Films beschreibt Metz daher auch als eine Kombination aus audiovisuellen Rohmaterialien, die durch ihre ursprünglichen, außerfilmischen Ausdruckscodes strukturiert werden. Fast alle Zeichen, der im Film repräsentierten Welt, gehören demnach immer außerfilmischen Zeichensystemen an, so dass der Film letztendlich kein ihm spezifisches Zeichensystem besitze, sondern sich aus einer Heterogenität außerfilmischer Codes zusammensetzt. Auch der eigentliche Inhalt des Filmischen bestehe somit nicht aus filmspezifischen Codes, sondern sei aus vielen miteinander zusammengefügten semiotischen Codes strukturiert, wie denen der Sprache, der Musik, der Literatur oder der bildenden Kunst.[15]

Folglich beschreibt Metz den Film als eine **Pluralität unterschiedlicher Codes** und deren Gesamtheit als die eigentliche Sprache des Films. Dabei unterscheidet er zwischen allgemeinen, filmischen Codes, deren Strukturen allen Filmen gemeinsam sind und speziellen filmischen Codes, deren Merkmale hauptsächlich in bestimmten Filmgenres, wie dem Western oder dem Horrorfilm vorkommen. Während sich die speziellen, filmischen Codes im Laufe der Filmgeschichte in großer Vielzahl weiterentwickelt haben, bleibt die allgemeine Sprache des Films, wozu unter Anderem die Kameraführung und die Montage gehören, als generelle Basis weitgehend invariant.

«Das cinéma, eine ‹geschmeidige Sprache›, eine ‹regellose› Sprache, eine Sprache, die den tausend wahrnehmbaren Aspekten der Welt gegenüber offen ist, aber auch eine Sprache, die im Moment der Herstellung des Kunstwerks auf einzigartige Weise geschaffen wird, und die aus dem einen wie dem anderen Grund der Ort der Freiheit und des Unkontrollierbaren ist: das alles ist häufig gesagt worden. Gleich ob

14 Christian Metz: Sprache und Film. Frankfurt 1973, S. 38.
15 Vgl.: Metz 1973, S. 40.

Reproduktion oder Kreation, der Film wird immer diesseits oder jenseits der Sprache stehen.»[16]

So wird nochmals deutlich, dass kein homogener Code des Filmischen existieren kann. Der Film ist vielmehr das Produkt der intermedialen Zusammenwirkung einer Vielzahl von Codes und damit auch prinzipiell dazu in der Lage alles ausdrücken zu können. Gleichzeitig verdeutlicht dies, dass der Film ein generell offenes Medium ist, so dass praktisch alle Codes, die visuell und auditiv manifestierbar sind, auch die Quelle einer filmischen Botschaft sein könnten. Das filmische Erzählen beinhaltet daher immer mimetische sowie diegetische Gesten und Codes.

3.3 Erzählung – Handlung / Fabula – Sujet

Analog des Begriffspaares ‹Mimesis/Diegesis› wird in der Erzähltheorie eine weitere grundlegende Unterscheidung zwischen der Erzählung und der Handlung getroffen, eine Dichotomie die ebenfalls bis in die Antike zurückverfolgt werden kann, bis hin zu Aristoteles Unterscheidung zwischen *Mythos* und *Logos*.[17] Die **Narration** verkörpert dabei den Diskurs, an dem Erzähler und Zuschauer beteiligt sind. Die **Handlung** bezieht sich dagegen auf die dargestellte Form des Diskurses. Demnach offenbart die Erzählung das, was in einer Geschichte dargestellt wird und die Handlung das, wie es dargestellt wird. Erzählung und Handlung treten zumeist nebeneinander auf, so dass jede Erzählung folglich einen diskursiven Teil beinhaltet, der sich im Akt des Erzählens wieder findet, und mit der eigentlichen Handlung gleichzeitig etwas Nichtdiskursives.

In der modernen Erzählforschung wurde diese Dichotomie immer wieder, mit Hilfe der unterschiedlichsten Begriffspaare, thematisiert und findet sich so in den Definitionspaaren ‹fabula und syuzhet› bei Propp und Todorov, ‹story und plot› bei Chatman[18] oder ‹histoire und discourse› bei Metz[19] wieder.

David Bordwell hat dieses Modell für den Film aufgegriffen und bezieht die imaginäre Konstruktion der Fabel mit ein, die der Zuschauer beim Sehen eines Films ununterbrochen leistet. Er versteht die filmische Narration als einen dynamischen Prozess, an dessen Mitkonstruktion der Zuschauer aktiv beteiligt ist. «In fiction film, narration is the process whereby the film's syuzhet and style interact in the course of cueing and channeling the spectator's construction of the fabula.»[20]

---

16 Metz 1973, S. 311.
17 Vgl.: Aristoteles 1994, S. 21.
18 Chatman 1980, S. 43.
19 Christian Metz: *The Imaginary Signifier. Psychoanalysis and the cinema*. Bloomington/Indianapolis 1982, S. 94.
20 Bordwell 1985, S. 53.

3 Narration

Nach Bordwell beinhaltet die **Fabel** damit die Handlung in chronologischer Reihenfolge. Die Fabel ist somit jene Struktur, die der Zuschauer während des Sehens eines Films durch Vermutungen und Schlussfolgerungen, die er während der Rezeption entwickelt, zusammenstellt und konstruiert.

> «The fabula is thus a pattern which perceivers of narratives create through assumptions and inferences. It is the developing result of picking up narrative cues, applying schemata, framing and testing hypothesis.»[21]

Das **Sujet** stellt dagegen die tatsächliche Arrangierung und Präsentation der Ereignisse der Fabel dar, das heißt deren eigentliche Struktur und beinhaltet damit auch den dramaturgischen Prozess des Filmischen.

> «To sum up: In any narrative medium, the syuzhet controls the amount and the degree of pertinence of the information we receive. The syuzhet creates various sorts of gaps in our construction of the fabula; it also combines information according to principles of retardation and redundancy. All of these procedures function to cue and guide the spectator's narrative activity.»[22]

Auch die Dauer, beziehungsweise das Verhältnis von Erzählzeit (Zeitspanne, die der Film dauert) und erzählter Zeit (Zeitraum, über den sich die Handlung erstreckt) kann durch das Sujet manipuliert werden und bedarf daher der Rekonstruktion durch den Zuschauer. Dies liegt daran, dass im Film nur selten die gesamte Handlung erzählt und dargestellt wird, sondern diese durch Schnitte, die Montage oder eine Voice-Over Narrationen manipuliert werden kann. So entspricht die Dauer einer Sequenz zwar eigentlichen der Dauer der jeweiligen Handlung, durch Schnitte, welche die Handlung auf das Wichtigste beschränken, kann diese Handlungszeit jedoch insgesamt reduziert und auf das Wesentliche komprimiert werden. Damit besteht die Handlung und Geschichte eines Films zu großen Teilen immer auch aus Nichtgezeigtem, was sich der Zuschauer zwischen den Schnitten selbst hinzudenken muss.

Als audiovisuelles Medium ist dem Film eine präsentische Grundform eigen, da dem Zuschauer das Dargestellte immer als etwas unmittelbares, in genau diesem Moment geschehendes, vermittelt wird. Dies liegt unter Anderem daran, dass die zeitliche Gegenwart des Dargestellten mit der zeitlichen Gegenwart des Zuschauers korreliert und so ein Jetzt-Eindruck entsteht, der durch bestimmte narrative Mittel noch verstärkt werden kann. Dazu zählt zum Beispiel das direkte Ansprechen des Zuschauers durch eine Figur.

Bei Zeitraffungen oder Zeitdehnungen handelt es sich folglich immer um eine Manipulation der Fabel durch das Sujet. Zeitraffungen werden in fast allen Filmen

---

21 Bordwell 1985, S. 49.
22 Bordwell 1985, S. 57.

angewendet und geschehen hauptsächlich durch die Auslassung von unwichtigen Handlungen, mittels Schnitt und Montage.

Zeitdehnungen treten im Film dagegen wesentlich seltener auf. Sie werden meist durch *Slow Motion* Aufnahmen realisiert und hauptsächlich in ausgeprägten Action- oder Traumsequenzen eingesetzt. Eine sehr bekannte Form der Zeitdehnung findet sich beispielsweise in THE MARTIX (Andy + Lana Wachowski, USA/AUS 1999), in dem berühmt gewordenen *Bullet-Time Effekt*, wo der Eindruck einer Kamerafahrt um ein in der Zeit eingefrorenes Objekt herum erzeugt wird.

Ein Voice-Over-Narrator kann indes, allein durch die Wahl des grammatikalischen Tempus, die Zeit der Handlung in die Vergangenheit oder Zukunft verordnen. Demnach gehören zur Manipulationen der zeitlichen Darstellung der Fabel durch das Sujet außerdem das **Flashback**, in dem ein vorangegangenes Ereignis der Fabel erst nachträglich dargestellt wird, sowie das **Flashforward**, in dem ein in der Fabel erst später stattfindendes Ereignis bereits früher gezeigt wird.

> «More and more, though, flashbacks aren't motivated by character memory or reconstruction. This is a change from traditional practice, in which a framing situation would present a character recounting or reflecting on the past. [...] Today the narration will often simply juxtapose one chunk of time with another, though still marking the flashback with an intertitle, a dialogue hook, or a vivid optical transition and burst of sound. Now, it seems, audiences' familiarity with flashback structures allows filmmakers to delete the memory alibi and move straight between present and past.»[23]

Genette bezeichnet diese anachronischen Ereignisse auch als **Analepse** (*Flashback*) und **Prolepse** (*Flashforward*).

> «Mit Prolepse bezeichnen wir jedes narrative Manöver, das darin besteht, ein späteres Ereignis im voraus zu erzählen oder zu evozieren, und mit Analepse jede nachträgliche Erwähnung eines Ereignisses, das innerhalb der Geschichte zu einem früheren Zeitpunkt stattgefunden hat als dem, den die Erzählung bereits erreicht hat; der allgemeine Ausdruck Anachronie hingegen soll uns weiterhin dazu dienen, sämtliche Formen von Dissonanz zwischen den beiden Zeitordnungen zu bezeichnen [...].»[24]

Des Weiteren unterscheidet Genette zwischen **internen** und **externen Analepsen**, beziehungsweise **Prolepsen**. Bei einem internen Flashback handelt es sich um die subjektiv markierte Erinnerung einer einzelnen Figur. Dagegen handelt es sich bei einem externen Flashback um Informationen über eine Figur oder deren Vorgeschichte, die von einer auktorialen Erzählinstanz erst nachträglich geliefert werden, wie in INGLOURIOUS BASTERDS (Quentin Tarantino, USA/D 2009), wo im Laufe des Films immer wieder, völlig unvermittelt, eine akusmatische, auktoriale Erzähl-

---

23 David Bordwell: *The Way Hollywood Tells It*. Berkeley / Los Angeles / London 2006, S. 90.
24 Genette 1998, S. 25–26.

3 Narration

17 Textliche Einblendung in INGLOURIOUS BASTERDS (USA/D 2009)

stimme auftaucht, die in einem recht ironisch anmutenden Erzählgestus zusätzliche Informationen über die Figuren liefert und auch die dazu entsprechenden Bilder hervorruft. So zum Beispiel, wenn in Kapitel 2 ‹Inglourious Basterds› die Vorgeschichte des Hugo Stiglitz erzählt wird und warum dieser unter allen deutschen Soldaten bekannt ist: «The reason for Hugo Stiglitz's celebrity among German soldiers is simple. As a German-enlisted man, he killed 13 Gestapo officers.» Zu der Erzählstimme des Narrators ist dementsprechend zu sehen, wie Hugo Stiglitz eben jene 13 Gestapo Offiziere tötete. Diese ‹Unter›-Geschichte wird dann ebenfalls mit einem textlichen Titel eingeleitet (Abb. 17).

Zeitliche Vorgriffe, sprich **Flashforwards**, treten dagegen eher selten auf. Dies mag unter anderem daran liegen, dass das Flashback der Fähigkeit des Sich-Erinnerns entspricht und damit einem jedem Zuschauer vertraut ist. Die Möglichkeit in die Zukunft zu Blicken erscheint uns dagegen als etwas höchst Irreales, das dem in die Zukunft Erzählenden somit automatisch einen Über-Menschlichen, fast göttlichen Erzähl-Gestus verleiht.

3.4 Der narrative Akt im fiktiven Film

Insgesamt wird somit deutlich, dass der Prototyp des Narrativen generell immer als eine Kette von Ereignissen verstanden wird, die einander bedingen und durch einen Kausalzusammenhang miteinander verknüpft sind. Diese Kausalverkettung, der sich abspielenden Ereignisse erfordert weiterhin, dass die Ereignisse in einem bestimmten Raum situiert sein müssen und an einen bestimmten zeitlichen Ablauf gebunden sind, da die Handlungskette immer durch ein Anfang und ein Ende begrenzt sein muss. Diese Sukzession der sich gegenseitig bedingenden Ereignisse, eingebunden in eine gewisse ästhetische Form, bildet damit die Grundvorrausetzung einer jeglichen Narration.

Des Weiteren handelt es sich bei einer Narration immer auch um eine ästhetisch und dramatisch strukturierte Form der Weltdarstellung. Das Erzählte wird in einen ästhetisch konstruierten Kosmos gesetzt, der zwar unserer Realität entsprechen kann, beziehungsweise dieser nachgebildet ist, ihr jedoch ebenso gut auch entgegenstehen kann, um dem Rezipient als eskapistische Flucht in eine andere Welt zu dienen. Das Fiktionale bildet damit ein weiteres bedeutendes Element des Narrativen.[25]

Eine Fiktion beschreibt jedoch nicht automatisch etwas, das erfunden wurde. Zwar repräsentieren fiktionale Ereignisse keine tatsächlichen, absolut auf den Punkt falsifizierbaren historischen Fakten, dennoch beruhen viele fiktiven Erzählungen auf historischen Ereignissen. Des Weiteren finden sich auch in nicht-fiktionalen Texten und Filmgenres immer narrative Strukturen sowie eine auf fiktiven Ereignissen beruhende Narration immer auch nichtfiktionale Elemente in sich trägt, da eine Erzählung ohne jeglichen Bezug auf die reale Welt für uns kaum verständlich und sinnvoll erscheinen würde.

So lässt sich schlussfolgern, dass ein narrativer Akt prinzipiell aus einer sinnhaften Organisation von oftmals fiktiven Handlungen besteht, deren Elemente, Geschehnisse und Beziehungsflechte sukzessive zu einem sinnvollen Ganzen verbunden werden. Das Narrative kann demnach nicht auf ein einzelnes Genre oder ein einzelnes Medium, wie den sprachliche Text beschränkt werden, sondern ist als organisierendes Prinzip elementarer Bestandteil fast aller Formen des künstlerisch-ästhetischen Ausdrucks und von einer überwiegenden Anzahl aller sprachlichen Handlungen.

Der Zuschauer hat, aufgrund seiner medialen Sozialisation, jene grundlegenden narrativen Strukturen von Kindheit an erlernt. Diese ursprünglichen Erfahrungen mit narrativen Modellen trainieren den Rezipienten und lehren ihn, wie er einer Erzählung zu folgen hat, um diese zu verstehen, so dass nach und nach die für unsere westliche Kultur typischen Erzählschemata verinnerlicht werden. Darunter fällt, neben der kanonischen Erzählweise auch das zielorientierte Handeln der Figuren.

Gleichzeitig hat dies jedoch zur Folge, dass er keineswegs vorurteilsfrei und ohne jegliche Erwartung in einen Film geht – ganz im Gegenteil: Wie jeder aus eigener Erfahrungen weiß, sind es insbesondere gewisse Erwartungshaltungen bezüglich des narrativen Verlaufs, die uns unter Anderem dazu bringen einen Film anzusehen.

> «Jede Rezeption eines Films ist auch ein Abgleichen des Erwarteten und des Erlebten. Erfüllt ein Film die versprochenen Emotionen nicht, wird er als enttäuschend qualifiziert. Darum sind Rezeptionserwartungen so bedeutsam für das Gelingen einer auch affektiv erfüllten Rezeption.»[26]

---

25 Fiktion leitet sich aus dem Lateinischen ‹fingere› ab, das auch als ausdenken, entwickeln, erschaffen oder erfinden übersetzt werden kann, und ist mit dem deutschen Begriff ‹fingieren›, dem französischen ‹feindre› oder dem englischen ‹feign› verwandt.

26 Hans J. Wulff: Affektivität als Element der Filmrezeption oder Im Kino gewesen, geweint (gelacht, gegruselt …) – wie es sich gehört!. In: Susanne Marshall / Fabienne Liptay (Hrsg.): *Mit allen Sinnen. Gefühl und Empfindung im Kino.* Marburg 2006, S. 22–23.

3 Narration

Diese Erwartungshaltung, die ein Kinozuschauer vor der Rezeption eines Films entwickelt, bezieht sich dabei nicht nur auf die erwarteten Leistungen der Schauspieler, sondern auch auf Vermutungen, die der Zuschauer bezüglich der narrativen Struktur des Films anstellt.

> «To make sense of a narrative film, however, the viewer must do more than perceive movement, construct images and sounds as presenting a three-dimensional world, and understand oral or written language. The viewer must take as a central cognitive goal the construction of a more or less intelligible story.»[27]

Das narrative Verstehen eines Films ist demnach eine komplexe Tätigkeit, die man erst durch ein gewisses Maß an narrativer Erfahrung erlernt. Gleichzeitig ist das Wahrnehmen und Verstehen einer Erzählung ein zielorientierter Prozess, da der Zuschauer versucht die dargestellten Ereignisse in der chronologisch richtigen Reihenfolge anzuordnen und in einen größeren Zusammenhang zu bringen.

Dieser Versuch wird gerade im aktuellen Film extrem gefordert, denn im zeitgenössischen Kino treten immer häufiger Handlungsstrukturen auf, in denen gewisse Bestandteile der Narration nicht vordergründig geklärt werden und vom Zuschauer selbst beantwortet werden müssen. Dazu zählen insbesondere so genannte Puzzel-Filme, deren eigentliche Motivation darin besteht, den Zuschauer mit einem mehrdeutigen, offenen Ende zu entlassen und diesem selbst die Entschlüsselung der Story zu überlassen, wie beispielsweise in INCEPTION (Christopher Nolan, USA/GB 2010), wo nicht klar aufgelöst wird, ob der Protagonist am Schluss nun wach ist, noch träumt oder vielleicht längst gestorben ist.[28]

Für den Zuschauer scheint die diegetische Erzählwelt eines Films vollkommen unabhängig von der Narration zu existieren, welche diese lediglich von einem unbestimmbaren Außen kadriert und ordnet, um die Ereignisse jener narrativen Welt zu einer stringenten Erzählung zu gliedern. Damit entsteht der Eindruck der vermittelnden Erzählinstanz, als **unsichtbarer Beobachter** oder Zeuge, der dem Zuschauer die für ihn bedeutenden Ereignisse der Erzählwelt in der entsprechenden Reihenfolge präsentiert. Nach diesem Modell, das auf Pudovkin zurückgeht, wird das Kino als voyeuristisch und rein visuell verstanden. Der unsichtbare Beobachter, der sich in der Kamera verbirgt, wird als der perfekte Augenzeuge und gleichzeitig ursprüngliche, erzählende Instanz der Narration verstanden.

---

27 Bordwell 1985, S. 33.
28 Letztendlich sind jene aktuellen Puzzelfilme jedoch eine logische Schlussfolgerung aus der filmischen Erzählsituation heraus, da der Zuschauer sowieso mit der Erwartung ins Kino kommt, sich auf eine mehr oder minder komplexe, narrative Puzzelarbeit einzulassen, muss diese im Verlauf der Filmgeschichte immer diffiziler gestaltet werden, um überhaupt noch den Reiz des Neuen bieten zu können. Vgl.: David Bordwells Argumentation in *The Way Hollywood Tells It*, wo er detailliert darlegt, auf welche enorme Art und Weise sich die Schnitt- und damit auch der Darstellungs-/Zeigemodi im aktuellen Holywood-Kino beschleunigt haben. In Anlehnung an das klassischen Continuity-Editing bezeichnet er diesen Stil als *Intensified Contiuity*.

«The lens of the camera replaces the eye of the observer, and the changes of the angle of the camera – directed now on one person, now on another, now on one detail, now on another – must be subject to the same conditions as those of the eye of the observer.»[29]

Tatsächlich werden in diesem Modell jedoch nicht nur die spezifisch, stilistischen Qualitäten eines jeden Films außer acht gelassen und sozusagen naturalisiert, indem alles was nicht der Narration dient als belanglos abgewertet wird, sondern auch die narrative Kraft des filmischen Tons wird völlig außen vorgelassen. Weiterhin fußt auf diesem Modell die Konvention, dass Figuren niemals direkt in die Kamera blicken sollten, da sich nicht nur der Zuschauer in seiner Funktion als unbewusster Voyeur ertappt fühlen würde, sondern auch die Materialität des Films, in Form der narrative Instanz und des filmischen Apparates selbst, offenbart werden würde.[30] Außerdem ist eine Identifikation des Zuschauers mit einer Figur, die sich ihm als direkter Blickpartner gegenüberstellt, unmöglich.

«A glance leaps across space: its direction orients us to something nearby and hence enables us to build spatial relationships within a scene. [...] In fact, glances are so important to narrating a story world that the only glance that is generally avoided is a glance into the lens of the camera. A look into the camera breaks the diegesis because it makes the conventional reverse shot or eyeline match impossible. (Such a match would reveal the camera itself; its absence would be just as revealing).»[31]

Dennoch wurde und wird diese Konvention gerade in den letzten Jahren immer häufiger gebrochen und dabei oft in Verbindung mit einer Erzählung im On gesetzt, wie z. B. in AMERICAN SPLENDOR, der die Lebensgeschichte des Comic-Autors Harvey Pekars erzählt. Pekar wird zu einem Großteils der Handlung durch den Schauspieler Paul Giamatti dargestellt. Die retrospektive Voice-Over-Narration wird jedoch von der realen Person, Harvey Pekar, gesprochen. Gleichzeitig werden die fiktiven, nachgestellten Sequenzen immer wieder von Aufnahmen durchbrochen, in denen der reale Harvey Pekar zu sehen ist, der direkt in die Kamera blickend sein Leben im On kommentiert (Abb. 18).

Die unterschiedlichen Typen der Voice-Over-Narration werden im aktuellen Film demnach besonders kreativ eingesetzt, um die narrativen Konventionen des Erzähl-Kinos zu hinterfragen und aufzulösen. Nicht ohne Grund wurde das Phänomen Voice-Over daher für das klassische Hollywoodkino als zu dominant narrativ und zu selbstreflexiv empfunden und daher als eine dem Film untypisches Erzählmittel abgetan.

---

29 Vesvolod Pudovkin: From Film Technique. [On Editing]. In: Leo Baudry / Marshall Cohen (Hrsg.): *Film Theory And Criticism. Introductory Readings*. New York / Oxford 1999, S. 10–11.
30 Vgl.: Metz 1982, S.94–95
31 Branigan, S. 53.

3 Narration

18 Harvey Pekar als ‹reale› Comic-Figur in AMERICAN SPLENDOR (USA 2003)

Dies mag vor allen Dingen daran liegen, dass sich eine Voice-Over-Narration immer sehr offen und zu bewusst als narrativer Akt auf die Erzählung aufbringt, was folglich den Akt der Narration selbst hervorhebt. Die diegetische Erzählwelt existiert bei Filmen, die mit einer Voice-Over-Narration arbeiten, nicht mehr unabhängig vom narrativen Akt, sondern wird deutlich von diesem Erzähler für den Zuschauer etabliert und strukturiert. Die vermittelnde Erzählinstanz, die dem Zuschauer die Ereignisse jener Erzählwelt präsentiert, ist scheinbar mit dem Träger jener Erzählstimme verbunden. Somit besteht im Zuge einer Voice-Over-Narration immer die Gefahr, dass sich der Zuschauer in seiner Rolle als Zuschauer selbst erkennt, beziehungsweise in dieser Rolle auch wieder finden soll – ein Umstand, der im klassischen Hollywood Kino vermieden werden sollte.

Insbesondere im aktuellen Kino finden sich jedoch zahlreiche Filme, die den Zuschauer bewusst auf seine Rolle als Zuschauer hinweisen und auf den Akt des Erzählens Bezug nehmen. PARTY MONSTER (Fenton Bailey / Randy Barbato, USA/ NL 2003)[32] beginnt z. B. mit einer nachgestellten Interview-Testaufnahme, bei der James St. James, ein ehemaliger Freund Michael Alig's, Anweisungen erhält, mit dem Anfang seiner Geschichte zu beginnen. Er verweigert dies jedoch. Stattdessen sind die Aufnahmen jenes Mordes zu sehen, der im Mittelpunkt der Handlung stehen wird, wozu James St. James Voice-Over-Narration einsetzt:

> «I think it's so important to begin with a bang, don't you? Let them know something horrible is going to happen and then ... puff ... we're suddenly elsewhere ... Michael Alig's blood feast party. Just a quite night out with a few friends.»

Parallel zu dem ‹puff› werden auch die entsprechenden Bilder hervorgerufen und der Erzähler führt den Zuschauer weiter durch die Handlung, bis er kurz darauf an einer Überdosis zusammenbricht und Michael Alig selbst die Erzählung im On übernimmt:

> «Hi, I'm Michael. I grew up in the Midwest. The usual story: felt different, really didn't fit in. But I wasn't going to turn the other cheek, no Sir, no. I started selling candy in school, jacked up the prices several hundred percent.»

---

32 PARTY MONSTER erzählt die wahre Geschichte des Party-Promoters Michael Alig, der Anfang der 1980er Jahre eine schillernde Figur der New Yorker Clubszene war und schließlich einen Mord an einem Drogendealer beging.

19 Chris blickt unvermittelt in die Kamera. Emile Hirsch in INTO THE WILD (USA 2007)

Auf der visuellen Ebene, die mit Michaels Stimme in seine Vergangenheit zurückreist, ist dieser nun beim Bonbonverkauf an der Schule zu sehen. Nach einem Schnitt tritt Michaels Mutter ins Bild, die nun ihrerseits im On zu erzählen beginnt: «This is my Michael. He was always making money. He just, he had a neck for it. My little candy-man.»

Mittels all dieser tabubrüchigen, narrativen Gesten – die direkte Ansprache des Zuschauers, das Einfügen von Regieanweisungen sowie das Wissen des Zuschauers, das die Handlung auf wahren Ereignissen basiert– werden nicht nur die Konventionen des klassischen Mainstreamfilms konterkariert, sondern ebenso mit den Konventionen des Dokumentarfilms gespielt. Der insgesamt extrem überstylisierte Film, führt diese Überzeichnung folglich auch auf der narrativen Ebene fort. Der Film nimmt weder seine Erzähler ernst, die permanent miteinander um die narrative Kontrolle ringen, noch den Zuschauer.

Ein solches Spiel mit Normverstößen, beziehungsweise der Entblößung des filmischen Charakters, zeigt sich aber auch in Filmen, in denen die Figuren eigentlich stringent in ihrer diegetischen Welt verankert sind, so zum Beispiel in INTO THE WILD (Sean Penn, USA 2007). Wenn der Aussteiger Chris, beim Essen eines Apfels, plötzlich unvermittelt und sehr direkt in die Kamera blickt.

Für die Narration des aktuellen Films scheint demnach das allgemeine Motto zu gelten «Anything goes!». Einerseits wird immer reflexiver mit bekannten, normierten narrative Elementen gespielt, die dem Zuschauer vertraut sind und für diesen leicht vorausschaubare Handlungswendungen mit sich führen. Andererseits werden diese Elemente gleichzeitig mit Normverstößen in der narrativen Struktur des Films gekoppelt, so dass zumindest einige, für den Zuschauer unbekannte, narrative Momente entstehen können (Abb. 19).

3.5 Der Erzähler

Letztendlich bleibt damit die Frage offen, wo die vermittelnde Erzählinstanz eines Films anzusiedeln ist, wenn diese offensichtlich nicht im Auge der Kamera zu finden ist? Wer präsentiert dem Zuschauer die Narration? Wer kann als der Vermittler

3 Narration

und Quelle der Narration verstanden werden? Wer genau verfügt darüber, wie viel oder wenig Informationen dem Zuschauer präsentiert werden?

Sicherlich lässt sich diese Frage einerseits recht simpel beantworten, indem man auf den Regisseur, Drehbuchautor, das Produktionsteam und die gesamte Crew an Personen verweist, die an der Erschaffung und Gestaltung eines Films beteiligt waren. Dabei wird der Regisseur, durch seine tragende Rolle als Entscheidungsinstanz, häufig als Autor des gemeinschaftlichen Produktes Film verstanden.

Tatsächlich weist diese Frage nach dem Präsentator der filmischen Narration jedoch daraufhin, dass allein durch den Akt des filmischen Erzählens eine narrative Schöpferfigur impliziert wird. Dies begründet sich dadurch, dass durch den filmisch narrativen Akt immer ein Zuschauer impliziert wird, der im Zuge der Entschlüsselung der Narration in eine aktive Position verwiesen wird. Dementsprechend muss die Narration, gemäß dem klassischen Kommunikationsmodell nach Ernst Bühler, das einen Sender und einen Empfänger vorsieht, auch eine aktive, sendende Instanz implizieren, welche diese Narration erzeugt. Somit kommt das, aus der Erzählforschung stammende, theoretische Konstrukt des **implizierten Präsentators**, beziehungsweise **implizierten Autors** ins Spiel.

3.5.1 Der filmische Präsentator bei Bordwell

Diesem Konstrukt stehen einige Autoren jedoch sehr kritisch gegenüber. Bordwell geht beispielsweise auf die Frage nach einer erzählerisch, schöpfenden Instanz nur sehr knapp ein. Insgesamt hält er es für unangebracht den Film als einem kommunikativen Akt zu verstehen, da dieser nicht auf einer verbalen Deixis aufgebaut sei und man aus diesem Grund Begriffe, wie einen Sprecher oder einen implizierten Vermittler der Narration nicht anwenden könne. Für Bordwell steht der Film als vordergründig mimetisches Erzählmodell damit außerhalb der Tradition des oralen Erzählens.

> «I suggest however, that narration is better understood as the organization of a set of cues for the construction of a story. This presupposes a perceiver but not a sender, of a message. This scheme allows for the possibility that the narrational process may sometimes mimic the communication situation more or less fully. A text's narration may emit cues that suggest a narration, or a ‹narratee,› or it may not.»[33]

Im Modell des implizierten Erzählers, der vom Zuschauer selbst nicht unbedingt wahrgenommen werden muss, erkennt Bordwell demnach keinerlei Nutzen für das Verstehen der filmischen Narration, da er die Funktionen dieses implizierten Erzählers in der filmischen Narration selbst verankert sieht.[34]

---

33 Bordwell 1985, S. 62.
34 Vgl.: Bordwell 1985, S. 62.

3.5 Der Erzähler

«Far better, I think, to give the narrational process the power to signal under certain circumstances that the spectator should construct a narrator. When this occurs, we must recall that this narrator is the product of specific organizational principles, historical factors, and viewer's mental sets.»[35]

Laut Bordwell würde der Zuschauer folglich nur dann eine erzählende, ihm den Film präsentierende Instanz konstruieren, wenn im Film tatsächlich ein expliziter Erzähler auftaucht und damit ein expliziter Akt verbaler Narration, der wiederum den Rückruf auf ein Sender-Empfänger Modell rechtfertigen würde. Damit würde der Zuschauer jedoch nur in Filmen, in denen eine Voice-Over-Narration auftaucht, auch einen filmischen Präsentator konstruieren.

«What does it mean to say that a film is ‹organized› but not ‹sent›? Who or what organizes it – not originally, of course, but right there in the screen during projection? Bordwell does not tell us. He seems concerned only with the agent of perception, not the agent of narration; that is, he equates the agent of perception with the act of narration. But surely the film – already ‹organized› – somehow gets to the theater and gets projected; something gets ‹sent›. If we argue that ‹narrator› names only the organizational and sending agency and the agency need not be human, as the dictionary tells us it need not, much of Bordwell's objection seems obviated, and we are spared the uncomfortable consequences of a communication with no communicator – indeed, a creation with no creator.»[36]

Die filmische Narration selbst begreift Bordwell damit als einen Prozess, der ausschließlich in der aktiven Wahrnehmung des Zuschauers stattfindet. Die filmische Narration besteht für ihn in der «[…] Organisation einer Anzahl von Hinweisen für den Zuschauer, welche ihn dazu anregen eine Erzählung zu konstruieren.»[37]

Eine nicht aktiv im Prozess der Narration auftretende schöpferische Instanz würde vom Zuschauer dagegen anhand einer konstruierten Vorstellung des Regisseurs entwickelt werden. Da sich die fiktive Vorstellung, die der Zuschauer vom Regisseur habe, nie mit der tatsächlichen Person des Regisseurs decken würde, diene diese Vorstellung für den Zuschauer als impliziertes Konstrukt einer schöpferischen Instanz. Im tatsächlichen Prozess der Narration würde diese Vorstellung jedoch kaum aktiv abgerufen werden.[38]

Insgesamt ruft Bordwells Vorstellung einer Narration ohne aktiven Schöpfer, beziehungsweise ohne Sender, zahlreiche Fragen auf.

---

35 Bordwell 1985, S. 62.
36 Chatman 1990, S. 127.
37 Vgl.: Bordwell 1985, S. 62.
38 Vgl.: David Bordwell: *Making Meaning: inference and rhetoric in the interpretation of cinema.* Harvard 1991, S. 158.

3 Narration

> «In some sense, Bordwell takes the film itself, in its various layered structures, as already given. Thus, he rejects the notion of a cinematic narrator inherent in the film and argues instead for something he calls ‹narration› [...]. It is a little unclear how this process occurs, whether it is internal to the viewer – in which case style and syuzhet ‹interact› only within her perception and cognition – or whether there is some kind of interchange between the screen and the viewer. [...] But Bordwell is opposed to the notion of narrative agency because ‹narrator› connotes ‹human being› to him.»[39]

Somit legt Bordwell die gesamte Verantwortung der aktiven Konstruktion der Narration in die Hand des Zuschauers, während er komplett unbeachtet lässt, wer als Vermittler und Organisator jener einzelnen Hinweise und Puzzelteile verstanden werden kann.

Bordwell, wie auch zahlreichen anderen Theoretikern, kann man demzufolge vorwerfen, dass sie den Film als grundlegend mimetisches Erzählprinzip verstehen und damit indirekt alle auditiven Erzähltypen für das filmische Erzählen abwerten. Außerdem stützt Bordwell auf diese Weise das erzähltheoretische Modell des klassischen Hollywood-Kinos, das er im Mainstream-Kino immer noch als grundlegend und vorherrschend erachtet.[40]

Auch wenn ich Bordwells Modell der Mitkonstruktion der Narration durch den Zuschauer als sehr sinnvoll und schlüssig erachte, kann ich mich in diesem Punkt seinem Narrationsmodell nicht anschließen.[41] Dies liegt hauptsächlich darin begründet, dass ich den Film in einer verbal, diskursiven Tradition verankert sehe und das filmische Erzählen damit als kommunikatives Modell verstehe, in dem ein jeweils entsprechend implizierter Autor oder Erzähler als Vermittler dieser Narration fungieren muss. Gerade jene, bereits von mir dargelegten, Verweise auf orale Erzähltraditionen sehe ich ausdrücklich in Filmen mit auditiven Narrationsformen verankert, die dort in ihrer modernsten Form aufbereitet werden.

Des Weiteren ist das Modell eines implizierten Präsentators hilfreich, um gewisse Blickpunkte auf und von Figuren zu erklären sowie deren Motivationen und Handlungen aus der Narration heraus. Aber auch in Fällen, in denen ein unzuverlässiger, lügender Voice-Over-Narrator auftritt, ist dieses Modell fast unabdingbar, um dessen Blickpunkt und Erzählung von der allgemein, präsentierten Erzählperspektive abzugrenzen.

---

39 Chatman 1990, S. 126.
40 Vgl.: Bordwell 2006, S. 180.
41 Gegen das Modell des implizierten Präsentators argumentiert auch Michaela Krützen, die sich dabei auf Ansgar Nünning bezieht, indem sie den Begriff allgemein als ‹unklar› und ‹Scheindefinition› abwertet, stattdessen argumentiert sie mit dem immanenten Werte- und Normsystem der jeweiligen Erzählwelt, dem eine Erzählinstanz widersprechen könne. Vgl.: Krützen, S. 39–40.

3.5.2 Der implizierte Präsentator

Damit erhält das Konstrukt des implizierten Autors insbesondere dann eine Bedeutung, wenn das von einem Erzähler präsentierte Wertesystem mit dem des implizierten Präsentators, das heißt dem Film immanenten Wertesystem, nicht übereinstimmt. Erst durch einen solchen Wertekonflikt, zwischen einem expliziten Erzähler und dem implizierten Präsentator, kann die Lüge eines Erzählers deutlich gemacht werden, beziehungsweise erst so kann überhaupt das Erzählmodell eines unglaubwürdigen oder lügenden Erzählers entstehen, da ein narrative Text an sich niemals unglaubwürdig sein kann: Eine Narration ist immer bloße Fiktion und innerhalb dieser Fiktion könnte grundlegend alles möglich sein. Jedoch kann eine erzählende Instanz innerhalb des jeweiligen narrativen Modells unehrlich oder unglaubwürdig sein, wenn sie gegen die immanenten Wertesysteme und narrativen Regeln verstößt, die der jeweiligen Fiktion inne liegen.

Weiterhin kommt jenem narrations-theoretischen Konstrukt des implizierten Präsentators die Funktion zu, als plausible Schöpferquelle der Erzählwelt zu fungieren.

> «Guiding the viewer's perception of the film, the film narrator is the film-maker's communicative instrument. We will recall that this kind of function is something the literary third-person narrator may have. The great difference is that while the qualities of the third-person narrator are also ‹human› in a sense that he communicates verbally (gives information, comments, and generalizes), the film narrators differs in that he is a heterogeneous mechanical and technical instrument, constituted by a large number of different components.»[42]

Edward Branigan spricht in seinem filmischen Narrationsmodell zum Beispiel von einer implizierten und expliziten Narration. Eine **implizierte Narration** zeichne sich dabei durch genau jenen narrativen Gestus einer unsichtbaren Narration aus, die den Zuschauer indirekt zu gewissen Schlussfolgerungen und Hypothesen leitet. Unter einer **expliziten Narration** versteht er, im Gegensatz dazu, beispielsweise eine Voice-Over-Narration, die den Zuschauer direkt auf bestimmte Handlungsstränge oder Charakteristika der Figuren hinweist und sich dabei als Schöpfermodus auf die erzählte Welt oktroyiert.

> «In order to recognize such a narration, one will need to be sensitive to the explicit narration, especially to what has been omitted, or is missing, in the direct regulation of knowledge in the text.»[43]

Eine Vielzahl von Autoren, von Chatman über Kozloff bis Metz, arbeitet dahingegen mit dem Modell des implizierten Autors, historischen Autors, *grand image-*

---

42 Lothe, S. 30.
43 Branigan, S. 90.

3 Narration

makers oder *Master of Ceremonies*, sprich einem **implizierten Präsentator**, der als Ursprung der jeweiligen Narration herangezogen wird. Dabei muss nochmals deutlich gemacht werden, dass es sich bei jenem implizierten Präsentator lediglich um ein Konstrukt handelt, dem eine theoretische Hilfestellung innerhalb des filmischen Erzählmodells zukommt und das folglich auch nicht die Frage nach einer tatsächlich existenten Person aufwerfen sollte.

> «He is ‹implied›, that is, reconstructed by the reader from the narrative. He is not the narrator, but rather the principle that invented the narrator, along with everything else in the narrative, that stacked the cards in this particular way, had these things happen to these characters, in these words or images. Unlike the narrator, the implied author can tell us nothing. He or better, it has no voice, no direct means of communicating. It constructs us silently, through the design of the whole, with all the voices, by all the means it has chosen to let us learn.»[44]

Das **Modell des implizierten Autors** wurde von Wayne Booth in *The Rethoric of Fiction* eingeführt und in dieser Form von zahlreichen Filmtheoretikern übernommen. Während der Begriff des implizierten Autors für literarische Texte sicherlich sehr sinnvoll ist, werde ich jedoch mit dem Begriff des implizierten Präsentators arbeiten – Präsentator, da auch ich die mimetischen Grundeigenschaften des Mediums Film nicht verneinen möchte, während ein Präsentator eine verbal-auditive Narration gleichzeitig auch nicht ausschließt.

Der **implizierte Präsentator** symbolisiert damit nicht nur das im Film indirekt vermittelte Wertesystem, sondern auch die Instanz, welche die Bilder und den Fokus oder jeweiliges Point-of-Views für den Zuschauer auswählt. Der Blickpunkt der Kamera und der Hörpunkt des Soundtracks repräsentiert somit meist den Blick- und Hörpunkt jenes implizierten Präsentator, der dem Zuschauer das Geschehen von einem unsichtbaren Standpunkt aus darlegt.

> «Our sense of the implied author includes not only the extractable meanings but also the moral and emotional content of each bit of action and suffering of all the characters. It includes, in short, the intuitive apprehension of a completed artistic whole; the chief value to which this implied author is committed, regardless of what party his creator belongs to in real life, is that which is expressed by the total form.»[45]

Jener implizierte Autor darf dabei nicht mit dem Regisseur eines Films verwechselt werden, da er lediglich ein fiktives Konstrukt auf der narrativen Ebene des jeweiligen Films ist. Der implizierte Autor nimmt als singuläres Konstrukt eine fiktive Position ein, zwischen den realen Schöpfern (also Regisseur, Kameramann, Produzenten usw.) eines Films und der dem Film immanenten, narrativen Funktionsebene.

---

44 Chatman 1978. S. 148.
45 Wayne C. Booth: The Rethoric Of Fiction. Second Edition. Chicago / London 1983, S. 73–74.

> «Even the novel in which no narrator is dramatized creates an implicit picture of an author who stands behind the scenes, whether as stage manager, as puppeteer, or as an indifferent God, silently paring his fingernails. This implied author is always distinct from the ‹real man› – whatever we may take him to be – who creates a superior version of himself, a ‹second self›, as he creates his work.»[46]

Obwohl der Zuschauer sich sicherlich darüber bewusst ist, dass ein Film das Produkt einer Vielzahl von Beteiligten ist, bekommt er während der Rezeption eines Films indirekt das Gefühl vermittelt, dass ihm der jeweilige Film von einer singulären Instanz präsentiert und erzählt wird. Dies liegt unter anderem daran, dass sich der Inhalt, Stil sowie die Intention eines jeden Films zu einer komplexen, narrativen Einheit verbinden.

Die mannigfaltigen narrativen, stilistischen und gestalterischen Möglichkeiten, die sich bei der Produktion des Films geboten haben, spielen für den Zuschauer im Moment der Narration keine Rolle mehr, sondern er nimmt die jeweils getroffenen Entscheidungen als unumstößlich gegeben hin. Gleichwohl wird er den Regisseur zumeist als Übermittler des narrativen Komplexes Film verstehen – in der filmtheoretischen Analyse muss diese Leistung jedoch auf den implizierten Präsentator übertragen werden.

> «The real author's name, then, can be understood as the signifier of a certain constancy or common denominator of method among the implied authors of the various works. Its signified is the known subset of features, carried over from other, similarly signed texts, which provides readers with narratively significant information as they make their way through the text.»[47]

Der implizierte Präsentator kann natürlich als Abbild der Intentionen und Vorstellungen des jeweiligen Regisseurs, Kameramannes oder Studios gelesen werden, da er das dem jeweiligen Film inne liegende Wertesystem repräsentiert. Dabei muss jedoch deutlich sein, dass auch diese Verbindung lediglich ein Konstrukt ist, das beim Zuschauer durch die den Film vermarktende Publicity Kampagne, wie z. B. Interviews mit dem Regisseur und den Darstellern, Set Berichten, Making-Offs, hervorgerufen wird.

3.5.3 Der implizierte Zuschauer

Als Pendant zum implizierten Präsentator muss das Konstrukt des **implizierten Zuschauers** verstanden werden, der einen fiktiven Zwischenspieler zwischen dem tatsächlichen Zuschauer und der narrativen Struktur des Films darstellt. Zunächst

---

46 Booth, S. 151.
47 Chatman 1990, S. 88.

3 Narration

einmal ist er jedoch die Instanz, ohne die kein Film existieren könnte, da erst durch die Rezeption eines Films den Figuren, deren Handlungen, den Kameraeinstellungen und der Tonmischung eine Bedeutung verliehen wird.

> «By watching the film I help it to be born, I help it to live, since only in me will it live, and since it is made fort hat purpose: to be watched, in other words to be brought into being by nothing other than the look.»[48]

Dabei kann sicherlich eine ästhetische Spannung zwischen dem Interesse und den Intentionen die der tatsächliche Zuschauer in den Film hinein liest entstehen und jenen, die der Regisseur dem implizierten Zuschauer zuweisen möchte, das heißt wie dieser erwartete, dass der Zuschauer den Film lesen wird und wie dieser ihn tatsächlich liest.

> «The counterpart of the implied author is the implied reader – not the flesh-and-bones you or I sitting in our living room reading the book, but the audience presupposed by the narrative itself. Like the implied author, the implied reader is always present.»[49]

Der Zuschauer kann in Form des implizierten Zuschauers auch direkt aus dem Film heraus von einer Figur oder einen Erzähler angesprochen werden, wie z. B. in ANNIE HALL (Woody Allen, USA 1977). Dort tritt Alvi mehrmals aus der diegetischen Handlung heraus, um sich direkt an den Zuschauer zu wenden. So richtete er zum Beispiel eine Frage direkt an den Zuschauer, wenn er mit Annie in einer Schlange an der Kinokasse steht und sich über den pseudo-intellektuellen Monolog seines Hintermannes aufregt: «What do you do when you get stuck on a movie line with a guy like this behind?»

Daraufhin mischt sich eben dieser in Alvys Beschwerde ein: «Why can't I give my opinion? It's a free country.»

Allens Überschreitung der Begrenzung der Leinwand, durch die On-Screen Narration, dient in ANNIE HALL der ironischen Brechung des narrativen Gefüges. Die Überschreitung dieser Barriere treibt er in THE PURPLE ROSE OF CAIRO (USA 1985) nochmals auf die Spitze, indem er dort – zur Überraschung der diegetischen Zuschauer und zurückbleibenden Film-Charaktere – die Figur eines Films aus der Leinwand heraus entsteigen lässt.

Eine direkte Ansprache des Zuschauers durch eine diegetische Figur verweist damit nicht nur, wie in PARTY MONSTER deutlich wurde, auf den Dokumentarfilm, sondern ebenso auf die narrativen Konventionen und physischen Gegebenheiten des Theaters, wo eine Ansprache des Zuschauers durchaus möglich und auch üblich ist.

---

48 Metz 1982, S. 93.
49 Chatman 1978, S. 150.

Gleichzeitig impliziert ein direktes Ansprechen des Zuschauers auch eine gewisse Erwartungshaltung an die emotionalen und psychischen Reaktionen des Zuschauers. Damit evoziert ein intradiegetischer Erzähler immer einen intradiegetisch, implizierten Zuschauer, während ein extradiegetischer Erzähler auch nur einen extradiegetischen, implizierten Zuschauer hervorrufen kann. In den meisten Fällen bleibt das Konstrukt des implizierten Zuschauers jedoch unbestimmt und wird im Erzählkino selten direkt erzeugt, angesprochen oder offen gelegt.[50]

3.5.4 Der implizierte Autor bei Chatman und Metz

Der **implizierte Präsentator** nimmt in der narrativen Analyse eines Films dagegen eine bedeutende Rolle ein, da er in der narrativen Struktur unterschiedlich deutlich hervortreten kann. So kann er z. B. in einem bestimmten Blickwinkel der Kamera auf das Geschehen und die Figuren erkannt werden.[51]

Im Film ist der implizierte Präsentator stumm und leitet den Zuschauer nur mittels seiner visuellen und auditiven Fokussierungen durch die Erzählung, sprich mittels seiner Blicke und dem was er hört. Er fungiert damit lediglich als ein konstruierter Vermittler der Erzählung und tritt daher zumeist auch nicht als ein aktiv, wahrnehmbarer Beobachter hervor. Somit wagt der implizierte Präsentator in gewisser Weise für uns den Blick durchs filmische Schlüsselloch und lauscht für uns an der Tür. Gleichzeitig kann der Blick des implizierten Präsentators auf die Narration niemals tatsächlich der naive Blick eines durchs Schlüsselloch spähenden Kindes sein, da sein Wissen, als Schöpfer-Konstrukt der Narration, immer darüber hinaus geht, beziehungsweise am Anfang und Ende der jeweiligen Narration steht.

Der implizierte Präsentator kann somit als jene Instanz verstanden werden, die dem Zuschauer gewisse Hinweise bezüglich der Fabel zuspielt, falsche Fährten legt und ihn dazu anregt, durch die Art und Weise wie er die Handlung präsentiert und anordnet, bestimmte Hypothesen zu entwickeln. Damit ist das Wissen des implizierten Präsentators immer größer, als das der agierenden und erzählenden Figuren. Wie und wann er sein Wissen mit dem Zuschauer teilt, macht schließlich den narrativen Akt eines Films aus.

Der implizierte Präsentator steht folglich immer über den narrativen Aussagen eines Voice-Over Erzählers, da er derjenige ist, der als Initiator jenes Erzählers fungiert, ihn in der Gesamtnarration des Films auftreten lässt und letztendlich die Aussage des Erzählers bestätigt oder als widersprüchlich entlarvt.

---

50 Aus Sicht der Produktionsstudios sowie bei marketingstrategischen und ökonomischen Überlegungen spielt das Konstrukt des implizierten Zuschauers dahingegen eine ausschlaggebende Rolle. Der implizierte Zuschauer wird in diesem Fall in einer **Zielgruppe** definiert, auf welche die Vermarktungsstrategien des Films abgestimmt werden.
51 Vgl.: Metz 1991, S. 21.

3 Narration

> «Insofar as the implied author (the text itself) communicates something different from what the narrator says, the meaning must occur between the lines. Any narrator, whether authorial, camera-eye, or dramatized, is a tool of the invention. As inventor the implied author is by definition distinguishable from the narrators, who are invented. It is the implied author, for example, that dictates the elaborate network of tellings and tellings-within-tellings [...].»[52]

Chatman führt als eine Art Vermittler zwischen dem, von ihm benannten, implizierten Autor und dem Voice-Over-Narrator noch den *cinematic narrator* ein, da er dem implizierten Autor keine aktiv, fokalisierenden Fähigkeiten innerhalb der Narration zuschreiben möchte.[53] Weiterhin versucht er den Voice-Over Narrator mit dem literarischen Erzähler in der ersten und dritten Person Singular zu vergleichen und kommt bei diesem unverhältnismäßigen Vergleich zu dem Ergebnis, dass der Voice-Over-Narrator nicht die selben Funktionen erfüllen könne, wie der literarische Ich-Erzähler oder Erzähler in der dritten Person – ein Umstand der eigentlich nicht überraschen sollte, da der Film ein vollkommen anderes Medium als die Literatur ist und dessen narrativen Ausdrucksmittel daher auch auf eine andere Art und Weise funktionieren. Chatman glaubt in dem Umstand, dass sich die literarischen Erzähltheorie nicht 100% auf den Film übertragen lässt, jedoch eine Lücke zu erkennen, die er zu füllen versucht, indem er den *cinematic narrator* – also den **filmischen Erzähler** – als weitere implizierte Erzählebene entwickelt, dem er jegliche aktiven, erzählerischen Funktionen zuweist.

> «Films, in my view, are always presented – mostly and often exclusively shown, but sometimes partially told – by a narrator or narrators. The overall agent that does the showing I would call the ‹cinematic narrator›. That narrator is not a human being. The nomina agentis here refers to ‹agent›, and agents need not be human. It is the cinematic narrator that shows the film, though it may on rare occasions (as in STAGE FRIGHT) be replaced by one or more ‹telling› voices on or off the screen. The cinematic narrator is not to be identified with the voice-over narrator. A voice-over may be one component of the total showing, one of the cinematic narrator's devices, but a voice-over narrator's contribution is almost always transitory; rarely does he or she dominate a film the way a literary narrator dominates a novel – that is, by informing every single unit of semiotic representation.»[54]

Chatmans Problem besteht darin, dass er versucht die narrativen Funktionen der Literatur zu direkt auf den Film übertragen zu wollen. Während die erzählerische Perspektive für einen Leser meist jedoch relativ deutlich wahrnehmbar ist, ist es im Film nicht immer sinnvoll einen internen oder externen Erzähler zu etablieren.

---

52 Chatman 1990, S. 85.
53 Vgl.: Chatman 1990, S. 133.
54 Chatman 1990, S. 134.

3.5 Der Erzähler

Tatsächlich wird im Film nur dann eine annähernd durchgängig, wahrnehmbare Erzählperspektive entwickelt, wenn sich eine Figur oder Erzählstimme als narrativer Agent hervorhebt und somit als narrativer Fokus fungiert. In einer Mehrzahl aller Einstellungen wird die filmische Erzählperspektive jedoch durch den unsichtbaren Blick und das Gehör eines ‹objektiv›, außenstehenden Beobachters fokussiert – den **implizierten Präsentator**.

In der Literatur könnte man diese Form der ‹objektiven›, völlig außenstehenden Erzählung eventuell mit dem ‹neutralen Erzähler› nach Stanzel oder dem ‹objektiven Erzähler› nach Booth vergleichen, der die Ereignisse berichtet, ohne das dessen Akt des Erzählens deutlich hervortritt und er offensichtlich in die Handlung eingreift. Von Genette wird diese Form der literarischen Erzählung als Typus einer rein objektiven Narration bezeichnet, welche die Handlung mittels eines dramatischen, beziehungsweise Kamera-Modus darstelle und sich so durch eine «reine Aufzeichnung ohne Selektion oder Gliederung» auszeichne.[55]

«Die Opposition Innenperspektive – Außenperspektive erfasst also einen eigenständigen, von den beiden anderen Konstituenten Person und Modus deutlich zu unterscheidenden Aspekt der Mittelbarkeit des Erzählens. Sie ist vor allem bestimmend für die raum-zeitliche Orientierung des Vorstellungsbildes, das sich der Leser vom Erzählten macht. Stellt sich die Geschichte gleichsam von innen heraus dar, dann ergibt sich daraus für den Leser eine andere Wahrnehmungslage als wenn das Geschehen von außen gesehen oder berichtet wird. Demzufolge zeigen sich auch Unterschiede in der Art, wie die räumlichen Relationen der Charaktere und Sachen in der dargestellten Wirklichkeit zueinander gestaltet sind (Perspektivismus – Aperspektivismus) und auch in der Art der Eingrenzung des Wissens- und Erfahrungshorizonte des Erzählers oder Reflektors (‹omniscience› – ‹limited point of view›).»[56]

Dennoch stimmen Modus und Perspektive der literarischen und der filmischen Erzählertypen selbstverständlich niemals wirklich miteinander überein, da die Form in welcher die Erzählung übermittelt wird eine völlig andere ist. Der Film als multidimensionales Medium kann seine Aussagen, durch die Koppelung von Bild und Ton nicht nur potenzieren, emotionalisieren und somit erweitern, sondern auf diese Weise seine Aussagen auch einander gegenüberstellen und sich damit selbst widersprechen.

Weiterhin kritisiere ich an Chatmans Theorie, dass er dem Voice-Over-Narrator keine eigenständige Erzählfunktion innerhalb der filmischen Gesamtnarration zubilligt, da Voice-Over-Narrator nur an vereinzelten Stellen der Narration auftreten würden und daher lediglich ein Surrogat für den, über ihnen stehenden, *cinematic narrator* seien. Doch natürlich muss ein Voice-Over-Narrator nicht ununterbrochen reden,

---

55   Vgl.: Genette 1998, S. 133.
56   Franz K. Stanzel: *Theorie des Erzählens*. 7. Auflage. Göttingen 2001, S. 72–73.

um seine Präsenz und seinen Einfluss auf die narrative Struktur eines Films geltend zu machen. Tatsächlich genügen meist einige, wenige Momente auditiver Narration, um den filmischen Text in einer bestimmten Erzählperspektive zu markieren.

Außerdem erscheint es als vollkommen unschlüssig, zu einem tatsächlich in der Narration vorhandenen Erzähler, nochmals das zusätzliches Konstrukt eines immer und allseits anwesenden filmischen Erzählers zu entwickeln, eine Funktion, die ebenso dem implizierten Präsentator zugeschrieben werden kann.

> «I do not deny that the narrator has a point of view (or ‹slant›), but I do deny that the narrator can inhabit both discourse and story at the instant of narration (except, of course in embedded narration). The act of telling or showing the story should not be confused with the act of experiencing the events, of ‹seeing› them as a character inhabiting story-time and -space sees. The narrator does not ‹see› anything from a perspective within the story: he/she/it can only report what happens from a post outside.»[57]

Da der *cinematic narrator*, als ein weiteres Konstrukt, keinerlei ersichtliche theoretisch, sinnvolle Funktionen beinhaltet, erscheint es mir letztendlich als wesentlich folgerichtiger alle auditiven Narrationsformen und Erzählerfiguren als narrative Instanzen zu verstehen, die somit zwar durch den implizierten Präsentator eingesetzt und ausgewählt werden, jedoch durchaus eigenständig dazu in der Lage sind einen Point-Of-View oder Fokus innerhalb ihrer Erzählung auszuwählen.

Auch Christian Metz diskutiert in seinem letzten Werk *Die unpersönliche Ennunziation oder der Ort des Films* Chatmans System, jedoch bezieht sich seine Kritik nicht nur auf dessen implizierten Autor, sondern revidiert er dort ebenfalls seinen eigenen, zuvor erstellten Begriff des *Grande Imagier*, indem er diesen mit der **Ennunziation** (dem Diskurs) ersetzt.

Der Begriff der **Enunziation** (énonciation) geht auf Emile Benveniste zurück und bezeichnet den Akt, der die sprachliche Äußerung hervorbringt. Metz entscheidet sich für die Verwendung dieses Begriffs, da er etwas grundlegend Unpersönliches bezeichne, wie den Film, der einen ‹unpersönlichen Kern› habe. Der Zuschauer kann sich daher niemals mit diesem nicht-existenten Pol austauschen, da bei einem Film die Übertragung in zwei unterschiedliche technologische Instanzen aufgesplittet sei: in Aufnahme und Projektion. Auf der Seite des Senders befindet sich damit keine greifbare Figur, «nur die Personifizierung der Ennunziation.»[58] Für Metz geht der Begriff Ennunziation damit über die Narration hinaus, da er auch den nicht-fiktiven Film in sich einschließe. Weiterhin umfasse er die Filmsprache sowie die filmische Erzählung, das Epische und das Dramatische.[59]

---

57 Chatman 1990, S. 123.
58 Metz 1997, S. 172–175.
59 Metz 1997, S. 162.

3.5 Der Erzähler

20 Detektiv Ybarra aus einer beobachtenden Perspektive. Michael Kelly in CHANGELING (USA 2008)

Die Ennunziation selbst mache sich in bestimmten filmischen, selbstreflexiven Konstruktionen bemerkbar, wie Blicke in die Kamera, Filme im Film oder Mehrfachrahmungen. Weiterhin glaubt er, in der Figur eines Voice-Over-Narrators den Ennunziator zu erkennen und verankert dieses vermeintlich unpersönliche Konstrukt so doch wieder in einer narrativen Figur, was ihn dazu führt, drei voneinander abgestufte diskursive Ebenen der Ennunziation zu entwickeln.[60]

Genau dieser Punkt lässt mich jedoch schlussfolgern, auch weiterhin auf das Modell des implizierten Präsentators zurückzugreifen, da mir die Abgrenzung zwischen Ennunziator und Voice-Over-Narrator, insbesondere im Hinblick auf die komplexen Typen dieses Phänomens, zu ungenau sind.

Der **implizierte Präsentator**, den man als fiktives Konzept verstehen sollte, agiert als ein unsichtbares Konstrukt im Hintergrund. Zwar übernimmt ein Voice-Over-Erzähler im Zuge seiner Narration scheinbar die Funktionen des implizierten Präsentators, jedoch bleibt der implizierte Präsentator als narratives Konstrukt auch hinter einem Erzähler weiterhin bestehen. Eine tatsächliche Sichtbarmachung dieses Konstrukts findet im Film nur dann statt, wenn Einstellungen präsentiert werden, die aus einer subjektiven Perspektive zu stammen scheinen, jedoch weder einer diegetischen Figur noch einer extradiegetischen Erzählinstanz zugeordnet werden können – da eine solche möglicherweise überhaupt nicht etabliert wurde. So in CHANGELING (Clint Eastwood, USA 2008), wenn Detektive Ybarra die Hühnerfarm des Kindermörders durchsucht und dort von einem Versteck im Schuppen aus beobachtet wird (Abb. 20). Der Zuschauer vermutet in diesem Moment natürlich, dass er den Detektiv aus dem subjektiven Fokus eines Angreifers sieht. Kurz darauf stellt sich jedoch heraus, dass der Schuppen verlassen war und sich der gesuchte Junge im Hausinneren versteckt. Jener beobachtende Blickpunkt kann somit keiner in der Erzählung verankerten diegetischen Figur zugeschrieben werden und diente ausschließlich der Spannungssteigerung. Folglich kann jene subjektiv anmutende Kameraeinstellung nur dem Blick des implizierten Präsentators zugeschrieben werden.

60 Metz 1997, S. 181 + 184.

3.6 Die Erzählperspektive und Fokalisierung

Die narrative Perspektive wird dem Zuschauer durch auditive und visuelle Fokalisierungen vermittelt, wie zum Beispiel eine interne Perspektive durch Untersicht, Aufsicht oder einen Point-of-View-Shot erzeugt werden kann. Über die auditive Ebene kann eine Fokalisierung innerhalb der diegetischen Welt durch eine Point-Of-Audition oder die *Inneren Stimme* einer Figur erfolgen, wie dies in Brief Encounter der Fall ist, wo die *Innere Stimme* Lauras Gedanken offenbart. Andererseits kann eine Fokalisierung, wie in Little Children, auch über einen heterodiegetischen Erzähler erfolgen, der den Fokus des Zuschauers auf die Gedanken einer Figur setzt, indem er diese nacherzählt.

> «Focalization (reflection) involves a character neither speaking (narrating, reporting, communicating) nor acting (focusing, focused by), but rather actually experiencing something through seeing or hearing it. Focalization also extends to more complex experiencing of objects: thinking, remembering, interpreting, wondering, fearing, believing, desiring, understanding, feeling guilt.»[61]

Wie anhand jener Sequenz aus Changeling deutlich wurde, kann auch der Fokus des implizierten Präsentators eingenommen werden. Jedoch wird diese Form der Fokalisation in nur wenigen Filmen angewandt, da auf diese Weise der implizierte Präsentator in den narrativen Raum eingeschrieben wird und so, ähnlich des direkten Blicks einer Figur in die Kamera, nicht nur der Standpunkt der Kamera offenbart wird, sondern auch das Konstrukt des implizierten Zuschauers offenbart wird. Eine Offenlegung des Blickpunktes des implizierten Präsentators ist damit immer eine *misé en abyme*, ein direkter Blick in den Abgrund der Narration.

So wird deutlich, dass eine visuelle oder auditive Fokalisierung die Aufmerksamkeit stets bewusster auf den Akt des Erzählens lenkt, da ein subjektiver Blickpunkt aus der allgemeinen Erzählstruktur eines Films herausragt und somit unwillkürlich Aufmerksamkeit auf sich zieht.

Dies liegt vor allen Dingen daran, dass die filmischen Narration die meiste Zeit durch eine vermeintlich externe, unfokalisierte Erzählperspektive präsentiert wird. Dabei handelt es sich um den vermeintlich neutralen Blickpunkt des implizierten Präsentators, der über die Erzählwelt verfügen kann und dementsprechend auch die Fokalisation mit einer Figur zulässt, beziehungsweise den Blickpunkt einzelner Figuren deutlicht macht, in deren Gedanken eindringen und diese offenbaren kann.

Im Verlauf eines Films variiert die Erzählperspektive meistens zu einem gewissen Grad. So kann zum Beispiel in der Exposition ein Ich-Erzähler eingeführt werden, der die Erzählung vermeintlich aus seiner subjektiven Sicht präsentiert.

---

61 Branigan, S. 101.

3.6 Die Erzählperspektive und Fokalisierung

Häufig wird im Laufe des Films jene subjektive Sichtweise jedoch wieder deutlich zurückgenommen, so dass auch Ereignisse präsentiert werden, von denen der Ich-Erzähler selbst nie hätte wissen können.

> «Recent studies of ‹suture› and point-of-view shots have demonstrated that films generally shift their focalization quite fluidly, now placing the camera approximately in the position of one character, now moving it to the reverse angle, now placing it in the position of some imaginary perfect observer, now placing it in some improbable, inhuman position. When we accept a voice-over narrator as if he or she were the voice of the image-maker, it is only fair to allow the narrator the same flexibility of focalization [...] that we typically allow silent image-makers.»[62]

Dies verdeutlicht nochmals, dass die narrative Perspektive an den implizierten Präsentator gekoppelt ist, da dieser eine vom Erzähler des Films losgelöste Sicht präsentieren kann. Unter diesem Gesichtspunkt gewinnt Genettes Frage nach demjenigen der sieht (und hört) und demjenigen der erzählt eine neue Bedeutung.[63] Sehr deutlich wird dies in DAS WEISSE BAND (Michael Haneke, D/A/F/I 2009), wo der Lehrer des Dorfes rückblickend seine Erlebnisse schildert. Sein Blick auf die Ereignisse kann folglich nur ein subjektiver, nicht allwissender sein. Dennoch werden im Verlauf des Films zahlreiche Begebenheiten dargestellt, die der Lehrer selbst nicht miterlebt hat und von denen er nur aufgrund von Gerüchten und Vermutungen berichten kann. Darauf weist er bereits in seinem, vor der visuellen Narration einsetzenden, Prolog deutlich hin:

> «Ich weiß nicht, ob die Geschichte, die ich Ihnen erzählen will, in allen Details der Wahrheit entspricht. Vieles darin, weiß ich nur vom Hörensagen und manches weiß ich auch heute, nach so vielen Jahren, nicht zu enträtseln und auf unzählige Fragen gibt es keine Antwort. Aber dennoch glaube ich, dass ich die seltsamen Ereignisse, die sich in unserem Dorf zugetragen haben, erzählen muss, weil sie möglicherweise auf manche Vorgänge in diesem Land ein erhellendes Licht werfen können. Begonnen hat alles, wenn ich mich recht entsinne, mit dem Reitunfall des Arztes [...].»

Ein Voice-Over-Narrator sollte demnach niemals als Schöpfer des Plots und der Narration in ihrer Gesamtheit verstanden werden, da ein solcher Erzähler immer nur ein Bestandteil der Narration bleiben wird, selbst wenn er, als Erzähler in der dritten Person, außerhalb der von ihm geschilderten Diegese steht.

Dies wird vor allen Dingen dann deutlich, wenn der Fokus der Kamera auf die Figuren und die Diegese ein Anderer ist, als der des Erzählers. In DAS WEISSE BAND wird dieser Blick auf die visuelle Narration in all jenen Sequenzen deutlich, in denen die Kinder in der häuslichen Interaktion mit ihren Eltern gezeigt werden.

---

62 Kozloff 1988, S. 48
63 Vgl.: Lothe, S. 41.

3 Narration

Die Kamera befindet sich in diesen Sequenzen einerseits auf der Blickhöhe der Kinder, andererseits wahrt sie gleichzeitig auch eine deutliche Distanz zu den Figuren, so z. B. wenn Klara und Martin, die Kinder des Pfarrers, von ihrem Vater gezüchtigt werden und die Kamera bei dieser Sequenz vor der verschlossenen Tür verweilt, so dass der Zuschauer den eigentlichen Akt der Züchtigung nur über die Verwendung des aktiven Off-Tons vermittelt bekommt. Ebenso wird der Missbrauch Annas, durch ihren Vater, aus dem naiven Blickpunkt ihre kleinen Bruders Rudi dargestellt.

Dieser Wechsel im narrativen Fokus entspricht der von Genette aufgestellten Unterscheidung zwischen dem **Diskurs** und der **Narration**.[64] Der mit der Narration des Films verschlungene Voice-Over-Narrator muss also strikt vom Konstrukt des implizierten Präsentators getrennt werden, auch wenn sich beide Erzählebenen meistens zu einem Großteil miteinander decken und offensichtliche Risse, wie diese sich in DAS WEISSE BAND offenbaren, eher die Ausnahme bilden.

Aus diesem Grund weist Kozloff auch daraufhin, dass für den Zuschauer jene Unterscheidung zwischen demjenigen, der erzählt, und demjenigen, der die Bilder ausgewählt, meist keine Bedeutung habe. Selbst die Dauer und Häufigkeit des Auftretens eines Voice-Over Erzählers sei unbedeutend, da für den Zuschauer die Macht der erzählenden Stimme direkt in das Konstrukt des für ihn nicht greifbaren, implizierten Präsentators übergehen würde.

> «To summarize, a homodiegetic voice-over narrator is always subsumed by and thus subordinate to a more powerful narrating agent, the image-maker who dramatize the story on the screen. But as viewers, we are generally eager to overlook the less definable, less familiar image-maker, and unless the film plays upon the distinction and deliberately frustrates us, we embrace the character as the principal storyteller.»[65]

3.7 Zwischenfazit

Zusammenfassend können folgende Erzählperspektiven durch den implizierten Präsentator oder einen Voice-Over-Narrator eingenommen werden:

Bei der klassischen, unsichtbaren Erzählung, welche zu einem Großteil prägend für den aktuellen Mainstream Film ist, bekommt der Zuschauer das Geschehen aus einer **unfokalisierten Erzählperspektive** vermittelt, das heißt durch einen vermeintlich objektiven Standpunkt.

> «Generally speaking, the narrative perspective may be either ‹external› or ‹internal› in relation to the story the discourse presents. An external perspective can be asso-

---

64 Vgl.: Kozloff 1988, S. 47.
65 Kozloff 1988, S. 48–49.

ciated with a third-person narrator who ‹sees› the vents without participating in them [...]. This does not imply that an external perspective is necessarily stable throughout the text. It may vary, and such changes are often linked with variations in distance.»[66]

Um eine **externe Erzählperspektive** handelt es sich dagegen, wenn die Erzählung durch einen Voice-Over-Narrator in der dritten Person geschildert wird, der am Geschehen selbst nicht teilnimmt oder teilgenommen hat.

Eine **interne Perspektive** tritt dagegen bei der Narration eines Ich-Erzählers auf, wo der bestimmende Blickpunkt durch die subjektive Sichtweise einer Figur gefiltert wird.

Eher selten findet sich eine **polyphone Erzählperspektive**, in der die Handlung aus der Sicht von mehreren Figuren geschildert und interpretiert wird, wie in Rashomon oder Vals Im Bashir (Ari Folman, IL/F/D/USA u. A. 2008). Dort versucht der israelische Regisseur Ari Folman seine Erinnerung an die Ereignisse im Libanon Krieg und die Massaker von Sabra und Schatila wieder zu erlangen, indem er andere Kriegskameraden nach ihren Erlebnissen befragt, die teilweise stark voneinander abweichen.

Insgesamt wird eine fokalisierte Mitsicht mit einer Figuren in den meisten Filmen über die auditive Ebene erzeugt, so dass subjektive Fokalisierungen auf der visuellen Ebene nur in einzelnen Einstellungen, mittels Point-of-View-Shots, etabliert werden. Somit können alle auditiven Narrationsformen des Films durchaus als erzählerische Fokalisierungen bezeichnet werden, die teilweise mit korrespondierenden, visuellen Fokalisierungen gekoppelt werden und sich allgemein durch die Abkehr von einem dominanten, unfokalisiert unsichtbaren Erzählmodus auszeichnen. Auch werden explizite, visuelle Formen der Fokalisierung nur in den seltensten Fällen durchgängig praktiziert, wie in Lady In The Lake oder Memento (Christopher Nolan, USA 2000). Tatsächlich ist dies auch gar nicht notwendig, da meist nur wenige, beziehungsweise ab und zu auftauchende subjektive Momente in der Narration genügen, um einen Film durchgängig als Ich-Erzählung zu markieren. Aus diesem Grund findet im Lauf der meisten Filme eine Variation an Fokalisierungswechseln statt, wobei der Großteil durch den unfokalisierten Blickpunkt des implizierten Präsentators geprägt ist, der nur partiell mit subjektiven, deutlich markierten erzählerischen Momenten durchsetzt wird.

---

66 Lothe, S. 41.

III. Formen der Voice-Over-Narration im aktuellen Film

1 Formen heterodiegetischer Narration

Der heterodiegetische Erzähler – auch extradiegetischer oder externer Erzähler genannt – ist immer ein Bestandteil des konstruierten, filmisch-narrativen Gefüges, dennoch befindet sich dieser Erzähler außerhalb der visuell präsentierten, diegetischen Erzählwelt. Folglich treten heterodiegetischen Erzähler nicht als Figuren ihrer Erzählung auf, sondern sind in einem narrativen Außen angesiedelt – eine Erzählebene, die sich in der narrativen Hierarchie außerhalb und über der diegetischen Erzählwelt befindet.

> «Hence, that addition of extradiegetic sound forces the viewer to realize that the story is itself framed by other space and other time, that the ‹world› pictured on the screen is enveloped by another world of discourse-here and discourse-now. In short, the addition of oral narration again directs our attention to the double-layering of story and discourse. [...] We may have no information about the narrator's world, because we never see it, but it affects our experience of the narrative.»[1]

Heterodiegetische Erzählstimmen bringen ihre Narration hauptsächlich in der dritten Person Singular oder Plural dar, das heißt diese Erzählerfiguren vermitteln dem Zuschauer die von ihnen geschilderten Ereignisse von einem vermeintlich objektiven, außenstehenden Standpunkt aus. Dies wird häufig durch die Verwendung des Präteritums verstärkt, das laut Genette «eine Art alterslose Vergangenheit» markiert[2]. So werden beide Erzählwelten zeitlich nochmals deutlich voneinander getrennt. Außerdem wird die diegetische Handlung der Erzählung auf diese Weise in die Vergangenheit verlegt, während der Akt des Erzählens selbst als aktuell.

---

1 Kozloff 1988, S. 77.
2 Vgl.: Genette 1998, S. 157.

Bei der Mehrzahl der heterodiegetischen Erzähler handelt es sich um sogenannte Rahmenerzähler, die den Zuschauer in die Handlung einführen, diese kurz kommentieren oder erklären, um ihn am Ende wieder aus der Erzählwelt herauszuführen.

> «Frame narrators, by definition, narrate from some point in time (and space) outside of the story boundaries. We usually are given very little information concerning their situation, though on occasion we can determine whether it is a matter of years' remove from the story or whether narration starts when the story ends. These narrators speak either to an unspecified audience or address us viewers directly and self-consciously, an intimacy that screenwriters and directors know how to exploit to great advantage.»[3]

Ein Beispiel dafür findet sich in WAR OF THE WORLDS (Steven Spielberg, USA 2005), wo ein heterodiegetischer Erzähler in der dritten Person direkt nach den Anfangs-Credits in die Handlung einleitet:

> «No one would have believed in the early years of the 21st century that our world was being watched by intelligences greater than our own; that as men busied themselves about their various concerns, they observed and studied, the way a man with a microscope might scrutinize the creatures that swarm and multiply in a drop of water. Yet across the gulf of space, intellects vast and cool and unsympathetic regarded our planet with envious eyes and slowly, and surely, drew their plans against us.»

Auf diese Weise wird von jenem omnipotenten Narrator, der im Gegensatz zu den agierenden Figuren bereits um den nahenden Angriff der Aliens weiß und so die grundlegende Thematik und Stimmung des Films vorgezeichnet, indem er dem Zuschauer das Bild einer unausweichlichen Bedrohung ausmalt. Gleichzeitig bezieht er den Zuschauer bewusst in die Handlung mit ein, da er von der Erde als ‹unsere Welt› spricht.

In ähnlicher Manier leitet dieser Erzähler, der die gesamte diegetische Handlung über verstummt war, dann aus der Handlung auch wieder heraus:

> «From the moment the invaders arrived, breathed our air, ate and drank, they were doomed. They were undone, destroyed, after all of man's weapons and devices had failed, by the tiniest creatures that God in his wisdom put upon this earth. By the toll of a billion deaths, man had earned his immunity, his right to survive among this planet's infinite organisms. And that right is ours against all challenges. For neither do men live nor die in vain.»

Heterodiegetische Rahmenerzähler sind damit auf einer Erzählebene anzusiedeln, die als ein Außerhalb definiert werden kann, im Verhältnis zu der, durch ihre Worte

---

3   Kozloff 1988, S. 50.

heraufbeschworenen, Erzählwelt. Gleich einem Schöpfer können sie daher nicht nur über jene fiktive Welt und die handelnden Figuren nach Belieben verfügen, sondern sind auch niemandem Rechenschaft über den Ursprung ihres Wissens schuldig.

> «Der heterodiegetische Erzähler muß in der Fiktionserzählung über die Herkunft seiner Informationen keine Rechenschaft ablegen, seine ‹Allwissenheit› ist Teil des Vertrags, und seine Devise könnte folgende Replik einer Figur von Prévert sein: ‹Was ich nicht weiß, errate ich, und was ich nicht errate, erfinde ich›.»[4]

Gleichzeitig markiert die Verwendung eines heterodiegetischen Rahmenerzählers die visuell abgebildete Erzählwelt immer als fiktiv, da der narrative Akt hier eindeutig und in seiner reinsten Form stattfindet. Dieser Effekt wird häufig durch die Verwendung von geläufigen Floskeln, wie «Es war einmal…», «Vor langer Zeit…», «Im Jahr…», «[Name des Protagonisten] war ein…» etc. Solche Phrasen sind dem Zuschauer auch aus der Literatur vertraut und somit längst zu einer narrativen Konvention geworden, welche die Handlung deutlich einem fiktiven Kontext zuordnet. Gleichzeitig tragen jene einleitende Phrasen dazu bei, den Eindruck zu verstärken, dass es sich bei der jeweiligen Geschichte tatsächlich um eine von jenem Erzähler erdachte handelt, die dieser im zeitlichen Jetzt des Zuschauers, nur diesem persönlich erzählt.[5]

> «External narrators, since they exist in a fictional realm distinct from that of the stories they tell, do not ordinarily address the characters (although there exist flamboyant flouting of this logic, in the manner of the novelistic narrator's addresses to their creations; Genette would call them metalepses). They directly address the real recipients, the moviegoers, and thus – if every narrator may be said to have a narratee – the external narratee is the audience.»[6]

Der Zuschauer fühlt sich als Kommunikationspartner demnach sehr direkt angesprochen und in eine unendlich intimere Kommunikationssituation einbezogen, als dies bei einem Film ohne einen auditiven Narrationsvermittler der Fall wäre. Daher wird er der Erzählung emotional auch wesentlich beteiligter und engagierter folgen, als dies bei einer rein visuellen Narration der Fall wäre. Das Verhältnis zwischen Zuschauer und Erzähler beruht damit von Anfang an auf einem fundamentalen Vertrauensverhältnis, da der Zuschauer sich nicht nur von jenem unsichtbaren Erzähler durch die Narration führen lässt, sondern dessen Ausführungen grundsätzlich glauben schenken wird.

> «Im Hinblick auf die Selektion des Erzählten bedeutet das, daß der Erzähler meistens explizit erklärt, warum er diesen oder jenen Teil einer Geschichte überspringt oder

---

4   Genette 1998, S. 244.
5   Wobei sich der Erzähler natürlich immer nur an einen implizierten Zuschauer richtet.
6   Fleishman, S. 22–23

die Beschreibung einer Person, eines Schauplatzes oder eines Ereignisses ausläßt oder aber aufs äußerste verknappt. Wo dies nicht explizit erklärt wird, ist meist in der Art des Vortrags des Erzählers für den Leser erkennbar impliziert, warum der Erzähler etwas verkürzt oder ausläßt. Aus der fortlaufenden Bestätigung dieses stillschweigenden Übereinkommens zwischen Erzählerfigur und Leser stellt sich beim Leser das Gefühl der Gewissheit ein, daß die Erzählerfigur ihn über nichts ununterrichtet lassen wird, was für die Geschichte von Wichtigkeit ist.»[7]

1.1 Der heterodiegetische Erzähler im aktuellen Film

Wie bereits dargelegt, hat der heterodiegtische Erzähler als ‹Stimme Gottes› seinen Ursprung im nicht-fiktiven Film. Im Gegensatz zum Dokumentarfilm, in dem ein autoritärer, heterodiegetischer Voice-Over Narrator, der durchgängig die visuelle Diegese kommentiert, lange Zeit das prototypische Narrationsmodell war, wurden im klassischen, fiktiven Film heterodiegetische Erzähler sehr begrenzt eingesetzt. Dort setzte sich der Rahmenerzähler durch, der vornehmlich dazu verwendet wurde, den Zuschauer zu Beginn des Films in die Handlung einzuleiten, Fakten oder historische Daten zu vermitteln, Zeitsprünge leichter verständlich zu machen oder Handlungsstränge miteinander zu verknüpfen und letztendlich aus der Erzählung wieder auszuleiten, wie z. B. in CASABLANCA, BEN HUR oder in CLEOPATRA.

> «But in addition to providing orientations, these narrators, who speak for (or rather as) the image-maker, are particularly likely to provide guidance concerning what conclusions the viewers should draw. They tend to voice the ideological and/or moral agenda behind the film.»[8]

Im klassischen Hollywood-Kino wurde der heterodiegetische Voice-Over Narrator großteils als Stimme des implizierten Präsentators verstanden und hatte folglich eine gottähnliche, moralisch autoritäre Stellung inne. Daher war es ihm nicht möglich sich als rein fiktiver Erzähler einer ebenso fiktiven Erzählung zu präsentieren und seine Funktion als Erzähler ironisch oder gar selbstreflexiv zu thematisieren. Filme wie THE MAGNIFICENT AMBERSONS oder THE NAKED City stellen daher eine deutliche Ausnahme in der Verwendung einer heterodiegetischen Voice-Over-Narration im klassischen Hollywood-Kino dar.

Auch im aktuellen Film finden sich zahlreiche heterodiegetische Erzähler, die noch als reine Rahmenerzähler auftreten und somit lediglich die Handlung knapp erläutern oder einen einführenden Überblick in die Geschichte liefern. Solche Rahmenerzähler tauchen sowohl in *Mainstream-Filmen*, wie in PRETTY WOMAN

---

7   Stanzel, S. 205.
8   Kozloff 1988, S. 80.

1 Formen heterodiegetischer Narration

(Gerry Marshall, USA 1990), Troy (Roland Emmerich, USA/M/GB 2004) und Hellboy (Guillermo del Toro, USA 2004) auf, aber auch in The Big Lebowsky (Joel + Ethan Cohen, USA/GB 1998) oder Lola Rennt.

Ebenso treten im aktuellen Film jedoch vermehrt heterodiegetische Erzähler auf, die sich nicht nur damit begnügen, dem Zuschauer Daten und Fakten zukommen zu lassen, sondern diesem auch im weiteren Verlauf der Handlung einen Einblick in die Gefühls- und Gedankenwelt der Figuren ermöglichen. So zum Beispiel in Parfum: The Story Of A Murder oder in Chéri (Stephen Frears, GB/F/D 2009), wo der Regisseur Stephen Frears selbst die omnipotente, allwissende Voice-Over-Narration spricht.[9] Der Erzähler führt dort in die Zeit der *Belle Époque* und die Geschichte der Kurtisanen, beziehungsweise speziell in die Geschichte Leas, ein. Im Verlauf der Handlung tritt er dann immer wieder auf, um die Erzählung in der Zeit voran zu treiben, Handlungen zusammenzufassen oder ironisch, süffisant die Beweggründe und Gefühle der Figuren offen zu legen. In eben jener Erzählmanier wird der Zuschauer dann schließlich wieder aus der Erzählung herausgeführt:

> «Chéri felt capsized, as if he'd been present at some irreversible catastrophe. And, indeed, far sooner than he or anyone else could have predicted, the belle époque itself was swept away utterly by a war in which he fought and from which he returned unharmed. He's going to come back. At the same time, he was unable to suppress a sense that he had escaped from something, that he was a free man again; a feeling he eventually came to realize was entirely misguided. It was many years before he understood that both of them had been quite unjustly punished: Lea, for having been born so many years before him and Chéri, for having failed to grasp that Lea was the only woman he would ever be able to love. And once he was settled in his mind that this was the case, he looked out his old service revolver and put a bullet in his brain.»

Weiterhin finden sich im aktuellen Film auch eine Vielzahl von heterodiegetischen Erzählerstimmen, die einen implizierten Zuschauer direkt in ihre Erzählung mit einbeziehen und somit den narrativen Akt ihres Erzählens deutlich hervorheben, wie in Lemony Snicket's A Series Of Unfortunate Events (Brad Silberling, USA/D 2004).

Der Film beginnt als märchenhafter Animationsfilm. Zu dementsprechend konnotierter Musik hüpfen fröhlich lachende Tieren durch einen bunten Wald. Aus einer Tür in einem Baum tritt ein ebenso fröhlich lachendes Elfenmädchen hervor und der Titel ‹The Littlest Elf› wird eingeblendet (Abb. 21). Dann wird das Bild, mit einem entsprechenden Bruch in der Tonspur plötzlich schwarz, ein Voice-Over Narrator setzt ein und durch eine runde Blende erscheint nun das Bild eines düsteren, nebeligen Friedhofs:

---

[9] In der deutschen Synchronisation wird die Voice-Over Narration interessanterweise von einer Frau gesprochen.

1.1 Der heterodiegetische Erzähler im aktuellen Film

«I'm sorry to say that this is not the movie you will be watching. The movie you are about to see is extremely unpleasant. If you wish to see a film about a happy little elf, I'm sure there is still plenty of seating in theatre number two. However, if you like stories about clever and reasonably attractive orphans, suspicious fires, carnivorous leeches, Italian food and secret organizations, then stay, as I retrace each and every one of the Baudelaire children's woeful steps. My name is Lemony Snicket, and it is my sad duty to document this tale.»

Im Bild erscheint nun der Autor, unkenntlich als Schatten im Gegenlicht sitzend, der genau jene Worte in seine Schreibmaschine tippt. Der Erzähler wird, im Bezug zur diegetischen Welt, somit als akusmatische Schattenfigur auf einer metadiegetischen Erzählebene etabliert (Abb. 22).

21–22 Ein Bruch in der Erzählwelt: Der allwissende Erzähler übernimmt die Kontrolle. Jude Law in LEMONY SNICKET'S A SERIES OF UNFORTUNATE EVENTS (USA/D 2004)

Die Kamera fährt daraufhin dichter an seinen Schreibtisch, auf das Foto eines Mädchens heran, das sich in diesem Bild zu bewegen beginnt. Die Kamera fährt nun in dieses Bild und damit in die diegetische Erzählwelt hinein, wozu weiterhin die Stimme des Erzählers zu vernehmen ist: «Violet Baudelaire, the oldest, was one of the best inventors of the world with only 14 years [...].»

Daraufhin beginnt die diegetische Handlung, in deren Verlauf immer wieder die Stimme des Erzählers erklingt. Der Erzähler stellt sämtliche Personen und deren Charaktereigenschaften vor sowie er alle Ereignisse und die Handlungen der Figuren kommentierend zusammenfasst und in den narrativen Gesamtzusammenhang seiner Erzählung für den Zuschauer einordnet.

Seine Stimme klingt älter und voll, verfügt aber über einen weichen, hellen Klang. Dadurch klingt eine deutliche Empathie für die diegetischen Figuren mit, die im Widerspruch zu seiner angeblichen Warnung steht. Dies sowie der Rhythmus des Erzählens, der durch ein angenehmes Tempo und deutliche Nuancierungen geprägt ist, trägt dazu bei, dass der Erzählgestus an einen märchenhaften Geschichtenerzähler erinnert. So bekommt der Zuhörer, nur über den Gestus der Stimme, das unausgesprochene Versprechen vermittelt, dass letzen Endes doch alles Gut ausgehen wird.

1 Formen heterodiegetischer Narration

Im Verlauf der Handlung wird in einigen Sequenzen immer wieder zu jenem akusmatischen Erzähler und Autor zurückgeblendet, der gerade dabei ist diese Geschichte aufzuschreiben. Dabei kommentiert er den Akt des Schreibens, beziehungsweise des Erschaffens der Geschichte oft direkt und spricht Warnungen an den Zuschauer über den weiteren, düsteren Verlauf der Handlung aus, so zum Beispiel, wenn die Kinder den Brand in ihrem Elternhaus erleben. In dieser Sequenz findet ein Zoom aus dem verbrannten Haus der Baudelaires hinaus statt. Im Verlauf des Zooms wird der Blick auf das Haus als Blick auf eine Fotographie entlarvt, die der Autor in der Hand hält und dazu eine erneute Warnung an den Zuschauer ausspricht: «I tried to tell you. This would be an excellent opportunity to walk out of the theater, living room or airplane this film is showing in. It's not too late to see a film about a happy little elf.»

Nach einem sanften Schnitt gleitet der Film dann wieder in die diegetische Handlung ab.

Der Film endet dann ebenso selbstreflexiv wie er begonnen hat, mit einem letzten Schnitt zu jenem omnipräsenten Erzähler, der sich nun, noch immer im Schatten stehend, als Figur der diegetischen Welt entblößt und mit einem Fernglas am Fenster stehend, die Kinder beobachtet:

> «Dear reader, there are people in the world who know no misery and woe. And they take comfort in cheerful films about twittering birds and giggling elves. There are people who know that there's always a mystery to be solved. And they take comfort in researching and writing down any important evidence. But this story is not about such people. This story is about the Baudelaires. And they are the sort of people who know that there's always something. Something to invent, something to read, something to bite, and something to do, to make a sanctuary, no matter how small. And for this reason, I am happy to say, the Baudelaires were very fortunate indeed.»

Bei der Großzahl der heterodiegetischen Voice-Over-Erzähler des aktuellen Films handelt es sich jedoch immer noch um rein formelle Erzählakte, in denen die erzählende Stimme weder den Zuhörer bewusst anspricht, noch auf einer anderen Erzählebene im Bild erscheint. Jedoch kommentieren diese externen, heterodiegetischen Erzähler des aktuellen Films die Figuren ihrer Erzählung nun häufiger ironisch, indem sie diese als unzuverlässige Charaktere entlarven oder gar selbst, durch den implizierten Präsentator, als unzuverlässige Narratoren enttarnt werden.

> «Unreliability depends on some clearly discernible discrepancy between the narrator's account and the larger implied meaning of the narrative as a whole. But that discrepancy would seem to depend pretty much on personality: there has to be some reason for us to distrust the narrator's account, and the only possible reason

would be something in his character. Where there is no character – and hence no motive for giving a questionable account of the story – how can we even recognize that the account is unreliable?»[10]

Ob ein heterodiegtischer Erzähler als unzuverlässig oder ironisch demaskiert werden kann, hängt immer davon ab, ob ein implizierter Präsentator als weitere fiktionsschaffende Instanz etabliert wird. Ist dies der Fall, so kann dieser den heterodiegetischen Erzähler als unglaubwürdig entblößen, indem er Vorgänge präsentiert, die den vorausgegangenen Behauptungen des Erzählers widersprechen.

«If the communication is between the narrator and narratee at the expense of a character, we can speak of an ironic narrator. If the communication is between the implied author and the implied reader at the expense of the narrator, we can say that the implied author is ironic and the narrator is unreliable.»[11]

Beeinflusst wurde diese selbstreflexive Form der Verwendung von heterodiegetischen Erzählern vor allen Dingen durch den progressiven Einsatz von durchgängigen Voice-Over-Narrationen in *der Nouvelle Vague*, wie in JULES ET JIM oder BANDÉ APART. Wie bereits dargelegt, finden sich dort häufiger heterodiegetische Erzähler, die dem Zuschauer bewusst ihren gottähnlichen Status vorführen, indem sie die Figuren und Handlung ironisch kommentieren oder sogar in diese eingreifen.[12]

1.2 Die Fähigkeiten des heterodiegetischen Erzählers

Der heterodiegetische Erzähler verfügt mit einer grundlegenden Macht über den Zuschauer und über die, durch seine Erzählung hervorgerufene, diegetische Welt. Dies wird insbesondere durch den Umstand bedingt, dass die Stimme des unsichtbaren Erzählers keinem Ort in der fiktiven Erzählwelt zugeordnet werden kann.

«It is its radical otherness with respect to the diegesis which endows the voice with a certain authority. As a form of direct address, it speaks without mediation to the audience, bypassing the ‹characters› and establishing a complicity between itself and the spectator – together they understand and thus place the image. It is precisely because the voice is not localizable, because it cannot be yoked to a body, that

---

10 Chatman 1990, S. 137.
11 Chatman 1978, S. 229.
12 Ein deutlicher Nachfolger dieser Verwendungsform von Erzählstimmen der *Nouvelle Vague* und ein gleichzeitiges Remix aus zahlreichen weiteren narrativen Gesten, findet sich im Erzählgestus des durchgängigen, selbstreflexiven, heterodiegetischen Erzählers in LE FABULEUX DESTIN D'AMÉLIE POULAIN (F/D 2001) von Jean-Pierre Jeunet, den ich im Verlauf dieses Kapitels detaillierter analysieren werde.

is capable of interpreting the image, producing the truth. Disembodied, lacking any specification in space or time, the voiceover is, as Bonitzer points out, beyond criticism [...].»[13]

Zu diesen Fähigkeiten zählt die Macht der **Omnipotenz** und **Omnipräsenz**.

Omnipotenz bedeutet, dass der heterodiegetische Erzähler alles weiß, was in der diegetischen Welt vor sich geht, alle vergangenen und zukünftigen Handlungen der Figuren, deren tiefste Geheimnisse, Gedanken, Emotionen und Ängste – und er kann diese zu jeder Zeit für den Zuschauer offenbaren.

Omnipräsenz bedeutet, dass der Erzähler die gesamte diegetische Welt durchdringt. Er kann jeden Ort in der Erzählwelt hervorrufen und jederzeit und an jeder Stelle auftauchen, an der es ihm beliebt.[14] Diese, dem heterodiegetischen Erzähler zugeschriebenen Fähigkeiten bedingen sich aus dem Umstand, dass der Erzähler die diegetische Welt mittels seiner eigenen Worte hervorgerufen hat und damit die Fiktion und die ihr zugehörigen Figuren vor den Augen des Zuschauers überhaupt erst zum Leben erweckt hat.

Den Konventionen einer jeden Erzählung entsprechend, wird der Erzähler dem Zuschauer jedoch niemals sämtliche Informationen mitteilen, auch wird er die Hinweise zur Entschlüsselung der Fabel nur teilweise preisgeben, um so die Handlung für den Zuschauer spannend und interessant zu gestalten. Entscheidend für den narrativen Akt einer heterodiegetischen Narration bleibt jedoch der Umstand, dass der Erzähler jederzeit die Möglichkeit dazu hätte und somit das Sujet mittels seiner Informationsvergabe deutlich manipulieren und beeinflussen kann.

> «Erzählerfiguren sind als Erzähler dazu verhalten, ihre Geschichte so darzubieten, daß sie beim Zuhörer oder Leser Anklang findet, oder zumindest sein Interesse erweckt. Das erfordert, wie bereits dargelegt wurde, eine bestimmte Strategie des Erzählens: die Momente der Spannung sind mit Vorbedacht zu verteilen, Sympathie und Kritik des Lesers gegenüber einzelnen Charakteren sind zu steuern, was durch die deutenden und wertenden Kommentare des Erzählers ebenso geschehen kann wie durch eine mehr unterschwellig wirksame Rhetorik oder dadurch, daß einigen Charakteren das Privileg zugeteilt wird, ihre innersten Gedanken dem Leser mitzuteilen, während andere immer von diesem Privileg ausgeschlossen bleiben. Kurzum, eine Erzählerfigur kann nicht umhin, im Zuge der Aufbereitung ihrer Geschichte und der erzählerischen Darbietung des Inhalts dieser Geschichte wissentlich oder unwissentlich zu verändern.»[15]

Der heterodiegetische Erzähler tritt somit einerseits als direkter Vermittler zwischen der Erzählwelt und dem Zuschauer auf und andererseits als Surrogat der

---

13 Doane, S. 369.
14 Chatman 1978, S. 103.
15 Stanzel, S. 201.

1.2 Die Fähigkeiten des heterodiegetischen Erzählers

Stimme des implizierten Präsentators. Damit gleicht eine heterodiegetische Erzählstimme in der dritten Person auch am ehesten einer ‹Stimme Gottes›, die nicht nur die Figuren und deren Handeln aufdecken, darstellen, einordnen und bewerten kann, sondern tatsächlich in das Geschehen eingreifen und es leiten kann.[16]

Tatsächlich kann eine visuelle Repräsentation des heterodiegetischen Narrators nur durch den implizierten Präsentator erfolgen, der vom Zuschauer fälschlicherweise oft mit der Stimme des heterodiegetischen Erzählers gleichgesetzt wird. Dabei kann die Distanz zwischen den narrativen Instanzen des heterodiegetischen Erzählers und des implizierten Präsentators mehr oder minder groß sein, wie sich das in den folgenden Analysen zeigen wird.

Allgemein lässt sich hierzu jedoch anmerken, dass ein heterodiegetischer Erzähler sehr viel wahrscheinlicher als Schöpfer-Figur des gesamten Films (miss-)verstanden wird und demnach mit dem Konstrukt des implizierten Präsentators gleichgesetzt wird, wenn dieser tatsächlich als eine bloße, körperlose, ungreifbare Stimme in Erscheinung tritt. Entblößt sich ein solcher Erzähler dagegen auf einer weiteren Erzählebene im Bild, wird dessen fiktive Stellung innerhalb des narrativen Konstrukts auch für den Zuschauer deutlich, so dass der stets unsichtbar bleibende, implizierte Präsentator als wahrer Schöpfer jener ineinander verschlungenen Erzählwelten deutlicher hervortritt.

Der implizierte Präsentator spielt in der Öffnung einer weiteren Erzählebene auch dann eine bedeutende Rolle, wenn der heterodiegetische Erzähler nicht nur von seinem extradiegetischen Standpunkt aus erzählt, sondern gleichzeitig als Nebenfigur in der diegetischen Handlung auftritt. Da solche Erzählerfiguren eine Doppel-Funktion erfüllen, wird diese während eines Großteils der Handlung häufig nicht offenbart, wie in THE ILLUSIONIST (Neil Burger, USA/CZ 2006), wo sich erst am Ende des Films herausstellt, dass es sich bei dem scheinbar heterodiegetischen Erzähler um die diegetische Figur des Inspektor Uhls handelt, der die Ereignisse rekapitulierte. In LAURA (Otto Preminger, USA 1944) wird ebenfalls erst am Ende deutlich, dass es sich bei dem vermeintlich heterodiegetischen Erzähler um Waldo Lydecker, den mutmaßlichen Mörder Lauras handelte, der den Zuschauer somit von Anfang an in die Irre geführt hat.

Selbstverständlich können solche in ihre Narration eingebetteten heterodiegetischen Erzähler nur eingeschränkt allwissend und omnipotent sein, da sie die Gedanken der Figuren nur erahnen sowie sie von manchen Vorgängen nur vom Hörensagen wissen können und dem Zuschauer demzufolge auch nur einen sehr beschränkten Einblick in die diegetische Welt vermitteln können. Oft bleibt es bei eingebetteten, heterodiegetischen Erzählern auch unklar, welche der Figuren überhaupt der Träger jener Erzählstimme ist, wie in KILL BILL VOL. 1, wo es sich bei dem Sprecher des japanischen *Voice-Overs* zwar um den japanischen Waffenschmied

---

16   Kozloff 1988, S. 97–98.

1 Formen heterodiegetischer Narration

23–24 Der Love Guru benutzt die Voice-Over Maschine mit der Stimme Morgan Freemans. Mike Meyers in LOVE GURU (USA/GB/D 2008)

handeln könnte, es jedoch keine eindeutigen Belege dafür gibt, da der Erzähler im Abspann nicht benannt wird.

Dies verdeutlicht wiederum, dass es für den zuhörenden Zuschauer sehr schwer ist, die genaue Identität eines Voice-Over-Narrators nur anhand dessen Stimme zu leisten, wenn innerhalb der visuellen Narration nicht eindeutig hervorgehoben wird, welcher der Charaktere der Erzähler ist, außer es handelt sich bei der Erzählstimme um die vertraute Stimme eines bekannten Schauspielers.

«The casting of an actor assigns dialogue-as-written to a person, a body, a voice. Different voices – with all their physical individuality and all their markers of age, gender, ethnicity, experience – will give dialogue different nuances. [...] The voices of famous movie actors are instantly recognizable, and intimately interwoven with the viewers' conceptions of their personae.»[17]

Morgan Freemans Erzählstimme ist im englischsprachigen Raum zum Beispiel so bekannt, dass sein Einsatz als Voice-Over-Narrator im Mainstream Kino sogar selbstreflexiv, ironisch kommentiert wird. So findet sich in THE LOVE GURU (Marco Schnabel, USA/GB/D 2008) eine **Voice-Over-Maschine**, die es dem Protagonisten ermöglicht, seine Handlungen durch einen heterodiegetischen Narrator kommentieren zu lassen. Dabei stehen ihm unterschiedliche Stimmen zur Auswahl, unter anderem auch die von Morgan Freemann, die auch zu Beginn des Films eingesetzt wird (Abb.23–24): «When I was a child in India, growing up in the tiny village of Harenmahkeester, I found a voice-over machine which I still use to this day.»

Doch auch Figuren, die als diegetische Figuren etabliert wurden, können zu heterodiegetischen Erzählern werden, wenn diese eine Geschichte innerhalb der dem Zuschauer präsentierten Geschichte erzählen. Diese weitere Narrationsebene wird von Genette als metagdiegetische Erzählung bezeichnet.

> «Jedes Ereignis, von dem in einer Erzählung erzählt wird, liegt auf der nächst höheren diegetischen Ebene zu der, auf der der hervorbringende narrative Akt dieser Erzählung angesiedelt ist. [...] Die narrative Instanz einer ersten Erzählung ist also per definitionem extradiegetisch, die narrative Instanz einer zweiten [metadiegeti-

17   Kozloff 2000, S. 91

schen] Erzählung per definitionem diegetisch usw. Betonen wir die Tatsache, daß der möglicherweise fiktive Charakter der ersten Instanz diese Situation ebenso wenig modifiziert wie der möglicherweise ‹reale› der folgenden Instanz.»[18]

Bisher wurde jedoch kaum näher definiert, wie weit sich ein Erzähler außerhalb seiner Erzählung befinden muss, um als heterodiegetisch zu gelten. Dies erschwert die genaue Zuordnung eines Erzählers als hetero- oder homodiegetischer, besonders bei den zahlreichen Grenzfällen der Voice-Over-Narration, die sich im aktuellen Film finden lassen.

> «Neither Genette nor any of his recent followers have clearly delineated what it means ‹to participate› or ‹not to participate› in a story; I think the issue hinges not upon whether the narrator is telling a story ‹about himself› but on whether he or she exists in the same fictive world as the characters, whether he or she could possibly know them and they know him or her.»[19]

Was Kozloff damit ausdrücken möchte, ist, dass der entscheidende Umstand, der einen Erzähler als heterodiegetisch kennzeichnet, aus der Beziehung des Erzählers zu seiner Erzählung herausgefiltert werden muss. Entscheidend ist somit das Maß an Fiktivität, das der Narrator selbst für seine Geschichte empfindet, das heißt, ob die Figuren, die er hervorruft, für ihn real sind, ob er tatsächlich mit diesen involviert war (ob er sie persönlich gekannt hat) oder ob diese Figuren auch für ihn fiktive Charaktere sind (Figuren, die von diesem Erzähler erfunden wurden).[20]

Zwar ist auch eine solche Definition immer noch schwammig, da sie davon abhängig gemacht wird, wie stark eine heterodiegetisch erzählende Nebenfigur beispielsweise vom Protagonisten ihrer Erzählung wahrgenommen wurde und in dessen Handeln involviert war. Gleichzeitig wird daraus schlussfolgernd jedoch deutlich, dass strikte Regeln bei einem solch heterogenen Medium wie dem Film, das seine narrativen Einflüsse aus diversen Quellen zieht, schlicht niemals vollständig greifen können.

Ähnlich verhält es sich mit diegetischen Figuren, die dem Zuschauer verschleiern, dass sie die Erzähler der präsentierten Geschichte sind, indem sie als heterodiegetischen Figuren auftreten, die in der Dritten Person Singular sprechen und somit vorgeben ihre eigentlich subjektive Erzählung von einem objektiven Standpunkt aus darzustellen. Dabei kann es sich nicht nur um, wie bereits beschrieben, Nebenfiguren handeln, sondern auch um den Protagonisten, der sich dem Zuschauer erst am Ende des Films als Erzähler zu erkennen gibt, wie in CHOCOLAT (Lasse Halström, GB/USA 2000), PENELOPE (Marc Palansky, GB/USA 2006) oder KRABAT (Marco Kreuzpaintner, D 2008).

In KRABAT setzt zu Beginn die heterodiegetische Erzählstimme eines alten Mannes ein, der den Zuschauer in die Zeit und Handlung der Geschichte einführt:

18 Genette 1998, S. 163.
19 Kozloff 1988, S. 76.
20 Vgl. Genette 1998, S. 175.

1 Formen heterodiegetischer Narration

«Im Jahre des Herrn 1646 waren die deutschen Länder seit langer Zeit in eine Serie schrecklicher Kriege verwickelt, die als der 30-jährige Krieg in die Geschichtsbücher eingegangen sind. Das Ergebnis war die Verwüstung ganz Europas und der elendige Tod hunderttausender. Wer von Hunger und Krieg verschont blieb, musste gegen einen anderen, unsichtbaren Feind ankämpfen – die Pest. Es war in der Zeit zwischen Neujahr und Dreikönig, Krabat, ein Waisenjunge von 14 Jahren damals, zog mit den einzigen ihm noch gebliebenen zwei Freunden, als Sternsinger von Dorf zu Dorf.»

Auch im Verlauf der diegetischen Handlung erhebt der Narrator immer wieder seine Stimme, einerseits um dem Zuschauer Krabats Gefühle und Gedanken zu offenbaren, aber auch um die übrigen Figuren zu charakterisieren und dem Zuschauer Zusammenhänge deutlich zu machen. Mit seiner letzten Narration macht der Erzähler dann jedoch klar, dass er selbst Krabat ist und die damaligen Ereignisse rückblickend, aus der Distanz der Vergangenheit heraus, erzählt hat:

«Die Burschen verließen die Mühle müde, aber voller Hoffnung auf eine eigene selbstbestimmte Zukunft. Der Krieg in den deutschen Landen endete – und wenn ich, Krabat, heute die Geschichte erzähle, dann klingen Tondas Worte immer noch wie eine bittere Wahrheit: Alles auf dieser Welt hat seinen Preis. Und wenn wir auch die Zauberei aufgeben mussten und wieder gewöhnliche Burschen waren, so gewannen wir dafür doch etwas zurück, das gegen nichts auf der Welt einzutauschen ist – unsere Freiheit!»

Die vermeintlich objektive, heterodiegetische Narration, wird damit als homodiegetische Erzählung in der dritten Person Plural und somit als retrospektive, subjektive Erinnerung entlarvt.

1.3 Der Erzählstil in LE FABULEUX DESTIN D'AMÉLIE POULAIN

In LE FABULEUX DESTIN D'AMÉLIE POULAIN setzt jene körperlose Voice-Over ebenso unvermittelt ein, wie der gesamte Film. Es ist die akusmatische Stimme des Erzählers, die den Zuschauer abrupt und fast gewaltsam in diese ‹fabelhafte Welt der Amélie› hineinreißt.

Amélie entschließt sich eines Tages, ihr Leben zu ändern und ihren Mitmenschen zu helfen, um diesen so den Anstoß zu einem glücklicheren Leben zu geben. Dabei vergisst sie jedoch vollkommen ihr eigenes Glück und ist nicht dazu in der Lage, dem schüchternen Nino ihre Liebe zu gestehen. Hierzu benötigt sie selbst die Hilfe ihrer Mitmenschen, bis auch sie schließlich den Mut fasst, ihr Leben selbst in die Hand zu nehmen.

Die Erzählstimme tritt dabei noch vor dem Bildlichen auf und setzt, zu einer völlig schwarzen Leinwand, abrupt mit der Narration ein: «Le trois Septembre […].» Während der Erzähler unermüdlich weiter spricht folgt eine langsame Aufblende auf eine verträumt wirkende Straße.

1.3 Der Erzählstil in Le fabuleux destin d'Amélie Poulain

«[...] 1974 à 18 heures 28 minutes et 32 secondes, une mouche bleue de la famille des Calliphoridae capable de produire 14 670 battements d'ailes à la minute se posait rue saint Vincent à Montmartre. A la même seconde à la terrasse d'un restaurant à deux pas du moulin de la galette, le vent s'engouffrait comme par magie sous une nappe, faisant danser les verres sans que personne ne s'en aperçoive. Au même instant, au cinquième étage du 28 de l'avenue Trudel dans le neuvième arrondissement. Eugène Colère de retour de l'enterrement de son meilleur ami Emile Maginot en effaçait le nom de son carnet d'adresses. Toujours à la même seconde un spermatozoïde pourvu d'un chromosome X appartenant à monsieur Raphaël Poulain se détachait du peloton pour atteindre l'ovule appartenant à madame Poulain née Amandine Fouet. Neuf mois plus tard naissait Amélie Poulain.»

Der Voice-Over-Erzähler beginnt scheinbar vollkommen wahllos mit seiner Erzählung, ohne im Mindesten deutlich zu machen, welche Bedeutung die einzelnen von ihm dargelegten Ereignisse und Fakten für den Fortlauf der Narration haben. Der Zuschauer, der laut Bordwells Theorie eigentlich eine zielorientierte Narration erwarten müsste, wird sich demnach fragen, welche Bedeutung die sekundengenaue Angabe der Uhrzeit oder die Nennung der speziellen Gattung der Fliege sowie die Anzahl ihrer Flügelschläge pro Minute im weiteren Verlauf des Films einnehmen werden.

Demgegenüber steht jedoch die Schnelligkeit, mit welcher der Erzähler jene Fakten aufzählt, wodurch es dem Zuschauer eigentlich unmöglich ist, all jene Einzelheiten vollständig zu erfassen. Erst im Laufe dieser sehr ungewöhnlichen Exposition wird klar, dass all jene unzusammenhängende Ereignisse lediglich zu dem einen Ereignis, der Zeugung Amélie Poulains, hinführen.

Genau genommen stehen die aufgeführten Ereignisse tatsächlich in keinem logischen Zusammenhang zueinander. Der Erzähler hat sie lediglich völlig zufällig zusammengestellt, da sie sich ebenso zufällig genau in dem Moment ereigneten, in dem Amélie Poulain gezeugt wurde. Man könnte demnach vermuten, dass der Erzähler so schnell und zügig spricht, weil er ebenso gut noch tausend andere Beispiele hätte aufzählen können. Er zeigt, wie Zufälliges aufeinander trifft und dabei manchmal einen ersichtlichen Sinn ergibt (wie beispielsweise die Befruchtung einer Eizelle) und manchmal eben auch nicht (wie die durch den Wind tanzenden Gläser). Insofern könnte ein Großteil jener ungewöhnlichen Exposition als poetisch-narrativer Exzess des Voice-Over-Erzählers bezeichnet werden. Tatsächlich wird der Zuschauer so aber in den speziellen Erzählstil des Films eingeführt und auch in den grundlegenden Diskurs des Plots: die Darstellung der Poetik des Schicksals und des Zufalls.

Aus diesem Grund bleibt es auch unklar, ob der Erzähler die jeweiligen Ereignisse, die er erzählt, tatsächlich bewusst auswählt und ob der immer schneller werdende Rhythmus des Sprechens das Tempo dieser Sequenz bestimmt, oder ob die unendliche Vielzahl der Möglichkeiten an Ereignissen, die der Erzähler in diesem Moment ebenso gut hätte aufzeigen könnte, den Akt seines Erzählers schlicht überwältigen und ihn dazu verleiten, immer schneller, von Augenblick zu Augenblick zu hasten.

Eine weitere Funktion dieser Exposition, die noch vor den eigentlichen Vorspann gesetzt wurde, ist es, den Zuschauer fast schockartig auf die Macht der akusmatischen Erzählstimme vorzubereiten.

> «The acousmêtre is everywhere, its voice comes from an immaterial and non-localized body, and it seems that no obstacle can stop it. [...] The acousmêtre is all seeing, its word is like the word of God: ‹No creature can hide from it.› The one who is not in the visual field is in the best position to see everything that's happening. The one you don't see is in the best position to see you [...].»[21]

Demzufolge scheint der Erzähler derjenige zu sein, der von der ersten Minute an die Bilder hervorruft, die sich, mit dem Einsetzen seiner Stimme, fast als dessen sinnliche Assoziationen vor den Augen des Zuschauers entblättern. Dieser Eindruck wird dabei durch die Macht, mit der jene körperlose Stimme über die Bilder zu verfügen scheint, noch verstärkt. So kann jener Erzähler eigentlich unmögliche Bilder präsentieren, wie die Zeugung Amélies oder jene im Zeitraffer zusammengefügten Aufnahmen der Schwangeren, in deren Bauch Amélie heranwachsen soll.

Durch diese Anfangssequenz wird der Zuschauer in eine, von der Stimme des Erzählers heraufbeschworene, Fantasiewelt hineingezogen und bekommt von diesem, ganz bewusst ausgewählte Bilder präsentiert. Der Erzähler lässt dementsprechend bereits in der Exposition das tatsächliche Ausmaß seiner Omnipotenz zum Vorschein kommen, indem er dort eigentlich unmögliche Bilder sichtbar macht und so beispielsweise in einer mikroskopischen Aufnahme genau jenes Spermium markiert, das zur Befruchtung der Eizelle und zur Entstehung Amélies führte (Abb. 25).

Das Ausspielen dieser Allmacht des Narrators wird im Verlauf des Films noch weitergeführt, beispielsweise wenn er Amélies Eltern vorstellt. Der Erzähler vermittelt dabei nicht nur für andere eigentlich unsichtbare Fantasien der Figuren, indem er ihre heimlichsten Abneigungen und Gelüste bildlich vorführt, sondern greift auch hier wieder direkt in das Bild ein. So markiert er bestimmte Charakteristika im Gesicht der Eltern mit einem Pfeil und führt hierzu einen schriftlichen Kommentar in das bildliche Gefüge ein (Abb. 26).

> «Raphaël Poulain n'aime pas: pisser à côté de quelqu'un, il n'aime pas surprendre sur ses sandales un regard de dédain, sortir de l'eau, et sentir coller son maillot de bain. Raphaël Poulain aime: arracher de grands morceaux de papier peint, aligner toutes ses chaussures et les cirer avec soin, vider sa boîte à outils, bien la nettoyer, et tout ranger, enfin.»

Der Erzähler kann offensichtlich in die Gedanken, beziehungsweise das Innerste aller Figuren eindringen und kehrt auf eben diese Weise ihre Abneigungen oder

---

21 Chion 1999, S. 24.

1.3 Der Erzählstil in LE FABULEUX DESTIN D'AMÉLIE POULAIN

Vorlieben nach Außen. Dies geschieht umso ausführlicher, je wichtiger die Figuren für die Handlung, beziehungsweise die Entwicklung Amélies sind. Während die Erzählstimme so bei Amélies Eltern jeweils noch drei Abneigungen und Vorlieben aufzählt, stellt er bei Madame Suzanne jeweils nur noch eine Vorliebe und Abneigung dar, während von den restlichen Figuren, die in jener Sequenz im Café vorgestellt werden, jeweils nur eine Vorliebe oder eine Abneigung offen gelegt wird.

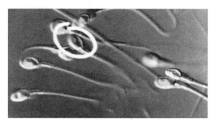

25 Der Erzähler offenbart die Details der Zeugung Amélies. LE FABULEUX DESTIN D'AMÉLIE POULAIN (FR/D 2001)

Diese Art der Sichtbarmachung jener geheimen Abneigungen und Vorlieben variiert dabei den jeweiligen Neigungen entsprechend. Amélies Eltern werden daher in kurzen Einstellungen in den jeweiligen Situationen gezeigt, die ihnen Freude oder Missfallen bereiten, während bei Madame Suzanne –

26 Der Erzähler greift zur Charakterisierung der Figuren ins Bild ein. LE FABULEUX DESTIN D'AMÉLIE POULAIN (FR/D 2001)

die Sportler mag, die vor Erschöpfung weinen – nur ein kurzer, schwarz-weiß Ausschnitt von einem weinenden Sportler zu sehen ist. Bei Georgette dagegen ist eine Collage aus Bildern zu sehen, welche als Assoziationen des Ausdrucks ‹Gebbenedeit sei die Frucht deines Leibes› verstanden werden kann. Gina dagegen ist, in Detailaufnahme und mittels Zooms, beim Knochen knacken zu sehen und zu hören, genau wie Josephe, der auf die selbe Weise beim Folie zerplatzen lassen gezeigt wird.

Damit wird deutlich, dass jene Fähigkeit des Narrators der Fokalisierung und Sichtbarmachung auf der visuellen und auch der auditiven Ebene stattfindet. Seine Macht scheint tatsächlich eine die gesamte diegetische Welt umfassende zu sein. Der Erzähler kann nicht nur überall sein und alles zeigen oder hörbar machen, er weiß auch alles. Dies verdeutlicht er, indem er auch scheinbar unwichtige Details und Fakten mit aufzählt, wie das Ginas Großmutter Heilpraktikerin war oder das Madame Suzanne zwar hinkt, aber noch nie ein Glas umgeworfen hat.

> «Voice-Over Narrators are big on facts and figures, on historical data, on telling us about the character's birth, family, or past – in short, on passing along information that can be transmitted visually or dramatically only with difficulty.»[22]

---

22 Kozloff 1988, S. 80.

Auf der rein narrativen Ebene dient jene Aufzählung der Abneigungen und Gelüste sowie das Erwähnen scheinbar bedeutungsloser Fakten auch dazu, die Charaktereigenschaften der einzelnen Figuren deutlich zu machen und somit indirekt Sympathien und Antipathien beim Zuschauer zu erzeugen. Der Erzähler charakterisiert Georgette durch seinen direkten Kommentar so nicht nur als eingebildete Kranke, sondern verstärkt diesen Eindruck noch mittels der gewählten Ausschnitte, die mit bedrohlich mystischer Musik unterlegt sind. Gina dagegen wird als resolut und selbstständig dargestellt, während die Eltern Amélies beide sehr neurotisch, streng und kalt erscheinen.

Doch nicht nur über Bild und Ton besitzt jener akusmatische Erzähler die absolute Kontrolle, er kann auch in der Erzählzeit vor- und zurückgreifen wie ihm das für seine Narration als nützlich erscheint. Bei den ersten Sequenzen, Amélies Zeugung und ihrer Kindheit, handelt es sich um einen Rückblick in die Vergangenheit, was unter anderem dadurch deutlich wird, dass der Erzähler hier im literarischen Perfekt spricht, bis die Zeit zu jenem Punkt vorangeschritten ist, an welchem er mit der eigentlich relevanten Narration beginnt:

> «Les jours, les mois, puis les années passent. Le monde extérieur paraît si mort qu'Amélie préfère rêver sa vie en attendant d'avoir l'âge de partir. 5 ans plus tard, Amélie est serveuse dans un café restaurant de Montmartre.»

Die vergehende Zeit wird in dieser Sequenz auch auf der bildlichen Ebene dargestellt, indem im Zeitraffer der Wechsel der Jahreszeiten zu sehen ist, währenddem der im Blumenbeet liegende Teddybär langsam zerfällt.

Ein Wechsel im grammatikalischen Tempus, zum Futur I, deutet daraufhin an, dass der Erzähler nun im Hier und Jetzt der Erzählzeit angelangt ist:

> «Nous sommes le vingt-neuf août 1997. Dans 48 heures le destin d'Amélie Poulain va basculer mais ça, pour le moment, elle n'en sait rien. Sa vie tranquille suit son cours parmi ses collègues et les habitués du café.»

Der Erzähler greift somit, bevor er mit der eigentlichen Erzählung beginnt, in der Narration vorweg und bereitet den Zuschauer auf den Plot der Geschichte vor, sprich auf die entscheidenden Veränderungen in Amélies Leben, von der er berichten wird. Diese Voraussage wird mit einem bildlichen Flashforward unterlegt, in dem, mittels sehr kurzer Schnitte, im späteren Verlauf des Films stattfindende Ereignisse zu sehen sind, wie die Passbilder des Phantoms oder Aufnahmen des tödlichen Unfalls von Lady Di.

Ein nur mündliches Flashforward findet dagegen statt, wenn der Erzähler den Tod von Amélies Mutter auf recht ironische Weise ankündigt, was daraufhin auch auf der bildlichen Ebene dargestellt wird.

> «Et puis un jour c'est le drame. Comme chaque année Amandine Fouet emmène sa fille brûler un cierge à notre dame afin que le ciel lui envoie un petit frère. La

1.3 Der Erzählstil in Le fabuleux destin d'Amélie Poulain

réponse divine intervient trois minutes plus tard. Hélas, ce n'est pas un nouveau né qui tombe du ciel mais une touriste québécoise Marguerite Bouchard résolue à en finir avec la vie. Amandine Poulain, née fouet, est tuée sur le coup.»

Ähnliches geschieht auch in der Sequenz, in welcher der Narrator den richtigen Domique Bredotou vorstellt und sich, auf die folgenden Ereignisse vorausgreifend, selbst korrigiert, indem er klarstellt, dass Bredoteau zwar jeden Samstag ein Hähnchen auf dem Markt kauft, jedoch nicht an diesem, da er vom Klingeln einer Telefonzelle zurückgehalten wird:

«Ce matin, comme tous les mardi matin, Dominique Bretodeau est parti pour acheter un poulet fermier. En général, il le fait au four avec des pommes-sautées. Après en avoir découpé les cuisses, les blancs, et les ailes, sont plus grand plaisir sera de décortiquer la carcasse encore brûlante avec les doigts, en commençant par les solilèses. Et bien non. Pas du tout. Aujourd'hui Bretodeau n'achètera pas de poulet. Il n'ira pas plus loin que cette cabine téléphonique, là.»

Jene Sequenz ruft beim Erzähler sodann ein weiteres, visuelles sowie auditives Flashback hervor, wenn er den Strom der Erinnerung Bredoteaus offenlegt, der diesen überfällt, wenn er sein altes Schatzkästchen aus Kindertagen öffnet.

Das Wissen dieses akusmatischen Erzählers umfasst folglich nicht nur das, was vor der eigentlichen Geschichte liegt, sondern vermutlich auch all das, was danach noch geschehen wird.

«Fiction films tend to grant three powers and one gift to the acousmêtre, to the voice that speaks over the image but is also forever on the verge of appearing in it. […] First, the voice that speaks over the images can see everything therein. This power arises from the notion that in a sense the acousmêtre is the very voice of what is called primary identification with the camera. […] The second power, omniscience, of course derives from the first. As for the third, this is precisely the power of textual speech intimately connetcted to the idea of magic, when the words one utters have the power to become things.»[23]

Der Erzähler verfügt demnach nicht nur **omnipotent**, sondern auch **omnipräsent** über die Narration, d. h. so wie er in der Zeit vor- und zurückspringen kann, kann er auch vollkommen beliebig von einem Ort in der narrativen Diegese zum anderen wechseln. Er ist in seiner Narration somit nicht an den Blickwinkel einer bestimmten Figur gebunden, sondern kann das Geschehen um mehrer Figuren gleichzeitig beleuchten. Amélie bleibt dabei zwar immer die Hauptfigur der Handlung, beziehungsweise ist das Interesse des Erzählers immer auf ihr Schicksal fokussiert, gleichzeitig kann er jedoch vollkommen unabhängig von Amelie zeigen,

---

23 Chion 1994, S. 129–130.

1 Formen heterodiegetischer Narration

wie z.B. ihr Vater auf immer neu eintreffende Postkarten von seinem verreisten Gartenzwerg reagiert oder wie Nino seine Kollegin nach Amélie ausfragt.

Obwohl in diesen kurzen Aufnahmen die Stimme des Erzählers selbst gar nicht zu hören ist, legt die narrative Struktur des Films nahe, dass es der Blick des Erzählers ist, der dem Zuschauer all jene Aufnahmen vermittelt.

Dies wird unter anderem durch die Kameraführung verdeutlicht. So finden sich eine ganze Reihe von subjektiv anmutenden Kamerabewegungen, die keiner in der diegetischen Welt angesiedelten Figuren zugeordnet werden können und daher als sichtbar gewordener Blick des Erzählers gedeutet werden müssen. So in jener Sequenz in der Metro, in der Amélie das erste Mal Nino begegnet. Dort fährt die Kamera zuerst, in einer Imitation von Amélies subjektivem Blick, auf den blinden Clochard zu, doch hält sie dort nicht inne, sondern fährt noch weiter, bis auch Amélie selbst wieder im Bild zu sehen ist. Diese Fähigkeiten des Erzählers tragen dazu bei zu verdeutlichen, wie schicksalhaft und doch zufällig die Dinge in jener Welt zusammenhängen. Dies wird unter anderem in einem Flashback dargestellt, in dem Amélie und Nino als Kinder, mittels Splitscreen, sich gegenseitig nach dem anderen sehnend am Fenster stehen. Dazu erklingt die Stimme des Erzählers: «Souvent, au même instant, à neuf kilomètres de distance, l'un rêvait d'une sœur et l'autre d'un frère, avec qui ils passeraient tout leur temps.»

Der Erzähler möchte somit auf der auditiven und auf der visuellen Ebene hervorheben, dass Amélie und Nino eigentlich schon immer zusammengehörten. Dementsprechend nutzt er seine gottähnliche Position dazu, um eben dieses Zusammenkommen der beiden Figuren voranzutreiben, darzustellen und schließlich wahr werden zu lassen. Die Erzähler ist derjenige, der alles weiß, alles sieht, alles hört, alles kommentiert und daher für den Zuschauer auch alles sichtbar, hörbar und begreifbar machen kann.

> «When a narrator is not a character, not a participant in the story he or she relates, that narrator is not bound by the rules of plausibility that govern the characters: the narrator is superior to them, the shaper of their destinies.»[24]

Obwohl die Erzählstimme eindeutig der alles wissende und alles zeigen könnende Körper der Narration ist, verschweigt sie absichtlich gewisse Dinge, beziehungsweise lässt Lücken im narrativen Gefüge stehen, wie das Rätsel um die Identität des Phantoms. Auf diese Weise wird die narrative Spannung aufrechterhalten, so dass dem Zuschauer die Lust am erzählerischen Akt nicht genommen wird. Gleichzeitig wird der Zuschauer aber auch dazu angeregt, seine ganz eigene Konstruktion des Plots zu entwickeln, die ihn möglicherweise auch zu falschen oder absurden Vermutungen verleitet.

> «As with self-consciousness, every film is uncommunicative at least a slight degree; there may be fluctuating relation between the film's overall informational norm and

---

24 Kozloff 1988, S. 97.

the extent of concealment at various moments. In one sense, any derivation from a films internal norm of communicativeness becomes a mark of suppressiveness. The narration could tell more, but it doesn't. Transtextual motivation, however, can make the suppression less overt.»[25]

Der Zuschauer sieht demnach nicht nur alles aus dem Fokus des Erzählers, er wird auch durch dessen Auswahl der Bilder und dessen direktes Eingreifen bewusst bei seiner Wahrnehmung der Narration beeinflusst. Die deutlichste Beeinflussung findet dabei sicherlich auf der auditiven Ebene statt, sprich in den Worten des Erzählers, mit denen er die Figuren einführt, beschreibt und kommentiert. Dabei steht der Erzähler den Figuren in keiner Weise objektiv gegenüber, sondern äußert sehr deutlich seine Meinung zu den einzelnen Charakteren und beeinflusst durch eben diese Stellungnahme auch die Meinung des Zuschauers, der dem Narrator als außer-diegetische Instanz vollstes Vertrauen und Glauben schenkt.

Diese Beeinflussung ist einmal in der beschriebenen Vorstellung von Amélies Eltern festzustellen, aber auch in der Sequenz, in der Amélie das Album Ninos findet und der Erzähler diesen als komischen Kauz bezeichnet. Dieser absolut akusmatische Narrator, der niemals in der von ihm geprägten Narration auftritt, nimmt somit eine sehr persönliche Beziehung zu seinen Figuren ein, das heißt er nimmt insbesondere an Amélies Schicksal Anteil und kommentiert und beurteilt aus diesem Grund alle übrigen Figuren bezüglich ihrer Position und ihres Verhaltens zu Amélie.[26]

Tatsächlich findet eine solche Beeinflussung und Erzeugung von Stimmung aber auch durch die Stimme des Erzählers selbst statt. Diese Stimme des Erzählers, die sehr beruhigend und vertrauenerweckend wirkt, trägt den gesamten Rhythmus des Films in sich. Das wird durch den Klang unterstützt, der warm, weich und voll ist. In dieser Weichheit der Stimme des Erzählers scheint sich die gesamte Empathie auszudrücken, die er für seine Figuren, insbesondere Amelie empfindet.

> «Die Frage ‹Wer spricht?› stellt sich eben dann, wenn wir der gehörten Stimme keinen autonomen Sprecher unterschieben. Sie findet ihre Antwort in der Vernehmung der Stimme, das heißt aber, sie findet niemals eine vollständige und endgültige Antwort. Eben deshalb ist das Pathos des Angesprochenwerdens keineswegs als die Umkehrung eines aktiven Ansprechens zu betrachten. Der Logos erwächst aus

---

25 Bordwell 1985, S. 59.
26 Im Vergleich der deutschen Fassung mit der Originalfassung werden allerdings eklatante Unterschiede in der Klangfarbe und im Sprechgestus des Erzählers deutlich. Die Stimme des französischen Erzählers klingt deutlich dunkler, schärfer und breiter. Außerdem ist sein Sprechtempo noch einmal schneller und der Gestus minimal monotoner, so dass insgesamt der Eindruck entsteht, als ob dieser Erzähler nicht dasselbe Maß an Empathie für seine Figuren aufbringt, wie dies in der deutschen Version vermittelt wird. Der Akt des Erzählens selbst scheint für diesen Voice-Over Narrator stärker im Vordergrund zu stehen, als die Emotionen seiner Figuren.

dem Pathos in Form eines Sicht-Angesprochen-Fühlens, das sich niemals völlig in eine identifizierende Zuschreibung und Rollenverteilung überführen lässt.»[27]

Sobald die Stimme des Sprechers erklingt bleibt, dem Zuschauer demnach gar nichts anderes übrig als hinzuhören und ihr gebannt zu lauschen, wodurch er der Meinung und Macht dieser Stimme relativ schutzlos ausgeliefert ist. Durch das Spiel mit seiner Stimme, bestimmte Betonungen oder einen Wechsel im Timbre, beziehungsweise durch das, was Barthes als die Körnung der Stimme bezeichnet, kann der Sprecher so unterbewusst im Zuschauer Stimmungen, aber auch Meinungen zu den Figuren erzeugen.

> «Pace, intonation, and volume ultimately combine as the means of conveying emotion. When performed, dialogue not only conveys semantic meaning but also the emotional state of the speaker, even the beat-by-beat fluctuation of his or her feelings.»[28]

Dies ist besonders deutlich bei der anfänglichen Vorstellung der Eltern zu hören, wo der Erzähler fast gelangweilt und angewidert klingt, wenn er die Vorlieben der Mutter und des Vaters aufzählt. Dahingegen klingt die Erzählstimme während des Erinnerungsstroms von Dominique Bredoteau, als würde auch sie sich an etwas Wehmütiges, Schönes, Vergangenes erinnern. Dazu trägt auch die Wortwahl des Erzählers bei, welche dieser Sequenz eine gewisse poetische Stimmung verleiht:

> «En une seconde, tout revient à la mémoire de Bretodeau. La victoire de Fédérico Bahamontes dans tour de France 59, les combinaisons de la tante Josette et surtout, cette journée tragique. Cette journée tragique, où il gagna toutes les billes de la classe à la récré.»

Ähnlich verhält es sich auch in der Sequenz danach, wenn Amélie durch das idyllisch, perfekte Paris geht und selbst die Stimme des Erzählers verzückt und verzaubert zu sein scheint.

1.3.1 Die Interaktion der Erzählstimme mit Amélie

Der akusmatische Narrator in LE FABULEUX DESTIN D'AMÉLIE POULAIN nimmt gegenüber den meisten Nebenfiguren des Films eine subjektive, empathische und gleichzeitig gottähnliche Haltung ein. Er zeigt dementsprechend auch nur diejenige Handlungen der Nebenfiguren, die er für wichtig erachtet. Seine Beziehung zu Amélie ist dagegen eine völlig andere!

Zwar kennt der Erzähler, wie bei allen anderen Figuren auch, Amélies innerste Gedanken, Wünsche und Sehnsüchte sowie er um die kleinsten Geheimnisse aus

---

27 Waldenfels, S. 23.
28 Kozloff 2000, S. 95.

ihrer Vergangenheit als auch ihrer Zukunft weiß und kann all diese zu jederzeit für den Zuschauer sichtbar werden lassen, dennoch scheint es so, als wüsste er über Amélie noch mehr als über alle übrigen Figuren. So ist der Voice-Over-Erzähler dazu in der Lage, Amélies Fantasien und Tagträume sichtbar zu machen und somit etwas Unmögliches, eigentlich nicht Reales, was keine andere der Figuren jemals wahrnehmen könnte, in die bildliche Diegese einzuführen, wie Amélies Fantasiewesen, dem sie in ihrer Kindheit eine aussichtslose Krankheit bescheinigt. Dazu zählen aber auch jene imaginierten Fernsehsendungen, die Amélie über sich selbst zu sehen glaubt sowie der Souffleur, den sich Amélie für schüchterne Menschen herbeiwünscht.

> «The narrator [...] is a reporter, not an ‹observer› of the story world in the sense of literally witnessing it. It makes no sense to say that a story is told ‹through› the narrator's perception since he/she/it is precisely narrating, which is not an act of perception but of presentation or representation, of transmitting story events and existents through words or images.»[29]

Jener extrem mächtige Voice-Over Narrator ist selbst dazu in der Lage Amélies Gefühle zu visualisieren und somit sprichwörtlich ihr Innerstes nach außen zu kehren, wie in jener Sequenz im Café, in der sie zu Wasser zerfällt, weil Nino wieder geht, ohne dass er sie erkannt hat.

Diese visuellen, narrativen Momente werden auch im Röntgenblick des Narrators deutlich, der es ihm unter anderem ermöglicht, Amélies wild schlagendes Herz zu zeigen, um somit wortlos ihre Gefühle für Nino offen zu legen. Ähnliches geschieht in der Sequenz, in welcher der nachgemachte Schlüssel des griesgrämigen Collignions in Amélies Jackentasche sichtbar wird.

All dies sind absolut fantastische Ereignisse, die der Erzähler jedoch als etwas völlig selbstverständliches darstellt, wodurch der märchenhafte Charakter des gesamten Films nochmals unterstrichen wird. So erscheint es auch nicht seltsam, dass dieser märchenhafte Erzähler ebenfalls mit den Dingen, die Amélie umgeben in Verbindung steht: Den Bildern und der Lampe in ihrem Schlafzimmer, die sich plötzlich über Amélie zu unterhalten beginnen.

Auch zu Amélies Nachbarn, dem Mann aus Glas, Monsieur Dufayel, scheint der Narrator in einer rätselhaften Beziehung zu stehen, da dieser in gewisser Weise eine ähnlich allwissende Position, wie der Erzähler selbst, einnimmt. Zwar ist Monsieur Dufayel nicht mit demselben gottähnlichen Wissen und den allmächtigen Fähigkeiten wie der Erzähler ausgestattet, jedoch scheint es, als wüsste er mehr über Amélie und deren Wünsche, als diese selbst. Vielleicht könnte man Monsieur Dufayel aus diesem Grund als menschliches Substitut des Erzählers sehen, da sein Eingreifen Amélies Liebesgeschichte letztendlich zu einem *Happy End* führt.

---

29 Chatman 1990, S. 142.

1 Formen heterodiegetischer Narration

Gleichzeitig können der Erzähler und der Mann aus Glas auf der narrativen Ebene jedoch in keinster Weise gleichgesetzt werden, denn letztendlich ist es nur Amélie selbst, die eine gewisse Sonderstellung in der Narration einzunehmen scheint. Dies ist einmal daran zu erkennen, dass Amélie die einzige diegetische Figur ist, welcher der Narrator eine eigene Erzählstimme zugestattet, beziehungsweise die er über ihre *Innere Stimme* für sich sprechen lässt, während er die Gedanken aller übrigen Figuren, wenn sie denn wichtig sind, für den Zuschauer selbst vorträgt.

> «A films narrator is perfectly capable of telling us what characters are thinking, yet such ‹inside views› seldom occur. Traditionally, since film is not exclusively mediated through such a narrator, it has employed other means to reveal characters' thoughts and emotions, including nuances of performance, close-ups, expressionist lightings, or music. When verbalization of inner states is desirable or necessary, films are more likely to allow characters to express themselves directly through interior monologue than have the narrator articulate feelings.»[30]

Eine solches Hörbarmachen von Amélies Gedanken findet zum Beispiel dann statt, wenn sie den Zeitungsbericht über das wieder gefundene Postpaket liest, aber auch, wenn sie Ninos Handlungen im Café voraus denkt:

> «Maintenant il a compris. Il va reposer sa petit cuillère.» *[Auf der Tonebene ist nun deutlich das ‹Pling› des hingelegten Kaffeelöffels zu hören.]*
> «Il va ramasser les grains de sucre sur la table avec son doigt.» *[Das Knirschen der Zuckerkörner ist deutlich zu hören.]*
> «Ensuite, il va retourner lentement et là il va me parler.»

Nino dreht sich daraufhin zu Amélie um und sagt, auf das Foto von ihr zeigend: «Excusez-moi. C'est vous?»

Des Weiteren wird ihre Sonderstellung innerhalb des diegetischen Gefüges dadurch verdeutlicht, dass Amélie tatsächlich dazu in der Lage zu sein scheint, direkt mit der Erzählstimme zu kommunizieren. Demnach muss geschlussfolgert werden, dass Amélie – eigentlich fiktive Protagonistin in der von jener Erzählstimme hervorgerufenen Diegese – eben jenen akusmatischen Erzähler wahrnehmen kann, als ob sie ihre Geschichte indirekt mit und für ihn aufführen würde. Dies wird insbesondere dann deutlich, wenn Amélie bewusst mit der Erzählstimme interagiert, sich an diese wendet und den körperlosen Erzähler direkt anblickt. Dabei durchbrechen Amélies tabuierte Blicke zu jenem unsichtbaren Erzähler, beziehungsweise ihre Blicke direkt in die Kamera, die normalerweise unsichtbare Schranke zwischen der Realität der filmischen Fiktion und der des Zuschauers, so dass sich in der Narration eine Lücke auftut.

---

30 Kozloff 1988, S. 81.

1.3 Der Erzählstil in LE FABULEUX DESTIN D'AMÉLIE POULAIN

Neben jenen entblößenden Blicken Amélies auf das, was eigentlich nicht sein kann, nämlich den ungreifbaren Körper der Erzählung selbst, tragen jene Momente der direkten Kommunikation zwischen dem Erzähler und dessen Geschöpf dazu bei, den fantastischen, märchenhaften Charakter des Films zu unterstreichen. Auch wird der gesamten Narration dadurch ein ironisch-selbstreflexiver Touch verliehen. Dies geschieht unter Anderem in jener Sequenz, in welcher der Voice-Over-Narrator Amélies Leben in Paris vorstellt:

> «Le temps n'a rien changé. Amélie continue à se réfugier dans la solitude. Elle prend plaisir à se poser des questions sur le monde ou sur cette ville qui s'étend là sous ses yeux. Combiens de couples sont on train d'avoir un orgasme, on cette instant?»

Amélie wendet sich daraufhin direkt in die Kamera und beantwortet dessen Frage lächelnd: «Quinze.»

Interessant ist bei vielen dieser Sequenzen, in denen Amélies Blicke aus der Narration heraustreten, auch der Umstand, dass die Erzählzeit in diesen Momenten tatsächlich stillzustehen scheint. Dies geschieht unter anderem, wenn der Erzähler Amélie im Café einführt und dabei erklärt, dass sich in 48 Stunden ihr Leben völlig verändern wird, sie dies jedoch noch nicht wüsste. Absurderweise scheint Amélie allerdings genau in diesem Moment die Anwesenheit des Erzählers zu spüren, da sie sich plötzlich direkt zur Kamera, beziehungsweise der Präsenz des Erzählers umdreht. Dieses Erkennen Amélies wird durch einen Stillstand in der Erzählzeit verstärkt, da die Kamera in einem auffällig lauten, auditiv deutlich gemachten Zoom auf Amélie zufährt und das Bild für einige Sekunden einfriert. Damit ist nicht nur die Stimme des Voice-Over-Erzählers in der Lage, die Erzählzeit vor- oder zurücklaufen zu lassen, sondern es scheint auch Amélies Blick selbst zu sein, der, reflexiv wissend, auf die Narration einwirken kann.

> «When a narrator describes, story time may pause (though it need not). But when a character describes, whether in dialogue or in the privacy of his own mind, story time necessarily continues, since the describing activity itself constitutes a significant event in the plot.»[31]

Ein ähnlicher Effekt wird auch in jener Sequenz erzeugt, in der Amélie den gefälschten Liebesbrief für Madame Wallace bastelt. Zwar ist in dieser Sequenz nicht mehr die Stimme des Erzählers zu hören, jedoch agiert an dessen Stelle Amélie mit dem Blick der Kamera. So findet ein Wechsel von bewussten, deutlichen Blicken Amélies in die Kamera mit auffälligen, lauten Zoombewegungen der Kamera statt, bis Amélie den fertigen Brief der Kamera, beziehungsweise dem Blick des Erzählers präsentiert, wodurch eine surreale Lücke innerhalb der Erzählzeit entsteht (Abb. 27).

---

31 Chatman 1990, S. 45.

1 Formen heterodiegetischer Narration

27 Amélie interagiert mit dem Blick des Erzählers. Audrey Tautou in LE FABULEUX DESTIN D'AMÉLIE POULAIN (FR/D 2001)

Diese Manifestierung des Blicks des Narrators im Auge der Kamera wird außerdem durch die Kamerabewegungen um und mit Amélie verdeutlicht, bei denen es sich um scheinbar subjektive Blicke der Protagonistin handelt, die oft jedoch viel zu schnell oder intensiv sind, als dass dies tatsächlich ihre realen Blicke sein könnten. So auch in jener Sequenz im Café, in der Amélie auf die Idee kommt, Georgette mit Josephe zu verkuppeln und die Kamera in einer ungeheuer schnellen und deutlichen Bewegung von Georgette zu Josephe zoomt. Dabei kann es sich jedoch unmöglich um den realen Blick einer Person handeln, so dass es folglich nahe liegt, dass diese mit einem Zoom gekoppelte Kamerafahrt eher als visuell manifestierte Gedanken Amélies zu verstehen sind und somit als ein Blick des Narrators, der dem Zuschauer diese Gedanken verbildlicht.

1.3.2 Selbstreflexive Momente der Voice-Over-Narration

Der Voice-Over-Erzähler ist demnach nicht nur zu einem extremen Maß omnipotent und omnipräsent, sondern er scheut sich auch nicht diese Macht auszuspielen. Dies führt jedoch dazu, dass die Erzählstruktur selbstreflexive Momente aufweist, beziehungsweise ihre eigene Narrativität bewusst nach außen kehrt. Je bewusster sich der Erzähler nämlich selbst in den Mittelpunkt der Narration drängt, desto bewusster wird auch dem Zuschauer die Fiktivität der Narration vor Augen geführt.

> «In all cases, one finds that the voice-over highlights the source of the narrative. Instead of the discourse seeming like a translucent pane of glass, such narration makes us aware of the pane's tint, thickness and scratches.»[32]

Das Ungewöhnliche an dieser extremen Verwendung eines Erzählers ist auch, dass jene Erzählstimme die gesamten ersten 20 Minuten fast ausschließlich das Bild dominiert. Die kurzen Dialoge oder Kommentare der Figuren scheinen dabei nur

---

32 Kozloff 1988, S. 74.

1.3 Der Erzählstil in Le fabuleux destin d'Amélie Poulain

von jener, über dem Bild schwebenden Stimme zugelassen worden zu sein, um deren Aussagen nochmals zu untermalen oder zu verifizieren.

Die eigentliche Handlung des Films setzt demzufolge auch erst ein, nachdem Amélie das Schatzkästchen in ihrem Bad gefunden und sich entschlossen hat, in das Leben ihrer Mitmenschen einzugreifen, falls sich der ehemalige Besitzer über den wiedererlangten Besitz freuen sollte. Erst nach jener Sequenz ist daher auch ein deutlicher Rückgang in der Verwendung der Erzählstimme zu bemerken, so dass die Figuren selbst zu eigenständigeren Repräsentanten der Narration werden. Die Allmacht der Stimme bleibt dabei aber immer präsent und für die Narration spürbar, indem sie immer wieder erklärend und kommentierend in Erscheinung tritt, vor allen Dingen um zufällige Zusammenhänge zu verdeutlichen, aber auch um die Narration aktiv in die Hand zu nehmen und zu beschleunigen.

Der Film vermittelt somit nicht nur in der Exposition ein Höchstmaß an Selbstreflexivität, sondern erhält diese, insbesondere durch die Interaktion des Narrators mit Amélie, den gesamten Film hindurch relativ konstant aufrecht.

Dabei bewirkt jener selbstreflexiv, wissende Gestus des Erzählers, dass der Zuschauer immer wieder daraufhin hingewiesen wird, dass es sich beim Dargestellten eindeutig um eine Fiktion handelt und er sich, aufgrund der beruhigend leitenden Stimme des Narrators, sicher sein kann, dass letztendlich alles ein gutes Ende nehmen wird. Die Story sowie die Erzählhaltung jener Stimme erinnert nämlich zu sehr an ein Märchen, das, den Konventionen eines Märchens entsprechend, demnach sehr wahrscheinlich ein gutes Ende nehmen wird.

Andererseits wird dem Zuschauer, durch den offensiven Umgang der Erzählstimme mit den diegetischen Figuren, der narrative Akt fortwährend ins Bewusstsein gerufen. So wird permanent mit den konventionellen Seherwartungen des Zuschauers gespielt, für die ein völliges Abschalten und Zurücksinken in den Kinosessel so nicht mehr möglich ist.

> «Selbstreflexivität meint im weitesten Begriffsverständnis ja wohl, daß etwas als sein eigenes Spiegelbild fungiert. Auf den ästhetischen Kontext enggeführt, kann dies nur bedeuten: das ästhetische Produkt spiegelt sich selbst als ebensolches; heißt in unserem Fall: Der Film selbst thematisiert seinen Status als Film.»[33]

Die verstörendste Sequenz ist dabei sicherlich jene, in der sich Amelie, selbst in einem dunklen Kinosaal sitzend, mittels eines tabubrüchigen Blicks in die Kamera, direkt an den Erzähler wendet und erklärt, dass sie sich gerne im Kino umdreht, um die Gesichter der anderen Kinobesucher zu beobachten. Der Zuschauer wird hier garantiert aus seiner verträumt rezipierenden Position herausgerissen, da er

---

33 Kay Kirchmann: Zwischen Selbstreflexivität und Selbstreferentialität. Überlegungen zur Ästhetik des Selbstbezüglichen als Ausweis filmischer Modernität. In: *Film und Kritik*. Heft 2. Frankfurt 1993, S. 23.

1 Formen heterodiegetischer Narration

28 *Mise en abyme*: Die Kinozuschauerin Amélie blickt den Kinozuschauer an. Audrey Tautou in LE FABULEUX DESTIN D'AMÉLIE POULAIN (FR/D 2001)

selbst das Gefühl haben muss, von jener fiktiven Figur beobachtet zu werden – als würde ein Träumender mitten im Traum von einer der Traumfiguren auf den Traum selbst angesprochen werden. Es handelt sich dabei um einen *mise en abyme*, den unendlichen Blick in den Abgrund jeglicher Realität (Abb. 28).

Der Zuschauer könnte somit eine ganze Zeit nach jener Sequenz noch das Gefühl haben, beobachtet zu werden, ob nun von den fiktiven, filmischen Figuren oder gar von den anderen Kinozuschauern, die nach dieser Sequenz selbst auf die Idee kommen könnten, einen eben solchen Blick in das Gesicht der hinter ihnen sitzenden Zuschauer zu werfen.

Des Weiteren könnte sich der Zuschauer auch durch Amélies Erklärung, dass sie es mag, kleine Details im Film zu entdecken, die sonst niemand sieht – wie eben jene Fliege in JULES ET JIM[34] – dazu ermutigt fühlen, in LE FABULEUX DESTIN D'AMÉLIE POULAIN selbst nach solch unbemerkten Details Ausschau zu halten.

Die Narration bewirkt in jenen Momenten ein Aufbrechen ihrer eigenen Struktur, indem sie ihre eigene Künstlichkeit herausstellt und den Zuschauer gleichzeitig auf sehr spielerisch, ironische Art und Weise dazu zwingt, seine eigene Positionierung innerhalb des narrativen Konstruktes wahrzunehmen.

Dieser selbstreflexive Umgang mit der eigenen narrativen Struktur ist auch im weiteren Verlauf des Films in all jenen Sequenzen zu erkennen, in denen sich Amélie selbst im Fernsehen sieht. Jeunet bespiegelt dabei nicht nur allgemein das narrative Modell solcher Fernsehserien, sondern bedient sich einer in Frankreich tatsächlich existierenden Serie namens ETOILES ET TOILES, deren Voice-Over-Kommentator, Frédéric Miterrand, er eben jene Sequenz sprechen lässt.[35]

Diese sehr spezielle narrative Struktur führt demnach zu einer doppelten Lesbarkeit des Films, da es dem Zuschauer auf der einen Seite möglich wird, sich vollkommen der magischen Macht jener erzählenden Stimme hinzugeben, in die fiktive Welt jener Geschichte fallen zu lassen und die Narration somit als das zu genießen, was sie ist – ein reines erzählerisches Vergnügen. Anderseits bieten ihm

---

34 Dies ist gleichzeitig ein Verweis auf den narrativen Gestus dieses Films, der in LE FABULEUX DESTIN D'AMÉLIE POULAIN mittels des Erzählgestus des Voice-Over Erzählers ebenfalls zitiert wird.
35 Weitere selbstreflexive Bezüge zu anderen Filme finden sich auch in all jenen collagenähnlichen, aus filmischen Versatzstücken zusammen geschnittenen Gedankenströmen der Figuren, wie in jenem kurzfilmartigen Gedankenstrom Amélies, in dem sie sich zu erklären versucht, warum Nino zu spät in das Café kommen könnte. Jeunet selbst erwähnt hierzu im Audio-Kommentar des Films, dass er unter anderem Ausschnitte aus ASSASSINS (Richard Donner, USA/F 1995), NIKITA (Luc Besson, F/I 1990) und DOBERMANN (Jan Kounen, F/GB/E 1997) verwendet habe.

die selbstreflexiven Momente auch die Möglichkeit, die Narration aktiv mitzugestalten, indem er sich deren Künstlichkeit und Fiktivität bewusst werden muss und so nicht nur Bezüge zu anderen Filmen herleiten kann, sondern auch dazu angeregt wird, sich mit seiner eigenen Position als Kinozuschauer auseinanderzusetzen.

Die filmische Narration wird so zu einem Spiel zwischen dem Zuschauer und dem Träger der Narration, das beide aktiv miteinander gestalten können, je nachdem wie gewillt sie sind, sich darauf einzulassen.

1.3.3 Die Entblößung der erzählenden Stimme

Der akusmatische Voice-Over-Erzähler ist als körperloser Träger der Narration permanent greifbar, selbst dann, wenn er nicht hörbar ist. Gleichzeitig sind es gerade die Blicke zwischen Erzähler und Figur, die ihm einen Teil seiner gottähnlichen Macht berauben, indem sie ihn bloß als weitere Figur der filmischen Narration entlarven. Diese an den Erzähler gerichteten Blicke enthüllen nämlich nicht nur die Position des Zuschauers innerhalb des narrativen Gefüges, sondern auch die Position des körperlosen Erzählers selbst und berauben diesen folglich seiner akusmatischen Unantastbarkeit.

Doch auch die deutlich zum Ausdruck gebrachte Empathie des Narrators führt dazu, dass dessen Omnipotenz vom Zuschauer in Frage gestellt werden könnte, da es so unverständlich ist, warum eine so mächtige extradiegetische Instanz nicht dazu in der Lage ist, direkt in Amélies Schicksal einzugreifen, beziehungsweise wieso er dies nicht tut. Stattdessen wird die Aufgabe desjenigen, der Amélie den letzten Anstoß zum Glück versetzt, der rätselhaften Figur des Monsieur Defayle zugeteilt, der in dieser Situation als Ersatzfigur für den Erzähler fungiert. Der Erzähler selbst jedoch verweilt in diesem Moment in der Position einer lediglich präsentierenden und kommentierenden Instanz und verliert somit etwas vom Anschein seiner göttlichen Allmacht. Damit wird deutlich, dass diese Erzählstimme zwar über die Augen und Ohren eines Gottes verfügt, jedoch nur bedingt in die Diegese des Films eingreifen kann, und daher letztendlich auch nicht dazu in der Lage ist, eigenständig das Schicksal der Figuren zu ändern.

Gleichzeitig wirft dieser Umstand die Frage auf, ob jene Erzählstimme, wenn sie in die Narration zwar eingreift, sie tatsächlich jedoch nicht ändern kann, diese fiktive Welt überhaupt geschaffen haben kann.

Einen Hinweis auf eine leere Stelle innerhalb der filmischen Narration, die nicht aus dem Erzählgestus des Voice-Over Narrators heraus verstanden werden kann, findet sich dabei im Vorspann. Dort ist Amélie als kleines Kind zu sehen, das mit den verschiedensten Dingen herumspielt. Der Stil jener Bilder erinnert dabei an alte Super-8 Aufnahmen, die von den Eltern aufgenommen wurden, um das Heranwachsen des Kindes festzuhalten. Es erscheint jedoch wenig glaubwürdig, dass der Erzähler selbst diese Aufnahmen ‹herausgekramt› oder aufgegriffen haben soll,

1 Formen heterodiegetischer Narration

29 Verweise auf den profilmischen Schaffensprozess. Flora Guiet in LE FABULEUX DESTIN D'AMÉLIE POULAIN (FR/D 2001)

30 Der Erzähler wird deakusmatisiert. André Dussollier in LE FABULEUX DESTIN D'AMÉLIE POULAIN (FR/D 2001)

da der Inhalt der Bilder gegen solch eine Interpretation spricht. Amélies Kindereien erlangen in Kombination mit den eingeblendeten Kredits nämlich eine symbolische Bedeutung und stellen so einen Verweis auf die Umstände des profilmischen Aktes dar. So symbolisiert z. B. eine übertrieben dicke Brille, die Amélie trägt, die Kameraarbeit oder Scherenfiguren den Schnitt. Jede Handlung Amélies übernimmt somit auf symbolisch-spielerische Weise eine Funktion im filmischen Schaffensprozess (Abb. 29).

Dabei handelt es sich jedoch um Wissen, das nicht vom Voice-Over-Erzähler stammen kann, da jener Schaffensprozess noch vor der eigentlichen Narration selbst steht. Demnach stellt der Vorspann einen indirekten Verweis auf den implizierten Präsentator dar, der als geistiger Schöpfer der gesamten Narration verstanden werden muss.

> «[...] the distance between the narrator and the image-maker can be large or virtually nonexistent. At the narrator's closest approach, the voice becomes the image-maker's mouthpiece, while at his furthest remove, the narrator is shown up as just another face of the text created by the image-maker for his or her own reason.»[36]

Jener Präsentator ist es dann auch, der den Voice-Over Narrator an letzter Stelle doch noch entlarvt, beziehungsweise diesen deakusmatisiert, indem der bis dahin körperlosen, frei schwebenden Stimme im Abspann einen Körper, ein Gesicht, einen Mund und so auch eine Identität zugeschrieben wird, wenn der Name des Sprechers, André Dussolier, mit einem Foto desselben abgebildet ist, das im Stil von Ninos Fotoalbum zerrissen wurde (Abb. 30).

«An inherent quality of the acousmêtre is that it can be instantly dispossessed of its mysterious powers when it is de-acousmatized, when the film reveals the face that is the source of the voice.»[37] Die körperlose, gottähnlich wirkende Stimme verliert damit ihre magische Macht und ihren Zauber, da auch sie als extradiegetische Figur der Narration entlarvt wird.

---

36   Kozloff 1988, S. 74.
37   Chion 1994, S. 130.

Chion erkennt dagegen die Entblößung eines Acousmêtre nur dann als vollständig an, wenn dessen Stimme gleichzeitig mit dessen sich bewegender Lippen zu hören und zu sehen ist, d. h., wenn Ton und Bild wirklich synchron dargestellt werden.

> «Embodying the voice is a sort of symbolic act, dooming the acousmêtre to the fate of ordinary mortals. […] As long as the face and mouth have not been completely revealed, and as long as the spectator's eye has not ‹verified› the co-incidence of the voice with the mouth (a verification which only needs to be approximate), deacousmatization is not incomplete, and the voice retains an aura of invulnerability and magical power.»[38]

Dennoch würde ich jenen visuellen Verweis auf den Sprecher durchaus als Deakusmatisation bezeichnen, da im eingeblendeten Text explizit auf die Stimme verwiesen wird, selbst wenn diese nicht zu hören ist. Eine Deakusmatisierung bedeutet demnach auch, dass deutlich markiert wird, dass die mystische Stimme nicht mit dem implizierten Präsentator gleichzusetzen ist, da sie selbst nur Bestandteil einer Figur innerhalb des narrativen Gefüges ist. Der Voice-Over-Erzähler in LE FABULEUX DESTIN D'AMÉLIE POULAIN sollte demnach tatsächlich eher als ein eingeschränkter omnipotenter, aber allwissender Präsentator aufgefasst werden, der selbst immer nur eine narrative Instanz des implizierten Präsentator bleibt.

1.4 Typen des heterodiegetischen Erzählers

Bei der Erzählstimme in LE FABULEUX DESTIN D'AMÉLIE POULAIN handelt es sich somit nicht nur um einen Narrator, der mit einer gottähnlichen Macht auf die Narration einwirken kann, sondern auch um einen sehr empathischen, menschlichen Erzähler. Gerade in dieser Kombination ist eine solche Form der Voice-Over-Narration jedoch äußerst ungewöhnlich, da die klassischen, heterodiegetischen Erzähler meistens die Figuren ihrem Schicksal überlassen, oder dieses dem Zuschauer mit einer fast sadistischen Ruhe und Schaulust vorführen.

> «Die Ausrichtung des Erzählers auf sich selbst schließlich geht mit einer Funktion einher, die sehr stark derjenigen gleicht, die Jakobson etwas unglücklich, die ‹emotive› nennt: sie gibt Aufschluß darüber, wie viel Anteil der Erzähler an seiner Geschichte nimmt und in welchem Verhältnis er zu ihr steht: in einem affektiven, gewiß, aber des weiteren auch in einem moralischen oder intellektuellen, das die Form einer bloßen Verifizierung oder Bekräftigung des Berichteten annehmen kann, so wenn der Erzähler den Präzisionsgrad seiner Erinnerungen angibt oder

---

38 Chion 1990, S. 28.

1 Formen heterodiegetischer Narration

31 Der entblößende Blick des Erzählers. Nicole Kidman in Dogville (DK/S/GB/F u. a. 2003)

die Quelle, aus der er seine Informationen hat, oder auch die Gefühle beschreibt, die irgendeine vergangene Episode in ihm wachruft – etwas, was man die testimoniale oder Beglaubigungsfunktion nennen könnte.»[39]

Dieser Gegensatz wird besonders anhand eines Vergleichs mit dem heterodiegetischen Erzähler in Dogville deutlich. Wie bereits erwähnt, handelt es sich bei dem Voice-Over Narrator aus Dogville ebenfalls um einen rein akusmatisch auftretenden Erzähler, der von Beginn des Films an als gottgleiche Präsentator-Instanz etabliert wird. Er verfügt über dasselbe Maß an Omnipotenz und Omnipräsenz wie der Narrator aus Le fabuleux destin d'Amélie Poulain. Auch stellt der Erzähler dem Zuschauer durch seinen an die Kamera gekoppelten Blick das Geschehen immer wieder aus einer gottgleichen Vogelperspektive dar. Dieser gottgleiche Blick des Narrators wird durch das Setdesign beziehungsweise die fehlenden Wände der nur aus Kreidezeichnung bestehenden Häuser noch intensiviert. Das wird unter Anderem in jener Sequenz deutlich, in der Grace das erste Mal von Chuck in dessen Haus vergewaltigt wird. Die Kamera fährt in diesem Moment durch die unsichtbaren Wände heraus, durch die Straßen der Stadt hindurch und zeigt die anderen Bewohner bei ihren alltäglichen Tätigkeiten, was den Anschein gibt, als würden sie die stattfindende Tat in ihrer Offensichtlichkeit absichtlich ignorieren.

Der omnipotente Blick des Erzählers kann aber auch das eigentlich Verborgene enthüllen, was deutlich wird, wenn er Grace bei ihrem Fluchtversuch selbst unter der Plane des Lastwagens liegend zeigt, als bestünde diese aus einem durchsichtigen Nylonstrumpf (Abb. 31).

Die Erzählstimme äußert jedoch, anders als der Erzähler aus Le fabuleux destin d'Amélie Poulain, keinerlei Empathien für die Figuren oder greift gar in die Handlung ein, um Grace aus ihrem Leid zu befreien, sondern beschränkt sich auf das Präsentieren und Kommentieren der erzählerischen Handlung:

«It was not Graces' pride that kept her going during the days when fall came and the trees were loosing their leaves, but more of a trance like state that descends on

---

39 Genette 1998, S. 184.

animals whose lives are threatened, a state in which the body reacts mechanically in a low tough gear without to much painful reflection, like a patient passively letting his disease hold sway.»

Er stellt das Geschehen demnach wie in einer Versuchsanordnung dar und spielt seine allmächtige Position und sein Wissen deutlich gegen den Zuschauer aus, indem er diesen beispielsweise mit einer offnen, Frage aus dem Film entlässt:

«Whether Grace left Dogville or on the contrary Dogville had left her and the world in general, is a question for a more artful nature, few would benefit from by asking and even fewer by providing an answer – and, nor indeed, will it be answered here.»

Stattdessen bleibt dem Zuschauer nur der Blick aus der Vogelperspektive auf den einzigen Überlebenden der Stadt, den Hund Moses, der nun erstmals auch visuell präsentiert wird und den Zuschauer wütend, in die Kamera bellend, vertreibt.

Zusammenfassend ergeben sich somit folgende Kategorien des heterodiegetischen Erzählers:

1.4.1 Der objektive, heterodiegetische Erzähler

Der **objektive, heterodiegetische Erzähler** ist der prototypische Voice-Over Narrator des klassischen fiktiven Films, wie er in seinen unterschiedlichen Ausprägungen in WAR OF THE WORLDS, LITTLE CHILDREN oder THE PARFUME: STORY OF A MURDER zu finden ist. Er taucht insbesondere in Form eines Rahmenerzählers auf, der den Zuschauer in die Handlung ein- und ausleitet und besitzt damit eine deutliche Autorität über die diegetische Erzählwelt.

Dieser Typ des Voice-Over Narrators verfügt über die Macht der Omnipotenz und Omnipräsenz, das heißt, er weiß alles, kann alles zeigen, sagen und kommentieren. Somit gleicht er am ehesten einer allmächtigen, alles sehenden ‹Stimme Gottes› und kann aus diesem Grund mit der Stimme des implizierten Präsentators verwechselt werden. Dabei hängt das Maß, mit dem der Zuschauer den Erzähler als gottähnlichen Schöpfer der Geschichte versteht jedoch immer davon ab, wie häufig sich die Stimme des Erzähler über die jeweilige Handlung legt und in welchem Ausmaß er seine Macht über die Handlung und Figuren zum Ausdruck bringt. Aus diesem Grund erscheinen reine Rahmenerzähler immer weniger mächtig als durchgängige, die Handlung kommentierende Narratoren.

Weiterhin tritt dieser Erzählertyp als ein vermeintlich neutraler und objektiver Vermittler zwischen Erzählwelt und Zuschauer auf. Oft wird er jedoch (insbesondere im klassischen Dokumentar- und Spielfilm) dazu eingesetzt, einen bestimmten moralischen und ideologischen Standpunkt zu verkörpern, aus dem heraus er das Geschehen und die Figuren kommentiert und bewertet. Der Anschein der Objektivität und Neutralität rührt daher, dass der Erzähler von einem unbekannten Außen seine Geschichte erzählt und nicht in diese verwickelt ist, so dass auch kein offensichtlicher Grund besteht, warum er seine Erzählung durch subjektive Wahrnehmungen und Intentionen verfälschen sollte. Gleichzeitig bedingt dieser Umstand, dass er dem Zuschauer auch keine Rechenschaft über die Herkunft seiner Informationen schuldig ist, da er im Moment seiner Erzählung bewusst von einer fiktiven, von ihm erfundenen Welt erzählt, über die er somit alles weiß und in der er nach belieben verfügen kann.

1.4.2 Der subjektive, heterodiegetische Erzähler

Auch der **subjektive, heterodiegetische Erzähler**, der einen implizierten Zuschauer direkt anspricht, hat ähnliche Fähigkeiten, wie der impersonelle, heterodiegetische Erzähler, das heißt, auch er kann dem Zuschauer das Gefühl vermitteln, dass er eine objektive Wahrheit aufdeckt, da er von einem vermeintlich unparteiischen und/oder historisch belegten Standpunkt aus berichtet. Diese Form des heterodiegetischen Erzählers kann beispielsweise in LE FABULEUX DESTIN D'AMÉLIE POULAIN erkannt werden.

Als akusmatische Erzählerfigur kann er dementsprechend beliebig über Zeit und Ort in seiner Erzählung verfügen und dem Zuschauer einen ‹ungetrübten› Blick auf seine Erzählung ermöglichen. Der Akt des Erzählens findet für den Zuschauer durch den Gestus des direkten Ansprechens immer im Hier und Jetzt statt.

Dieser Erzähler zwingt den Zuschauer dazu, mit ihm in eine direkte Kommunikationssituation zu treten, was für diesen nicht nur zu einer zusätzlichen Emotionalisierung führen kann, sondern ihn auch verstärkt dazu verleitet, die Ideologie und Moralvorstellungen des Erzählers zu übernehmen und ihn tatsächlich als Schöpfer der Erzählwelt zu verstehen. Doch auch in dieser Erzählsituation hängt die tatsächliche Macht des Erzählers von der Dominanz ab, mit der er eingesetzt und in welchem Maß es ihm gestattet wird, seine erzählerischen Fähigkeiten über die Handlung auszuleben.

1.4.3 Der direkte, heterodiegetische Erzähler

Der **direkte, heterodiegetische Erzähler** tritt zumeist als Rahmenerzähler auf, wie er in THE ILLUSIONIST, KRABAT oder CHOCOLAT. Er wird entweder auf einer weiteren narrativen Ebene sichtbar gemacht oder offenbart sich gegen Ende des Films als eigentlich homodiegetische Figur der eigenen Geschichte. Jedoch hat er eine weitaus geringere Macht über den Zuschauer und die Erzählwelt als die körperlosen Formen des heterodiegetischen Voice-Over-Narrators. Dies betrifft besonders auf seine Glaubwürdigkeit und auf seinen Standpunkt als ideologisch-moralisch gottähnliche Instanz der Erzählwelt zu, da er verkörperlicht und damit als fiktive Figur der Filmwelt in einen ebenso fiktiven, diegetischen Raum eingeschrieben wird. Er verfügt somit nicht mehr über die geheimnisvolle Omnipotenz eines akusmatischen Narrators, sondern tritt eher als narratives Instrument auf.

1.4.4 Der Autor-Erzähler

Der **Autor-Erzähler** gibt sich als vermeintlich ‹fiktiver› Schöpfer der jeweiligen Erzähwelt aus und ist seinen Figuren und den Zuschauern daher meist empathischer verbunden, als der klassische, heterodiegetische Voice-Over-Narrator. Autoren-Erzähler greifen daher wesentlich häufiger in das diegetische Geschehen ein und kommentieren das Verhalten der Figuren emotionaler. Dieser Erzählertyp, wie er sich in LEMONY SNICKET'S A SERIES OF UNFORTUNATE EVENTS findet, erhebt sich auf der einen Seite zwar als absolute, schöpferische Gottes-Gestalt über die Erzählwelt, gleichzeitig fiktionalisiert er diese zusätzlich, da er in seiner Funktion als Autor dem Zuschauer immer die Fiktion des narrativen Konstruktes, von dem er ein Bestandteil ist, deutlich vor Augen führt. Demnach wird der Zuschauer diese Erzählung niemals als momentan, real empfinden können, sondern tritt mit der Erzählung automatisch in eine deutlich fiktionalisierte Gegenwart oder Vergangenheit ein.

1.5 Zwischenfazit – STRANGER THAN FICTION

Zwar existieren all diese Typen des heterodiegetischen Erzählers in den unterschiedlichsten Abstufungen bereits im klassischen fiktiven Film, jedoch unterscheiden sich die aktuellen Varianten von ihren klassischen Vorgängern vor allen Dingen durch die Quantität sowie Qualität ihrer Narrationen. Dementsprechend treten sie in den mannigfaltigsten Formen auf, so dass der Begriff des heterodiegetischen Voice-Over-Narrators nicht mehr statisch auf einen Erzählertyp festgelegt ist, sondern beispielsweise auch eine körperliche On-Screen-Narration auf einer weiteren Erzählebene beinhalten kann. Auch lassen diese Voice-Over-Erzähler den Zuschauer die Narration aktiv mitgestalten und greifen gleichzeitig wesentlich bewusster in die Handlung ein, kommentieren diese ironisch oder negieren sogar eigene Aussagen, um schließlich ihre Erzählung wieder von vorne zu beginnen.

Diese Erzähler werden vom Konstrukt des implizierten Präsentators nun auch deutlicher abgegrenzt und damit als bloße, weitere narrative Instanz auf einer ebenso fiktiven, filmischen Erzählebene etabliert. So können sie, als besonders markantes Strukturelement des aktuellen Films, auch einen selbstreflexiven Kommentar auf die Erzählung und den Akt des Erzählens selbst abgeben und den Zuschauer so in eine überdeutliche, voyeuristische Position stoßen.

Der aktuelle heterodiegetische Erzähler ist damit wesentlich unglaubwürdiger, da er selbstreflexiver und selbstreferenzieller ist. Er ist verspielter und ironischer, da er sich und den Zuschauer nicht allzu ernst nimmt und den Akt des Erzählens insgesamt als etwas grundlegend Lustvolles empfindet. Diese Lust am Akt der Narration und dem Spiel mit der Narration trägt er dementsprechend an den Zuschauer weiter.

1 Formen heterodiegetischer Narration

32 Harold Crick beim Binden seiner Krawatte. Will Ferrell in STRANGER THAN FICTION (USA 2006)

Ein besonders ausgeprägtes Beispiel für eine solches *Remix* der unterschiedlichsten Kategorien heterodiegetische Narration findet sich in STRANGER THAN FICTION (Marc Forster, USA 2006), der von dem Steuerangestellten Harold Crick handelt, der ein relativ tristes, einsames Leben führt und eine Vorliebe für Zahlen hat. Dies erfährt der Zuschauer über eine weibliche, gottähnliche Erzählstimme, die zum Beginn des Films einsetzt:

> «This is a story about a man named Harold Crick and his wristwatch. Harold Crick was a man of infinite numbers, endless calculations, and remarkably few words. And his wristwatch said even less. Every weekday, for twelve years, Harold would brush each of his thirty-two teeth seventy-six times. Thirty-eight times back and forth, thirty-eight times up and down. Every weekday, for twelve years, Harold would tie his tie in a single Windsor knot instead of the double, thereby saving up to forty-three seconds. His wristwatch thought the single Windsor made his neck look fat, but said nothing.»

Die allwissende Erzählstimme kennt nicht nur jede Einzelheit von Harolds Angewohnheiten und sogar die Gedanken seiner Armbanduhr, sondern sie verfügt auch omnipotent über das Bild, indem sie Harolds akribischen Akt des Zähneputzens oder das Binden seiner Krawatte in jedem Detail darstellen kann – mittels Splitscreens, Aufnahmen aus seinem Mund heraus und textlicher Einblendungen in das Bild, welche die numerischen Informationen abermals wiederholen (Abb. 32).

Eines Tages muss Harold jedoch feststellen, dass auch er – und nur er – diese Erzählstimme, die fortwährend sein Handeln und Denken kommentiert, hören kann. Die Stimme sagt haargenau voraus, was er als nächstes tun wird und kündigt schließlich an, dass er in Kürze sterben wird.

Harold sucht daraufhin eine Psychologin auf, die Schizophrenie diagnostiziert, ihm aber rät, zu einem Literaturprofessor zu gehen. Der Literaturprofessor, Jules Hilibert, glaubt, dass Harold erst einmal erkennen muss, ob es sich bei seiner Geschichte um eine Tragödie oder Komödie handelt. Dabei bezieht er sich auf Italo Calvinos Theorie, der jede Erzählung einer der beiden Kategorien zuordnet, die somit entweder im Tod endet oder in der Fortführung des Lebens durch die Liebe.

1.5 Zwischenfazit – STRANGER THAN FICTION

Der Professor rät Harold daher, dass er seine Geschichte von einer Tragödie in einer Komödie wandeln soll, indem er eine Romanze beginnt.

Harold erkennt währenddem, dass es sich bei der Erzählstimme um die Stimme der Autorin Karin Eiffel handelt und er der Protagonist in ihrem neuesten Roman *Death And Taxes* ist.

33 Die Autorin zögert den letzten Satz zu tippen. STRANGER THAN FICTION (USA 2006)

Die depressive Eiffel, deren Hauptfiguren immer sterben, versucht nun verzweifelt die richtige Art und Weise zu finden, wie Harold in ihrem Roman sterben soll.

Die Autorin selbst ist währendem auch als diegetische, handelnde Figur zu sehen. In einer Sequenz ist sie aus einer gottgleichen Perspektive auf einem Hochhausdach stehend zu sehen. Von dort blickt sie auf das Geschehen der Stadt hinab, während sie mit dem Gedanken spielt sich hinunter zu stürzen. Nach einem Schnitt stellt sich jedoch heraus, dass auch dies nur eine Fantasie der Autorin war, die in Wirklichkeit in ihrem kahlen Büro auf dem Schreibtisch steht.

Harold sucht schließlich Karin auf, die ihn das Manuskript lesen lässt. Im Moment davor war zu sehen, wie Karin eben diese Begegnung in ihr Manuskript tippt. Entgegen aller Erwartungen ist Harold von seinem Tod bewegt und willigt tatsächlich ein zu sterben. Er rettet ein Kind davor, von einem Bus überfahren zu werden und wird dabei selbst von diesem Bus überfahren. Die Autorin stockt jedoch bei den letzten Worten – «Harold Crick was de...» – und entscheidet sich schließlich für ein Ende, in dem Harold überlebt. Ein Splitter seiner Armbanduhr rettete sein Leben. (Abb. 33)

Der Film verhandelt somit auf selbstreflexive Weise genau die Strukturen jenes Erzählkinos, dem er selbst entstammt und entspinnt so ein Metaspiel mit den eigenen Mitteln des Erzählens. Dabei wird nicht eindeutig klar, inwieweit Karins Macht über Harold tatsächlich reicht, das heißt, was genau die Parameter des Autor-Figuren-Verhältnisses sind. Hat sie ihn komplett *ex nihilo* zum Leben erweckt? Hat Harold eine Erinnerung an das, was vor Karins Roman steht?

Letztendlich sollen diese Fragen im Rahmen des Films sicherlich gar nicht beantwortet werden, sondern der Film selbst soll als ein reflexives Spiel mit der eigene narrativen Struktur verstanden werden – somit ein postmodernes Kopfkino der etwas anderen Art, wie es sich ähnlich auch in ADAPTATION wiederfindet.

2 Formen der homodiegetischen Narration

Die häufigste Form der Verwendung einer Voice-Over-Narration findet im Erzählkino in Form des homodiegetischen Ich-Erzählers statt. Der Ich-Erzähler fungiert dabei nicht nur als narrativer Vermittler, sondern tritt auch als Figur in der von ihm geschilderten Diegese auf. Folglich ist dieser Voice-Over-Narrator immer in seine eigene Narration eingebettet.

> «Characters, of course, may become storytellers or dreamers by recounting events to someone. These events may be dramatized visually for the spectator as in a character flashback or dream sequence. In both these cases, however, the character has a new and different function in the text at another level, no longer as an actor who defines, and is defined by, a casual chain, but as a diegetic narrator (i.e. a narrator limited by the laws of the story world) who is now recounting a story within the story: he or she as an actor in a past event becomes the object of his or her narration in the present.»[1]

Ein homodiegetischer Erzähler prägt damit gleichermaßen die Handlung und Narration, da er immer auch als Figur in der von ihm präsentierten Handlung aktiv ist. Oftmals geschieht dies in Form des Erinnerns an frühere, von ihm erlebte Ereignisse.[2]

Zur homodiegetischen Voice-Over-Narration zählen damit auch alle Formen der indirekten Narration, d. h., wenn die Gedanken und Empfindungen einer Figur mittels einer *Inneren Stimme* oder Gedankenstroms (*Stream of Consciousness*) offengelegt werden. Über diesen hörbar gemachten, denkenden Figuren steht als bewusste, schöpferische Instanz jedoch immer der implizierte Präsentator, der jene Offenlegung der Gedanken erst ermöglicht.

---

1 Branigan, S. 101
2 Vgl.: Gérard Genette: *Fiktion und Diktion*. München 1992, S. 44–45.

Im Folgenden werde ich daher zwischen dem **direkten, homodiegetischen Erzähler** unterscheiden, der sich seiner Narration bewusst ist, beziehungsweise diese bewusst an einen implizierten Zuhörer richtet und dem **indirekten, homodiegetischen Erzähler**, der durch die unvermittelte und oft unbewusste Preisgabe seiner Gedanken als erzählerische Quelle fungiert.

Ein weiteres Merkmal ist, dass der homodiegetische Erzähler niemals dasselbe Maß an Omnipotenz erreichen kann, wie ein heterodiegetischer Erzähler, da er dem Zuschauer immer nur das präsentieren und erzählen kann, was er selbst erlebt hat. Für den Zuschauer bedeutet dies, dass er die Handlung aus dem subjektiven Fokus einer Figur präsentiert bekommt, was dazu führt, dass die objektivierende, ‹unsichtbare› Narration des klassischen Hollywood Kinos unmöglich wird. Stattdessen ist der Blickwinkel des Zuschauers auf die Diegese ein extrem limitierter und subjektivierter. Werden dem Zuschauer dennoch Informationen präsentiert, zu denen der Ich-Erzähler eigentlich keinen Zugang haben konnte, spricht man von einer **Paralepse**.[3]

Eine Paralepse ist somit ein Überfluss an Informationen, erzeugt durch einen Fokalisierungswechsel, der die Kohärenz der Narration durchbricht. Tatsächlich werden in Filmen, die mit homodiegetischen Erzählern arbeiten, sehr häufig vereinzelte Sequenzen aus einem auktorialen Blickwinkel dargestellt, die der Ich-Erzähler so gar nicht hätte miterleben können. Ebenso finden sich aber auch in Filmen, die eigentlich einem klassischen, unsichtbaren Narrationsmodus entsprechen immer wieder Momente, in denen der interne Fokalisierungspunkt bestimmter Figuren eingenommen wird und der Zuschauer, mittels eines *Point-Of-View-Shots*, das Geschehen für einige Momente aus deren subjektiven Blickpunkt erlebt.

Im Großen und Ganzen ist eine wirklich durchgängige homodiegetische Narration für den Film ebenso ungewöhnlich, wie eine durchgängige heterodiegetische Voice-Over-Narration. Daher finden sich in allen Filmen, die mit einer Voice-Over-Narration arbeiten immer wieder Momente der Rückkehr zu jener unsichtbaren, auktorialen Narration, die den Fokalisierungspunkt des jeweiligen Erzählers durchbricht – und das interessanterweise, ohne dass dies den meisten Zuschauern bewusst auffällt.

Homodiegetische Voice-Over-Narratoren werden im Erzählkino insgesamt häufiger und auch ausgiebiger als heterodiegetische Erzähler eingesetzt, da die Beweggründe für eine Ich-Erzählung meist relativ plausibel zu vermitteln sind und Erzähler, die gleichzeitig als Figur in der Story agieren, für den Zuschauer erheblich leichter zu greifen sind. So handelt es sich bei Ich-Erzählern meist um den Protagonisten, der rückblickend seine Geschichte schildert. Die eigentliche Handlung der Diegese spielt sich demnach, mittels eines Flashbacks, in der Vergangenheit ab. Auch werden rückblickende Ich-Erzählungen häufig mit der Aufzeichnung einer Lebensgeschichte ver-

---

3   Genette 1998, S. 139.

bunden, so dass die *Innere Stimme* der Figur, die zunächst beim Akt des Schreibens gezeigt wird, den Zuschauer dann auch visuell zu jenen beschriebenen Ereignissen zurückführt, so beispielsweise in EVERYTHING IS ILLUMINATED (Liev Schreiber, USA 2005) oder INTERVIEW WITH THE VAMPIRE (Neil Jordan, USA 1994).

Dabei können Ich-Erzähler auch als bloße Rahmenerzähler auftreten, um den Zuschauer lediglich in den Ort und die Zeit der Handlung einzuführen, ihm die bedeutendsten Figuren vorzustellen und dann verstummen, wie z. B. in DIRTY DANCING (Emile Ardolino, USA 1987) oder in GIRL, INTERRUPTED (James Mangold, USA/D 1999). Homodiegetische Rahmenerzähler wurden im klassischen Hollywoodfilm demzufolge häufig eingesetzt, um als vorgeschobener Motivationsgrund für die Narration zu dienen.

> «These narrates in the frame story serve as audience surrogates, reacting to the story, but we viewers are given even more opportunity to judge, since unlike fictional listeners we are outside the diegesis, invisible and superior to the narrating character, eavesdropping.»[4]

Im aktuellen Film wird eine solche, vorgebliche Motivation für die Narration jedoch oft nicht mehr für nötig erachtet, so dass die Erzähler-Charaktere ihre Schilderung häufig sogar direkt an den Zuschauer richten, wie in GOODFELLAS oder CIDADE DE DEUS (Fernando Meirelles / Kátia Lund, BRA/F 2002).

> «Thus a film with voice-over differs from a non-narrated film in which the characters are conventionally oblivious to the camera's and spectators' presence, and we are in the position of spying on their activities. If Laura Mulvey and her followers are right in their argument that the pleasure of the classic Hollywood film is predicated on a certain voyeuristic thrill, voice-over narration is a mechanism for assuring the guilt involved by such voyeurism. One is no longer spying on unconscious characters. Instead the tale is being deliberately addressed to us, or – at worst – we are overhearing a tale, deliberately addressed to another. Even in the latter case, however, we know that the narrating character is not being caught totally off-guard.»[5]

Der Film wird so sehr direkt als narratives Medium präsentiert, da der Akt der mündlichen Narration in den Vordergrund gerückt und der Zuschauer in eine bewusste Kommunikationssituation mit dem Erzähler gehoben wird. Die immer auch aufdringliche Stimme des Voice-Over-Narrators offenbart so den Prozess der Erschaffung einer narrativen Handlung.

Homodiegetische Erzählstimmen werden im fiktiven Film außerdem zum Vor- und Zurückgreifen innerhalb der Chronologie der Handlung eingesetzt, z. B. in Form eines Flashbacks, in dem sich der Erzähler an vergangene Ereignisse erinnert.

---

4   Kozloff 1988, S. 50.
5   Kozloff 1988, S. 51.

Bei solchen rückblickenden Erzählungen wird häufig ein Kontrast zwischen dem früheren Selbstverständnis des Erzählers und seiner aktuell erzählenden Persönlichkeit aufgebaut, wodurch der zeitliche Abstand zwischen dem Diskurs und der narrativen Handlung verdeutlicht wird.

> «At any rate, in scores of films (many of them literary adaptations), the voice-over is used both to move us into the past ‹when things were different› and to create a contrast to the present: the story's significance is only clear in relation to the discourse-now. At the same time, the voice-over is employed to make the viewer compare the youthful or unworldly experiencing-I and the older and wiser narrating-I, in other words, to detail an innocent's coming to knowledge from his or her grown-up perspective.»[6]

Erzählstimmen können aber auch prophetisch in eine Zukunft verweisen, oder den Akt der Erzählung und der Handlung simultan nebeneinander laufen lassen und damit ein narratives ‹Hier und Jetzt-Gefühl› beim Zuschauer entstehen lassen. Ein solcher Blick in die Zukunft findet sich zum Beispiel in AMERICAN BEAUTY, wo der homodiegetische Erzähler seine Narration zwar hauptsächlich rückblickend schildert, jedoch bereits zu Beginn der Erzählung sein zukünftiges Schicksal ankündigt:

> «My name is Lester Burnham. This is my neighborhood. This is my street. This is my life. I am 42 years old. In less than a year I will be dead. Of course I don't know that yet, and in a way, I am dead already.»

2.1 Subjektivität als besonderes Merkmal der homodiegetischen Erzählsituation

Ein Ich-Erzähler bietet dem Zuschauer immer ein höheres Identifikationspotenzial, als dies bei einem heterodiegetischen Erzähler möglich wäre, d.h., der Zuschauer ist eher gewillt sich mit dem Erzähler-Protagonisten zu identifizieren und dessen Stimme als seine eigene anzunehmen.

> «This brings us to an important point about all homodiegetic voice-over – it serves as a means of winning the viewer's understanding and identification. [...] By offering their stories in their own words, their narration enables them to earn our sympathy.»[7]

Da ein Ich-Erzähler dem Zuschauer mal mehr und mal minder direkt verspricht, die Wahrheit über sein Leben und die von ihm geschilderten Ereignisse zu erzählen, wirkt er natürlich extrem authentisch und glaubwürdig. Gleichzeitig wird der Zuschauer so unmittelbar in die Narration hineingezogen und zu einem Voyeur

---

6 Kozloff 1988, S. 54.
7 Kozloff 1988, S. 63.

und Mitwisser der geschilderten Ereignisse. So entsteht eine selbstreflexive Komplizenschaft zwischen dem Zuschauer und dem Erzähler, die es dem Zuschauer ermöglicht, jenem Ich-Erzähler auch ethisch fragwürdige Taten leichter zu vergeben. Die moralischen Grenzen zwischen Gut und Böse sind in Voice-Over-Narrationen mit Ich-Erzählern daher wesentlich dehnbarer, als in der unsichtbaren Narration des klassischen Hollywoodkinos, beziehungsweise ist genau dies der Grund, warum Filme die moralisch fragwürdige Charaktere zu Protagonisten haben meistens diese Figuren als homodiegetische Ich-Erzähler einsetzen.

> «For whether it uses an embedded voice-over, multiple ones, or a single, all-embracing voice with the flashback, the film testifies to a subjectivity at work, an ‹I› whose most basic purpose is to provide us with a privileged and personal ‹eye› on the world. In the process, it reminds us that seeing and un-derstanding are always someone's, and that every view comes from a single, invariably limited perspective. While classical film narrative usually tries to conceal its point of view – to cover over relativity – these films reveal theirs, and in that revelation lies their truth and strength.»[8]

Durch dieses besondere Maß an Subjektivität kann eine homodiegetische Voice-Over-Narration immer auch einen selbstreflexiven Blick auf die Narration ermöglichen, was anhand der Erzählhaltung des Narrators in CIDADE DE DEUS deutlich wird. Die Einführung des Ich-Erzählers beginnt dort direkt nach einer kurzen, rein visuell erzählten, Sequenz:

> «Ein einziges Foto sollte mein Leben verändern. Es gibt bei uns einen Spruch: Wenn du wegläufst fangen sie dich und wenn du bleibst fressen sie dich. So war es schon immer, seitdem ich denken kann.»

Daraufhin folgt ein Schnitt, in der Zeit zurück, zu einem Fußballspiel der Kinder der ‹Stadt Gottes›. Eines der Fußball spielenden Kinder fragt einen Jungen mit einer Kamera, wer er – der Protagonist – denn überhaupt sei, woraufhin die erwachsene Erzählstimme des Ich-Erzählers wieder einsetzt: «Entschuldigt, ich habe vergessen mich vorzustellen!»

Darauf erwidert die diegetische, kindliche Figur des Erzähler: «Buscapé».

Erst nach dieser ungewöhnlichen Exposition, die vornehmlich der Verknüpfung der erwachsenen Stimme des Ich-Erzählers mit seinem visuellen präsentierten, kindlichen Ich dienen soll, setzt der Erzähler mit seiner eigentlichen Narration ein, indem er das Auftauchen einiger älterer Jugendlichen kommentiert:

> «Das ist Cabelera. Um die Geschichte unserer Siedlung, der Stadt Gottes zu erzählen, muss ich bei ihm anfangen. Aber seine Geschichte fängt eigentlich mit der Geschichte der Wild Angels an.»[9]

---

8   Telotte, S. 16.
9   Der Film lag nur in deutscher Fassung vor.

2.1 Subjektivität als besonderes Merkmal der homodiegetischen Erzählsituation

34 In die Handlung eingeblendeter Zwischentitel. CIDADE DE DEUS (BZ/FR 2002)

Mit einem Schuss des Fußballs in die Luft wird das Bild daraufhin eingefroren und der Titel «Die Geschichte der Wild Angels» wird eingeblendet (Abb. 34).

Durch das direkte Ansprechen und Eingreifen des Erzählers in das bildliche Gefüge wird die Aufmerksamkeit des Zuschauers somit bewusst auf den Akt des Erzählens gelenkt.

Jedoch wird dieser allmächtige narrative Gestus des Ich-Erzählers in CIDADE DE DEUS immer wieder gebrochen, da häufig Ereignisse zu sehen sind, die der Narrator unmöglich erlebt haben kann. So werden ganze Gespräche und Handlungen von Figuren dargestellt, bei denen der Erzähler weder anwesend war, noch diese durch Hörensagen so detailliert erfahren haben kann. Dementsprechend auch eben jene besagte Geschichte der ‹Wild Angels›, die den Überfall der Gang auf ein Bordell erzählt, ein Vorfall bei dem der Erzähler, der damals noch ein Kind war, definitiv nicht anwesend war. Dennoch werden die Ereignisse und Handlungen der Gang ausführlich und aus den unterschiedlichen Perspektiven der einzelnen Mitglieder dargestellt, bis hin zu Point-Of-View-Shots und Aufnahmen (Eintreffen der Polizei in der Favela und Befragung der Bewohner), die selbst die Mitglieder der Gang nicht miterlebt haben.

Solche paraleptischen Sequenzen, die den Zuschauer eigentlich stutzig werden lassen sollten und ihn dazu anregen müssten die Glaubwürdigkeit des Erzähler zu hinterfragen, sind ein deutlicher erzählerischer Exzess der Narration, da sie das eigentlich eingeschränkte Wissen des Ich-Erzählers umspielen und indirekt den über diesem angeordneten implizierten Präsentator offenbaren.

> «To summarize, a homodiegetic voice-over narrator is always subsumed by and thus subordinated to a more powerful narrating agent, the image-maker who dramatized the story on the screen. But as viewers, we are generally eager to overlook the less definable, less familiar image-maker, and unless the film plays upon the distinction and deliberately frustrates us, we embrace the character as the principal storyteller. We then allow the character a wide latitude of powers, almost as if he or she had been crowned image-maker for a day.»[10]

10   Kozloff 1988, S. 49.

5 Zwischenfazit – STRANGER THAN FICTION

35–36 Textliche Einblendungen vor und während des Abspanns mit Informationen, die über das Wissen des Erzähler hinausgehen. GOODFELLAS (USA 1990) und CIDADE DE DEUS (BZ/FR 2002)

Des Weiteren kann es vorkommen, dass der Narrator innerhalb einer Ich-Erzählung von seiner eigenen Narration eingeholt wird, beziehungsweise dass der Zeitpunkt der Erzählung und die Erzählzeit plötzlich parallel verlaufen und die Narration somit vom implizierten Präsentator übernommen wird. Dies wird in der letzten Sequenz von GOODFELLAS deutlich, in welcher der als Gangster gescheiterte Henry mit seiner Voice-Over-Narration im Jetzt seiner eigenen Geschichte angelangt ist und sich, nach einem direkten Blick in die Kamera, von seinem Publikum verabschiedet:

> «And now it's all over. And that's the hardest part. Today everything is different; there's no action ... have to wait around like everyone else. Can't even get decent food – right after I got here, I ordered some spaghetti with marinara sauce, and I got egg noodles and ketchup. I'm an average nobody, get to live the rest of my life like a schnook.»

Das weitere Schicksal des Protagonisten kann der Zuschauer somit nicht mehr von diesem selbst erfahren, sondern nur von der höher gestellten Instanz des implizierten Präsentators, der dem Zuschauer alle weiteren Informationen durch einen Text vermittelt, der kurz vorm Abspann eingeblendet wird (Abb. 35).

Auch in CIDADE DE DEUS wird der Abspann dazu verwendet, um die Narration mit zusätzlichen Informationen aufzuladen. Jedoch dienen die Informationen in diesem Fall dazu, zu untermauern, dass der Film auf wahren Tatsachen basiert. Fotos der echten Personen, die im Film von Schauspielern dargestellt wurden, werden nun mit Interviews der tatsächlichen Beteiligten verknüpft. Indem der Film so absichtlich als filmisch-fiktives Konstrukt entlarvt wird, soll er folglich aus einem

2.1 Subjektivität als besonderes Merkmal der homodiegetischen Erzählsituation

rein fiktiven Erzählgestus heraus geführt werden und eine dokumentarisch anmutende Integrität erlangen (Abb. 36).

Noch eingeschränkter ist der Blickwinkel eines Ich-Erzählers auf die von ihm geschilderten Ereignisse, wenn er nur als Nebenfigur der Handlung auftritt. Dieses eingeschränkte Wissen kann dazu genutzt werden, eine ebenso eingeschränkte Narration zu vermitteln und somit als Grund dienen, den Zuschauer über wichtige Umstände im Unklaren zu lassen.

> «Voice-over is a prime means of making viewers aware of the subjectivity of perception (focalization) and storytelling (narration). One common strategy to accomplish this aim is to have the narrator be in the story, but not central to it, as a ‹narrator-witness›.»[11]

Stanzel bezeichnet diese Form des homodiegetischen Erzählers (auf die Literatur bezogen), als **peripheren Ich-Erzähler**, den er vom **autobiografischen Ich-Erzähler** abgrenzt, der immer auch der Protagonist seiner eigenen Erzählung ist und damit im Zentrum des Geschehens steht.

> «Die wichtigste Funktion des peripheren Ich-Erzählers ist die Mediatisierung des Erzählten, d.h. das Gattungsspezifikum Mittelbarkeit (‹mediacy›) wird hier durch die Erzählsituation besonders nachdrücklich thematisiert: nicht wie die Hauptfigur und ihre Welt an sich sind, sondern wie sie von einem aus einiger Entfernung schauenden, fühlenden, bewertenden Erzähler wahrgenommen werden, ist der eigentliche Sinngehalt einer solchen Erzählung [...]. Periphere Ich-Erzähler unterscheiden sich daher nicht nur nach der zeitlichen und räumlichen Distanz ihrer Position vom eigentlichen Geschehen, sondern auch nach der Eigenart ihrer Persönlichkeit als Wahrnehmende, die wiederum, zum Teil wenigstens von dem persönlichen Verhältnis des Erzählers zur Hauptfigur abhängig ist.»[12]

Ein solch eingeschränkter, subjektiver Fokus auf die Handlung wird in THE VIRGIN SUICIDES (Sofia Coppola, USA 1999) vermittelt. Die mysteriösen Selbstmorde der fünf Lisbon Schwestern werden dort rückblickend, aus der eingeschränkten Erzählperspektive einer der Nachbarsjungen geschildert. In seiner Narration schwankt der Voice-Over-Erzähler dabei zwischen einem bewundernden Beschreiben der Mädchen und dem subjektiven Erinnern seiner Emotionen und der seiner Freunde, die gemeinsam die Schwestern anhimmelten.

> «Even then as teenagers we tried to put the pieces together. We still can't. Now, whenever we run into each other at business lunches or cocktail parties, we find ourselves in the corner going over the evidence one more time. All to understand those five girls, that after all those years, we can't get out of our mind.»

11 Kozloff 1988, S. 62.
12 Stanzel, S. 263.

2 Formen der homodiegetischen Narration

Der Erzähler kann dem Zuschauer demnach keinen Blick in das Innere, in die Gedanken und Gefühle oder die Motivationen der Mädchen ermöglichen, sondern bloß die Ereignisse darlegen, die möglicherweise zu ihrem Selbstmord führten. Somit beruht die Erzählung lediglich auf Beobachtungen, Erinnerungen, Träumen und kurzen Begegnungen des Erzählers mit den Mädchen. Die gesamte Narration wird somit von einem sehr limitierten und subjektivierten Fokus vermittelt. Letztendlich kann der Erzähler daher auch nicht erklären, aus welchem Grund sich die Mädchen umgebracht haben und lässt nur Vermutungen und verblasste Emotionen für den Zuschauer bestehen:

> «In the end we had pieces of the puzzle, but no matter how we put them together, gaps remained. Oddly shaped emptiness mapped by what surrounded them, like countries we couldn't name. What lingered after them was not life, but the most trivial list of mundane facts. A clock ticking on the wall, a room dim at noon, the outrageousness of a human being thinking only of herself. We began the impossible process of trying to forget them.»

Die eigenwillige, narrative Struktur in THE VIRGIN SUICIDES gleicht somit eher einem Strom der Erinnerungen, einem Blick zurück zu vergangenen Zeiten, Stimmungen, Empfindungen und Träumen, durch die der Zuschauer vom homodigetischen Erzähler geleitet wird.

2.2 Die Unzuverlässigkeit des homodiegetischen Erzählers

Ein homodiegetischer Erzähler ist niemals dazu in der Lage eine völlig objektive Wahrheit darzustellen, da er alle Umstände nur durch seinen limitierten Fokus vermitteln kann und dem Zuschauer wichtige Fakten somit nicht mitteilt, weil er von diesen möglicherweise gar nichts weiß. Dies hat zur Folge, dass homodiegetische Erzähler immer unter Verdacht stehen müssen, als unzuverlässige Narrations- und Informationsquelle zu fungieren.

> «Der Ich-Erzähler ist nämlich per definitionem ein ‹unreliable narrator›, um die Terminologie Booths zu verwenden. Die ‹Unverlässlichkeit› des Ich-Erzählers ist aber primär nicht in seiner persönlichen Eigenschaft als Romanfigur begründet (nach ihrem Charakter, dem Grad ihrer Wahrheitsliebe, Aufrichtigkeit etc. gibt es ebenso viele ‹reliable› wie ‹unreliable› Ich-Erzählerfiguren), sondern in der ontologischen Basis der Position des Ich-Erzählers in der Welt der Erzählung: Er kann auf Grund seines Standortes in der Welt der Charaktere und auf Grund seiner Ausstattung mit einer auch körperlich determinierten Eigenpersönlichkeit – aus beiden ergibt sich eine Eingrenzung seines Wahrnehmungs- und Wissenshorizontes – nur eine persönlich-subjektive und daher bedingt gültige Ansicht von den erzählten Vorgängen haben.»[13]

---

13 Stanzel, S. 122 – 123.

2.2 Die Unzuverlässigkeit des homodiegetischen Erzählers

Folglich kann sich eine Narration als unzuverlässig herausstellen, wenn sich die dargestellten Tatbestände der Handlung als falsch erweisen. Dies geschieht, indem dem Zuschauer bestimmte Umstände und Ereignisse entweder bewusst vom Erzähler vorenthalten werden oder unbewusst, da diesem schlicht nicht alle Informationen zur Verfügung standen. Ebenso kann ein Erzähler die Ereignisse der Handlung jedoch auch falsch deuten und aus diesem Grund unwissentlich falsch wiedergeben.

Ein besonders drastisches Beispiel dafür ist die kindliche, homodiegetische Erzählerin in TIDELAND (Terry Gilliam, GB/CAN 2005). Der Film übernimmt bewusst den Fokus des kleinen Mädchens, Jeliza-Rose, die nach dem Drogentod ihrer Eltern alleine mit der verwesenden Leiche ihres Vaters in einer verfallenen Farm lebt und sich immer mehr in eine Fantasiewelt zurückzieht. Ihre *Innere Stimme* verschwimmt dabei, wie ihre Fantasie und die Realität, mit ihrer direkten Erzählstimme und erweckt so Puppen und tote Eichhörnchen zum Leben, Kleiderschränke werden zu Räumen, die Kornfelder zu den Weiten des Meeres und die vorbeirauschenden Züge zu einem riesigen Killerhai. Auch für den Zuschauer verwischen somit zunehmend die Grenzen zwischen der fantastischen Traumwelt und der ausweglosen Realität des kleinen Mädchens, so dass er kaum noch zwischen realer und fantastischer Bedrohung für das Mädchen unterscheiden kann, oder soll. Da dem Zuschauer nicht die Möglichkeit gegeben wird, sich auf eine objektive Perspektive zurückzuziehen, die ihm die Personen und Ereignisse aus einem realistischen Fokus präsentiert, unabhängig von dem des Kindes, verliert auch er sich schließlich in dieser düsteren Traumwelt (was auch durch eine zunehmende Schieflagen der Kamera repräsentiert wird), aus der er bis zum Ende nicht entkommen wird.

Besonders bekannte Beispiele einer unzuverlässigen, filmischen Narration, die durch den rein visuellen, subjektiven Fokus der Protagonisten geprägt ist, ohne dies jedoch für den Zuschauer deutlich zu markieren, finden sich in A BEAUTIFUL MIND (Ron Howard, USA 2001), THE SIXTH SENSE (M. Night Shyamalan, USA 1999) oder in VANILLA SKY (Cameron Crowe, USA/E 2001). In all diesen Filmen wird eine vermeintlich objektive, visuelle Realität präsentiert, die erst zum Ende des Films als subjektiv entlarvt wird, so dass der Protagonist sowie der Zuschauer gleichermaßen die zuvor als Wahr präsentierten Ereignisse mit den tatsächlichen Gegebenheiten abgleichen muss. Der Zuschauer muss infolgedessen erkennen, dass er die gesamte Zeit über die diegetische Welt aus der subjektiven Sicht des Protagonisten präsentiert bekommen hat und nicht aus einem klassischen, objektiv-allwissenden Narrationsmodus, wie er dies im Verlauf des Films angenommen hatte, beziehungsweise vorgespielt bekam.

> «[Diese Filme] nutzen das Spiel mit versteckten Hinweisen als dramaturgischen Kniff, um uns im Nachhinein den Schlüssel für eine komplett andere Lesart des Geschehens zu liefern und dadurch die Glaubwürdigkeit des Erzählers zu unterminieren. Von diesem Punkt aus können wir dann auf den Film zurückblicken und erkennen, dass es

2 Formen der homodiegetischen Narration

die Anzeichen hierfür durchaus gegeben hat, dass wir diese jedoch übersehen haben, während wir einem scheinbar zuverlässigen Erzähler auf den Leim gegangen sind.»[14]

Man müsse, laut Lothe, daher immer von einem unzuverlässigen oder unglaubwürdigen Erzähler sprechen, wenn der Erzähler selbst nur ein beschränktes Wissen (*insight*) in die von ihm geschilderten Ereignisse habe und in die von ihm dargestellten Ereignisse persönlich verwickelt sei.[15] Dieser Umstand trifft jedoch auf fast alle Voice-Over-Narrationen in der ersten Person Singular zu, da die Verwickelung des Erzählers in die eigene Narration ja den ausschlaggebenden Umstand einer homodiegetischen Narration liefert. Aus diesem Grund verweist der besondere, subjektive Fokus einer homodiegetischen Narration immer auch auf mögliche Leerstellen der Erzählung hin.

Sehr selbstbewusst wird mit diesem Aspekt der Unglaubwürdigkeit des homodiegetischen Erzählers in ANNIE HALL umgegangen. Dort entlarvt sich Alvy Singer, der Ich-Erzähler des Films, bereits im Prolog als unzuverlässiger Erzähler und macht dem Zuschauer somit deutlich, dass die von ihm präsentierten Erinnerungen vermutlich nicht der kompletten Wahrheit entsprechen werden:

> «My analyst says I exaggerate my childhood memories but I swear, I was brought up underneath the rollercoaster in the Coney Island section of Brooklyn. Maybe that accounts for my personality, which is a little nervous. You know, I have a hyperactive imagination. My mind tends to jump around a little. I have some trouble between fantasy and reality.»

Ein ebenso unzuverlässiger, da übertreibender Narrator, findet sich in BIG FISH (Tim Burton, USA 2003). Dort erinnert sich Will, am Sterbebett seines Vaters, an dessen zahlreiche, fantastische Geschichten, die dieser über sein Leben zu erzählen pflegte. Die entsprechend dieser Erzählungen hervorgerufenen, fantastischen Figuren werden dann, bei der Beerdigung des Vaters, in die Realität überführt, so dass sich ein Riese lediglich als großer Mensch entpuppt und siamesische Zwillinge, zwar Zwillinge sind, jedoch nicht miteinander verwachsen waren.

2.2.1 Absichtliches Lügen

Selbstverständlich kann ein Ich-Erzähler auch absichtlich lügen, um den Zuschauer – aus welchen Gründen auch immer – in die Irre zu führen. Daher muss ein Erzähler immer als unglaubwürdig bezeichnet werden, wenn dieser Wertemaßstäbe äußert, die mit dem immanenten Wertesystem des präsentierten Diskurses in Konflikt stehen.

---

14 Fabienne Liptay / Yvonne Wolf (Hrsg.): *Was stimmt denn jetzt? Unzuverlässiges Erzählen in Literatur und Film*. München 2005, S. 15.
15 Vgl.: Lothe, S. 25–26.

2.2 Die Unzuverlässigkeit des homodiegetischen Erzählers

Eine unglaubwürdige, da lügende Voice-Over-Narration kann durch eine auftretende Diskrepanz zwischen Ton und Bild entlarvt werden, d. h. wenn der Zuschauer auf der bildlichen Ebene Informationen vermittelt bekommt, die der mündlichen Narration des Erzählers gegenüberstehen. Dies ist u. A. in der letzten Sequenz von THE USUAL SUSPECTS der Fall, wenn die von dem Ermittler Kujan erinnerte Erzählung Verbal Kints sich, in einer Koppelung mit Aufnahmen von Gegenständen aus seinem Büro, als Lüge offenbart.

Eine lügende Ich-Erzählerin findet sich aber auch in THE HOLE (Nick Hamm, GB 2001). Dort berichtet die verstörte Schülerin Elizabeth, dass sie sich mit ihren Freunden zusammen in einem Bunker habe einschließen lassen, um dort eine Party zu feiern. Jedoch sei der Mitschüler, Martyn, der sie wieder heraus lassen sollte, nicht wie verabredet erschienen. Sie hätte schließlich fliehen können, weil sie einen Streit inszeniert habe.

Diesen Teil der Geschichte erzählt Liz der Psychologin, die sie währendem mit einer Videokamera aufnimmt. Liz' Voice-Over-Narration führt dabei zu einem Flashback in dem eben jene erzählten Ereignisse visuell dargestellt werden:

> «This is how it works at Raybourne: If you want to exist, you have to be pretty, have to be thin, everyone else is wallpaper. For years, I was a nobody. I watched the world from the edges and learned not to dream. My best friend, Martyn, didn't care. His philosophy was: take everything you can from them. He said, their creed makes them easy to control. It made him powerful. But then the world changed ...»

Während Liz' Erzählung springt die Narration immer wieder in das Jetzt der Handlung zurück und zeigt die Konversation zwischen Liz und der Psychologin. Jedoch blieben bei der Polizei Zweifel an ihrer Geschichte bestehen, da Martyn alle Vorwürfe zurückweist. Auch zeichnet er von Liz und deren Freunden ein vollkommen anderes Bild, als diese es zuvor in ihrer Erzählung getan hat, wobei sich seine Erzählstimme jedoch nur ganz kurz über das Bild legt: «This is how it is at Raybourne: If you want to exist you either have to be a bitch or a complete slut.»

Liz wird daher erneut von der Psychologin befragt und erklärt sich dazu bereit, mit dieser in den Bunker zu gehen, wo sie letztendlich die Wahrheit erzählt. Jedoch ist in diesem Teil nicht mehr ihre Voice-Over zu hören, sondern die Handlung wird dem Zuschauer rein visuell präsentiert: Liz hatte von Anfang an den Schlüssel bei sich und hatte das Ganze geplant, um ihren Mitschüler Mike zu verführen. Als ihr dies endlich gelungen war und Mike ihr seine Liebe gestanden hatte, war die Situation jedoch bereits dermaßen eskaliert, dass ihre drei Mitschüler zu Tode kamen. Weiterhin wird klar, dass Liz mittlerweile auch Martyn getötet und ihm den Schlüssel des Bunkers zugesteckt hat, um ihre Tat zu vertuschen. Da ihr Geständnis von der Psychologin nicht aufgezeichnet und der tote Martyn mit dem Schlüssel gefunden wurde, geht ihr Plan auf und Liz kommt frei.

> «Indeed, when words and images absolutely contradict each other, the images seem always to be the truth-tellers, and filmmakers will go to certain lengths to protect their image track's reliability. [...] Guiedo Fink notes that a ‹silently accepted convention seems to state that images and visualized actions, though subservient to the word, may omit something but never distort the truth... A curious balance or compensation rules that oral narration – conscious, subjective, deliberate – helps us to understand and rationalize events, but may be lying; narrated stories – that is, represented, shown events – may be partial, disturbing, but never false›.»[16]

Tatsächlich ist jene Maxime der absoluten Glaubwürdigkeit des bildlichen Gefüges des Films insbesondere für den aktuellen Film nicht mehr haltbar. Zwar existieren bereits im klassischen Kino Beispiele, wie in Hitchcock's STAGE FRIGHT, wo die bildliche Ebene unzuverlässige Informationen liefert – wie bereits dargelegt stellten solche narrativen Momente für das klassische Kino jedoch absolute Ausnahmen dar. Im aktuellen Sub-Genre des Puzzle-Films wird der Zuschauer dagegen immer häufiger in die Irre geführt, indem auf der visuellen Ebene Handlungen dargestellt werden, die der Zuschauer für eine objektiv präsentierte Wahrheit hält, die, wie sich im Laufe der Narration herausstellt, jedoch durch einen subjektiven Blickpunkt geprägt wurden.[17]

Die subversive Kraft und Möglichkeit eines Narrators, der die Handlung aus seinem persönlichen Fokus präsentiert und den Zuschauer manipuliert, wird von den aktuellen Filmmachern dabei immer stärker eingesetzt und ausgereizt, wie sich dies beispielsweise in ATONEMENT gezeigt hat.

Dabei finden sich in der narrativen Struktur des jeweiligen Films meistens Signale für den Zuschauer, die ihn darauf hinweisen, dass er es möglicherweise mit einer unzuverlässigen Narration zu tun hat.

> «A fundamental convention in narrative fiction is that we believe the narrator, unless the text at some point gives us a signal not to do so!»[18]

Diese Hinweise lassen sich einerseits in der Persönlichkeit des Erzählers selbst ausmachen, wenn z. B. deutlich wird, dass die Erzähler-Figur die Realität möglicherweise nicht objektiv wahrnimmt oder fragwürdige Charakterzüge hat, wie die Figur des Jack in FIGHT CLUB. Aber auch narrative Gesten, wie das direkte Ansprechen des Zuschauers, können auf eine Unzuverlässigkeit hinweisen, da dieser Erzählgestus immer darauf hindeutet, dass sich der Erzähler seiner Narrator-Funktion zu bewusst ist und demnach auch in der Lage sein könnte, seine Narration zu manipulieren.

---

16 Kozloff 1988, S.114.
17 Robert Vogt: Kann ein zuverlässiger Erzähler unzuverlässig erzählen? Zum Begriff der ‹Unzuverlässigkeit› in Literatur- und Filmwissenschaft. In: Susanne Kaul / Jean-Pierre Palmier / Timo Skrandies (Hrsg.): *Erzählen im Film. Unzuverlässigkeit – Audiovisualität – Musik*. Bielefeld 2009, S. 41.
18 Lothe, S. 25.

2.2 Die Unzuverlässigkeit des homodiegetischen Erzählers

Andererseits sind solche Markierungen der Unzuverlässigkeit in der Erzählstruktur zu suchen, beispielsweise wenn das visuelle Gefüge durchbrochen wird, Geschehnisse deutlich vom Erzähler manipuliert werden, wenn Leerstellen in der Narration auftreten, sich Figuren ungewöhnlich verhalten, gegen Naturgesetzte oder allgemeines Weltwissen verstoßen wird, subliminale Bilder auftauchen, Hinweise auf Bewusstseinsveränderungen auftreten oder zu deutlich selbstreferenzielle und intertextuelle Verweise in die Erzählung eingebaut sind.[19]

2.2.2 Unzuverlässigkeit durch Ironie

Eine Unzuverlässigkeit, beziehungsweise eine eventuelle Fragwürdigkeit des Erzählers kann sich bezüglich der narrativen Gesamtstruktur auch in einer ironischen Grundhaltung des Erzählers ausdrücken. Dabei wird Unzuverlässigkeit in Form von Ironie insgesamt häufiger in Komödien oder Satiren eingesetzt, während absichtlich lügende Erzähler vermehrt in Thrillern oder Krimis auftauchen.

> «[...] filmmakers can exploit the ironic potential of voice-over narration in two ways. One is to keep the connection between the image-maker and the narrator tight, to maintain the illusion that the narrator is the presenter of the entire film (or at least of his story-within-a-story), but give this narrator an ironic temperament. In this event, the narrator will be seen as creating and controlling any disparities between narration and images/action. The other choice is to widen the gap, throw the narrator's telling into question, make him or her out to be more or less reliable. Here the image-maker would use clashes between narration and scenic presentation to compromise the narrator and to break the viewer's provisional belief in that narrator's responsibility for the text.»[20]

Ironie wird im Film hauptsächlich durch eine Diskrepanz zwischen der Bild- und Tonspur erzeugt, wobei der Ton die visuelle Handlung in Frage stellt, beziehungsweise diese ironisch kommentiert. Dazu bieten sich den Filmemachern unterschiedliche Möglichkeiten an:

Einmal kann dies geschehen, indem der Sprecher durch das Spiel mit seiner Stimme, das heißt mittels bestimmter Nuancierungen von Stimmhöhe und Tonfall, das visuelle Geschehen ironischen kommentiert, wie der homodiegetische Voice-Over-Narration in WONDER BOYS (Curtis Hanson, USA/D/GB/JAP 2000):

> «On that particular Friday afternoon, last February, I was reading a story to my advanced writers workshop, by one James Leer, Junior Lit. Major and the sole inha-

---

19 Vgl.: Jörg Helbig: ‹Follow the White Rabbit›. Signale erzählerischer Unzuverlässigkeit im zeitgenössischen Spielfilm. In: Fabienne Liptay / Yvonne Wolf (Hrsg.): *Was stimmt denn jetzt? Unzuverlässiges Erzählen in Literatur und Film*. München 2005, S. 137–144.
20 Kozloff 1988, S.110

bitant of his own gloomy gulag. James's stories were about as sunny as his disposition. I was distracted. Maybe it had something to do with the fact that my wife had left me that morning – maybe not. Wives had left me before. As usual James's classmates, aware of the writers inherent vulnerability offered their sensitive, gentle opinion.»

All diese Tatsachen, von James düsteren Erzählungen und Gemütszustand, bis hin zu der für ihn eigentlich bestürzenden Nachricht, dass er an diesem Morgen von seiner Frau verlassen wurde, trägt der Protagonist, Grady Tripp, in einer monotonen, gelassenen Stimmlage vor. Der ruhige, fast unbeteiligte Tonfall seiner Stimme steht folglich im krassen Gegensatz zu den Informationen, die er in seiner Aussage vermittelt und erzeugt so einen ironischen Bruch.

Andererseits kann Ironie durch das Zusammenspiel der präsentierten Handlung mit den Aussagen des Erzählers erzeugt werden, indem der Ton sozusagen kontrapunktisch zum Bild eingesetzt wird. Diese Form der Ironie findet sich ebenfalls in dem zitierten Beispiel aus WONDER BOYS wieder, wenn auf Professor Tripps Aussage hin, dass James Kommilitonen ihre «sensiblen und zartfühlenden Meinungen» zu dessen Geschichte äußerten, diese sein Werk daraufhin zerreißen und es als «grauenhaft» bezeichnen.

Aber auch in ABOUT A BOY (Chris und Paul Weitz, GB/USA/F 2002) kann diese Form der Ironie in der durchgängig die Handlung kommentierenden *Inneren Stimme* von Will erkannt werden, wie bei einem Besuch Wills bei seinen Freunden, die ein zweites Kind bekommen haben. Die Frage, ob er nicht auch langsam das Bedürfnis habe eine eigene Familie zu gründen, kommentiert Will in seiner *Inneren Stimme* mit: «I'd rather eat one of Barney's dirty nappies.»

Zu seinen Freunden antwortet er jedoch: «Not really. I'm sort of all right as I am.»

Des Weiteren kann Ironie natürlich durch Übertreibungen in den Aussagen des Erzählers erzeugt werden, die durch die bildliche Ebene *ad absurdum* geführt werden. Diese Form der Ironie wird sehr häufig mittels der *Inneren Stimme* eines neurotischen Einzelgängers erzeugt. Die Erzähler-Figur kommentiert ihr Handeln und Leben folglich auf eine für den Zuschauer so übertrieben wirkende depressiv-melancholische Art und Weise, dass eine ironische Spannung aufgebaut wird. Diese Form der Ironie findet sich in zahlreichen Woody Allen Filmen, aber auch in Filmen, wie THE WEATHER MAN (Gore Verbinski, USA/D 2005) oder AMERICAN SPLENDOR.

AMERICAN SPLENDOR beginnt mit der einleitenden Narration des echten Harvey Pekars, in der sich dieser direkt als melancholischer, chronisch unzufriedener Charakter beschreibt, während Paul Giamatti als griesgrämig dreinblickender Harvey Pekar durch die trostlosen Straßen Clevelands läuft:

«OK. This guy here, he's our man, all grown up and going nowhere. Although he's a pretty scholarly cat, he never got much of a formal education. For the most part, he's

2.2 Die Unzuverlässigkeit des homodiegetischen Erzählers

37 Harvey Pekar spricht seine Voice-Over-Narration ein. Harvey Pekar in AMERICAN SPLENDOR (USA 2003)

lived in shit neighborhoods, held shit jobs, and he's now knee-deep into a disastrous second marriage. So, if you're the kind of person looking for romance or escapism or some fantasy figure to save the day ... guess what? You've got the wrong movie.»

Mit diesem letzten, halben Satz Pekars schiebt sich, durch ein Split Screen, die Aufnahme eines völlig weißen Tonstudios ins Bild, in dem der echte Harvey Pekar sitzt und seine Voice-Over-Narration in ein Mikrophon spricht. Aus dem *Off* sind dazu die ermunternden Anweisungen der Regisseurin Shari Springer Berman zu hören.

Durch diese plötzliche und so offensichtliche Entlarvung einer zwar artifiziellen, aber dennoch extradiegetischen, profilmischen Welt, entsteht folglich eine weitere ironische Brechung der Narration. Die visuell-narrative Ebene der diegetischen Welt wird auf diese Weise vollkommen ad absurdum geführt. Der Film scheint sich selbst mit einem ironischen Augenzwinkern zu betrachten (Abb. 37).

Schließlich kann auch eine ironische Spannung zwischen Bild- und Tonebene entstehen, wenn der Erzähler das Bild zu nah und sehr beständig kommentiert und so die Handlungen der Figuren in jeder Einzelheit beschreibt und damit jegliche dramatische Spannung aus dem visuellen Geschehen nimmt. Kozloff bezeichnet dies als ‹romantic irony› «[...] – that is, the deliberate calling into question or demolishing of a work's dramatic illusion.»[21]

Ein solcher Narrator, der zu bewusst und zu deutlich am Bild kommentiert, findet sich in KISS KISS, BANG BANG (Shane Black, USA 2005). Der Kleinganove Harry, der durch Zufall Schauspieler wurde und dadurch in einen Mordfall verstrickt wird, kommentiert sein Handeln sowie das der anderen Figuren nicht nur ununterbrochen aus seiner subjektiven Sicht, sondern gibt sich gleichzeitig bewusst als Schöpfer seiner Narration zu erkennen, indem er Figuren einführt, in der Erzählzeit vor- und zurückspringt, in die diegetische Handlung eingreift oder sogar den Zuschauer direkt anspricht. Der Film beginnt so mit einer Sequenz, die Harry auf einer Party in L.A. zeigt, wozu sein einleitender Voice-Over Monolog einsetzt:

21 Kozloff 1988, S.112.

2 Formen der homodiegetischen Narration

«Now that I'm in L.A., I go to parties. The kind where if a girl is named Jill… she spells it J-Y-L-L-E, that bullshit. That's me there. My name's Harry Lockhart, I'll be your narrator.» *[Harry steht seitlich in Großaufnahme im Bild.]*
«Welcome to L.A. Welcome to the party.» *[Das Partytreiben ist zu sehen.]*
«The guy smoking, that's Dabney Shaw, my producer. He discovered me.» *[Dabney Shaw ist eine Zigarette rauchend zu sehen]*
«The man with him is Perry Van Shrike, a.k.a. Gay Perry. Honest-to-God private eye, consults in film, TV. Just incorporated. He's big time. Also, he's gay.» *[Gay Perry steht frontal im Bild.]*
«L.A. By now you may wonder how I wound up here, or maybe not. Maybe you wonder how Silly Putty picks shit up from comic books. Point is, I don't see another goddamn narrator, so pipe down. How did I get here? See for yourself.»

Daraufhin folgt ein Schnitt zu einer Fahrt über das nächtliche New York. Dazu ist in der linken Bildhälfte der Titel eingeblendet: «How Harry got to the party.»

Harry tritt somit extrem deutlich als Narrator hervor, wodruch die Illusion der fiktiven Erzählwelt als unabhängig und selbstständig existierender Ort für den Zuschauer durchbrochen wird.

2.3 Die *Innere Stimme*, die Schreibstimme und weitere Formen der intradiegetischen Narration

Homodiegetische Erzählertypen verfügen über die Fähigkeit ihre Narration als erzählende Charaktere direkt aus der diegetischen Handlung heraus zu produzieren. Dies kann auch in Form einer *Inneren Stimme* geschehen oder über die Schreibstimme einer Figur, wenn diese beim Verfassen eines Briefes oder Tagebucheintrags gezeigt wird, während auf der auditiven Ebene ihre Stimme mit dem Inhalt des Geschriebenen zu vernehmen ist. Eine weitere Form der homodiegetischen Narration wäre das direkte Ansprechen des Zuschauers durch eine in der diegetischen Handlung agierende Figur.

Genette bezeichnet diese weitere Ebene der Narration, die innerhalb der diegetischen Welt platziert ist, als **intradiegetisch** und definiert sie als ‹innere Erzählung›.[22] Stanzel dagegen bezeichnet diese Ebene der Narration, zu welcher er auch den Inneren Monolog zählt, als **Innenperspektive**, wobei der Charakter als Reflektorfigur diene.[23] Jedoch beziehen sich beide Autoren dabei ausschließlich auf litera-

---

22 Genette 1998, S. 164–165.
23 «Eine Reflektorfigur reflektiert, d. h. spiegelt Vorgänge der Außenwelt in ihrem Bewußtsein wieder, nimmt wahr, empfindet, registriert sie, aber immer stillschweigend, denn sie ‹erzählt› nie, das heißt, sie verbalisiert ihre Wahrnehmungen, Gedanken und Gefühle nicht, da sie sich in keiner Kommunikationssituation befindet. Der Leser erhält, wie es scheint, unmittelbar, das heißt

rische Texte, was insbesondere an Stanzels Definition der Reflektorfigur deutlich wird, so dass ich diesen Begriff nur bedingt übernehmen werde. Da der Innere Monolog maßgeblich eine Bezeichnung aus der Literaturwissenschaft ist, werde ich mit dem Begriff der *Inneren Stimme* arbeiten, da diese Bezeichnung auch deutlich auf den auditiven Aspekt dieser Narrationsstrategie verweist.

2.3.1 Die *Innere Stimme*

Die *Innere Stimme* wird im Film über die Stimme einer Figur dargestellt, die als handelnder Charakter im bildlichen Gefüge verankert ist, deren Lippen sich jedoch nicht bewegen. Die *Innere Stimme* verstehe ich daher, im Unterschied zum expliziten, bewusst erzählenden homodiegetischen Narrator, als **implizite, unbewusste Narrationsform.**

Dem Zuschauer werden in der *Inneren Stimme*, durch die allumfassende Macht des implizierten Präsentators, die Gedanken einer Figur offenbart, ohne dass diese wissentlich jener Preisgabe zugestimmt hätte. Der Zuschauer wird so bewusst und doch ungewollt zu einem lauschenden Voyeur, der die geheimsten und intimsten Gedanken einer Figur erfahren kann, ohne dass dies der Figur oder den anderen diegetischen Charakteren bewusst wäre. Damit stellt die *Innere Stimme* eine auditive Form der Fokalisierung dar, die es dem Zuschauer ermöglicht die subjektiven Eindrücke und die Weltsicht einer Figur auf der auditiven Ebene nachzuvollziehen.

Chion, der die *Innere Stimme*, ebenso wie den homodiegetischen Erzähler, unter den Begriff der *voix-je* fasst, legt des Weiteren dar, dass auch die besondere Form der Aufnahme der Stimme dazu beitragen kann, dass der Zuschauer diese als subjektiviert empfindet und sich leichter mit dieser Stimme identifiziert, da er sie unterbewusst als eine eigene, aus seinem Kopf entstammende, annimmt.

> «Two technical criteria are essential for the I-voice. First, close miking, as close as possible, creates a feeling of intimacy with the voice, such that we sense no distance between it and our ear. We experience this closeness via the sure-fire audio qualities of vocal presence and definition, which manage to remain perceivable even in the worst conditions of reception and reproduction, even through the low-fidelity medium of the telephone. The second criterion derives from the first: ‹dryness› or absence of reverb in the voice (for reverb situates the voice in a space). It's as if, in order for the I-voice to resonate in us as our own, it can't be inscribed in a concrete identifiable space, it must be its own space unto itself.»[24]

durch direkte Einschau in das Bewußtsein der Reflektorfigur, Kenntnis von den Vorgängen und Reaktionen, die im Bewußtsein der Reflektorfigur einen Niederschlag finden.» Stanzel, S. 194 und 195.

24 Chion 1999, S. 49 + 51.

2 Formen der homodiegetischen Narration

Die *Innere Stimme* oder der hörbar gemachte Bewusstseinsstrom einer Figur wirken, durch die spezielle Art der Aufnahme, beziehungsweise durch das Minimum an Hall, die besondere Nähe der Stimme zum Mikrophon und damit auch zum Ohr des Zuhörers, für den Zuschauer zusätzlich subjektivierend.

Im Unterschied dazu werden die Stimmen anderer Figuren, an die sich der auditiv fokalisierte Charakter lediglich erinnert, objektiviert dargestellt. Objektivierte Stimmen werden immer mit einer größeren Distanz zum Mikrophon aufgenommen, was zu einem größeren Halleffekt und einem leichten Echo führt, um so diese nachklingenden Stimmen in einen bestimmten Raum einzuschreiben und gleichzeitig als vergangen und erinnert zu markieren.[25]

Dies kann besonders deutlich in LE SCAPHANDRE ET LE PAPILLON (Julian Schnabel, F/USA 2007) erkannt werden. Die *Innere Stimme* des Protagonisten Jean-Do ist stets dominant im Vordergrund aufgenommen und kann alle übrigen diegetischen Geräusche übertönen und verdrängen, so dass die Stimmen aller anderen Personen leise im Hintergrund verschwimmen. Dies wird vor allen Dinge in den ersten Sequenzen des Aufwachens deutlich, aber auch immer dann, wenn Jean-Do sich von der Außenwelt abkapselt und in seine Fantasiewelt hinüber gleitet. Dann sind alle übrigen Stimmen viel dumpfer und weiter entfernt aufgenommen.

Tatsächlich wird die *Innere Stimme* von einem Großteil der Filmforschung nicht als narratives Element verstanden, sondern lediglich als ein stilistisches Mittel, das dazu dient, dem Zuschauer die Gedanken einer Figur zu offenbaren. Aus diesem Grund wird die *Innere Stimme* beziehungsweise der Innere Monolog oft nicht zur Voice-Over-Narration gezählt. So versteht auch Kozloff den Inneren Monolog lediglich als eine Form der asynchronen Sprache im Film, mittels welcher der implizierte Präsentator dem Zuschauer die Gedanken einer Figur offenbart. Da der Akt des Sprechens in diesem Fall jedoch zur selben Zeit und am selben Ort, das heißt simultan und auf derselben diegetisch-narrativen Ebene wie die Handlung stattfindet, kann es sich laut Kozloff nicht um eine Form der Voice-Over-Narration handeln. Jedoch weist Kozloff auch darauf hin, dass in der filmischen Praxis jene strikten Begrenzungen zwischen homodiegetischen und intradiegetischen Erzählern oft nicht haltbar sind, da diese ineinander verschwimmen und es schwierig ist genau festzustellen, wann die eine Narrationsform endet und die andere beginnt.[26]

Ich verstehe die *Innere Stimme* durchaus als auditive Narrationsform des Filmischen und damit auch als Subkategorie der Voice-Over-Narration – dies ist insbesondere dann legitim, wenn man die klassische Voice-Over-Narration nur als einen Typus unter vielen auditiven Narrationsformen des aktuellen Films begreift. Des Weiteren besteht in der narrativen, filmtheoretischen Literatur eine große Anzahl von unterschiedlichen, detaillierten Unterscheidungen in Bezug auf narrative und

---

25 Chion 1999, S. 51–52.
26 Kozloff 1988, S. 5.

nicht-narrative Formen und Subkategorien der *Inneren Stimme* einer Figur. Diese werde ich im Folgenden darlegen und versuchen deren Sinn oder Unsinn in Bezug auf deren tatsächlichen Gebrauch im Film zu untersuchen.

2.3.2 Der *Stream of Consciousness*

Auch Chatman sieht den *Inneren Monolog* nicht ausdrücklich als Narrationsform, da er keinen Zuhörer vorsehe und damit auch keine kommunikative Situation darstelle, sondern lediglich eine ‹Expression›, ein Ausdruck der Gedanken der Figur sei.[27] Dabei muss jedoch erwähnt werden, dass Chatman diese Definition hauptsächlich auf den literarischen *Inneren Monolog* bezieht, auf die *Innere Stimme* einer Figur im Film geht er dagegen kaum ein.

In der Literaturwissenschaft wird, wie Chatman des Weiteren darlegt, noch zwischen dem *Inneren Monolog* und dem *Stream of Consciousness* unterschieden, beziehungsweise werden diese Begriffe teilweise auch als Synonyme gehandelt. Chatman definiert den *Inneren Monolog* als die Offenbarung von bereits in Worte gefasster, verbalisierte Eindrücke und Gedanken, wohingegen der *Stream of Consciousness* einen Einblick in das ungefilterte Bewusstsein der Figuren liefern würde.

> «‹Stream of consciousness› then is freed to mean something else, namely the random ordering of thoughts and impressions. This is appropriate to the implications of ‹stream›. The mind is engaged in that ordering flow of associations, at the opposite pole from ‹thinking to some purpose›. […] Interior monologue is marked by syntax: it ascribes present tense verbs and first person pronoun-reference to the thinking character (or the implication of these where the syntax is truncated). Stream of consciousness, as used here, goes beyond syntax: it constrains the arrangement of semantic elements according to the principle of free association. There is no reason why the two must co-occur (though they usually do).»[28]

Während die auditiv fokalisierte Figur in einem *Inneren Monolog* damit bewusst an etwas denkt oder über etwas nachdenkt, soll der hörbar gemachte Bewusstseinsstrom einer Figur dem Zuschauer tatsächlich nur einen Einblick in deren ungefiltertes Unterbewusstsein ermöglichen, in deren assoziativ aufblitzende Gedankenfetzen und rohe Emotionen. Folglich habe der *Innere Monolog* immer deutlicher eine narrative Funktion, als der Bewusstseinsstrom, der eher eine Reflektion der Emotionen, archetypischen Empfindungen und Gefühle der Figur verkörpere.

Ein solcher deutlicher Gedankenstrom findet sich in einigen Sequenzen in LE SCAPHANDRE ET LE PAPILLON, insbesondere am Anfang, wenn Jean-Do erwacht und erkennt, dass er nicht sprechen kann. Seine Gedanken sind zu diesem Zeit-

---

27 Vgl.: Chatman 1978, S. 172.
28 Chatman 1978, S. 188–189.

punkt vollkommen ungeordnet und sein *Stream of Consciousness* vermittelt die sich ihm bietenden Eindrücke und Gedanken dementsprechend ungefiltert:

> «Qu'est-ce qui se passe? Je ne parle pas? On ne m'entend pas! Oh mon Dieu! Que je ne peux pas parler! Qu'est-ce qu'i m'est arrivé?! Je m'appelé Jean-Dominique Bauby. Docteur! Hey! Oh, ca va, ca va! J'ai eu une attaque, je vais retrouver la parole, je vais retrouver la mémoire. Ca va aller. Je veux être patient. D'accord. D'accord, je vous crois. Qui a amené ces fleurs? Des roses... Inès...» *[Während sich zuvor zahlreiche Köpfe der Pfleger und des Arztes über ihn beugten, wird das Bild nun für einen Moment schwarz. Dann öffnet er seine Augen wieder und blickt auf einen Strauß Rosen und eine im Wind flatternde Gardine. Dazu sieht Jean-Do die verschwommene Gestalt einer Frau, die im Zimmer ein Bild aufhängt.]*

Eine noch expressivere Verwendung des *Stream of Consciousness* findet sich in SEUL CONTRE TOUS (Gaspard Noé, F 1998), in jener klimatischen Sequenz, in welcher der Schlachter den Inzest mit seiner Tochter, deren Ermordung und seinen eigenen Selbstmord fantasiert. Während seine Tochter, der er zuvor möglicherweise in den Hals geschossen hat, blutend und röchelnd im Sterben liegt, kniet der Schlachter über ihr und überlegt, ob er nun sich selbst oder sie erschießen soll. Das Sprechtempo seiner Gedanken wird dabei immer schneller und schneller. Er redet sich in seinen Gedanken sozusagen in Rage. Dabei wechselt auch seine Stimme immer wieder die Tonlage und die Lautstärke, so dass es den Anschein hat, als würden die unterschiedlichen Aspekte seines Ichs miteinander streiten.

> *Mit sicherer, kräftiger Stimme:* «Oui, je l'ai fait! Mai quoi, j'ai pas raté j'espéré vas y meurs!»
>
> *Schnell und nachdrücklich, fast flehend gesprochen:* «Vas y, meurt! Vas y! Mais tu vas crever, non?»
>
> *Mit dominanter, fester Stimme:* «J'aurais dû utiliser un couteau, ca va être plus vite. Des couchons j'en ai tués aussi, c'est un curé qui m'a appris comment faire. T' plantes la lame dans le gi gulaire [...]»
>
> *Leise, fast flüsternd, verzweifelt:* «Elle souffre! C'est terrible!»
>
> *Fest, mit Abscheu sprechend:* «Elle se tortille comme un cochon.»
>
> *Leise, flüsternd, verzweifelt:* «C'est terrible!»
>
> *Hart und nachdrücklich sprechend:* «Je le fais, il ya des puissances supérieures. Elle est de retour d'où ils venaient. Le cercle se referme. [...]»

2.3.3 Die *Mindscreen Narration*

Kawin und Fleishman führen zusätzlich zum *Inneren Monolog* und dem aus dem Theater stammenden Monolog (*Soliloquy*), speziell auf den Film bezogen, den Begriff der **Mindscreen Narration** ein.

2.3 Die *Innere Stimme*, die Schreibstimme und weitere Formen

«The mindscreen narrator is seen engaged in a dramatic situation, although he or she does not tell the story aloud; and the tale may, although uninscribed, use the style of diaries or letters – either as a self-assessment or as told to an intimate friend.»[29]

Für Fleishman besteht der bezeichnende Umstand zur Differenzierung zwischen dem *Inneren Monolog* und der *Mindscreen Narration* darin, ob die Figur mittels ihres Denkens oder Erinnerns aktiv eine Geschichte erzählt – dies wäre nach Fleishmann dann eine *Mindscreen Narration* – oder ob es sich lediglich um die für den Zuschauer hörbar gemachten Gedanken der Figur handelt – dabei würde es sich laut Fleishman um eine *Innere Stimme*, beziehungsweise um einen *Inneren Monolog* handeln.

«[…] soliloquy and interior monologue are cinematic codes for exteriorizing thoughts. Their conventions work to the same end in making unspoken thoughts available to the audience, whether the character is alone or in the presence of others. In the one case, viva-voce speech, in the other, a dubbed voice – both are taken to be equivalents of mental language. When this language undertakes to tell a story, we have a narrational activity that calls for a covering term to represent a common mental origin. Thus, mindscreen narration. The mindscreen narration mode may be summarized as follows: A character is hear storytelling, not just seen thinking. […] The teller does so in a story-world situation, but is not heard by other characters.»[30]

Auch Fleishmann versteht den *Inneren Monolog* daher nicht als narrativen Akt. Während ein Innerer Monolog folglich nur dazu diene die momentanen Gedanken und Gefühle einer Figur für den Zuschauer offen zu legen, würde eine *Mindscreen Narration*, als Akt des bewussten Erzählens und Erinnerns, oft mit einem Flashback in die zurückerinnerte Vergangenheit verknüpft.[31] Die *Mindscreen Narration* wird von Kawin und Fleishman folglich als aktiver, jedoch nur für den Zuschauer hörbar gemachter, narrativer Prozess einer in der diegetischen Handlungswelt eingebundenen Figur verstanden. Der *Innere Monolog* sei dagegen eine, von einer außenstehenden, höheren narrativen Instanz aufgezwungene und damit für die Figur unbewusste Offenlegung ihrer Gedanken.

In LE SCAPHANDRE ET LE PAPILLON findet sich eine solche *Mindscreen Narration* in jenen Momenten in denen Jean-Do in seine Fantasie abgleitet und so ein von ihm bewusster Wechsel zwischen einem inneren Kommentieren des Geschehens und einem tatsächlichen, gedanklichen Erzählen stattfindet:

«Je connais la gare de Berck. Je la vois comme si j'y ai été. C'est l'endroit les plus déprimants du monde. En tout cas ca a été con, j'ai passé mes vacances ici quand j'étais

---

29 Fleishman, S. 27.
30 Fleishman, S. 175.
31 Vgl.: Fleishman, S. 177.

petit. Berck, à la fin de l'été, attendant le train pour Paris avec mon père. C'était désolé à l'époque, ca doit l'être encore plus aujourd'hui.»

Dazu sieht man Céline weinend, im Vordergrund, an jenem Bahnhof stehen, während sich Jean-Do, als Kind, mit seinem Vater, im Hintergrund, am gegenüberliegenden Bahngleis befindet und dort *Singin' In The Rain* singt und dazu tanzt.

Eine weitere, deutliche *Mindscreen Narration* Jean-Dos findet in jener Sequenz statt, in der er die befreiende Macht seiner Erinnerung und Fantasie entdeckt:

> «J'ai décidé de ne plus jamais me plaindre! Je viens de m'apercevoir qu'à part mes yeux il y a deux choses qui ne sont pas paralysées: mon imagination et ma mémoire. L'imagination et la mémoire sont les deux seuls moyens de m'évader de mon scaphandre.» *[Bilder eines Schmetterlings, der sich entpuppt, mit Überblendungen zu Rosen und anderen Blumen, die von Schmetterlingen angeflogen werden.]*
>
> «Je ne peux imaginer n'importe quoi, n'importe où, n'importe qui. Je peux me faire caresser par les vagues sur la Martinique. Rendre visite la femme qui j'aime.» *[Fahrt eine Klippe hinunter zum Meer, gefolgt von vielen Schnitten von unterschiedlichen Landschaftsaufnahmen, hin zu einem Atoll auf Martinique, zu Ines und dann zu ihm und Ines auf Martinique.]*
>
> «Je me prosterne devant les Ramsès II, roi des rois.» *[Eine Fahrt über Wüstenlandschaften.]*
>
> «Je peux imaginer n'importe quoi. vivre mes rêves d'enfant, mes ambitions d'adulte.» *[Ein Wellenreiter ist zu sehen und dann ein Stierkämpfer.]*

Jean-Do lenkt seine Erinnerung und seine Fantasie in dieser Sequenz bewusst mittels seiner gedanklichen Erzählung und ruft auf diese Weise die entsprechenden Bilder hervor, so dass sich der Zuschauer tatsächlich in der von ihm erweckten Fantasie befindet. Ab einem gewissen Punkt verliert er diese Kontrolle über seine Gedankenwelt jedoch wieder und seine Narration verschwimmt daraufhin für einen kurzen Moment wieder zu einem *Stream of Consciousness*, bis er schließlich mit der Realität seines jetzigen Ichs konfrontiert wird (Abb. 38):

38 Jean-Do und der Zuschauer werden zum ersten Mal mit seinem jetzigen Ich konfrontiert. Mathieu Amalric in LE SCAPHANDRE ET LE PAPILLON (FR/USA 2007)

> «Maintenant je veux me souvenir de moi tel que j'étais, beau, nonchalant, glamour, séduisant diable, oui glamour et très beau, du mois certains le pensaient. Ca c'est pas moi, c'est Marlon Brando! C'est Marlon Brando!» *[Eine schwarz-weiß Aufnahme von Marlon Brando]*

2.3 Die *Innere Stimme*, die Schreibstimme und weitere Formen

«C'est moi!» *[Jean-Do beim Skifahren und dann werden in schnellen Schnitten Fotografien von ihm in seinen unterschiedlichsten Lebensabschnitten gezeigt, bis hin zu ihm im Jetzt, zum ersten Mal nicht aus einem Point-Of-View-Shot.]*

2.3.4 Zwischenfazit

Wie bereits dargelegt sind jene genau definierten Unterscheidungen im praktischen Ausdruck dieser, durchaus narrativen, Stilmittel des fiktiven Films jedoch schlicht nicht haltbar. Ich werde die *Innere Stimme* daher als Oberbegriff der unterschiedlichen Typen und Ausprägungen intradiegetischer, figurenbezogener, rein auditiver Narrationformen verstehen, die durch den implizierten Präsentator hörbar gemacht werden.

Als Subkategorien der *Inneren Stimme*, beziehungsweise als besondere Ausprägungen dieses narrativen Stilmittels, verstehe ich den **Bewusstseinsstrom** und die *Mindscreen Narration*. Den Bewusstseinsstrom verstehe ich dabei als rein assoziative, ungefilterte Anhäufung von Gedankenfetzen, Eindrücken und archetypischen Emotionen, der deutlich geringere narrative Funktionen aufweist. Dahingegen ist die *Mindscreen Narration* ein sehr bewusster Akt der Narration, der von der Figur jedoch in ihrem Geist, oft für sich selbst, ohne expliziten Zuhörer durchgeführt wird.

Ich werde mit diesen Begriffen jedoch nur dann arbeiten, wenn die jeweiligen unterschiedlichen Typen der *Inneren Stimme* tatsächlich in ganzen Sequenzen auch als solche zu erkennen sind. Da diese jedoch sehr häufig zu undeutlich ineinander verschwimmen, beziehungsweise ein nur hörbar gemachtes Denken oft unmerklich in einen narrativen Akt des Erinnerns und Erzählens übergeht, werde ich den Begriff der *Inneren Stimme* als allgemeinen Oberbegriff verwenden, der die Offenlegung der Gedanken einer diegetischen Figur bezeichnet sowie der bewussten Fokalisierung und Subjektivierung des Zuschauers über die Tonspur dient.

2.3.5 Die Schreibstimme

Die **Schreibstimme** einer Figur wird im fiktiven Film häufig als narratives Rahmenelement eingesetzt. Dabei wird der vermeintlich metadiegetische Autor-Erzähler der jeweiligen Geschichte beim Akt des Niederschreibens seiner Geschichte gezeigt, wozu gleichzeitig auf der auditiven Ebene dessen Erzählstimme zu hören ist, die den Zuschauer die Narration einführt. Fleishmann bezeichnet diese Aufnahme, in welcher der eigentlichen Akt des Schreibens zu sehen ist, als *writing close-up*.[32]

Diese Form der Rahmenerzählung war insbesondere im klassischen Kino sehr weit verbreitet, was unter anderem mit der quantitativen Verwendung der Voice-

---

32 Vgl.: Fleishman, S. 165.

2 Formen der homodiegetischen Narration

Over-Narration in Literaturadaptionen zusammenhängt.[33] Im aktuellen Film wird die Schreibstimme eines Autoren-Erzählers, als vermeintliche Rahmenhandlung und Begründung zur Einleitung in die fiktive Welt, dagegen kaum noch verwendet. So wurde in THE READER (Stephen Daldry, USA/D 2008) z. B. bewusst auf den homodiegetischen Erzähler der literarischen Vorlage verzichtet.[34]

Die Schreibstimme eines homodiegetischen Erzählers, der beim Verfassen seiner Tagebuch-Aufzeichnung, eines autobiografischen Romans oder beim Brief-Schreiben gezeigt wird, kann durchaus als Subkategorie der *Inneren Stimme* verstanden werden, die maßgeblich dazu dient dem Zuschauer den Inhalt des Geschriebenen zu vermitteln.

> «As perceptible representation of a partly overt, partly mental process, dramatized writing has affinities with interior monologues, in which a character is shown thinking or remembering while his or her thoughts are spoken aloud. It is, on the other hand, important that the voice-overs that accompany these scenes are not merely mental correlates. They are articulations of the narrational process for, together with the visual aspects, they present the coming into existence of a text.»[35]

Die Schreibstimme einer Figur kann jedoch auch dazu verwendet werden den Zuschauer an einen anderen Ort und in eine andere Zeit innerhalb der diegetischen Welt zu tragen, beispielsweise zu demjenigen, der den geschriebenen Brief empfängt oder zu den Ereignissen an die sich die schreibende Figur zurückerinnert, wie dies anhand des Briefwechsels zwischen Robby und Cecilia in ATONEMENT deutlich wurde.

> «It is not enough to say that this is to-the-moment narration, or a dazzling mise en abime construction; it is rather that the scene of writing includes both story and narrating, both the subject matter of spiritual crisis and the activity of inscribing it. The contiguity of these events [...] turns the writing table into the common space of inner experience and verbal expression. Writing is both the medium in which the crisis is narrated and also a field for the struggle of that crisis.»[36]

Insofern kann sich eine Schreibstimme auch in die **Lesestimme** der den Brief empfangenden und lesenden Figur umkehren. Die Lesestimmen diegetischer Figuren sind demzufolge nur eine Abwandlung der *Inneren Stimme*, die es dem Zuschauer ermöglichen den Inhalt des Gelesenen zu erfahren.

In seltenen Fällen wird die Schreibstimme einer homodiegetischen Figur sogar dazu genutzt, eine weitere narrative Ebene zu öffnen, so dass der Schreibende selbst zu einem heterodiegetischen Erzähler einer weiteren metadiegetischen Narrationsebene wird, wie dies zum Beispiel in ADAPTATION mehrfach auftritt.

---

33 Vgl.: Kozloff 1988, S. 52.
34 Fleishmann, S. 27
35 Fleishmann, S. 166.
36 Fleishmann, S. 168.

2.3 Die *Innere Stimme*, die Schreibstimme und weitere Formen

2.3.6 Die On-Screen-Narration

Der letzte Typus des homodiegetischen Erzählers, beziehungsweise der ultimative, narrative Akt einer intradiegetischen Figur, ist das **direkte Ansprechen des implizierten Zuschauers.** Dieses narrative, sehr ungewöhnliche Stilmittel wird meist nur für wenige Momente angewandt, oftmals gegen Ende oder zu Beginn der Handlung, um den Zuschauer so auf eine ironisch-selbstreflexive Art und Weise aus der Erzählwelt hinaus- oder in diese hinein zu führen.

Genau genommen handelt es sich beim Akt des direkten Ansprechens gar nicht um eine rein auditive Narrationsform, da der Erzähler auch visuell anwesend ist und beim Akt des Sprechens gezeigt wird. Bild und Ton sind in diesem Fall somit nicht nur simultan vorhanden, sondern verdoppeln und verbinden sich im direkten Akt des Erzählens.

Trotzdem möchte ich diese Narrationsform hier mit aufführen, da ich dieses Stilmittel, das im aktuellen Film häufig auftritt, als bewusste Weiterentwicklung und gleichzeitige Durchbrechung der Voice-Over-Narration verstehe. Auch wird dieses extreme, narrative Mittel meistens in Verbindung mit einer homodiegetischen Voice-Over-Narration eingesetzt, indem die homodiegetische Erzählerfigur aus der erzählerischen Handlung heraustritt und den Zuschauer (selbst-)bewusst anspricht.

Zwar kann eine diegetische Figur immer nur einen implizierten Zuschauer ansprechen, wie man es auch in der Belletristik aus den satirischen Romane Swifts oder Fieldings kennt, dennoch wird sich ein jeder Zuschauer in diesem Moment persönlich angesprochen fühlen. Dies liegt unter anderem daran, dass er nun als heimlicher Voyeur der Handlung enttarnt wird und somit indirekt befürchten muss auch im weiteren Verlauf immer wieder von Figuren aus der Handlung heraus erkannt und angesprochen zu werden. Das direkte Ansprechen des implizierten Zuschauers durch eine diegetische Figur verlangt somit nach einer Neudefinierung der Position des Zuschauers im narrativen Konstrukt des fiktiven Films.

Des Weiteren durchbricht ein direktes Ansprechen des implizierten Adressaten immer auch die narrative Handlung selbst, da die Handlung in dem Moment pausieren muss, in dem die diegetische Figur aus dieser heraustritt und zum Zuschauer spricht. Die Diegese wird für einen Moment durchbrochen und eine *mise en abyme* tritt auf, in der sich der Film in seiner fiktiv-narrativen Konstruiertheit offenbart.

Dies kann in dem Beispiel aus Kiss Kiss, Bang Bang erkannt werden, wo der homodiegetische Erzähler Harry den Zuschauer bereits zu Beginn des Films direkt anspricht, ihn sogar fragt, ob er wissen möchte, wie er auf jene Party gekommen sei, dann jedoch beschließt, dass ihm das eigentlich egal ist, da er als Erzähler die absolute Gewalt über seine Geschichte hat und der Zuschauer ihm auf seiner narrativen Reise folgen muss, ob er will oder nicht.

Ebenso leitet Harry auch wieder aus der diegetischen Handlung heraus. Harry sitzt in der letzten Sequenz an Perrys Schreibtisch und führt den Zuschauer, in der zuvor etablierten ironisch-reflexiven Erzählweise, aus dem Film heraus:

«That's it. That's the true story of what happened last Christmas. That was some pretty harsh shit with the old guy back there, right? But whatever, he's creepy. Fuck him. Don't worry about him. Anyhow, so…. Thanks for coming. Thanks for taking the trip to L.A. with me. If I had to sum it up and I do. Because, you know, it's, like, the end. I would say that this movie is about: It's about friendship. Friendship is sacred.»

In diesem Moment wird Harry von Perry unterbrochen, der sich aus dem Hintergrund dem Schreibtisch genähert hat. Perry trägt, im Gegensatz zu seinem Aussehen im Verlauf der diegetischen Handlung, nun einen Bart. Dies soll entweder auf ein Indiz für die Zeit sein, die seit den Geschehnissen vergangen ist, oder ein Hinweis darauf, dass Harry ein unzuverlässiger Erzähler ist und er Perry in seiner visuell präsentierten Narration anders dargestellt hat, als dieser in jener metadiegetischen Erzählebene tatsächlich aussieht.

PERRY: «What are you doing?»
HARRY: «I'm just trying to wrap up the movie, and leave people with a message.»
PERRY: «Oh, I've got a message for you. Get your feet off my fucking desk.»
HARRY *an die Zuschauer gewandt*: «I work for Perry now, obviously.» *[Perry hält Harry nun den Mund zu und sieht ebenfalls direkt in die Kamera]*
PERRY: «And stop narrating. Thanks for coming, please stay for the end credits. If you're wondering who the best boy is, it's somebody's nephew. Don't forget to validate your parking and for all you good people in the Mid West, I'm sorry we said ‹fuck› so much.»
PERRY *zu Harry gewandt*: «Say ‹Good Night›!»
PERRY *zum Zuschauer gewandt*: «And now go! Vanish!» *[Perry beugt sich bei diesen letzten Worten nach vorne und scheint einen Schalter an der Kamera zu drücken, woraufhin das Bild schwarz wird und der Abspann beginnt.]*

Einerseits wird mit dieser letzten Sequenz eine metadiegetische Erzählebene eröffnet, da die Figuren nun ein anderes Auftreten haben, als in der zuvor erlebten diegetischen Handlung – Perry durch sein Äußeres und Harry, indem er sich nochmals bewusst und auch visuell als Narrator und Schöpfer der Erzählung zu erkennen gibt. Des Weiteren spielen beide Figuren sehr direkt und selbstreflexiv auf das Wesen des Films an, von dem sie selbst ein Bestandteil sind. Damit blicken nicht nur sie in den Abgrund ihrer eigenen filmisch-fiktiven Realität, sondern auch dem Zuschauer wird überdeutlich ein Spiegel seiner Rolle als Zuschauer vorgehalten, indem Perry ihn sogar daran erinnert, sich nach der Vorstellung das Parkticket abstempeln zu lassen.

In diesem Moment steht die Erzählzeit des Films somit still und der Film besteht nur noch aus reiner Narration. Aus diesem Grund wird der Akt des direkten Ansprechens in fiktiven Filmen auch nur für wenige Sequenzen angewandt, denn dann tritt das ein, was viele Kritiker der Voice-Over-Narration befürchten:

Die Illusion der fiktiven Filmwelt wird durch den Akt des Erzählens durchbrochen. Der Zuschauer kann sich in seinem Kinosessel nun nicht mehr völlig entspannt und sicher zurücksinken und sich in die Illusion der fiktiven Filmwelt fallen zu lassen, da für ihn jederzeit die Gefahr bestehen könnte, von jenen fiktiven Personen auf der Leinwand in seiner Rolle als Voyeur ertappt und angesprochen zu werden.

Demzufolge kann man im direkten Ansprechen einer homodiegetischen Erzähler-Figur die ultimative Form und damit pragmatische Weiterentwicklung der klassischen Voice-Over-Narration erkennen, insbesondere wenn man die zahlreichen, selbstreflexiv-ironischen Voice-Over Erzähler der letzten Jahre betrachtet. Das direkte Ansprechen des implizierten Zuschauers ist der Höhepunkt eines Spiels mit dem Akt des Erzählens, dass sich nahtlos in den sich immer weiter steigernden, selbstreferenziellen, selbstreflexiven Erzählgestus des so häufig heraufbeschworenen postmodernen Kinos einreiht. Das direkte Ansprechen des Zuschauers ist somit das extremste narrative Stilmittel des aktuellen Films, das Bild und Ton wieder miteinander verbindet und den Zuschauer das Erzählen als eine intensive Erfahrung erleben lässt, während es ihn zur Essenz des Narrativen zurückführt.

2.4 Typen des homodiegetischen Erzählers

Somit lassen sich folgende Typen des homodiegetischen und intradiegetischen Erzählers zusammenfassend darlegen:

2.4.1 Der Ich-Erzähler

Dies ist die gängigste Form des homodiegetischen Erzählers. Dabei handelt es sich um einen Erzähler in der ersten Person Singular, der auf eine bedeutende Zeit seines Lebens zurückblickt und diese Ereignisse entweder einer anderen fiktiven Figur (oft in Form einer Beichte oder eines Geständnisses) schildert, diese niederschreibt oder sich direkt an einen implizierten Zuschauer wendet. Ich-Erzähler können als Rahmenerzähler auftreten oder durchgängig ihre Erzählung kommentieren.

Da homodiegetische Erzähler das Erzählte meist zu einem bestimmten Zeitpunkt selbst erlebt haben, sprich von autobiografischen Erlebnissen berichten, führt dies dazu, dass sie die Ereignisse durch einen sehr subjektiven Fokus vermitteln. Insgesamt kann ein homodiegetischer Erzähler niemals vollkommen objektiv sein, da er zu direkt mit seiner eigenen Narration verknüpft ist und daher mehr oder minder subjektiv durchsetzte Passagen in seine Erzählung einbindet.

Auch gilt, dass homodiegetische Erzähler umso unzuverlässiger sind, je häufiger sie das Geschehen kommentieren, das heißt je bewusster sie ihre Position als Erzähler ausüben und als vorgeblich omnipotente und allwissende Schöpfer ihrer Erzählwelt auftreten und die erzählte Handlung damit bewusst manipulieren.

Jedoch kann ein glaubwürdiger homodiegetischer Erzähler niemals in demselben Maß an Omnipotenz und Wissen über die diegetische Welt verfügen, wie ein heterodiegetischer Erzähler.

2.4.2 Der periphere Erzähler

Der periphere Erzähler ist ein homodiegetischer Erzähler, der in der ersten Person Singular, beziehungsweise in der dritten Person Singular oder Plural spricht. Er schildert meist rückblickend Ereignisse, die er lediglich als Randfigur miterlebt hat, aus diesem Grund sind seine Sichtweise, sein Wissen und auch seine erzählerische Macht über die Diegese äußerst eingeschränkt. Daher werden periphere Erzähler auch eher selten als durchgängige Erzählerstimmen eingesetzt. Weiterhin müssen periphere Erzähler als grundlegend unzuverlässige Erzähler verstanden werden, da sie selbst in ihre Erzählung verstrickt sind, als Nebenfiguren jedoch nur einen sehr begrenzten Einblick in die Ereignisse erlangen konnten.

2.4.3 Die *Innere Stimme*

Die *Innere Stimme* offenbart dem Zuschauer die Gedanken einer diegetischen Figur, ohne dass die Figur selbst dieser Offenbarung ihrer Gedanken bewusst zugestimmt hätte. Die *Innere Stimme* ähnelt damit dem *Inneren Monolog* der Literatur und wird durch den implizierten Präsentator oder einen expliziten Erzähler ermöglicht. Die *Innere Stimme*, insbesondere wenn sie durchgängig in einem Film verwendet wird, beinhaltet meist narrative Funktionen.

Weiterhin kann die *Innere Stimme* entweder in Form einer *Mindscreen Narration* zur Überleitung in ein tatsächliches Erzählen der Figur führen oder als durchgängiger, assoziativer Bewusstseinsstrom der Figur, also als deren unreflektierter Kommentar auf ihre Außenwelt fungieren.

Eine weitere Subkategorie der *Inneren Stimme* ist die Schreib- oder Lesestimme, die es dem Zuschauer ermöglicht, den Inhalt eines von der Figur geschriebenen oder gelesenen Texts zu erfahren.

2.4.4 Das direkte Ansprechen

Das direkte Ansprechen eines implizierten Zuschauers durch eine diegetische Figur durchbricht die Narration und die Diegese und ist damit ein postmodernes, narratives Stilelement des aktuellen Kinos, das nur sehr begrenzt eingesetzt wird. Dieses aggressive Erzählmittel konfrontiert den Zuschauer direkt mit seiner Position als passiver Voyeur des filmischen Geschehens und legt so das illusionäre, fiktive Konstrukt des Films offen. Es ist daher die letztmögliche und auch extremste Form der auditiven (und in diesem Fall auch visuellen) filmischen Narration.

2.5 Der unzuverlässige Ich-Erzähler im aktuellen *Film Noir*

Aufgrund all dieser sehr speziellen und ebenso unterschiedlichen Funktionen, die den homodiegetischen Erzähler dazu befähigen dem Zuschauer einen besonders subjektivierten Blick auf die Diegese zu vermitteln, wurden und werden homodiegetische Voice-Over Narratoren in der ersten Person Singular besonders häufig im *Film Noir* verwendet.

> «Die Subjektivierung resultiert in der klassischen *Noir*-Erzählung aus der Irritation der Wahrnehmung durch die vorübergehende Dekonstruktion zeitlicher Linearität einer Erzählung vor dem Hintergrund ihrer konventionellen narrativen Rahmenkomposition zu einer linear rekonstruierbaren Geschichte.»[37]

Im klassischen *Film Noir*, der seinen ersten Höhepunkt zwischen 1940 und 1958 im amerikanischen Kino erlebte und damit erstmalig zu einer intensiven Verwendung der Voice-Over-Narration führte, wurden Erzähler in der ersten Person Singular meist eingesetzt, um den objektivierenden Blick der klassische Narration zu untergraben. Des Weiteren sollten dem Zuschauer so die von Verbrechen, Ausweglosigkeit und Gewalt zerrütteten Individuen näher gebracht werden, um diesen dazu zu bringen sich mit dem eingeschränkten Blickwinkel und Seelenzustand dieser Charaktere zu identifizieren.

> «Die gebräuchlichste Form des voice over im ‹historischen› Film noir dient in der Regel zwar noch ganz konventionell dazu Rückblenden ein- und auszuleiten oder Übergänge zwischen unverbunden erscheinenden Handlungen zu stiften, doch resultiert aus der verbalen Markierung zeitlicher, räumlicher oder kausaler Fragmentierung und der Möglichkeit zur Psychologisierung etwa durch die Modulation der Stimme ein für erzählerische Willkür sensibilisierender, ein filmisches Selbst-Bewusstsein suggerierender Effekt.»[38]

Jener extrem subjektivierende Blick auf die Welt wurde in einigen klassischen *Noir*-Filmen nicht nur auf der narrativen Ebene, mittels eines Voice-Over-Erzählers, verwirklicht, sondern auch auf der visuellen Ebene, durch die vermehrte Verwendung von Point-Of-View-Shots, auf die Spitze getrieben. Als bekannteste Beispiele hierfür sind sicherlich LADY IN THE LAKE, DARK PASSAGE und MURDER MY SWEET zu nennen.

Am häufigsten sind im klassischen *Film Noir* zurückblickende Ich-Erzähler zu finden, die ein bereits begangenes Verbrechen gestehen und im Zuge ihrer Narration die Ausweglosigkeit ihres Schicksals belegen, wie in DOUBLE INDEMNITY, wo der angeschossene Versicherungsagent Walter Neff den Mord an einem Klienten

---

[37] Röwekamp 2003, S. 194.
[38] Röwekamp 2003, S. 102.

rückblickend auf Tonband spricht. Am Ende des Films tritt schließlich ein, was von Anfang an bereits unabwendbar war, der Protagonist erliegt seinen tödlichen Verletzungen.

> «Rückblenden und Off-Erzählung sollen den Zuschauern die Unausweichlichkeit eines Schicksals vermitteln, dem die Hauptfiguren bereits ausgeliefert sind, wenn der Film und das Rekapitulieren der Ereignisse beginnt. Es wird Vergangenheit heraufbeschworen, ein *Temps perdu*, an den man sich schmerzvoll erinnert, auf den man aber nicht mehr einwirken kann. Hoffnungslosigkeit und Fatalismus überlagern jedes andere Gefühl.»[39]

Mittels jener Rückblenden, die oft mit Vorausblenden, zurück in das Jetzt der Erzählzeit, gekoppelt werden, entsteht eine zirkuläre Erzählstruktur, in welcher der Ich-Erzähler gleichfalls als Rahmenerzähler, Figur der Rahmenhandlung und als Protagonist seiner eigenen Narration auftritt. Die Frage nach dem ‹Was› geschehen ist spielt demnach keine ausschlaggebende Rolle mehr, nur das ‹Wie› ist von Interesse.

> «In jedem Fall auch rückt der Erzählvorgang des Films selbst in den Vordergrund, oder, mit Howard Hawks gesprochen: Das ‹Wie› der Handlungsdarbietung wird wichtiger als das ‹Was› – das entweder zu kompliziert ist, um es ganz zu erfassen, oder das zu Beginn des Films bereits feststeht und oft schon verraten wird.»[40]

Dieses Motiv der fatalen Unausweichlichkeit des Schicksals findet sich jedoch nicht nur im klassischen *Film Noir*, wie in SUNSET BOULEVARD, sondern auch in aktuellen Produktionen, wie MEMENTO, FIGHT CLUB oder SIN CITY.[41]

Diese zirkuläre Erzählstruktur, die von Röwekamp unter dem Begriff der *méthode noire* gefasst wird, kann auch heute noch als Stil bestimmend für dieses Genre erkannt werden und muss dabei gleichzeitig als bewusste Abweichung von der linearen, unsichtbaren Narrationsstruktur des traditionellen Erzählkinos verstanden werden.

> «Die kausal-kontinuierende Methode der klassisch linearen Narration in Verbindung mit sozialen oder familiären Ordnungssemantiken erzeugt objektivierende Effekte, während die bewusst herbeigeführte bzw. methodische Störung dieser Konventionen in Verbindung mit Semantiken existenzieller Verzweiflung, Angst und Bedrohung subjektivierende Effekte hervorbringt – und gleichzeitig Konvention geworden ist. [...] Das Adjektiv *noir* bezeichnet also ein Moment der (subjektivierenden) Verdichtung vor dem Hintergrund desjenigen (objektivierenden) des klassischen Erzählfilms. *Noir* weicht damit von der Form klassischen Erzählens im Film ab.»[42]

---

39 Werner, S. 74.
40 Werner, S. 75–76.
41 Telotte, S. 17.
42 Röwekamp 2003, S. 203.

2.5 Der unzuverlässige Ich-Erzähler im aktuellen *Film Noir*

Ausschlaggebend für einen *Film Noir* ist somit ein subjektivierender Blick auf die dargestellte Welt und Gesellschaft, der den Verlust der Ich-Gewissheit des Individuums in eben dieser undurchsichtigen Welt spiegelt und sich damit gleichzeitig als individuell desorientierter Blick auf den Zuschauer überträgt.

Dieses Mittel zur Desorientierung des Zuschauers wird insbesondere im aktuellen *Film Noir*, dem *Neo Noir*, der seit den 1990ern seinen Höhepunkt erlebt, zur Perfektion gesteigert. Dabei wird weniger mit ‹übersteigerten› visuellen Mitteln zur Subjektivierung des Zuschauers gearbeitet, wie beispielsweise einer extremen Verwendung von Point-Of-View-Shots, sondern vielmehr wird die narrative Struktur selbst als Mittel zur Subjektivierung und Desorientierung eingesetzt.

Ebenfalls aus dem aktuellen *Film Noir* heraus hat sich mittlerweile, als weitere Steigerung der narrativen Destruktion einer klassisch-linearen Erzählstruktur, das Sub-Genre des **Puzzle-Films** entwickelt.

> «In such films, the narration is unreliable, but the unreliability consists largely of omissions and misdirections. In the core cases of the puzzle film, the narration is more flagrantly misleading. Typically, it presents actions that seem to be taking place, but sooner or later we're encouraged to doubt the actuality of those events. The usual revelation depends on subjectivity: something we've taken as objective turns out to be a character's fantasy or hallucination.»[43]

Ein außerordentliches Beispiel hierzu ist der Film THE USUAL SUSPECTS. Dort wird, nach einer einleitenden, rein visuellen Sequenz, die bereits das angebliche Ende vorwegnimmt, die Handlung rückblickend von der vermeintlichen Nebenfigur Verbal Kint geschildert. Kint soll der Polizei bei der Klärung eines Verbrechens behilflich sein, in das er selbst angeblich nur am Rande verwickelt war. Im Verlauf des Verhörs wechselt der Ich-Erzähler Kint immer wieder in eine Erzählung in der dritten Person über. So gelingt es Verbal das Interesse des Zuschauers und des Ermittlers, Kujan, auf die übrigen Beteiligten des Überfalls, insbesondere auf Keaton und die mysteriöse Figur des Kaysa Sosseys zu lenken.

Dieser Wechsel in der Erzählperspektive findet so nicht nur in der Sequenz statt, in der er die mythische Vorgeschichte des Keyser Soze erzählt, sondern auch in jener Sequenz, in der er beschreibt, wie es zu dem zweiten Überfall kam:

> «Keaton fought the best he could, but a man can't change what he is. He can convince anyone he's someone else, but never himself. It took one day with McManus nagging and we went back to work.»

Diese Erzählperspektive wird dementsprechend auf die visuelle Ebene übertragen, die uns scheinbar aus einem objektiven Fokus heraus die dramatische Handlung zu präsentieren scheint, so dass auch Sequenzen, wie z. B. zwischen Keaton und seiner

---

43 Bordwell 2006, S. 81.

Freundin oder Interaktionen zwischen den Ermittlern zu sehen sind, die Verbal niemals miterlebt haben konnte.

Eben dieser Erzählfokus wird auch am Ende übernommen, wenn Kujan seine vermeintlichen Erkenntnisse des Ablaufs und der Verstrickungen für Verbal zusammenfasst. Auch hier geht der Zuschauer natürlich davon aus ‹wahre› Bilder präsentiert zu bekommen. Letztendlich stellt sich jedoch heraus, dass die von Kint geschilderten Ereignisse erlogen, wie die von Kujan erlangte Erkenntnis, dass Keaton jener mysteriöse Keyser Soze sei, ein Trugschluss war. Der Zuschauer muss somit erkennen, dass es sich bei den dargestellten Bildern bloß um die visuelle Umsetzung der von Kint gelenkten und erfundenen Narration handelte. Bruchstücke dieser Narration werden nun, in einem auditiven Flashback Kujans, mit Aufnahmen der Gegenstände gekoppelt, die Kint zu seiner erfundenen Geschichte verknüpfte. Dieses auditive Flashback geht dann auf der visuellen Ebene im narrativen Jetzt zu Kint über, der humpelnd die Polizeiwache verlässt, um plötzlich in einen normalen Gang zu wechseln, in ein Auto steigt und davon fährt.

> «Eine dramaturgisch besonders wirksame Variante figurengebundener Unzuverlässigkeit entsteht durch den *final plot twist* einer Geschichte, die in zweierlei Hinsicht lesbar ist. Durch subtile Mechanismen der Inszenierung und gezielte, lückenhafte Informationsvergabe wird die verschobene oder eingeschränkte Wahrnehmung einer Figur zunächst mit einem Deckmantel scheinbarer Objektivität getarnt. [...] Dieser trickreiche Betrug am Zuschauer wird für gewöhnlich in einem überraschenden Film-Ende offenbart, das eine blitzartige Erkenntnis herbeiführt.»[44]

Eine ebenso komplexe und tief greifende Desorientierung und Subjektivierung des Zuschauers mittels der Narration, beziehungsweise mittels der Verwendung eines zwiespältig auftretenden Voice-Over Erzählers in der ersten Person, findet sich in FIGHT CLUB.

2.6 FIGHT CLUB – Die Narration des in sich gespaltenen Subjekts

FIGHT CLUB, der mit einer für den aktuellen *Film Noir* typisch, provokanten Story und durchstilisierter Ästhetik erzählt wird, handelt von einem namelosen, jungen Mann, der verzweifelt versucht seinem tristen, ziellosen Leben zu entkommen. Aus diesem Grund entwickelt er ein *Alter Ego*, Tyler Durden, in dem sich all das manifestiert, was Jack selbst nie zu sein wagte.[45] Mit Tyler zusammen gründet Jack den Fight Club, wo Selbstzerstörung zum Lebenszweck erhoben wird. Jedoch

---

44 Fabienne Liptay / Yvonne Wolf 2005, S. 15.
45 Da die Figur im Drehbuch sowie in den meisten Texten über den Film als ‹Jack› bezeichnet wird, werde ich sie im Folgenden auch ‹Jack› nennen. Der richtige Name des Protagonisten bleibt somit verborgen.

2.6 FIGHT CLUB – Die Narration des in sich gespaltenen Subjekts

gerät Jacks zweite Persönlichkeit bald außer Kontrolle und droht nicht nur die Jack erdrückende Gesellschaft zu zerstören, sondern auch ihn selbst. Jack muss sich daher seiner Persönlichkeitsspaltung bewusst werden und Tyler letzten Endes vernichten, um sich nicht gänzlich selbst zu verlieren.

Die Story des Films führt damit *par excellence* das Motiv des Verlusts der Individualität – insbesondere der männlichen Identität – in der (post-)modernen Gesellschaft vor, ein Thema das auch schon im klassischen *Film Noir* eine entscheidende Rolle spielte.

> «Die widersprüchliche Entwicklung der Moderne kommt in der Krise des Subjektbegriffs zum Ausdruck; für den Subjektbegriff des Kinos bedeutet das eine veränderte – ob kritisch, konservativ oder progressiv: jedenfalls das sensationelle und unterhaltende Potenzial des Medium ausnutzende – Erzählform: Film noir.»[46]

Die sich in FIGHT CLUB spiegelnden Motive des klassischen *Film Noirs*, auf die fast ununterbrochen, selbstreflexiv verwiesen wird, sind dabei einem zeitgemäßen Erzählgestus angepasst. Während im klassischen *Film Noir* das Gefühl des maskulinen Ich-Verlusts aufgrund der aufstrebenden Emanzipation der Frau sowie der Orientierungslosigkeit der Kriegsheimkehrer thematisiert wurde, entspringt in FIGHT CLUB jenes Empfinden der Ausweglosigkeit des Protagonisten dem konsumdominierten Lebensstil der westlichen urbanisierten Welt, in der ein männliches Selbstverständnis nicht mehr ausgedrückt werden kann.

> «[….] film noir is characterized by a certain anxiety over the existence and definition of masculinity and normality. This anxiety is seldom directly ex-pressed and yet may be taken to constitute the films' ‹problematic›, that set the issues and questions which the film seeks to come to terms with without ever articulating. […] This problematic can be observed in, on the one hand, the films' difficulty in constructing a positive image of masculinity and normality, which constitute a direct assertion of their existence and definition, and, on the other hand, the films' use of images of that which is not masculine and normal – i.e., that which is feminine and deviant – to mark off the parameters of the categories that they are unable actually to show.»[47]

Jacks Gefühl der Unzufriedenheit und Ausweglosigkeit gleicht dabei dem Aufbegehren eines Jugendlichen gegen die Welt der Eltern, so dass seine Suche nach Intimität und Erfahrung folglich nicht nur als eine Suche nach der eigenen Identität, sondern auch als eine Suche nach seiner Identität als Erwachsener zu verstehen ist. Jack muss erst gegen das etablierte System rebellieren, beziehungsweise dieses

---

46 Röwekamp 2003, S. 38.
47 Richard Dyer: Resistance Through Charisma: Rita Hayworth and Gilda. In: E. Ann Kaplan: *Women in Film Noir*. London 2001, S. 115.

zerstören, ehe er es anerkennen und akzeptieren kann und letztendlich dazu in der Lage ist die Verantwortung für sein Handeln zu übernehmen.

Weiterhin gleicht die physische Selbstzerstörung des eigenen Körpers im Fight Club und das zur Schau tragen der dort erhaltenen Wunden dem manischen Verhalten eines Menschen, der sich selbst verletzen muss, um seine psychischen Schmerzen nach außen zu tragen. Begründet wird diese Lust am Schmerz in FIGHT CLUB mit dem Mangel an Erfahrung, an erlebtem Leid, am Selbst und am Sein, das eben nicht durch die in der Gesellschaft gepredigte Erfüllung im Konsum gefunden werden kann.

Das im klassischen *Film Noir* etablierte Motiv der Verlorenen Generation (*Lost Generation*), die durch Krieg und wirtschaftliche Depression nicht fähig war ihre eigene Individualität zu entfalten, wird hier also verkehrt. Der Mangel an eben solchen Tragödien und Erfahrungen wird zur Begründung für einen Mangel an Lebenswillen und Lebenserfahrung verdreht.[48] Dieser Mangel manifestiert sich insbesondere in Jacks Schlaflosigkeit, den er anfangs noch durch das erlebte Leid anderer in Selbsthilfegruppen zu befriedigen vermag. Als dies jedoch nicht mehr ausreicht, entwickelt Jack das Alter Ego, Tyler Durden und den Fight Club, wo realer, physischer Schmerz erfahrbar wird.

Jenes Leiden betrifft jedoch nicht nur das männliche Individuum, sondern auch die Frau, die durch die einzige weibliche Figur, Marla Singer, repräsentiert wird. Marla erinnert dabei nur an der Oberfläche, durch ihr Äußeres, an die typische *Femme Fatale* des klassischen *Film Noirs*. Aufgrund ihrer inneren Verlorenheit und eigenen Suche ist sie jedoch eher als das weibliche Gegenstück zu Jack, als Spiegel seines Selbst, zu verstehen.

> «[…] im zeitgenössischen Noir-Film [ist] die femme fatale nicht mehr außerhalb einer männlich dominierten Ordnung stehend, doch ihre Integration in die Ordnung und Aneignung einer maskulinen Ideologie scheint die bestehende Ordnung gleichsam von innen her zu bedrohen und die (noch) leitende Funktion männlicher Individualität zu zersetzen.»[49]

Demnach scheint das Auftreten der Figur Marla der endgültige Auslöser für Jacks Persönlichkeitsspaltung zu sein, der sich durch ihre Anwesenheit bedroht und belästigt fühlt, vermutlich weil er zu einer emotionalen Beziehung zu einer Frau einfach nicht fähig ist. Marlas negatives Wirken auf Jack liegt somit nicht in ihr,

---

48 Vgl.: Tylers Predigt im Fight Club: «I see in Fight Club the strongest and smartest men who have ever lived – an entire generation pumping gas and waiting tables. Or they are slaves with white collars. Advertisements have us chasing cars and clothes, working jobs we hate so we can buy shit we don't need. We are the middle children of history. No purpose or place. We have no great war. No great depression. Our great war is a spiritual war. Our great depression is our lives. We've all been raised by television to believe that one day we'd all be millionaires and movie gods and rock stars – but we won't. And we are slowly learning that fact. And we're very, very pissed off.»
49 Röwekamp 2003, S. 148.

2.6 FIGHT CLUB – Die Narration des in sich gespaltenen Subjekts

sondern in diesem selbst begründet, beziehungsweise in dessen Unfähigkeit zu Intimität und echter Emotionalität (Abb. 39).

Dabei wird auch das Motiv der verdeckten Homosexualität in der scheinbar freundschaftlichen Beziehung zwischen den beiden Männern thematisiert, das bereits im klassischen *Film Noir* eine

39 Störfaktor Frau. Helena Bonham Carter als Femme Fatale in FIGHT CLUB (USA/D 1999)

große Rolle spielte. Jedoch wird auch dieses Motiv in FIGHT CLUB ad absurdum geführt, da Tyler ja nur eine Gestalt in Jacks Kopf ist und dieser demnach nur zu einer narzisstisch-intimen Beziehung mit sich selbst in der Lage zu sein scheint.

> «Während der ‹Fight-Club›-Erzählung des Films fällt der von Jack begehrten Marla Singer nunmehr die Rolle zu, für Jacks Alter Ego Tyler Durden sexuelle Höchstleistungen zu erbringen. Zugleich thematisiert dieser Filmabschnitt einen weiteren semantischen Bereich des ‹historischen› Film noir: die latente Homosexualität der hypermaskulinen Figuren des ‹Fight Club›, die ihre eigene Identität nur durch körperlichen Kontakt mit anderen Männern definieren.»[50]

Aber auch das, die narrative Struktur des Films tragende, Motiv der Persönlichkeitsspaltung und der Amnesie war bereits im klassischen *Film Noir* ein sehr beliebtes Mittel zur Desorientierung und Subjektivierung des Zuschauers. Gespaltene Persönlichkeiten, Figuren, die schlafwandelten oder an Gedächtnisverlust litten, tauchten vor allen Dingen in Erzählungen auf, in denen sich der Protagonist auf Grund jener Störung nicht erinnern oder nicht sicher sein konnte, ob er einen ihm angelasteten Mord begangen hatte, wie in NIGHTMARE (Maxwell Shane, USA 1956) oder in POSSESSED.[51] Dieser entfremdete, subjektivierte Blick der Figuren ist es, der auf den Zuschauer übertragen wurde und somit zu dessen Desorientierung in der dargestellten Welt beitragen soll. So auch in FIGHT CLUB, wo das Motiv der Persönlichkeitsspaltung zur eigentlichen Katharsis der Narration wird.

2.6.1 Die Subversion der Narration durch das sich selbst erzählende Ich

> «Auf der narrativen Ebene desorientiert der Film noir konsequent den Zuschauer, indem er die Standards der konventionellen Erzählung Hollywoods neu ordnet und verändert und damit die Strategie seiner durchsichtig organisierten, linearen Geschichten, seines verdeckten Stils und das Unsichtbarmachen des Erzählers verwirft.»[52]

---

50 Röwekamp 2003, S. 146.
51 Vgl.: Werner, S. 38–39.
52 Röwekamp, 2003. S. 97.

2 Formen der homodiegetischen Narration

Die narrative Struktur von FIGHT CLUB orientiert sich vordergründig am prototypischen Aufbau eines rückblickend geschilderten Bekenntnisses. Der Voice-Over Erzähler, Jack, führt im Jetzt der Erzählzeit in die Narration ein und leitet den Zuschauer mit seinen Worten dann durch die von ihm erinnerte Vergangenheit. Dabei wird immer deutlicher, dass sich die Narration des Protagonisten in zunehmendem Maß aufzulösen scheint und sich der Zuschauer an der Konstruktion des Sinngehaltes der narrativen Struktur beteiligen muss, beziehungsweise dazu aufgefordert wird, die Plausibilität jener diegetischen Welt mit zu erschaffen.

Bereits der Einstieg in den Film und somit auch der Einsatz der Voice-Over-Narration des Ich-Erzählers greift dabei klassische Erzählmodelle auf, überhöht diese jedoch nicht nur auf der auditiven Ebene, sondern auch auf der visuellen, um so auf extreme Weise deutlich zu machen, dass es sich hierbei um Kopfkino in der reinsten Form handelt – wie bei eigentlich allen Filmen mit einem Voice-Over Erzähler in der ersten Person Singular.

> «Beyond all other motivation, then, the narrator's speech assumes a kind of causal posture, accounting for all that happens, and even for the speaker's existence. It serves as a point of demarcation, gesturing in one direction toward a consciousness that stands outside of the images we view, distanced from them by the flow of words, and in another direction toward the world those words vividly conjure up. […] Indirectly, they remind us of what Kawin calls a ‹mindscreen› – ‹the field of the mind's eye› or narrator's consciousness.»[53]

Kopfkino bedeutet demzufolge, dass diese Bilder, die durch die Stimme des Ich-Erzählers hervorgerufen werden, immer eine deutlich subjektive, von jenem Erzähler erinnerte, Realität präsentieren. In den meisten klassischen *Noir* Filmen wurde das tatsächliche Ausmaß der Subjektivierung und Limitierung der Narration, die mittels solch eines Kopfkinos hätte erzeugt werden können, jedoch nur sehr beschränkt eingesetzt, um letztendlich doch den Konventionen der klassischen Hollywood-Narration zu entsprechen.

In FIGHT CLUB werden all diese Konventionen bereits in der Exposition untergraben. So beginnt der Film mit einer virtuellen Kamerafahrt durch Jacks Ganglien, aus seiner Haut heraus, den Lauf der Pistole entlang, die Tyler ihm in den Mund steckt. Diese einführende Rahmen-Narration des implizierten Präsentators verdeutlich somit bereits in der ersten Minute des Films, dass der Zuschauer eine extreme Form des Kopfkinos zu erwarten hat. Durch die einsetzende Voice-Over-Narration des Protagonisten, Jack, wird dieser Umstand dann nochmals unterstrichen, indem der Erzähler, völlig unvermittelt, seine Macht demonstriert, mittels seiner Stimme die gewünschten Bilder und Orte in der Diegese hervorzurufen und

---

53 Telotte, S. 41.

2.6 FIGHT CLUB – Die Narration des in sich gespaltenen Subjekts

eine virtuelle Kamerafahrt durch die Hochhäuserschluchten, zu einem mit Bomben bestückten Lieferwagen hervorruft:

> «We have front-row seats fort this Theater of Mass Destruction. The Demolitions Committee of Project Mayhem have wrapped the foundation columns of ten buildings with blasting gelatin. In two minutes, primary charges will blow base charges, and those buildings will be reduced to smoldering rubble. I know this because Tyler knows this.»

Damit werden bereits in den einleitenden Worten des Erzählers die Hauptthemen des Films benannt: Der Konflikt des Protagonisten mit seinem Antagonisten Tyler Durden und die Auswirkungen des Projekt Mayhems. Gleichzeitig werden Hinweise auf den Ausgang der Geschichte geliefert, indem die Verknüpfung der beiden Figuren deutlich gemacht wird: Jack weiß all dies, weil Tyler dies weiß.

Mit einem Zoom auf den Kopf des Erzählers, also einer weiteren Verdeutlichung dieses Motivs des Kopfkinos, setzt dann die eigentliche, rückblickende Narration ein. Dieser Ich-Erzähler benötigt dabei keine Ausrede oder Begründung für seine Narration. Er benötigt auch keinen Vermittler, also ein scheinbares Geständnis auf Tonband, einen Priester oder Polizisten die ihn verhören, um eine zuhörende Instanz zwischen ihm und dem Publikum zu etablieren. Jacks Worte richten sich an niemanden und demnach indirekt ausschließlich an den Zuschauer. Auf diese Weise wird die Narration von der ersten Minute an selbstbewusst in den Vordergrund gerückt, so wie der Akt des Erzählens an sich hervorgehoben wird.

> «Der voice-over-Erzähler erzählt sich selbst und bringt damit unaufhörlich sich selbst hervor. Der narrative Zirkelschluss lässt keine andere Perspektive zu als diejenige Jacks, die Diegese wird zum Ausdruck eines solipsistischen Einschlusses.»[54]

Verstärkt wird jenes selbstreflexive Wissen um den narrativen Akt durch auftretende Brüche in der Narration, die ganz bewusst vom Erzähler herbeigeführt werden. Dies geschieht eher indirekt, wenn Jack, als diegetische Figur innerhalb seiner Narration, nochmals als Erzähler auftritt und der Zuschauer dabei in diese erneute Narration mit hineingerissen wird, um ebenso plötzlich wieder aus dieser herausgeschleudert zu werden. So auch in jener Sequenz, in der Jack mittels seiner Erzählstimme das Gefühl beschreibt, das er während der vielen Flüge hat, die er wegen seines Jobs tätigen muss:

> «You wake up at O'Hare. You wake up at SeaTec. Pacific, Mountain, Central. Lose an hour, gain an hour. This is your life and it's ending one minute at a time. If you wake up at a different time and in a different place, could you wake up as a different person?»

---

54 Röwekamp 2003, S. 143.

2 Formen der homodiegetischen Narration

Ebenso unvermittelt beginnt Jack daraufhin seinen Beruf zu beschreiben, wozu die entsprechenden Bilder hervorgerufen werden, die Jack bei der Begutachtung eines zerstörten Autos zeigen. Nach einem abrupten Schnitt muss der Zuschauer dann jedoch feststellen, dass Jack dies gerade einer Frau erzählt, die neben ihm im Flugzeug sitzt. Die Voice-Over-Narration, die der Zuschauer vermutlich an sich gerichtet glaubte, wird somit plötzlich zu einer intradiegetischen Narration die an eine andere Figur in der Erzählwelt gerichtet war.

Nachdem Jack das Gespräch mit seiner Mitreisenden beendet hat, folgt der nächste Bruch in der Narration, da nun wieder Jacks Erzählstimme einsetzt, die beschreibt, wie er bei jedem Flug auf einen tödlichen Absturz hofft:

«Every time the plane banked too sharply on take-off or landing, I prayed for a crash, or a mid-air collision – anything.» Dazu erscheinen die fiktiven Bilder eines solchen, erhofften Absturzes. Mit dem ‹Pling›-Zeichens das die Fluggäste informiert, dass sie sich nun abschnallen können, befindet sich Jack auf der visuellen und narrativen Ebene dann ebenso plötzlich wieder in der scheinbaren Realität der Diegese. Tyler, der nun als Fluggast neben Jack sitzt, nimmt nun das erste Mal bewusst mit ihm Kontakt auf.

Ein noch direkterer Bruch der Narration ist zu einem späteren Zeitpunkt in jener Sequenz festzustellen, in der Jack auch auf der visuellen Ebene als Erzähler in seiner eigenen Narration auftritt und den Zuschauer dabei nicht nur direkt anspricht, sondern auch direkt in die Kamera blickt. Jack erläutert dort Tylers Lebensweise und dessen verschiedenen Jobs, wie z. B. als Filmvorführer in einem Kino oder als Kellner in einem teuren Restaurant. In dieser Sequenz entsteht dabei der Effekt einer Doppelung der Narration und des Erzählers, so dass nicht nur die Figur Jacks in Tyler dupliziert wird, sondern seine Funktion als Voice-Over Narrator auch auf der visuellen Ebene gespiegelt wird (Abb. 40).

> «Die narrativ motivierte Verdoppelung der Figur Jack verstößt zugleich gegen eine essenzielle Bedingung des narrativen Kinos: die Konventionen psychologischer Eindeutigkeit als Index für die physikalische Korrektheit der repräsentierten Welt.»[55]

Der Akt des Erzählens an sich wird so immer wieder aufgegriffen, thematisiert und bespiegelt, ebenso wie auch die Doppelung des Protagonisten in der narrativen Struktur selbst.

Der Ich-Erzähler Jack kommentiert jedoch nicht nur seine eigene Geschichte, sondern auch das Schicksal der anderen Figuren, insbesondere jener aus den Selbsthilfegruppen, wie z. B. Bobs:

«Bob had bitch tits. […] Six month ago, Bob's testicles were removed. Then hormone therapy. He developed bitch tits because his testosterone was too high and his body

---

[55] Röwekamp 2003, S. 142–143.

2.6 FIGHT CLUB – Die Narration des in sich gespaltenen Subjekts

40 Jack erzählt Tylers Leben. Edward Norton und Brad Pitt in FIGHT CLUB (USA/D 1999)

upped the estrogen. That was where my head fit – into his huge, sweating tits that hung enormous, the way you think of God's, as big.»

Jacks helle, scharfe Stimme, mit der er die Narration des Films dominiert, hat in ihrem Klang und durch die sorgfältige Artikulation fast etwas Reines, was jedoch durch den Inhalt des Erzählten und die Beiläufigkeit mit der dies vermittelt wird konterkariert wird. Des Weiteren unterstreicht sein monotoner Erzählgestus, der vollkommen im Gegensatz zu den dargestellten Ereignissen steht, die spezielle, ironische Grundstimmung des Films, die im Charakter des Protagonisten begründet liegt.[56]

Demnach führt nicht nur der limitierte Blickwinkel des Protagonisten zu einer extremen Subjektivierung der narrativen Struktur, sondern insbesondere seine Stimme und seine bösartig-abschätzige Kommentare über die Welt tragen zu einer radikalen Subjektivierung des Zuschauers bei.

Mittels der Kameraführung ist der Zuschauer außerdem fast unaufhörlich an diesen subjektiven Blickwinkel gebunden, während Jack fast permanent, aus einer halbnahen Perspektive, im Bild zu sehen ist. Der Zuschauer wird somit dazu gezwungen die Welt aus der Sichtweise des Erzählers zu erleben und diese ausschließlich mit dessen Worten zu verstehen.

Dies wird besonders deutlich bei der Einführung und Wahrnehmung des Ich-Erzählers von Marla: «If I did have a tumor, I'd name it Marla. Marla, the little scratch on the roof of your mouth that would heal if only you could stop scratching it, but you can't.»

Der Zuschauer übernimmt somit von Beginn an Jacks verfremdet-negatives Bild von Marla und wird ihr Verhalten demnach als ebenso falsch und merkwürdig begreifen, wie dieser. Erst nach einem weiteren Lesen des Films, nachdem der Zuschauer erkannt hat, dass jenes falsche Bild von Marla durch Jacks Persön-

---

[56] Die Klangfarbe, Sprechtempus und Timbre der Stimme der deutschen Synchronisation sind der Originalstimme Edward Nortons übrigens sehr ähnlich, so dass hier keine allzu großen Differenzen in der Stimmwirkung auftreten.

lichkeitsspaltung geprägt wurde, wird er fähig sein diese Figur unter objektiveren Gesichtspunkten wahrzunehmen.

Gleichzeitig wird jener extrem subjektive, eigentlich nicht real existente Blick auf die Diegese durch die Kameraführung verschleiert, indem diese dem Zuschauer einen eingeschränkten, objektiven Fokus vorspielt. Aus einem objektiven Blickwinkel scheinen so z. B. jene Aufnahmen zu stammen, die für die diegetische Figur, Jack, eigentlich unmöglich erfahrbar sind, wie jene computeranimierte Fahrt der Kamera durch den Mülleimer in Jacks Büro oder wenn Jack durch seine Wohnung läuft und diese gleich einem Ikea-Katalog beschriftet wird.

Tatsächlich handelt es sich bei jenen Kamerafahrten jedoch nur um eine weitere Steigerung der Subjektivierung durch den Narrator, da das Auge der Kamera hier direkt die Bilder und Vorstellungen abbildet, die Jacks Kopf entspringen und die dieser mit seinen Worten hervorgerufen hat.

Ein weiteres Mittel einer vermeintlichen Objektivierung von Jacks subjektiver Narration sind auch all die Aufnahmen, in denen Tyler als scheinbar reale Figur der Diegese etabliert wird, dabei insbesondere jene, in denen er vollkommen alleine, ohne Jack, im Bild zu sehen ist. Dem Zuschauer bleibt bei einem ersten Lesen des Films daher gar nichts anders übrig, als Tyler als real existierende Figur zu verstehen. Auch wird ihm nicht auffallen, dass Tyler meist schrägt links, hinter Jack, im Bildhintergrund zu sehen ist und sozusagen wie ein Dämon über dessen Schulter schwebt und ihn bedrängt (Abb. 41).

Die wenigen Sequenzen, in denen Tyler ohne Jack im Bild zu sehen ist, werden auffälliger Weise oftmals durch Jacks Voice-Over-Narration eingeleitet, wie in jener Sequenz, in der Tyler (beziehungsweise Jack) erzählt, wie er Marla vor ihrem Selbstmordversuch gerettet hat: «I already knew the story before he told it to me.»

In der Diegese des Films schildert zwar angeblich Tyler den Vorfall, jedoch sind die Bilder dazu mit Jacks kurzen, ironischen Voice-Over-Kommentaren unterlegt. Tylers Narration wird somit von Jack übernommen, der eigentlich auch derjenige ist, der diesen Vorfall erlebt hat – eben nur als Tyler.

Da der eigentliche Ort der Narration Jacks Kopf ist, ist seine Stimme folglich in allem Gezeigten, Gehörten und auch in allem Gesprochenen gegenwärtig. Jacks

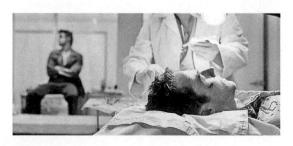

41 Tylers subtile Omnipräsenz. Edward Norton und Brad Pitt in FIGHT CLUB (USA/D 1999)

2.6 FIGHT CLUB – Die Narration des in sich gespaltenen Subjekts

42 Die Narration als Kopfgeburt. Edward Norton in FIGHT CLUB (USA/D 1999)

erzählende Stimme ist allgegenwärtig und verschwimmt nur mal mehr oder mal weniger deutlich in seiner visuellen Narration.

«The narration consists of a voice, but it indicates an individual's presence and consciousness, which together motivate all that we see, move our vantage freely about in time and space. That voice, though, stands ‹over› all else, signaling its proprietary nature. Even if the voice disappears after introducing or moving us into the flashback, it maintains proprietary over the narrative.»[57]

Die einzige Sequenz, in der die Kamera eine wirklich objektive Position innerhalb der Narration einnimmt ist jene Schlüsselsequenz, in der Jack begreift, dass Tyler nur eine Figur in seinem Kopf ist. Im Laufe dieser Sequenz werden nicht nur kurze Rückblenden gezeigt, in denen nun Jack anstelle Tylers zu sehen ist, sondern auch eine kurze Einstellung, in der Jack völlig alleine in seinem Hotelzimmer sitzt und sich angeregt mit sich selbst unterhält. Spätestens zu diesem Zeitpunkt begreift der Zuschauer somit das tatsächliche Ausmaß der Subjektivierung. Er muss verstehen, dass die gesamte bisher gesehene Narration lediglich die Kopfgeburt eines schizophrenen Charakters war (Abb. 42).

2.6.2 Narration ohne Ausweg – Der Kontrollverlust des Ich-Erzählers

Der Wahnsinn des Erzählers zeigt sich in der visuellen Struktur des Films jedoch viel früher – durch die unzähligen, sublimen Einschnitte (Bilder, die sich beinah unterhalb der bewussten Wahrnehmungsschwelle des Auges befinden), die immer wieder Tyler zeigen. Jene Einschnitte sind natürlich auch ein Verweis auf die im Film kritisierte Werbeindustrie, die ebensolche Schnitte nutzt, um Zuschauer unbewusst zum Kauf bestimmter Produkte anzuregen.[58] Gleichzeitig symbolisieren diese Einschnitte jedoch einen Bruch im visuellen Gefüge der Narration und versinnbildlichen noch einmal den Wahnsinn des Erzählers und der Narration selbst,

---

57 Telotte, S. 41.
58 Vgl.: Krützen, S. 141–142.

indem so deutlich wird, dass der Erzähler seine eigene Narration – demnach auch seinen Kopf und sein Leben – nicht unter Kontrolle hat. Ganz im Gegensatz zum klassischen *Film Noir*, in denen die rückblickende Voice-Over-Narration eines Ich-Erzählers meist als Mittel eingesetzt wurde, um dessen letztendlich erlangte persönliche Wahrheit und Erfahrung herauszustellen.

> «[...] the noir voice-over always implies a ‹disjunction ... between the hero as narrative agent and as narrator›, specially between what he now knows as narrator and what eluded him in the past. Typically, though, voice-over/flashback narratives move toward a ‹point of unification› as if dramatizing a process whereby an individual assimilates a story and its lesson. As Krutnik further explains, the speaker is ‹stabilizing ... truth› by reappropriating past events of his life from amid a confusing welter.»[59]

Weiter gesteigert wird der Verlust der Kontrolle des Ich-Erzählers über seine eigene Narration in jenen Momenten, in denen Tyler die Kontrolle über die Narration zu gewinnen scheint. Dazu gehören all jene Sequenzen, in denen Tyler auf der visuellen Ebene nicht mehr, einem Inkubus gleich, hinter der Schulter des Protagonisten lauert, sondern sich direkt in den Vordergrund drängt, um dort seine Ideologie zu verkünden. So in jener Sequenz, in der Tylers Kopf verwackelt im Bildvordergrund zu sehen ist während er seine Ideen proklamiert.

Faktisch wird die Narration durch diese Momente jedoch nicht direkt gebrochen, da Jack ja eins mit Tyler ist und so tatsächlich nur noch einmal das gesamte Ausmaß der Persönlichkeitsspaltung des Erzählers hervorgehoben wird. Fraglich bleibt nur, auf welcher narrativen Ebene der letzte sublime Einschnitt direkt vor Beginn des Abspanns anzusiedeln ist. Das Bild zeigt einen erigierten Penis, gleich dem, den Tyler während seiner Arbeit als Filmvorführer in einen Kinderfilm eingebaut hatte. Einerseits könnte dieses Bild somit darauf hindeuten, dass sich die Narration selbst zu diesem Zeitpunkt immer noch in Jacks Kopf abspielt und jener Einschnitt lediglich ein typischer Scherz des Tyler-Teils in Jacks Kopf ist. Andererseits würde das dann aber auch bedeuten, dass es Jack doch nicht möglich war Tyler vollständig in sich abzutöten.

Insgesamt wird durch diesen Einschnitt nochmals das gesamte Ausmaß des selbstreflexiven und subversiven Umgangs des filmischen Produkts mit der eigenen Narration verdeutlicht. Die Frage nach dem Konstrukt eines *Image Makers* stellt sich in diesem nicht mehr und wäre auch völlig überflüssig, da die gesamte Narration als ein großer Scherz angesehen werden kann, der sich selbst augenzwinkernd betrachtet. Demnach ist sich die filmische Narration in FIGHT CLUB nicht nur ihrer selbst bewusst, sondern auch ihrer eigenen Selbstreflexivität.

Auf einer sehr konstruierten Ebene weiß die Narration somit um ihre eigene Narrativität, beziehungsweise ist sich der Film seines filmischen Charakters durch-

---

[59] Telotte, S. 83.

aus bewusst und geht aus diesem Grund auch davon aus, dass das Publikum weiß, dass es ‹bloß› einen Film sieht, was durch die Verwendung zweier bekannter Hollywood Stars in den Hauptrollen, Edward Norton (Jack) und Brad Pitt (Tyler Durden), noch verstärkt wird.

Ebenso hebt sich dadurch die Frage nach der Realität oder Glaubwürdigkeit des Endes auf – der märchenhaften Vereinigung Jack und Marlas sowie Jacks wundersames Überleben des tödlichen Kopfschusses. Die übersteigerte Idylle jenes absurden *Happy Ends* verdeutlicht im Grunde genommen nur, dass es dem Film nicht daran gelegen ist eine direkte Botschaften zu vermitteln, sondern lediglich verschiedene Interpretationsmöglichkeiten und Lesarten einer Erzählung anzubieten. Was der Einzelne letztendlich für sich daraus zieht bleibt folglich auch jedem Einzelnen selbst überlassen – die Narration vermittelt bloß die Kopfgeburt eines Wahnsinnigen und kann sich demzufolge selbst auch nicht ernst nehmen.

> «Modernes Filmemachen wendet sich schließlich der eigenen Beschaffenheit zu und deckt nicht nur die historisch bedingten, selbstauferlegten Beschränkungen (Konventionen) des Filmemachens auf, sondern entdeckt zugleich, dass es selbst Element dieses kommunikativen (Ordnungs-) Prozesses ist. Die beobachtungsleitende Perspektive verschiebt sich von der Reflexion von Formen ‹realistischer› Repräsentation – z. B. die ‹Brechung› linearer Zeit im *jump cut* – zur selbstreflexiven Konstruktion filmischer Formenspiele mit der Option mehrfacher Codierung. Aus der Vervielfachung der Bedeutungsebenen resultieren zugleich eine tendenzielle Auflösung semantischer Eindeutigkeit, wie sie das realistische Modell noch unterstellt hat.»[60]

Letztendlich soll in FIGHT CLUB somit weder eine bewusste Gesellschaftskritik ausgeübt, noch zum Boykott der Konsumgesellschaft aufgerufen werden, sondern lediglich die Lust des Zuschauers am aktiven Entschlüsseln einer unterhaltenden, teils komplexen, narrativen Struktur befriedigt werden.

2.7 MEMENTO – Die Narration des identitätslosen Ichs

Völlig unterschiedlich und doch mit demselben Effekt der Auflösung der narrativen Struktur, arbeitet MEMENTO. MEMENTO handelt dabei, ähnlich wie FIGHT CLUB, von einem Mann Mitte dreißig, der seine Identität verloren hat. Der Versicherungsermittler Leonard hat nach einem Raubüberfall, bei dem seine Frau vergewaltigt und ermordet wurde, sein Kurzzeitgedächtnis verloren und versucht nun verzweifelt diesen Mord an seiner Frau zu rächen.

---

60 Röwekamp 2003, S. 178–179.

2 Formen der homodiegetischen Narration

Die Suche des Protagonisten nach dem Mörder seiner Frau und nach seiner eigenen Erinnerung verweist dabei auf Ermittler-Figuren des klassischen *Film Noirs*, jedoch wird dieses Motiv durch eine besondere Form der Amnesie des Protagonisten gesteigert und gleichzeitig umgekehrt, da dies als Auslöser genommen wird, die Narration gleich der eingeschränkten Wahrnehmungsfähigkeit Lenards aufzubauen. Leonard leidet seit dem Überfall an *Anterograder Amnesie*, das heißt am Verlust seines Kurzzeitgedächtnisses, so dass er keine neuen Erinnerungen speichern kann. Auf die Erzählstruktur des Films angewandt bedeutet dies, dass der gesamte Film rückwärts erzählt wird. In kurzen Sequenzen, die in etwa Leonards Wahrnehmungs- und Erinnerungsvermögen entsprechen, wird jeweils das gezeigt, was in der Chronologie der Erzählzeit folgenden Sequenz bereits geschehen ist.[61]

Die Erzählstruktur wird somit einerseits durch Leonards Zustand bedingt, vermittelt dem Zuschauer dabei gleichzeitig aber ein Gefühl von Leonards Wahrnehmung der Realität im Allgemeinen. Dabei soll dem Zuschauer die Orientierung innerhalb der Handlungsstruktur erleichtert werden, indem der Anfang der vorangegangenen Sequenz am Schluss der Nächsten nochmal wiederholt wird.

Diese rückwärtslaufende Erzählstruktur des Films wird bereits in der Exposition, durch den sprichwörtlich rückwärts ablaufenden Mord an Teddy verdeutlicht, um den Zuschauer so auf die folgende Erzählweise einzustellen.

Gleichzeitig bestimmt die psychische Disposition des Protagonisten nicht nur die allgemeine Struktur der Narration, sondern wird auch als radikales Mittel zur Subjektivierung des Zuschauers eingesetzt. Auf eine rückwärts erzählte Sequenz folgt so immer eine kurze Sequenz in Schwarz-Weiß die, im Gegensatz zu den farbigen Sequenzen, geradlinig erzählt wird. Dort schildert Leonard einem unsichtbaren Zuhörer seine Situation und wie es ihm möglich ist, mittels seines systematisierten Verhaltens und durch Selbst-Konditionierung eine eher unterbewusste Art von Erinnerungsvermögen zu entwickeln, um mit seiner Krankheit leben zu können.

> «Im Unterschied zur Rückblendentechnik, die mit Hilfe von Überblendungen oder voice over konventionell auf die zeitlichen Übergänge aufmerksam macht, verwendet die Narration im zeitgenössischen *Noir*-Film häufig unmarkierte, abrupte Übergänge und zuweilen eine Rückblende in der Rückblende.»[62]

Leonard verweist in diesen Monologen, die an eine unhörbare Stimme am Telefon gerichtet sind (möglicherweise an Teddy), immer wieder auf Sammy Jankins. Sammy Jankins war ein von ihm betreuter Fall, als Leonard noch Versicherungsagent war, der an demselben Defekt des Kurzzeitgedächtnisses litt, jedoch nicht dazu in der Lage war sein Erinnerungsvermögen zu trainieren und aus diesem Grund seine Frau versehentlich mit einer Überdosis Insulin tötete.

---

61 Röwekamp 2003, S. 134.
62 Röwekamp 2003, S. 101.

2.7 MEMENTO – Die Narration des identitätslosen Ichs

43 Die stetige Erinnerung an Sammy Jankins. Guy Pearce in MEMENTO (USA 2000)

Die Voice-Over-Narration Leonards in jenen Schwarz-Weiß Sequenzen hat damit die Funktion dem Zuschauer einen objektivierten Blick auf seine Situation zu ermöglichen. Jene Verweise auf Sammy Jenkins ziehen sich dabei durch den gesamten Film, da eine Tätowierung mit Sammys Namen, die Leonard auf dem linken Handrücken trägt, beständig ins Blickfeld gerät und ihn somit andauernd an seine eigene Situation zurückerinnert (Abb. 43).

An eben dieses eingeschränkte Erinnerungsvermögen und an Leonards Blick ist auch der des Zuschauers gekoppelt. Interessanterweise werden dabei jedoch kaum *Point-Of-View-Shots* eingesetzt. Die Kamera befindet sich zwar immer sehr nah bei Leonard, um jene subjektive Nähe zwischen Protagonisten und Zuschauer zu unterstreichen, meist zeigt sie diesen jedoch aus einer eingeschränkt objektiven Perspektive. Nur in wenigen Einstellungen, wie die Blicke auf das Sammy Jenkins Tattoo auf seiner Hand und eine Sequenz in der sich die Kamera mit Leonard in der Dusche von Dodds Motelzimmer befindet, kann tatsächlich von einer direkten Übereinstimmung des Blicks der Kamera mit dem des Protagonisten gesprochen werden.

In MEMENTO wird auf der visuellen Ebene demnach durchgängig mit den Mitteln der klassischen, visuellen Narration gearbeitet, auch wenn diese, in der speziellen narrativen Struktur des Films, neu übersetzt werden. So wird bei Gesprächen mit dem Schuss-Gegenschuss Verfahren gearbeitet oder es werden, dort wo es nötig ist, durchaus Establishing-Shots eingesetzt, z. B. wenn das verfallenen Gebäude eingeführt wird, wo Leonard die Morde begeht, vor der Bar, in der Natalie arbeitet, oder vor ihrem Haus. Jedoch wirken diese Establishing-Shots, durch die rückwärtslaufende Erzählstruktur bedingt, erst verspätet, d. h. der Zuschauer erfährt erst wo er sich befindet, nachdem die jeweilige Sequenz bereits vergangen ist. Dadurch wird Leonards Gefühl des Verlorenseins und der Desorientierung verstärkend imitiert.

Wie in FIGHT CLUB bleibt dem Zuschauer in MEMENTO folglich nichts anderes übrig, als Leonards subjektive sowie desorientierte Perspektive zu übernehmen. Leonards *Innere Stimme* steigert diese Subjektivierung nochmals. Zwar versucht er sich so seine Umwelt zu erklären, scheitert dabei jedoch meistens. So auch in jener Sequenz in der Leonard glaubt Dodd zu verfolgen, dann, als dieser auf ihn schießt, aber feststellen muss, dass Dodd eigentlich ihn verfolgt: «OK, so what am I doing? Oh, I'm chasing this guy. No, he's chasing me!»

Gleiches geschieht in einer der vorangegangenen Sequenzen, in der Leonard sich auf der Toilette in Dodds Motelzimmer, mit einer Flasche Whiskey in der Hand, wieder findet und nicht weiß, ob er betrunken ist oder nicht: «Hm, I don't feel drunk.» Daraufhin nimmt er in aller Seelenruhe eine Dusche, da er annehmen muss, dass dies sein Motelzimmer ist, während er eigentlich auf Dodds Rückkehr wartet, um diesen anzugreifen.

Mittels Leonards *Innerer Stimme* erfährt der Zuschauer zwar, wie sich der Protagonist die für ihn aus den Fugen geratene Welt zu erklären versucht, jedoch gelingt ihm dies meist nur so bruchstückhaft, dass der Zuschauer noch tiefer in Leonards desorientierte Situation hineingezogen wird.

> «Der Zuschauer, der vom narrativen Prozess zur Konstruktion einer fiktiven Realität angehalten wird, wird in der für den *Noir*-Film typischen Erzählweise systematisch im Unklaren darüber gelassen, welche Handlung an welchem Ort welche Relevanz für die Story haben wird. Er wird nicht länger als allwissender und moralisch erhabener Zuschauer positioniert, sondern zum unwissenden und unfreiwilligen Beobachter eines zumindest zweideutigen Geschehens.»[63]

Sein Sprechen und seine Stimme sind dabei fast unentwegt von einem fragenden, suchenden, zweifelnden Klang durchsetzt. Dies wird durch die helle, brüchige, leise, leicht nasale Klangfarbe seiner Stimme und sein Sprechtempo unterstrichen. So entsteht ein langsames, fast zögerndes, ständig überlegendes *Inneres Sprechen*, als würde er noch beim Akt dieses *Inneren Sprechens* versuchen, sich zu erinnern und die Ereignisse in eine stimmige Reihenfolge zu ordnen.

2.7.1 Die Subjektivierung des narrativen Blicks

Eine direkte Voice-Over-Narration wird in MEMENTO tatsächlich nur in den Schwarz-Weiß Sequenzen verwendet, wenn Leonard seinem stimmlosen Telefonpartner wieder und wieder von Sammy Jenkins erzählt oder einem ebenso unsichtbaren Zuhörer seine Situation erklärt. Der Zuschauer soll vermuten, dass es sich bei diesem Anrufer um Teddy handelt, da man die Stimme des Gesprächspartners jedoch nie hört, könnte es auch möglich sein, dass sich niemand am anderen Ende der Leitung befindet und Leonard eigentlich ein Selbstgespräch führt.

Die Voice-Over-Narration Leonards in diesen Sequenzen erinnert eher an einen dokumentarischen Stil und kann in diesem Zusammenhang als indirekte Anspielung auf die Semi-Documentaries des klassischen *Film Noirs* verstanden werden. Diese Anspielung kann auch im visuellen Aufbau jener Sequenzen erkannt werden,

---

63 Röwekamp 2003, S. 104.

2.7 MEMENTO – Die Narration des identitätslosen Ichs

die anfangs aus einer wesentlich objektiveren Perspektive, als jene farbige Sequenzen präsentiert werden. Dabei wird oft mit einer extremen Übersicht gearbeitet, so dass der Blick einer Überwachungskamera imitiert wird. Jedoch gleicht sich der visuelle Erzählstil dieser Sequenzen im Laufe des Films dem der farbigen Sequenzen an, d. h. insbesondere in den letzten Schwarz-Weiß Sequenzen, in denen sich Leonard panisch vor dem Klingeln des Telefons fürchtet, tauchen häufiger kurze *Point-Of-View Shots* auf, die den Zuschauer so noch mehr in einen permanenten Zustand der Bedrohung und Angst mit hineinreißen sollen:

> «So where are you? You're in some motel room. You just – you just wake up and you're in – in a motel room. There's the key. It feels like maybe it's just the first time you've been there, but perhaps you've been there for a week, three months. It's – it's kind of hard to say. I don't – I don't know. It's just an anonymous room.»

Die interne, unbewusste Voice-Over-Narration Leonards in den farbigen Sequenzen, dient dahingegen der Intensivierung seines subjektiven Blickpunktes. Leonards *Innere Stimme* ermöglicht es dem Zuschauer dessen Gedankengänge nachzuvollziehen, was dessen Identifikation mit Leonard steigern soll und gleichzeitig das Gefühl der Orientierungslosigkeit erhöht.[64]

Demnach wird die Handlung, durch die unzuverlässige Voice-Over-Narration des Protagonisten zwar teilweise zusammengehalten und erklärt, gleichzeitig führt eben jene Narration aber zu einer allgemeinen Steigerung der Konfusion, was letztendlich das Finden einer fundierten Wahrheit oder Erkenntnis unmöglich macht.

> «Like a nightmare, the film's shadowy, enigmatic images seem simultaneously to claim an independent existence and to signify the protagonist's anxiety-ridden state of mind. The resulting tension only amplifies the questions of control and meaning that become the unspoken message in the narrator's voice. The noir narrative, consequently, almost seems to take on the shape of its subjects [...]»[65]

Dabei tauchen in MEMENTO auch die klassischen Gegenspieler des *Noir* Films auf. Da ist einmal der undurchsichtige Helfer, Teddy, vermutlich ein korrupter Polizist der hinter dem Geld her ist, das sich im Kofferraum von Lenards gestohlenem Wagen befindet.

Teddys Rolle führt dabei, durch dessen in der Exposition vorweggenommene Ermordung, zu der klassischen Frage nach dem ‹Warum?› Diese Frage wird jedoch durch die narrativen Struktur der Rückwärtserzählung auf die Spitze getrieben, da jede Sequenz neue Fragen aufwirft, die meist nur teilweise in der folgenden – eigentlich der zeitlich vorangegangenen – Sequenz erklärt werden.

Auch die Rolle der vermeintlichen *Femme Fatale*, Natalie, fügt sich in dieses Muster ein. Dem Zuschauer kann so erst im Lauf der Handlung bewusst werden,

---

64 Telotte, S. 57.
65 Telotte, S. 42.

2 Formen der homodiegetischen Narration

in welchem Maß diese Leonard zu manipulieren vermag. Dabei bleiben Natalies wahre Ziele jedoch im Unklaren. Es wird letztendlich nicht offensichtlich, ob sie weiß, dass Leonard durch Teddys Manipulationen ihren Freund Jimmy getötet hat und ob sie sich aus diesem Grund an ihm, beziehungsweise Teddy, rächen will, oder ob sie Leonard vielleicht doch helfen möchte.

Diese Ungewissheit, und das daraus folgende permanente Misstrauen des Protagonisten gegenüber seiner Umwelt, übertragen sich auf den Zuschauer und führen zu einem andauernden Gefühl der Unruhe und Bedrohung. Dies wird gesteigert durch das kontinuierliche Gefühl der Orientierungslosigkeit, das durch den eingeschränkten Blickwinkel des Protagonisten erzeugt wird. Der Zuschauer wird so, wie Leonard, davon abhängig dessen Notizen, Tätowierungen und Polaroids zu vertrauen, mittels denen er ein System entwickelt hat, sich unablässig seiner Situation, seiner Suche, sprich seinen Lebensinhalt und seiner Umgebung – Freunde, Auto, Motel – zu vergewissern.

> «However, with a narrative that is fully narration, I would suggest, the fiction is actually ‹full of holes› from the start, threatened, as our experience becomes one of constant suspense or tension. Some films noir, for example, seem to ‹advance in a rectilinear fashion› after the pattern of most classical narratives, but they actually describe a circular pattern, as if they represented but one more variation in an endless round of speculations about the past. [...] What we have, in effect, is a problem of excess, of too much subjectivity, at least for the classical narrative experience, with its implicitly objective vantage, to contain easily.»[66]

2.7.2 Die Manipulation der Narration durch den Ich-Erzähler

Je weiter der Film voranschreitet, desto mehr beginnt der Zuschauer jedoch Leonards System der Erinnerung und Wahrheitsfindung zu misstrauen. Brüche in dessen System und dessen Narration werden dabei immer deutlicher. So wird beispielsweise in der Sequenz, in der sich Leonard eine Prostituierte in sein Zimmer bestellt, die jene Nacht des Überfalls in seine Erinnerung zurückrufen soll, deutlich, wie leichtfertig er dazu bereit ist sein eigenes Erinnerungsvermögen zu manipulieren, um sich an das zu erinnern, was ihm beliebt.

Das fotografische Bild (das Polaroid) und die Schrift (als ultimativer Beweis der Wahrheit auf seiner Haut eintätowiert oder unter das Polaroid geschrieben), die als vermeintlich sichere und wahre Informationsquelle eingeführt wurden und damit der äußerst unsicheren, sich mehrfach widersprechenden Narration des Protagonisten gegenübergestellt wurden, stellen sich letztendlich als ebenso unwahr und manipulierbar heraus, wie Leonards Geist.

Am deutlichsten wird Leonards Bereitschaft zur Manipulation seiner eigenen Erinnerung in der letzten Sequenz, in der er sich, ohne zu zögern, selbst falsche

---

66 Telotte, S. 58.

2.7 MEMENTO – Die Narration des identitätslosen Ichs

44 Die Manipulation der eigenen Erinnerung. Guy Pearce in MEMENTO (USA 2000)

Informationen zuspielt (Teddys Autokennzeichen als ‹Fakt Nummer 6›), die ihn zu Beginn des Films zu dessen Ermordung geführt haben. Es zeigt aber auch, wie bereitwillig er sich Informationen vorenthält, um sein Lebensziel, die Suche nach dem Mörder und Vergewaltiger seiner Frau, nicht zu verlieren, indem er jene beiden Polaroids verbrennt, auf denen einmal der ermordete Johnny G. zu sehen ist und Leonard selbst, nach der Ermordung des vermutlich echten Täters (Abb. 44). Leonard erklärt sich dazu im *Voice-Over*:

> «I'm not a killer. I'm just someone who wanted to make things right. Can't I just let myself forget what you've told me? Can't I just let myself forget what you've made me do. You think I just want another puzzle to solve? Another John G. to look for? You're John G. So you can be my John G ... Will I lie to myself to be happy? In your case Teddy, yes I will!»

Diese Bereitschaft zur Manipulation der eigenen Erinnerung und somit auch der eigenen Narration zeigte sich bereits in der Sequenz, in der Leonard, nur auf Grund des Telefonats mit jener akusmatischen Stimme, seinen Fakt Nummer fünf verändert, obwohl es doch sehr wahrscheinlich scheint, dass jene Stimme Leonard nur benutzten will. Gegen dieses Handeln spricht auch Leonards Tätowierung auf dem Arm: «Never Answer The Phone.»

Der Erzähler und Protagonist manipuliert demnach nicht nur absichtlich Hinweise oder Beweise, sondern auch die Narration selbst, um so niemals eine absolute Wahrheit herausfinden zu können, sondern immer weiter in jenem *Status Quo* zu existieren der ihm zum Lebenszweck dient.

> «Die Unzuverlässigkeit im Film ist demnach von zwei Aspekten abhängig: Zum einen wird dem Zuschauer die subjektive Wahrnehmung eines Filmcharakters durch die interne Fokalisierung als objektive oder neutrale Weltsicht ausgegeben. Zum anderen ist diese Wahrnehmung der Hauptfigur meist eine verzerrte, eingeschränkte oder sogar halluzinatorische Perspektive. Diese Wahrnehmung resultiert meist aus einer gefährdeten oder sich auflösenden Identität.»[67]

---

67 Sandra Poppe: Wahrnehmungskrisen – Das Spiel mit Subjektivität, Identität und Realität im unzuverlässig erzählten Film. In: Susanne Kaul / Jean-Pierre Palmier / Timo Skrandies (Hrsg.): *Erzählen im Film. Unzuverlässigkeit – Audiovisualität – Musik*. Bielefeld 2009, S. 73.

2 Formen der homodiegetischen Narration

45 Sublime Einschnitte in die Narration. Guy Pearce und Jorja Fox in MEMENTO (USA 2000)

Es wäre demnach durchaus möglich, dass Leonard und Sammy Jankins tatsächlich ein und dieselbe Person sind, beziehungsweise dass sich sein Schicksal in dieser Geschichte widerspiegelt. Dafür würde auch jene sublime Aufnahme sprechen, die Leonard anstatt Sammys in der Anstalt zeigt sowie die von Teddy hervorgerufene Erinnerung, die zeigt, wie Leonard seiner Frau eine Diabetes Injektion setzt. Gleichzeitig würde diese Version Leonards Unruhe erklären, die er immer verspürt, sobald er Sammys Namen auf seiner Hand liest. Dies ist insbesondere in jener Sequenz auffällig, in der Leonard, wie Sammy Jankins, in Natalies Wohnung vor dem Fernseher sitzt, bis er sich plötzlich wieder seiner Aufgabe erinnert.

Möglich wäre demnach aber auch, dass all diese Einschnitte in die visuelle Narration nur falsche Erinnerungen, beziehungsweise Vorstellungen aus Leonards Kopf sind, so wie jene letzte sublime Aufnahme, welche ihn glücklich mit seiner Frau vereint auf dem Bett liegend zeigt. Dieses Bild kann jedoch unmöglich ein Wahres sein, da Leonard hier die finale Tätowierung, ‹I've done it›, über seinem Herzen eingestochen hat (Abb. 45).

Weiterhin verweist eben jene Verwendung von sublimen Einschnitten auch in MEMENTO auf das extreme Ausmaß des Kopfkinos hin, in dem sich der Zuschauer hier wiederfindet. Für Leonard spielt es, im Gegensatz zum Zuschauer, letztendlich auch keine Rolle, ob seine Frau an einer Überdosis Insulin oder während des Überfalls gestorben ist, da sein altes Ich zusammen mit seinem Kurzzeitgedächtnis in jener Nacht getötet wurden. Für Leonard zählt nur noch die Suche nach dem vermutlich längst nicht mehr existenten Täter, da er sich nicht weiter erinnern und somit auch nicht mehr weiterentwickeln kann. Demnach kann es ihm auch egal sein, ob Teddy lügt oder nicht und welches Spiel Natalie mit ihm spielt, denn wie Teddy sagt: «You don't want the truth. You make up your own truth.»

Die Dekonstruktion der linearen, narrativen Struktur wird in MEMENTO mittels der Spiegelung der subjektiven Wahrnehmungsfähigkeit des Protagonisten auf die Spitze getrieben. Dies führt jedoch dazu, dass der Zuschauer, gleich dem Protagonisten, nie erfahren wird, was wirklich geschehen ist, beziehungsweise was tatsächlich die Wahrheit in jener abgebildeten, diegetischen Welt ist. Ein endgültiges Aufschlüsseln des Plots ist unmöglich, da viel zu viele Dinge, von Zuschauer und Protagonisten unbemerkt, im Off-Raum geschehen, welche durch eine objektive

Perspektive zwar hätten dargestellt werden können, die jedoch im gesamten Film niemals eingenommen wird.

> «Memento dekonstruiert radikal alle Gewissheiten des filmischen Erzählens, der Motivation von Handlungen, der erinnernden Vergangenheit oder der Vorstellung von Ereignissen als wahr oder falsch, und am Ende sogar die personale Identität des Erzählers in der Andeutung einer möglichen Schizophrenie Shelbys. Memento ist ein Film über die unfassbare sinnliche Materialität der Welt, die auch im fotografischen Abbild und in der Erinnerung nur als subjektiv interpretierte existiert. Damit ist der Zuschauer herausgefordert, selbst einen Sinnzusammenhang zu konstruieren.»[68]

Demzufolge wird in MEMENTO sehr radikal mit der Idee der Subjektivität aller Wahrheiten gespielt. Das Auffinden etwas Absoluten in der modernen Welt stellt sich als Unmöglichkeit heraus, so dass eben dieses unlösbare *Enigma* in der narrativen Struktur den Zuschauer auffordert den Film wieder und wieder zu lesen, um so vielleicht doch noch seine ganz persönliche, ‹absolute Wahrheit› durch eine wiederholte Entzifferung des Plots zu finden.

2.8 Zwischenfazit

Homodiegetische Erzähler werden im aktuellen Film eingesetzt, um die narrative Struktur des jeweiligen Films mehr oder weniger stark zu subjektivieren, indem sie die gesamte Diegese aus ihrem persönlichen Blickwinkel präsentieren und dem Zuschauer somit nur einen sehr limitierten Blick auf ihre Welt ermöglichen.

Während die Narration eines solchen Ich-Erzählers in einer klassischeren Narration meist mit einer linearen, objektivierenden Perspektive gekoppelt wurde, wird gerade im aktuellen Film diese Art der Voice-Over-Narration dazu eingesetzt, um herkömmliche, narrative Strukturen aufzulösen oder *ad* absurdum zu führen. Das im klassischen *Film Noir* eingeführte Kopfkino wird im aktuellen Film damit auf die Spitze getrieben.

Das narrative Stilmittel der Voice-Over-Narration wird in einigen *Neo Noirs* so auf das Maximum des narrativ Möglichen gesteigert, wohingegen andere Filme, die durchaus auch dem *Neo Noir* zugerechnet werden können, auf den Einsatz von Voice-Over-Erzählern komplett verzichten, wie INSOMNIA (Christopher Nolan, USA/CAN 2002), HEAT (Michael Mann, USA 1995), SE7EN (David Fincher, USA 1995), BASIC INSTINCT (Paul Verhoeven, USA/F 1992) oder COLLATERAL (Michael Mann, USA 2004).

---

68 Bernd Kiefer: Die Unzuverlässigkeit der Interpretation des Unzuverlässigen. Überlegungen zur Unreliable Narration in Literatur und Film. In: Fabienne Liptay / Yvonne Wolf (Hrsg.): *Was stimmt denn jetzt? Unzuverlässiges Erzählen in Literatur und Film*. München 2005, S. 85–86.

2 Formen der homodiegetischen Narration

Daher kann geschlussfolgert werden, dass die Innovationen, die im klassischen *Film Noir* auf der narrativen Ebene insbesondere durch die Verwendung von Voice-Over-Narrationen erreicht wurden, spätestens seit Ende der 1970er Jahre in die Erzählstrukturen des Mainstream Kinos eingeflossen sind. Im aktuellen Film stehen sich Bild und Ton somit nicht mehr oppositionell einander gegenüber, vielmehr wird der homodiegetische Erzähler dazu verwendet beide im Film aktiven Ebenen, das Visuelle und das Auditive, miteinander zu verbinden. Bild und Ton bestehen somit zwar immer noch als eigenständige Erzählebenen, jedoch verschwimmen beide gleichzeitig viel schlüssiger ineinander. Die Stimme liegt somit nicht mehr über dem Bild, sondern fließt neben diesem, in ihm, umgibt es und erweckt es ebenso, wie das Visuelle den Ton definiert. Sowohl die Narration auf der bildlichen Ebene, als auch die Narration auf der auditiven Ebene erzeugen und bedingen sich gegenseitig und sind dabei fester miteinander verknüpft als je zuvor.

3 Die Emanzipation der weiblichen Stimme

Die Geschichte der Voice-Over-Narration ist nicht nur eine Geschichte, in der sich die Missverständnisse und Vorurteile gegen die auditive Ebene des Films widerspiegeln, sondern auch die Vorherrschaft des männlichen Blicks auf die Frau im traditionellen Erzählkino.

Galt die Voice-Over-Narration im Erzählkino als stümperhaftes narratives Mittel, so war es noch verpönter weibliche Erzählstimmen einzusetzen. Dies lag unter anderem daran, wie Kozloff verdeutlicht, dass Frauen als wesentlich unglaubwürdigere Erzählerinnen galten, als Männer.

> «Whenever speech is valued as an important act in a public sphere, it is seen as masculine; when it is held to no account in the casual language of ordinary conversation, it is ascribed to women. The reason that woman are silenced and objectified is to deny them access to powerful speech; when women do talk, their speech is redefined as inconsequential, nonstop chatter.»[1]

Scheinbar glaubte man in unserer westlichen Gesellschaft die Tradition mündlichen Erzählens in der männlichen Stimme verankert zu wissen. Kozloff schlussfolgert daraus, «[…] if ‹the voice of the storyteller› in Western society has traditionally been male, it is hardly surprising that the ‹voice of the image maker› should traditionally be male also.»[2]

Frauen wurde nachgesagt, dass sie nur tratschen oder plappern, nicht aber ernsthaft reden.[3] Weibliche Erzählstimmen waren daher meist nur aus einer männlich

---

1 Kozloff 2000, S. 11.
2 Kozloff 1988, S. 100.
3 Vgl.: Robin Tolmach Lakoff: *Language and Women's Place. Text and Commentaries. Revised and Expanded Edition.* Oxford / New York 2004, S. 39–55.

3 Die Emanzipation der weiblichen Stimme

dominierten Diegese heraus zu vernehmen, beziehungsweise schilderten Frauen ihr oftmals tragisches, von einem Mann bestimmtes Schicksal, in ebensolchen – als Frauenfilmen bezeichneten – Genre-Filmen, also Melodramen oder Liebesgeschichten, wie in LETTER FROM AN UNKNOWN WOMAN (Max Ophüls, USA 1947) oder DAYS OF HEAVEN (Terrence Malick, USA 1978).

Diese Vorurteile beruhen auch auf weit verbreiteten Vorurteilen gegen die Stimme, beziehungsweise das Sprechen selbst. Allen voran lässt sich dies auch in Überzeugung erkennen, dass Taten mehr wert seien als Worte. Dazu zählt auch der Umstand, dass das Reden, beziehungsweise dessen negativ besetzte Form die Geschwätzigkeit, schon immer mit Weiblichkeit in Verbindung gebracht wurde; Handeln dagegen galt als männlich.

Das Idealbild der Frau war lange Zeit daher auch das einer schweigsamen und damit gefügigen, so dass das Vorurteil der geschwätzigen Frau auch in Bezug auf das Idealbild einer tugendhaften, fügsamen Frau entstand, die allgemein weniger reden sollte als der Mann: «Ein Mann – ein Wort, eine Frau – ein Wörterbuch.»[4] (Sprichwort)

«Am schönsten sind Frauen beim Küssen, weil sie dabei schweigen müssen.»[5] (Sprichwort)

«Das Weib soll sich nicht im Reden üben. Denn das wäre arg.»[6] (Demokrit)

Wenn aber das Idealbild der Frau das einer Schweigenden ist, dann ist jede Form des weiblichen Gesprächs zu viel und kann als geschwätzig bezeichnet werden.

Gleichzeitig wird das Sprechen selbst häufig nochmals unterteilt. Das Wort, welches Macht besitzt, Recht spricht und Wissen stiftet wird dem Vater zugeordnet (*patrius sermo*), beziehungsweise als maskulin verstanden. Die Frau dagegen lehrt dem Kind in Form der Muttersprache (*materna lingua*) zwar das Sprechen, jedoch wird dies oft mit dem alltäglichen, bedeutungslosen Gespräch in Verbindung gebracht.[7]

Dieses Motiv findet sich, wie Kozloff unter anderem darlegt, in zahlreichen Western wieder, einem sowieso sehr maskulin dominierten Genre. Dort gilt Sprechen als schwach und trügerisch, nur die Taten der Protagonisten zählen. Das Schweigen der Protagonisten im Western wird so auch auf deren sexuelle Potenz und Integrität übertragen. Gegensätzlich hierzu wurden Filme wie das Melodram, die stark auf der Übermittlung von Informationen durch Sprache beruhen, als triviale Frauenfilme abgetan.[8]

---

[4] http://de.wikiquote.org/wiki/M%C3%A4nner (05.01.2014)
[5] http://www.stern.de/lifestyle/liebesleben/sprichwoerter-worte-statt-taten-509430.html (05.01.2014)
[6] http://de.wikiquote.org/wiki/Reden (05.01.2014)
[7] Vgl.: Catherine Parsons Smith: «A Distinguishing Virility»: Feminism and Modernism in American Art Music. In: Susan C. Cook / Judy S. Tsou (Hrsg.): *Cecilia Reclaimed. Feminist Perspectives on Gender and Music.* Illinois 1994, S. 90–92.
[8] Vgl.: Kozloff 2000, S. 139–147 und 235.

3 Die Emanzipation der weiblichen Stimme

Weibliche Erzählstimmen wurden daher meist als Ich-Erzählerinnen eingesetzt. So auch im klassischen *Film Noir*, wo vereinzelt weibliche Voice-Over-Erzählerinnen zu finden sind, wie in MILDRED PIERCE oder in POSESSED.[9]

Dagegen sind allwissende, weibliche Erzählstimmen in der dritten Person, auf Grund der bereits dargestellten Macht, die eine solche Voice-Over-Erzählerin über das Bild besitzen würde, in älteren Filmen kaum zu finden. Eine solche Voice-Over-Erzählerin würde nämlich nicht nur die vollständige Kontrolle und Macht über das Bild, beziehungsweise die gesamte Narration besitzen und somit als indirekte Schöpferin dieser auftreten, sondern sich durch jene Dominanz auch des etablierten, männlichen Blicks entziehen.

> «If a woman were heard but never seen, she would escape the limiting, possessive, and erotic scrunch to which she may be subjected when her image has been captured by the camera and offered to the gaze of the spectators. […] If a woman were to serve as a third-person narrator, not only would she be allowed dominion over the public sphere as opposed to private, not only would she potentially wield great power and authority, not only would she speak as the film's image-maker, but she would escape being objectified or eroticized.»[10]

Aus eben diesem Grund werden vermutlich auch heute nur selten weiblichen Erzählstimmen in Dokumentarfilmen eingesetzt.

Für das Erzählkino hat sich diese Verwendungsweise jedoch glücklicherweise, seit Mitte der 1990er Jahre, zu Gunsten eines emanzipierteren Weltbildes geändert. Kozloff musste 1988 dagegen noch feststellen, dass sie tatsächlich nur eine Voice-Over-Erzählerin in der dritten Person in einem einzigen amerikanischen Erzählfilm finden konnte, nämlich in THE CLAN OF THE CAVE BEAR (Michael Chapman, USA 1985).[11] Mittlerweile scheint es jedoch so, als könne sich die Frau im Film endlich von ihrem festgeschriebenen Körper lösen. Damit kann sie aus ihrer objekthaften Rolle heraus treten, sich vom dominanten Blick männlicher Wünsche befreien und endlich als ein aktives Subjekt filmischer Narration agieren. Dies zeigt sich vor allen Dingen in den Filmen der letzten Jahre, mit denen so viele weiblichen Voice-Over Erzählerinnen wie nie zuvor das Dunkel der Kinosäle füllen. Dabei reicht das Spektrum von weiblichen Ich-Erzählstimmen, bis hin zu allwissenden, gottähnlichen Erzählerinnen.

---

9 Vgl.: E. Ann Kaplan (Hrsg.): *Women in Film Noir*. London 2001, S. 219.
10 Kozloff 1988, S. 100–101.
11 Vgl.: Kozloff 1988, S. 99–101.

3 Die Emanzipation der weiblichen Stimme

3.1 Ich-Erzählerinnen

Als bemerkenswertes Beispiel einer homodiegetischen Voice-Over-Erzählerin ist THE PIANO (AUS/NZ/F 1993) von Jane Campion zu nennen, da in diesem Film zusätzlich das Motiv einer stummen Erzählerin aufgegriffen und neu interpretiert wird. Der Film handelt von der stummen Ada, die im 19. Jahrhundert mit ihrer kleinen Tochter nach Neuseeland kommt, um dort eine arrangierte Ehe mit dem Farmer Alisdair einzugehen. Dieser zwingt sie ihr Piano, das ihr einziges Ausdrucksmittel darstellt, an den Sonderling George zu verkaufen, in den sie sich daraufhin verliebt.

THE PIANO beginnt mit der einleitenden Voice-Over-Narration der stummen Protagonistin:

> «The voice you hear is not my speaking voice – but my mind's voice. I have not spoken since I was six years old. No one knows why – not even me. My father says it is a dark talent, and the day I take it into my head to stop breathing will be my last. Today he married me to a man I have not yet met. Soon my daughter and I shall join him in his own country. My husband writes that my muteness does not bother him. He says, ‹God loves dumb creatures, so why not I?› It were good if he had God's patience, for silence affects everyone in the end. The strange thing is, I don't think myself silent. That is because of my piano. I shall miss it on the journey.»

Die Ich-Erzählerin Ada ist somit nicht wirklich stumm, sie verweigert sich nur der männlichen Welt und somit auch einer männlich dominierten Erzähltradition. Zwar ist diese, ihre stumme, an den Zuschauer gerichtete Erzählstimme nur in der Exposition und im Prolog des Films zu hören, jedoch dominieren Adas einleitende Worte den Fokus und Erzählmodus des gesamten Films.

> «In terms of ideology, we now notice that, as Susan Lanser puts it ‹The question of silence sometimes becomes as crucial as the question of voice; ‹who does not speak› is as revealing as ‹who speaks›?›»[12]

Das Sprechen und folglich auch das Erzählen selbst werden auf diese Weise thematisiert, da die Erzählerin absichtlich schweigt, um sich dem, in ihrer Welt vorherrschenden, männlichen Dialog zu entziehen. Dies wird insbesondere mittels der Kameraführung verdeutlicht, die sich fast immer nah bei Ada oder ihrer Tochter befindet und den Blick des Zuschauers dadurch immer wieder auf deren Wahrnehmung, jener für sie fremden Welt, zurückführt. Dazu tragen auch zahlreiche *Point-Of-View-Shots* aus Adas Blickwinkel bei, die im Laufe des Films gewissermaßen die Rolle ihrer verstummten Stimme übernehmen und den Zuschauer so direkt ihre Empfindungen und Erfahrungen miterleben lassen, wie in jenen Sequenzen, in

---

12 Kozloff 1988, S. 99.

denen sie den Körper des ihr fremden Ehemannes erkundet sowie Adas sinnliche Berührungen ihrer Klaviertastatur.

> «On occasion the mute is the object of desire, as long as no one ever succeeds in having her. Think of the adored woman who does not give away through words.»[13]

Der klassisch, dominanten Blicke des Mannes auf den weiblichen Körper wird dagegen in einer sehr entlarvenden Art und Weise dargestellt, wie in jener Sequenz, in der Alisdair, mit dem Zuschauer, Ada und George beim Sex beobachtet. Jedoch wird sein voyeuristischer Blick ironisch gebrochen, indem Alisdair die Hand von Georges Hund abgeleckt bekommt, während er beobachtet wie dieser Ada befriedigt.

Diese Brechung des dominierenden Blicks des Mannes zeigt sich auch im weiteren Verlauf des Films, so dass letztendlich deutlich wird, dass Alisdair weder Ada dazu zwingen kann ihn zu lieben, noch dass sie ihre Sprache der seinen angleichen wird. Dies gelingt erst George, der Ada als gleichwertige Partnerin anerkennt und sie zu ihrer eigenen Stimme und Geschichte zurückführt. Der Film endet somit, wenn sich Ada nach einem dramatischen Selbstmordversuch aus ihrem scheinbar vorbestimmten Schicksal befreit hat und schließlich wieder zum Leben und damit auch zu ihrer eigenen Sprache zurückfindet:

> «What a death! What a chance! What a surprise! My will has chosen life! Still it has had me spooked and many others besides! I teach piano now in Nelson. George has fashioned me a metal finger tip. I am quite the town freak which satisfies! I am learning to speak. My sound is still so bad, I feel ashamed. I practice only when I am alone and it is dark. At night! I think of my piano in its ocean grave, and sometimes of myself floating above it. Down there everything is so still and silent that it lulls me to sleep. It is a weird lullaby and so it is; it is mine. There is a silence where hath been no sound. There is a silence where no sound may be. In the cold grave, under the deep, deep sea.»

Ähnliche Beispiele für den Einsatz weiblicher Ich-Erzählstimmen im aktuellen Film, die sich gegen einen männlich dominierten Dialog richten, finden sich auch in WHALE RIDER (Niki Caro, NZ/D 2002) oder in MONSTER (Patty Jenkins, USA/D 2003).

In COLD MOUNTAIN (Antony Minghella, USA/GB/ROM/I 2003) ist es die Schreibstimme einer anderen Ada, die ihrem, an der Bürgerkriegsfront kämpfenden Geliebten, John English, sehnsüchtige Briefe schreibt. Diese Schreibstimme überdeckt die narrative Struktur des Films, da sie bereits vor Beginn des Films – direkt nach den Logos der Produktionsstudios – einsetzt:

> «Dear Mr. Inman, I began by counting the days, then the months. I don't count on anything anymore except the hope that you will return, and the silent fear that in

---

13 Chion 1999, S. 99.

the years since we saw each other, this war, this awful war, will have changed us both beyond all reckoning.»

Adas Schreibstimme dient folglich dazu, in die Handlung und Thematik des Films einzuleiten. Gleichzeitig wird auf diese Weise das gesamte Geschehen aus einem deutlich weiblich dominierten Blick dargestellt, was bereits in der ersten Sequenz, nach Adas einleitender Voice-Over deutlich wird, wo zwar Inman in den Schützengräben an der Front zu sehen ist, aber auch hier ist wieder Adas Schreibstimme im auditiven Vordergrund zu hören:

«I think now of the fleeting moments between us and wish I could repair them. My awkward nature, the things left unsaid.»

Des Weiteren wird ihre Schreibstimme im Verlauf des Films immer wieder dazu genutzt, um Wechsel in der Zeit und im Ort zu ermöglichen und so einerseits die Vorgeschichte der beiden darzustellen, andererseits aber auch die parallel laufenden Handlungsstränge – Englishs Flucht von der Front und seine Odyssee zurück zu Ada sowie Adas Kampf ums Überleben auf ihrer Farm – miteinander zu verbinden. Interessant ist dabei, dass der männliche Protagonist den gesamten Film über fast stumm und sprachlos bleibt und außer kurzen, diegetischen Dialogen keinen verbal, narrativen Part innehat.

Voice-Over-Erzählerinnen werden im aktuellen Film weiterhin zur Ironisierung eingesetzt, wie in der britischen Komödie BRIDGET JONES'S DIARY (Sharon Maguire, USA/GB/IRL/F 2001). Dort kommentiert die Schreibstimme der Tagebuchschreibenden Protagonistin, Bridget Jones, ironisch das Handeln der anderen Figuren und ihr eigenes. So in einer Sequenz, in der ihr Vorgesetzter eingeführt wird, der sie als Brenda anspricht und den sie dennoch höflich zurückgrüßt. Dazu ist kontrapunktische ihre *Innere Stimme* zu hören: «Mister Fitzherbert, ‹Titspervert›, more like. Daniels boss who stares freely at my breasts with no idea, who I am or what I do.»

Der Erzählgestus in BRIDGET JONES'S DIARY ähnelt damit eher dem eines typisch männlichen, verschrobenen Einzelgängers, wie man ihn aus diversen Woody Allen Filmen oder AMERICAN SPLENDOR kennt.

Ebenso ironisch, sarkastisch wie Bridget ihre Umwelt kommentiert, beschreibt sie auch ihr eigenes Handeln, zum Beispiel wenn sie nach einem alkoholreichen Abend mit ihren Freunden resümiert – «At least now I'm in my thirties, I can hold my drink.» – nur um daraufhin komplett betrunken aus einem Taxi zu fallen. Ähnlich verhält es sich in einer Sequenz, in der Bridget ihre Resolutionen für das neue Jahr in ihr Tagebuch schreibt und währenddem zu sehen ist, wie sie doch wieder das genaue Gegenteil macht:

«Resolution number one: Obviously will lose 20 pounds. Number two: always put last's night's pants in the laundry basket. Equally important, will find nice, sensible

3.1 Ich-Erzählerinnen

46–47 Die Stimme der Erzählerin schreibt sich in das visuelle Gefüge ein. Renée Zellweger in Bridget Jones's Diary (USA/UK/IRL/FR 2001)

boyfriend to go out with and not continue to form romantic attachments to any of the following: alcoholics, workaholics, commitment phobics, Peeping Toms, megalomaniacs, emotional fuckwits or perverts. And especially will not fantasize about a particular person who embodies all these things.»

Nicht nur wirft Bridget ihr altes Höschen doch wieder auf einen Stuhl voll schmutziger Wäsche, auch flirtet sie weiterhin mit ihrem Chef, Daniel, von dem sie glaubt, dass er all diese negativen Eigenschaften verkörpert. Dabei ermahnt sie sich in ihrer *Inneren Stimme* noch, nicht zuviel in diesen Flirt hineinzudeuten, während im nächsten Moment schon zu sehen ist, wie sie ihre Hochzeit mit Daniel fantasiert.

Die durchgängige Erzählstimme der Protagonistin dominiert jedoch nicht nur auditiv das Bild, indem sie sämtliche Ereignisse aus ihrer Sicht umdeutet, sondern schreibt sich sogar in das visuelle Gefüge selbst ein. So werden nicht nur Textteile ihres Tagbuches in das Bild eingeblendet, sondern ihre Gedanken schreiben sich sogar direkt in das diegetische Gefüge ein, wie z. B. wenn Bridget, nach einer gemeinsamen Nacht mit Daniel, durch die Stadt läuft und sich Informationen zu ihrem Befinden auf den Werbetafeln am Trafalgar Square widerspiegeln (Abb. 46–47).

Die Erzählerin versucht somit ständig sich selbst zu kontrollieren, um bestimmten gesellschaftlichen Maßstäben zu entsprechen, wie zum Beispiel ihr Gewicht, ihren Alkoholkonsum oder ihr Liebesleben. Das Scheitern ihrer Ansprüche und Ziele, beziehungsweise der verzweifelte Versuch der tatsächlichen Umsetzung dieser, führt für den Zuschauer dabei zu einer komisch, ironischen Brechung.

Gleichzeitig entzieht sich Bridget dadurch den gesellschaftlich, männlichen Maßstäben, da es ihr wieder und wieder misslingt sich diesen anzupassen. So findet ein deutlicher Bruch mit dem männlich dominierten Weltbild statt. Ihre Erzählung ist ebenso durch und durch von ihr selbst durchdrungen und wird von ihrem weiblichen Blick dominiert, wie ihre gesamte diegetische Welt. Damit verweigert sich die erzählte, diegetische Welt ebenso der Kontrolle eines männlich dominierten Blicks, wie Bridget Jones selbst.

3.2 Allwissende Erzählerinnen

Ebenso häufig, wie im aktuellen Film weibliche Ich-Erzählerinnen eingesetzt werden, werden nun auch allwissende Erzählerinnen verwendet, wie in STRANGER THAN FICTION oder in THE LORD OF THE RINGS: THE FELLOWSHIP OF THE RING, wo die omnipotente und omnipräsente Erzählstimme der Elbenkönigin Galadriel einleitend einen Überblick über die Vorgeschichte liefert und somit die Narration an sich in Bewegung setzt:

> «The world is changed. I feel it in the water. I feel it in the earth. I smell it in the air. Much that once was is lost, for none now live who remember it. It began with the forging of the Great Rings.»

Ein sehr interessantes Beispiel hierzu bietet auch der Film CHOCOLAT, der von der unkonventionellen Vianne handelt, die mit ihrer Tochter Anouk in einer kleinen französischen Stadt eine Chocolaterie eröffnet. Durch den Film führt die omnipotente sowie omnipräsente Stimme einer dem Zuschauer unbekannten, erwachsenen Erzählerin:

> «Once upon a time, there was a quiet little village in the French countryside, whose people believed in Tranquilité – Tranquility. If you lived in this village, you understood what was expected of you. You knew your place in the scheme of things. And if you happened to forget, someone would help remind you. In this village, if you saw something you weren't supposed to see, you learned to look the other way. If perchance your hopes had been disappointed, you learned never to ask for more. So through good times and bad, famine and feast, the villagers held fast to their traditions. Until, one winter day, a sly wind blew in from the North...»

Jene allwissende, akusmatische Erzählerin kann dabei nicht nur, wie ihre männlichen Verwandten, jeden beliebigen Ort zeigen, zeitliche Wechsel deutlich machen, Figuren einführen oder Ereignisse kommentieren, sondern auch die Gedanken der Figuren für den Zuschauer nach außen kehren. So kann sie nicht nur die Gedanken des Grafen, der Vianne zur Schließung ihrer Chocolaterie zwingen will, deuten, sondern auch zukünftige Ereignisse vorwegnehmen:

«Now the count was no fool. Though he hoped to redeem Serge, he knew that this redemption alone was not enough to gain back control over the village. He understood that some larger lesson needed to be taught. Some greater problem needed to be identified and solved. Little did the count suspect that his greater problem would arrive one quite afternoon in the dull green waters of the river Tanne.»

Der Blick des Zuschauers, beziehungsweise die gesamte Diegese, wird folglich durch die Worte jener Erzählerin bestimmt. Dabei erinnert die Wortwahl, als auch die Art und Weise des Erzählens jener Stimme, sehr stark an eine literarische, märchenhafte Narration, was auch durch das «Es war einmal…» am Anfang des Films verstärkt wird.

Dies führt unter anderem dazu, dass in jener Voice-Over-Narration der Akt des Erzählens selbstreflexiv bespiegelt wird und eine metadiegetische Narrationsebene eröffnet wird, wie in jener Sequenz, in der die Protagonistin Vianne ihrer Tochter von deren Großeltern erzählt: «Your grandfather, George Rocher, was the apothecary of the town of Aulus-les-Bains […].»

Auch diese Narration innerhalb der Narration wird wieder von jener unsichtbaren Erzählerin übernommen, die dann dazu in der Lage ist die dazugehörigen Bilder aufzuzeigen: «It was Anouks favourite story always told in the same words. Georges was honest, prosperous and trusted by his customers […].»

Diese allwissende Erzählstimme, die im Film jeweils an bedeutenden Wendepunkten auftritt, scheint folglich während der gesamten Narration eine ähnliche Stellung einzunehmen, wie jener akusmatische Erzähler in LE FABULEUX DESTIN D'AMÉLIE POULAIN. Eben diese vermeintliche Geisterhaftigkeit und Allmacht der Stimme wird jedoch gebrochen, wenn die Stimme gegen Ende des Films plötzlich die grammatikalische Person wechselt und damit enthüllt, dass es sich bei jener rückblickenden Erzählerin die gesamte Zeit um die nun erwachsenen Anouk gehandelt hat:

«When summer came to the little village, a new breeze from the south blew soft and warm. My mother knew Roux's return had nothing to do with a silly old door – so did I. As for Pantoufle? Well, his bad leg miraculously healed and hopped off in search of new adventures. I didn't miss him.»

Die diegetische Realität der Narration wird in so jener letzten Sequenz, auch durch die Aufnahmen des nun sichtbaren, fiktiven Kängurus Pantoufle, das sie als unsichtbarer Freund begleitete, und jenem letzten, selbstreflexiven Blick des Mädchen in die Kamera, mit einem ironischen Augenzwinkern gebrochen.

3.3 Multiphone Erzählerinnen

Gegensätzlich hierzu ist die Verwendung von Erzählstimmen in THE CURIOUS CASE OF BENJAMIN BUTTON. Dort werden multiphone Erzählstimmen, weibliche und männliche, in den unterschiedlichsten Facetten verwendet.

3 Die Emanzipation der weiblichen Stimme

Der Film beginnt mit einer Erzählung der im Sterben liegenden Daisy, die ihrer Tochter Caroline die Geschichte des blinden Uhrmachers Mr. Gateau erzählt. Mr. Gateau sollte eine Uhr für den Bahnhof in New Orleans bauen. Nachdem er jedoch erfährt, dass sein Sohn im ersten Weltkrieg gefallen ist, konstruiert er die Uhr so, dass sie rückwärts läuft, in der Hoffnung, dass auf diese Weise die Gefallenen des Krieges zurückkämen. Geführt von Daisys heterodiegetischer Voice-Over-Narration öffnet sich damit auch eine visuell repräsentierte, metadiegetische Erzählebene:

> «They had the finest clockmaker in all of the South to build that glorious clock. His name was Mr. Gateau. Mr. Cake. He was married to a Creole of Evangeline Parish and they had a son. Mr. Gateau was, from birth, absolutely blind. When their son was old enough, he joined the army. And they prayed God would keep him out of harm's way.»

Ihre Tochter, die bis zu diesem Zeitpunkt nicht weiß, wer ihr Vater in Wirklichkeit ist, wird von ihrer Mutter dann gebeten aus dem Tagebuch eines Freundes, Benjamin Button, vorzulesen. Die Lesestimme der Tochter führt somit in ein weiteres Flashback, zu jenen von ihr vorgelesenen Ereignissen und geht dabei in die Schreibstimme Benjamins Buttons über, dessen Schicksal auf seltsame Weise mit dem jener Uhr verknüpft zu sein scheint.

> CAROLINE: «It's dated April 4th, 1985. And it says New Orleans: This is my last will and testament. I don't have much to leave, few possessions, no money, really. I will go out of this world the same way I came in, alone and with nothing. All I have is my story and I'm writing it now while I still remember it. My name is Benjamin. Benjamin Button […]»

Die visuelle Narration verweilt währenddem noch im diegetischen Jetzt, bei den beiden Frauen, jedoch zoomt die Kamera beim Akt des Vorlesens langsam, in wechselnden Schnitten, immer näher an die beiden Frauen heran. Mit dem zweiten Mal des Vorlesens von Benjamins Namen erklingt dann dessen Schreibstimme im auditiven Hintergrund und verdrängt so nicht nur Carolines Lesestimme, sondern auch deren visuelle Realität aus dem Bild:

> «[…] and I was born under unusual circumstances. The First World War had ended and I've been told it was an especially good night to be born.»

Nach einer sanften Überblendung ist nun ein Feuerwerk zu sehen, während die Kamera langsam auf die mit jubelnden Menschen gefüllten Straßen New Orleans um 1918 schwenkt und Jazz-Musik erklingt. Daraufhin beginnt die eigentliche dramatische Handlung des Films, in dem die Lebensgeschichte Benjamins erzählt wird, der rückwärts alternd, in einem Altenheim in New Orleans aufwächst, wo er sich schon als ‹junger Greis› in Daisy verliebt. Im Laufe der Erzählung von Benjamins Leben legt sich immer wieder seine zurückblickende, homodiegetische Voice-

Over-Narration über das Bild, um so die Handlung zusammenzufassen oder in der Zeit voran zu treiben.

Benjamins Erzählstimme steht dabei in einem starken Kontrast zu den Erzählstimmen der beiden Frauen. Daisy hat die typisch brüchige Stimme einer alten Frau, die sehr langsam und zögernd spricht. Ihre Stimme erinnert somit fortwährend an ihr Alter und ihren nahenden Tod, auch weil ihr schwerer Atem immer wieder ihre Erzählung durchbricht. Gleichzeitig wird durch ihr langsames, leicht stockendes Erzählen deutlich, dass sie sich an etwas zurückerinnert, was sie vor langer Zeit erlebt hat. Diese Form des Erzählens und Erinnerns hat somit etwas Unmittelbares, das den Zuschauer, trotz des visuellen Flashbacks, gleichzeitig immer an das Jetzt der erzählenden Figur erinnert.

Daisys Tochter beginnt ihr Vorlesen ebenfalls sehr zögernd, da sie sich anfangs sträubt aus dem Tagebuch eines ihr Fremden vorzulesen. Dieses Widerstreben spiegelt sich deutlich in ihrer stockenden, leisen Stimme wieder, die erst im Verlauf ihres Vorlesens an Sicherheit und Kraft gewinnt. Beide Frauen sind außerdem mit einem stärkeren Hall aufgenommen und werden daher nicht in der für Erzählstimmen typischen Art und Weise in den auditiven Vordergrund gedrängt.

Dies trifft jedoch auf die Erzählstimme Benjamins zu, deren auditive Wiedergabemodi vollkommen einer klassischen Voice-Over-Narration entsprechen. Seine Stimme ist weich, voll und hat eine angenehme Tiefe. Auch ist er sich seines Erzählens sicher. Er spricht flüssig und in einem guten Rhythmus. Allein die Charakteristik seiner Stimme und seines Sprechens macht somit deutlich, dass es sich bei Benjamins Erzählung um die dominante Voice-Over-Narration dieser Erzählung handelt, die den Zuschauer bewusst durch eine vergangene und damit in gewisser Weise auch fiktive Welt leiten wird.

Dabei ist Benjamins Stimme für die diegetische Welt der beiden Frauen eigentlich eine deutlich fiktive, da er als diegetische Figur zu dem Zeitpunkt der Handlung selbst lange Tod ist sowie sich im Verlauf der Jahre kein Alterswandel in seiner Stimme feststellen lässt. Demnach muss es sich bei seiner Erzählstimme entweder um den Nachhall einer Version seiner Schreibstimme handeln, oder (was sehr viel wahrscheinlicher ist) um eine von Daisy erinnerte Stimme aus ihrem gemeinsamen Leben mit Benjamin, welche die Lesestimme ihrer Tochter aus ihrem Bewusstsein verdrängt.

Die männliche Erzählstimme Benjamins ist damit zwar die eindeutig prägende und dominante Narration, jedoch wird sie nur durch die Erinnerung der sterbenden Daisy hervorgerufen und in einem auditiven Flashback wieder zum Leben erweckt. Auf diese Weise kann Benjamin sogar als omnipotenter Erzähler von Ereignissen auftreten, die er gar nicht miterlebt hat, z. B. wenn er berichtet, wie Daisys Unfall in Paris zustande kam, der ihre Ballett-Karriere beendete.

Benjamin präsentiert dabei in der Manier eines allwissenden Erzählers Details und Zusammenhänge, die er niemals erlebt oder erfahren haben kann:

«Sometimes we're on a collision course, and we just don't know it. Whether it's by accident or by design, there's not a thing we can do about it. A woman in Paris was on her way to go shopping, but she had forgotten her coat – went back to get it. When she had gotten her coat, the phone had rung, so she'd stopped to answer it; talked for a couple of minutes.» *[Die Frau geht in ihre Wohnung zurück, um ihren Mantel zu holen und telefoniert dann.]*

«While the woman was on the phone, Daisy was rehearsing for a performance at the Paris Opera House.» *[Daisy ist beim Proben zu sehen.]*

«And while she was rehearsing, the woman, off the phone now, had gone outside to get a taxi.» *[Die Frau ruft ein Taxi, in das ein anderer Fahrgast einsteigt.]*

«Now a taxi driver had dropped off a fare earlier and had stopped to get a cup of coffee.» *[Der Taxifahrer trinkt einen Kaffee in einem Café.]*

«And all the while, Daisy was rehearsing.» *[Daisy beim Proben.]*

«And this cab driver, who dropped off the earlier fare; who'd stopped to get the cup of coffee, had picked up the lady who was going to shopping, and had missed getting an earlier cab. The taxi had to stop for a man crossing the street, who had left for work five minutes later than he normally did, because he forgot to set off his alarm.» *[Die Frau steigt in das Taxi. Das Taxi bremst wegen eines Mannes. Der Mann ist dann zu einem früheren Zeitpunkt zu sehen, wie er im Bett liegt und aufspringt, weil er zu spät ist.]*

«While that man, late for work, was crossing the street, Daisy had finished rehearsing, and was taking a shower.» *[Daisys Füße in der Dusche.]*

«And while Daisy was showering, the taxi was waiting outside a boutique for the woman to pick up a package, which hadn't been wrapped yet, because the girl who was supposed to wrap it had broken up with her boyfriend the night before, and forgot.» *[Der wartende Taxifahrer. Die Frau, die in der Chocolaterie auf ihr Paket wartet. Das Mädchen steht am Abend zuvor weinend in einer Gasse.]*

«When the package was wrapped, the woman, who was back in the cab, was blocked by a delivery truck, all the while Daisy was getting dressed.» *[Ein Lieferwagen blokkiert das Taxi.]*

«The delivery truck pulled away and the taxi was able to move, while Daisy, the last to be dressed, waited for one of her friends, who had broken a shoelace.» *[Daisy geht die Treppe hinunter, auf der ihre Freundin sitzt. Der Schnürsenkel reißt in Großaufnahme. Daisy wartet.]*

«While the taxi was stopped, waiting for a traffic light, Daisy and her friend came out the back of the theater.» *[Das Taxi steht an einer Ampel und fährt bei grün los. Daisy und ihre Freundin kommen auf die Straße.]*

«And if only one thing had happened differently: if that shoelace hadn't broken; or that delivery truck had moved moments earlier; or that package had been wrapped and ready, because the girl hadn't broken up with her boyfriend; or that man had set his alarm and got up five minutes earlier; or that taxi driver hadn't stopped for a cup of coffee; or that woman had remembered her coat, and got into an earlier cab, Daisy and her friend would've crossed the street, and the taxi would've driven by. But life being what it is – a series of intersecting lives and incidents, out of anyone's control – that taxi did not go by, and that driver was momentarily distracted, and that taxi hit Daisy, and her leg was crushed.»

In seiner omnipotenten Erzählmanier präsentiert Benjamin nicht nur die Ereignisse, die vermutlich stattgefunden haben, sondern auch, in kurz aneinander geschnittenen Aufnahmen, all jene Ereignisse, die nie stattgefunden haben und somit Daisys Unfall verhindert hätten, wenn sie denn stattgefunden hätten. Seine Erzählung endet folglich auch mit einer Aufnahme, die zeigt, wie Daisy unbeschadet hinter dem Taxi über die Straße geht. Weiterhin wird in dieser Sequenz deutlich, wie der Rhythmus und das Zeitmaß des immer schneller werdenden Sprechens den Rhythmus des visuellen Diskurses bestimmt.

Im weiteren Verlauf wechselt die Narration immer wieder zu Caroline und Daisy zurück, um darzustellen, wie Caroline langsam erkennt, dass Benjamin Button in Wahrheit ihr Vater ist. Der Wechsel in diese Narrationsebene wird dabei oft durch einen Übergang von Benjamins Schreibstimme in Carolines Lesestimme vorgenommen. Doch in gewisser Weise wird selbst das diegetische Jetzt durch die vergangene Erzählstimme Benjamins dominiert, indem er Caroline aus der Vergangenheit heraus, mittels seiner Aufzeichnungen, direkt anspricht, um ihr zu erklären, warum er ihre Mutter und sie verlassen hat, als sie noch ein Kleinkind war:

«It was your first birthday. We had a party for you. The house was filled with children. I sold the summer house on Lake Pontchartrain, I sold Button's Buttons, I sold my father's sailboat, put it all into a savings account. And so that you and your mother might have a life, I left, before you could ever remember me.»

Benjamins Aufzeichnungen enden schließlich in seiner ‹Kindheit› und so übernimmt nun wieder Daisy, mit ihrer letzten Voice-Over-Narration, die narrative Kontrolle und erzählt aus ihrer eigenen Erinnerung von ihrem Zusammenleben im Altersheim. Die Erzählung endet schließlich und endgültig mit ihrer Schilderung von Benjamins und danach ihrem eigenen Tod.

3.4 Erzählerinnen in aktuellen Fernsehserien

Eine Wende zum vermehrten Gebrauch weiblicher Erzählstimmen ist ebenso deutlich in aktuellen Serienformaten des Fernsehens zu erleben. Als auffälligste und auch erfolgreichste Beispiele sind dabei sicherlich amerikanische Serien wie SEX AND THE CITY, GREYS ANATOMY oder DESPERATE HOUSEWIFES zu nennen. In all diesen Serien wird eine jede Folge durch die Voice-Over einer der weiblichen Figuren jeweils ein- und ausgeführt sowie vereinzelt auch Charaktere und Ereignisse im Verlauf der Handlung kommentiert.[14]

In SEX AND THE CITY (USA 1998–2004) rückt die Protagonistin Carrie jede Folge mittels ihrer Schreibstimme in ein thematisches Licht. So führt die daraus hervorgehende Voice-Over-Narration den Zuschauer von einer erzählten Handlung der jeweiligen Folge zur nächsten, wobei die einzelnen Handlungsstränge zwischen den vier weiblichen Figuren aufgeteilt sind. Diese einzelnen Handlungsstränge werden jedoch immer zusammenfassend von der Stimme der Hauptfigur ein- und ausgeleitet, wodurch die einzelnen Geschichten zu einem zusammenhängenden Ganzen verbunden werden.

> «Sie [Carrie] reißt die Autorität an sich, indem sie von Beginn an die zentrale allwissende Erzählerin der Serie ist, ebenso wie sie auch die Blickmacht für sich beansprucht, die sie vom ersten Augeblick an innehat […].»[15]

Dies erkennt man zum Beispiel in THEY SHOOT SINGLE PEOPLE, DO THEY? (Staffel 2, Episode 04, USA 1999). Dort ist, wie in jeder Episode, bereits zu Beginn Carrie's einleitende Erzählstimme zu hören, die das allgemeine Thema der folgenden Episode vorgibt: Wie es sich anfühlt in New York eine Single Frau zu sein.

> «In life certain events come along so rarely, that when they do, special attention must be paid. Events like Halle's comet, solar eclipses, getting that second latte for free – and one night at a salsa club in very Downtown Manhattan, four single girlfriends all found themselves without a relationship at the exact same time.»

Im weiteren Verlauf der Folge ist dann immer wieder Carrie's Erzählstimme zu hören, die das Geschehen fast durchgängig kommentiert, so wenn sie die Reaktionen ihrer Freundinnen auf ein Magazin-Cover mit dem Titel *Single And Fabulous?* beschreibt:

> «But I had a sneaking suspicion they didn't quite believe it. Somehow the question mark had leapt of my cover onto each of them. Because within a week Miranda met Josh for old times sake, Samantha met William for a dance and Charlotte met a deadline head-on. Tom was an out-of-work actor friend Charlotte had come to depend on when it came to the occasional male-things she needed done around her apartment. Because he was an out-of-work actor, he had a lot of time and because

---

14 Diese Wende, hin zu einem verstärkt weiblich dominierten Blick in aktuellen Serienformaten, ist natürlich eng mit ökonomischen Faktoren verknüpft und der bedeutenden Rolle, welche der Frau als Konsumentin zukommt, wodurch die Fernsehsender schlichtweg dazu gezwungen sind Serien mit Figuren anzubieten, mit denen sich Frauen identifizieren können.
Vgl.: Maria Gerhards und Walter Klingler: Sparten- und Formattrends im deutschen Fernsehen. In: *MediaPersketiven*. 12/2009, S. 663–665.

15 Karin Lenzhofer: *Chicks Rule! Die schönen neuen Heldinnen in Us-amerikanischen Fernsehserien.* Bielefeld 2006, S. 104.

he had a lot of time, he had a lot of tools. Charlotte made a decision. She decided she wasn't going to let her Mister fix-it get away.»

Charlotte küsst daraufhin den arbeitslosen Schauspieler, der ihr zuvor gesagt hat, dass er wahrscheinlich in den Mittleren Westen ziehen wird, weil er dort eine Rolle in einer Serie bekommt. Carrie ist dann vor ihrem Computer sitzend zu sehen, wozu ihre Schreibstimme die Ereignisse zusammenfassend in einer Frage formuliert.

> «While women are certainly no stranger to faking it – we faked our hair color, we faked our cup-size, hell, we even faked fur – I couldn't help but wonder: Has fear of being alone suddenly raised the bar on faking? Are we faking more than orgasms? Are we faking entire relationships? Is it better to ‹fake it› then being alone?»

Daraufhin sind kurze, interviewähnliche Ausschnitte mit verschiedenen Personen zu sehen, die sich über ihre Beziehung äußern und dabei auf die ein oder andere Art zugeben, dass sie ihrem Partner etwas vortäuschen, wie zum Beispiel eine Frau, die zugibt ihren Look für ihren Freund komplett geändert zu haben oder ein Mann, der seine Freundin für eine Idiotin hält, es ihr aber nicht sagt, weil er Angst hat, dass sie ihn sonst verlässt.

Carries Erzählstimme ist folglich so dominant, dass sie nicht nur das jeweilige Thema der Episode vorgibt und die Gedanken und Handlungen aller anderen Figuren offenlegen kann, sie dominiert auch das Bild und kann so zu dem jeweiligen Thema entsprechende Ausschnitte darlegen und sogar Figuren vor die Kamera rufen. Somit ist letztendlich fraglich inwieweit die übrigen Figuren, unter Anderem auch Carries Freundinnen und deren Handeln, tatsächlich einer diegetischen Realität entspringen oder ob diese etwa doch nur fiktive Figuren sind, anhand derer Carrie die Gedankenspiele für ihre Kolumne ausformuliert.

So dreht sich im weiteren Verlauf der Episode auch alles darum, welche Erfahrungen und Erkenntnisse die Frauen aus den verschiedenen Formen der Kompromisse ziehen, die sie anfangs eingegangen sind. Diese Erkenntnisse werden schließlich von Carrie's Schreibstimme in ihrer Kolumne zusammenfasst:

> «Over the next week things pretty much returned to normal. Miranda forgot to return Josh's last call, Samantha made peace with her feelings for William and Charlotte learned, you don't have to relay on men's affections to get things fixed around the house. You can pay them. And as for me, after I was recycled, I decided, instead of running away from the idea of a life alone, I better sit down and take that fear to lunch. So, I sat there and I drank a glass of wine, alone. No books, no men, no friends, no amour, no faking.»

Die oftmals multiphone Erzählweise dieser aktuellen Serienformate ähnelt gleichzeitig der alltäglichen Gesprächssituation des Zuschauers, wie Tröhler in ihrer Untersuchung «Offene Welten ohne Helden» darlegt:

3 Die Emanzipation der weiblichen Stimme

«Die ZuschauerInnen sind in dieses Spiel aktiv eingebunden: Sie kombinieren, koordinieren, arrangieren, sie folgen dem Erzählfaden und dem imaginären Ball, haben aber gleichzeitig die Freiheit, in jedem Verknüpfungsmoment andere filmische Anschlussmöglichkeiten zu sehen, sich eine andere Auswahl, eine andere Perspektive vorzustellen, alle möglichen, gewesenen und künftigen Phasen vorzustellen oder sie zu befürchten, ja sogar die ungeahnten Wendungen des Spiels zu erwarten.»[16]

Auf eben dieses Spiel soll sich der Zuschauer auch in der Serie DESPERATE HOUSEWIVES (2004–2012) einlassen. In der ersten Staffel dieser Serie kommentiert die heterodiegetische, allwissende Stimme einer Toten, Mary Alice Young, die sich aus mysteriösen Gründen das Leben nahm, auf sehr ironische Weise das Handeln ihrer ehemaligen Nachbarinnen, von deren Leben und Lieben die Serie erzählt.

Jede Folge beginnt so mit ihren einleitenden, zusammenfassenden Worte: «Previously on Desperate Housewives…». Daraufhin sind in kurzen Bildern die Höhepunkte der vorangegangenen Folge zu sehen, die von der Voice-Over-Erzählerin nochmals kommentiert werden. Erst danach folgt die Einleitung der Stimme in die aktuelle Folge, wie beispielsweise in MOVE ON – PART 1 (Staffel 1, Episode 11, USA 2009):

«Edie Britt could never understand why she didn't have any female friends. Of course, she always tried to tell people she didn't need any, but the truth was, it bothered Edie that other women didn't seem to like her. Even after moving to Wisteria Lane, Edie couldn't understand why her neighbors kept their distance.» *[Edie steht vor einem Umzugswagen und wird von den anderen Frauen kritisch beobachtet, während sie ihnen freundlich zuwinkt.]*

«And then she met Martha Huber. Within five minutes, Mrs. Huber managed to disparage what Edie was wearing. In fact, whenever they got together, Mrs. Huber insulted her. She made fun of everything from Edie's makeup to her taste in men.» *[Dazu sind kurze Sequenzen zu sehen, in denen Martha Huber Edie in den verschiedenen Situationen kritisiert und beleidigt.]*

«Yes, Martha Huber could be cruel, offensive, and downright mean. But Edie didn't care, because she was the first real friend Edie Britt had ever had.» *[Martha und Edie sitzen nun lachend und tuschelnd an einem Küchentisch.]*

«But now Martha Huber was missing. She had vanished without a trace, and Edie was not embarrassed to admit, she needed her back.»

Die heterodiegetische Stimme der toten Erzählerin ist demnach in jeglichem Maß omnipotent und omnipräsent. Sie besitzt die komplette Kontrolle über die Narration. Sie kann die Zeit kontrollieren, indem sie vergangene Ereignisse wieder her-

---

16 Margrit Tröhler: *Offene Welten ohne Helden. Plurale Figurenkonstellationen im Film.* Marburg 2007, S. 440.

vorrufen und zusammenfassen kann. Ebenso hat sie Einblick in die Gedanken und Gefühle von allen Figuren und kann sich wertend über diese äußern.

G%%reys%% A%%natomy%% (seit 2005) schildert dagegen das Leben von fünf Assistenzärzten, mit der Hauptfigur Meredith Grey, die als homodiegetische Ich-Erzählerin in die Handlung jeweils ein- und ausleitet, wie in T%%he%% F%%irst%% C%%ut%% I%%s%% T%%he%% D%%eepest%% (Staffel 1, Episode 2, USA 2005). Dort greift Meredith in ihrem einleitenden Monolog das Thema Grenzen auf und beschreibt, wie wichtig Grenzen sind:

> «It's all about lines. The finish line at the end of residency, waiting in line for a chance at the operating table, and then there's the most important line, the line separating you from the people you work with. It doesn't help to get too familiar to make friends. You need boundaries, between you and the rest of the world. Other people are far too messy. It's all about lines, drawing lines in the sand and praying like hell no one crosses them.»

Jedoch verstößt sie bereits kurz nach Beginn der Handlung gegen ihre eigene Aussage, wenn sie ihrem Vorgesetzten, dem Oberarzt Derek Shephard, mit dem sie einen One-Night-Stand hatte, erklärt, dass sie zwischen ihn und sich eine Grenzen ziehen muss und daher nur noch rein beruflich mit ihm verkehren möchte, nur um ihn kurz darauf leidenschaftlich zu küssen. Dementsprechend korrigiert Meredith in ihrem abschließenden Monolog auch ihrem anfängliche Aussage über Grenzen dahingehend, dass Grenzen dazu da seien, um überwunden zu werden:

> «At some point, you have to make a decision. Boundaries don't keep other people out, they fence you in. Life is messy, that's how we're made. So you can waste your life drawing lines or you can live your life crossing them. But there are some lines that are way too dangerous to cross. Here's what I know. If you're willing to throw caution to the wind and take a chance, the view from the other side is spectacular.»

Die Erzählerin hat somit keine Macht über ihre Narration, wie die homodiegetische Erzählerin in S%%ex%% & T%%he%% C%%ity%% oder die heterodiegetische Stimme der Toten in D%%esperate%% H%%ousewives%%, sondern ihre Erzählstimme dient dazu, die einzelnen Folgen jeweils in einen thematischen Rahmen zu setzten, indem die Protagonistin anfangs eine Aussage trifft, beziehungsweise eine Lebensweisheit oder einen bestimmten Standpunkt äußert, zu dem sie im Lauf der Handlung Erfahrungen machen wird, welche sie letztendlich dazu zwingen ihre anfängliche Meinung zu reflektieren und diese gegebenenfalls in ihrem abschließenden Monolog zu revidieren.

Zusammenfassend lässt sich festhalten, dass die Stimmen weiblicher Erzählerinnen in amerikanischen TV-Serien dazu verwendet werden, sehr komplexe Erzählstrukturen aufzubauen. Auf diese Weise werden nicht nur die Schicksale mehrerer Figuren sehr elegant miteinander verknüpft oder einander gegenübergestellt, sondern auch ungewöhnliche Wechsel im Fokus und in der Zeit vermittelt. Der Zuschauer erfährt die Ereignisse somit nicht mehr, wie dies in klassischen

3 Die Emanzipation der weiblichen Stimme

TV-Serien üblich war, über eine dominante, allwissende und dennoch unsichtbar bleibende Erzählperspektive, die ihm einen Wissensvorsprung vor den handelnden Figuren ermöglichte, sondern wird dazu gezwungen den Fokus einer jeweils bestimmten Figur anzunehmen.[17]

3.5 Zwischenfazit

Weibliche, wie auch männliche Erzählstimmen werden im aktuellen Film demnach in allen erdenklichen Formen eingesetzt, um komplexere, narrative Strukturen zu entwickeln und alternative erzählerische Blickwinkel darzustellen. Somit scheint es heutzutage völlig beliebig, ob nun eine männliche oder weibliche Erzählstimme die Narration prägt, wie das unter anderem in THE LORD OF THE RINGS: THE FELLOWSHIP OF THE RINGS festzustellen ist, wo jene einleitende Narration ebenso gut von einem männlichen Erzähler hätte übernommen werden können. Gleichfalls hätte jener Monologe Adas in COLD MOUNTAIN durch eine Voice-Over-Narration des männlichen Protagonisten ersetzt werden können, der den gesamten Film über dagegen merkwürdig sprachlos bleibt.

Tatsache ist, dass im aktuellen Film nicht nur die Voice-Over-Narration an sich, sondern insbesondere weibliche Erzählstimmen so gehäuft auftreten, wie niemals in der Filmgeschichte zuvor. Voice-Over-Erzählerinnen richten ihre Stimme dabei nicht nur in Arthouse-Filmen, wie WHALE RIDER, THE PIANO, NOTES ON A SCANDAL, CHÉRI, TIDELAND, THE TREE OF LIFE (Terrence Malick, USA 2011) oder CHÉRI an den Zuschauer, sondern verstärkt auch in Blockbustern, die ein breites Publikum ansprechen sollen, wie in BRIDGET JONE'S DIARY, THE HOLIDAY (Nancy Meyers, USA 2006), STRANGER THAN FICTION oder in THE CURIOUSE CASE OF BENJAMIN BUTTON.

---

17 Vgl.: Krützen, S. 455–457.

4 ADAPTATION – Die Auflösung der Narration durch multiphone Erzählstimmen

Die filmische Narration ist, wie sich das in den vorausgegangenen Untersuchungen gezeigt hat, selbst in Filmen die für ein breites Massenpublikum konzipiert sind, nicht länger an die Prinzipen einer linear, unsichtbaren Narration gebunden. Dies trifft insbesondere auf die Verwendung von weiblichen und männlichen Voice-Over-Erzählern im aktuellen Film zu, die heutzutage so häufig wie nie zuvor eingesetzt werden. Ein Grund dafür mag darin liegen, dass allgemeine filmische Erzählstrukturen als auch Genre-Erzählstrukturen des klassischen Hollywood Kinos aufgegriffen werden und so wesentlich offenere, flexiblere Erzählstrukturen geschaffen werden.

Jedes filmische Erzählen, jeder narrative Prozess verlangt außerdem nach fortwährenden Neurungen und solche Veränderungen sind meist am einfachsten zu erzeugen, indem etwas Gängiges abgeändert oder weiterentwickelt wird.

> «Die zitatförmige filmische Selbstreflexion wandelte ihr Erscheinungsbild von aufklärerischer medialer Selbstkritik zur freimütig bekennenden medialen Selbstbefriedigung (wenngleich in beiden Fällen wohl nicht ohne befreiende Wirkung). Im neuen spielerischen Umgang mit den Regularien klassischer Narration wie raumzeitlicher Linearität, Kontinuität und Geschlossenheit wurden keine neuen Geschichten erfunden, sondern die bekannten auf neue Weise erzählt, ohne sie zu desavouieren.»[1]

Dabei werden klassische, narrative Strukturen aufgelöst, zerstückelt und *geremixt*, so dass mit den konventionellen Sehgewohnheiten und Erwartungen des Zuschau-

---

1 Burkhard Röwekamp: Ein Zitat ist ein zitat ist ein zITAT. In: Matthias Steinle, Burkhard Röwekamp (Hrsg.): *Selbst/Reflexionen. Von der Leinwand bis zum Interface.* Marburg 2004, S. 113–114.

4 ADAPTATION – Die Auflösung der Narration durch multiphone Erzählstimmen

ers gespielt wird. Das filmgeschichtliche Wissen und die narrative Kompetenz des Zuschauer, der ganz im Sinne Bordwells, als aktive Instanz innerhalb dieser Weiterentwicklung der Narration verstanden werden kann, wird daher vorausgesetzt und ebenso selbstbewusst eingesetzt.

«Virtuelle Welten und Figuren, interaktive Computer-Spiele, die technischen Möglichkeiten vom Internet und DVD's haben in den letzten Jahren die narrativen Strukturen stark beeinflusst, neue Gestaltungsmöglichkeiten eröffnet und diese zum Teil in die rezeptive Tätigkeit (als intellektuelle und emotionale Beteiligung und als konkrete Manipulation des Geschehens) verlagert. Den beiden Drehbuchautoren Brian Sawyer und John Vourlis zufolge verräumlichen sie tendenziell die Erzählung, lassen die Erzählmuster stärker als Diagramme (oder ‹maps›) verstehen denn als Fluss, ermöglichen unauffälligere Registerwechsel zwischen unterschiedlichen Fiktionalen Welten, worin Orte, Objekte und Figuren je für sich als konzeptuelle Entitäten entworfen, durch je eigene Attribute und Regeln bestimmt werden.»[2]

Als besonders extremes Beispiel hierzu werde ich nun abschließend den Film ADAPTATION von Spike Jonze untersuchen. Jonze setzt in ADAPTATION die unterschiedlichsten Formen der Voice-Over-Narration ein, um so nicht nur eine Zerstückelung und einen Remix der Narration herbeizuführen, sondern auch den Akt des Erzählens an sich zu thematisieren. Mittels multiphoner Erzählstimmen, die gleich einer russischen Babuschkapuppe, von einer Narration in die nächste überleiten. Die filmische Erzählung wird so zum Gegenstand der eigenen Narration erhoben und folglich zum MacGuffin des eigenen Plots. So werden nicht nur klassische Narrationsmuster diskutiert, sondern ebenso der Akt des filmischen Erzählens in Hollywood selbstkritisch betrachtet.

All dies wird durch die ironische Verwendung der Erzählstimme des Protagonisten, Charlie Kaufmann, noch weiter gesteigert. Dabei wird auf sehr ungewöhnliche Art und Weise mit der Diskrepanz von Bild und Ton gearbeitet, wobei weder die visuelle noch die auditive Ebene eine faktisch, objektive Realität darzustellen scheinen. Beide umschließen die Narration gleichberechtigt und haben somit auch eine gleichberechtigt starke Erzählkraft.

ADAPTATION handelt von dem Drehbuchautor Charlie Kaufmann, der den Roman *The Orchid Thief* der Autorin Susan Orlean adaptieren soll, sich dazu jedoch nicht in der Lage sieht und aus diesem Grund beginnt sich selbst in die Handlung seines Skripts mit einzuschreiben, so dass dies zu genau dem Drehbuch jenes Films wird, den der Zuschauer gerade sieht. Für den Zuschauer stellt sich somit die Frage, was Real und was Fiktion ist, beziehungsweise was der Diegese des Films entsprechen soll und was demgegenüber nur der ‹fiktiven Welt› des entstehenden Drehbuchs angehört und sich somit bloß im Kopf des Protagonisten abspielt.

---

2   Tröhler, S. 362–363.

4.1 Die Erzählstruktur – Das Puzzelspiel ‹Narration› im Gewirr multiphoner Erzählstimmen

Dabei treibt die Narration des Films ein recht perfides Spiel mit der Frage nach der Fiktion der Realität und der Realität der Fiktion, indem scheinbar reale Personen mit fiktiven agieren, beziehungsweise reale Ereignisse mit fiktiven vermischt werden. So ist Charlie Kaufmann tatsächlich der reale Drehbuchautor des Films ADAPTATION, der im Film jedoch von dem Schauspieler Nicolas Cage gespielt wird. Dieser verkörpert auch dessen im Film auftretenden, fiktiven Zwillingsbruder, Donald, der in der diegetischen Realität des Films schließlich sterben wird, in Realität des Zuschauers jedoch nie existierte. Absurderweise wird jene fiktive Figur, Donald Kaufmann, in den Credits aber dennoch als Co-Autor des Drehbuchs benannt.

Weitere in der Diegese des Films auftretende Figuren existieren dagegen auch in der Wirklichkeit des Zuschauers, werden im Film aber von bekannten Schauspielern verkörpert, wie der Drehbuch-Seminarleiter Robert McKee, der Orchideendieb John Laroche oder die Autorin Susan Orlean, die tatsächlich das Buch *The Orchid Thief* geschrieben hat.

Damit lässt sich vorerst schlussfolgern, dass der Film die narrativen Strukturen übernimmt, die ihm von dem zu adaptierenden Roman vorgegeben wurden und diese jedoch durch die Vermischung von Fiktion und Realität in eine unentwirrbare, neue ‹Realität› überhebt.

4.1 Die Erzählstruktur – Das Puzzelspiel ‹Narration› im Gewirr multiphoner Erzählstimmen

Die Erzählstruktur sowie die einzelnen Erzählstränge in ADAPTATION sind untrennbar mit den unterschiedlichen Typen der Voice-Over-Narration verbunden. Diese prägende Dominanz der Voice-Over-Narration zeigt sich bereits in den ersten Sekunden des Films. Während das Bild hier, bis auf die am unteren Rand in kleiner, weißer, fast unscheinbarer Schrift eingeblendeten Credits, völlig schwarz ist, wird es durch die nuschelnde Erzählstimme Charlie Kaufmanns dominiert.

Der Zuschauer weiß zu diesem Zeitpunkt weder, um wen es sich bei diesem Erzähler handelt, noch erläutert jene Erzählstimme, aus welchem Grund sie erzählt, sprich was sie erzählen wird. Stattdessen ist Charlie nur damit beschäftigt, sich selbst zu beschimpfen und zu bejammern:

> «Do I have an original thought in my head? My bald head. Maybe if I were happier, my hair wouldn't be falling out. Life is short. I need to make the most of it. Today is the first day of the rest of my life. I'm a walking cliché. I really need to go to the doctor and have my leg checked. There's something wrong. A bump. The dentist called again. I'm way overdue. If I stop putting things off, I would be happier. All I do is sit on my fat ass. If my ass wasn't fat I would be happier. I wouldn't have to wear these shirts with the tails out all the time. Like that's fooling anyone. Fat ass! […]»

Charlies helle, breite Stimme ist dabei deutlich im auditiven Vordergrund, jedoch spricht er sehr leise. Auch sein Sprechtempo und -rhythmus entspricht diesem unruhigen Klang seiner Stimme, da er oft gehetzt spricht und so einzelne Worte nur sehr undeutlich, nuschelnd betont.

Der Zuschauer kann nach diesen einleitenden Worten bloß vermuten, dass es sich bei dieser Voice-Over-Narration um die *Innere Stimme* einer diegetischen Figur handelt. Dennoch hat dieser Monolog sicherlich eine einführende Funktion in den Charakter des Erzählers, da auf diese Weise dessen depressive, negative Grundstimmung etabliert wird. Des Weiteren wird Charlie Kaufmann mittels jener ersten Sequenz als Rahmenerzähler der Geschichte eingeführt, beziehungsweise wird durch das Fehlen jeglicher visueller Bezugspunkte angedeutet, dass es sich bei dem gesamten Film um Charlies *Mindscreen Narration* handeln könnte.

> «[...] we find it easiest to accept voice-over narrators as primary, framing storytellers when the voice-over is simultaneous with the film's opening shot, when one has seen little as possible of the story world, and certainly before one sees the narrating character. If this occurs, viewers can believe that the images have been created by the unseen voice, rather than by the voice of the image-maker.»[3]

In der darauf folgenden Sequenz wird jener bisher akusmatische Erzähler dann auch auf der visuellen Ebene eingeführt, wo er in einer fast dokumentarischen Aufnahme, mittels Handkamera, am Set des Films BEING JOHN MALKOVICH (Spike Jonze, USA 1999) gezeigt wird. In dieser Sequenz wird demzufolge auf das filmische Schaffen selbst verwiesen, indem die Dreharbeiten zu einem Film gezeigt werden, zu dem der reale Charlie Kaufmann ebenfalls das Drehbuch verfasst hat. Es handelt sich bei jener kurzen Sequenz somit nicht nur um eine Doppelung der Realität innerhalb der filmischen Fiktion, sondern auch um eine selbstreferenzielle Vorführung des filmischen Produktionsprozesses.

Jener fiktive, von Nicolas Cage verkörperte, Charlie Kaufmann, wird in jener Sequenz dann des Sets verwiesen, um sich in einer weiteren Voice-Over-Narration als der Träger jener Erzählstimme zu entlarven, die anfänglich das schwarze Bild dominierte.

Ähnlich wie in jenem ersten Voice-Over Monolog dreht sich auch dieser *Stream of Consciousness* des Protagonisten wieder nur um diesen selbst, jedoch ist er diesmal dazu in der Lage auch die passenden Bilder zu seinen Worten zu produzieren. Als Reaktion auf die Frage, woher er überhaupt komme, spielt sich vor seinen und den Augen des Zuschauers, in kurzen, schnell zusammen geschnittenen Sequenzen die gesamte Evolutionsgeschichte ab, die ähnlich wie in LE FABULEUX DESTIN D'AMÉLIE POULAIN in der Geburt des (Anti-)Helden gipfelt.

---

3   Kozloff 1988, S. 50.

4.1 Die Erzählstruktur – Das Puzzelspiel ‹Narration› im Gewirr multiphoner Erzählstimmen

Diese beiden expositiven Sequenzen des Films nehmen damit auf sehr extreme Weise die Grundthemen des Films und die grundlegenden Charaktereigenschaften des Protagonisten vorweg. Dies wäre einmal die problematische Selbstbezogenheit und Unzufriedenheit des fiktiven Drehbuchautors und Protagonisten Charlie Kaufmanns sowie die Auseinandersetzung mit dem Akt filmischen Erzählens. Im weiteren Sinne wird durch jene fantastische Sequenz, in der die Evolution in ca. einer Minute zusammenfassend dargestellt wird, auch das Grundmotiv des Plots verdeutlich – nämlich die Auseinandersetzung mit Adaption in jedwedem Sinn.

Gleichzeitig wird in diesen Sequenzen hervorgehoben, dass der Zuschauer in diesem Film einen exklusiven Zugang zu den auditiven als auch visuellen Gedanken des Protagonisten erhalten wird und somit dessen Sicht auf die Welt, insbesondere aber auf sich selbst, auf sehr subjektive Art und Weise vermittelt bekommt.

In welchem extremen Maß es sich dabei jedoch um ein Kopfkino handelt, wird und soll dem Zuschauer erst zu einem späteren Zeitpunkt, möglicherweise auch erst bei einem erneuten Lesen des Films, bewusst werden.

Im Großen und Ganzen wird durch jene ungewöhnliche Exposition natürlich auch auf die narrative Struktur des Films selbst vorbereitet, das heißt nicht nur auf die intensive Nutzung von Voice-Over-Narrationen, sondern auch auf den außergewöhnlichen Umgang mit den Konventionen des klassischen Erzählkinos.

Nach jener expliziten Einführung des Hauptmotivs beginnt in der nächsten Sequenz die eigentliche Handlung, in der bereits der Ausgang des Films vorweggenommen wird. Die Handlung beginnt mit Charlie, wieder durch dessen *Innere Stimme* eingeleitet, der sich mit einer Produzentin trifft, um die Adaption von Susan Orleans Roman *The Orchid Thief* zu besprechen. Interessant ist dabei der Umstand, dass all die Punkte die Charlie nicht in das Drehbuch einarbeiten möchte, letztendlich genauso und in sehr geballter Form stattfinden werden.

CHARLIE: «I just don't want to ruin it by making it a Hollywood thing. You know? Like an orchid heist movie or something, you know? Or changing the orchids in poppies and turning it into a movie about drug running.»
VALERIE THOMAS: «Definitely!»
CHARLIE: «Why can't there by a movie simply about flowers?»
VALERIE THOMAS: «I guess, we thought that maybe Susan Orlean and Leroche could fall in love […]»
CHARLIE KAUFMAN: «Okay. But, I'm saying, it's like, I don't want to cram in sex or guns or car chases, you know… or characters, you know, learning profound life lessons or growing or coming to like each other or overcoming obstacles to succeed in the end, you know. I mean, the book isn't like that, and life isn't like that. You know, it just isn't. And I feel very strongly about this.»

So werden die Orchideen letztendlich zwar nicht zu Schlafmohn, dafür beinhalten sie selbst psychoaktive Substanzen, es findet eine Verfolgungsjagd statt, LaRoche

4 ADAPTATION – Die Auflösung der Narration durch multiphone Erzählstimmen

und Susan Orlean werden natürlich doch zu einem Liebespaar und es ist Charlie, der am Ende eine profunde Erkenntnis aus dem Ganzen zieht und sich tatsächlich weiterentwickeln kann.

> «Frame narrators of adaptations often speak in conjunction with shots of pages from their novels, and embedded narrators often present their stories as memories, diaries, or letters. Such anchoring of the voice-over to writing constitutes yet another reason why voice-over is so often categorized as a ‹literary technique›. But it is curious that the narrators are either not currently in the act of writing or not the authors of the stories.»⁴

Das Gespräch der beiden Figuren wird weiterhin zum Anlass genommen in einem narrativen Flashback drei Jahre zurückzuspringen, zu Susan Orlean, die gerade dabei ist ihren Roman zu schreiben. Dazu hört man ihre Schreibstimme:

> «John Laroche is a tall guy, skinny as a stick, pale eyes, slouch-shouldered, sharply handsome, despite the fact he's missing all his front teeth. I went to Florida two years ago, to write a piece for the New Yorker. […]»

Die Einführung dieser narrativen Ebene, geht dann nochmals in eine weitere Narrationsebene über, indem die Schreibstimme Susans in ein Flashback einleitet, das weitere zwei Jahre zurückgeht und visuell präsentiert, was die Autorin zuvor beschrieben hat. In diesem Rückblick stiehlt John Laroche Orchideen im Naturschutzgebiet Fakahatchee Strand. Interessant ist dabei, dass der gesamte erste Teil jener Sequenz mit der akusmatischen Stimme eines Sprechers gekoppelt ist, der aus Darwins Autobiografie vorliest, die John Laroche als Hörbuch in seinem Van laufen hat.

Diese Art der gestaffelten Erzählung, sprich die Narration in einer Narration in einer Narration, die wiederum eine weitere Narration hervorbringt bezeichnet Genette als **metadiegetisch**. Als prototypisches Beispiel für eine solche Erzählstruktur wird oft auf *Die Erzählungen aus den tausendundein Nächten* verwiesen.

> «Genette thus teaches us to distinguish between narrators of the first level (the frame story), embedded narrators who tell a story-within-a-story, and doubly embedded narrators of a story-within-a-story-within-a-story. Genette labels these narrators ‹extradiegetic›, ‹intradiegetic› and ‹metadiegetic› re-spectiveley […].»⁵

Der fiktive Charles Kaufmann fungiert demnach als Rahmenerzähler und als Protagonist der Rahmenhandlung, was besonders in jenen Sequenzen deutlich wird, in denen Charlie zu sehen ist, der das Buch *The Orchid Thief* liest, wozu seine Erzählstimme zu hören ist, die dann wiederum in Susans Schreibstimme auf der zweiten

---

4 Kozloff 1988, S. 52.
5 Kozloff 1988, S. 42.

4.1 Die Erzählstruktur – Das Puzzlespiel ‹Narration› im Gewirr multiphoner Erzählstimmen

Erzählebene übergeht. Charlie führt somit direkt – manchmal auch indirekt – in die zweite Ebene der Narration ein, die dann von der fiktiven, in der Realität jener zweiten Narration jedoch realen, Susan Orlean übernommen und weitergeführt wird.

Dies geschieht jedoch auch in umgekehrter Struktur, z. B. in der Sequenz, nachdem Susan ein Dinner mit Freunden in New York hatte und sie lesend an ihrem Schreibtisch gezeigt wird und im Voice-Over liest: «Should be lucky enough to see a ghost orchid all else will seems eclipsed.»

Nach einem Schnitt sitzt Susan schreibend an ihrem Computer, wozu ihre Schreibstimme zu hören ist: «If the ghost orchid was really a phantom it was still such a bewitching one that it could seduce people to peruse it year after year and mile after miserable mile.»

Hierzu erscheint eine intensive Nahaufnahme der Geisterorchidee, während Susans Voice-Over weiterhin über diesem Bild schwebt: «If it was a real flower, I wanted to see one. The reason was not that I love orchid. I don't even especially like orchids. What I wanted was to see this thing that people were drawn to in such a singular and powerful way.»

Nun folgt ein Schnitt von der Geisterorchidee zu Charlie, der gerade eben jene Passage in Susans Buch liest, um dann Susans Bild auf dem Umschlag zu betrachten.

Ein ähnliches Vermischen der unterschiedlichen Erzählebenen ist in jener Sequenz festzustellen, in der Charlie mit einer Schreibblockade vor seiner Schreibmaschine sitzt und nur an Muffins und Kaffee denken kann. Nach einem Schnitt ist dann Susan Orlean zu sehen, die an ihrem Computer sitzt, während ihre Schreibstimme einen Abschnitt über Orchideenjäger einleitet: «Orchid hunting is a mortal occupation. Victorian-era orchid hunter William Arnold drowned on a collecting expedition.» Während des folgenden Exkurses über tödlich verunglückte Orchideenjäger, der von Susans Erzählstimme dominiert wird, sind jeweils die entsprechenden, visuellen Szenen zu sehen, bis plötzlich ein abrupter Schnitt zu Laroche folgt, der gerade im Fakahatchee Strand von der Polizei verhaftet wird. Dazu erklingt dann wieder Susans erläuternde Voice-Over-Narration: «Laroche loved orchids [...].»

Susans Stimme ist, im Vergleich zu Charlies hektisch, nervös nuschelnder Stimme, sehr klar, ruhig und kontrolliert. Wie seine *Voice-Over* liegt auch ihre Schreibstimme deutlich im auditiven Vordergrund und weist einen geringen Hall auf.

Eine weitere Figur jener narrativen Ebene ist John Laroche, der in einigen Sequenzen auch als weiterer Voice-Over-Narrator auftritt und somit dazu in der Lage ist, noch eine weitere, dritte Erzählebene zu öffnen.

«Thus, a character who performs actions that are narrated by himself serve as the narrator of an embedded story. Inside this story there may in turn be another character who tells another story, and so on. In this hierarchical structure the highest

357

4 ADAPTATION – Die Auflösung der Narration durch multiphone Erzählstimmen

> level is that which is placed right ‹above› the action in the first story. We call this narrative level extradiegetic.»[6]

Dies ist einmal der Fall, wenn John Susan von dem Autounfall erzählt, bei dem seine Frau, Mutter und sein Onkel ums Leben kamen und er seine Vorderzähne verlor oder wenn er auf einer Orchideen-Ausstellung von den Blumen und den ihnen zugehörigen, seelenverwandten Insekten spricht und die dementsprechende Bilder hervorruft:

> «There's a certain orchid that looks exactly like a certain insect. So the insect is drawn to this flower, its double, its soul mate and wants nothing more than to make love to it. After the insect flies of, it spots another soul-mate flower and makes love to it, thus pollinating it. And neither the flower nor the insect will ever understand the significance of their lovemaking. How could they know that because of their little dance, the world lives? But it does! By simply doing what they're designed to do something large and magnificent happens. In this sense they show us how to live.»

Eine solche narrative Struktur ist für die filmische Narration sehr ungewöhnlich und eher in der Literatur anzutreffen. Doch vermutlich liegt eben dort auch die Begründung für die Übernahme jener narrativen Struktur in die Narration des Films ADAPTATION, da der filmische Schaffensprozess einer literarischen Adaption in Allgemeinen dargestellt werden soll und eben daher die narrative Struktur des literarischen Vorbilds übernommen und reflexiv bespiegelt wurde.

Weiterhin werden diese multiphonen Erzählstimmen und Erzähllevel in ADAPTATION dazu genutzt, die verschiedenen Ebenen der Narration hervorzuheben und so im weiteren Verlauf unterschiedliche Darstellungs- und Interpretationsmöglichkeiten der Wahrheit, beziehungsweise der Realität aufzuzeigen. Diese im klassischen sowie im aktuellen Erzählkino recht selten vorkommende, verschachtelte Erzählstruktur, hervorgerufen durch den Einsatz von multiphonen Erzählstimmen, dürfte den Zuschauer dazu verleitet den dargestellten Blick des Rahmenerzählers mit jenen alternativ angebotenen Perspektiven abzugleichen.[7]

> «Bonitzer believes that we can compromise the voice's inherent authority if we multiply or divide it, make it relate to the image-track obliquely or ironically, and/or if we give the podium to the sex heretofore virtually shut out from these roles – women. Nichols praises narration that its self-conscious and self-reflexive, that foregrounds instead of hides the role of the film-maker(s) in the production of the discourse.»[8]

Dennoch bleibt es letztendlich Charlies Stimme die als Rahmenerzähler über allem liegt und somit auch die narrative Instanz ist, die alle übrigen hervorruft. Dies wird

---

6   Lothe, S. 32.
7   Vgl: Kozloff 1988, S. 62–63.
8   Kozloff 1988, S. 82.

4.1 Die Erzählstruktur – Das Puzzelspiel ‹Narration› im Gewirr multiphoner Erzählstimmen

insbesondere in all jenen Sequenz deutlich, in denen Charlie aktiv eine Narration erzeugt, so z. B. wenn seine Schreibstimme zu hören ist, die mit sehr hektisch, assoziativ wirkenden Bildern gekoppelt wird, die dabei nur teilweise Charlies *Voice-Over* entsprechen, teilweise auch nicht:

> «Okay, we open with Laroche. He's funny. Okay. He says, ‹I love to mutate plants›. He says ‹Mutation is fun›. Okay, we show flowers and, okay. We have to have the court case. Okay, we show Laroche. Okay, he says ‹I was mutated as a baby. That's why I'm so smart›. That's funny. Okay, we open at the beginning of time. No! Okay, we open with Laroche. He's driving into a swamp.»

Der Zuschauer kann damit nicht nur Charlies Gedankengänge und seinen Schaffensprozess auditiv nachvollziehen, sondern diesen auch visuell wahrnehmen. So auch in der Sequenz, in der Charlie auf seinem Bett liegt und mittels seiner assoziativen Gedankengänge den Prozess der Adaption schildert: «To write about a flower, to dramatize a flower I have to show the flower's arc. And the flower's arc streches back to the beginngin of life. How did this flower get here? What was it's journey?»

Daraufhin folgt ein Flashback in Schwarz-Weiß zu Charles Darwin, dessen Gedanken ebenfalls mittels dessen *Innerer Stimme* offenbart werden (Abb. 48): «Therefore, I should infer from analogy that probably all the organic beings which have ever lived on this Earth have descended from some one primordial into which life was first breathed.»

Nach einem abrupten Schnitt zu Charlie zurück, der nun dabei ist Darwin zu lesen, führt seine Erzählstimme schließlich Darwins Gedanken weiter:

> «It is a journey of evolution. Adaptation. The journey we all take. A journey that unites each and every one of us. Darwin writes that we all come from the very first single-cell organism.» *[Der schreibende Darwin ist zu sehen.]*
> «Yet here I am.» *[Schnitt zu Charlie, der in Fastforward in sein Auto steigt.]*
> «And there's Laroche.» *[Ein kurzer Schnitt zu Laroche.]*
> «There's Susan.» *[Ein Schnitt zu Susan.]*
> «And there's the ghost orchid.» *[Eine Aufnahme der Geisterorchidee.]*

48 Rückblende zu Charles Darwin. Bob Yerkes in Adaptation (USA 2002)

359

4 ADAPTATION – Die Auflösung der Narration durch multiphone Erzählstimmen

«All trapped in our own bodies in moments in history.» *[Schnitt zurück zu Charlie.]*
«That's it. That's what I need to do. Tie all of history together.»

Gegensätzlich dazu ist dagegen jene Sequenz aufgebaut, in der Charlie eine Orchideenausstellung besucht. Diese Sequenz wird anfangs von Susan Orleans Voice-Over-Narration dominiert, obwohl sie in dieser narrativen Ebene weder als diegetische Figur aufgetreten ist, noch eine Rahmenerzählerin dieser Situation sein kann. Susans Erzählstimme beschreibt dabei die Orchideen, die Charlie betrachtet: «There are more than 30.000 known orchid species. One looks like a turtle. One looks like a monkey. One looks like an onion.»

Dann jedoch gleitet Charlies Erzählstimme plötzlich in das Bild über, während er nicht mehr die Orchideen, sondern die anwesenden Frauen betrachtet:

«One looks like a school teacher. One looks like a gymnast. One looks like that girl in high school with creamy skin. One looks like a New York intellectual with whom you do the Sunday Times crossword puzzle in bed. One looks like a Midwestern beauty queen. One looks like Amelia. One has eyes that dance. One has eyes that contain the sadness of the world.»

Es kann sich demnach gar nicht um Susans reale Voice-Over-Narration handeln, die anfangs zu hören war, sondern nur die Idee ihrer Stimme, die Charlie in seinem Kopf hört. Demnach verdeutlicht diese Sequenz nochmals, dass Charlie tatsächlich als maßgeblicher Rahmenerzähler der gesamten Fiktion und Narration auftritt und somit auch als Einziger dazu in der Lage ist, eine weiteren Ebene der Narration ein- oder auszuleiten.

Alle Erzähler-Figuren sind dennoch fähig, mittels ihrer Erzählstimmen jeweils die dazugehörige visuelle Narration hervorzurufen. Des Weiteren tragen all jene Erzählstimmen dazu bei, die Gedankengänge und Gefühle, Ängste und Sehnsüchte der Charaktere erfahrbar zu machen und die Figuren dem Zuschauers näher zu bringen.

Alle drei Erzähler sind aufgrund des dargestellten Erzählmodus gleichberechtigte Erzählinstanzen, das heißt, dass sie, im Unterschied zu den Voice-Over-Narrationen bei THE CURIOUS CASE OF BENJAMIN BUTTON, auf die gleiche Art und Weise aufgenommen wurden und auch über die jeweils gleiche Macht über den visuellen Diskurs verfügen.

4.2 Ironie in ADAPTATION – Die narrative Bruchstelle zwischen Bild und Ton

Erzählstimmen werden jedoch nicht nur dazu verwendet, um in die vielschichtigen Ebenen der Narration einzuleiten oder um Gedanken und Fantasie der Figur für den Zuschauer begreifbar zu machen, sondern auch um eine ironische Distanz zwischen dem Zuschauer und dem Protagonisten, Charlie Kaufmann, zu erzeugen.

4.2 Ironie in ADAPTATION – Die narrative Bruchstelle zwischen Bild und Ton

Dies geschieht vor allen Dingen mittels dessen *Innerer Stimme*, wodurch Charlies Selbstzweifel und sein Selbstmitleid, auf völlig ungeschminkte, sehr entblößende Art für den Zuschauer erfahrbar gemacht werden, wie in jener Sequenz, in der er, nach der Verabredung mit Amelia, im Auto sitzend auf sich einredet ihr hinterher zu gehen und sie zu küssen – was er dann natürlich trotzdem nicht macht:

> «Why didn't I go in? I'm such a chicken. I'm such an idiot. I should have kissed her. I've blown it. I should just go and knock on her door and just kiss her. It would be romantic. It would be something we could someday tell our kids. I'm gonna do that right now.»

Ähnlich verhält es sich auch in jener bereits beschriebenen Sequenz, in der Charlie über seiner Schreibmaschine sitzt und mit der Adaption des Drehbuchs beginnen will, dazu jedoch nicht in der Lage ist, weil ihm seine Gelüste nach Kaffee und Muffins dazwischen kommen.

> «[…] filmmakers can exploit the ironic potential of voice-over narration in two ways. One is to keep the connection between the image-maker and the narrator tight, to maintain the illusion that the narrator is the presenter of the entire film (or at least of his story-within-a-story), but give this narrator an ironic temperament. In this event, the narrator will be seen as creating and controlling any disparities between narration and images/action. The other choice is to widen the gap, throw the narrator's telling into question, make him or her out to become more or less unreliable. Here the image-maker would clash between narration and scenic presentation to compromise the narrator and to break the viewer's provisional belief in that narrator's responsibility for the text.»[9]

Die Voice-Over-Narration Charlies erzeugt, durch die Diskrepanz zwischen Bild und Ton, eine ironische Grundstimmung. Durch diese Diskrepanz, zwischen seinem Denken auf der einen Seite und seinem Handeln auf der Anderen, entlarvt sich Charlie als unzuverlässiger Erzähler. Da er nicht einmal dazu in der Lage ist, dass zu tun, was er sich vornimmt, muss sein Erzählen ebenso unzuverlässig und unglaubwürdig sein, wie sein Handeln. Dies wird auch in jener Sequenz deutlich, in der er mit Amelia auf einer Party ist und sich einredet ihr etwas Lustiges zu sagen, um sie zu unterhalten, dann jedoch bloß etwas vollkommen Niedergeschlagenes von sich gibt: «Say something. I dragged her here tonight and now I'm not saying anything. Make her laugh! Say something funny!»

Zu Amelia gewandt sagt er dann jedoch: «I hate parties, Amelia! Why did we come here?»

Ironie wird in ADAPTATION somit hauptsächlich durch Charlies ungefilterte Selbstzweifel und Selbstkritik vermittelt, welche die Figur als eine in sich gebro-

---

9   Kozloff 1988, S. 110.

4 ADAPTATION – Die Auflösung der Narration durch multiphone Erzählstimmen

49 Der schwitzende, sich selbst hassende Charlie Kaufmann. Nicholas Cage in ADAPTATION (USA 2002)

chene, komische erscheinen lassen. Dies wird auch durch den Umstand hervorgehoben, dass Charlie sich selbst während des gesamten Films fortlaufend als fett, kahlköpfig und hässlich beschimpft, was zusätzlich durch sein faktisches Äußeres unterstrichen wird, beziehungsweise das selbstreflexive Wissen des Zuschauers, der Nicolas Cage (der die Figur des Charlie Kaufmann spielt) als gewöhnlich durchtrainierten Darsteller aus Actionfilmen, wie GONE IN 60 SECONDS (Dominic Sena, USA 2000) oder CON AIR (Simon West, USA 1997) kennt (Abb. 49).

Nochmals verstärkt wird die manische Selbstkritik des Protagonisten durch die Tatsache, dass er sich selbst als ebenso fett, hässlich und abstoßend in sein Drehbuch schreibt. Aber auch durch sein Auftreten und Verhalten in Gegenwart Anderer, insbesondere aber im Vergleich zu seinem optimistischen, aktiven Bruder Donald, wird diese unfreiwillige Komik noch gesteigert.

Der Zuschauer wird durch den direkten Zugang zu Charlies Gedanken so einerseits dazu gezwungen, alles aus dessen subjektiver Sicht wahrzunehmen, andererseits führt eben dieser direkte, innere Zugang zu Charlies Kopf auch gleichzeitig zu einer gewissen Distanzierung von diesem, sprich der Zuschauer wird sich kaum mit Charlie identifizieren wollen, eben da dieser sich fast den gesamten Film über selbst beschimpft und bemitleidet. Zwar wird der Zuschauer Charlies Gedanken aus eigener Erfahrung nachvollziehen können, am wahrscheinlichsten ist jedoch, dass ein ironischer Bruch zwischen diesem und dem Zuschauer entsteht, da sich dieser über dessen Unfähigkeit und Selbstmitleid zu amüsieren beginnt.

Diese hervorgerufene Ironie wird auch in jenen Sequenzen vermittelt, in denen Charlie Vermutungen über seine Umwelt anstellt, beziehungsweise über das, was seine Umwelt und seine Mitmenschen von ihm denken. Dabei sei unter anderem jene Sequenz zu nennen, in der sich Charlie mit der Filmproduzentin trifft, um über die Adaption des Romans zu sprechen. Charlie überlegt dort schwitzend wie abscheulich und widerwärtig ihn die Produzentin wohl findet: «I'm starting to sweat. Stop sweating. I've got to stop sweating. Can she see it dripping down my forehead? She looked at my hairline. She thinks I'm bald. She [...].»

Die Produzentin sagt dann jedoch, ihm in die Gedanken fallend: «We think you're great!»

Der Zuschauer kann durch die hier hervorgerufenen ironische Brechung zwischen Charlies Denken und der dann eintretenden Realität deutlich erkennen, dass

Charlies Bild von der Realität ein sehr zerstückeltes, falsches ist, da er auch von sich ein völlig verdrehtes Bild hat.[10]

Somit muss jedoch geschlussfolgert werden, dass Charlies subjektivem Blick nicht getraut werden darf, da eben dieser von seinen Selbstzweifeln und Ängsten geprägt ist. Demnach kann aber auch der Narration an sich kein Glauben geschenkt werden, da eben jene gleichfalls vom Blick und Geist des Protagonisten und Rahmenerzählers bestimmt wird.

4.3 Fiktion – Narration – Adaption

Diese Diskrepanz zwischen Charlies Denken und der ihn umgebenden Realität wird durch die Brechung der Stringenz der dargestellten filmischen Realität noch deutlicher herausgestellt, da so die gesamte Narration in Frage gestellt wird.

Dieser Bruch der Narration findet auf zwei Ebenen statt: Einerseits in der zuvor beschriebenen Entlarvung Charlies als unglaubwürdigen Erzähler und andererseits in der Entschlüsselung der gesamten Narration als subjektive Erzählung Charlies – als dessen Kopfkino. Diese extreme Subjektivität der Narration wird in jenen Sequenzen entblößt, in denen der Zuschauer nicht nur dazu in der Lage ist Charlies Gedanken wahrzunehmen, sondern auch dessen Fantasien zu sehen, als wären diese vollkommen in die Realität der Diegese eingebettet und damit Bestandteil dieser Realität.

Dies ist das erste Mal in der Sequenz festzustellen, in der Charlie, nach einem jähen Schnitt, mit einer Kellnerin, die ihn eben noch in einem Cafe bedient hat, auf einer Orchideen-Ausstellung zu sehen ist. Dort küsst diese ihn und verführt ihn. Bis zu diesem Zeitpunkt wird dem Zuschauer weder auf der visuellen Ebene – beispielsweise durch einen weichen, verschwommenen Schnitt oder Überblendungen – noch auf der auditiven Ebene ein Hinweis geliefert, dass es sich bei jener Sequenz um eine bloße Fantasie Charlies handelt. Dies kann lediglich aufgrund der sehr geringen Plausibilität der Handlung erahnt werden. Die Bestätigung dazu erhält der Zuschauer jedoch erst in der nächsten Sequenz, in der Charlie, nach einem ebenso harten Schnitt, masturbierend im Bett liegt und somit deutlich wird, dass jene zuvor gesehene Sequenz nur eine seiner zahlreichen Masturbationsfantasien war.

Ähnlich verhält es sich mit der Sequenz, in der Charlie ebenso unvermittelt mit der hübschen Filmproduzentin im Bett liegt. Auch hier wird wieder in keiner Weise auf der visuellen oder auditiven Ebene kenntlich gemacht, dass es sich lediglich um eine weitere Fantasie Charlies handelt, zu der er sich, was in einem kurzen Schnitt darauf gezeigt wird, wieder selbst befriedigt.

---

10 Kozloff 1988, S. 112–113.

Noch deutlicher wird diese latente Vermischung von Fiktion und diegetischer Realität in der darauf folgenden Masturbationsfantasie Charlies. Zwar wird die Fantasie Charlies dort einerseits deutlicher als solche gekennzeichnet, andererseits wird damit jedoch auch das volle Ausmaß der Übergriffe von Charlies Fantasien in die diegetische Realität offensichtlich. Charlie liegt auch hier wieder im Bett und liest zu Susan Orleans Voice-Over deren Buch. Daraufhin masturbiert er zu dem Foto von Susan Orleans auf dem Buchumschlag und fantasiert dabei mit ihr zu schlafen. Natürlich wird auch diese Fantasie Charlies wieder bildlich in die filmische Realität übertragen, jedoch kurz darauf als Fiktion entlarvt, wenn Charlie, nach einem Schnitt, alleine masturbierend im Bett liegend zu sehen ist.

Doch Charlies Fantasien werden nicht nur visuell in die diegetische Realität verkehrt, sondern auch dessen auditive Vorstellungen, wenn er Susans Bild auf dem Buchumschlag betrachtet und beginnt sich mit ihr zu unterhalten: «I like looking at you.»

Susan antwortet ihm dann: «I like looking at you too, Charlie.»

Nachdem Charlie befriedigt im Bett liegt, greift er daraufhin wieder zu dem Bild Orleans und beginnt abermals mit diesem zu reden: «I don't know how to do this. I'm afraid I'll disappoint you. You've written a beautiful book. I can't sleep. I'm losing my hair. I'm fat and repulsive.»

Susans fiktive Stimme antwortet ihm daraufhin: «Pscht, you're not. You're not. Just whittle it down. Focus on one thing. Find that one thing that you care passionately about and then write about that.»

In jener Sequenz ist somit ein ununterbrochener, fließender Wechsel von der diegetischen Realität zu Charlies Fantasie und wieder zurück festzustellen, so dass beide untrennbar miteinander verbunden werden. Außerdem wird deutlich, dass weder Ton- noch Bildebene einen Garant für die Realität der filmischen Diegese liefern, sondern beide gleichermaßen in die dominanten Fantasien Charlies übergehen.

Gleichzeitig wird somit offenbart, dass auch alle übrigen Voice-Over-Narrationen, die nicht direkt von Charlie stammen, von diesem erdacht und erschaffen wurden. Dadurch wird das gesamte Ausmaß der *Mindscreen Narration* deutlich, beziehungsweise wie extrem der Blick des Zuschauers an Charlies Gedanken und Stimme gebunden ist und auf welche Weise dieser Erzähler folglich dazu in der Lage ist, die Diegese zu manipulieren.

Der Zuschauer muss dementsprechend schlussfolgern, dass dieser fließende Wechsel zwischen Realität und Fantasie nicht nur auf Charlies Masturbationsfantasien zutrifft, sondern dass tatsächlich ein Großteil der gesamten Narration nur in Charlies Kopf existiert. Dies könnte insbesondere auf all jene Sequenzen zutreffen, die in scheinbar realen Flashbacks Susan Orleans und John Laroches Geschichte schildern, die letztendlich nur eine fiktive Narration in Charlies Kopf sind.

Dies wird unter anderem durch den Umstand belegt, dass Charlies niemals der wahren Susan Orlean begegnet. Selbst in dem Restaurant, in dem er zufällig die

4.3 Fiktion – Narration – Adaption

Produzentin trifft, die gerade mit Susan beim Essen ist, ist die Autorin nur durch ihre Abwesenheit präsent, sprich sie ist in Form eines allein stehenden Desserts und eines sich rätselhaft bewegenden Schattens gegenwärtig. Susan in Persona kann der verklemmte, schüchterne Charlie nicht begegnen. Stattdessen schickt er seinen, in der diegetischen Realität möglicherweise ebenso fiktiven, Zwillingsbruder Donald zu ihr.

50 Die ungleichen Zwillingsbrüder. Nicholas Cage in ADAPTATION (USA 2002)

Dass es sich bei seinem Zwillingsbruder Donald um eine ebenso fiktive Figur in Charlies Kopf handeln könnte, beziehungsweise um sein *Alter Ego* oder Schatten-Ich, wird durch die extrem auffälligen Unterschiede im Charakter der beiden nahen gelegt. Donald sieht zwar genauso aus wie Charlie, ist was seinen Charakter betrifft aber das vollkommene Gegenteil: Er ist fröhlich, optimistisch, selbstbewusst, mutig und hat Erfolg bei Frauen und im Beruf. Donald ist es vollkommen egal, was seine Umwelt von ihm denkt, während Charlies Gedanken fast ausschließlich um dieses Thema kreisen. Donald ist glücklich, während Charlie chronisch unglücklich ist.

In der Figur Donalds kann Charlie somit all seine unerfüllten Wünsche projizieren und ausleben. Dies würde auch den völlig absurden, beziehungsweise fiktivfantastischen Schluss des Films erklären, in dem die absolute Vermischung von Charlies Kopfgeburten mit der scheinbaren, diegetischen Realität ihren Höhepunkt finden. Die Donald Figur muss in diesem fiktiven Höhepunkt letztendlich sterben, damit Charlie auch in der diegetischen Realität jene Charaktereigenschaften Donalds in sich selbst wahr werden lassen kann (Abb. 50).[11]

Die Stringenz der diegetischen Realität des Films wird somit in extremen Maß von deren Erzähler gebrochen, indem dieser seine ganz persönlichen Fantasien in die Narration einfließen lässt und als scheinbare Realität kennzeichnet. Die Realität des Films und die Fantasie des Erzählers fließen ungehindert ineinander über, so dass es letztendlich fraglich erscheint, was überhaupt real sein soll und was Fiktion oder Fantasie ist.

Auf einer zweiten Ebene wird dieses Verwirrspiel dann noch einmal weiter gesteigert, indem die Narration selbst zum Plot der Narration erhoben wird. Als Schlüsselsequenz ist hierbei sicherlich die ‹Ouroboros-Sequenz› zu nennen, in der

---

[11] Diese Ebene der Fiktion wird dabei sogar in die Realität des Zuschauers übertragen, indem jener fiktive Donald Kaufmann in den Credits als Co-Autor des Drehbuchs angegeben wird sowie der gesamte Film dem Andenken dieser Figur gewidmet ist, die ja eigentlich nie gestorben ist, da sie niemals existiert hat.

4 ADAPTATION – Die Auflösung der Narration durch multiphone Erzählstimmen

Charlie beschließt, sich selbst in das Drehbuch zu schreiben und somit die gesamte bereits dargestellte Narration in einem endlosen Spiegelbild nochmals und nochmals wiederholt wird.

Charlie spricht dabei in sein Diktiergerät, den Anfang des Films nacherzählend:

«We open on Charlie Kaufman. Fat, old, bald, repulsive, sitting in a Hollywood restaurant, across from Valerie Thomas, a lovely, statuesque film executive. Kaufman, trying to get a writing assignment, wanting to impress her, sweats profusely.»

Nun folgt ein Schnitt, zu Charlie, der mit dem Diktiergerät auf dem Bett liegt:

«Fat, bald Kaufman paces furiously in his bedroom. He speaks into his hand held tape recorder, and he says: ‹Charlie Kaufman. Fat, bald, repulsive, old, sits at a Hollywood restaurant with Valerie Thomas.›»

Nach einem weiteren Schnitt ist Charlie dabei, das ins Diktiergerät Gesprochene in die Schreibmaschine zu tippen. Seine Stimme ertönt dazu, erneut gedoppelt, aus jenem Diktiergerät: «Kaufmann, repugnant, ridiculous, jerks off to the jacket photo of Susan Orlean.»

Die Narration in Adaptation gleicht damit jener Schlange, *Ouroboros*, die sich selbst, endlos kreisend, in den Schwanz beißt. [12]

4.4 Die Spiegelung der Narration – Selbstreflexivität in ADAPTATION

Die filmische Erzählstruktur wird dabei noch weiter ins narrative Chaos gestürzt, in dem nicht nur die Narration an sich zum eigentlichen Kernpunkt des Plots erklärt wird, sondern auch das filmische Erzählen selbst.

Dies geschieht einmal in all jenen Sequenzen, die direkt den filmischen Produktionsprozess darstellen. Also nicht nur die Sequenzen, die Charlie am Set des Drehs zu BEING JOHN MALKOVICH zeigen, Charlie bei dessen Agenten oder Charlie oder Susan bei Gesprächen mit der Filmproduzentin, sondern auch der Umstand, dass Charlie Drehbuchautor ist und der gesamte Film somit eigentlich den profilmischen Entstehungs- und Schaffensprozess eben jenes Films bespiegelt, den der Zuschauer in genau diesem Moment sieht.

Darüber hinaus wird im weiteren Verlauf des Films sogar die Funktionsweise filmischer Narration diskutiert. Charlie verkörpert dabei eine eher dekonstruierende Erzählweise, die sich gegen die vorherrschenden, narrativen Strategien des Hollywood Kinos richtet, während sein Bruder Donald ein gläubiger Jünger des erfolgsorientierten Hollywood Erzählschemas ist, das er in dem Drehbuch-Semi-

---

[12] Vgl.: Tröhler, S. 364.

4.4 Die Spiegelung der Narration – Selbstreflexivität in ADAPTATION

nar des tatsächlich existierenden Autors Robert McKees erlernt hat. In der Figur Donalds wird demnach dargestellt, dass für die narrative Struktur eines Hollywood Blockbusters lediglich einige altbewährte Schemata und Muster angewendet werden müssen, um mit einer völlig abstrusen Story zum Millionär zu werden.[13]

Charlie dagegen versucht ein alternatives Erzählmodell zu entwickeln, da er seine ganz persönlichen Fantasien und Vorstellungen filmisch umsetzen möchte. Dabei leidet er jedoch an permanenten Schreibblockaden und muss letztendlich sogar Donalds Hilfe annehmen und Kompromisse in seiner Narration eingehen, indem er scheinbar doch auf altbewährte Erzählmuster zurückgreift.

Als Schlüsselsequenz kann dazu sicherlich Charlies Besuch des Drehbuch-Seminars und sein Gespräch mit Robert McKee aufgefasst werden. Dabei wird sehr deutlich, wie die filmische Narration von ADAPTATION selbstironisch den klassischen Konventionen gegenübergestellt wird, wenn Charlie, wieder in seine Gedanken vertieft, plötzlich aus diesen herausgerissen wird, da der Seminarleiter laut und wütend die Stümperhaftigkeit von Erzählstimmen betont. Charlies Voice-Over-Narration steht dabei im auditiven Vordergrund, wozu McKees Vortrag im Hintergrund zu hören ist:

> «I have failed, I am panicked. I've sold out, I am worthless! I ... what the fuck am I doing here? What the fuck am I doing here? Fuck. It is my weakness, my ultimate lack of conviction that brings me here. Easy answers used to shortcut yourself to success. And here I am because my jump into the abysmal well – isn't that just a risk one takes when attempting something new? I should leave here right now. I'll start over. I need to face this project head on and [...].»

In dem Moment jedoch, in dem Charlie gerade aufstehen will, erhebt auch McKee seine Stimme, die sich nun in den Vordergrund drängt: «[...] and God help you if you use voice-over in your work, my friends. God help you. That's flaccid, sloppy writing. Any idiot can write a voice-over narration to explain the thoughts of a character!»

Nach dem folgenden Gespräch zwischen Charlie und McKee scheint es dann zwar so, als habe Charlie dessen Ratschlag beherzigt und nun doch all das in den Schluss seines Drehbuchs geschrieben, was er anfänglich gar nicht wollte, jedoch geschieht dies auf so übersteigerte Art und Weise, dass die konventionelle Hollywood Story als deutlich unrealistisch und surreal gekennzeichnet wird. Was dort als alltäglich und normal dargestellt wird, kann letzten Endes auf keinen Fall real

---

13   Sehr absurd ist dabei auch die Tatsache, dass Donalds Drehbuch von einem multiplen Serienkiller handelt, was als ein Verweise auf Charlies eigene, gespaltene Persönlichkeit und die polyphonen Erzählstimmen des Films verstanden werden kann. Dies ist ein weiterer Hinweis darauf, dass Donald eigentlich gar nicht existiert, sondern nur eine projizierte Wunschvorstellung in Charlies Kopf ist. Ebenso selbstreflexiv und ironisch ist aber natürlich auch der Verweis McKees auf das Autorenzwillingspaar, welches das Drehbuch zu CASABLANCA schrieb.

sein. Dies wird in der letzten absurden Sequenz in Florida allzu deutlich, wo sich der gesamte Film in eine Parodie der klassischen Hollywood-Narration verkehrt.

Vielleicht ist das echte Leben somit doch eher langweilig und ereignislos, wie Charlie es mittels seiner intensiven Existenzängste in den ersten beiden Dritteln des Films darstellt. Dies wird auch am Schluss nochmals überdeutlich ausgerückt, wenn Charlie zwar tatsächlich eine Wandlung durchlebt und sich das erste Mal wirklich glücklich fühlt und Hoffnung verspürt, diese Wandlung aber bei weitem nicht so allumfassend ist, wie dies in den meisten Hollywoodfilmen der Fall wäre. Das Ende ist somit zwar ‹happy›, jedoch nicht so übertrieben und zuckersüß, wie es den Konventionen eines Hollywood-Blockbusters entsprechen würde.

Jene abschließende Abkehr und ironische Brechung der Konventionen des Hollywood-Kinos wird auch nochmal von Charlie ausgedrückt, wenn dieser wieder zu seinem ganz persönlichen Erzählstil und damit auch zu einer Voice-Over-Narration zurückgefunden hat:

> «I have to go right home. I know how to finish the script now. It ends with Kaufman driving home after his lunch with Amelia, thinking he knows how to finish the script. Shit, that's voice-over. McKee would not approve. How else can I show his thoughts? I don't know. Oh, who cares what McKee says? It feels right. Conclusive. I wonder who's gonna play me. Someone not too fat. I liked Gerard Depardieu, but can he do the accent? Anyway, it's done. And that's something. So ‹Kaufman drives off from his encounter with Amelia, filled for the first time with hope.› I like this. This is good!»

Denn wie Charlie schon sagt, wie sonst können dem Zuschauer besser die Gedankengänge und Gefühle der Figuren näher gebracht werden, denn mit Erzählstimmen.

Abgerundet wird dieses allumfassende, augenzwinkernde Spiel mit den Konventionen der klassischen Hollywood Narration mit dem Lied ‹So Happy Together› (The Turtles), das Donald eigentlich als begleitendes Lied in seinen fiktiven Film DIE DREI einbauen wollte.

> «Die fiktionale Welt deklariert sich offen als imaginäre Konstruktion, und die vernetzende Narration spielt mit ‹Beziehungen› aller Art, mit strukturellen, semantischen und plastischen, die diesen Filmen eine verstärkte Expressivität verleihen. Die Erzählhaltung bleibt zwar der Chronik verpflichtet, tendiert aber durch die ostentative Gestaltungsweise in der Performance der SchauspielerInnen und des Films oft zu einem Registerwechsel (oder einer Genrevermischung): Mehr oder weniger deutlich entführt uns dieser in eine andere mögliche, leicht verschobene Welt und kennzeichnet den ikonographischen Chronotopos des Alltags als selbstreflexives Schau-Spiel.»[14]

---

14   Tröhler, S. 388.

4.4 Die Spiegelung der Narration – Selbstreflexivität in ADAPTATION

ADAPTATION vereint somit alle Typen des Voice-Over-Narrators, die in ihrer Gänze jedoch gleichzeitig nicht mehr bestimmten Kategorien zugeordnet werden können. So tritt Charlie zwar als bewusster, heterodiegetischer Rahmenerzähler der von ihm erschaffenen Narration auf, gleichzeitig erklärt er sich seine Welt jedoch fortwährend durch seine homodiegetische *Innere Stimme* selbst.

Auf einer zweiten Ebene ist Charlie dann der omnipotente, in gewisser Weise allwissende Erzähler der narrativen Welt, die er mittels des Akts des Drehbuchschreibens erschaffen hat. Gleichzeitig ist er aber nicht völlig allwissend, da er ja selbst die meiste Zeit über nicht weiß, was er schreiben soll, noch wie die Geschichte ausgehen wird.

Die von Charlie imaginierte Voice-Over-Narration Susan Orleans hat dabei eine ganz ähnliche Funktion, tritt sie doch als eine ebensolche eingeschränkt allwissende, heterodiegetische Erzählstimme in ihrer eigenen Rahmennarration auf, gleichzeitig aber auch als Ich-Erzählerin in der Diegese der zweiten und dritten Erzählebene.

John Laroche dagegen fungiert einmal als ein kommentierender Voice-Over Erzähler in der dritten Person, wenn er Susan die unterschiedlichen Orchideen auf jener Ausstellung erklärt, andererseits aber auch als Ich-Erzähler, wenn er ihr rückblickend seinen Autounfall schildert.

In ADAPTATION führt demnach nicht nur die Ironie oder der selbstreflexive Gebrauch von multiphonen Voice-Over-Erzähler zu einer Auflösung der Erzählstruktur, sondern auch der Willen und Wunsch der Filmschaffenden eine Geschichte auf eine völlig neue Art und Weise zu erzählen, beziehungsweise das konventionelle Erzählmodell in einem *Remix* selbstreflexiv in Frage zu stellen. Der Einsatz der Voice-Over-Narration und die Diskussion dieser ist dabei ein Mittel zum Zweck, wenn auch ein äußerst effektives und vielfältig einsetzbares, wie der gesamte Film *par excellence* vorführt.

5 Fazit

Voice-Over-Erzähler wurden in den behandelten Filmen auf sehr unterschiedliche Art und Weise eingesetzt, um ebenso vielfältige narrative Effekte und Wirkungen zu erzielen: Allwissende, fast durchgängige Erzählstimmen in der dritten Person, wie in LE FABULEUX DESTIN D'AMÉLIE POULAIN oder in CHOCOLAT, wurden dazu genutzt, den Zuschauer in eine fantastisch, märchenhafte Welt zu entführen. Voice-Over-Erzähler in der ersten Person, wie in FIGHT CLUB oder MEMENTO, erzeugten dagegen einen subjektivierten Blick auf die diegetische Welt.

Über die Voice-Over-Narration werden dem Zuschauer die Figuren und ihre Welt auf eine sehr intensive Art und Weise nahe gebracht und ermöglichen ihm sich vollständig mit deren Gefühls- und Gedankenwelt zu identifizieren. In ADAPTATION führt der ironische Gebrauch multiphoner Voice-Over-Erzähler zu einer Auflösung der Erzählstruktur. Der selbstreflexive Einsatz unterschiedlicher Erzählstimmen führte zu einem bewussten *Remix* konventioneller Erzählmodelle, wodurch tradierte Funktionsweisen offen gelegt und *Ad Absurdum* geführt wurden.

Anhand dieser Analysen sowie der zahlreichen weiteren Beispielfilme, habe ich versucht darzulegen, wie vielfältig, spielerisch und kreativ die Voice-Over-Narration im aktuellen Film verwendet wird. Die Voice-Over-Narration erzeugt außergewöhnliche Formen der Koppelung von Bild und Ton, indem sie beide als gleichwertige, sich gegenseitig bereichernde Partner begreift. Bild und Ton vereinigen sich in der Voice-Over-Narration zu einem ästhetisch-narrativen Tanz, da in diesem narrativen Phänomen weder dem Ton noch dem Visuellen die alleinige Ausdrucks- und Bedeutungskraft zukommt.

In Form der Stimme des körperlosen Erzählers kann der Ton bei einer Voice-Over-Narration die Bilder evozieren und in Bewegung versetzen. Die Stimme eines Voice-Over-Erzählers beeinflusst das filmische Bild auf eine ganz besondere Weise. Sie kann analog zu diesem auftreten und so Polaritäten, Kontraste oder Kontrapunkte erzeugen. Damit setzt sie sich über die, für den Zuschauer zur Gewohnheit gewordenen, visuellen Verifizierbarkeit der filmischen Erzählung hinweg. Die erzählende Stimme führt der von Natur aus ambivalente Aussagekraft des Bildes immer eine sehr spezifische Botschaft zu, indem sie es kommentiert, klassifiziert, benennt oder beschreibt.

Wie anhand des filmhistorischen Überblicks deutlich wurde, lag ein Großteil der Kritik an der Voice-Over-Narration gerade in der Tatsache begründet, dass der Ton bei einem Einsatz von Erzählstimmen tatsächlich die narrative Führung über das Bild übernehmen kann. Insbesondere von jenen Theoretikern, die den Film als ein signifikant visuelles, fotografisches Medium auffassten, wurde die Voice-Over-Narration daher lange als ein inadäquates Behelfsmittel für den Film angesehen. In diesem Zusammenhang wurde ebenfalls behauptet, dass die Voice-Over-Narration im Wesentlichen ein literarisches oder dem Theater entlehntes Erzählmittel und damit für den Film ungeeignet sei.

Tatsächlich kann die Voice-Over-Narration jedoch weder bloß der Literatur noch dem Theater zugeordnet werden, da sie nie nur den Erzählstrategien eines einzigen narrativ-ästhetischen Mediums entspringt. Der Film kopiert auch keine vollständigen Narrationskonzepte des Theaters oder der Belletristik, um diese in eine neue, bessere, filmische Form zu verwandeln, sondern assimiliert lediglich gewisse Bestandteile und narrative Strategien, um diese nach seinen Bedürfnissen umzuschreiben. Aus diesen Vorbildern heraus entwickelt der Film völlig neue, narrative Ausdrucksformen. Die Ursprünge der Voice-Over-Narration, wie die Ursprünge des fiktiven Films selbst, sind damit nicht in einer einzigen Quelle zu suchen, sondern finden sich in all den mannigfaltigen auditiven und visuellen Erzählformen, die dem Tonfilm voraus gegangen sind.

Erzählstimmen suchen die bildlich präsentierte Diegese des Films von einem unbekannten Ort, aus einer oftmals undefinierten Zeit auf. Dabei dringen sie ebenso tief in den Raum der Erzählwelt ein, wie sie in das Ohr des Zuschauers eindringen können, um diesen für sich zu gewinnen und ihn zu verführen. Sie initiieren die Erzählung, lenken, dominieren sie, durchdringen und überlagern sie, so dass die Narration selbst dadurch manchmal in den Hintergrund gerät. Damit unterhöhlen sie nicht nur das Bild, sondern untergraben auch ihren eigenen narrativen Akt.

Eine Voice-Over-Narration kann folglich narrative Momente erzeugen, in denen der Erzähler nicht nur die Figuren, sondern auch seine eigene Narration selbstironisch bespiegelt. Ein Ich-Erzähler kann beispielsweise eine deutlich ironische Brechung zwischen dem Dargestellten, dem Erzählten und dem Zuschauer erzeugen. Obwohl sich der Zuschauer eigentlich mit dem Erzähler identifizieren möchte, wird er so dazu gezwungen zum Erzähler eine distanzierte Haltung einzunehmen, wie sich das in ADAPTATION gezeigt hat. Der Zuschauer eines Films mit Voice-Over-Narration wird demnach in eine recht schizophrene Situation gerückt, indem er sich einerseits völlig der führenden Gewalt jener Voice-Over-Narration überlassen möchte, andererseits durch eben jene Stimme auch immer wieder an die Fiktivität des Dargestellten erinnert wird.

Eine Voice-Over-Narration drängt sich immer zu offen und zu bewusst als narrativer Akt auf die filmische Erzählung. Die Erzählwelt wird bei Filmen, die mit einer Voice-Over-Narration arbeiten somit immer deutlich von dem Erzähler für den Zuschauer etabliert und strukturiert. Während der Zuschauer somit durch die erzählende Stimme in einen intensiven Tanz zwischen Distanz und Nähe gestoßen wird, wird der Film permanent auf das zurück gestoßen was er eigentlich ist: ‹bloß› ein Film, in dem ‹nur› eine fiktive Geschichte erzählt wird.

Eine Verwendung der Voice-Over-Narration verweist auch immer auf die urtypischste Form eines jeden Erzählens – das orale Erzählen. Der Akt des Erzählens wurde in vielen Traditionen als magische Handlung verstanden, als ein Ereignis, das die Zuhörenden zu einer Gemeinschaft verbinden kann. Diesen verbindenden Aspekt kann man im gemeinschaftlichen Kinoerlebnis wieder erkennen. Aber auch in der Instanz des Voice-Over-Narrators findet sich diese Vorstellung wieder, dass dem gesprochenen Wort eine magische Macht inne liegt, da Erzählstimmen im Film sehr häufig dazu in der Lage sind allein durch ihre Worte Orte, Figuren oder Gegenstände in der visuell präsentierten Welt hervorzurufen und zum Leben zu erwecken.

Doch nicht nur dem Erzählen, auch der menschlichen Stimme müssen ganz besondere Fähigkeiten zugeschrieben werden. Schon der Klang einer Stimme kann im Zuhörer subtile Emotionen hervorrufen. Eine menschliche Stimme kann weder Abbild noch bloßes Repräsentat sein, sondern trägt immer einen Hauch ihres Körperlichen und damit des Wirklichen in sich. So weckt die körperlose Stimme eines Voice-Over-Narrators das Begehren des Zuschauers, diese mit einem auf der visuellen Ebene sichtbaren Körper zu verbinden.

Die individuelle Charakteristik einer jeden Stimme, hinter der sich immer eine Spur des Körpers des Sprechenden verbirgt, zeigt sich in deren Timbre, Umfang und Klangfarbe. Gleichzeitig trägt die Stimme auch die Emotionen des Sprechenden nach außen. Dies klingt insbesondere aus dem Rhythmus, Tempus und der Dynamik heraus, aber auch die Klangfarbe lässt Rückschlüsse auf die physisch-psychische Verfassung des Sprechers zu. Selbst wenn Körper und Stimme in der Voice-Over-Narration somit voneinander getrennt sind, führt die Körperlichkeit der Stimme dem Erzählprozess somit eine direkte, sinnliche Dimension zu. Jedoch dringt nicht nur der Körper über die Stimme in das Bildliche ein, auch das Zeitmaß des Erzählprozesses wird durch die Zeitdauer des Sprechaktes beeinflusst.

Eine weitere besondere Macht des körperlosen Erzählers besteht in der Apellfunktion, die der Klang einer Stimme auf den Zuschauer ausübt. Dem Zuschauer dürfte es daher, selbst wenn er es wollte, nur schwer fallen, wegzuhören und sich dem Klang der erzählenden Stimme zu entziehen.

Allein der Klang der Stimme eines Voice-Over-Narrators übt damit eine starke Macht über das Visuelle aus und dominiert dieses von dem ersten Moment an, ab dem seine Stimme erklingt. Der Zuschauer vertraut dem köperlosen Erzähler, gibt sich ihm hin und beginnt so sich mit dieser ihm völlig fremden Stimme zu identifizieren.

Körperlose Stimmen, die aus dem Dunkel der Leinwand heraus zu uns sprechen, stellen immer auch eine unbewusste Reflexion der eigenen, inneren Stimme dar. Auch sprechen sie sehr direkt unsere originäre Lust am Zuhören an, verknüpft mit Erinnerungen an frühe Erzählsituationen aus der Kindheit. Der Akt des mündlichen Erzählens führt uns so direkt zu den Wurzeln einer jeden Narration zurück. Es ist somit dieser Gestus des manchmal sogar direkt ausgesprochenen ‹Es war einmal…›, unterstützt durch die im bequemen Kinosessel verharrende Position des Zuschauers, der, gefangen im dunklen Nichts, in die Zeit seiner Kindheit zurückversetzt wird, als ihn eine vorlesende Stimme ins Reich der Fantasie entführen konnte.

Bild und Ton verbinden sich über die Voice-Over-Narration im aktuellen Film zu einer erzählerischen Einheit und verkörpern gerade so die Essenz des Tonfilms als audiovisuelles Medium. Bild und Ton bestehen somit zwar als eigenständige Erzählebenen, jedoch verschwimmen beide immer wieder ineinander. Die Stimme liegt somit nicht über dem Bild, sondern fließt in dieses hinein, umgibt es und beeinflusst es ebenso, wie das Visuelle den Ton transformiert. Die Narration auf der bildlichen Ebene, als auch die Narration auf der auditiven Ebene, erzeugen und bedingen sich gegenseitig und sind dabei fester miteinander verknüpft als je zuvor.

Insbesondere im aktuellen Film finden sich zahlreiche Mischformen der Voice-Over-Narration, die sich nicht mehr in strikte Kategorien einordnen lassen. Diese auditiven Mischformen, zum Beispiel aus einer Voice-Over-Narration und einer direkten Narration im *On*, kommen durch einen selbstbewussten Umgang mit den narrativen Konventionen des Films als fiktionsschaffendes Medium zustande. Solche auditive Narrationsformen lassen jedoch eine Einordnung in die klassische Definition der Voice-Over-Narration nicht mehr zu, da das *Over*, das heißt, die Differenz der Stimme zur präsentierten Erzählwelt, nicht mehr gegeben ist. Bei diesen Typen einer auditiven Narration handelt es sich folglich um eine Weiterentwicklung des klassischen Erzählgestus des Voice-Over-Narrators, der sich nun den Begebenheiten eines (post-) modernen Verständnisses filmischer Narration angepasst hat. Eine solche Ausnahme stellt auch ein Acousmêtre dar, der zwar ein Bestandteil der diegetischen Handlung ist, von der Kamera jedoch nicht enttarnt und damit räumlich und körperlich nicht im Bild festgeschrieben werden kann.

Ein weiterer Sonderfall einer Voice-Over-Narration, abseits der klassischen Definition, findet sich in der *Inneren Stimme*. Die *Innere Stimme* offenbart dem Zuschauer, über die auditive Ebene, die Gefühls- und Gedankenwelt einer Figur. Sie kann das Bildliche gegebenenfalls völlig uminterpretieren und in einem anderen Licht erscheinen lassen. Die *Innere Stimme* findet in einem Grenzbereich zwi-

5 Fazit

schen synchronem und asynchronem Ton statt, da es sich um einen eigentlich unhörbaren Ton handelt, der nur in dem fiktiven Konstrukt der Erzählwelt für den Zuschauer hörbar gemacht wurde.

Die unterschiedlichen Formen der Voice-Over-Narration des aktuellen Films sind damit wesentlich verspielter und ironischer, als es ihre klassischen Vorgänger waren, da sie sich und den Zuschauer nicht allzu ernst nehmen. Der Akt des Erzählens wird als etwas grundlegend Lustvolles empfunden. Diese Lust am narrativen Akt und dem Spiel mit der Narration tragen die Erzählstimmen dementsprechend an den Zuschauer weiter. Auch lassen diese Voice-Over-Erzähler den Zuschauer die Narration aktiv mitgestalten und greifen gleichzeitig wesentlich bewusster in die Handlung ein, kommentieren diese ironisch oder negieren sogar eigene Aussagen, um schließlich ihre Erzählung wieder von vorne zu beginnen.

Diese Erzähler werden nun deutlicher vom Konstrukt des implizierten Präsentators abgegrenzt und damit als bloße, narrative Instanz auf einer ebenso fiktiven, filmischen Erzählebene etabliert. So können sie, als besonders markantes Strukturelement des aktuellen Films, auch einen selbstreflexiven Kommentar auf die Erzählung und den Akt des Erzählens abgeben, um den Zuschauer so in eine offensichtliche, voyeuristische Position zu stoßen. Das im klassischen *Film Noir* eingeführte Kopfkino wird im aktuellen Kino damit auf die Spitze getrieben. Weibliche, wie auch männliche Erzählstimmen werden im aktuellen Film demnach in allen erdenklichen Formen eingesetzt, um komplexere, narrative Strukturen zu entwickeln und alternative, erzählerische Blickwinkel darzustellen.

Durch den bewussten Rückgriff auf filmhistorisch, etablierte Erzählmodelle, werden klassische Erzählstrukturen des Mainstream Kinos Weise entblößt und *ad absurdum* geführt. Es ist damit jener spezielle, selbstreflexive Umgang mit der eigenen Narration, den eigenen Erzählern und den Figuren, die den typisch, selbstreflexiv, augenzwinkernden Gestus einer Voice-Over-Narration des aktuellen Films ausmacht. Mit dem Aufkommen des postmodernen Films, ab den 1990er Jahren, fand endgültig eine Konsolidierung reflexiver Erzählformen statt, mit einer Hinwendung zu komplexen, visuellen und narrativen Strukturen, die mit einer Steigerung in der Verwendung der Voice-Over-Narration verbunden wurde.

Ein Grund für die Lust an diesem Spiel mit der Narration, mag auch an den veränderten Sehgewohnheiten der Zuschauer liegen. Durch das ständig zur Verfügung stehende Repertoire an Filmen sämtlicher Epochen im Internet, Kabel- und Pay-TV sowie dem aggressiven, visuellen Stil von Music-Videos, Werbe-Clips und anspruchsvolleren TV-Serien ist das Publikum allgemein sehr kompetent und erfahren im Umgang mit audiovisuellen Medien geworden. Auch die enorme Verbreitung von DVDs und Blu-rays, die mit zusätzlichen Szenen, Extras oder Regiekommentaren ausgestattet sind, führte zu einer veränderten, intensivierten Rezeption des Mediums Film, was insbesondere die Etablierung des unzuverlässigen Erzählens im Mainstream Kino vorantrieb.

5 Fazit

Dies erklärt auch warum Filme wie ADAPTATION fast nach einem filmtheoretischen Lehrbuch aufgebaut zu sein scheinen, beziehungsweise sich mit allen Arten und Einsatzmöglichkeiten der Voice-Over-Narration auseinandersetzen. Dadurch entstehen nicht nur neuere, offene Erzählformen, sondern es werden vermeintlich feste, unumstößliche narrative Kategorien aufgelöst, indem schlicht all das, was machbar und möglich ist, auch ausprobiert wird. Damit wiedersetzt man sich Prinzipien und Codes des klassischen Hollywood Kinos auf eine sehr spielerische Art und Weise, um so neue, innovative Erzählstrategien zu etablieren.

Das postmoderne Erzählkino betrachtet demnach nicht nur den Zuschauer als aktives Glied der eigenen Narration, sondern blickt immer auch zurück auf sämtliche filmgeschichtliche Vorgänger. Das exzessive Aufgreifen der Voice-Over-Narration erscheint daher als völlig natürlicher Prozess. Die filmische Narration wird so zu einem reflexiven Spiel erhoben, dessen Regeln für alle Beteiligten offen liegen und das somit als grundlegend belebend für die Weiterentwicklung der filmischen Narration verstanden werden muss.

ID. Anhang

1 Filme

300
USA 2006, Regie: Zack Snyder
Drehbuch: Zack Snyder, Kurt Johnstad und Michael Gordon, basierend auf der gleichnamigen Graphic Novel von Mark Miller und Lynn Varley

A

A BEAUTIFUL MIND
USA 2001, Regie: Ron Howard
Drehbuch: Akiva Goldsman, basierend auf dem Buch von Sylvia Nasar

À BOUT DE SOUFFLE
F 1960, Regie: Jean-Luc Godard
Drehbuch: Jean-Luc Godard, basierend auf einer Kurzgeschichte von Francois Truffaut

A CLOCKWORK ORANGE
GB/USA 1971, Regie: Stanley Kubrik
Drehbuch: Stanley Kubrik, basierend auf dem gleichnamigen Roman von Anthony Burgess

A NIGHTMARE ON ELMSTREET
USA 1984, Regie: Wes Craven
Drehbuch: Wes Craven

ABOUT A BOY
GB/USA/F 2002, Regie: Paul Weitz und Chris Weitz
Drehbuch: Peter Hedges, Paul Weitz, Chris Weitz, basierend auf dem gleichnamigen Roman von Nick Hornby

ADAPTATION
USA 2002, Regie: Spike Jonze
Drehbuch: Charlie Kaufmann, Donald Kaufmann, lose basierend auf dem Roman *The Orchid Thief* von Susan Orlean

ALL ABOUT EVE
USA 1950, Regie: Joseph L. Mankiewicz
Drehbuch: Joseph L. Mankiewicz

ALPHAVILLE, UNE ÉTRANGE AVENTURE DE LEMMY CAUTION
F/I 1965, Regie: Jean-Luc Godard
Drehbuch: Jean-Luc Godard

AMERICAN BEAUTY
USA 1999, Regie: Sam Mendes
Drehbuch: Alan Ball

AMERICAN GRAFFITI
USA 1973, Regie: George Lucas
Drehbuch: George Lucas, Gloria Katz und Willard Huyack

AMERICAN SPLENDOR
USA 2003, Regie: Shari Springer Berman und Robert Pulcini
Drehbuch: Shari Springer Berman und Ro-

1 Filme

bert Pulcini, basierend auf der Comic-Buch Serie *American Splendor* und *Our Cancer Years* von Harvey Pekar und Joyce Brabner

AN AMERICAN TRAGEDY
USA 1931, Regie: Josef von Sternberg
Drehbuch: Samuel Hoffenstein, basierend auf dem gleichnamigen Roman von Theodor Dreiser

ANGELA'S ASHES
USA/IRL 1999, Regie: Alan Parker
Drehbuch: Laura Jones, Alan Parker, basierend auf dem gleichnamigen Roman von Frank McCourt

ANNIE HALL
USA 1977, Regie: Woody Allen
Drehbuch: Wody Allen, Marshall Brickman

APOCALYPSE NOW
USA 1979, Regie: Francis Ford Coppola
Drehbuch: John Milius, lose basierend auf *The Heart Of Darkness* von Joseph Conrad

APPLAUSE
USA 1929, Regie: Rouben Mamoulian
Drehbuch: Garreth Fort, basierend auf dem gleichnamigen Roman von Beth Brown

ASSASSINS
USA/F 1995, Regie: Richard Donner
Drehbuch: Andy Wachowski, Lana Wachowski und Brian Helgeland

ATONEMENT
GB/F/USA 2007, Regie: Joe Wright
Drehbuch: Christopher Hampton, basierend auf dem gleichnamigen Roman von Ian McEwan

AVATAR
USA/GB 2009; Regie: James Cameron
Drehbuch: James Cameron

B

BADLANDS
USA 1973, Regie: Terrence Malick
Drehbuch: Terrence Malick

BANDE À PART
F 1964, Regie: Jean-Luc Godard
Drehbuch: Jean-Luc Godard, lose basierend auf dem Roman *Fools' Gold* von Dolores Hitchens

BARTON FINK
USA/GB 1991, Regie: Joel und Ethan Cohen
Drehbuch: Joel und Ethan Cohen

BASIC INSTINCT
USA/F 1992, Regie: Paul Verhoeven
Drehbuch: Joe Eszterhas

THE BEACH
USA/GB 2000, Regie: Danny Boyle
Drehbuch: John Hodge, basierend auf dem gleichnamigen Roman von Alex Garland

BEGINNERS
USA 2010, Regie: Mike Mills
Drehbuch: Mike Mills

BEING JOHN MALKOVICH
USA 1999, Regie: Spike Jonze
Drehbuch: Charlie Kaufmann

BEN HUR
USA 1959, Regie: William Wyler
Drehbuch: Kar Tunberg, basierend auf dem gleichnamigen Roman von Lew Wallace

BERGE IN FLAMMEN
D/F 1931, Regie: Hartl Trenker und Luis Trenker
Drehbuch: Hartl Trenker und Luis Trenker

BERLIN. SYMPHONIE EINER GROSSSTADT
D 1927, Regie: Walter Rutmann
Drehbuch: Carl Freund, Walter Rutmann

BIG FISH
USA 2003, Regie: Tim Burton
Drehbuch: John August, basierend auf dem gleichnamigen Roman von Daniel Wallace

THE BIG LEBOWSKY
USA/GB 1998, Regie: Joel und Ehtan Coen
Drehbuch: Joel und Ethan Coen

1 Filme

THE BIRTH OF A NATION
USA 1915, Regie: D. W. Griffith
Drehbuch: D.W. Griffith, Frank E. Woods, basierend auf den Roman *The Clansman: A Historical Romance Of The Klu Klux Klan*

BLACKMAIL
GB 1929, Regie: Alfred Hitchcock
Drehbuch: Alfred Hitchcock, basierend auf dem gleichnamigen Drama von Charles Bennett

BONNIE AND CLYDE
USA 1967, Regie: Arthur Penn
Drehbuch: David Newman und Robert Benton

BOOMERANG!
USA 1947, Regie: Elia Kazan
Drehbuch: Richard Murphy

BOWLING FOR COLUMBINE
USA/CAN/D 2002, Regie: Michael Moore
Drehbuch: Michael Moore

BRAM STOKERS DRACULA
USA 1992, Regie: Francis Ford Coppola
Drehbuch: James V. Hart, basierend auf dem Roman *Dracula* von Bram Stoker

THE BRIDE OF FRANKENSTEIN
USA 1935, Regie: James Whale
Drehbuch: William Hurlbut

BRIDGET JONES'S DIARY
USA/GB/IRL/F 2001, Regie: Sharon Maguire
Drehbuch: Richard Curtis, Andrew Davies und Helen Fielding, basierend auf dem gleichnamigen Roman von Helen Fielding

BRIEF ENCOUNTER
GB 1945, Regie: David Lean
Drehbuch: David Lean, Noel Coward, lose basierend auf dem Drama *Still Life* von Noel Coward

C

DAS CABINETT DES DR. CALIGARI
D 1922, Regie: Robert Wiene
Drehbuch: Hans Janowitz, Carl Meyer

CASABLANCA
USA 1942, Regie: Michael Curtiz
Drehbuch: Julius Epstein und Philip G. Epstein

CASINO
USA/F 1995, Regie: Martin Scorsese
Drehbuch: Nicholas Pileggi, Martin Scorsese, basierend auf dem gleichnamigen Roman von Nicholas Pileggi

THE CAT AND THE CANARY
USA 1927, Regie: Paul Leni
Drehbuch: Alfred A. Cohn

CAT PEOPLE
USA 1942, Regie: Jaques Tourneur
Drehbuch: DeWitt Bodeen

THE CHAIR
USA 1963, Regie : Richard Leacock
Drehbuch: Richard Leacock

CHANGELING
USA 2008, Regie: Clint Eastwood
Drehbuch: J. Michael Straczynski

CHÉRI
GB/F/D 2009, Regie: Stephen Frears
Drehbuch: Christopher Hampton, basierend auf dem gleichnamigen Roman von Colette

CHOCOLAT
GB/USA 2000, Regie: Lasse Halmström
Drehbuch: Robert Nelson Jacobs, basierend auf dem gleichnamigen Roman von Joanne Harris

CHRONIQUE D'UN ÉTÉ
F 1961, Regie: Jean Rouch / Edgar Morin
Drehbuch: Jean Rouch und Edgar Morin

CIDADE DE DEUS
BRA/F 2002, Regie: Fernando Mereilles und Kátia Lund
Drehuch: Bráulio Mantovani, basierend auf dem gleichnamigen Roman von Paulo Lins

CITIZEN KANE
USA 1941, Regie: Orson Welles
Drehbuch: Herman J. Mankiewicz

CITY LIGHTS
USA 1931, Regie: Charles Chaplin
Drehbuch: Charles Chaplin

THE CLAN OF THE CAVE BEAR
USA 1985, Regie: Michael Chapman
Drehbuch: John Sayles, basierend auf dem gleichnamigen Roman von Jean M. Auel

CLEOPATRA
GB/USA/CH 1963, Regie: Joseph L. Mankiewicz
Drehbuch: Joseph L. Mankiewicz, Ranald McDougall und Sidney Buchman

COLD MOUNTAIN
USA/GB/ROM/I 2003, Regie: Anthony Minghella
Drehbuch: Anthony Minghella, basierend auf dem gleichnamigen Roman von Charles Frazier

COLLATERAL
USA 2004, Regie: Michael Mann
Drehbuch: Stuart Beattie

COMPANADAS A MEDIANOCHE
F/E/CH 1965, Regie: Orson Welles
Drehbuch: Orson Welles, lose basierend auf diversen Dramen William Shapespeare's

CON AIR
USA 1997, Regie: Simon West
Drehbuch: Scott Rosenberg

THE CONVERSATION
USA 1974, Regie: Francis Ford Coppola
Drehbuch: Francis Ford Coppola

THE CURIOUS CASE OF BENJAMIN BUTTON
USA 2008, Regie: David Fincher
Drehbuch: Eric Roth, basierend auf der gleichnamigen Kurzgeschichte von F. Scott Fitzgerald

D

DARK PASSAGE
USA 1947, Regie: Delmer Daves

Drehbuch: Delmer Daves, basierend auf dem gleichnamigen Roman von David Goodis

DAYS OF HEAVEN
USA 1978, Regie: Terrence Malick
Drehbuch: Terrence Malick

DER DIE TOLLKIRCHE AUSGRÄBT
D 2006, Regie: Franka Potente
Drehbuch: Franka Potente

DER LETZTE MANN
D 1924, Regie: F. W. Murnau
Drehbuch: Carl Meyer

DESPERATE HOUSEWIVES (SEASON 1, EPISODE 11, MOVE ON PART 1)
USA 2009, Regie: John David Coles
Drehbuch: Marc Cherry und David Schulner

DIE GEBRÜDER SKLADANOWSKY
D 1995, Regie: Wim Wenders
Drehbuch: Sebastian Andrae, Henrick Heckmann, Veit Helmer, German Kral, Barbara Rohm, Alina Teodorescu und Wim Wenders

DIE HARD
USA 1988, Regie: John McTerinan
Drehbuch: Jeb Stuart und Steve E. de Souza, basierend auf dem Roman *Nothing Lasts Forever* von Roderick Thorp

DIE NACHT GEHÖRT UNS
D/F 1929, Regie: Carl Froelich und Henry Roussel
Drehbuch: Walter Reisch und Walter Supper, basierend auf dem gleichnamigen Theaterstück von Henry Kistemaekers

DIRTY DANCING
USA 1987, Regie: Emile Ardolino
Drehbuch: Eleanor Bernstein

DOBERMANN
F/GB/E 1997, Regie: Jan Kounen
Drehbuch: Joël Houssin

DOCTOR DOOLITTLE
USA 1967, Regie: Richard Fleischer

1 Filme

Drehbuch: Leslie Bricusse, basierend auf den gleichnamigen Erzählungen von Hugh Lofting

Dogville
DK/S/GB/F/D/NL/N 2003,
Regie: Lars von Trier
Drehbuch: Lars von Trier

Don Juan
USA 1926, Regie: Alan Crosland
Drehbuch: Bess Meredyth und Walter Anthony, basierend auf dem gleichnamigen Gedicht von Lord Byron

Double Indemnity
USA 1944, Regie: Billy Wilder
Drehbuch: Billy Wilder und Raymond Chandler

Dr. Mabuse, der Spieler – Ein Bild der Zeit
D 1922, Regie: Fritz Lang
Drehbuch: Fritz Lang und Thea von Harbou, basierend auf dem gleichnamigen Roman von Norbert Jaques

Dr. No
GB 1962, Regie: Terence Young
Drehbuch: Richard Maibaum, Johanna Harwood und Berkely Mather, basierend auf dem gleichnamigen Roman von Ian Fleming

Duel
USA 1971, Regie: Steven Spielberg
Drehbuch: Richard Matheson, basierend auf dessen gleichnamiger Kurzgeschichte

E

E.T. – The Extra-Terrestial
USA 1982, Regie: Steven Spielberg
Drehbuch: Melissa Mathisson

Easy Rider
USA 1969, Regie: Dennis Hopper
Drehbuch: Peter Fonda, Dennis Hopper und Terry Southern

Elephant
USA 2003, Regie: Gus Van Sant
Drehbuch: Gus Van Sant

Everything Is Illuminated
USA 2005, Regie: Liev Schreiber
Drehbuch: Liev Schreiber, basierend auf dem gleichnamigen Roman von Jonathan Safran Foer

Exit Through The Gift Shop
USA/GB 2010, Regie: Bansky
Drehbuch: Bansky

The Exorcist
USA 1973, Regie: William Friedkin
Drehbuch: William Peter Blatty, basierend auf dessen gleichnamigen Roman

F

Le Fabuleux Destin d'Amélie Poulain
F/D 2001, Regie: Jean-Pierre Jeunet
Drehbuch: Guillaume Laurant und Jean-Pierre Jeunet

The Fall
USA/IND/Südafrika 2008, Regie: Tarsem Singh
Drehbuch: Dan Gilroy, Nico Soultanakis und Tarsem Singh

The Fall of the Roman Empire
USA 1964, Regie: Anthony Mann
Drehbuch: Ben Barzman, Basilio Franchina und Philip Yordan

Fantasia
USA 1940, Regie: James Algar, Samuel Armstrong, Ford Beebe, Norman Ferguson und andere
Drehbuch: Joe Grant und Dick Huemer

Farwell, My Lovely
USA 1975, Regie: Dick Richards
Drehbuch: David Zelag Goodman, basierend auf dem gleichnamigen Roman von Raymond Chandler

Faster Pussycat! Kill! Kill!
USA 1965, Regie: Russ Meyer
Drehbuch: Jack Moran

FEAR AND LOATHING IN LAS VEGAS
USA 1998, Regie: Terry Gilliam
Drehbuch: Terry Gilliam, Tony Grisoni, Tod Davies und Alan Cox, basierend auf dem gleichnamigen Roman von Hunter S. Thompson

FELDZUG IN POLEN
D 1940, Regie: Fritz Hippler
Drehbuch: Fritz Hippler

FIGHT CLUB
USA/D 1999, Regie: David Fincher
Drehbuch: Jim Uhls, basierend auf dem gleichnamigen Roman von Chuk Palahniuk

FONTANE – EFFI BRIEST ODER: VIELE, DIE EINE AHNUNG HABEN VON IHREN MÖGLICHKEITEN UND BEDÜRFNISSEN UND DENNOCH DAS HERRSCHENDE SYSTEM IN IHREM KOPF AKZEPTIEREN DURCH IHRE TATEN UND ES SOMIT FESTIGEN UND DURCHAUS BESTÄTIGEN
BRD 1974, Regie: Rainer Werner Fassbinder
Drehbuch: Rainer Werner Fassbinder, basierend auf dem Roman *Effi Briest* von Theodor Fontane

FOOLISH WIVES
USA 1920/21, Regie: Erich von Stroheim
Drehbuch: Erich von Stroheim

FORGOTTEN COMMANDMENTS
USA 1932, Regie: Louis J. Gasnier und William Schorr
Drehbuch: James B. Fagan und Agnes Brand Leahy

FRANKENSTEIN
USA 1931, Regie: James Whale
Drehbuch: Garret Fort und Francis Edward Faragoh, basierend auf dem gleichnamigen Roman von Mary Shelley

G

GIRL, INTERRUPTED
USA/D 1999, Regie: James Mangold
Drehbuch: James Mangold, Lisa Loomer und Anna Hamilton Phelan, basierend auf dem gleichnamigen Roman von Susanna Kaysen

GONE IN 60 SECONDS
USA 2000, Regie: Dominic Sena
Drehbuch: Scott Rosenberg

GOODFELLAS
USA 1990, Regie: Martin Scorsese
Drehbuch: Nicholas Pileggi, basierend auf dessen gleichnamigen Buch

GOSFORD PARK
GB/USA/I 2001, Regie: Robert Altman
Drehbuch: Julian Fellowes

GREED
USA 1924, Regie: Erich von Stroheim
Drehbuch: June Mathis und Erich von Stroheim, basierend auf dem gleichnamigen Roman von Frank Norris

GREYS ANATOMY (SEASON 1, EPISODE 2, THE FIRST CUT IS THE DEEPEST)
USA 2005, Regie: Peter Horton
Drehbuch: Shonda Rhimes

H

HABLE CON ELLA
E 2002, Regie: Pedro Almodóvar
Drehbuch: Pedro Almodóvar

HALLELUJA!
USA 1931, Regie: King Vidor
Drehbuch: King Vidor

HANNAH & HER SISTERS
USA 1986, Regie: Woody Allen
Drehbuch: Woody Allen

THE HAPPENING
USA/IND/F 2008, Regie: M. Night Shyamalan
Drehbuch: M. Night Shyamalan

HAROLD & MAUDE
USA 1971, Regie: Hal Ashby
Drehbuch: Colin Higgins

1 Filme

Heat
USA 1995, Regie: Michael Mann
Drehbuch: Michael Man

Hellboy
USA 2004, Regie: Guillermo del Toro
Drehbuch: Guillermo del Toro und Peter Biggs, basierend auf dem gleichnamigen Comic von Mike Mignola

Hello Dolly
USA 1968, Regie: Gene Kelly
Drehbuch: Ernest Lehman, basierend auf dem Roman *The Matchmaker* von Thornton Wilder

Hiroshima Mon Amour
F/JAP 1959, Regie: Alain Resnais
Drehbuch: Marguerite Duras

The Hole
GB 2001, Regie: Nick Hamm
Drehbuch: Ben Court und Caroline Ip, basierend auf dem Roman *After The Hole* von Guy Burt

The Holiday
USA 2006, Regie: Nancy Meyers
Drehbuch: Nancy Meyers

Hostel
USA 2005, Regie: Eli Roth
Drehbuch: Eli Roth

Housing Problems
GB 1935, Regie: Edgar Anstey und Arthur Elton
Drehbuch: Edgar Anstey und Arthur Elton

How Green Was My Valley
USA 1941, Regie: John Ford
Drehbuch: Philip Dune, basierend auf dem gleichnamigen Roman von Richard Llewellyn

I

The Illusionist
USA/CZ 2006, Regie: Neil Burger
Drehbuch: Neil Burger, basierend auf der Kurzgeschichte *Eisenheim – The Illusionist* von Steven Millhauser

Inception
USA/GB 2010, Regie: Christopher Nolan
Drehbuch: Christopher Nolan

India Song
F 1975, Regie: Magueritte Duras
Drehbuch: Magueritte Duras

Inglourious Basterds
USA/D 2009, Regie: Quentin Tarantino
Drehbuch: Quentin Tarantino

Inside Man
USA 2006; Regie: Spike Lee
Drehbuch: Russel Gewirtz

Insomnia
USA/CAN 2002, Regie: Christopher Nolan
Drehbuch: Nikolaj Frobenius, Erik Skjoldberg und Hillary Seitz

Interview With The Vampire
USA 1994, Regie: Neil Jordan
Drehbuch: Anne Rice, basierend auf deren gleichnamigen Roman

Into The Wild
USA 2007, Regie: Sean Penn
Drehbuch: Sean Penn, basierend auf dem gleichnamigen Roman von Jon Krakauer

Intolerance
USA 1916, Regie: D. W. Griffith
Drehbuch: D. W. Griffith

J

The Jazz Singer
USA 1927, Regie: Alan Crosland
Drehbuch: Alfred A. Cohn, basierend auf dem gleichnamigen Theaterstück von Samson Raphaelson

Journal d'un curé de campagne
F 1951, Regie: Robert Bresson

Drehbuch: Robert Bresson, basierend auf dem gleichnamigen Roman von Georges Bernanos

JULES ET JIM
F 1962, Regie: François Truffaut
Drehbuch: François Truffaut und Jean Gruault, basierend auf dem gleichnamigen Roman von Henri-Pierre Roché

K

KAMERADSCHAFT / LA TRAGÉDIE DE LA MINE
D/F 1931, Regie: G.W. Pabst
Drehbuch: Peter Martin Lampel, Karl Otten, Gerbert Rappaport und Ladislaus Vajda

KICK-ASS
GB/USA 2010, Regie: Matthew Vaughn
Drehbuch: Matthew Vaughn und Jane Goldman, basierend auf dem gleichnamigen Comic von Mark Millar und John Romita Jr.

KILL BILL VOLUME 1
USA 2003, Regie: Quentin Tarantino
Drehbuch: Quentin Tarantino

THE KILLING
USA 1956, Regie: Stanley Kubrik
Drehbuch: Stanley Kubrik, basierend auf dem Roman *Clean Break* von Lionel White

KING KONG
USA 1933, Regie: Merian C. Cooper und Ernest B. Schoedsack
Drehbuch: James Creelmann und Ruth Rose

KING KONG
NZ/USA/D 2005, Regie: Peter Jackson
Drehbuch: Fran Walsh, Philippa Boyens und Peter Jackson

KISS KISS, BANG BANG
USA 2005, Regie: Shane Black
Drehbuch: Shane Black, lose basierend auf dem Roman *Bodies Are Where You Find Them* von Brett Halliday

KISS ME DEADLY
USA 1955, Regie: Robert Aldrich
Drehbuch: A.I. Bezzerides

THE KITE RUNNER
USA/CHN 2007, Regie: Mark Forster
Drehbuch: David Benioff, basierend auf dem gleichnamigen Roman von Khaled Hosseini

KRABAT
D 2008, Regie: Marco Kreuzpaintner
Drehbuch: Michael Gutmann und Marco Kreuzpaintner, basierend auf dem gleichnamigen Roman von Otfried Preußler

L

L.A. CONFIDENTIAL
USA 1997, Regie: Curtis Hanson
Drehbuch: Brian Helgeland und Curtis Hanson, basierend auf dem gleichnamigen Roman von James Ellroy

LA PASSION DE JEANNE D'ARC
F 1928, Regie: Carl Theodor Dreyer
Drehbuch: Carl Delteil und Carl Theodor Dreyer

LADY IN THE LAKE
USA 1947, Regie: Robert Montgomery
Drehbuch: Steve Fisher, basierend auf dem gleichnamigen Roman von Raymond Chandler

L'ANNEE DERNIERE A MARIENBAD
F 1960, Regie: Alain Resnais
Drehbuch: Alain Robbe-Grillet

LAURA
USA 1944, Regie: Otto Preminger
Drehbuch: Jay Dratler, Samuel Hoffenstein und Betty Reinhardt, basierend auf dem gleichnamigen Roman von Vera Caspary

LEAVING LAS VEGAS
USA 1995, Regie: Mike Figgis
Drehbuch: Mike Figgis, basierend auf dem gleichnamigen Roman von John O'Brian

1 Filme

Lemony Snicket's A Series Of Unfortunate Events
USA/D 2004; Regie: Brad Silberling
Drehbuch: Robert Gordon, basierend auf dem gleichnamigen Roman von Daniel Handler

Lethal Weapon
USA 1987, Regie: Donner
Drehbuch: Lawrence Kasdan

Letter From An Unknown Woman
USA 1948, Regie: Max Ophüls
Drehbuch: Howard Koch und Max Ophüls, basierend auf dem gleichnamigen Roman von Stefan Zweig

Lettre de Sibérie
F 1957, Regie: Chris Marker
Drehbuch: Chris Marker

Little Children
USA 2006, Regie: Todd Field
Drehbuch: Todd Field, basierend auf dem gleichnamigen Roman von Tom Perrotta

Lola Rennt
D 1998, Regie: Tom Tykwer
Drehbuch: Tom Tykwer

Lonesome Cowboys
USA 1968, Regie: Andy Warhol
Drehbuch: James Morrissey

The Lord of the Rings: The Fellowship of the Ring
USA/NZ 2001, Regie: Peter Jackson
Drehbuch: Frances Walsh, Philippa Boyens und Peter Jackson, nach dem gleichnamigen Roman von J. R. R. Tolkien

The Love Guru
USA/GB/D 2008, Regie: Marco Schnabel
Drehbuch: Mike Meyers und Graham Gordy

M

M – eine Stadt sucht einen Mörder
D 1931, Regie: Fritz Lang
Drehbuch: Thea von Harbou, Fritz Lang und Karel Vosh

Das Mädchen mit den Schwefelhölzern
D 1925, Regie: Guido Bagier
Drehbuch: Hans Kyser

The Magnificent Ambersons
USA 1942, Regie: Orsons Welles
Drehbuch: Orson Welles, basierend auf dem gleichnamigen Roman von Booth Tarkington

The Matrix
USA/AUS 1999, Regie: Andy und Lana Wachowski
Drebuch: Andy und Lana Wachowski

McCabe & Mrs Miller
USA 1971, Regie: Robert Altman
Drehbuch: Robert Altman und Brian McKay, basierend auf dem Roman *Mc Cabe* von Edmund Naughton

Medium Cool
USA 1968/69, Regie: Haskell Wexler
Drehbuch: Haskell Wexler

Melodie der Welt
D: 1929, Regie: Walter Ruttmann, 1929
Drehbuch: Wolfgang Ruttmann

Memento
USA 2000, Regie: Christopher Nolan
Drehbuch: Christopher Nolan und Jonathan Nolan

Mighty Aphrodite
USA 1995, Regie: Woody Allen
Drehbuch: Woody Allen

Mildred Pierce
USA 1945, Regie: Michael Curtiz
Drehbuch: Randal MacDougall, basierend auf dem gleichnamigen Roman von James M. Cain

Moby Dick
USA 1956, Regie: John Huston
Drehbuch: Ray Bradbury und John Huston,

basierend auf dem gleichnamigen Roman von Herman Melville

Monster
USA/D 2003, Regie: Patty Jenkins
Drehbuch: Patty Jenkins

Murder!
GB 1930, Regie: Alfred Hitchcock
Drehbuch: Alfred Hitchcock und Walter C. Mycroft, basierend auf dem Drama *Enter Sir John* von Clemence Dane und Helen Simpson

Murder, My Sweet
USA 1944, Regie: Edward Dmytryk
Drehbuch: John Paxton

Muxmäuschenstill
D 2004, Regie: Marcus Mittermeier
Drehbuch: Jan Henrik Stahlberg

N

The Naked City
USA 1948, Regie: Jules Dassin
Drehbuch: Albert Maltz, Malvin Wald

Nashville
USA 1975, Regie: Robert Altman
Drehbuch: Joan Tewkesbury

The New World
USA/GB 2005, Regie: Terence Malick
Drehbuch: Terence Malick

Night Mail
GB 1936, Regie: Harry Watt / Basil Wright
Drehbuch: Harry Watt und Basil Wright, unterlegt mit Gedichten von W. H. Auden

Nightmare
USA 1956, Regie: Maxwell Shane
Drehbuch: Maxwell Shane

Nikita
F/I 1990, Regie: Luc Besson
Drehbuch: Lus Besson

Nosferatu, Eine Symphonie des Grauens
D 1922, Regie: F. W. Murnau
Drehbuch: Henrik Galeen, basierend auf dem Roman *Dracula* von Bram Stoker

Notes On A Scandal
GB 2006, Regie: Richard Eyre
Drehbuch: Patrick Marber, basierend auf dem gleichnamigen Roman von Zoe Heller

O

Ocean's Eleven
2001, Regie: Steven Soderbergh
Drehbuch: Ted Griffin

Our Town
USA 1940, Regie: Sam Wood
Drehbuch: Thornton Wilder, basierend auf dessen gleichnamigen Drama

P

Pain & Gain
USA 2013, Regie: Michael Bay
Drehbuch: Christoph Markus und Stephen McFeely, basierend auf einem Artikel von Pete Collins

Paranoid Park
F/USA 2007, Regie: Gus Van Sant
Drehbuch: Gus Van Sant, basierend auf dem gleichnamigen Roman von Blake Nelson

Party Monster
USA/NL 2003, Regie: Fenton Bailey und Randy Barbato
Drehbuch: Fenton Bailey und Randy Barbato, nach dem Roman *Disco Bloodbath* von James St. James

Pat Garrett & Billy the Kid
USA 1973, Regie: Sam Peckinpah
Drehbuch: Rudy Wurlitzer

Penelope
GB/USA 2006; Regie: Mark Palansky
Drehbuch: Lesley Caveny

1 Filme

Perfume: The Story Of A Murder
D/F/E/USA 2006, Regie: Tom Tykwer
Drehbuch: Andrew Birkin, Bernd Eichinger und Tom Tykwer, basierend auf dem gleichnamigen Roman von Patrick Süskind

The Phantom of the Opera
USA 1925, Regie: Robert Julian
Drehbuch: Elliott J. Clawson, Frank M. McCormack und Raymond L. Schrock, basierend auf dem Roman *Le Fantôme de l'Opera* von Gaston Leroux

Phone Booth
USA 2002, Regie: Joel Schumacher
Drehbuch: Larry Cohen

The Piano
AUS/NZ/F 1993, Regie: Jane Campion
Drehbuch: Jane Campion

Picnic at Hanging Rock
AUS 1975, Regie: Peter Weir
Drehbuch: Cliff Green, basierend auf dem gleichnamigen Roman von Jona Lindsay

Pierrot Le Fou
F/I 1965, Regie: Jean-Luc Godard
Drehbuch: Jean-Luc Godard, basierend auf dem Roman *Obsession* von Lionel White

Plan 9 From Outer Space
USA 1959, Regie: Edward D. Woods Jr.
Drehbuch: Edward D. Woods Jr.

The Plow That Broke the Plains
USA 1936, Regie: Pare Lorentz
Drehbuch: Pare Lorentz

Possessed
USA 1947, Regie: Curtis Bernhardt
Drehbuch: Silvia Richards und Ranald MacDougall

The Postman Always Rings Twice
USA 1946, Regie: Tay Garnett
Drehbuch: Harry Ruskin und Niven Busch, basierend auf dem gleichnamigen Roman von James M. Cain

The Power and the Glory
USA 1933, Regie: William K. Howard
Drehbuch: Preston Sturges

Pretty Woman
USA 1990, Regie: Garry Marshall
Drehbuch: J.F. Lawton

Psycho
USA 1960, Regie: Alfred Hitchcock
Drehbuch: Joseph Stefano, basierend auf dem gleichnamigen Roman von Robert Bloch

Pulp Fiction
USA 1994, Regie: Quentin Tarantino
Drehbuch: Quentin Tarantino

The Purple Rose Of Cairo
USA 1985, Regie: Woody Allen
Drehbuch: Woody Allen

R

Radio Days
USA 1987, Regie: Woody Allen
Drehbuch: Woody Allen

Raiders Of The Lost Ark
USA 1981, Regie: Steven Spielberg
Drehbuch: Lawrence Kasdan, George Lucas und Philip Kaufman

Rashomon
JAP 1950, Regie: Akira Kurosawa
Drehbuch: Akira Kurosawa und Shinobu Hashimoto

Ratatouille
USA 2007, Regie: Brad Bird und Jan Pinkava
Drehbuch: Brad Bird, Jan Pinkava und Jim Capobianco

The Reader
USA/D 2008, Regie: Stephen Daldry
Drehbuch: David Hare, basierend auf dem gleichnamigen Roman von Bernhard Schlink

1 Filme

REBECCA
USA 1940, Regie: Alfred Hitchcock
Drehbuch: Robert E. Sherwood und Joan Harrison, basierend auf dem gleichnamigen Roman von Daphne Du Maurier

RED RIVER
USA 1948, Regie: Howard Hawks
Drehbuch: Borden Chase und Charles Schnee

THE RIVER
USA 1937, Regie: Pare Lorentz
Drehbuch: Pare Lorentz

ROAD TO PERDITION
USA 2002, Regie: Sam Mendes
Drehbuch: David Self, basierend auf der gleichnamigen Graphic Novel von Max Allan Collins und Richard Piers Reyner

THE ROARING TWENTIES
USA 1939, Regie: Mark Hellinger
Drehbuch: Jerry Wald, Richard Macaulay und Robert Rossen, basierend auf dem Roman *The World Moves On* von Mark Hellinger

THE ROYAL TENNENBAUMS
USA 2001, Regie: Wes Anderson
Drehbuch: Wes Anderson und Owen Wilson

S

SABOTAGE
GB 1936, Regie: Alfred Hitchcock
Drehbuch: Charles Bennett, basierend auf dem Roman *The Secret Agent* von Joseph Conrad

LE SANG D'UN POÉTE
F 1930, Regie: Jean Cocteau
Drehbuch: Jean Cocteau

LE SCAPHANDRE ET LE PAPILLON
F/USA 2007, Regie: Julian Schnabel
Drehbuch: Ronald Harwood, basierend auf dem gleichnamigen Roman von Jean-Dominique Bauby

SCORPIO RISING
USA 1964, Regie: Kenneth Anger
Drehbuch: Kenneth Anger

SCOTT PILGRIM VS THE WORLD
USA/GB/CAN/JAP 2010, Regie: Edgar Wright
Drehbuch: Michael Bacall und Edgar Wright, basierend auf dem gleichnamigen Comic von Bryan Lee O'Malley

SE7EN
USA 1995, Regie: David Fincher
Drehbuch: Andrew Kevin Walker

THE SEVEN YEAR ITCH
USA 1955, Regie: Billy Wilder
Drehbuch: Billy Wilder und George Axelrod, basierend auf dessen gleichnamiger Komödie

SEUL CONTRE TOUS
F 1998, Regie: Gaspar Noé
Drehbuch: Gaspar Noé

SEX AND THE CITY (SEASON 2, EPISODE 4, THEY SHOT SINGLE PEOPLE, DON'T THEY?)
USA 1999, Regie: John David Coles
Drehbuch: Michael Patrick King, basierend auf dem gleichnamigen Roman von Candace Bushnell

SIEG IM WESTEN
D 1941, Regie: Fritz Brunsch, Werner Kortwich, Sven Noldan und Edmund Schmidt
Drehbuch: Konrad Liss

LE SILENCE DE LA MER
F 1947/48, Regie: Jean-Pierre Melville
Drehbuch: Jean-Pierre Melville, nach der gleichnamigen Kurzgeschichte von Vercors

SIN CITY
USA 2005, Regie: Robert Rodriguez, Frank Miller und Quentin Tarantino
Drehbuch: Frank Miller, basierend auf dessen gleichnamiger Graphic Novel

THE SINGING FOOL
USA 1928, Regie: Llyod Bacon
Drehbuch: C. Graham Baker

1 Filme

Singin' In The Rain
USA 1952, Regie: Gene Kelly und Stanley Donen
Drehbuch: Adolph Green und Betty Comden

The Single Standard
USA 1929, Regie: John S. Robertson
Drehbuch: Josephine Lovett, basierend auf dem gleichnamigen Roman von Adela Rogers St. John

The Sixth Sense
USA 1999, Regie: M. Night Shyamalan
Drehbuch: M. Night Shyamalan

Sleep
USA 1963, Regie: Andy Warhol
Drehbuch: Andy Warhol

Slumdog Millionaire
GB 2008, Regie: Danny Boyle, Loveleen Tandan
Drehbuch: Simon Beaufoy, basierend auf dem gleichnamigen Roman von Vikas Swarup

Smultronstället
S 1957, Regie: Ingmar Bergman
Drehbuch: Ingmar Bergmann

Son nom de Venise dans Calcutta desert
F 1976, Regie: Magueritte Duras
Drehbuch: Magueritte Duras

Sous le toits de Paris
F 1930, Regie: René Clair
Drehbuch: René Clair

The Spirit Of Saint Louis
USA 1957, Regie: Billy Wilder
Drehbuch: Billy Wilder und Wendell Mayes, basierend auf dem gleichnamigen Roman von Charles A. Lindbergh

Stage Fright
GB 1950, Regie: Alfred Hitchcock
Drehbuch: Whitfield Cook und James Bridie, basierend auf dem gleichnamigen Roman von Selwyn Jepson

Stand By Me
USA 1986, Regie: Rob Reiner
Drehbuch: Bruce A. Evans und Raynold Gideon, basierend auf dem gleichnamigen Roman von Stephen King

The Star-Spangeled Banner
USA 1911, Regie: Thomas A. Edison

Star Wars
USA 1976, Regie: George Lucas
Drehbuch: George Lucas

The Stranger
USA 1946, Regie: Orson Welles
Drehbuch: Anthony Veiller

Stranger Than Fiction
USA 2006, Regie: Mark Forster
Drebuch: Zach Helm

Sucker Punch
USA/CAN 2010, Regie: Zack Snyder
Drehbuch: Zack Snyder und Steve Shibuya

Sunset Boulevard
USA 1950, Regie: Billy Wilder
Drehbuch: Charles Brackett, Billy Wilder und D.M. Marshman Jr.

Super Size Me
USA 2004, Regie: Morgan Spurlock
Drehbuch: Morgan Spurlock

Sweet And Lowdown
USA 1999, Regie: Woody Allen
Drehbuch: Woody Allen

Sweet Sweetbacks Baadasssss Song
USA 1971, Regie: Melvin Van Peebles
Drehbuch: Melvin Van Peebles

Swiming Pool
F/GB 2003; Regie: Francois Ozon
Drehbuch: Francois Ozon

T

Taxi Driver
USA 1976; Regie: Martin Scorsese
Drehbuch: Paul Schrader

1 Filme

THE TEN COMMANDMENTS
USA 1923, Regie: Cecile B. De Mille
Drehbuch: Jeannie Macpherson

TIDELAND
GB/CAN 2005, Regie: Terry Gilliam
Drehbuch: Terry Gilliam und Tony Grisoni, basierend auf dem gleichnamigen Roman von Mitch Cullin

TIREZ SUR LE PIANISTE
F 1960, Regie: Francois Truffaut
Drehbuch: Francois Truffaut und Marce Moussy, basierend auf dem Roman *Down There* von David Goodis

T-MEN
USA 1948, Regie: Anthony Man
Drehbuch: John C. Higgins

TRAINSPOTTING
GB 1996, Regie: Danny Boyle
Drehbuch: John Hodge, basierend auf dem gleichnamigen Roman von Irvine Welsh

THE TREE OF LIFE
USA 2011, Regie: Terrence Malick
Drehbuch: Terrence Malick

TROY
USA/M/GB 2004, Regie: Roland Emmerich
Drehbuch: David Benioff, lose basierend auf dem Epos von Homer

THE TRUMAN SHOW
USA 1998, Regie: Peter Weir
Drehbuch: Andrew Niccol

U

THE USUAL SUSPECTS
USA/D 1995, Regie: Bryan Singer
Drehbuch: Christopher McQuarrie

V

V FOR VENDETTA
USA/GB/D 2006, Regie: James McTeigue
Drehbuch: Andy und Lana Wachowski, basierend auf der gleichnamigen Graphic Novel von Daivd Llyod

VALS IM BAHIR
IL/F/D/USA/FIN/CH/A/B 2008, Regie: Ari Folman
Drehbuch: Ari Folman

VANILLA SKY
USA/E 2001, Regie: Cameron Crowe
Drehbuch: Cameron Crowe

VICKY CRISTINA BARCELONA
E/USA 2008, Regie: Woody Allen
Drehbuch: Woody Allen

THE VIRGIN SUICIDES
USA 1999, Regie: Sofia Coppola
Drehbuch: Sofia Coppola, basierend auf dem gleichnamigen Roman von Jeffrey Eugenides

W

WAR OF THE WORLDS
USA 2005; Regie: Steven Spielberg
Drehbuch: John Friedman, David Koepp, basierend auf dem gleichnamigen Roman von H. G. Wells

THE WATCHMEN
USA 2009, Regie: Zack Snyder
Drehbuch: David Hayter und Alex Tse, basierend auf der gleichnamigen Graphic Novel von Dave Gibbons und Alan Moore

THE WEATHER MAN
USA/D 2005, Regie: Gore Verbinski
Drehbuch: Steve Conrad

DAS WEISSE BAND
D/A/F/I 2009, Regie: Michael Haneke
Drehbuch: Michael Haneke

WHALE RIDER
NZ/D 2002; Regie: Niki Caro
Drehbuch: Niki Caro

Why We Fight: Prelude To War
USA 1943, Regie: Frank Capra und Anatole Litvak
Drehbuch: Julius J. Epstein, Philip G. Epstein, Robert Heller, Eric Knight und Anthony Veiller

Wings
USA 1929, Regie: William A. Wellmann
Drehbuch: Hope Loring und Louis D. Lighton

Wonder Boys
USA/D/GB/JAP 2000, Regie: Curtis Hanson
Drehbuch: Steve Kloves, basierend auf dem gleichnamigen Roman von Michael Chabon

Wuthering Heights
USA 1939, Regie: William Wyler
Drehbuch: Charles McArthur, Ben Hecht basierend auf dem gleichnamigen Roman von Emily Bronte

Z

Zabriskie Point
USA 1970, Regie: Michaelangelo Antonioni
Drehbuch: Michaelangelo Antonioni

Zelig
USA 1983, Regie: Woody Allen
Drehbuch: Woody Allen

Zodiac
USA 2007, Regie: David Fincher
Drehbuch: James Vanderbilt, basierend auf dem gleichnamigen Roman von Robert Graysmith

2 Literatur

Allen, Jean: Self-Reflexivity In Documentary. In: Ron Burnett (Hrsg): *Explorations in Film Theory. Selected Essays From Ciné-Tracts.* Bloomington/Indianapolis 1991.

Allen, Robert C. / Gomery, Douglas: *Film History. Theory and Practice.* New York 1985.

Altman, Rick: *Silent Film Sound.* New York 2004.

Altman, Rick: Four and a Half Film Fallacies. In: Rich Altman (Hrsg.): *Sound Theory / Sound Practice.* New York 1992.

Altman, Rick: Sound History. In: Rick Altman (Hrsg.): *Sound Theory / Sound Practice.* New York / London 1992.

Altman, Rick: Evolution Of Sound Technology. In: Elisabeth Weis / John Belton (Hrsg): *Film Sound. Theory And Practice.* New York 1985.

Altman, Rick: The Material Heterogeneity of Recorded Sound. In: Rick Altman (Hrsg.): *Sound Theory / Sound Practice.* New York / London 1992.

Altman, Rick: Sound Space. In: Rick Altman (Hrsg.): *Sound Theory / Sound Practice.* New York / London 1992.

Aristoteles: *Über die Seele.* Mit Einleitung, Übersetzung (nach W. Theiler) und Kommentaren herausgegeben von Horst Seidl. Hamburg 1995.

Aristoteles: *Poetik.* Stuttgart 1982.

Arnheim, Rudolf: *Film als Kunst.* Frankfurt 2002.

Autor unbekannt: Sprichwörter: Frauen + Sprechen. http://de.wikiquote.org/wiki/M%C3%A4nner (05.01.2014)

Autor unbekannt: Sprichwörter: Frauen + Schweigen. http://www.stern.de/lifestyle/liebesleben/sprichwoerter-worte-statt-taten-509430.html (05.01.2014)

Autor unbekannt: Films where voice over narration enhances the film vs. those where it takes away from the film. http://mubi.com/topics/8367?page=2 (03.01.2014)

Baláz, Béla: *Der Geist des Films.* Frankfurt 2001.

Barthes, Roland: *Das semiologische Abenteuer.* Frankfurt 1988.

Barthes, Roland: *Der entgegenkommende und der stumpfe Sinn. Kritische Essays III.* Erste Auflage. Frankfurt 1990.

Baudry, Jean-Louis: The Apparatus: Metapsychological Approaches To The Impression Of Reality In Cinema. In: Leo Braudy / Marshall Cohen (Hrsg): *Film Theory and Criticism. Introductory Readings.* Fifth Edition. New York / Oxford 1999.

Bazin, André: Die Stilistik Robert Bressons.

2 Literatur

In: Robert Fischer (Hrsg.): *Was Ist Film?* Berlin 2004.
Bazin, André: Für Ein Unreines Kino. In: Robert Fischer (Hrsg): *Was Ist Film?* Berlin 2004.
Bazin, André: *Orson Welles*. Wetzlar 1980.
Beaver, Frank E.: *On Film. A History of the Motion Picture*. Baskerville 1987.
Beller, Hans: Verkürzte und Gedehnte Augenblicke. Zur Montage der Zeitmaschine Film. In: *Schnitt. Das Filmmagazin*. Ausgabe #56. 04.2009.
Belton, John: 1950s Magnetic Sound: The Frozen Revolution. In: Rick Altman (Hrsg.): *Sound Theory / Sound Practice*. New York / London 1992.
Bohn, Thomas W. / Stormgren, Richard C. / Johnson, Daniel H.: *Light & Shadows. A History of Motion Pictures*. Second Edition. Palo Alto 1983.
Booth, Wayne C.: *The Rethoric Of Fiction*. Second Edition. Chicago/London 1983.
Bordwell, David / Thompson, Kristin: Fundamental Aesthetics of Sound. In: Elisabeth Weis / John Belton (Hrsg): *Film Sound. Theory and Practice*. New York 1985.
Bordwell, David: *Narration in the fiction film*. Madison 1985.
Bordwell, David: *Making Meaning: inference and rhetoric in the interpretation of cinema*. Harvard 1991.
Bordwell, David: *The Way Hollywood Tells It. Story And Style in Modern Movies*. Berkeley / Los Angeles / London 2006.
Branigan, Edward: *Narrative Comprehension and Film*. London / New York 1992.
Brinckmann, Christine N.: Der Voice-Over als subjektivierende Erzählstruktur des Film Noir. In: Marian Lewinsky / Alexander Schneider (Hrsg): *Die antromorphe Kamera und andere Schriften zur filmischen Narration*. Züricher Filmstudien 3. Zürich 1997.
Burch, Noel: *To The Distant Observer*. Berkeley 1977.
Campell, Christopher: 10 Films Ruined by Voice-Over Narration. http://regator.com/p/196998647/10_films_ruined_by_voice-over_narration/ (05.01.2013).
Chatman, Seymour: *Story and Discourse. Narrative Structures in Fiction and Film*. Fifth Edition. Ithaca/London 1989.
Chatman, Seymour: *Coming To Terms. The Rethoric of Narrative in Fiction and Film*. Ithaca/London 1990.
Chion, Michel: *The Voice In Cinema*. New York 1999.
Chion, Michel: *Audio-Vision. Sound On Screen*. New York 1994.
Chion, Michel: *Film, a sound art*. New York 2009.
Christie, Ian: Asynchrony. In: *Soundscape. The School Of Sound Lectures 1998–2001*. London / New York 2003.
Clair, René: *Kino. Vom Stummfilm zum Tonfilm. Kritische Notizen zur Entwicklungsgeschichte des Film 1920–1950*. Zürich 1995.
Cook, David A.: *A History of Narrative Film*. 3. Auflage. New York, London 1996.
Currie, Gregory: *Image and Mind. Film, Philosophy, and Cognitive Science*. Cambridge 1995.

Demokrit: http://de.wikiquote.org/wiki/Reden (05.01.2014)
Derrida, Jaques: *Die Stimme und das Phänomen. Ein Essay über das Problem des Zeichens in der Philosophie Husserls*. Frankfurt 1979.
Deutch, Stephen: Music for Interactive Moving Images. In: Larry Sider / Diane Freeman / Jerry Sider (Hrsg.): *Soundscape. The School Of Sound Lectures 1998–2001*. London / New York 2003. S. 28–34.
Doane, Mary Ann: The Voice In The Cinema: The Articulation Of Body And Space. In: Leo Braudy / Marshall Cohen (Hrsg.): *Film Theory and Criticism. Introductory Readings*. Oxford 1999. Fifth Edition.
Dyer, Richard: Resistance Through Charisma: Rita Hayworth and Gilda. In: E. Ann Kaplan: *Women in Film Noir*. London 2001.
Elsaesser, Thomas / Buckland, Warren: *Studying Contemporary American Film*.

A Guide To Movie Analysis. London 2002.

Elsaesser, Thomas: Augenweide am Auge des Maelstroms? – Francis Ford Coppola inszeniert BRAM STOKER'S DRACULA als den ewig jungen Mythos Hollywood. In: Andreas Rost / Mike Sandbothe (Hrsg.): *Die Filmgespenster der Postmoderne.* München 1998.

Felix, Jürgen: Autorenkino. In: Jürgen Felix (Hrsg): *Moderne Film Theorie.* Mainz 1999.

Figgis, Mike: Silence: The Absence of Sound. In: *Soundscape. The School Of Sound Lectures 1998–2001.* London / New York 2003.

Fleishman, Avrom: *Narrated Films. Storytelling Situations in Cinema History.* Baltimore and London 1992.

Flückiger, Barbara: *Sound-Design. Die virtuelle Klangwelt des Films.* Marburg 2003.

Foerster, Lukas: Watchmen – Die Wächter. http://www.critic.de/filme/detail/film/watchmen---die-w%E3%A4chter-1555.html (05.01.2014).

Freud, Sigmund: *Der Moses Des Michaelangelo. Schriften über Kunst und Künstler.* Frankfurt 1993.

Gaudreault, André: Showing and Telling. Image and Word in Early Cinema. In: Thomas Elsaesser / Thomas Barker (Hrsg): *Early Cinema. Space-frame-narrative.* London 1990.

Gegenfurtner, Karl R.: *Gehirn & Wahrnehmung.* 4. Auflage. Frankfurt 2006.

Genette, Gérard: *Fiktion und Diktion.* München 1992.

Genette, Gérard: *Die Erzählung.* 2. Auflage. München 1998.

Gerhards, Maria / Klingler, Walter: Sparten- und Formattrends im deutschen Fernsehen. In: *MediaPerspektiven.* 12/2009. S. 663–678.

Gethmann, Daniel: *Die Übertragung der Stimme. Vor- und Frühgeschichte des Sprechens im Radio.* Zürich/Berlin 2006.

Göttert, Karl-Heinz: *Geschichte der Stimme.* München 1998.

Grierson, John: Grundsätze des Dokumentarfilms. In: Eva Hohenberger (Hrsg): *Bilder des Wirklichen. Texte zur Theorie des Dokumentarfilms. Texte zum Dokumentarfilm 3.* 2. Auflage. Berlin 2000.

Grzeschik, Illona: Kommentar/Voice-Over. In: Thomas Koebner (Hrsg): *Reclams Sachlexikon des Films.* Stuttgart 2002.

Gunning, Tom: *D.W. Griffith And The Origins Of American Narrative Film. The Early Years At Biograph.* Urbana & Chicago 1994.

Guski, Rainer: *Wahrnehmung.* Stuttgart/Berlin/Köln 1989.

Handzo, Stephen: Glossary Of Film Sound Technology. In: Elisabeth Weis / John Belton (Hrsg.): *Film Sound: Theory and Practice.* New York 1985. S. 383–426.

Havelock, Eric. A: *Als die Muse schreiben lernte. Eine Medientheorie.* Berlin 2007.

Heath, Stephen: Language, Sight and Sound. In: Stephen Heath & Patricia Mellencamp (Hrsg.): *Cinema and Language. The American Film Institute Monograph Series.* Los Angeles 1983. S. 1–20.

Hehr, Renate: *New Hollywood. Der amerikanische Film nach 1968 / The American Film After 1968.* Stuttgart/London 2003.

Helbig, Jörg: ‹Follow the White Rabbit›. Signale erzählerischer Unzuverlässigkeit im zeitgenössischen Spielfilm. In: Fabienne Liptay / Yvonne Wolf (Hrsg.): *Was stimmt denn jetzt? Unzuverlässiges Erzählen in Literatur und Film.* München 2005.

Hoffmann, Kay: Wirklichkeitsberichte als ›Sauerteig‹ des neuen Films. Die deutsche Wochenschau als Kriegspropaganda. In: Peter Zimmermann / Kay Hoffmann (Hrsg.): *Triumph der Bilder. Kultur- und Dokumentarfilme vor 1945 im internationalen Vergleich.* Konstanz 2003.

Hohenberger, Eva: Dokumentarfilmtheorie. In: Eva Hohenberger (Hrsg): *Bilder des Wirklichen. Texte zur Theorie des Dokumentarfilms. Texte zum Dokumentarfilm 3.* 2. Auflage. Berlin 2000.

Hohoff, Ulrich: *E.T.A. Hoffmann – Der*

Sandmann: Textkritik/Edition/Kommentar. Berlin / New York 1988.

Kaplan, E. Ann: *Women in Film Noir*. London 2001

Kehrein, Roland: *Prosodie und Emotionen*. Reihe Germanistische Linguistik. Band 231. Tübingen 2002.

Kiefer, Bernd: Die Unzuverlässigkeit der Interpretation des Unzuverlässigen. Überlegungen zur Unreliable Narration in Literatur und Film. In: Fabienne Liptay / Yvonne Wolf (Hrsg.): *Was stimmt denn jetzt? Unzuverlässiges Erzählen in Literatur und Film*. München 2005.

Kiener, Wilma: *Die Kunst des Erzählens. Narrativität im dokumentarischen und ethnographischen Film*. Band 12 der Reihe Close-Up. Stuttgart 1999.

Kirchmann, Kay: Zwischen Selbstreflexivität und Selbstreferentialität. Überlegungen zur Ästhetik des Selbstbezüglichen als Ausweis filmischer Modernität. In: *Film und Kritik*. Heft 2. Frankfurt 1993. S. 23–37.

Kolesch, Doris: Die Spur der Stimme. In: Cornelia Epping-Jäger / Erika Linz (Hrsg.): *Medien/Stimmen*. Mediologie Band 9. Köln 2003.

Korthals, Holger: *Zwischen Drama und Erzählung. Ein Beitrag zur Theorie geschehensdarstellender Literatur*. Berlin 2003.

Kotulla, Theodor (Hrsg): *Der Film. Manifeste, Gespräche, Dokumente. Bd. 2: 1945 bis heute*. München 1964.

Kozloff, Sarah: *Invisible Storytellers. Voice-Over Narration In American Fiction Film*. Berkeley / Los Angeles / London 1988.

Kozloff, Sarah: *Overhearing Film Dialogue*. Berkeley/London. 2000.

Kracauer, Siegfried: *Theorie des Films. Die Errettung der äußeren Wirklichkeit*. Frankfurt 1985.

Krämer, Sybille: Negative Semiologie. In: Cornelia Epping-Jäger / Erika Einz (Hrsg.): *Medien/Stimmen*. Mediologie Band 9. Köln 2003. S. 65–82.

Krützen, Michaela: *Dramaturgie des Films. Das etwas andere Hollywood*. Frankfurt 2001.

Lakoff, Robin Tolmach: *Language and Women's Place. Text and Commentaries*. Revised and Expanded Edition. Oxford / New York 2004.

Lämmert, Eberhard: *Bauformen des Erzählens*. 9. Auflage. Stuttgart 2000.

Lastra, James: Reading, Writing, Representing Sound. In: Rick Altman (Hrsg): *Sound Theory / Sound Practice*. New York/ London 1992.

Leahy, James: A Slap of Sea and A Tickle of Sand: Echoes of Sounds Past. In: Larry Sider / Diane Freeman / Jerry Sider (Hrsg): *Soundscape. The School Of Sound Lectures 1998–2001*. London / New York 2003.

Lenzhofer, Karin: *Chicks Rule! Die schönen neuen Heldinnen in Us-amerikanischen Fernsehserien*. Bielefeld 2006.

Lessing, Gotthold Ephraim: *Laokoon oder Über die Grenzen der Malerei und Poesie*. Stuttgart 2006.

Linz, Erika: Die Reflexivität der Stimme. In: Cornelia Epping-Jäger / Erika Einz (Hrsg.): *Medien/Stimmen*. Mediologie Band 9. Köln 2003.

Liptay, Fabienne / Wolf, Yvonne (Hrsg.): *Was stimmt denn jetzt? Unzuverlässiges Erzählen in Literatur und Film*. München 2005.

LoBrutto, Vincent: *Sound-On-Film. Interviews with Creators of Film Sound*. Westport/London 1994.

Lothe, Jakob: *Narrative in Fiction and Film. An Introduction*. New York 2000.

Lynch, David: Action and Reaction. In: Larry Sider / Diane Freeman / Jerry Sider (Hrsg): *Soundscape. The School Of Sound Lectures 1998–2001*. London / New York 2003.

Madmind: How to spot a bad movie in 1 minute. http://www.madmind.de/2009/10/02/how-to-spot-a-bad-movie-in-1-minute/ (05.01.2014).

Merten, Jörg: *Einführung in die Emotionspsychologie*. 1. Auflage. Stuttgart 2003.

Messter, Oskar: *Mein Weg mit dem Film*. Berlin 1936.

Metz, Christian: *Film Language. A Semiotics Of The Cinema*. Chicago 1991.

Metz, Christian: *Die unpersönliche Ennunziation oder der Ort des Films*. Münster 1997.

Metz, Christian: Aural Objects. In: Leo Braudy / Marshall Cohen (Hrsg): *Film Theory and Criticism. Introductory Readings*. Fifth Edition. New York / Oxford 1999.

Metz, Christian: *Sprache und Film*. Frankfurt 1973.

Metz, Christian: *The Imaginary Signifier. Psychoanalysis and the cinema*. Bloomington/Indianapolis 1982.

Mitry, Jean: *The Aethetics and Psychology of the Cinema*. 1998 London.

Mitry, Jean: *Semiotics and the Analysis of Film*. Bloomington, Indianapolis 2000.

Müller, Corinna: *Vom Stummfilm zum Tonfilm*. München 2003.

Murch, Walter: Touch of Silence. In: Larry Sider / Diane Freeman / Jerry Sider (Hrsg): *Soundscape. The School Of Sound Lectures 1998–2001*. London / New York 2003.

Mystery Man: Vicky Cristina Bad-Exposition. http://mysterymanonfilm.blogspot.com/2009/01/vicky-cristina-bad-exposition.html (03.01.2014).

Nöth, Winfried: *Handbuch der Semiotik*. 2. Vollständig neu bearbeitete und erweiterte Auflage. Stuttgart/Weimar 2000.

Ong, Walter J.: *Oralität und Literalität. Die Technologisierung des Wortes*. Oplanden 1987.

Paine, Frank: Sound Mixing and Apocalypse Now: An Interview with Walter Murch. In: Elisabeth Weis / John Belton (Hrsg.): *Film Sound: Theory And Practice*. New York 1985.

Plantinga, Carl R.: *Rethoric and Representation in Nonfiction Film*. Cambridge 1997.

Platon: *Der Staat (Politeia)*. Stuttgart 2000.

Platon: THEAITETOS. In: Burghard König (Hrsg.): *Sämtliche Werke*. Band 3. 35. Auflage. Hamburg 2007. S. 147–251.

Poppe, Sandra: Wahrnehmungskrisen – Das Spiel mit Subjektivität, Identität und Realität im unzuverlässig erzählten Film. In: Susanne Kaul / Jean-Pierre Palmier / Timo Skrandies (Hrsg.): *Erzählen im Film. Unzuverlässigkeit – Audiovisualität – Musik*. Bielefeld 2009.

Propp, Valdimir: *Morphologie des Märchens*. München 1972.

Prümm, Karl: Bildschrift für das Ohr. In: Helga Belach / Wolfgang Jacobsen (Hrsg): *Erich von Strohheim*. Berlin 1994.

Prümm, Karl: Historiographie einer Epochenschwelle: Der Übergang vom Stummfilm zum Tonfilm in Deutschland (1928–1932). In: Knut Hickethier (Hrsg): *Filmgeschichte schreiben. Ansätze, Entwürfe und Methoden. Dokumentation der Tagung der GFF 1988*. Berlin 1989.

Prümm, Karl: Modellierung des Unmodellierbaren. NS-Kriegspropaganda im Film und ihre Grenzen. In: Peter Zimmermann / Kay Hoffmann (Hrsg.): *Triumph der Bilder. Kultur- und Dokumentarfilme vor 1945 im internationalen Vergleich*. Konstanz 2003.

Prümm, Karl: Der frühe Tonfilm als intermediale Konfiguration. In: Sabina Becker (Hrsg.): *Jahrbuch zur Literatur der Weimarer Republik*. St. Ingbert 1995.

Pudovkin, Vesvolod: From Film Technique. On Editing. In: Leo Baudry / Marshall Cohen (Hrsg.): *Film Theory And Criticism. Introductory Readings*. New York / Oxford 1999.

Raffaseder, Hannes: *Audiodesign*. Leipzig 2002.

Rauh, Reinhold: *Sprache im Film. Die Kombination von Wort und Bild im Spielfilm*. Münster 1987.

Röwekamp, Burkhard: *Vom film noir zur méthode noire. Die Evolution filmischer Schwarzmalerei*. Marburg 2003.

Röwekamp, Burkhard: Ein Zitat ist ein zitat ist ein zITAT. In: Matthias Steinle, Burkhard Röwekamp (Hrsg.): *Selbst/Reflexio-*

nen. *Von der Leinwand bis zum Interface.* Marburg 2004.

Schlopp, Hadumoth Radegundis: *Das Sehen als Medium menschlicher Bildungsprozesse.* München 2004.

Schreger, Charles: Altman And Dolby. In: Elisabeth Weis / John Belton: *Film Sound. Theory and Practice.* New York 1985.

Smith, Catherine Parsons: «A Distinguishing Virility»: Feminism and Modernism in American Art Music. In: Susan C. Cook / Judy S. Tsou (Hrsg.): *Cecilia Reclaimed. Feminist Perspectives on Gender and Music.* Illinois 1994.

Spielmann, Götz: Sprache im Film: Dialog und Bild. In: Gustav Ernst (Hrsg.): *Sprache im Film.* Wien 1994.

Stanzel, Franz K.: *Theorie des Erzählens.* 7. Auflage. Göttingen 2001.

Striedter, Jurij: *Russischer Formalismus. Texte zur allgemeinen Literaturtheorie und zur Theorie der Prosa.* München 1973.

Taylor, Henry M.: Spektakel und Symbiose: Kino als Gebärmutter: Thesen zur Funktion des Tons im Film im gegenwärtigen Mainstream-Kino. In: Alfred Messerli / Janis Osolin (Hrsg.): *Tonkörper. Die Umwandlung des Tons im Film.* Basel/Frankfurt 1992.

Telotte, J.P.: *Voices In The Dark. The Narrative Pattern Of Film Noir.* Urbana/Chicago 1989.

Thom, Randy: Designing a Movie for Sound. In: Larry Sider / Diane Freeman / Jerry Sider (Hrsg.): *Soundscape. The School Of Sound Lectures 1998–2001.* London / New York 2003.

Thompson, Kristin: *Storytelling in the New Hollywood. Understanding Classical Narrative Technique.* Cambridge, London 2001.

Todorov, Tzvetan: *Poetik der Prosa.* Frankfurt am Main 1972.

Trager, Georg L.: Paralanguage: A first approximation. 1958. In: *Studies In Linguistics 13.* 1–12. Den Haag 1972.

Tröhler, Margrit: *Offene Welten ohne Helden. Plurale Figurenkonstellationen im Film.* Marburg 2007.

Truffaut, Francois: *Mr. Hitchcock, wie haben Sie das gemacht?* 22. Auflage. München 1973.

Tudor, Andrew: *Film-Theorien.* Frankfurt 1977.

Tykwer, Tom: Bazin und die Liebe zum Kino. Vorwort. In: Fischer, Robert (Hrsg.): André Bazin: *Was ist Film?* Berlin 2004.

Verband der Filmverleiher: *Grundlagenpapier des Verbands der Filmverleiher.* «Digitalisierung als einzigartige Chance der Kinowirtschaft». Berlin. Dezember 2007.

Vogt, Robert: Kann ein zuverlässiger Erzähler unzuverlässig erzählen? Zum Begriff der ‹Unzuverlässigkeit› in Literatur- und Filmwissenschaft. In: Susanne Kaul / Jean-Pierre Palmier / Timo Skrandies (Hrsg.): *Erzählen im Film. Unzuverlässigkeit – Audiovisualität – Musik.* Bielefeld 2009.

Waldenfels, Bernhard: Stimme am Leitfaden des Leibes. In: Cornelia Epping-Jäger / Erika Einz (Hrsg.): *Medien/Stimmen.* Mediologie Band 9. Köln 2003.

Werner, Paul: *Film Noir und Neo-Noir.* München 2000.

Willemen, Paul: Cinematic Discourse: The Problem of Inner Speech. In: Stephen Heath & Patricia Mellencamp (Hrsg.): *Cinema and Language.* The American Film Institute Monograph Series. Los Angeles 1983.

Williams, Alan: Godard's Use Of Sound. In: Elisabeth Weis / John Belton (Hrsg.): *Film Sound. Theory and Practice.* New York 1985.

Wittgenstein, Ludwig: *Tractatus logico-philosophicus. Logisch-philosophische Abhandlung.* Frankfurt 1960.

Wulff, Hans J.: Affektivität als Element der Filmrezeption oder Im Kino gewesen, geweint (gelacht, gegruselt...) – wie es sich gehört!. In: Susanne Marshall / Fabienne Liptay (Hrsg.): *Mit allen Sinnen. Gefühl und Empfindung im Kino.* Marburg 2006.